**21世纪经济管理
优秀教材译丛**

苏保忠　苏晓雨 等/译

[美]理查德·L. 达夫特　著
Richard L.Daft

领导学（第6版）

THE LEADERSHIP EXPERIENCE, 6E

清华大学出版社
北　京

北京市版权局著作权合同登记号　图字：01-2015-5507

THE LEADERSHIP EXPERIENCE，6E
RICHARD L.DAFT

Copyright © 2015 by Cengage Learning.

Original edition published by Cengage Learning. All Rights reserved. 本书原版由圣智学习出版公司出版。版权所有，盗印必究。

Tsinghua University Press is authorized by Cengage Learning to publish and distribute exclusively this simplified Chinese edition. This edition is authorized for sale in the People's Republic of China only (excluding Hong Kong, Macao SAR and Taiwan). Unauthorized export of this edition is a violation of the Copyright Act. No part of this publication may be reproduced or distributed by any means, or stored in a database or retrieval system, without the prior written permission of the publisher.
本书中文简体字翻译版由圣智学习出版公司授权清华大学出版社独家出版发行。此版本仅限在中华人民共和国境内（不包括中国香港、澳门特别行政区及中国台湾）销售。未经授权的本书出口将被视为违反版权法的行为。未经出版者预先书面许可，不得以任何方式复制或发行本书的任何部分。

Cengage Learning Asia Pte.Ltd.
5 Shenton Way，#01-01 UIC Building，Singapore 068808

本书封面贴有 Cengage Learning 防伪标签，无标签者不得销售。
版权所有，侵权必究。举报：010-62782989，beiqinquan@tup.tsinghua.edu.cn。

图书在版编目（CIP）数据

领导学：第 6 版 /（美）理查德•L.达夫特(Richard L. Daft) 著；苏保忠，苏晓雨等译. —北京：清华大学出版社，2018（2022.3重印）
（21 世纪经济管理优秀教材译丛）
书名原文: The Leadership Experience，6e
ISBN 978-7-302-49674-8

Ⅰ.①领… Ⅱ.①理… ②苏… ③苏… Ⅲ.①领导学－教材 Ⅳ.①C933

中国版本图书馆 CIP 数据核字(2018)第 034793 号

责任编辑：刘志彬
封面设计：汉风唐韵
责任校对：宋玉莲
责任印制：杨　艳

出版发行：清华大学出版社
　　　网　　　址：http://www.tup.com.cn, http://www.wqbook.com
　　　地　　　址：北京清华大学学研大厦 A 座　　邮　　编：100084
　　　社　总　机：010-83470000　　　　　　　　邮　　购：010-62786544
　　　投稿与读者服务：010-62776969，c-service@tup.tsinghua.edu.cn
　　　质　量　反　馈：010-62772015，zhiliang@tup.tsinghua.edu.cn
印 装 者：三河市龙大印装有限公司
经　　销：全国新华书店
开　　本：185mm×260mm　　印　张：28.5　　字　数：694 千字
版　　次：2018 年 3 月第 1 版　　　　　　　　印　次：2022 年 3 月第 3 次印刷
定　　价：69.00 元

产品编号：062256-01

作者简介

理查德·L.达夫特,现为范德堡大学(Vanderbilt University)欧文管理学院(Owen Graduate School of Management)管理学教授、Brownlee O. Currey, Jr.项目管理学教授。达夫特教授专门从事组织理论及领导学研究。他是管理学会会员,一直在《管理学会杂志》(*Academy of Management Journal*)、《管理科学季刊》(*Administrative Science Quarterly*)和《管理教育杂志》(*Journal of Management Education*)担任编委会委员,并曾经担任欧文管理学院的副院长及《组织科学》(*Organization Science*)杂志副主编。他还曾在《管理科学季刊》杂志担任过三年的执行主编。

达夫特教授独自或与他人合作共有13本著作,他最近的著作有《管理者与大象》(*The Executive and the Elephant*)和《管理技能构建:行动为先的方法》(*Building Management Skills: An Action First Approach*)(与多罗茜·马西克合著)。他的其他著作还有《组织理论和设计》(*Organization Theory and Design*)、《管理学》(*Management*)、《错觉领导:启动组织与人的变革动力》(*Fusion Leadership: Unlocking the Subtle Forces That Change People and Organizations*)(与罗伯特·兰吉尔合著)。他还发表了多篇学术文章、论文和研究报告。他的作品曾发表在《管理科学季刊》《管理学会杂志》《管理学会评论》(*Academy of Management Review*)、《战略管理杂志》(*Strategic Management Journal*)、《管理杂志》(*Journal of Management*)、《会计、组织与社会》(*Accounting Organizations and Society*)、《管理科学》(*Management Science*)、《管理信息系统季刊》(*MIS Quarterly*)、《加州管理评论》(*California Management Review*)、《卓越领导》(*Leadership Excellence*)、《高层对话》(*Leader to Leader*)和《组织行为学教学评论》(*Organizational Behavior Teaching Review*)等杂志上。

达夫特教授还是一位非常活跃的讲师和顾问。他曾主讲管理学、组织变革、管理学、组织理论和组织行为学等多门课程。他曾组织营利性的剧场表演,帮助管理一家创业公司。他曾为许多公司及政府组织做过咨询工作,包括美国国家科学院、橡树桥国家实验室、美国银行协会、汽车地带公司、Aegis Technology、贝尔加拿大公司、北电网络、普利司通、田纳西流域管理局(TVA)、Pratt & Whitney公司、好事达保险公司、州立农场保险公司、Tenneco、美国空军、美国陆空、J. C. Bradford & Co.、Central Parking System公司、联合服务汽车协会(USAA)、百时美施贵宝公司、礼来公司以及范德比尔特大学医疗中心等。

前　言

近来，许多有关领导组织成功理念受到质疑。在这个巨变的时代，许多领导者努力去审时度势，探究在纷繁复杂背景下成功且有效的领导方法。由房地产、抵押贷款和金融行业危机引发的经济衰退；政府实施紧急援助并力图挽救一些大型企业，但对数家规模庞大、历史悠久的企业的破产倒闭却置之不理；石油价格剧烈波动，道德丑闻层出不穷，世界政局动荡不安等：这一系列大事件都极大地改变了组织和经济格局。《领导学》（第6版）将具体阐述当下的热点课题和焦点问题。其愿景是希望能够给学生一种新奇、实用性强且全面的视角来理解当今世界的领导实践。本书将已有的学术研究与当今的一些管理思想和管理实践相结合，从而使对有关领导学的问题的探讨更具活力。组织正在经历变革，而本书则为领导者提供了适应和驾驭这些变革所需要的能力和技巧。

在当前组织对创新能力需求不断加大，由社交媒体发展、电子商务增长、虚拟团队和远程办公使用、全球化、网络犯罪等带来的冲击以及其他领域正在发生的变革等问题交织在一起的复杂情势下，领导者需要具备超越于课堂传授的传统管理方法和组织行为理论。而多年来给学生、管理者以及与领导者一起工作的同僚讲授领导学的经验，让我在肯定诸多传统领导学基本概念价值的同时，也强调了其新理念和新实践的重要性。

《领导学》一书不仅涵盖以往的领导研究和传统理论，还包括一些整合性、有价值的观点，例如，领导愿景，如何塑造文化和价值观，领导的勇气及道德领导的重要性。本书拓展了领导的含义，并辅以精彩论述，以激励学生并促进他们发展自身的领导潜力。

第6版的更新之处

《领导学》（第6版）的主要更新之处在于将领导学的概念和理论与当今世界的动荡局势结合起来。每章都经过彻底修订并更新，并加入了领导者当前面临的问题和未来面临的挑战。

第6版增添或扩展的内容包括：

- 领导者自我意识的重要性
- 发展全球性思维
- 自我超越
- 情感对绩效的影响
- 情绪感染
- 领导者鼓励技巧
- 向上和向下管理
- 追随者权力来源
- 领导力培训
- 影响人们行为的积极和消极动机
- 运用社交媒体来领导
- 基本团队能力
- 团队任务和社会情感角色
- 平衡冲突和合作
- 员工联谊会
- 少数族裔赞助
- 思维多元化
- 权谋型领导
- 共同创造愿景
- 实施战略的步骤

- 建立蓬勃发展的劳动力
- 取得进步的原则
- 授权心理和工作设计元素
- 作为意义诠释者的领导者
- 坦率沟通
- 利用故事的影响力
- 丰富沟通渠道
- 通过关注价值观和结果来构建高绩效文化
- 利用浸入式体验和允许停顿来增加创造力
- 人们改变行为所需的转变
- 利用积极情感引力来帮助人们改变

本书还增加了一些与新问题和当今时事相关的新案例。

《领导学》一书还为读者提供了领导力自测和培养的好机会。学习如何成为一个领导者，很重要的一面就是增强对自身的理解，而本书为此提供了大量机会。每一章都包含了多个调查问卷和练习，使读者能够了解自己的领导观念、价值观、能力和技巧。在这些练习中，很大一部分是本版新增内容，能够帮助读者评估自己的现状并将章节中的概念、案例与自己的想法联系起来，从而提高自己的领导水平。这些自测的内容包括参与性、联网、道德成熟度、个人特点、领导不同的人、发展个人愿景、精神领导、坦率、领导者勇气、乐观主义、用爱领导和用恐惧领导。与领导力的基本能力相关的自测有：倾听技巧、情商、激励他人以及权力运用和影响等。

本书结构

本书结构的建立是基于对下列问题的直观理解：领导与管理的差别，领导如何确立目标，如何将组织和追随者联系起来，如何建立关系和创造变革等。本书分为五大部分：

1. 领导学导论
2. 领导学研究综述
3. 领导者的个人侧面
4. 作为关系构建者的领导者
5. 作为社会建筑师的领导者

本书从宏观和微观两个角度，从理论和实践两个层面，从传统观点和最新观点两个方面探讨了有关领导学的话题。

本书还设计了一些环节，使学生学习时更为实用和有价值。

前沿领导者

本书加入了很多传统和现代组织领导的新案例。每章都以与本章内容相关的实践案例开篇，同时在文中的"前沿领导者"中穿插了许多其他的实际案例。这些独特案例涉及各个行业的组织，包括教育、军队、政府、企业及非营利性组织。

思考一下！

本书每章都有《思考一下！》专栏，该专栏力求个性化、引人注目和鼓舞人心。该专栏可能会引用某位著名领袖的名言或一则古老的谚语，提供一些新鲜有趣的素材，以拓宽读者对领导问题的思考。

领导者书架

在第 6 版中，第 13 章和第 15 章增加了新的领导者书架的评论。本书的独特之处在于每章中都包含一个栏目，即对一本新近出版的与本章内容相关的书籍的评论。《领导者书架》将向学生展现当今世界正在热读和讨论的有关学术、企业、军事、教育及非营利组织的话题。

新领导行动备忘

本环节的设计是为了帮助学生将每章中的概念应用到自身生活和领导活动中，同时也指导学生进行与章节内容相关的自我测试。

领导者自查

《领导者自查》专栏是为学生提供一个在自我职业发展道路上开展具体实践和评估自我领导力的机会，这些练习一般以问卷调查、设置场景和开展活动等方式进行。

追随领导者

这个全新的内容是课本内容的引申，利用 CengageNOW 为学生提供关注今日商业领导者的 Twitter 信息。学生可以关注这些账户，之后便可持续获得领导者的信息。

学生自我发展

本书每章最后都设有问题讨论和活动练习。"现实中的领导"是一项实用性技能学习的活动，可以让学生将章节概念应用到现实领导活动中。这些活动可以在课内或课外以小组活动的形式完成，同时还提供指导建议，使课内学习活动更好地进行。每章后面还有"领导力开发：案例分析"，包括两个短小的、以问题为导向的案例。本版的 15 章中的 14 个章节都更新了案例，并且大家通过在线可以看到更多案例。这些案例测试了学生将概念运用到具体的、解决现实生活中领导问题的能力。案例分析深化了学生对领导观念的理解，"现实中的领导"练习和调查问卷的反馈则评估了学生作为一位领导者取得的进步。

CengageNow

《领导学》（第 6 版）还新增了一项内容丰富的在线资源，即 CengageNOW 平台，该平台的设计是为了方便学生各个阶段的学习，能够让他们**参与**到课程内容中，通过将知识和理解活动**联系**起来增强对概念的学习，通过应用这些概念来**表现**为一个领导者，并通过参与实际实验性练习来进行**领导**。

下一页试题库中的 CengageNOW 图表简单介绍了一个适用于每一章的全新电子资源。其中的"领导者自查"练习可以通过互动形式来强化评估，而参与/联系/表现/领导（Engage/Connect/ Perform/Lead）环节则有全新的家庭作业活动，"现实中的领导"在线练习能够使作业完成更为方便，而全新的 Twitter 领导者信息环节能够让学生"关注"在当今变幻环境中能够定期分享他们经验的领导者。除此之外还有更多内容在 CengageNOW。

目 录

第一部分 导 论

第 1 章 成为领导者意味着什么 ········ 3
- 1.1 领导的必要性 ········ 4
  - 1.1.1 领导的定义 ········ 5
  - 1.1.2 日常领导力 ········ 6
- 1.2 领导新情景 ········ 7
  - 1.2.1 从求稳到求变 ········ 8
  - 1.2.2 由控制者变为辅助者 ········ 8
  - 1.2.3 由竞争者变为合作者 ········ 10
  - 1.2.4 由防止多元化变为促进多元化 ········ 10
  - 1.2.5 从英雄到谦逊 ········ 12
- 1.3 领导与管理的差别 ········ 14
  - 1.3.1 提供指导 ········ 14
  - 1.3.2 协调团队 ········ 15
  - 1.3.3 培养关系 ········ 15
  - 1.3.4 发展个人素质 ········ 16
  - 1.3.5 创造成果 ········ 16
- 1.4 领导学理论的发展 ········ 17
  - 1.4.1 主要理论的历史回顾 ········ 18
  - 1.4.2 领导学理论发展模型 ········ 19
- 1.5 领导力是可以习得的 ········ 21
  - 1.5.1 领导的致命缺陷 ········ 21
  - 1.5.2 领导者的良好行为 ········ 22
- 1.6 掌握领导的艺术与科学 ········ 24
- 1.7 本书结构 ········ 25

本章小结 ········ 26
问题讨论 ········ 26
现实中的领导 ········ 27
　　领导的错与对 ········ 27
领导力开发：案例分析 ········ 28
　　销售工程部 ········ 28
　　马歇尔计划 ········ 29

第二部分 领导学研究综述

第2章 特质、行为和关系理论 ·················· 33
2.1 特质论 ·················· 34
2.2 了解你的优势 ·················· 39
2.2.1 什么是优势？ ·················· 40
2.2.2 匹配优势与角色 ·················· 41
2.3 行为方法 ·················· 42
2.3.1 独裁行为与民主行为 ·················· 42
2.3.2 俄亥俄州立大学的研究 ·················· 44
2.3.3 密歇根大学研究 ·················· 46
2.3.4 领导方格理论 ·················· 47
2.3.5 "双高"领导者理论 ·················· 48
2.4 个性化领导 ·················· 50
2.4.1 垂直二元连接模型 ·················· 50
2.4.2 领导—成员交换理论 ·················· 52
2.4.3 伙伴关系的建立 ·················· 52
2.5 企业家特质及行为 ·················· 53
本章小结 ·················· 53
问题讨论 ·················· 54
现实中的领导 ·················· 55
  你理想的领导者特质 ·················· 55
领导力开发：案例分析 ·················· 56
  Consolidated Products（产品合并） ·················· 56
  转型成领导者 ·················· 57

第3章 权变理论 ·················· 59
3.1 权变方法 ·················· 60
3.2 赫西和布兰查德的情境理论 ·················· 64
3.2.1 领导风格 ·················· 64
3.2.2 追随者成熟度权变 ·················· 64
3.3 费德勒权变模型 ·················· 67
3.3.1 领导风格 ·················· 67
3.3.2 情境 ·················· 68
3.3.3 权变理论 ·················· 68
3.4 路径—目标理论 ·················· 70
3.4.1 领导行为 ·················· 71
3.4.2 情境权变因素 ·················· 73
3.4.3 采取奖励措施 ·················· 73

3.5	弗洛姆—加哥权变模型	74
	3.5.1 领导参与模式	74
	3.5.2 检测问题	75
	3.5.3 选择决策模式	76
3.6	领导的替代	79

本章小结 ... 82
问题讨论 ... 83
现实中的领导 ... 83
  任务和关系角色扮演 ... 83
领导能力培养：案例分析 ... 84
  阿尔维斯公司 ... 84
  一个不可能的梦想？ ... 85

第三部分 领导者的个人侧面

第4章	作为个体的领导者	89
4.1	领导成功的秘密要素	90
	4.1.1 自我意识的重要性	90
	4.1.2 领导者的盲点	91
4.2	性格与领导力	92
	4.2.1 个性模型	92
4.3	性格特征以及领导者的行为	97
4.4	价值观和态度	100
	4.4.1 手段型价值观和结果型价值观	100
	4.4.2 态度如何影响领导	103
4.5	社会感知力与归因理论	105
	4.5.1 感知失误	105
	4.5.2 归因理论	106
4.6	认知差异	107
	4.6.1 思考模式和脑力优势	107
	4.6.2 解决问题的方式：荣格方式	110
4.7	与不同个性类型的人共事	112

本章小结 ... 117
问题讨论 ... 117
现实中的领导 ... 118
  过去与未来 ... 118
领导力开发：案例分析 ... 119
  性格好的经理 ... 119
  环境设计国际公司 ... 120

第 5 章 领导者的思维与情感 ... 122

- 5.1 运用头脑和心智领导他人 ... 123
- 5.2 思维模式 ... 124
  - 5.2.1 假设 ... 125
  - 5.2.2 改变或者扩宽思维模式 ... 125
- 5.3 培养领导者思维 ... 127
  - 5.3.1 独立思考 ... 128
  - 5.3.2 开放式思维 ... 129
  - 5.3.3 系统性思考 ... 131
  - 5.3.4 自我约束 ... 132
- 5.4 情商 ... 133
  - 5.4.1 什么是情感？ ... 133
  - 5.4.2 为什么情感很重要？ ... 134
  - 5.4.3 情商要素 ... 136
- 5.5 利用恐惧感领导他人还是运用爱领导他人 ... 140
  - 5.5.1 企业中的恐惧感 ... 141
  - 5.5.2 把爱带到工作中来 ... 142
  - 5.5.3 为什么领导者要回应爱 ... 143
- 本章小结 ... 145
- 问题讨论 ... 145
- 现实中的领导 ... 146
  - 导师 ... 146
- 领导力开发：案例分析 ... 146
  - 新老板 ... 146
  - 美国潜艇"佛罗里达号" ... 148

第 6 章 勇气和道德领导 ... 150

- 6.1 当今的道德领导 ... 151
  - 6.1.1 商业中的伦理气氛 ... 151
  - 6.1.2 领导者应树立道德基调 ... 152
- 6.2 像道德型领导者一样行动 ... 155
- 6.3 成为道德型领导者 ... 156
- 6.4 仆人式领导力 ... 158
  - 6.4.1 权威式管理 ... 158
  - 6.4.2 参与式管理 ... 159
  - 6.4.3 管家式管理 ... 159
  - 6.4.4 仆人式领导力 ... 160
- 6.5 以勇气来领导 ... 162

	6.5.1	什么是勇气？	162
	6.5.2	勇气如何用于道德领导力？	166
	6.5.3	寻找个人勇气	167

本章小结 169
问题讨论 170
现实中的领导 170
    可怕的人 170
领导力开发：案例分析 171
    "我该怎么说？" 171
    男孩、女孩、渡船船长和隐士 172

第 7 章　追随者 174

7.1 追随的艺术 175
    7.1.1 学习向上管理 176
    7.1.2 向上管理目前的独特挑战 176
7.2 领导者对追随者的期待 177
7.3 追随者风格 178
7.4 向上管理的策略 182
    7.4.1 理解领导者 182
    7.4.2 向上管理的策略 183
7.5 向上管理的能力和勇气 188
    7.5.1 向上管理的能力的来源 188
    7.5.2 向上管理的必要勇气 189
7.6 追随者对领导者的期待 190
    7.6.1 明确目标 191
    7.6.2 成长机会 191
    7.6.3 经常提供具体即时的反馈 192

本章小结 194
问题讨论 195
现实中的领导 195
    追随者角色扮演 195
领导力开发：案例分析 196
    等待批准 196
    杰克的宠物乐园 197

第四部分　作为关系构建者的领导者

第 8 章　激励与授权 203

8.1 领导与激励 204
    8.1.1 内部和外部奖励 205

    8.1.2 正激励与负激励 206
  8.2 基于需求的激励理论 207
    8.2.1 需求层次理论 207
    8.2.2 双因素理论 208
    8.2.3 成就需求理论 211
  8.3 其他激励理论 212
    8.3.1 激励的强化视角 213
    8.3.2 期望理论 215
    8.3.3 公平理论 216
  8.4 授权给员工以满足更高层次的需求 217
    8.4.1 授权的心理模型 218
    8.4.2 授权的工作设计 220
    8.4.3 授权的应用 221
  8.5 通过敬业来赋予工作意义 222
  8.6 有关激励的新观点 225
    8.6.1 进步原则 225
    8.6.2 创造茁壮成长的劳动大军 225
 本章小结 226
 问题讨论 227
 现实中的领导 227
  应该、需要、喜欢、热爱 227
 领导力开发：案例分析 229
  夏洛特的佣金 229
  太阳黑子 230

第9章 领导的沟通艺术 232

  9.1 领导如何进行沟通？ 233
    9.1.1 管理沟通 235
    9.1.2 领导者——沟通能手 235
  9.2 引导战略性对话 237
    9.2.1 创建一个开放的沟通环境 238
    9.2.2 提出问题 238
    9.2.3 倾听 239
    9.2.4 对话 241
    9.2.5 坦率沟通 243
    9.2.6 故事的力量 244
  9.3 以说服和影响为目的的沟通 246
  9.4 选择正确的沟通渠道 247
    9.4.1 沟通渠道丰富性的连续变化 247

		9.4.2 有效使用电子沟通渠道	249
	9.5	非语言沟通	251
	9.6	目前的沟通挑战	251
		9.6.1 社交媒体中的领导力	252
		9.6.2 做好面对危机的准备	252
	本章小结		253
	问题讨论		254
	现实中的领导		255
		像专业人士一样去聆听	255
	领导力开发：案例分析		255
		督导的指示	255
		亨特·沃什玩具公司	256

第10章	领导团队		258
10.1	团队价值		259
	10.1.1	什么是团队？	259
	10.1.2	团队类型	261
10.2	团队成员的困境		263
10.3	带领团队获取高绩效		265
10.4	团队形成过程		267
	10.4.1	团队怎样发展	267
	10.4.2	团队凝聚力	270
	10.4.3	团队规范	271
10.5	团队成员必做的努力		271
	10.5.1	团队的基本能力	272
	10.5.2	团队成员的作用	273
10.6	领导虚拟团队		274
	10.6.1	虚拟团队的意义	275
	10.6.2	虚拟团队所面临的挑战	275
10.7	合理处理团队矛盾		277
	10.7.1	冲突分类	277
	10.7.2	平衡冲突与合作	277
	10.7.3	冲突的成因	278
	10.7.4	处理冲突的方法	279
	10.7.5	磋商	281
本章小结			282
问题讨论			283
现实中的领导			283
	团队反馈		283

领导力开发：案例分析 ·· 284
　　　　　决策时刻 ··· 284
　　　　　蒂维洛-迪林集团小组 ····································· 286

第 11 章　培养领导的多元化 ··· 288
　11.1　领导和你不同的人 ··· 289
　11.2　当今的多元化 ··· 291
　　　11.2.1　多元化的定义 ··· 291
　　　11.2.2　改变对多元化的态度 ····································· 291
　　　11.2.3　组织多元化的价值 ······································· 293
　11.3　少数族裔面临的挑战 ··· 294
　　　11.3.1　偏见、成见、歧视 ······································· 295
　　　11.3.2　玻璃天花板 ··· 296
　11.4　女性领导方式 ··· 300
　　　11.4.1　作为领导者的女性 ······································· 301
　　　11.4.2　领导风格是由性别决定的吗？ ····························· 301
　11.5　全球多元化 ··· 303
　　　11.5.1　社会文化环境 ··· 303
　　　11.5.2　社会价值体系 ··· 305
　　　11.5.3　发展文化智商 ··· 306
　　　11.5.4　领导暗示 ··· 307
　11.6　成为一名包容的领导者 ··· 308
　11.7　鼓励女性和少数族裔进步的方法 ································· 311
　　　11.7.1　员工联谊会 ··· 311
　　　11.7.2　少数族裔赞助 ··· 312
　本章小结 ··· 312
　问题讨论 ··· 313
　现实中的领导 ··· 314
　　　个性多元化 ··· 314
　领导力开发：案例分析 ··· 315
　　　对自己真实 ··· 315
　　　手镯的麻烦 ··· 317

第 12 章　权力与影响力 ··· 319
　12.1　四种有影响力的领导方式 ······································· 320
　　　12.1.1　变革型领导 ··· 320
　　　12.1.2　魅力型领导 ··· 321
　　　12.1.3　联盟型领导 ··· 323
　　　12.1.4　权谋型领导 ··· 326

12.2	硬权力 VS.软权力	329
	12.2.1　权力的特定类型	330
	12.2.2　追随者对权力使用的反馈	333
12.3	政治活动中日益增长的影响力	334
	12.3.1　领导者参考框架	334
	12.3.2　维护领导者影响力的策略	337
12.4	不要滥用权力	340

本章小结 ……341
问题讨论 ……342
现实中的领导 ……343
　　影响力圈子 ……343
领导力开发：案例分析 ……344
　　苏亚雷斯效应 ……344
　　维特制药公司 ……345

第五部分　作为社会建筑师的领导者

第13章　创造愿景与战略方向 ……349

13.1	领导工作：展望未来	350
	13.1.1　激励愿景和行动	350
	13.1.2　战略领导	352
13.2	领导愿景	354
	13.2.1　愿景的作用	355
	13.2.2　愿景的共同主题	359
	13.2.3　创建愿景的领导步骤	360
13.3	使命	361
	13.3.1　使命的作用	361
	13.3.2　高尚目标的框架	363
13.4	作为首席战略家的领导者	365
	13.4.1　如何实现愿景	365
	13.4.2　如何执行战略	367

本章小结 ……371
问题讨论 ……372
现实中的领导 ……372
　　未来设想 ……372
领导力开发：案例分析 ……374
　　新博物馆 ……374
　　空想的领导者 ……375

第 14 章 塑造组织文化和价值观·····377
14.1 组织文化·····378
14.1.1 什么是文化？·····380
14.1.2 文化的重要性·····381
14.2 文化强度、反应性文化和绩效·····383
14.2.1 反应性文化·····383
14.2.2 高绩效文化·····385
14.3 文化领导·····388
14.3.1 典礼·····388
14.3.2 故事·····389
14.3.3 象征符号·····389
14.3.4 专业语言·····390
14.3.5 选择与社会化·····390
14.3.6 日常行动·····391
14.4 采用竞争价值观塑造组织文化·····391
14.4.1 适应性文化·····393
14.4.2 成就文化·····394
14.4.3 参与文化·····395
14.4.4 一致性文化·····395
14.5 组织中的道德价值观·····396
14.6 基于价值观的领导·····397
14.6.1 个人价值观·····397
14.6.2 精神价值观·····398
本章小结·····401
问题讨论·····401
现实中的领导·····402
言行一致·····402
领导力开发：案例分析·····403
文化冲突·····403
5 star 电子公司和 Amtech 电子公司·····404

第 15 章 领导变革·····406
15.1 领导意味着引导变革·····407
15.1.1 抗拒是真实的·····408
15.1.2 作为变革代理人的领导者·····408
15.2 变革的框架·····410
15.3 使用肯定式探询·····412
15.3.1 大规模应用肯定式探询·····412
15.3.2 肯定式探询的日常应用·····415

15.4 变革中的领导创新 ·· 415
    15.4.1 逐步灌输创造价值 ·· 416
    15.4.2 领导创新人才 ·· 418
  15.5 实施变革 ·· 424
    15.5.1 帮助人们改变 ·· 425
    15.5.2 帮助人们改变的方法 ···································· 426
本章小结 ·· 428
问题讨论 ·· 429
现实中的领导 ·· 429
    组织变革角色扮演 ··· 429
领导力开发：案例分析 ·· 431
    "从现在开始……" ··· 431
    河滨市儿科诊所 ·· 432

译后记 ·· 434

第一部分

导 论

第 1 章　成为领导者意味着什么

第一部分

总 论

第1章

成为领导者意味着什么

你的领导学挑战

读完本章之后,你应该做到:

- 充分理解领导的含义,并觉察自己和他人的领导潜质;
- 认识并推进当今组织和领导者中的六大根本性转变;
- 识别领导行为脱轨的根本原因,并掌握避免该行为的新技巧;
- 认识管理的传统作用以及领导与管理之间的根本差别;
- 领会方向设定、联盟、关系、个人素质以及成果的重要性;
- 了解领导理论发展历程以及传统方法如何在当今领导实践中进行应用。

章节大纲

- 领导的必要性
- 领导的新情景
- 领导与管理的差别
- 领导学理论的发展
- 领导力是可以习得的
- 掌握领导的艺术与科学
- 本书结构

前沿领导者

- 温尼特·纳亚尔,HCL科技公司
- 谷歌Google

领导者自查

- 你的学习方式:使用多元智力
- 你的领导潜力
- 你是否在快速而无终点的路程中?

领导者书架

- 《选择成就卓越:不确定性、混乱和运气——为什么有些兴盛的企业轻视它们?》

现实中的领导

- 领导的错与对

领导力开发:案例分析

- 销售工程部
- 马歇尔计划

作为一个年轻的政治家,亚伯拉罕·林肯(Abraham Lincoln)曾使用他卓越的沟通技巧,通过模仿、嘲笑他的对手,使对方感到愤怒以至于哭泣。不久后,林肯,这个即将成为美国第十六届总统的人为自己的行为感到失望与羞耻,他找到了他的对手并向对方表示抱歉。林肯将此次经历视作一个非常有价值的教训,认为自己有必要懂得宣泄情绪,训练同理心以及积极向善。从那以后,林肯将他的超凡领导力与沟通技巧用于服务美国人民,而非用于满足他个人的目标及自负。

2012年史蒂文·斯皮尔伯格（Steven Spielberg）创作的历史影片《林肯》（*Lincoln*）的发布使得外界对亚伯拉罕·林肯的领导艺术的兴趣急增，这部影片无论在评论界还是在商界都获得了极大的成功，它创造了2.5亿美元的票房收入并获得了12项奥斯卡金像奖提名。"对于那些踌躇满志想创立成功不朽的企业的商界领袖来说，林肯总统就像是一个宽敞且明亮的教室。"星巴克总裁霍华德·舒尔茨（Howard Schultz）这样说。在这个充斥着相互脱节且道德沦丧的领导者的时代，林肯所拥有的本领、力量以及个性会引起社会的共鸣是不足为奇的。他控制情绪的能力以及即使在极其艰难的情况下仍坚持其愿景的能力，他做出的参战并与士兵及公众建立联系的承诺，他乐意听取不同的观点并与成功者分享荣誉、对失败者做出批评，以上种种都激发了人们对真正的领导人的憧憬。

当下公众对领导者们的信任也许已到空前最低。尤其是在次贷危机时，抵押和金融行业都出现了严重的金融和道德问题。大卫·罗斯科普夫（David Rothkoft）在《华盛顿邮报》上这样写道："这不仅仅是一场全球性的经济危机，还是一场全球性的领导危机。"

1.1 领导的必要性

我们许多人眼中的领导就像美国最高院法官波特·斯图尔特（Potter Stewart）在评论1964年的一桩色情作品案中对淫秽语言所描述的那样：也许我们不能对其做出定义，但"当我们看到它时，我们便知道这就是它了"。在亚伯拉罕·林肯身上人们可以很清晰地看到领导者的色彩，只是在当代政坛、商界、军队甚至宗教领导者身上，人们却难以看到它。大卫·彼得雷乌斯（David Petraeus）将军，身为在他同代人中获得最多勋章的军队领袖之一，在联邦调查局（FBI）无意间发现了他同他的传记作家发生婚外情时，并开始调查他泄露机密信息的潜在可能性后，他辞去了中央情报局的长官的职务。英国广播公司（British Broudcasting Corpsration，BBC）的名声在一场指控中遭到破坏：该公司的经理为一位著名记者多年性虐待的行为提供掩饰。近期，参议员查克·格拉斯利（Chuck Grassley）调查了杜祁福·朵拉（Creflo Dollar）、肯尼思·科普兰（Kenneth Copeland）等6位知名的电视福音布道者的财务记录，而后发布了报告：免税的捐款被这些宗教领袖中饱私囊，为其奢侈的生活提供了资金，以修建公馆、购买劳斯莱斯汽车以及私人飞机等。几乎每个月都会有一些报道，内容为企业领导者说谎、误导、欺骗的行为，这些行为针对的是职工、顾客乃至政府。因此，一个又一个的调查表明公众对领导者的信心不断下降，对领导者的怀疑、不信任不断上升也不足为奇。

然而，在各个或大或小的组织中还是有认真工作的好领导的。实际上，合格的领导者每天都在我们身边，存在于我们生活的各个方面——在我们的家庭、学校、社区、社团会所及志愿组织之中，也存在于商界、体育界、宗教界、政府以及军队之中。若是没有好的领导者，我们的社会和制度将会崩溃。

在我们探讨如何成为一个高效的领导者之前，我们需要了解领导意味着什么。学者和许多作家已经提供出数百种关于领导这一术语的定义，并激发詹姆斯·麦格雷戈·庞斯（James

McGregor Burns）得出这样的结论：领导"是在地球上最经常被看到却被最缺乏理解的现象之一。"导致难以对领导进行定义的原因很大一部分在于领导活动本身的复杂性。有些人甚至提出领导仅仅是一个浪漫的神话，也许它是基于这样一个虚假的希望：有个人会从天而降，利用意志的力量来解决我们的问题。

有一些证据表明人们总是对领导者存有不切实际的幻想。想想那些不景气的企业聘用出名、魅力非凡的总裁并在他们身上投入了大量的希望，但最终却只能看到企业的问题逐渐恶化。举例来说，在2009年雅虎公司曾经聘用欧特克公司的前总裁卡罗尔·巴茨（Carol Bartz），强烈希望这位明星领袖能够改变企业的萧条情况，却在两三年后由于雅虎财产的持续降低而让她走人。在2012年中旬，雅虎又聘用了谷歌的前行政官玛丽萨·梅耶尔（Marrisa Mayer）作为第五位总裁，任期五年。

尤其在时势艰难的时候，人们往往会通过依赖一位伟大而魅力非凡的领袖来减轻他们的恐惧和不安。想想贝拉克·侯赛因·奥巴马（Barack Hussein Obama）在2008年是如何通过他的魅力和他使人们在不确定时期拥有希望的能力从而顺利成为美国总统的。在近几年，以烂漫的或英雄式的眼光看待领导者的想法受到挑战。对领导的本质特性的理解取得了很大进展，即领导对各组织机构和群体有着真实和有力的影响。

1.1.1 领导的定义

领导学是一个不断发展的学科，领导的概念也将持续不断发展。就本书而言，我们力求勾勒出领导中最关键的要素：领导是领导者与其追随者之间所形成的影响关系，他们基于共同目标寻求真正变革和结果。

图1.1总结了在这一定义中的关键要素。领导包含影响；它发生在人们之间；这些人有意地追求重大变革；该变革反映了领导者和追随者共享目标。影响意味着人们之间的关系不是被动的；该定义也暗含了一个概念，即该影响是多方向性且非强制的。北美的基本价值观很容易让人们认为领导力是领导者施加给其追随者的影响。其实不然，领导力是相互影响的。在很多组织中，上司影响下属，但下属也会影响上司。处于这种关系中的人想要实质性的变革——领导力意味着创造变革，而不是维持现状。除此之外，追求变革并不只是由领导者决定的，而是反映了领导者和追随者共同的目标。再者，变革的方向必然是领导者和追随者所共同希望的，一个令人渴望的未来或共享的目标激励着他们向更好的结果前进。领导一个重

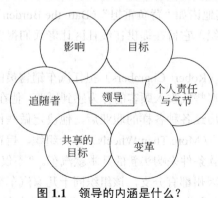

图1.1 领导的内涵是什么？

要方面就是影响他人达到一个共同愿景。因此，领导包含着影响人们去为了一个理想的未来去创造变革。

> **领导**
> 领导是领导及其追随者之间所形成的影响关系，他们为了共同的目标寻求真正改变和结果。

同时，领导也是一个有关人的活动并且不同于行政文书工作及活动策划。领导在人们之间发生；它不是作用于人的事物。由于领导中包含着人，所以其中必定有追随者。像科学家、音乐家、运动员及木雕艺术家等个人执行者也许在他的专业领域中是一个领导者，但除非他们的活动中包含有追随者，否则在本书中他们都不被视为领导者。追随者是领导过程的重要组成部分，有时有些领导者也会成为追随者。好的领导者知道如何去追随，并且他们也会为他人树立榜样。目标或意图表示人们——领导者和追随者——积极地参与到变革的追求之中，且每个人都为实现美好未来而承担自己的责任。

传统观念认为领导者是与众不同的，他们高高在上。然而实际上，高效领导者的必备品质与高效追随者的品质是相同的。高效追随者往往能独立思考并且用充沛的精力与热情来执行任务。他们致力于那些不属于他们个人兴趣范围之内的东西，并且有勇气去追随，但不会像"点头虫"那样盲从于领导者。高效的领导者和追随者有时可能会是同一人，只是在不同时刻扮演不同的角色。最佳的情况是，领导者和追随者都享有领导权，都能够充分地参与其中并身兼更高的责任。

1.1.2 日常领导力

本书对领导力的定义使人清楚地知道每个人身上都可能具有领导力。只要不将领导者同那些伟大的公众人物画等号，我们将更容易看到自身所具有的领导机会并发现那些日常同我们打交道的人身上所具备的领导力。不仅人人都可以成为领导者，而且许多真正的领导者是在幕后发挥作用。成就卓著的领导者常常都是从小事做起的。

- 临床心理学家芭芭拉·梵·达伦（Barbara Van Dahlen）最初是在华盛顿从事儿童工作的，也正是在那个时候，她开始关心伊拉克战争和阿富汗战争对美国士兵、老兵乃至他们的家人心理健康情况的影响。梵·达伦在2005年成立了"给一小时"（Give An Hour）这个组织，它通过提供免费的服务来让归国士兵得到帮助和希望。这个组织的网络现如今已覆盖全国，6 100多位精神健康专家在这个组织中提供志愿服务。"给一小时"也和其他诸如"背负重担"（Bare the Burden）等组织有所合作，这个组织也是个非营利组织，它旨在提供在线社区让老兵们得以通过同其他人的沟通来得到情绪治愈。
- 在罗伯特·钱伯斯（Robert Chambers）担任汽车销售员的五年里，他对于交易商及金融机构肆意掠夺那些低收入顾客的行为感到厌恶。他在62岁时退休，当时的身份是电机工程师，在历经各种各样的职业后，他决定做些什么来改变这种情况。他成立了"不仅是汽车"（More Than Wheels）这个组织，旨在帮助低收入的人群以较低的价格及合适的贷款条件来购买新的基本款汽车。"不仅是汽车"组织在新罕布什尔州、佛蒙特州及缅因州都有分支，该组织同十几家汽车交易商讨价还价并延长保修协议，并可以同银行合作提供低利率贷款。"不仅是汽车"组织为委托人的贷款提供保证并帮助他们管理他们的财务、增加他们的信用评分、改善他们的未来。
- 当温蒂·卡普（Wendy Kopp）首次想到"教师和平队"（一个聘用应届大学毕业生前往美国某些棘手的公立学校去教学两年的全国性组织）的构思的时候，她还只是个普林斯顿大学的大四学生。该大学一位教授听到这个想法的时候，他说她"疯了"。但是，卡普创建的"全美教学"（Teach for America）组织成为美国最受尊崇的教育行动机构之一。尽管随着机构的不断壮大，它受到许多抨击，但大部分观察家都认为它的确让教育变得更好，年轻的大学毕业生的理想主义情结也可用于发挥善的力量。

> **新领导行动备忘**
> 作为一个领导者，你要能够发现成为领导者的机会，并利用行动去影响他人，为了更好的未来创造改变。

我们身边到处都有成为领导者的机会，这些机会是为渴望改变及影响他人所准备的。若想成为领导者，你可以随时随地成立一个组织。但是你是否具备成为你所在学校、社区或工作场所中的领导者的能力呢？你是否能做出相应的承诺？无论你在哪儿，你都可以在自己的生活中进行领导实践。其实，领导同你的工作头衔及职位并没有什么关系，它是日常生活中的行为及思考方式的体现。正如我们将在接下来的部分讨论的，相比于以往，21世纪的领导者更需理解这样的概念。

1.2 领导新情景

当今世界正经历着巨大变革。社交媒体、全球化、移动电商、地缘战争、可再生能源科技和智能机器、业务外包、气候变化和资源稀缺、远程通信和虚拟团队、网络犯罪、经济实力重组等，使当今的领导者面临前所未有的挑战。创意领导中心的一项调查显示，84%的样本领导者认为，领导的概念在21世纪初的头十年内发生了巨大变化。而那时的社会交往和移动通信尚未开始重塑我们的日常生活和工作。而当今，社会的连通性和流动性逐渐成为领导工作的中心内容。

一些历史学家和学者也认为，我们的世界正经历一场变革，而且这场变革的深度和广度都远超过现代社会初期和五百多年前的工业革命。当今的领导者是在一个充满着不确定的世界工作，这个世界不停变化，一切都变得更加复杂。这种变革要求领导者从传统范式向新的范式转变（如图1.2所示）。这里的范式，是指一个共享的思维模式，代表人们最基本的思考世界、认识世界以及理解世界的方式。

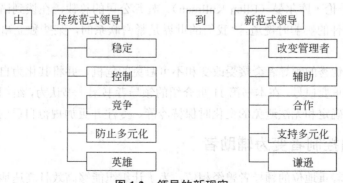

图1.2 领导的新现实

现在仍有不少的领导者仍按照传统范式（如图 1.2 第一栏所示）开展领导工作，不同的是他们的工作正变得越来越无效。成功的领导者已开始根据新情景采用新的范式（如图 1.2 第二栏所示）进行决策。

> **范式**
>
> 一个共享的观念模式，它代表最基本的思考世界、认识世界乃至理解世界的基本方式。

1.2.1 从求稳到求变

在过去，许多领导者认为只要能够保证组织稳定地运行，哪怕只是保持了稳定，那么这个组织也是成功的。然而，瞬息万变的当今世界已使得这种想法不再那么绝对了。如果领导者们在 21 世纪初叶仍抱有"一切是稳定的"的幻想，那么，这种错觉将会在现实中被击碎。思考下面所列近期发生的事件。

- 2011 年在日本发生了一场严重的地震，这场地震引发了一场强烈的海啸毁坏了福岛第一核电站发电厂的原子核反应堆，进而导致大量相关企业倒闭，使得全世界范围内工业品供应链断裂。就在这场灾难发生之后，东京电力公司的经理遭到批评，因为他们没有及时冷却福岛的核反应堆。他们为了保护自己的投资而不愿意使用海水，即使他们知道这样将会毁坏核反应堆，这最终导致有史以来第二大核污染。
- "阿拉伯之春"，一场发生于 2010 年年底的阿拉伯革命抗议浪潮，扰乱了该民族的商业的同时也增加了全世界企业面临的不确定性和不稳定性。在阿拉伯世界蔓延且不断增加的不稳定性，不仅给当地的公司制造了困难，也给外国的公司制造了困难。
- 在欧盟成员中，西班牙、爱尔兰，尤其是希腊，都陷入了债务危机，由此很可能导致欧元体系（一个由欧盟国家共同使用的统一货币体系）的瓦解。在欧盟国家经商的跨国公司总裁不得不做好最坏的准备并采取措施来保全自己，同时也要考虑到若各国均放弃使用欧元，那么要思索的问题就更多了，从诸如如何打开僵局到如何选择供货商、如何支付工资都是需要考虑的问题。
- 与此同时，美国也面临其自身的债务危机，房贷和房市泡沫破裂导致的衰退也在持续着。尽管经济情况已经有所改进，但这种复苏依然面临着"大面积失业"的状态，人们还是难以找到工作来支付他们的账单。企业也步履维艰，《保护患者及合理医疗费用》（于 2010 年通过并在 2012 年被最高法院作为宪法维护）要求企业要为员工提供健康保险否则便要赔付罚金，该法案的通过加剧了局势的复杂度。

无论是商界、政界、军界、教育界、社会服务界、艺术界还是体育界的大部分领导者都认为，在这样一个充斥着不确定且持续变化的世界中，想要维持稳定是不可能的。"你不得不迅速行动，"埃伦·库尔曼（Ellen Kullman），杜邦公司的总裁，在谈到诸如日本地震和欧盟金融危机等事件的影响时说道，"我们的世界是紧密联系的，某些独立事件的影响力会因此更加强烈。"

当今社会，优秀的领导者会接受改变和不可避免的危机，并将其化为自身的潜在资源。适应性是当今的重要口号。在本书第 11 页介绍的领导者书架一书认为，组织的成功在于领导者能够在面对不确定和无法避免的变化时保持冷静、专注并更加规范自己的行为。

1.2.2 由控制者变为辅助者

那些有举足轻重地位的领导者曾经相信，为了让组织能够高效且高速地运行，严格的控制是必要的。死板的组织管理阶层为各项职位和工作程序设立了相关体系，并逐步细化成为严格的程序，让每个人知道只有在顶端的人才可享有权力，而在底端的人根本没有权力。

当下，那些与权力分配有关的古老假定已不再有效。对控制和严厉的强调只会压制动力、创新和士气而无法达到预期的结果。有效的领导者懂得分享权力，而不是将权力占为己有，并不断寻找各种方法让每位员工参与并承担责任，这样才能不断提升组织的智慧。相对于一个控制型领导者，辅助型领导者更加有效，他通过消除那些绩效障碍性因素、满足人们的需求、提供学习机会以及提供支持和反馈等方式来帮助人们做到最好。

之所以会有这样的改变是因为，资讯正取代有形的土地、建筑、机器，逐步成为当代经济的金融基础。这意味着人力资本正逐渐变得比金融资本还要重要，因此员工的权力也在增加。以色列总统希蒙·佩雷斯（Shimon Peres）所说的"理念比素材更为重要"正是这个意思。在传统时代，正因为公司需要的仅是员工每天操作八小时机器，所以传统的指挥管理系统能够发挥较好的作用，但是现在，要想获得成功，公司需要所有员工的智力。因此，帮助人们有效发挥潜能并加以正确使用，已成为领导者最具挑战性的工作之一。温尼特·纳亚尔（Vineet Nayar）（现任 HCL 副主席兼联合管理董事）在 2005 年担任印度 HCL 科技公司总裁后采取了大胆举措，最终结果表明该举措体现向员工授权的正确性。

前沿领导者

温尼特·纳亚尔（Vineet Nayar），HCL 科技公司

HCL 科技公司是一家全球领先的信息技术服务和软件开发公司，同时也是印度第四大信息技术服务出口商。当温尼特·纳亚尔在 2005 年担任该公司的首席执行官时，HCL 正在不断衰落——它的一部分员工跳槽到了竞争对手那边。回忆当时，纳亚尔说 HCL "正处在艰难的境地之中，我们必须尽快采取行动否则我们将会面临完全失败的危险。"

纳亚尔当时所做的事情是革命性的。他以"员工第一，客户第二"（EFCS）的理念来运行公司。他以构建信任作为起点。他也决定让公司中的每一个人都知晓公司的财务状况。而后，他采取果断措施构建了一个开放的在线论坛，在论坛中，员工可以提问，而领导者将予以回答。这样一来就可以将任何人——包括处于外部的顾客和竞争者——能够看到的本公司的弱点及问题暴露出来。事实上，它的确达到了这样的效果。"论坛上充斥着抱怨，"纳亚尔说，"这很痛苦。"但是有意思的事情发生了。某些员工在此基础上更进一步发现他们有权力来提供解决方案。这个网站在最后被证明是一个开端，它将解决问题的权力和责任由最高级行政管理人员转移到员工身上。在改变后的新 HCL 公司中，领导者的工作是为员工服务。

由于受 EFCS 理念指导，自 2005 年以来 HCL 的营业收入增长了 3.6 倍、净收入增加了 91%。在 2008—2009 年，当时正是全球经济衰退最严重的时候，HCL 公司成为世界上发展速度最快的计算机公司。员工当然在其中发挥了作用。当由于经济衰退公司决定减少一亿美元的支出时，经理让员工们思考该如何不通过大规模的裁员来削减费用。

1.2.3　由竞争者变为合作者

> **新领导行动备忘**
> 通过"领导者自查 1.1"来了解你在面对"新现实"中针对合作问题及处理面对领导时将利用到的"能力"。

社交媒体已经"催化了连通性",模糊甚至消除那些存在于组织之中乃至组织之间的边界。在高速连接、网络式的时代,合作逐渐变得比竞争更为重要。成功的领导者跨越种种边界控制并充分利用各方的思想、天分以及资源。尽管有一些公司仍然鼓吹内部竞争与侵略性,但大多数成功的领导者更为重视团队、妥协以及合作。自我导向型团队以及其他形式的横向协作有助于在组织内部传播知识与资讯。

有效的领导者也积极地参与供货商、客户、政府部门、大学等组织的协作。越来越多的企业认为彼此是共同创造价值的团队而非相互竞争的自主个体,这个趋势近年来越发明显。

相对于相互竞争,相互协作的理念对领导力的挑战更大。领导者首先需要培养自身的合作意识,而后才能够创造一个孕育合作及互助精神的团队和环境。其次,他们要学会保持沟通渠道畅通,利用影响力而非手中权力来应对于己无利的政治活动、在重要问题上获得支持,并让一切以良好态势持续进行。

1.2.4　由防止多元化变为促进多元化

现在许多组织是基于一致性、区分性及专业性的假定构建的。那些有着相似的思维方式、行为模式以及职业能力的人被归类到同一个部门中,比如财务处或加工厂,以和其他部门的区分开来。在同质的小组中成员们的交往、沟通以及相互理解是很容易的。然而不断发展的统一式思考可能成为逐渐国际化、多元化的世界的一大难题。

将多元化思想引入组织之中有助于吸引最优秀的人才进入组织,也有助于拓宽组织的心态从而让组织可以在这个充满跨国合作的世界中获得兴盛。卡洛斯·戈森(Carlos Ghosn),日产汽车的首席执行官,说他的企业中多元化的文化和劳动力是使他的企业应对变化和风险的能力方面强于某些竞争对手的重要原因。两个商学院的毕业生在他们二十几岁时开始运营广告公司,当时他们就注意到了多元化的重要性。他们努力工作,并随着公司规模的扩大雇用了许多像他们一样——聪明、年轻、热情并且忠诚努力的大学毕业生。两年半之后,公司规模扩大到拥有 20 名员工,但预期的利润提高却一直没有实现。这两位企业家不知道到底出了什么问题,接着公司陷入了破产的危机之中。他们觉得当初的想法是正确的,因此便重新开始,只是换了一个新的理念。他们开始寻求那些处于不同年龄、有着不同价值观、不同的民族背景及不同的工作经验的人作为员工。尽管每个人的风格都有所不同,但组织的运行效果似乎变好了。发挥不同作用的员工以及小组中丰富的经验使得公司可以应对某些特殊情况,并且满足公司以及个人的需要。

领导者书架

《选择成就卓越：不确定性、混乱和运气——为什么有些兴盛的企业轻视它们？》

吉姆·柯林斯、莫滕·T.汉森

每个企业都必定要经历不安定、不确定以及含有危机的阶段。在运气不好的时候，任何领导者和组织都有可能被打败。为什么一些公司能够在其他公司经营惨淡的环境中蓬勃发展呢？

吉姆·柯林斯编写了《从优秀到卓越》，他长久以来都在关注着那些相较于对手表现得更好的公司。他与管理学教授莫滕·汉森合作共同编写了《选择成就卓越》，描绘了那些有助于成功的领导力抉择。

领导者的抉择产生差别

《选择成就卓越》一书中首次描绘了那些人称 10 倍者（10Xers）的公司，也就是相较于那些小的、不怎么成功的企业，它们能够至少连续 15 年产出远超行业平均值至少 10 倍的公司。10 倍者中包括像西南航空公司、安进公司、英特尔公司以及前进保险公司这类组织。10 倍者企业的领导者普遍具有以下三种特征。

- 狂热的纪律。作者使用了 20 英里行军的比喻，即将公司发展看作是步调一致的旅程，要想达到旅程的终点需要的不仅是实现目标的雄心还有克制自己的自制力。10 倍者公司领导者的目标是稳定持续的增长而非尝试种种孤注一掷的冒险。举例来说，因特尔公司的安德鲁·格鲁夫（Andrew Grove）在考虑了技术环境和商业环境持续变化的事实之后，便放弃了生产内存芯片的业务。
- 实证创意。书中用了整整一章来介绍"先射出子弹，再发射炮弹"这个方法。10 倍者公司领导者通常首先进行少量的投入（射出子弹），当获得成效之后再投入大量精力在该领域（发射炮弹）。"在炮弹击中目标之后，"两位作者写道，"你再坚持 20 英里的行军来获得最完全的成功。"
- 居安思危。赫布·凯莱赫（Herb Kelleher），西南航空公司的创始人及前任首席执行官，他即使在没有任何经济衰退迹象的时候也会为衰退做准备。10 倍者公司领导者"在经济情况好的时候也会保持警醒，就好像大危机随时会降临一样"。他们一直都在积累缓冲资本并将减震器落实到位以防不测。

在混乱中兴盛

10 倍者公司的领导者"像重视胜利一样重视价值，像关注收益一样关注目标"。这使得他们能够构建具有强大忍耐力的公司。他们所构建的公司并非是利用混乱和不确定来成长，而是从中求得生存甚至发展。

资料来源：Jim Collins and Morten T. Hansen. *Great by Choice*. Harper Business.

1.2.5 从英雄到谦逊

在幕后辛勤工作的领导有别于那些自我标榜为英雄的领导，这些领导会支持身边人使其获得良好的发展，默默地构建了一个稳定而持久的公司，而不是吹嘘他或她自身的能力与成就。回顾本章开篇案例，亚伯拉罕·林肯是在他早年的政治生涯中主动改变自己，将他的能力用于实现美国人民的愿望而非满足他的自我个人目标。本章中的思考题列出了十项戒条，它来自于 20 世纪 50 年代电影明星吉恩·奥特里（Gene Autry）的《牛仔条约》（Cowboy Code），即使在现在今天，这些戒条也适用于新范式的领导。

领导的风格由英雄式的转变为谦逊式的原因之一，是在于在如此复杂且瞬息万变的世界中，一个领导已经不能仅凭自身就可处理团队或组织所面临的挑战。另一个原因就是那些雄心勃勃、高度自信且个性鲜明的领导在近些年过多地卷入道德丑闻及企业破产的事件中。英雄式的领导更可能会在不考虑更大的利益的基础上便做出一些冒险大胆的决定，反之，一个谦逊式的领导则会咨询各方意见并考虑自己的决定会带来的可能影响。

> **新领导行动备忘**
>
> 作为一个领导，你可以对以下情况作出回应，例如，现实中的变化与危机，授权、合作多元化的需求，以及更高目标的重要性。你也要将实现更大的组织目标而不是实现自我野心来作为你的目标。

吉姆·柯林斯（Jim Collins），《从优秀到卓越》和《选择成就卓越》的作者，将这种类型的领导称为"5 级领导"（Level 5 leaders）。有种观点认为，优秀的领导应具有强大自尊及抱负的鲜明个性，与此看法不同的是，5 级领导通常显得害羞而朴实，同时他们也不需要显得引人注目。相较于他们自身的成功，他们更关注团队或公司的成功。

这种类型的领导通常显得没有自我，但为了组织的利益他们却勇敢果断。他们愿意为他们造成的错误、不良结果乃至失败负全责，却总是将成功的荣耀归于他人。下面有一个企业案例：特里·莱希阁下（Sir Terry Leahy），他于近期退休并离开了他领导了十多年的英国特易购公司。作为一名领导者，他的职业生涯是成功的，但很少的人对此有所了解。因为莱希从不热衷于个人宣传，他将他的精力用于发展特易购以及培养员工，而非提升自己的知名度。尽管大多数有关此类风格领导的研究专注于特里·莱希阁下这种大型企业总裁，但更重要的是，我们应该认识到新范式领导或 5 级领导存在于各种组织各个职位之中。

领导者自查 1.1

你的学习方式：使用多元智力

说明：多元智力理论认为在一个混乱的世界中有各种方法来学习新事物；因此就存在多元"智力"，其中有五个种类：交际能力（通过和他人交往学习），内省能力（自己的内在状态），逻辑—数学能力（理性和逻辑），口语及语言能力（文字和语言）以及音乐能力（声音、音调和节奏）。大部分人都仅善于通过其中一个或两个能力来学习，但其实每个人都有全面发展的潜力。

下面的题目有助于你发现自己倾向于或更喜欢使用某方面能力，以及你不太擅长的能力。请你判断下面的各个情况对你而言是基本符合或基本不符。

	基本符合	基本不符
1. 我喜欢处理并解决复杂的问题	_____	_____
2. 近期我写了一些特别棒的东西。	_____	_____
3. 我有超过三个朋友。	_____	_____
4. 我通过个性测验来认识自己	_____	_____
5. 我经常通过广播或音乐播放器来听音乐。	_____	_____
6. 数学和科学是我很喜欢的科目。	_____	_____
7. 语言和社会学是我很喜欢的科目。	_____	_____
8. 我经常参加社交活动。	_____	_____
9. 我已经参加或是愿意参加个人成长研讨会。	_____	_____
10. 我能听出来音乐是否走调。	_____	_____
11. 我擅长于解决逻辑思考类的题目。	_____	_____
12. 我经常和别人谈论读到的或听到的事情。	_____	_____
13. 和陌生人在一起时，我很容易和他们交谈起来。	_____	_____
14. 我会花时间冥想、反思或者思考。	_____	_____
15. 在听过一两次某个曲调之后，我就能够比较准确地哼出来。	_____	_____

分数及说明

在下列五个能力相关的题目中有多少个是基本符合的。

第1，6，11项：逻辑-数学能力
#基本符合的个数：

第2，7，12项：语文能力
#基本符合的个数：

第3，8，13项：交际能力
#基本符合的个数：

第4，9，14项：内省能力
#基本符合的个数：

第5，10，15项：音乐能力
#基本符合的个数：

教育机构更为注重逻辑-数学和口语及语言这两项学习能力。你所拥有的能力是否和正在发生于世界上的改变相符合呢？你是否愿意仅仅深度开发一项能力，抑或是发展多项能力？上面列示的能力中只要你获得了三分就代表着这项智能是你善于利用的能力，而那些零分的能力则表示也许你从来不使用该项能力。看看你所拥有的能力是否与你的职业规划及你想要成为的领导类型相适应。

资料来源：Based on KirsiTirri, Petri Nokelainen, and Martin Ubani. Conceptual Definition and Empirical Validation of the Spiritual Sensitivity Scale. *Journal of Empirical Theology* 19, 2006, pp.37-62; and David Lazear. Seven Ways of Knowing: Teaching for Multiple Intelligences. Palatine, IL:IRI/Skylight Publishing, 1991.

思考一下！

领导是否应该遵守牛仔条约？

1. 一个牛仔从不利用非正当的优势——即使在面对敌人的时候。
2. 一个牛仔从不食言或背信。
3. 一个牛仔从不说谎。
4. 一个牛仔在对待儿童、老年人及动物时是和蔼而温柔的。
5. 一个牛仔不会有种族或民族偏见。
6. 一个牛仔总是乐于助人的，并且会在他人遇到麻烦时提供援手。
7. 一个牛仔是个好员工。
8. 一个牛仔在思想，谈吐，举止及个人习惯方面都保持干净整洁。
9. 一个牛仔尊重妇女、父母以及他的祖国的法律。
10. 一个牛仔是爱国的。

资料来源：Gene Autry's Cowboy Commandments are reported, with some variations in wording, in multiple sources.

1.3 领导与管理的差别

管理的定义是"为了有效地实现组织设定的目标而采取的方式，具体包括计划、组织、人员配备、指导以及对组织资源的控制。那么，是什么使得领导过程不同于管理过程呢？从根本属性上说管理者和领导者有较强的交融性。许多不同层级的经理也是好的领导者，同时，许多的普通人也可以提升高效领导和管理所需的能力。领导与管理在组织中都很重要，且二者必须有效地结合起来才能带领组织走向高效。也就是说，领导绝不能取代管理，二者必须协调起来。

> **管理**
> 为了有效地实现组织设定的目标所采取的方式，具体包括计划、组织、人员配备、指导以及对组织资源的控制。

图1.3 将管理与领导的五个方面进行了比较，这五个方面对组织绩效至关重要——提供指导、协调团队、培养关系、提高个人素质以及创造领导成果。

1.3.1 提供指导

领导和管理二者都涉及为组织提供指导，但仍存在一些差别。管理是为了达到特定的结果而制订具体的计划和时间表，而后再通过合理地分配资源来完成计划。领导需要的则是为组织设立美好的愿景，并设定长远的战略，做出相应的变革，最终实现这个愿景。管理要求密切关注企业底线及短期绩效，而领导意味着把握大方向以及关注长远的未来。

> **新领导行动备忘**
> 你可以尝试通过完成"领导者自查1.2"的题目来提升你的领导力。

愿景是于组织或团队而言富有雄心且可取的未来宏图。愿景有远大或务实之分，前者如

	管理	领导
提供指导	• 计划和预算 • 最小化特定结果的风险 • 关注企业底线	• 设定愿景和战略 • 机会最大化 • 把握方向
协调团队	• 组织与人员配备 • 指导与控制 • 构建结构与命令	• 构建重分享的文化价值 • 提供学习机会 • 鼓励合作与灵活性
培养关系	• 投资于产品之上 • 利用职位的权力 • 让员工专注于特定目标	• 投资于人员之上 • 利用个人影响力 • 以目标与信任来激励员工
提高个人素质	• 感情疏远 • 专业的头脑 • 谈话 • 一致性 • 洞察组织	• 感情亲近(心灵) • 开放的头脑(正念) • 倾听(沟通) • 非一致性(勇气) • 洞察自我(个性)
创造领导成果	• 维持稳定：创造重效率的企业文化	• 创造变革及灵活而正直的文化

图 1.3　管理与领导的比较

资料来源：John P. Kotter. *A Force for Change: How Leadership Differs from Management*. New York: The Free Press, 1990. Kevin Cashman. Lead with Energy, *Leadership Excellence*, December 2010, p.7; Henry Mintzberg. *Managing*. San Francisco: Berrett-Koehler, 2009. Mike Maddock. The One Talent That Makes Good Leaders Great. *Frobes*, September 26.

摩托罗拉公司的目标"成为世界一流公司"，后者如瑞典宜家公司的"为预算有限的人们提供他们能买得起的家具"。

1.3.2　协调团队

管理需要组织一个机构来完成计划，聘用员工，制定政策、程序以及系统来指导员工并监督计划的实施。与管理不同，领导更注

> **愿景**
> 于组织或团队而言富有雄心且可取的未来宏图。

重在达到理想未来的过程中，对愿景的宣传，发展共享的文化，以及一系列核心价值观。远景描绘了企业的终极目的，而文化及价值则帮助确定旅途的方向以便让每个人齐心协力共同前进。

领导者为员工提供学习机会，以使他们可以充实的头脑，扩展能力并能为自己的行为负责。回忆一下你曾在学院或大学中上过的课。在某些课上，教授清晰地告诉学生应该做什么又该如何去做，由此许多学生都喜欢这种类型的指导和控制。但是你是否曾上过另外一种课，在课上老师启发并激励你和你的同学去主动创新，寻找不同的解决方案？二者的不同之处反映了理性管理与领导方式的区别。

1.3.3　培养关系

从人际关系方面来说，管理的核心在于让员工产出最大化的成果，从而实现生产目标，也让客户及时获得产品及服务。领导，与之相反，更倾向于投资于人，让他们更有精力并会

激发他们实现目标。

管理中产生的人际关系基于地位和权威,而领导中产生的人际关系是基于个人的影响力及相互之间的信任。举例来说,在基于职权关系产生的人际关系中,关系双方都对此表示认可:经理告诉下属应该在早上 7:30 上班否则他将被扣工资。相反地,领导所产生的人际关系的基础是影响力,其中不大可能存在强制。领导者所发挥的作用是吸引并激励员工,通过目标与挑战而非奖赏与惩罚来激励员工。二者权力来源的差别是管理者与领导者之间的关键差别之一。若一个经理失去了他的权力,人们还会选择跟随他吗?这就是领导力的象征。

1.3.4 发展个人素质

领导不仅仅依赖技巧,而是细微但富有力量的个人素质。其中包括像热情、正直、勇气以及谦逊等品质。首先,良好的领导力来源于对工作及他人的真心关怀。工作中存在的普遍现象是,管理的过程易于产生情感上的距离,但领导力则意味着要与他人建立紧密的情感关系。当组织中存在领导力时,人们就像生活在共同体中一样,感到自己正在为某些有意义的东西而共同努力。管理意味着提供答案和解决问题,而领导则需要勇于承认过错容许怀疑,并倾听、信任他人,向他人学习。

领导才能并非天生的,它也需要努力才能获得。在产生领导力的过程中,领导需要经历一个自我发现和自我理解的过程。领导学专家一致认为高效领导的一个重要人格是他们知道自己是谁、又代表了谁。除此之外,领导者还要有勇气来践行他们的信仰。

真正的领导者通常有接受新思想的开放头脑,而不是批评新思想的保守大脑。领导者通过倾听发现人们的需要,而不是通过言语来给予意见及命令。领导者乐意于打破常规,愿意在大是大非面前勇敢地去拒绝错误的想法,也能够接受他人非传统的想法,而不是打压人们的思想,使其高度一致。

1.3.5 创造成果

管理与领导的不同产生了两个截然不同的结果,如图 1.3 底部所示。管理需要维持一定的稳定性以及可预期性,并基于重效率的文化来发布命令。相反地,领导创造变革,而且经常是激进式的变革,在变革中倡导灵活及正直的文化,并通过推广开放、正直和积极的人际关系以及长效的创新机制来使组织获得长远的发展。领导同样鼓励那些艰难且非常规的决定,即使有时这些决定会损害到短期的效益。

领导者自查 1.2

你的领导潜力

说明:问题 1~6 与你现在状况相关。问题 7~14 用于了解当你是一家公司主要部门的领导者时你的行为模式。通过选择基本不符合及基本符合来表示某一项目是否描绘了你的近况,及某一项目是否符合当你成为部门领导者时所会采取的行动。

现在   基本符合   基本不符

1. 当我有许多工作或作业需要完成时，我会将任务按照重要性排列，并将各个任务协调好以在截止日期前完成。
2. 当我的意见被否定时，我将继续坚持并努力说服别人直到分歧被解决。
3. 我宁愿待在计算机前面也不愿意将时间花费在他人身上。
4. 我会参与到其他人的活动、讨论中去。
5. 我有事业、家庭等内容的长远规划。
6. 当遇到需要解决的问题是，我倾向于自己进行分析而不是和其他人一起探讨如何解决。

成为主要部门领导时   基本符合   基本不符

1. 我会帮助我的下属弄清组织目标并告诉他如何达到这个目标。
2. 我会帮助人们建立一种长远任务感及更高使命感。
3. 我会确保工作能够及时地完成。
4. 我会寻找新产品或服务的机会。
5. 我会赞扬那些做好本职工作的人。
6. 我会赞扬不因循守旧的信仰和价值观。
7. 我会建立工作标准程序以使部门的运行更加顺畅。
8. 我会用言语清晰地表述自己和组织的更高价值。

分数及说明

偶数项中基本符合的个数：_____。奇数项中基本符合的个数：_____。比较两个分数。

偶数项的内容是领导的典型行为和活动特征。领导者会亲身参与塑造组织的观念、价值观、愿景及变革。他们通常利用直觉来为部门或组织开发新构想、寻找新方向。奇数项的内容涉及的是传统的管理活动。经理在处理组织问题时不带有人情味，他们基于理性进行抉择，他们的工作目标是维持稳定和高效。

如果你在偶数项内容中选择肯定的个数多于奇数项中选择肯定的个数，那么你有成为领导者的潜在能力。反之，你有成为经理的能力。对于新组建的组织领导而言，管理的能力是非常重要的基础，因为这个组织首先要实现的就是有效地运行。领导能力对于提高绩效有一定的效果。管理能力与领导能力都能够随着认识与经验的增加而不断发展完善。

Source: Based on John P. Kotter. *Leading Change.* Boston, MA: Harvard Business School Press, 1996, p.26; Joseph C. Rost. *Leadership for the Twenty First Century.* Westport, CT: Praeger, 1993, p.149; and Brian Dumaine. The New Non-Manager Managers, *Fortune.* February 22, 1993, pp. 88-84.

1.4 领导学理论的发展

为了理解如今日常中频繁用到的领导力，我们应该认识到领导力是随着时间的推移而发展的。通常来讲，领导力反映了更广阔的社会，在这个广阔天地里，理论伴随着规则、态度以及理解的变化而演变。

1.4.1 主要理论的历史回顾

领导学理论可以分为六大基础门类，在这一部分我们将对其进行简要介绍。这些理论中的大部分内容在今天仍适用于领导学的研究，本书中的许多章节也将对它们进行讨论。

伟人理论

这是领导的早期概念。早期的领导学研究者都坚信，那些领导者（一般被认为是男性）天生就具有特定的英雄式领导特征并自然地拥有力量和影响力。在组织、社会运动、宗教、政府以及军队中的领导者通常都被具象为一个伟大的人，他在性格、素质以及能力方面所具有的力量使他可以将一切综合起来，并通过自身影响力获得他人的追随。

特质理论

对那些杰出的领导者所做的研究促使调研的方向开始转变，学者试图找出能够成为杰出领导者的特质。在20世纪20年代初期，研究人员开始观察领导者们是否具备某些典型的特点或性格特征，比如那些可以将他们区分于非领导人，并有助于成功的智力或体力特征。该理论认为如果能够确定领导者所具备的特点，那么就可以预测谁有能力成为领导者，也许甚至可以将其用于培养领导者。尽管研究未能成功地发现那些成功的领导者所需的特质，但直到今天，对领导特质进行研究的兴趣仍恒久不衰。

行为理论

领导特质研究的失败使得研究人员从20世纪50年代开始从研究领导特质转向领导行为。其中一个理论专门研究实际工作中具体的领导行为，如各种各样的管理活动、管理角色及其所承担的责任。此后不久，领导行为理论开始关注高效领导与低效领导在行为上差异。研究人员着眼于领导者的追随行为，以及他所采取的行为方式同其领导绩效是否相关。在第2章中我们将对特质理论和行为理论进行讨论。

权变理论

在接下来研究人员开始考虑哪些是能影响到领导行为效力的情景因素。权变理论还暗含这样的想法，领导者能够对他们所处的环境进行分析，并根据情境改变他们的行为来提高领导效力。主要的情境变量有追随者的性格、工作环境的特征，追随者所从事的工作以及外在的环境。权变理论，有时又被称作情境理论，强调不能将领导者从团队或组织环境所具有的多种因素中分离开进行理解。在第3章中包含了权变理论。

影响力理论

该理论研究领导者与追随者之间是如何相互影响的。我们研究的主要课题是魅力型领袖（第12章），指的是领导的影响力不是基于其地位或权威，而是基于领导者本身的品质和人格魅力。领导愿景（第13章）与组织文化（第14章）是与影响力理论相关的研究领域。领导者们通过向人们阐述充满希望的未来愿景并塑造要实现该愿景必需的文化与价值观来促使人们改变。由于了解影响力对理解领导的内容是很重要的，因此本书中有几章内容都涉及影响力。

关系理论

自20世纪70年代后期以来,许多研究领导学的理论都从关系这一层面来研究领导学。关系,指的就是领导者与追随者是如何相互交流与相互影响的。领导并非被视作一个领导者对一个追随者的影响;反之,领导被视作一个关系过程,这一过程意义深远,它鼓励每个人并使每个人能够为愿景的实现而做出贡献。人际关系是领导效用中最为重要的方面。关系理论中有两个非常重要的理论,它们是变革型领导(第12章)及仆人式领导(第6章)。

其他较为重要的与人际关系有关的内容将在本书中的许多章节中谈到,其中包括领导者要想建立有效的人际关系所需的个人品质,比如情商、智商、正直与高道德标准以及个人勇气。另外,领导主要通过激励与授权,领导沟通,团队领导力及接受多元化来构建人际关系。

1.4.2 领导学理论发展模型

图 1.4 提供了领导学理论从最初的伟人理论发展到当代的关系理论的大体框架。模型中的每部分内容总结了不同阶段居于主导地位,但不太适用于当代世界的各领导理论。

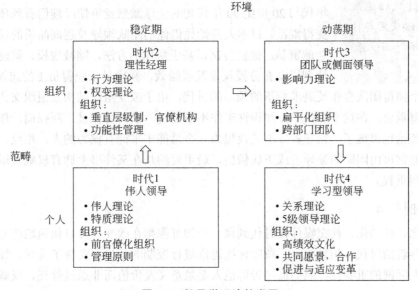

图 1.4 领导学理论的发展

领导理论时代 1

这一阶段的领导力概念是前工业和前官僚时代。这个时代中大多数机构的规模很小并且一般由一个单独的人运营,通常这个人会雇用他的朋友或亲戚而并非有能力有资格的人。组织的规模不大并且业务简单,运营环境也比较稳定,这使得了解全局、协调控制所有活动及保持事务正常运作对一个单独的人而言比较容易。这是伟人领导理论并强调领导者的个人特质的时代。领导者被概念化为一个单独的能够纵观全局从整体着眼解决问题的英雄。

领导理论时代 2

在时代 2 中，我们能看到统治集团和官僚机构的出现。尽管世界仍平稳地运行，但为了保证企业活动能够有效进行，各组织机构开始扩大，也由此需要制定规则和标准流程。权威阶层设置了监管与控制员工的合理机制，决策也不再像曾经那样随意或依传统而定，而是需要经过一定精细的过程才能做出。这个时代见证了"理性经理"的兴起，理性经理通过客观但缺少人情味的方式来指挥控制其他人。雇员不再需要进行独立思考，他们只要按照指挥去操作：遵守规则和流程、完成特定任务去做就可以了。这一阶段更为关注细节而非全局。

在一个稳定的环境中理性经理是合理的。行为理论与权变理论在这一阶段之所以能发挥作用是因为领导者可以对他们所处情况进行分析，执行谨慎的计划并控制所发生的一切。但是理性经理在今天已经不再有效。

领导理论时代 3

> **新领导行动备忘**
> 作为一个领导，你可以利用与你组织所处时代相适应的领导技巧。你可以使用与你组织相适应的影响力及人际方面的理论。

这个时代中北美和欧洲的经理遭到了冲击。霎时间，整个世界不再稳定，珍贵的技能与理性的经理不再受到重视。始于欧佩克组织 1972—1973 年的禁止贸易令，及随之而来的发生于 20 世纪 80 年代与 20 世纪 90 年代初的全球激烈竞争使经理们看到环境条件已变得混乱。日本人开始凭借他们团队领导及超高品质的理念控制了全球贸易。他们尝试以基于协作的方法，缩减规模、重建组织品质计划以及充分授权来发展绩效，激励员工获得员工的忠诚。

这是个懂得团队合作及追求变革的领导的时代。出于改变组织结构及组织文化的需要，影响力变得重要。在这个时代中，知识性工作不断涌现，横向协作被不断强调，作用理论这一领导学理论也出现了。领导者并不是设想为一个总能牢牢拥有权力的人；相反，领导这个行为本身通常可由团队的领导者或下属做出，最重要的是在某件事上拥有权威或最专业的人的意见得到重视。

领导理论时代 4

电子化、移动化、社交媒体化时代到来。一切好像都在改变，并且快速地改变。时代 4 是**敏捷领导者**的时代，领导放弃了按照传统思维进行控制的行为，实现了飞跃。领导强调人际关系和人际网的重要性，他们通过告诉他人愿景意义及价值而非通过管理、权威和控制来影响他们。他们无论在个人的还是在职业的生活中都一直在尝试、学习和变革，他们也鼓励其他人不断发展不断成长，因此追随者们能够扩展他们的能力并进行创新。时代 4 要求领导者拥有宽阔的眼界，这个眼界远宽于理性的经理甚至团队领导者所能达到的宽度。

含义解析

> **新领导行动备忘**
> 通过"领导者自查 1.3"你能知道你的人际能力并了解你较为薄弱的方面。

由伟人领导发展到理性管理，再到团队领导者直至敏捷性领导的变化反映了世界变化的潮流。领导反映了组织或社会所处的时代环境。当代大多组织和领导者仍在努力地适应不断由平稳变为混乱的环境，并努力学习在这个环境中所需要的新技能和新能力。因此，时代 3 是个多样性、团队领导、权力下放及横向关系之间关联愈加紧密的时代。除此之外，许多领导者正通过关注变革管理方式、促进鼓励高绩效的愿景和价值观、提高敏捷性及不断地改变来快速地向时代 4 发展。敏捷领导者利用新的社会技术来创造组织之间的网络。本书中将用大量篇幅来介绍时代 3 与时代 4 中的领导理论。

1.5 领导力是可以习得的

在从工业社会向 21 世纪的转换中，许多领导者都在理论与实践两个层面遭遇过窘境。由于领导者及员工的观念与思维仍局限于重控制、稳定以及统一性的旧范式之中，组织中许多致力于合作、授权以及多元化的努力多以失败而告终。对许多领导者来说，他们很难放弃过往曾帮助他们或其组织取得成功的经验和方法，然而，他们却可以通过有意识地践行新方法来实现范式的转变。

> **敏捷领导者**
> 一个以开放的态度对待学习与改变，并鼓励其他人成长和发展的领导。

1.5.1 领导的致命缺陷

向领导新范式转变的过程中最重要的内容之一就是要有意识地运用柔和的交际的方式来构建高绩效、高信任及高合作的组织文化。对导致经理在其职业生涯中"脱轨"原因的研究表明了掌握新范式领导技巧的重要性。**脱轨**，指的是一个具有可观的业绩记录的经理由于工作要求及其个人能力及品质不匹配，从而在工作中出差错并难以进步的现象，这在许多组织中都曾发生过。在对不同国家众多组织所做的研究中表明，那些不具备柔和的人际技巧的经理比那些不努力工作或缺乏专业技能的经理更容易遭到失败。脱轨的经理通常是成功的人，他们在职能范围内表现突出，于是也通常被寄予厚望，但在他们到达平台期时却被解雇或被强令尽早退休。

> **脱轨**
> 一个具有可观的业绩记录的经理，由于在工作需要、个人能力及品质之间存在的不匹配而在工作中出差错难以进步的现象。

在北卡罗来纳州格林斯伯勒创意领导中心，研究员在近二十年里都在研究导致经理脱轨的原因。他们得出的结论是，有五大缺陷会导致经理的脱轨，如图 1.5 所示，主要是由于人际技能的缺失。经理们的失败通常由于他们花费过多时间用于提升自己而非用于工作，从而不能实现经营目标。他们的野心太大也过于自私，并且很难履行他们的承诺。他们经常麻木而挑剔，不值得信赖，不懂得从反馈与失败中吸取教训，也不能构建发展合适的团队，在他们被提升为总经理时他们也不具备宏大的视野。其他研究也表明最大的领导问题并非是技术失误，而是人为的错误。

1. 业绩问题	2. 人际关系问题	3. 难以改变	4. 构建及领导团队的问题	5. 管理经验太过狭隘
花费过多时间用于提升自己和玩弄权术使得不能实现经营目标，不能履行承诺，缺乏对优先问题的关注	在下属、顾客及其他人眼中是冷漠，好使唤人，挑剔的人；在同他人交往过程中是不可信赖的人	难以从反馈及失败中吸取教训来改变旧有的行为模式，反感并不懂得处理压力，不懂得根据新要求改变管理风格	在下属眼中其管理是失败的，不懂得利用他人来完成工作，不能够判别并雇用合适的人	不能够高效工作，不能在现有能力之外开展合作，在被提升到管理数个部门的总经理职位时不能够纵观全局

图 1.5 导致脱轨的五大缺陷

资料来源: Based on Yi Zhang, Jean Brittain Leslie, and Kelly M. Hannum. Trouble Ahead: Derailment Is Alive and Well. *Thunderbird International Business Review* 55, no.1, January-February 2013, pp. 95-102.

1.5.2 领导者的良好行为

最优秀的领导者，无论是在哪个阶层，往往是那些对他人表示真正关心并想办法让他人得到最好发展的人。成功的组织，如谷歌公司，都会关注与发展领导人的软实力，这个软实力是在一个不断变化的环境中想要有效地领导技术性人员所需要的实力。

领导能力自查1.3

你是否在快速而无终点的路程中？

说明：大部分升迁很快且身处领导职位的人突然发现自己已脱轨却并不知原因。在很多时候人际技能的缺失是很重要的原因。为了了解你是否需要提升你的人际技能，你可以根据你现在或过去曾工作过的工作职位或志愿职位来完成下列的问题，以基本符合或基本不符作为每个问题的回答。

人际能力	基本符合	基本不符
1. 在别人眼中我待人友好。		
2. 我经常向队友或同学微笑。		
3. 我经常和其他人甚至陌生人接触。		
4. 我经常向其他人表示感谢。		

与领导交流	基本符合	基本不符
1. 会议上领导询问点评或想法时我会畅所欲言。		
2. 我会指出领导所做的错误决定。		
3. 同组织内或组织外的领导打交道时，我没有压力。		
4. 于我而言在领导面前坚持自己想法是件很轻松的事。		

团队合作	基本符合	基本不符
1. 每周我都会同其他部门的同事共同合作完成任务。		
2. 为了建立专业联系我曾加入多个组织。		
3. 我经常利用午餐时间认识新朋友并建立联系。		
4. 我积极地同以前一起工作过的同事保持联系。		

计分并解释

计算选择"基本符合"的题目的数量。

人际技能：

与领导交流：

团队合作：

如果你在某一方面得到4分，那么你在这方面是没有问题的。你只要继续保持就行。

如果你的分数是 2~3 分，那么你可以调整你在这一方面的技能。请回顾一下你选择基本不符的题目，并将题中涉及的内容运用到你的领导技能之中。

如果你的分数是 0~1 分，表明你很可能有陷入脱轨的危险。你应该花时间进行深入的自我评价并寻找合适的方法来发展你的人际交往技能。

前沿领导者

谷歌 Google

在 2013 年，谷歌公司连续第四年获得《财富》杂志提名的最佳工作公司。这并不是偶然事件。谷歌的人力资源部门，被谷歌公司称为人才管理部（People Operations，POPS）——通过数据来记录并了解需要完善的方面，由此对员工的幸福感及健康的控制达到一种不可思议的精确度。

谷歌发现优秀的领导者能够带来巨大的影响。谷歌关注优秀的领导者——那些拥有低损耗率并能够在团队中获得更高绩效的人——的确不同于那些不那么成功的人。通过分析业绩评估及反馈调查，谷歌的行政官利用其中的发现来帮助那些不怎么好的领袖变得更好。即使在谷歌这样一个依赖技术专家的公司，温和的人际关系技能也是非常重要的。正如下方图表中所展示的，专业技术能力是八大理想领导能力中排名最后的能力。

谷歌发现员工需要这样的领导者，即他能够倾听他们的需要，能同他们建立积极而富有成效的关系，能对他们的生活和事业表示关心。当谷歌公司致力于训练那些不怎么成功的领导者来发展软技能并拥有下列八项能力后，管理队伍的水平得到了提高，员工反馈分数从 2009 年开始在每一年都得到了很可观的提高。

谷歌优秀领导者八大行为

1. 成为一个好的教练。
2. 对团队充分授权并不进行局部干涉。
3. 对团队成员的成功及他们的健康表示关心。
4. 不做胆小鬼。工作高效并以结果为导向。
5. 做一个良好的沟通者并倾听团队的需要。
6. 帮助你的员工进行职业生涯发展。
7. 拥有对团队的清晰眼光及战略。
8. 拥有核心的专业技能从而能够给团队建议。

谷歌所列的领导理想行为清单能够帮助领导们预防导致其事业脱轨的致命性错误。另外，正如前面讨论的那样，当代成功的领导者会有意识地重视改变甚于稳定，授权甚于控制，合作甚于竞争，多样性甚于一致性，正直甚于自私。高管培训这一产业的出现，在某些方面能够帮助人们实现向新领导范式的转变。高管培训员鼓励领导者去面对组织他们高效领导的缺点及障碍，从而帮助他们增强自身的情感能力与交际能力。

> **新领导行动备忘**
>
> 作为一个领导，你可以通过培养你的人际技巧来避免陷入领导困境。你可以尝试热心待人、对他人表示关心与尊敬，并通过选择优秀的追随者及有效地进行授权来防止过度管理。

> "我认为真正的英雄大部分时候都是默默无闻的，他们也很喜欢这样。他们给予其他人信任，一直在幕后，他们不会做出夸张的陈述、预期和承诺，他们所表现出的往往比人们预期的更好。"
>
> 霍华德·加德纳
> 哈佛大学心理学家

1.6 掌握领导的艺术与科学

有这样一个由来已久的问题：领导力是天生的还是后天练就的？一项调查中显示，有19%的高级执行官认为领导力是天生的；而52%的高级执行官认为领导力是后天练就的。在他们看来，某些天生的能力及个性可能为成为好领导者打下基础，但无论拥有什么样的内在能力，大多数人还是可以通过学习从而成为一个优秀的领导。有趣的是，在上述调查中，无论是先天论者，还是后天论者，他们都认同通过实践学习是成为优秀领导者的关键。

领导是可以学习的，但是意识到领导是一门艺术与科学也很重要。领导是一门艺术，是因为许多领导技巧和能力并非通过课本来学习。领导不仅需要实践及实际动手经验，还需要深度的自我发觉与发展。然而，领导还是一门科学，需要越来越多的与领导力相关的知识及客观现实来验证领导学发展的过程，以及如何利用领导学来获得组织目标。这就是与领导有关的教科书或课程能够帮助你的内容了。

增加对领导力调查的知识可以帮助人们利用不同角度来分析局势，并学习到如何高效工作的能力。通过在商界和社会界两方面对领导力开展探究，同学们会理解领导力对组织成功的重要性，同时也领会到成为一个领导者面临的困难与挑战。通过学习领导学也能够帮助你发现你所拥有却不曾发觉的能力。在沃顿商学院的一次领导力课程上，教授要求学生选出一个领导者来代表整个班级，一个女生被选中后，她对自己所获得的领先得票感到非常惊讶。她的领导能力并不是在学生会、志愿活动或运动活动中而是在课堂上被认可的。通过学习领导学，你可以在日常生活中去灵活运用学到的领导知识。图1.6给予了一些能够帮助你磨炼领导能力的技巧。

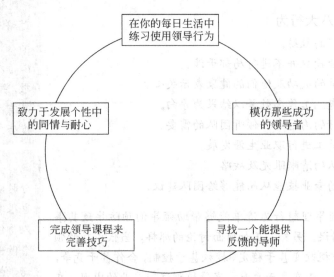

图1.6 学习成为一名领导者

资料来源：Guidelines for the Apprentice Leader. Robert J. Allio. Masterclass: Leaders and Leadership—Many Theories, But What Advice Is Reliable? *Strategy & Leadership* 41, no. 1(2013), pp.4-14.

许多人从未尝试过成为一个领导者，因为他们不了解领导实际上做什么。本书中的许多章节都能够帮助你获得对领导的精确认识并让你知道成为一个优秀领导者所需要的技巧与能力。你可以通过完成本书中的领导力自查，完成每一章节后的活动与案例并将你在课堂上学习到的概念，运用到同他人的交往中、用到学生群体中、用到工作中以及用到志愿组织中，来建立你在艺术及科学方面的领导竞争力。尽管本书及你的老师能够在你发展的道路上给予你引导，但只有你自己能够将领导学中的概念与原理运用到你的日常生活中去。你应该从自己开始，从现在开始，学习成为一个领导者。你准备好接受这个挑战了吗？

1.7 本书结构

表 1.2 总结了本书中涉及向新领导范式转变的内容，在表 1.3 中将管理与领导进行了详细的比较。表 1.7 中所列的大纲对本书的结构进行阐述。

本书的第一部分主要介绍领导及其重要性以及领导范式由旧到新的转变。第二部分对注重理性管理的稳定时代中基础研究视角的发展进行探索。这些基本的视角，包括伟人理论、特质理论、行为理论以及权变理论，都同处理特定的任务及特定的个体相关，并且都基于以下假定，即领导者可以预测并控制环境中的变化因素来使组织得以平稳运行。

本书中的第三部分、第四部分和第五部分关注的领导学视角包括：领导范式向动荡转变的过程、环境所具有的不可预测性的特点以及新领导范式需求。第三部分讨论了领导中存在的个人化一面，也关注了要想成为有效的领导者所需要的某些品质和能力。这些章节都强调了自我发现、自我理解、自身领导精神和心理、领导者的道德和勇气以及对追随者心存感激的重要性。第四部分是关于如何构建有效的人际关系，包括给予他人鼓励与授权，像领导者一样沟通，领导团队，接受当代世界的多样性以及利用权力和影响力。

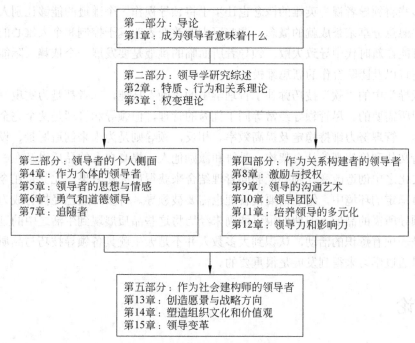

图 1.7　本书大纲

第五部分内容将所有的理念结合起来，考察领导者是否能够成为建造社会架构的工程师，并为组织创造更光明的未来。这些章节将涉及创造愿景及提供战略方向、调整文化和价值观以实现愿景，以及引领变革。

将这些内容与章节结合起来可以深刻领会到领导学是如何发展到今天的这一历程，同时本书也强调关乎今天与未来的新领导范式的能力与品质。本书将系统的研究证据同现实世界的经验和影响相结合起来研究。

本章小结

- 本章介绍了领导学的概念并解释了个人是如何成为领导的。领导的定义是一种存在同领导者与追随者之间的影响力，二者都致力于实现他们的共同希冀的市值变动与目标。因此领导学涉及处于人际关系之中的人，影响力，变革，共同目标以及承担个人的责任以创造改变。大多数人都只知道那些比较著名的领导者，但大多数改变这个世界的领导者都通常从小事入手，他们的领导生涯很可能开始于那些促使人们开始变革的对现实的困惑，并由此鼓舞他人来跟随他们。你所具备的领导力也许可以在教室里、工作中，或者在你的周边、在你的宗教社区或志愿组织中得到展示。

- 领导的概念随着时间的改变而发展。主要的研究理论有伟人理论，特制理论，行为理论，权变理论，作用理论以及关系理论。这些研究内容的各个元素在今天对领导学进行的研究中仍可适用。

- 当代领导面临的最大的问题是我们不断改变的社会需要新范式的领导。这个新范式涉及从稳定到变化、从控制到授权、从竞争到合作以及从一致到多样的改变。另外，那些将领导者视为英雄的概念也让步于将领导视作一个谦逊的能够让别人获得发展并愿意分享荣誉成就的概念。这些巨大的改变表明基于控制和个人雄心的理念将很可能在新时代中导致失败。领导者所面临的挑战是要发展一个依赖人际能力，诚实正直以及团队合作的新思维模式。

- 领导学中的"软"技巧弥补了管理学中的"硬"技能，二者都是为实现有效管理组织所需要的。尽管领导经常等同于优秀的管理，但领导和管理是两个完全不同的过程。管理努力维持稳定及提高效率。相反，领导则是为未来创造愿景、设计能够塑造文化和价值观的社会架构、鼓舞和激励他人、提高自身的品质以及在一个正直的文化之中创造改变。领导能够同管理结合来获得最大化效果。尤其是在今天这个不再稳定的环境中，组织需要被管理也需要被领导。许多经理已经拥有成为一个有效领导所需的品质，但他们很可能尚未经历将这些品质展现到生活之中的过程。领导是一项有意识的活动，认识到大多数人并不是天生就具备领导技巧与品质、领导可以通过学习来得到发展是很重要的。

问题讨论

1. 浏览近期的杂志与报纸，分别找一个"英雄式"领导和一个如教材中描绘的"5级领导"（Level 5）谦逊式领导。描述一下二者的不同特征。看看哪一种领导更容易找到。

2. 你知道你在领导能力这方面具备哪些优势和劣势？同另一个同学讨论你的答案。

3. 在表1.1中表述的领导要素中哪个对你而言是最轻松的？哪个对你而言是最困难的？并给予解释。

4. 从竞争范式向合作范式的改变如何让领导的工作变得更困难？它是否也能够让领导的工作变得更轻松？讨论一下。

5. 描述你所知道的最好的领导者。这个领导者是如何获得他或她的能力的？

6. 你觉得为什么现在几乎没有人能够在管理与领导这两方面同时获得成功？你觉得同一个人可以胜任管理与领导这两份工作的想法合理吗？讨论一下。

7. 讨论下近期发生的事件中，有可能促使领导"由英雄式变为谦逊式"的例子或社会变化现象。你是否同意谦逊对于优秀的领导是很重要的呢？

8. "领导相较于管理更与人相关。"你是否同意这个观点？讨论一下。

9. 比较一下，成为优秀领导者需要的个人能力与成为优秀的经理所需的个人能力有何区别。

10. 为什么领导学既是一门艺术也是一门科学？

现实中的领导

领导的错与对

领导的错误：考虑一下这样的情况，你正与某个职位比你高的领导者一同工作，而这个人正在做一些对你不利的事情。这个人可能是你的教练，你的老师，团队领导，你的老板，你的顶头上司，你的家人等对你有领导权的人。"对你不利"意味着这个人的行为将降低你的效率，让你或你的同事变得低效，让你们失去动力。在下面简述领导者曾经做过的于你不利的事情。

_____
_____
_____

请回想另一个对你享有领导权的人做过的对你不利的事情。在下面进行简述。

_____
_____
_____

领导的正确：考虑一下这样的情况，你正与某个职位比你高的领导者一同工作，而这个人正在做一些对你有帮助的事情。这个人可能是你的教练，你的老师，团队领导，你的老板，你的顶头上司，你的家人等对你有领导权的人。"对你有利"意味着这个人的行为让你或你的同事变得高效，高度激发了你们的动力，并帮助你们移除障碍使你们获得成功。在下面简述领导者曾经做过的于你有利的事情。

_____
_____
_____

请回想另一个对你享有领导权的人做过的对你有利的事情。在下面进行简述。

_____
_____
_____

上面的回答能够帮助你了解领导行为的作用。分析上面四项内容——领导所具备的什么潜在特质能够帮助你成为有效的执行者？同其他同学讨论你的回答。在你们二人共同提到的八个案例中，你们都提到了哪些领导风格？从这些领导的回应中，你认为哪些品质是你所希望拥有的，而哪些是希望排除掉的？

课堂活动：本次测试可以用下面这种有趣的方式进行：让同学们在一块黑板上写下他们的领导人的"好"，而在另一块黑板上写下他们的领导人的"坏"（最多五个词）。教师可以要求同学们组成小组讨论，并根据黑板上所描绘的一组特征来指出成为高效领导的要素有哪些，并由此确认优秀的领导者应该具备哪些品质。当同学确定了四个到五个核心品质后，他们可以尝试寻找出一个能让高效的领导者区分于不那么高效的领导者的核心品质。

资料来源：Melvin R. McKnight. Organizational Behavior as a Phenomenological, Free-Will Centered Science. Working Paper, College of Business Administration, Northern Arizona University, 1997.

领导力开发：案例分析

销售工程部

德家朗涂料公司（DGL International）是一家炼制石油的生产商，该公司是在一种非常紧急的状况下任命约翰·特里尔（John Terrill）作为其销售工程部的总经理的。销售工程部共有20名工程师，是公司中拥有最高的薪资、受过最好的教育但却创造最少收入的部门。领导层交给特里尔的任务是：改变这种状态。特里尔召开了一次部门会议，在会议中，他非常关心这些工程师的个人福利，并直接问道："怎么了？为什么我们不能创造财富？为什么我们部门的营业额如此低？"

几乎没有任何犹豫，员工们开始了一阵抱怨。"我想当秘书，但却被雇用为工程师。""我们有近一半的时间用在给高管写那些一式三份的愚蠢报告，还没人去看。""我们要将费用算得非常清楚，这使得我们没有足够的时间来做客户工作或考虑未来的发展。"

经过两个小时的讨论，特里尔开始设想该部门的一个新工作模式，即员工的时间主要用于联系客户促进生产的自主性团队工作。特里尔的总结是他必须让员工免受给高管写报告的压力。他向工程师承诺："我的职责就是不干涉你们以使你们可以完成工作，同时我也会尽量让高管不给你们施压。"他要求大家把每日汇报送到他的办公室而不是发送到总管理处。在最初的三周，技术报告在他的桌上堆成了小山。一个月后，堆积的报告大概只有三英尺高。在那段时间没有人要求要看报告。当其他经理来到他的办公室并看到桌上堆积成山的文件，他们会问："那堆东西是什么？"特里尔就会回答说："它们是技术报告。"但是没有经理要求去读这些技术报告。

最终，在一个月后，当财务秘书要求提交月度差旅费及费用报告时，特里尔回应道："明天早上在总裁办公室我会给你一个交代。"

第二天早上，当特里尔推着一个装满一堆报告的手推车穿过销售部时，销售工程师们都大声欢呼给特里尔加油。他们知道决一胜负的时候就要到了。

特里尔来到总裁办公室将如山的报告堆在了总裁的桌上。如山的报告使总裁及其他高级主管有些疑惑。

"这些，"特里尔高声说道："是销售工程部工作效率低下的原因。这些是你们每个月都要求提交的报告。但事实是这些报告在我的办公桌上待了一整个月但却根本没有人来阅读它们。我认为工程师们的时间应该被更合理地利用，我的办公室只要一个月写一篇简短的汇报就可以满足其他部门的需求了。"

问题

1. 约翰·特里尔的领导风格是否符合在表1.1中对领导的定义？向上式管理是否是领导工作的一部分？分析一下。

2. 表1.4中哪个领导时代是特里尔有可能处于的时代？哪个领导时代是总管理处处于的时代？分析一下。

3. 若你处于这样的情况之中你会采取什么方法？你觉得高级主管会如何回应特里尔的行动呢？

马歇尔计划

无论是在合作者还是竞争者眼中，马歇尔·戈登（Marshall Gordon）都被视作一个肩负使命之人。作为一家大型椅子制造公司设计团队四名成员的一名，马歇尔非常专注于设计舒适的座椅，其原因可以追溯到他儿时所受的背伤及由此带来的终生疼痛。他承认，在这个行业中最重要的是设计出合适的椅子来为那些遭受背部、臀部以及颈部疼痛的人减缓疼痛，以及通过椅子确定正确的姿势以帮助各个年龄段的人们免于遇到上述问题。他在公司创业的早年，也就是在1937年美国发起的战后重建欧洲经济 [该计划以国务卿乔治·马歇尔（George Marshall）的名字命名] 计划之后，员工们戏称他的方法为马歇尔计划。正如其他为拯救世界而奋斗的人一样，马歇尔·戈登以高度的热情以及强烈的创造欲望来进行设计，就好像创作中的任何一笔一画，任何一个设计上的调整都能够改变文明。

身为一个单身汉，也没有关系亲密的亲人和朋友，马歇尔算是和工作结婚了。他每周大概花费70小时的时间在工作上，尽管他是个领薪水的经理，但他没有任何加班费。甚至在他吃饭或周末闲暇的"停机时间"也被他用于设计椅子，学习最新的人体工程学或侦查竞争对手们对设计所做的每一个调整。

"当你逛一个家具城时,你非常有可能会看到马歇尔,穿着军大衣戴着帽子偷偷摸摸地调查竞争对手所设计的家具,"一位名叫约翰·克拉多克(John Craddock)的团队成员说:"我们都觉得很好笑。马歇尔带着——真的是带着——椅子来到会议上并将它们拆开来给我们展示一些他的微小发现。"

马歇尔对于椅子、疼痛和重力的狂热,以及胜人一等的竞争力使其成为一个很有价值的雇员,并让他凭借创造性的设计在这个行业中获得了相当的声望。自从20世纪70年代彼得·奥布斯维克(Peter Opsvik)的重力阿提普罗奥德人体工学椅被设计出来以后,没有任何人能够对这一行业产生如此深远的影响。竞争对手们迫不及待地想要引诱他来自己这边工作。

但是这项马歇尔计划代价很大。他作为设计组的领导之一,在公司工作了15年。但是设计组的离职率一直居高不下,原因就是沮丧的员工为了"远离马歇尔"而离开公司。

"你在这个卓越而富有献身精神的人身上所能够学到的任何东西都被他冰冷的算计态度毁灭了,"克拉多克说道,"我怀着激动的心情来到这家公司是为了能够和他一起共事。但他从不与他人分享他所知道的东西。他的设计理念的确很完美,但我们的设计理念却遭到了他的猛烈批评。我们敢保证,他在公司到处都布置了窃听器,因为当团队中其他成员聚在一起讨论某个设计创意时,看吧!他就会在接下来的会议中提到我们的创意。有时当他没有及时到会时,我们还以为能够通过快速陈述我们的创意来打败他。但他进来了,并宣告说,'我的创意一定是被谁听去了。我有一个与之相似的创意,'然后他就将完整的创意展示在屏幕上。你猜谁赢了?"

马歇尔为公司的管理带来了持续不断的挑战,他对企业文化有着惊人的积极兼消极的影响。他对设计和收益的贡献远胜于其他员工,而他对企业文化及团队积极性及士气的消极影响造成公司优秀人才的流失以及公司中出现的怀疑与冷漠的氛围。他常这样威胁:"我可以带着我的能力离开",这就像是个大铁锤悬在高层管理人的头上。

现在,克拉多克和莱斯利·沃伦,以及其他设计团队中有能力的成员,已经向管理层发布他们的最后通牒:必须处理马歇尔否则我们就辞职。

问题

1. 如果你是该公司的最高领导者,你将如何回应这最后通牒?详细地阐述一下。并解释你这样做的原因。

2. 马歇尔缺少哪些领导能力?你如何解释他拙劣的领导行为?

3. 如果你是马歇尔的经理,你如何让马歇尔意识到他对团队造成的不良影响?你将如何指导他成为一个更好的团队领导,使他懂得和他人分享他的知识并教导他的团队成员?

第二部分

领导学研究综述

第 2 章　特质、行为和关系理论

第 3 章　权变理论

第 2 章

特质、行为和关系理论

你的领导学挑战

读完本章之后，你应该做到：

- 明确与有效领导行为相关的个人特质和特性。
- 找到你自身可以转化为优势的特质，并将其带入领导角色。
- 区分领导者在组织中所扮演的不同角色，包括业务角色、协同角色以及顾问角色，并找到你所擅长的角色。
- 识别专制领导行为和民主领导行为以及各自的影响。
- 了解以人为导向和以任务为导向的领导行为的区别以及各自应用的情形。
- 理解个性化领导理论是如何扩展对领导者与追随者之间关系的理解。
- 描述企业领袖的一些关键性特征。

章节大纲

- 特质论
- 了解你的优势
- 行为方法
- 个性化领导
- 企业家特质及行为

前沿领导者

- 玛丽莎·梅耶尔，雅虎公司
- 沃伦·巴菲特，伯克希尔·哈撒韦公司
- 乔·D.道迪上校和詹姆斯·马蒂斯少将，美国海军陆战队
- 丹尼斯·莫里森，金宝汤公司和迈克尔·阿灵顿，TechCruch

领导者自查

- 评价你的积极性
- 你的领导倾向
- 你的领导—成员交换关系

领导者书架

- 《树立榜样：激励，鼓舞，展现出你自己及周围人最好的一面》

现实中的领导

- 你理想的领导者特质

领导力开发：案例分析

- Consolidated Products（产品合并）
- 转型成领导者

在 2012 年 1 月，弗吉尼亚·罗曼提（Virginia Rometty）用了 30 年的时间成为 IBM 第一位女性 CEO。帮助她登顶的个性特征包括她的智慧、抱负、保持成为焦点的能力、热情、高超的倾听技巧和自信。而其中最后一项特质是罗曼提需要进一步加强的。她早前有一次在获

得巨大的升职机会时，告诉她的上司自己还没有准备好并且需要仔细考虑这个事情。后来，她的丈夫问她："你认为一个男人会以那样的方式回答吗？"她说通过这件事情了解到，对于那些你不确定的事情，你必须要保持自信，即使你的内心对自己表示怀疑。

也许罗曼提的很多特质都是其他公司高层领导人所共有的。个人特质的重要性在早期就引起了领导理论研究者的兴趣。然而，观察任意两个成功且高效的领导者，他们可能具有某些共同的个人特质，但同时各自还具有其他完全不同于对方的特质。每个人都有成为领导角色的独特品质、特质以及优势，除此之外，就像弗吉尼亚·罗曼提案例中所展现的那样，领导者需要学习克服自身潜在狭隘的特质，比如，缺乏自信。因此，许多研究者通过观察领导者的行为来确定哪些行为特征形成了领导风格，以及实践行为与高效领导相关的关系。

本章首先审视了特质论的进化过程，以及领导者理解和应用自身独特领导优势的重要性。然后提供行为方法概述以及个人化领导理论，该理论将一对一行为与领导对机体的行为区分开来，更加注重领导者与单个追随者之间的行为。对领导特质和行为的研究是领导学领域的基础，至今仍在对领导者的成功与失败的解释中具有较强的说服力。

2.1 特质论

特质是指领导者区别于他人的个性特征，例如，聪慧、诚实、自信以及外貌等。20世纪早期的研究主要考察已经获得很大程度成功的人，因此被称为"伟人理论"。这一理论的基础便是这些人具有成为领导者所与生俱来的一些特质。这种**伟人理论**寻求领导者区别于非领导者所拥有的特质。总体上说，这项研究发现了个人特质与领导者的成功之间微弱的关系。事实上，高效领导者所拥有的多种多样的特质表明领导能力并不仅仅是遗传禀赋。

不过，随着20世纪四五十年代心理学领域的不断发展，特质方法研究者通过应用能力测试和心理测试扩大了个人特质的研究范围。这些早期研究主要观察性格特质如创造力和自信，身体特质如年龄和能量水平，能力如知识储备和演讲的流利性，社会特征如声望和交际能力，和与工作相关的特质如超越他人的欲望和面对反对声音时的坚持。

在一篇1948年的文献评论中，Stogdill调查了超过100项以特质方法为基础的研究，他发现了在有效领导行为中出现的一些特质，包括智力情况、主动精神、人际交往能力、自信、责任感以及诚信，Stogdill的发现还表明实践性特质的重要性通常是跟环境相关的。举个例子来说，在创业公司里，主动精神对领导者的成功有一定作用，但在官僚机构中，主动精神可能对于领导者不甚相关。因此，拥有特定的个人特质并不是成功的保证。

1948年Stogdill优异的研究成果出现之后，许多研究者从对领导者特质的研究开始转移到对领导行为和领导环境的研究上来。然而，一些其他的研究者仍在继续拓展领导特质的范围以及研究方案。Stogdill在1948—1970年对163项特质的研究做出一些总结，即一些个人特质对有效的领导行为的确有一定的贡献，这项研究调查中有很多项特质是与1948年的研究调查中的特质是相同的，同

特质
领导者区别于他人的个人特征，例如，能力、诚信、自信以及外表。

伟人理论
一种寻求将领导者所具有的遗传特质作为区分其与非领导人的研究角度。

时还涉及一些其他的领导特质，例如，进取心、独立性以及抗压能力。此外，Stogdill 再次提醒，某一个或某一些特定特质的价值是会随着组织现状的不同而变化。

领导者自查 2.1

评价你的积极性

说明：这项问卷调查主要测试你的乐观水平以反映出你对未来的希冀，没有正确与错误答案。请通过回答每项答案是否正确表明你的态度和感受，从而来判断每项陈述是否更加符合你的个人情况。

	基本不符	基本符合
1. 我总是对生活有很高的期望	_____	_____
2. 我常预测事情是否往糟糕的状况发展	_____	_____
3. 我总能看到事物积极的一面	_____	_____
4. 我总是在最开始的时候想到事情最糟糕的一面，即使事情进行得很顺利	_____	_____
5. 我希望更多好的事情发生在我身上，而不是糟糕的事情	_____	_____
6. 我经常关心与我相关的事情的走向	_____	_____
7. 如果某些事情可能会变得糟糕，那么这种可能经常会变成现实	_____	_____
8. 即便是在最糟糕的时期，我依然期望最好的结果	_____	_____
9. 我在大多数时候都是积极乐观的	_____	_____
10. 我认为我是一个乐观的人	_____	_____

分数及说明

题目 1、3、5、8、9、10 选择基本符合的得 1 分，题目 2、4、6、7 选择基本不符的也是得 1 分，请在这写下你的分数：_____。如果你的分数是 8 分及以上，那就意味着你是一个非常乐观的人，如果你的分数是 3 分及以下，那么你对未来的看法可能是消极的。在更多的时候，人们更愿意追随对未来乐观的领导者，而不是对未来悲观的领导者。然而，过度的乐观可能会导致对可能无法实现的事情具有不切实际的希冀。如果你的分数过低，那么，你应该如何做从而以一个更乐观的态度看待世界呢？

资料来源：These questions were created on several sources.

领导者书架

《树立榜样：激励，鼓舞，展现出你自己及周围人最好的一面》

贝特西·迈尔斯

我们都知道一些领导者是在支持鼓励我们，而有些领导者却在消耗我们的精力、挫伤我们的勇气。作为奥巴马总统（Barack Obema）和克林顿总统（Bill Clinton）的高级顾问，以及哈佛公共领导中心的前执行董事，伊丽莎白·梅尔斯（Betsy Myers）在她的第一本书——《独领风骚》（*Take the Lead*）中解释了成为一个积极且励志领袖所具有的性格特征。

它并非魔力

梅尔斯曾共事的两位总统都因所具有的个人魅力而受到大家的喜爱，但梅尔斯认为与他人交往并不需要天生魔力。她说，好的领导者重点在于如何对待他人以及与他人沟通。在《独领风骚》一书中她描述了好的领导者具有的特征：真实性，联系，尊重，透明，合作，学习和勇气。让我们仔细看看其中三个领导素质。

他们是真实的。人们很自然地会被有清晰自我意识的领导者吸引，并且和他们在一起时感到舒适。这些领导人不需要抬高自己或让别人难堪。他们热爱自己的工作，并将这种热情传递给他人。梅尔斯讲述了一个曾一起工作的女性领导的故事。梅尔斯发现这位领导者真正想要做的工作是音乐教师，但自己却觉得不够现实，并且在原来的岗位上也不够成功。梅尔斯帮助她制定未来规划，让她在现有职位的前提下，继续探索音乐上的事业。几年后，她成为一所大学音乐历史系的系主任并且工作前景非常好。

他们通过带着敬意的聆听来领导他人。周锡玮，中国台湾台北县县长，一次看到一个人手里拿着文件挥舞着试图跟他说话，但是却被一个警卫人员极力制止。周锡玮立刻平息了这个局面，他跟警卫说让他去说话。"要尊敬他人，"周锡玮说道，"不论这个人是对还是错……，他都应得到他的当局和当局官员的尊敬。"

他们拥有学习的热情，并且乐于与他人分享。机长切斯利·苏伦伯格（Chesley Sullenberg）说，在他5岁时他便想成为一名飞行员，并且将接下来的人生都奉献给了这个他热爱的事业。在追求了长达40年的卓越之后，他比任何人都更擅长应付复杂的飞行局面，也正是他，在2009年1月控制了美国航空公司1549次航班在哈德逊河上的迫降。苏伦伯格对学习知识非常热情，同时也强烈支持对每一位飞行人员要进行持续培训。

给新领导者的实际建议

《独领风骚》并不认为有什么"秘密武器"使人可以成为领导者，但该书描绘了任何一个好的领导者可能具备的品质。"真正的领导者并非因为我们坐在某个位置上而神奇地发生，而是在我们的生活或工作中，我们培养了自己这种品质"。

资料来源：Based on *Take the Lead*, by Besty Myers, is published by Atria Books.

近年来，人们重新燃起了研究领导特质的热情。柯克帕特里克（Kirkpatrick）和洛克（Locke）认为一些特质是区分领导和非领导的关键，其中几点与 Stogdill 观点一致。其他研究则更关注追随者的看法，表明某些特质与人们对领导者的看法相关。例如，指挥，男子气概，主导地位都在很大程度上与个人怎样看待领导者相关。[7] 一些研究发现有魅力的总裁与其他领导者相比更加娴熟，即使对此观点并没有证据予以支持。[8]

总之，从20世纪到21世纪，特质研究已成为领导学研究重要的一部分。正如本章领导者书架环节展示的一样，该书以新鲜的角度审视了在今天的环境中，哪些性格可以更好地激励和鼓舞他人。近段时间以来，乐观和开朗的态度被认为是成为成功的领导者需具备的重要特质。英国皇家海军非常重视开朗的性格，他们甚至会记录领袖的快乐性格对士气和效率的影响。[9] 正如我们在第一章所讨论的，谦虚，其内涵是愿意承认错误，使自己不那么强势，在今天世界的合作中已成为一个重要的特质。

图 2.1 展示了一些特质以及他们所属的分类，这些分类是数年来研究的结果。一些研究人员主张对于高效领导，某些特质依然十分重要，但仅仅是在与其他因素结合的前提下。通常来说，乐观、自信、诚实、正直和努力对于领导者最重要。

```
个体特征                              社会特征
活力社交能力
激情合作
态度谦逊争取协作的能力
良好体力                              机智，交际手段/善于交往

智慧和能力工作相关特征
智力，认知力努力超越的欲望
博学可靠性
果断的判断力、毅力和韧性

个性                                  社会背景
乐观
开朗
自信
诚实和正直
个人魅力
非凡领导力
独立性
```

图 2.1　一些领导特征

资料来源：*Bass and Stogdill's Handbook of Leadership: Theory, Research, and Management Applications*, 3rd ed. (New York: The Free Press, 1990), pp.80-81; S. A. Kirkpatrick and E. A. Locke, "Leadership: Do Traits Matter?" *Academy of Management Executive* 5, no. 2 (1991), pp. 48-60; and James M. Kouzes and Barry Z. Posner, *The Leadership Challenge: How to Get Extraordinary Things Done in Organizations* (San Francisco: Jossey-Bass, 1990).

乐观和自信　近年调查指出，积极的人生观和乐观的态度对于高效领导来说至关重要。乐观指的是看待问题朝着积极向上的一面，或是期待事情能往好的方向发展。大量调查表明，乐观是高层管理人员中最普遍的特质。高层领导者能看到机遇并能带给他人对未来的希望，而其他人则只会看到问题。各层级领导者都需要一定程度的乐观，甚至在面临重大困难时也要带领大家共创美好明天。尽管数以百计的实验都认为人们有着固有的乐观或悲观倾向，但领导者可以训练自身，去刻意关注积极而不是消极的一面；他们也可以尝试更积极乐观的方式来看待问题。

与此相关的性格特征是对待自己有着积极的态度。通常来说，了解自身实力的人再加上自信的性格，即相信自己的判断、决策、想法和能力。自信并非意味着自大或高傲，而是了解、信任自己。自信与自我效能相关，指的是一个人对于一项具体的任务或结果能够成功完成的强烈的信念。一个有积极形象且能够确切地展示自己能力的领导者，能够增加追随者的信心并获得尊敬和爱戴，能够在

> "据我所知，对于领导者来说乐观是非常非常重要的，人们不喜欢跟随一个悲观主义者。"
> ——罗伯特·艾格尔
> 迪斯尼公司总裁，CEO

乐观
看待问题朝着积极向上的一面，或是期待事情能往好的方向发展。

自信
相信自己的判断、决策、想法和能力。

面临任务时给追随者以动力去坚定地完成任务。

活跃的领导者需要自信和乐观。我们有多少人愿意追随颓废消极的人，或者是明显不自信的人呢？领导者在开始进行转变的时候，他们往往必须在没有足够信息的情况下做出决定。如果没有对事情进展顺利的自信心的话，一个偶然的决定错误都会使领导者停滞不前。障碍必须要克服，必须要冒险。遇到争议时必须要处理，即使可能会有人不满。而自信和乐观的特质使得一个领导者能够面对所有的这些挑战。

诚实和正直 积极的态度必须通过强烈的职业道德来锤炼，不然领导者会陷入麻烦之中。我们回想一下伯纳德·麦道夫（Bernard Madoff）的事例，他操纵了历史上最大的金融诈欺案，由于犯了安全欺诈罪和伪证罪等11项罪名而被逮捕入狱。作为一个领导者，麦道夫展现了强烈的乐观和自信心，这也是他能够吸引如此多投资者的原因。但问题是他没有一个强烈的职业道德背景与之相配。在麦道夫的骗局中，很多人倾尽了毕生的积蓄，慈善机构以及基金会近乎毁灭，养老基金被挥霍一空，而与此同时，麦道夫却过着十分奢侈的生活。

有效率的领导者应具有职业道德；而作为领导者，其职业道德的一方面便是对被领导者、消费者、股东以及公众诚实，并且要保持自己的正直高尚的品质。**诚实**即真实和没有欺骗，也就是人们所乐见的开放性。**正直**意味着领导者的形象是完整的、诚信的，并基于坚定的职业原则，同时严格按照原则做事。通过日常行为塑造其职业素养以及信服力的领导者会得到崇拜、尊重以及忠诚。诚实和正直是领导者和追随者之间的信任基石。

不幸的是，随着逐年增多的公司丑闻以及疯狂的贪婪，很多组织都十分缺乏信任。领导者需要诚实以及正直的品质来重建互信高效的关系。如今，人们对于权威以及权利的滥用保持谨慎态度，他们渴望一个具有较高道德标准的领导者。可以发现成功的领导者都是言行一致的，当他们说要做什么的时候，就按照说的去做。事实证明，成功的领导者都是值得信赖的人，他们遵守最基本的职业道德并且将其付诸其领导行为当中，在一项对1 500名经理人进行的调查中，关于领导者中最渴望的品质这一项，诚实和正直排在最前面，这位作者总结道：

诚实在领导行为中是必不可少的。毕竟，无论是在战斗中还是在会议室中，如果我们愿意跟随某个人，那么我们首先要确认该人是值得信任的。如果我们想知道那个人是否是可信任、诚实并且有原则的，我们就需要对自己的领导者的诚信具有充足的信心。

驱动力 对于有效率的领导行为来说，另外一个必不可少的特质是驱动力。领导者通常有责任开始新的工作计划，并且指导计划顺利地完成。驱动力是指一个领导者能够获得较高努力水平的强大的动力。拥有寻求成功的驱动力的领导者往往充满能量、坚持不懈，并且通常被人们认为是有抱负的。如果一个人没有驱动力去实现某些事情，他们往往很少实际去做。理想抱负能够促使领导者去设立挑战目标并且努力去实现目标。

一个强大的驱动力往往与高能量相关联。领导者会在持续多年

新领导行动备忘

作为一个领导者，你需要培养自信、诚实以及动力等个人特质，这些对于不同的组织以及领导环境中的成功领导行为都是十分重要的。你需要在你做决定以及行动的过程中保持乐观积极的态度以及诚信。

诚实
事实以及没有欺骗。

正直
完整的、诚信的以及依据其职业原则行动的品质。

驱动力
能够获得较高努力水平的强大的动力。

进行长时间工作。他们具有持久的耐力，并且精力充沛地掌控节奏，了解需要并面对领导过程中的挑战。玛丽莎·梅耶尔说过她在谷歌工作的两年当中，每周工作100个小时。而那种工作节奏可能是该工作，即雅虎CEO所需要的。

前沿领导者

玛丽莎·梅耶尔，雅虎公司（Marissa Mayer，Yahoo）

作为一个新的领导者，雅虎的CEO，梅耶尔有她自己坚韧的目标，其实坚忍这种品质早已经渗透到她的骨子里了，梅耶尔正是以她非凡的能量和抱负心而著称。她喜欢努力地工作并且喜欢挑战。"她不需要任何的睡眠"，曾经与她一起在谷歌工作，现在在Kahn公司从事软件开发工作的Carig Silverstein说道，很明显这是一种夸张的说法，但是，也侧面证明梅耶尔具有超乎常人的耐力和对成功强烈的渴望。早些年在谷歌工作的时候，她习惯性地每周工作100个小时，偶尔还会通宵熬夜。当她加入雅虎作CEO不久之后，梅耶尔有了她的第一孩子，然而在分娩之后两周就回归了正常的工作节奏。

即使是在高中的时候，梅耶尔也是以"要求做到最好，不允许有一丝不足"而闻名，并且她既以此要求自己，也以此要求他人。作为啦啦队的领队，她会花费几个小时来确保每个人的动作是否同步。她在谷歌从事第一份管理工作期间，她形成了自己的工作理念，即退出舒适区。在帮助团队以及组织成功的目标下，她不害怕冒险。梅耶尔早期在雅虎任职期间，出台了一项员工不再允许在家工作的政策，该政策遭到了极大的阻力，但是她要求坚定地执行，并且没有后悔和道歉。她相信雅虎正处于危机之中，并且公司的成功需要职工来面对面工作，才能创造出新的能量。一些人相信她最后会放松"所有工作在办公室完成"这项政策，因为灵活性是她性格的另一个方面。然而，她认为员工应该和她一样，为了公司的成功要严格地遵照高标准和高要求而工作。

每周工作100个小时对于高效领导者不是一项必要的要求，但是所有的领导者要想成功都必须展现出驱动力以及充足的能量。很明显，各种各样的特质，如驱动力、自信心、乐观以及诚实等，对于领导者而言具有巨大的价值。Hay Group是一家全球性的组织与人力资源咨询的企业，该企业进行了一项针对600名经理人的调查，该调查显示，接受调查的经理人中有75%的人所拥有的个人特质为自信和较强的驱动力。

在第4章中，我们还将进一步考虑个人特质以及个人品质在领导效率中所起的作用，然而，优秀的领导者明白其目的并不在于区分某个特殊的个人品质，而是理解自身所拥有的独特能力并加以利用，以发挥最大的作用。

2.2 了解你的优势

一些人认为领导者需要拥有完备的能力，拥有特定的性格特征，以及处理问题，挑战机遇的本领。这种"完全领导理论"往往会给领导者以及其追随者带来压力和挫折，同时也会对组织造成伤害。相互独立是有效领导的关键，在一项调查中，60%的领导者承认这个群体面临着超出个人能力范围的挑战。因此，优秀的领导者会信任他人，并且在与他人进行合作的过程中能够识别对方的长处以弥补自身不足。

每个人都有优势，但是很多领导者不能很好地识别并运用这一点，原因仅仅在于他们常常被自己狭隘的想法所限制，即他们认为自己应该是无所不能的。本杰明·富兰克林（Bonjamin Franklin）认为浪费的力量犹如"阴影中的日晷"。只有当领导者能够了解他人的优势时，才能有效地运用其能力，从而发挥其最高的价值。

2.2.1 什么是优势？

> **优势**
> 经过知识和技能支撑以及强化的天生的才能。

优势是以知识和技能支撑，从而获得强化的天生才能。可以看成是天生的特质、固有的思维模式、感受以及行为。举个例子来说，一个人可能天生外向并且充满好奇心；另外一个人可能天生就很有条理。一旦识别出自己的天赋，通过后天的学习以及练习，且加以发展和加强，天赋就有可能转化为优势。除非它们能够被放大、加强并且投入使用当中，否则天赋往往只是人们潜力的一部分。

理解你的优势的简单方法便是"集中注意你的优势，而非劣势"这一理念，当你利用你的优势去生活和工作时，你会变得更加有动力、称职且令人满意。优势是非常重要的，因为你的生活围绕它们进行，你的能量、热情和效率是你的领导行为的基础。我们没有必要把精力投入你的弱项上，或者把更多的精力投入到和优势不符的工作当中。当你应用你的优势和天赋的时候，你会感觉很好并且很享受你的工作，并且没有付出多余的努力。因此你的领导行为是有效率的，你的天赋和优势发挥了其积极的作用。

一个领导者怎样才能知道哪一项特质和行为模式能够转化成优势呢？巴菲特建议人们做那些匹配自己兴趣以及能力的事情，同时也是愿意做的那些事情。

前沿领导者

沃伦·巴菲特，伯克希尔·哈撒韦公司（Warren Buffett, Berkshire Hathaway）

沃伦·巴菲特说过，他觉得投资非常有趣，他甚至愿意免费去做这件事情。巴菲特在他事业早期曾经尝试过其他的工作，但是发现自己不够开心，他甚至觉得无论他能得到多少钱，他都不愿意做除投资以外的工作。这个传奇的亿万富翁完全靠的是白手起家。他目前是伯克希尔·哈撒韦公司（Berkshire Hathaway）的主席并且是2013年世界上第四位富有的人。然而，他的动力并不是钱，而是他喜欢这个工作。

每一年，巴菲特都会在他的家乡奥马哈·内布拉斯加宴请160名来自世界各地的商业专业的大学生。他经常被问到他是如何知道从事哪种事业。巴菲特的答案分为两部分：第一，他说他的"天生直觉"就是资本联合——也就是说，他了解如何把资本分布到合适的公司或其他实体来产生更多的财富。第二，巴菲特说如果他出生在苏丹或者柬埔寨这类没有资本私有制或者资本配置体系的地方，他可能永远也无法展现他的天赋。在一个不是资本主义的另一个时代他也不可能成功。巴菲特非常建议人们应该做与他们的天生的能力相符合的事情。

他是怎么知道他适合做投资的呢？关键就是他热爱这个。他的建议就是找到一份你真正享受的工作或事业。并且这份工作或事业应该与你天生的优势以及智力水平相符合。

2.2.2 匹配优势与角色

最近的研究显示，不同的领导者的优势更适合于不同的领导角色。本章 2.2 节陈述了 Hay Group 的一个专家团队总结了当今组织机构中的三种领导角色类型。研究者发现尽管有一系列的所有领导者都需要具备的素质，在个人的性格、行为以及技能当中只有一些重要的素质是与不同的领导角色的成功相关联的。

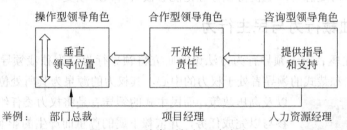

图 2.2 三种类型的领导者角色

操作型角色是最接近于传统的、直接以管理为导向的角色，在这种角色下，经理人直接控制人力和资源以完成目标。举个例子来说，操作型角色符合传统的套路和商业中普遍的领导者位置。他们设立目标，制订计划，通过职位权力以及直接领导使事情得以完成。操作型的领导固执地将精力集中于过程结果上。他们需要很高的自信心，不断的向着明确目标推进，使事情向更高的程度进行。典型的操作型领导擅于分析，并且知识渊博，除此之外，他们还有将所拥有的知识转化成能够让他人投入热情的愿景的能力。

合作型角色是一个开放型的角色，包括当今公司中较为开放的项目经理人，物流经理以及团队领导者等。这个在近些年变得十分重要的角色相当具有挑战。合作型领导角色的一个典型特征就是没有操作型领导那么强的职位权力，他们经常在幕后工作，利用他们的个人权力影响他人使事情得以完成。合作型领导需要具有出色的能力来进行沟通、建立关系网、通过个人影响力来获得他人的认可，他们还必须具有很高的积极性以及坚定性，他们还需要具有极强的灵活性来对抗与合作型领导角色相关的歧义和不确定性。

咨询型角色是对其他组织成员和部门提供指导和支持。例如，咨询型领导角色可以在法律部门、财务部门以及人力资源部门中出现。这些领导者的责任是发展整个组织的运营能力，而不是完成具体的业务。这些领导者需要较强的个人能力以及通过交流、知识以及个人说服力来影响他人的能力。除此之外，咨询型领导角色还需要较高程度的诚实性、建立信任以及使得组织保持较为固定的职业道德的背景。

> 操作型角色是直接以管理为导向的角色，在这种角色下，经理人直接控制人力和资源以完成目标。

新领导行动备忘

作为一个领导者，你需要了解你的优势能够发挥最大效率以及最令人满意的领导角色类型。你可以根据你的天生的优势来判断你是作为一个操作型领导角色、合作型领导角色还是咨询性领导角色。

合作型领导角色

一个领导者通常在幕后工作。运用个人的能力影响他人使得事情得以完成的开放型的领导角色。

Hay Group 的研究对于现今组织的领导角色类型又有了新的发现，强调领导者的个人优势可以影响领导者在实践中是如何具有效率的。领导行为的成功在一定程度上依赖于领导者与其优势能够发挥最大效率的角色的匹配程度。

2.3 行为方法

正像前面所提到的，优势不仅仅是指个人特质，还指行为模式。不同的领导行为研究项目开始寻求发现有效率的领导者的行为模式，而不是仅仅观察个人特质。领导行为学习起来比个人特质的学习更容易，这使得领导理论能够被所有人所接受。

2.3.1 独裁行为与民主行为

领导行为先驱者对于领导行为方法论的研究将领导行为分为独裁领导行为与民主领导行为两个类型。独裁式的领导者处于权力的中心，其权力的源泉为其所处位置、奖惩的控制以及高压政策。而民主式的领导者是将权力委任给他人，鼓励下属参与以完成任务，并依赖下属的尊重而产生的影响力。

第一项关于领导行为的研究是在洛瓦大学由 Kurt Lewin 和他的助手完成的。这项调查包括一组儿童，每个人都有自己指定的成年领导者来对其进行独裁或者民主的指示。这项实验获得了十分有意思的发现，独裁式领导的小组必须要由领导者进行监督才会行动，而小组成员对于紧密的独裁领导方式非常不满意，敌对情绪显著上升。而在民主式领导者领导下的小组则表现很好，这些小组显示出积极情绪，而不是敌对情绪。另外，在民主的领导方式下，甚至在领导者不在的情况下也表现得很好。领导者的参与技巧和以民主的形式做决定的方式，对组员的训练以及影响使得他们不管领导者在与不在都能表现良好。民主式领导的这些特征或许能够部分解释职员授权的领导方式为何在现今企业中越来越受欢迎。这一章主要讨论这项调查所展现的民主式领导能够获得更好的结果的现象，因为他们让被领导者感受到他们自身的能量和价值。

> **独裁**
> 领导者是权力的中心，其权力的来源为其所在位置、对奖惩的控制以及高压政治。

> **民主**
> 领导者将权力授予他人，鼓励下属进行参与以完成任务，依赖于下属的尊敬而产生影响。

思考一下！

小限度领导行为

当管理者支配他人时，人们很难感受到自己的存在价值。
其次便是一个被他人爱戴的领导者。
之后是让人恐惧的领导者。
如果你不信任他人，你会使得他们没有信任的价值。
一个管理者不应该"说"，而应该"做"。
当他的工作完成时，人们会说："很神奇，我自己完成了所有的事情。"

资料来源：Tao Ye Ching, translated by S.Mitchell. New York: Harper Perennial, 1988, p.17.

早期的工作显示，领导者的行为风格或者是独裁的，或者是民主的。然而坦南鲍姆（Tannenhaum）和施密特（Schmidt）深入研究后指出，领导行为可能存在于一个由不同员工参与水平组成的连续集合中。因此，一个领导者可能是独裁的（以领导者为中心），也可能是民主的（以下属为中心），还有可能是两种类型的混合。图2.3介绍了领导行为的连续集合。

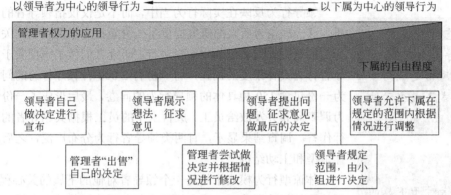

图 2.3　领导行为连续体

资料来源：哈佛商业研究中心。来自Robert Tannenhaum和Warren Schmidt的一项研究调查"如何选择领导形式"（1973年5—6月）由哈佛学院的院长、研究员著作。

坦南鲍姆和施密特还建议将研究范围拓宽，指出领导者是选择以领导者为核心，还是以下属为核心取决于组织环境，并且领导者需要调整他们的行为以适应领导环境。例如，如果一个领导者时间紧张，或者如果对于一个下属来说学习如何做决定需要花费很长的时间，领导者倾向于选择独裁式领导方式。如果下属能够很容易掌握做决策的要领，领导者可采用民主的领导方式。此外，领导者与下属的决策能力水平差异越大，领导方式独裁程度就越大，因为使下属达到领导者的技能程度是十分困难的。

D. L. 罗杰斯公司（D.L.Rogers）公司的主席以及54家索尼可（Sonic）免下车餐厅的拥有者，杰克·哈特尼特（Jack Hartnett）就是一个典型的独裁式领导。他告诉员工"以我告诉你的方式去做"，而不是让他们投入想法或建议。这种领导方式在营业额较高以及很多员工都是很年轻并且技能较低的快餐企业中运作得很好。相反的，有机天然肉类采购商，阿普尔盖特农场（Applegate Farms）的首席执行官史蒂芬·麦克唐纳（Stephen McDonnell）则是典型的民主型领导。在该农场的历史中，麦克唐纳几乎很少在办公室里。当他在其他公司工作时，他观察到：大多数容易被发现的，且能被有效率地解决的问题，都是被具体的工作团队来解决的，而非上层领导。他认为，使得一个公司能够稳定运营的最好方法就是给所有人接触相关信息的机会，给他们提供做事的自由以及责任，然后不去干涉他们。

> **新领导行动备忘**
>
> 作为领导者，你可以利用民主式的领导方式帮助追随者在没有紧密的监督的情况下，培养做决定的能力且表现良好。而独裁式的领导方式则是当时间紧迫或追随者的技能水平较低的时候较为合适。

在早期洛瓦大学针对独裁式以及民主式领导的研究发现，领导风格对于追随者的表现以及满意程度是有影响的。与此同等重要的是，应该意识到有效的领导力会反映在行为上，而

第 2 章　特质、行为和关系理论　43

并不仅仅是领导拥有的个人特质。有趣的是，阿普尔盖特农场的首席执行官史蒂芬·麦克唐纳自认为是一个控制欲极强的老板，对于达成目标充满了强迫症似的焦虑。他意识到在家工作可以保证让他最小程度地插手公司发展。这个例子也表明在必要时，领导者可以采取与自己特质相反的方向调整其领导行为。

2.3.2 俄亥俄州立大学的研究

新领导行动备忘

完成"领导者自查2.2"，找出你的领导风格是偏向于体谅型行为模式还是主动结构行为模式。

体谅型

一个领导者对于下属的关心程度，尊重他们的想法和感受，建立相互信任关系。

主动结构

一个领导者以任务为导向和引导下属为完成任务而努力工作。

领导行为反映在实际行为当中，而不是仅仅指领导者的个人特质，这一理论为后来的研究提供了研究重点。早期一系列关于领导行为的研究在俄亥俄州立大学进行。研究者们做了一项关于鉴别领导者行为具体维度的调查，将一份有2 000种领导行为的问卷缩小为一份包含150种具体的领导行为的问卷，最后形成了一份领导行为调查问卷并发放给员工。成百上千的员工根据其领导者的行为进行作答。调查结果显示，有两类领导者行为分布广泛，之后被称为体谅型和主动结构型。

体谅型行为模式指的是一个领导者对他的下属的关心程度，尊重他们的想法和感受，建立相互信任关系。展现感谢之情、认真倾听他们的问题、做重要的决定时参考下属的意见等，都是体谅型行为模式的例子。

主动结构型行为模式描述的是领导者以任务为导向，并引导下属为完成任务而努力工作。这种领导风格包括分配任务、敦促员工努力工作、制订计划、提供明确的工作表，以及采用铁腕统治。

尽管许多的领导者都认为体谅型领导行为和主动结构型领导行为是彼此交叉、不可分割的，但是这两种领导行为类型是相互独立的。换句话说，一个领导者既可以显示出较高程度的两种行为类型，也可以显示出较低程度的两种行为类型。另外，一个领导者也可以显示出较高程度的体谅行为类型和较低程度的主动结构行为类型，也可以显示出较低程度的体谅行为类型和较高程度的主动结构的行为类型。研究显示，这四种复合型的领导风格都可能在现实中存在。下面的例子描述了两个美国海军领导者，分别展示了体谅型和主动结构型两种不同的领导风格。有时候这两种领导风格是相互对立的。

领导者自查2.2

你的领导倾向

说明：下面的问题可以测试出你的个人领导倾向，每一项都描述了一项具体的领导行为，但并不要求你判断该种领导行为是否可取。

认真阅读每项内容，回忆你在小组或者团队中从事所描述的领导行为的频率，请根据每项是否能够很好地描述你的领导行为来判断其是基本符合或基本不符。

	基本符合	基本不符
1. 我采纳团队一致同意的建议并执行	_____	_____
2. 我平等地以尊重的态度来对待每一个组员	_____	_____
3. 我支持小组其他成员的工作	_____	_____
4. 我帮助他人解决其个人问题	_____	_____
5. 我规定需要完成的工作量	_____	_____
6. 我会帮助他人确定具体任务	_____	_____
7. 我经常能提出解决问题的方法	_____	_____
8. 我会强调截止日期以及应该如何完成	_____	_____

分数及解释

体谅型领导行为的分数——统计你1~4题中选择"基本符合"的题数，在这里写下你的得分：____

较高分数（3~4分）显示你作为一个领导者，有很强的体谅型领导风格的倾向，一个较低的分数（2分及其以下）显示你有较弱的体谅型领导风格的倾向。

主动结构型领导行为的分数——统计你在5~8题中选择"基本符合"的题数，在这里写下你的得分____

较高分数（3~4分）显示你作为一个领导者有较强的主动结构型领导行为风格的倾向，较低的分数（2分及其以下）显示你作为一个领导者，有较弱的主动结构型领导行为风格的倾向。

资料来源：Sample items adapted from: Edwin A Fleishman's *Leadership Opinion Questionnaire*. (Copyright 1960, Science Research Associate, Inc., Chicago, IL.) This Version is based on Jon L. Pierce and John W. Newstrom, *Leaders and the Leadership Process: Readings, Self-Assessment & Applications*, 2nd. (Boston: Irwin McCraw-Hill, 2000).

前沿领导者

乔·D. 道迪上校和詹姆斯·马蒂斯少将，美国海军陆战队

在伊朗参战仅几个星期的时间，美国海军陆战队的乔·D. 道迪上校便完成了一个艰苦的军事任务，但之后便被他的长官詹姆斯·马蒂斯少将逐出了队伍。乔·D. 道迪上校被开除的故事十分复杂和矛盾，已经超出了本篇文章的范围。我们要探究的是道迪上校和马蒂斯少将的领导方式的不同，以及在艰难持久的战争时期所面临的"士兵还是人物"的压力。

马蒂斯少将被称为"武僧战士"，他对战略研究非常深刻，而且在伊拉克战场上他的作战计划十分出色。在伊拉克战争早期，马蒂斯少将就认识到了速度是获胜的关键。尽管存在较大的风险，他都推进军队迅速完成任务。对于道迪上校来说，风险看起来很高的时候，他会做出延后任务的决定，以更好地保护他的军队。道迪上校深受下属的爱戴，因为他非常关心他们的安全，关心他们每一个人，平等地对待他们，甚至牺牲都是只属于军官的特权。

尽管他们是不同的类型，两个领导者都十分受下属的尊重。美国海军陆战队的火炮射击

教练军士罗伯特·凯恩（Robert Kane），曾为两位军官工作过，当谈及马蒂斯少将时，他说他当然会"再一次追随他"。然而，当他听说道迪上校被开除的时候，凯恩说如果道迪让他一起走的话，"我愿意追随他。如果他说'拿上你的武器，跟我走吧，'我一定会去的，即使这意味着自毁前程。"

马蒂斯少将可能被认为是高度以任务为中心的领导者，采取的是主动结构型行为；而道迪上校则是更多地以人为中心，他代表的是体谅型行为方式。马蒂斯少将总是把任务放在首位，其次是关心他手下的海军士兵；而道迪则通常把下属放在第一位，但他也会为了完成任务付出一切。

其他关于这两种领导风格及其影响的研究显示，在下属满意度方面，体谅型领导比主动型领导做得更好。例如，以下属是否自愿离职或抱怨程度来评判领导者效率时，体谅型领导者的追随者中自愿离职人数较少，抱怨也较少。但如果用业绩标准如团队产出和生产率来衡量的话，主动结构型领导则效率更高。其他针对飞机机长和大学系主任的研究还显示，如果领导者体谅型行为和主动结构型行为都较高，下属则评价其领导效率高；而如果领导者这两种行为程度都很低，下属则评价其领导效率低。

2.3.3 密歇根大学研究

以员工为导向的领导行为
展现对下属的人文需要的关怀的领导行为。

密歇根大学的研究采用了不同的方式，即直接比较有效领导和无效领导行为上的差别。领导者的工作效率主要取决于下属工作小组的生产效率。他们在不同的工作场所进行了初步实地考察和访问，并采用了一种有别于领导行为类型调查的问卷的研究方法——组织调查。

后来，密歇根大学的研究展现了两种领导行为类型，每种类型包括两项内容。首先，以员工为导向的领导者对其下属的个人需求非常关注。领导者的支持与简单的互动是以员工为导向的领导行为的两项基本内容，这就意味着为了向他的下属们展现支持与互动，这些领导者会与下属之间有简单积极的互动，并且寻求减弱冲突的方法。以员工为导向的领导行为与俄亥俄州大学研究中的体谅型领导行为的概念大致相符。

与以员工为导向的领导行为相反的是，以工作为导向的领导者，这类领导者以进度表、工作任务和高效率来安排各项工作。以工作为导向的领导行为的两项内容强调目标性以及工作的简便性。通过关注工作目标的达成以及简化工作框架，以工作为导向的领导行为与主动结构行为近似。

以工作为导向的领导行为
领导者将其领导行为以强调目标以及工作的简化指向于工作效率、削减成本以及工作流程的领导行为方式。

然而，与俄亥俄州立大学研究中所定义的体谅型领导行为及主动结构不同的是，密歇根大学的研究认为以员工为导向的领导行为以及以工作为导向的领导行为是两种互相对立的行为，一个领导者的行为可以鉴定为一种或另一种领导行为类型，但是不能同时包含这两种类型。另外一项密歇根大学标志性的研究也表明，强度完成目标、简化工作、相互支持和促进互动的行为也可能由下属来完成，而并非领导者的专利。组织中的其他人也可以有这些行为，同样能提高组织绩效。

另外，研究表明除了领导行为影响下属的满意程度外，其他与工作环境相关的因素也会影响绩效。领导环境的重要性将在下一章进行描述。

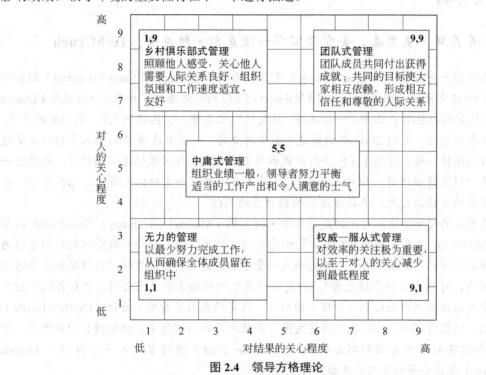

图 2.4 领导方格理论

资料来源：The Leadership Grid figure from *Leadership Dilemma—Grid Solutions* by Robert R. Blake and Anne Adams McCanse (formerly the Managerial Grid by Robert R. Blake and Jane S. Mouton). Houston: Gulf Publishing Company, p. 29. Copyright 1991 by Scientific Methods, Inc. Reproduced by permission of the owners.

2.3.4 领导方格理论

得克萨斯大学的布莱克（Blake）和莫顿（Mouton）在俄亥俄州立大学研究和密歇根大学研究的基础上，提出了一个二维的领导方格理论。在为期一周的研讨会上，研究者们根据两个标准给领导者打分，这两个标准是"对人的关心程度"和"对生产的关心程度"，分值从 1~9 分。代表这两个标准的分值分别位于坐标轴的相应位置，横轴代表对生产结果的关心，纵轴代表对人的关心。图 2.4 描述了这个二维模型以及 7 种主要领导风格中的其中 5 种。

> **领导方格**
> 即一种二维领导模型，根据对人的关心程度和对生产的关心程度来进行计算，最终确定主要的领导风格。

团队式管理（9,9）通常被认为是最有效率的领导方式，并且由于组织成员能够一起工作使任务得以完成而被推荐。乡村俱乐部式管理（1,9）通常会在主要目的在于人而不是工作产出时产生。权威—服从式管理方式（9,1）通常会在实际生产效率更重要的时候发生。中庸式管理（5,5）反映了对人和生产的关心程度都是适中的。无力的管理（1,1）意味着缺乏整体的领导体系，领导者既不关心人际关系也不关心工作完成情况。请思考以下案例。

前沿领导者

丹尼斯·莫里森，金宝汤公司和迈克尔·阿灵顿，TechCruch

道格拉斯·柯南特（Douglas Conant）是金宝汤公司（Campbell Soup Company）的前任CEO，在1995年他还是纳贝斯克公司（Nabisco）CEO的时候遇到了丹尼斯·莫里森（Denise Morrison），她拜托他为自己寻求一份工作。他发现莫里森身上极具领导气质，因此雇用了她。她之后一直追随他，直到2003年随他进了金宝汤公司——并且在8年后进入了公司最高领导层。与柯南特一样，莫里森是一个授权式和员工参与式管理方式的忠实拥护者。她曾经一度被认为"对工作很严苛，但对人很温和"。莫里森以耐心和支持他人著称，她甚至可以在做非常困难的工作决定时，不让情绪影响到自己的判断。

与莫里森的领导方法相对比的是迈克尔·阿灵顿（Michael Arrington），TechCruch的创始人，TechCruch主业是出版具有一定影响力的同名博客。阿灵顿开始做博客的原因是因为他喜欢研究和写作，他承认自己并不擅长人际管理的部分。阿灵顿曾说"同时做教练和运动员非常困难，并且我十分喜怒无常"。阿灵顿说自己的风格是先关上大门，之后再做清扫工作。正是因为认识到自己在职员管理上的弱点，阿灵顿雇用了希瑟·哈德（Heather Harde）做CEO，这使得TechCruch能够快速发展，并且阿灵顿能够集中在他所擅长的事情上。阿灵顿和哈德在与《郝芬顿邮报》（The Huffington Post）的阿里安娜·郝芬顿（Arianna Huffington）发生公开的冲突后先后离开了公司。

丹尼斯·莫里森的领导行为非常典型，其具有很高的对人的关心程度以及较为适中的对工作和产出的关心程度。相反的，迈克尔·阿灵顿则是对产出的关心程度很高，但对人的关心程度很低。在每个例子中，领导方格中所展现的两种关心类型都有所呈现，但是比例略有不同。

2.3.5 "双高"领导者理论

> **新领导行动备忘**
>
> 作为领导，同时关心人和工作可以使你在不同环境中获得成功。以人为导向的领导风格会得到下属较高满意度，以任务为导向的领导行为通常会产生较高的生产效率。

俄亥俄州立大学、密歇根大学以及得克萨斯大学对领导风格的研究有着一致性，即每种风格都有几个对应的变量：体谅型与主动结构型领导方式，以员工为导向和以工作为导向的领导方式，对人关心和对生产关心的领导方式。行为理论的研究最终形成两类占主导地位的行为：以人为导向的领导行为和以任务为导向的领导行为。表2.5描述的是怎样将多种多样的研究分成这两种行为类型，以及每种领导类型中典型的领导风格。

领导行为的二维划分和领导行为这两方面，目前可能都表现出高水平的研究结果，而这又引发了三个需要思考的问题。第一个问题是，这二维是不是最重要的领导行为。当然，这两个行为是重要的，它们抓住了组织成功所必须要考虑的最基本的因素。这两项因素如此重要的一个原因在于，这些发现建立在实际观察的研究基础之上，这也就意味着研究者真正进入现实环境中，通过不同的真正的领导者来进行研究。当研究领域的各个独立的分支达成相似的结论时，它们可能就形成了领导行为的基础主题。例如，最近一项有关近 50 年的领导研究综述表明，以任务为导向的领导行为和以人为导向的领导行为都是与高效领导行为相关的主要行为。对任务的关心程度和对人的关心程度必须在同一合理的水平向追随者展示出来，不管是由领导者，还是组织中的其他人。虽然在本书中我们将看到，这些行为并不是最重要的，但它们确实值得我们关注。

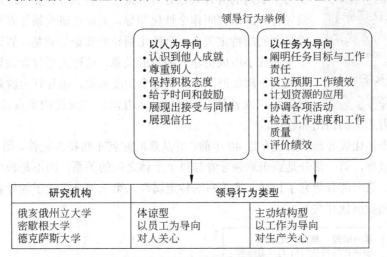

图 2.5　领导行为研究主题

资料来源：Based on Marilyn E. Zuckerman and Lewis J. Hatala, *Incredible American: Releasing the Heart of Quality* (Milwaukee, WI: American Society for Quality, 1992), pp. 141-142; and Mark O'Connell, Gary Yukl, and Thomas Taber, "Leader Behavior and LMX: A Construction Replication,"*Journal of Managerial Psychology* 27, no. 2(2012), pp. 143-154.

第二个问题是，在一个领导者身上是否会同时出现以人为导向和以任务为导向的领导者行为，以及怎么展示。领导方格理论认为答案是肯定的，当领导者与他人合作完成一项活动时，这两项领导行为都会出现。尽管领导者可能在其中一种行为上表现的水平比较高，但最好的领导者肯定是在两项领导行为上程度都比较高。艾迪·库伊（Eddy Cue）是苹果公司的网络软件及服务部副总裁，他也是该公司 CEO 蒂姆·库克（Tim Cook）非常信任的顾问，他就是高度体谅型和高度主动型成功结合的典范。库伊最为人熟悉的是，他是一个战略大师，可以使人们在新产品发布时专注于关键目标，为达到目标而制订计划，甚至会亲自操作任务以保证工作按时完成。但是，他的下属也很钦佩他温和的性格中以人为导向的特点。当云端服务（iCloud）的开发进展不顺时，Cue 依然保持冷静，并且告诉他的下属他对他们有信心。他以容易相处的性格、对人友好的态度以及通过公开承认自己的错误的方式表示自己很愿意与下属一起进行自我批评而受到人们的尊敬。

第三个问题是，人们是否会改变自己，成为以人为导向或以任务为导向的领导者。在 20 世纪五六十年代，当俄亥俄州立大学和密歇根大学在进行研究时，研究者们假设任何希望成为成功领导者的人都可以模仿那些成功者的行为。总体上来看，人们似乎是可以学习新的领导行为的。尽管"双高"的领导风格并不是唯一有效的领导风格，研究者认为这种领导者最有可能在各种各样的环境中取得成功。然而，正如我们将在第 3 章中看到的，新一代的领导研究更加准确地剖析了每种领导风格在何种情境下最为高效。

2.4 个性化领导

个性化领导

理论基础是，假设领导者与每个下属或小组成员建立独特的关系，这种关系包含领导者如何对待下属及下属如何回应。

传统领导特质理论和领导行为理论都基于一个假设，即领导者在与组织内的所有人相处时都采用一种领导风格。最近的一项针对领导行为的研究叫作个性化领导，主要是研究领导者与不同的组织成员之间的特定关系。个性化领导的理论基础是，假设领导者与每个下属或小组成员建立独特的关系，这种关系包含领导者如何对待下属及下属如何回应。从这个角度来说，领导行为就是一系列的成对关系，或者是一系列的两人互动。二元论的重点是"交换"，即每一方从对方那里的付出和收获。

最早的个性化领导理论出现在近40年前，并从那时起就不断稳步完善。图2.6展示了该领域的发展过程，第一部分是意识到领导者与每个个体之间的关系，而不是领导者与一群追随者的关系。第二部分研究了相互交换关系的特定属性。第三部分探索了领导者是否能够与每个成员之间发展伙伴关系。

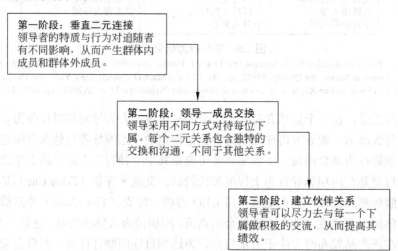

图 2.6 个性化领导的发展历程

资料来源：Based on Fred Danereau, "A Dyadic Approach to Leadership Creating and Nurturing This Approach Under Fire," *Leadership Quarterly* 6, no. 4 (1995), pp. 479-490, and George B. Graen and Mary Uhl-Bien, "Relationship-Based Approach to Leadership: Development of Leader-Member Exchange (LMX) Theory of Leadership over 25 Years: Applying a Multi-Level, Multi-Domain Approach," *Leadership Quarterly* 6, no. 2 (1995), pp. 219-247.

2.4.1 垂直二元连接模型

垂直二元连接模型主要讨论的是领导者与每个小组成员所形成的二元关系的重要性。最初的研究表明，对于同一个领导者，下属的评价有很大区别。例如，一些人认为他们与领导者之间的关系是高度信任、尊重以及对彼此有责任感。这种较高质量的关系表现为同时以人为导向和以任务为导向。其他下属则认为他们和同一个领导者关系很差，例如，双方不信任、无尊重感和责任感。这些下属认为领导者在重要的领导行为上表现较差。

在这两种极端的表现的基础上，研究发现追随者与领导者的关系有"群体内"和"群体外"两种。表 2.1 描述的是团体内与团体外的领导者行为的区别。我们大部分有过各种各样的团体经历，无论是大学课堂、运动队或者是工作团队等。我们发现一些领导者可能会对某些人花费较多的时间，而且十分信任这些成员，并且这些成员可能会获得某些特权。在垂直二元连接模型术语中，这些人可能是领导者的团体内成员，因此，其余那些没有获得信任或额外关注的小组成员则被认为是团体外成员。团体内关系成员，即与领导者接触较多的成员，往往会与领导者形成比较亲密的关系，并且经常会成为在组织工作运行中具有重要作用的助手。团体外成员则不是组织中的重要成员。

因此，通过观察领导者与每一位成员之间的关系，垂直二元连接模型的研究者们发现同一团体内对领导风格和影响的不同看法，如表 2.1 所示。

表 2.1　对团体内成员和团体外成员的不同领导行为

团体内成员	团体外成员
当下属面对困难且具有压力的任务是提供支持和鼓励	如果下属在任务中遇到困难时展示较少的理解
讨论目标；相信下属用自己的方法解决问题，实现目标	对于如何完成目标、达成目标提供具体的指示
倾听下属关于如何完成工作的想法和建议	对于下属的评论几乎没有兴趣
将错误看作训练以及发展下属的机会	批评或惩罚下属所犯的错误
给予下属有趣的任务，让下属选择任务	安排基本的流水线工作，严格监督下属工作
有时听从下属的建议	经常将自己的观点强加给下属
对于任务的完成和表现的进步给予奖励	关注业绩不好的方面

资料来源：Based on Jean François Manzoni and Jean-Louis Barsoux, "The Set-Up-To Fail Syndrome," *Harvard Business Review* (March-April 1988), pp. 110-113; and Mark O'Donnell, Gary Yukl, and Thomas Taber, "Leader Behavior and LMX: A Constructive Replication," *Journal of Management Psychology* 27, no. 2 (2012), pp. 143-154.

领导者自查 2.3

你的领导——成员交换关系

新领导行动备忘

回答领导者自查 2.3 中的问题，理解领导者与小组成员间的交流理论是如何运用到你工作实践中的。

说明：你与领导者的关系怎么样？回想一下你做过的工作中，领导者给你留下了怎样的印象，如果现在在职的话，你的领导者给你的感受是什么。请根据你的实际情况用基本符合或基本不符来回答下列每项问题。

	基本符合	基本不符
1. 我非常欣赏我的主管	_____	_____
2. 如果我犯了错误，我的主管会为我向上级辩护	_____	_____
3. 我为主管所做的工作总是超乎寻常的出色	_____	_____
4. 我崇拜主管的专业知识以及能力	_____	_____
5. 与我的主管一起工作是非常享受的事情	_____	_____

6. 我会为了工作团队的业绩而付出更多的努力
7. 我的主管在团队的其他人面前维护我
8. 我尊重主管的管理能力

分数与解释

领导者—成员交换理论主要是有关领导者与下属之间的关系。如果你有 6 个或更多题目的答案是"基本符合",你与主管的关系非常好,也就是表 2.6 的第二阶段,你们拥有成功的二元关系。如果你的主管与每一个下属都具有非常好的关系,则这就是发展的第三阶段(伙伴关系的建立)。如果你有 3 个或更少的题目答案是"基本符合",则你的管理者可能正处于第一阶段,也许与下属之间有不同的关系,其中一些或全部都是不成功的。在你看来,是什么影响了你和其他同事与主管之间的关系(包括积极的和消极的)?与其他同学讨论一下,为什么一些管理者拥有良好的领导—成员交流的关系。

资料来源:Robert C. Liden and John M. Maslyn. Multidimensionality of Leader-Member Exchange: An Empirical Assessment through Scale Development. *Journal of Management* 24 (1998), pp. 43-72.

2.4.2 领导者—成员交换理论

个性化领导行为理论发展的第二阶段在更多的细节上对领导成员交换理论进行了探索,发现它对结果的影响取决于随着时间推移领导—成员交换如何进行。研究对领导—成员交换理论所探求的特点进行了评估,例如,交流频率、价值观的认同、追随者的特点、工作的满意程度、绩效、工作氛围以及承担的义务。领导者倾向于和那些与自己个性特征类似的追随者建立群体内的关系,例如,背景、兴趣、价值观等,还包括对工作有高度兴趣并有很强的工作能力。总的来说,研究表明团体内成员的领导—成员交换关系大体上水平较高。领导—成员交换理论认为这种高的质量关系可以为团体内成员带来较好表现及工作满意度,而这一点也得到了研究的普遍认同。研究发现高质量的领导—成员交换关系会带来非常好的结果,无论是对领导者、追随者、工作小组还是组织来说。而对于追随者来说,一个较高质量的交换关系可能意味着更加有趣的任务,更大的责任和权力,以及更多的权利——加薪或升职等。领导者和组织则明显可以从提高的努力程度和组内成员的参与度中获得利益,以保证工作以及任务的成功实施。

> **领导者—成员交换理论**
> 探索领导者—成员交换关系的发展,以及交换关系的质量如何影响结果的一种个性化领导行为模型。

2.4.3 伙伴关系的建立

在研究的第三阶段,重点是领导者是否能够与大多数下属发展成积极的相互关系。早期领导者—成员交换理论的批评者指出,领导者对团体内成员和团体外成员采取完全不同的态度的危险性,因为这会导致团体外成员怨恨甚至产生敌意。如果群体外成员感到领导者给予团体内成员过多的利益和好处的话,他们有可能会反抗,这将危及整个组织。此外,研究发现,在与成员仅仅接触 5 天后,那些区分团体内外成员的领导者就倾向于进行分类了。

因此,这项研究第三阶段的焦点就是领导者是否能够和所有下属发展较为积极的关系。根据这种观点,领导者独立地看待每一个个体,并且对待每一个个体都采用不同的且积极的方式。也就是说，领导者力争与每一个下属形成积极的关系，但是对每个人来说，积极的关系有不同的方式。举个例子来说，领导者可能采用体谅型方式对待一个下属，用主动型方式对待另一位下属，这取决于追随者对参与程度的需要和对成功的不同要求。

领导—成员交换理论认为，如果领导者能为所有的团队成员提供建立积极关系的机会，那些能抓住机会的追随者会极大地提高自己的业绩。当这种关系成熟的时候，整个组织都会变得更具生产力，其汇报也很惊人。领导者能依赖追随者的帮助来提高绩效，而追随者也能更好地参与并影响其决策。这一发现的意义是，通过领导者与每个下属发展一对一的积极关系，可以获得更好的绩效和产出。

> **新领导行动备忘**
>
> 作为领导者，你可以与每一个下属发展积极、个性化的关系以营造一个公平的工作环境，并且给你自己、追随者以及组织提供巨大的利益。

2.5 企业家特质及行为

在今天这个快速发展的时代，另外一个需要特别关注的主题就是哪些特质是鼓励创业领导力。创业领导力指的是初建企业，组织必要资源，承担相关风险，享受相关回报的过程。当一个企业家找到一个切实可行的商业产品或服务的理念，通过收集整合必要的资源——资金、人力、机器以及场所，然后将其付诸实践，从而实现企业的运营。

创业领导者展现了许多与其他领导人相同的特质，但是其中一些特质对于企业家来讲尤为重要，这些领导者都需要很强的驱动力、热情以及对未来的远见。他们往往以坚持不懈、非常独立的行动为导向。他们会被新的机会所吸引，并且关注创新、活力以及创造新的做事方法，而并非保持现状。他们通常具有较高的自我督促力，并且愿意为了进步而挑战自己甚至去冒险。

史宗玮（Clara Shih）就具备了很好的企业家特质，她创立了 Hearsay Social，这家公司主要业务是帮助大型公司管理其员工在社交媒体网站的形象。该公司 2010 年的收入大概是 1 000 万美元，并且史宗玮相信，由于领导者会进一步加强对新的社交媒体的监控和管理，其公司会成长得更大、盈利更多。29 岁的史宗玮筹得数百万美元资金的过程非常艰辛，在此过程中也获得了 Facebook 首席运营官雪莉·桑德伯格（Sheryl Sandberg）的支持和指导。现有的组织机构中也会出现具有创业特质的领导者。这些领导者采用承担风险，创建新的方法方式来解决企业面临的，尤其是其产品及服务的发展和提高上所面临的竞争性挑战。对于现有企业来说，创业领导者是创新和改革的源泉。

本章小结

- 本章重点在于理解特质理论和行为理论在领导理论研究和发展过程中的重要性。与高效领导行为相关的特质包括积极、自信、诚实以及驱动力。许多个人特质和能力都是与成功的领导者关联，但是特质本身并不能充分保证产生高效领导行为。
- 自然的特质和行为模式可以转化为优势，对于领导者来说识别他们自身的优势以及找出其相互依赖性是实现有效领导的关键。

- 研究表明，不同的领导者优势适合于不同类型的领导角色。本章主要描述了三种类型的领导角色：操作型角色、合作型角色以及咨询型角色。当领导者处于更适合他们特质的位置上时，他们可以更具效率。

- 行为理论研究对比了专制型领导和民主型领导，体谅型和主动结构型领导风格，以员工为导向的领导行为和以工作为导向的领导，以及关注人和关注生产的领导者。人和任务的主题贯穿了整个研究过程，表明只有通过这些基本行为领导者才可以满足追随者的需要。有关领导者是否可能同时以人和任务为导向的研究曾经出现分歧。今天，关于领导者能实现"双高"的领导风格这个观点达成了一致。

- 另外一种研究是针对领导者与每个追随者之间的二元关系的。追随者与领导者之间有不同类型的关系，而领导者与每一位追随者发展积极关系的能力对于组织绩效的提高有很大贡献。领导—成员交换理论任务，这种高质量的关系对领导者、追随者、工作小组以及整个组织都有积极结果。领导者可尝试与每个下属建立个性化的关系，以同时满足体谅型和主动结构型两方面的需求。

- 本章所展现的领导理论的历史发展中，介绍了关于领导学的一些重要思想。尽管某些特定的个人特质和能力是成功的重要因素，但它们本身并不能充分保证造就成功的领导。更恰当地说，领导行为同样重要。因此，个人表现出的领导风格在很大程度上决定了其领导行为是否成功。通常来讲，融合各种领导风格的领导行为更有效。为了解领导行为对结果的影响，研究领导者与每个追随者之间的特定关系也是一个重要的参考因素。

- 创业型领导者在当今复杂的社会中获得巨大的关注，因为有创业型领导的行为是创新变革的源泉。企业领导者承担风险，创立新的企业，明确新的解决方案以应对企业面临的竞争性挑战。

问题讨论

1. 为什么对于一个领导者来说了解自身优势很重要？你认为领导者是否应该花费同样多的时间来了解自身的缺点？
2. 列举一些你所知道的领导者的个人特质。你认为哪些特质是最具价值的？为什么？
3. 乐观是领导者一个很重要的特质。然而，一些职员抱怨说乐观的领导者会带来很重的压力，因为他们不会考虑可能遇到的问题，并且一味期望他的下属完成不合理的目标，你同意吗？为什么？
4. 领导特质理论与领导行为理论的区别是什么？
5. 你更倾向于运用体谅型领导方式还是主动结构型的领导方式？说明你的理由。
6. 垂直二元连接模型认为，每位追随者都会单独地对领导者进行回应。如果这个理论成立，对于展示以人为导向的领导行为和以任务为导向的领导行为你会给出什么样的建议？
7. 对于你来说，领导者与每一个追随者建立个性化的关系有意义吗？解释这种方法的优势和劣势。
8. 为什么在领导者不在的时候，民主领导形式下的下属会比专制领导形式下的下属表现得更好?

9. 为什么一个创业领导者对于组织很重要?这种领导角色与其他的领导角色有何区别?

10. 在图 2.1 中选择 3 个你认为对于一个操作型的领导角色来说最重要的特质。另外再选择 3 个你认为对于一个合作型的领导角色来说最重要的特质。请解释你的选择。

现实中的领导

你理想的领导者特质

花费一些时间想一想谁是你理想中的领导者。第一步,选择一个你听说过的但你本人不认识的一个理想的领导者。这个人可能是特蕾莎修女(Mother Teresa),马丁·路德·金(Martin Luther King),亚伯拉罕·林肯(Abraham Lincoln)或者是任何你崇拜的国内或国外的名人。在这儿写下你选择的人的名字:_____。现在,在下面的空格处写下对于这个人你所敬佩的三件事情,例如,他或她做了什么或者他或她所拥有的个人品质。

_____
_____
_____
_____

第二步,选择一个现实中你认识的理想的领导者。这个可以是你生活中任何一个人。在这写下这个人的名字:_____。现在,在下面的空格处写下对于这个人你所敬佩的三件事情,例如,他或她做了什么或者他或她所拥有的个人品质。

_____
_____
_____
_____

你所选择的第一个领导者代表的是以你听到或看到的内容为基础所反映出来的印象。你想象的领导者具备你列出的品质。你所罗列出来的品质和行为其实更多的是关于你理想中的领导者而不是你实际写下的这个领导者所具备的。这就像墨迹测验一样,但它很重要,因为你赋予这个领导者的特质是你所意识到的,有潜力去培养的,并且事实上你有能力形成这些特质从而发展成一个领导者。你所罗列出来的品质可以理解为你希望自己成为领导者后所拥有的特质。

你选择的第二个领导者是你认识的人,因此不是投射出的内容,而是你亲身体验过的。你知道这些特质对你有用,在你成为领导者的过程中很有可能会加以培养并有所表现。

你所列出的两个领导者的特质有什么相似点呢?又有哪些不同点?和班里的另外一名同学交流一下,看看他所敬佩的领导者特质是什么。通过这些特质,你对这位同学有哪些认识?你们列出的特质有哪些共同点?在你列出的这些特质中,你自己能做到多少?你会在将来发展这些特质吗?

领导力开发：案例分析

Consolidated Products（产品合并）

Consolidated Products是一家中型消费品制造商。本·塞缪尔（Ben Samuels）是这家制造商的一名工厂经理，他在这里一直工作了10年，并深受员工的爱戴。本的员工喜欢他是因为本为他们建立了健身中心，并且他们很享受一年几次的由工厂承办的社交活动，包括公司野餐和假日聚会等。本知道大多数工人的名字，他每天花费大量的时间在工厂周围走动，去拜访员工，询问他们的家庭情况和爱好。

本认为善待员工非常重要，因为这会使他们对公司有一种忠诚感。当产品需求量下降时，他尽量避免解雇员工，他认为公司失去熟练工人的话会很难找到替代者。工人们知道，他们如果有一些特殊的问题，本会帮忙解决。例如，当有人受伤了，但仍想继续工作，本就会在工厂中为其找另外一项残疾人也能做的工作。本相信如果能够好好地对待工人，即使没有严密的监督和刺激，他们也会为你好好工作。本将同样的原则应用于他的管理者，他经常会让他们在自己喜欢的办公室中工作。他不为工厂设立目标和标准，他也从来不要求管理者们制订提高产量或提高产品质量的计划。

在本的领导之下，他的工厂在公司的五个工厂中离职率最低，但是成本和产品水平却排倒数第二。当公司被另一个公司收购时，本被要求提前退休，菲尔·琼斯（Phil Jones）代替了他的位置。

菲尔因其完成工作的能力而声誉日增，他上任后很快就着手改变。菲尔通过削减一系列的活动来减少成本，例如，工厂的健身房、公司野餐和聚会、管理者的人际关系训练计划等。菲尔认为人际关系训练是浪费时间；如果职工不想做自己的工作，就解雇他们，找其他能够做这项工作的人代替。

菲尔要求主管们为自己部门制定高标准并要求工人们达到这些标准。计算机监测系统的引进使得每个工人的产出都会根据标准进行仔细检查。菲尔要求管理者对任何生产不符合标准产品的员工进行警告，如果两周之内该员工的表现还没有提升的话，就解雇这个工人。菲尔认为工人不会尊重一个软弱、消极的主管。当菲尔发现有工人浪费时间或犯了错误，他会当场训斥这个人，以儆效尤。菲尔还会严密地监督主管们的表现。他为每一个部门都设立目标，并且通过召集周会来检查其完成情况。最后，菲尔要求主管们在采取任何偏离已设定目标和政策的重大举动时，都要向他汇报。

作为另一项成本削减的措施，菲尔减少了设备维护的频次，这种维护要求设备在可以生产的时候不被检修。由于机器设备有着良好的生产记录，菲尔认为现有的维修计划是多余的，并且会减少产量。最后，当某条生产线的产品需求不佳时，菲尔会解雇工人，而不是找一些其他他们能做的事情来做。

截至菲尔任职工厂经理的第一年的年末，产品成本削减了20%，产量提高了10%。然而，他的七个管理者中有三个离开了，机器操作员的流动性也非常大。其一部分原因是员工被解雇，但是有些有能力的操作员也辞职了，但要找到替代他们的人已经越来越困难。最后，工人们已经开始讨论是否要通过成立工会组织来保护他们的权益。

问题：
1. 请比较本·塞缪尔和菲尔·琼斯的领导特质和领导行为。
2. 你认为哪个领导者更具有效率？为什么？你更想为哪个领导者工作？
3. 如果你是菲尔·琼斯的老板，你会怎么做？

转型成领导者

我是迈克·柯林斯（Michael Collins）。我在克莱顿汽车零部件公司工作，这是一家大型的部件销售及服务提供商。当我被任命为该公司西南地区经理时，我立即将其看作一个令人兴奋的新机遇。我拥有汽车动力学学位并有汽车制造业（设计及工厂管理）七年的工作经验。带着很强的工业背景以及对产品创新及其趋势的敏锐的视角，我进入了一个新的岗位。

在升迁最开始的阶段，我与区域经理进行了沟通，并接受了他关于目前正在进行的商业问题的一些建议，了解了当前的服务如何与企业的短期和长期目标相符，以及他眼中该区域各种商店和人员的优缺点。虽然我们经常在他办公室里见面，但为了避免给别人造成我"依赖老员工"的印象，我经常将大多数面谈安排在外面。这样我们能够坦率地去讨论一些话题，例如，生产流程，产品及服务，员工或董事会成员的股东以及供应商和客户。

除此之外，我还花费很多时间去进行评估，我知道我的企业和谐期时间很有限。我的想法和计划必须要清晰明确。首先，我给我领导的新团队里所有关键人物发了一封长邮件作为介绍，也作为公开我的想法以及转型计划的序言。

我拜访了我的区域团队里所有的商店经理，并且与一线职工举行了非正式面谈。如此一来，我很惊喜地发现可以利用此粉碎谣言，并且发现很多渴望公开地谈论自己的目标、想法、意见和抱怨的人。面对一线工人时我的问题有积极的方面，也有消极的方面。我询问他们关于工作年限的长短，他们最喜欢公司的什么地方，哪些方面他们认为需要提高，他们怎样看待企业文化等一些诸如此类的事情。我发现对于他们大多数人来说，这不仅仅是一份工作。因为很多人在公司已经工作了多年，对于公司感到很骄傲，也对他们的顾客有一种深深的责任感。

然而，我发现现场采访非常占用我的时间，很多时候我都后悔花费了大量的时间来倾听员工的想法。我有时候想提前告知他们我会到访，但我又想这会不会让职工花费太多时间来准备他们的答案。我不知道有多少人的反应是真实的，还有多少人仅仅是为了保住他们的工作。更糟的是，我发现我似乎被一些员工"挟持"了一样，不得不听他们不停地抱怨工作环境问题、他们的培训、老板，甚至是他们的顾客。我与一些顾客进行交流，但并没有听到他们抱怨这方面的事情。当我进行现场拜访时，我发现自己逐渐变得不耐烦，不断地看手表还有多长时间去下一个定好的约会。我承认我对于领导过度这部分的期望比我实际得到的要多。然而，当我决定要做的时候，我感觉我有责任完成这个任务。

当我与市场部探讨顾客满意度时，我感觉有更多的收获。在讨论顾客时，我主要集中于三个方面：消费者的投诉、区域人口结构以及回头客——那些可以带他们的亲朋好友来再次消费的顾客。为什么消费者选择我们？是什么使得他们再次消费？什么是他们的敏感话题——个人需求还是服务业的突破点？我们的市场调查显示我们的顾客集中于这四个区域：30岁以下人士、60岁以上人士、拉丁美裔、女士。我们还发现失业者和半失业者会自己动手修理汽车，以使家庭汽车寿命更长。我个人非常喜欢分析市场数据。

我对区域服务商、销售部和市场部提出一个问题："我们是怎样获得并留住这部分顾客的？"做广告、网站、直接邮递、优惠券活动以及其他的市场策略是否与这些人相匹配？例如，我们是否提供并培训西班牙语的销售、服务专家以及客户信息？如果我们针对年轻人、老年人、失业者单亲妈妈来制定专门的营销策略及价格优惠的话，这一大群体难道不会为我们带来更多的回头客？

就我所掌握的情况来看，我对于市场挑战和未来机遇感到兴奋。我是一个想法很多的人，目标是把什么事情都能够做好的实践性的经理人。我希望我的周围都是同一类的人，我会产生想法并期望获得追随及责任感。我的领导模式为我和我的下属都设置了很高的标准，我期望能够在整个地区投入一个新的视角和新的服务标准。

问题：

1. 你是怎样看待迈克·柯林斯的领导特质？这些特质中你认为哪个是优势？哪个是劣势？请解释原因。

2. 你怎样看待迈克·柯林斯领导该地区的方式？你认为他的领导风格是以人为导向还是以任务为导向？为什么？

3. 针对柯林斯与市场部及商店工作人员的关系来说，理解个性化领导风格会对柯林斯有帮助吗？

第3章

权变理论

你的领导学挑战

读完本章之后，你应该做到：

- 理解领导能力是如何因人和情境而异的。
- 运用赫西—布兰查德的情境理论分析不同追随者的成熟度。
- 应用费德勒的权变模型分析领导风格、有利情境和团队任务完成之间的关键关系。
- 解释领导学中的路径—目标理论。
- 使用弗洛姆—加哥权变模型来确定在特定决策情境下追随者的准确程度。
- 知道如何用情境变量来替代或中和对领导能力的需求。

章节大纲

- 权变方法
- 赫西和布兰查德情境理论
- 费德勒权变模型
- 路径—目标理论
- 弗洛姆—加哥权变模型
- 领导的替代

前沿领导者

- 珍妮特·萨迪克汗，纽约市交通专员
- 艾伦·罗宾斯，塑胶材料公司
- 阿特·温斯坦，怀特洛克制造公司
- 丹尼尔·斯奈德，华盛顿红人队

领导者自查

- T-P 领导问卷：领导风格评估
- 你准备好了吗？
- 测量领导的替代

领导者书架

- 《沙克尔顿的方法：南极探索得到的领导经验》

现实中的领导

- 任务和关系角色扮演

领导能力培养：案例分析

- 阿尔维斯公司
- 一个不可能的梦想？

苹果公司的 CEO 蒂姆·库克是一个安静、谦虚、有思想，并且有着数据驱动、分析能力、注重细节方式的领导者。他的前一任，即传奇般的史蒂夫·乔布斯，则在领导过程中有着强势、傲慢的个性和主导、任性的领导方式。相对比分析，乔布斯更有创造力，相较于注重细节，他更注重着眼大局。但毋庸置疑的是，两位领导者都是成功的，并且对同一家公司都进行了有效领导。

这个例子点明了研究领导特性和行为的学者的最终研究结果：不同领导风格都可以很有效。那么什么因素才决定一种领导风格是否成功？

一个影响领导风格是否有效的因素就是领导活动发生时的情境。在过去许多年里，学者观察到领导者们的行为随情境的改变而改变，也就是说他们会根据他们面对的情境中的一系列变化因素来调整他们的领导风格。在这一章中，我们讨论领导者、追随者和情境这三个要素，以及他们之间的相互影响。我们会探讨几种不同的理论，看看领导风格、追随者的特质和组织机构特点是如何一起影响成功领导的。本章的重点就是，最有效的领导风格是由许多因素决定的。理解权变方式能够帮助领导者调整自己的方法，同时认识到领导者会在经验和实践中提升自己的能力。

3.1 权变方法

由于研究者无法找到一种通用的有效领导的特质或行为，于是他们开始了新的研究方向。虽然研究者依然关注领导行为，但是新研究的焦点在于领导行为发生的情境。这种关注的基本原则在于某些行为在某些情况下会有效而在其他情况下可能无效。因此，领导行为的有效性取决于组织环境的变化。这个理论被称为权变观点，它可以解释为在特定情境下领导风格与有效性之间的关系。

权变
一件事取决于其他因素的理论

第二章中描述的通用观点与本章的权变观点的对比如图 3.1 所示。在前一章中，学者研究某些或所有情境中都能提升表现和满意度的特性或行为。他们寻找一般的领导特性和行为。权变意味着一件事取决于其他事，对一个想要有效领导的领导者来说，必须在领导的行为风格、情境条件之间有合适的契合。在一种情境下有用的领导风格也许在另一种情境下没用。没有最好的领导风格。权变意为"它取决于……"如今许多领导者都会看一本关于 20 世纪初期探险家如何度过极端困境的书以获取灵感，这本书会在本章的领导者书架中详述。

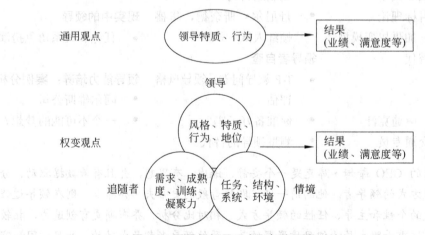

图 3.1 通用的领导观点和权变观点对比

权变对于领导能力来说最重要的就是追随者和情境，如图 3.1 所示。学者们认为情境的变化（如任务、结构、系统和环境的变化）对领导风格很重要。追随者的类型也被看作一个关键的权变因素。因此，追随者的需求、成熟度、训练、凝聚力会对最佳领导风格产生极大的影响。

关于情境领导已经有许多理论模型，赫西（Hersey）和布兰查德（Blanchard）情境理论、费德勒（Fiedler）和他的同事提出的权变理论、路径—目标理论、弗洛姆—加哥（Vroom-Jago）决策参与模型以及领导替代理论都会在这章有所描述。这些权变方法试图描述情境和追随者的特点并且确定有效的领导风格。假设一个领导者能够准确判断情境，并有足够的灵活性采取合适的领导方法，那么结果很有可能成功。

> **权变方法**
> 试图描述情境和追随者的特点并且确定有效的领导模式。

领导学中的两个可调整从而形成多种权变的基本因素是前章介绍的任务行为和关系行为。研究确定了这两种类型，或者更广泛地被定义为行为类型，对多种情境和时间段的领导能力都适用。一个领导者可以把他的领导风格中的任务和关系行为调整为高或低。图3.2就展示了4种可能的行为方式——低任务—高关系、高任务—高关系、高任务—低关系、低任务—低关系。展示描述了典型的任务和关系行为。高任务行为包括策划短期活动，明确任务、目标、角色期望，监督操作和业绩。高关系行为包括提供支持和认可，培养追随者技能和自信，在决策和解决问题咨询追随者。大多数领导者会倾向于在任务和关系中侧重某一方面，但是大多专家建议对任务和人的关心达到平衡在长期的领导关系中是至关重要的。

> **新领导行动备忘**
> 完成领导者自查3.1的问卷来评估你在两类领导行为中的相对侧重程度。

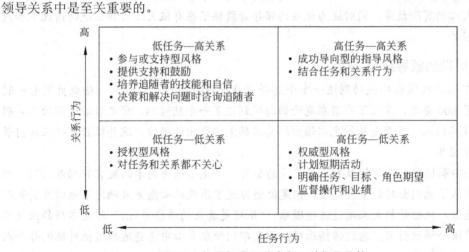

图3.2　领导行为元分类和4种领导风格

资料来源：Gary Yuki, Angela Gordon, Tom Taber, "A Hierarchical Taxonomy of Leadership Behavior: Integrating a Half Century of Behavior Research", *Journal of Leadership and Organization Studies* 9, NO.1(2002),pp.15-32. Gary Yuki, "Effective Leadership Behavior: What we know and What Questions Need More Attention", *Academy of Management Perspectives*(November 2012), pp.66-81.

赫西和布兰查德情境理论和费德勒权变模型都在接下来的几方面做了讨论，使用了领导行为元分类但是建立在不同权变基础上。

> **情境理论**
> 赫西和布兰查德的扩展领导系统关注作为情境中重要因素之一和决定有效领导行为的追随者的特征。

领导者书架

《沙克尔顿的方法：南极探索得到的领导经验》
玛戈特·莫雷尔与斯蒂芬妮·卡培尔

"人类渴求冒险的旅程。微薄的报酬，严寒，身处于长达数月的完全黑暗中，不断遇到的危险，何时安全抵达亦不确定，仅仅是成功之后才可能获得荣誉与赏识。"

你会为这份工作签约吗？当欧内斯特·沙克尔顿爵士（Sir Ernest Shackleton）在 1914 年向一个 27 岁有着徒步穿越南极洲目标的工作伙伴提出这个问题时，他也许不明白他广告中的措辞原来那么准确。他的船，"忍耐号"（the Endurance），甚至从来不曾靠岸，在连续数月卡在威德尔海上的冰中后最终沉没了。人们只好在严寒中在大块浮冰上缓慢行走 1 200 英里到有社会文明的地方，并且他们只有三条救生船和有限的供给。他们一定很恐惧，并且在这漫长冷酷的两年的大部分时间中事情并没有变得更好。但是，出乎意料的是，"忍耐号"上的每一个成员都活了下来。

玛戈特·莫雷尔（Margot Morrell）和斯蒂芬妮·卡培尔（Stephanie Capparell）分析了沙克尔顿和其他工作人员的日记来了解是什么类型的领导使他们成功从极寒、与世隔绝、濒临饿死、有生命威胁的风暴和其他各种各样的困境中存活下来。他们的书讲述了一个引人入胜并且鼓舞人心的冒险故事，同时还为现在的领导者提供了在有极大压力和困境的情况下如何去领导的经验。

艰难困苦时期的领导经验

沙克尔顿的队伍最终成功到达一个小岛并且在等待期间沙克尔顿和一些成员驾着一艘小船航行了 800 英里，穿过了有潜在危险的海域到达了一个捕鲸站，那之后沙克尔顿驾着船返回去营救其他人。下面是从沙克尔顿组织员工的能力得出的经验，这些经验可以在任何艰难的困境中应用。

- **心中有信念**。在他们放弃正在沉没的船时，沙克尔顿用简单的发言鼓励着人们。他承认了他们面对的重重危险，但是他还传递了乐观的心态并且确定了他所处的管理地位，他会带领大家度过这些困难。"乐观是真正的道德勇气，"沙克尔顿的话就像谚语一样被引用。通过传播乐观，沙克尔顿使船员心中清楚地知道他对他们每个人都充满信念。

- **心中总是保持公正**。沙克尔顿非常看重每一个船员，并且他用他的公正对待、坚持不懈和主张人人平等的态度赢得了同事们的赞美和尊敬。他期望每一个船员都在船上做力所能及的事。一个高级船员这样写道："擦地板……可以使一个人变得谦逊并且会把他身上虚伪的傲慢淘汰掉，正因为如此，我自愿去擦地板。"

- **让每个人都为成功献力**。当灾难爆发时，沙克尔顿知道如果要使团队存活下去，大家会面临各种各样不得不做的工作，并且他要确保每个人都有任务，这些任务让他们为自身的危急困境找出解决方案而努力。他用幽默和其他娱乐方式来保持大家的精神高昂（其中一种方式就是弹奏他从正在沉没的船中抢救出的一把班卓琴）。他把最难以对付的人带进他的帐篷来赢得他们的支持并且防止他们把消极情绪传播给其他的船员。

适应性让他们获救

沙克尔顿总是朝前看并且纵观全局，这让他在面对突如其来的事时可以快速地改变方案。交流，尤其是倾听，帮助他在执行新举措时看清形势。在"忍耐号"出航之前，他开除了厨师和其他三个人员，因为他从倾听和观察中了解到他们会伤害船员们的道德和效率。"沙克尔顿的乐观主义从不莽撞"，这本书指出。他对他的能力有信心，并且他对他的同事们也抱有信心。他能够使自身保持足够的可变动性来抛弃无法施行的事，并且尝试一些新的事物。这是团队能够幸存的一大原因——也是几年之后为什么有八个员工仍然渴望加入沙克尔最终远征的原因。

资料来源：Margot Morrel and Stephanie Capparell. Shackleton's Way. Viking Penguin.

领导者自查 3.1

T-P 领导问卷：领导风格评估

说明：下面各题描述了领导行为的一些方面，假设你被任命为一个学生组织的领导者，感受到为了成功而提升行为的压力，根据你在这种有压力的环境下所最可能表现的行为来回答每一个问题。如果你是一个工作团体的领导者，请回答每个问题对你来说是基本符合还是基本不符。

	基本符合	基本不符
1. 我会对小组成员的行为表现承担责任	_____	_____
2. 我会对成员分配具体详细的规则和任务	_____	_____
3. 我会要求成员们工作再努力一点	_____	_____
4. 我会核实人员来知晓他们做得如何	_____	_____
5. 我会更在意执行情况而不是和同事的友好相处	_____	_____
6. 我会尽可能地让成员们工作起来更舒适	_____	_____
7. 我会更注重在团队中维持一种舒服的氛围	_____	_____
8. 我会让成员用他们认为最好的方式来完成工作	_____	_____
9. 我会关注成员的个人感情和福利	_____	_____
10. 我会放下我的架子来使自己对他人有帮助	_____	_____

得分与说明

T-P 领导能力测试计分方式如下：你的"T"分值代表了"以任务为导向"，分数是问题 1~5 中你的答案为基本符合的数量。你的"P"分值代表了"以人或关系为导向"，分数是问题 6~10 中你的答案为基本符合的数量。4 分或 5 分不管是对 T 或者 P 来说都被认为是高分。

0分或1分会被认为是低分。T=＿＿．P=＿＿．

一些领导者注重人员的需求，把任务细节交给下属。还有一些领导者会注重任务的细节，期望下属能够按照指令执行，根据不同的情境，这两种领导风格也许都会很有效。重要的是要能判断所处情境的相关情况，并据此采取行动。通过本测试，你能了解自己对这两种领导行为的侧重程度：究竟是以任务为导向（T）还是以人为导向（P）。不过这两者并不对立，一个人可能同时得高分或者同时得低分。

你的领导风格导向是哪一种？将本次测试结果与第二章"领导者自查 2.2"中的结果进行比较。你认为适合自己领导风格的最佳环境是什么？

资料来源：T. J. Sergiovanni, R. Metzcus, and L. Burden. Based on the T-P Leadership Questionnaire as published in Toward a Particularistic Approach to Leadership Style: Some Findings. *American Educational Research Journal* 6, no. 1 (1969), pp. 62-79.

3.2 赫西和布兰查德的情境理论

赫西和布兰查德的情境理论是对第二章的领导网格的有趣扩展。这个方法把追随者的特征作为情境中最重要的因素，因此也是决定有效领导行为的因素。赫西和布兰查德的情境理论的观点是下属的成熟度不同。由于能力不足或培训过少，或者是因为没有安全感而对任务有不充足的准备和成熟度，相比那些能力强、技能熟练、自信、更愿意工作的人来说，这类人需要不同的领导风格。

3.2.1 领导风格

根据情境理论，在关系（对人的关心）和任务（对生产的关心）行为的基础上，一个领导者可以采取四种领导风格。合适的风格取决于追随者的成熟度。

图 3.3 总结了领导风格和追随者成熟度之间的关系。这四种领导风格分别是命令式、指导式、参与式、放权式。如图 3.3 所示，命令式（S1）反映了对任务的高关心以及对人和关系的低关心。领导者提供关于任务该如何完成的具体目标和明确指令。指导式（S2）是建立在同时对关系和任务的高关心之上的。采用这种方法，领导者要提供任务指令和个人支持，解释工作任务。参与式（S3）则是高关心低任务行为。领导者鼓励参与，与追随者共同决策，使决策更容易。第四种，也就是放权式（S4），反映了对任务和关系的低关心。这类型的领导者提供很少指导和支持因为所有的决策责任和成就都是追随者的。

3.2.2 追随者成熟度权变

图 3.3 中 4 个格子下方标明了每种领导风格应当在什么时候采用。关键的权变因素就是追随者成熟度。赫西和布兰查德的情境理论的本质是让领导者判断出追随者的成熟度并且采取适用于这种水平的领导风格，如追随者的学历、技能、经验、自信心和工作态度。

低成熟度 当一个或多个追随者表现出很低的成熟度时，领导者必须用命令式的领导风格，告诉追随者确切要做的事，指导他们如何做和确切的时间表。例如，菲尔·黑根斯（Phil Hagans）在休斯敦东北部拥有两家麦当劳，为许多年轻人提供了人生中的第一份工作。

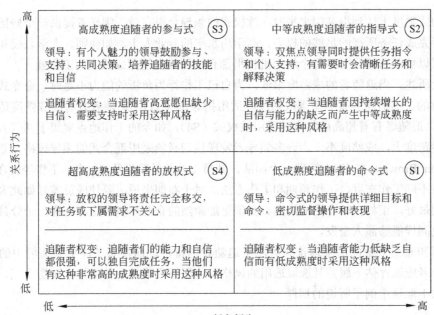

图 3.3　领导情境模型

资料来源：Based on Gary Yukl, Angela Gordon, and Tom Taber, "A Hierarchical Taxonomy of Leadership Behavior: Integrating a Half Century of Behavior Research," *Journal of Leadership and Organizational Studies* 9, no 1 (2002), pp. 15-32; and Paul Hersey, Kenneth Blanchard and Dewey Johnson, *Management of Organizational Behavior: Utilizing Human Resources*, 7th Ed (Upper Saddle River, NJ: Prentice Hall, 1996).

他采用的就是指导式领导风格，从衣着到正确清理烤架都亲自指导，让年轻员工们强烈感觉自我技能提高的方向和自信水平。

中等成熟度　当追随者对工作缺乏一些技能或经验但是显示出自信、能力和学习意愿时，指导式的领导风格会有效。在指导式的领导风格中，领导者会下命令但是也会对追随者解释决策、明确任务，而不是仅仅说明任务该如何完成。作为 Facebook 的 CEO，雪莉·桑德伯格（Shirley Sandberg）采用的就是指导式。许多 Facebook 员工都是刚刚大学毕业，没有工作经验，但是他们充满活力、热情和忠诚。桑德伯格的风格结合了果断具有说服力的领导和统一决策。她用逻辑和数据来解释她的决定，她也注重对员工的投入和获得的回馈。她认为自己是一个会同时"指导和要求"的领导者。

高成熟度　当追随者有着足够程度的教育水平、技能和经验但可能对自己的能力缺乏自信，需要领导者的鼓励时，参与式风格非常有效。领导者可以指导追随者的发展，提供意见和援助。例如，工业光魔（Industrial Light and Magic）的视觉特效主管艾瑞克·布列维格（Eric Brevig），他通过参与式的领导使艺术家和动画师的创意最大化程度展现。与其告诉人们如何做工作，他给他们提出挑战并且和他们尝试用最好的方法共同完成。

超高成熟度　当追随者在能力、经验、自信心和为自己工作行

> **新领导行动备忘**
>
> 作为领导，当追随者的技能、经验不足或自信心不强时，你可以告诉他们如何完成工作。如果下属技能水平中等，有热情和学习意愿，为他们指明方向，看下属的投入，解释自己的决定。

> **新领导行动备忘**
>
> 作为领导，当追随者有较高水平技能、经验和责任心时，你可以提供意见和指导。如果追随者们有着超高的技能和积极的态度，放权让他们自己决策。

为负责的成熟度上达到很高的水平时,放权式的领导会很有效。领导者提供一个概括的目标和追随者完成任务所需的足够的权力。高学历水平的专业人士,如律师、大学教授和社会工作者就可以被归入这一类。每个组织机构里都有这种具有超高成熟度的工作者。

综上所述,当追随者的成熟度很低,为自己工作行为负责的能力不足时,命令式(S1)是最有效的。当追随者有着中等成熟度时适用指导式(S2),追随者有着高成熟度适用参与式(S3),追随者有着超高成熟度时适用放权式(S4)。如今的工作地点聚集了几代人,工作人员年龄跨度大,成熟度不一,许多领导者发现他们必须采用混合式的领导风格。亚仑·布朗(Aaron Brown)在IBM管理一个团队,其员工的年龄跨度达40岁、工作经验在3~30年、有着不同工作态度、工作预期和工作方法。对于布朗来说,要使成员差异如此大的一个团队做到最好,正如在如今更加快速、竞争更加激烈的企业环境中生存一样,十分具有挑战性,但也同样能够激人奋发。

赫西和布兰查德的情境理论只关注了追随者的特性,而没有关注更大情境中的其他因素。领导者应该评估下属并且选取适用的风格。选用不合适的领导风格会损伤士气,影响表现,就像下面这个例子所说的那样。

前沿领导者

珍妮特·萨迪克汗,纽约市交通专员

自从2007年被迈克尔·R.布隆伯格市长(Michael R. Bloomberg)任命为交通专员后,珍妮特·萨迪克汗(Janette Sadik-Khan)因此一系列举措获得了国际赞扬,其中包括指导了250多英里自行车道的建设,创立了步行广场和因取缔停车点而解决了纽约市部分拥挤街道的交通问题。但是,她的做事风格却受到市政委员会成员、社区领导的批判并对此产生敌意。

《纽约时报》的一篇文章这样说,萨迪克汗主要的领导方式针对的是成熟度很高甚至超高的下属。她的方法在这里并不是那么奏效。"即使有人赞同珍妮特的某些工作目标,整个城市多数还是难以接受的",城市公众律师比尔·白思欧(Bill de Blasio)这样说。那些认为自己也应当参与此事的市政委员会成员和邻区领导们认为她"轻蔑、挑衅"。

她傲慢的做法和拒绝妥协让城市领导者面临艰难处境,可能他们很难完成未来目标。萨迪克汗的方式起初看起来是有效的,但最终却成了负担。市长布隆伯格,甚至萨迪克汗本人也承认她在倾听和合作方面做得不好,才导致了不满,也使未来工作很难实施。一位市政委员会委员说:"她十分确信自己是正确的,我认为有这种自信是好的,但是不知在政府工作中是否合适。"

萨迪克汗说她因对目标太过热情而犯下了错误,但她正努力变得不那么好斗、更加缓和以便能做好沟通工作。

在赫西和布兰查德的情境理论中,领导者们可以调整自己的方式来适应下属,与第二章描述的领导成员替代理论相似。如果一个追随者是低成熟度水平,领导者必须特地告诉他到底该做什么、怎么做、什么时候做。对于

> **新领导行动备忘**
>
> 回答领导者自查3.2的问题来确定你的成熟度,以及如果你是一个下属,什么样的领导模式适合你。

高成熟度的追随者，领导者提供大致目标和完成工作需要的权限即可。领导者需要认真判断下属类型，采用合适的领导风格。

领导者自查 3.2

你准备好了吗？

说明：一个领导者的风格可能取决于下属的成熟度，想一想你在目前或之前职位上的工作情况，基于你在工作上的状态，回答下面的问题是基本符合还是基本不符。

	基本符合	基本不符
1. 我通常只完成规定的工作，一点也不多做或少做		
2. 我经常会对我不得不做的工作感到厌烦或无趣		
3. 只要有机会，我会多休息一些		
4. 我对我的工作抱有极大的兴趣和热情		
5. 我被同事当作专家		
6. 我想要展现出我最好的能力		
7. 对于这类工作，我有大量的相关教育背景和丰富的经验		
8. 我参加委员会等业余工作		
9. 我区分工作的优先次序，并能很好地安排时间		

得分与说明

根据情境领导理论，下属的成熟度越高，领导者也会参与并且授权得越多。1~3题中，如果答案为"基本不符"则每题得1分；4~9题中，如果答案为"基本符合"则每题得1分。最终分数为8~9分表明成熟度非常高；4~6分表明中等的成熟度；0~3分表明低的成熟度。就你的成熟度而言，你认为你最适合哪种领导风格？你的主管对你采用的是什么领导风格？你认为你的主管为何采用这种风格？和其他同学讨论你的结果，看看对于成熟度不同的下属，领导者采用的是哪种风格。

3.3 费德勒权变模型

费德勒和他的同事发展了这个模型，该模型不仅考虑了追随者还考虑了情境中的其他因素。虽然这个模型有点复杂，但是基本观点很简单：将领导风格与情境联系起来，使之最有利于领导者的成功。费德勒权变模型就是用来帮助领导分析领导风格和组织情境。

> **费德勒权变模型**
> 被用于判断领导是任务导向或关系导向类型并且选择合适情境的领导风格的模型。

3.3.1 领导风格

费德勒理论的基石是探讨领导者应在多大程度上采取以关系导向或任务导向的领导风格。以关系为导向的领导关心的是员工。正如在第二章中讨论的体谅型领导风格一样，关系导向型的领导者与员工建立相互信任和尊敬的关系，他们会倾听员工的需要。任务导向型的领导者则主要关注任务完成情况。与第二章描述的主动结构型相似，任务导向型的领导者会提供明确指令，设定行为标准。

领导风格可以通过一个被称为最难共事者（LPC）的问卷来衡量。LPC 用 8 分制来评判 16 个反义形容词。费德勒在 LPC 表中所用的反义形容词举例如下：

开放的--谨慎的
争吵的--和谐的
高效的--无效的
自信的--犹豫的
阴沉的--欢乐的

如果领导者用积极的词汇来描述最难共事者，那么他被认为是关系导向型，也就是一位关心和对别人情绪敏感的领导者。相反地，如果一个领导者用消极词汇来描述最难共事者，那么他被认为是任务导向行，也就是一位总看到他人的缺点，对任务的重视超过对人的关心的领导者。

3.3.2　情境

费德勒的模型依据三个关键因素来描述领导情境，分别是：上下级关系、任务结构和职位权力，这三个因素可能对领导行为有利或者不利。

上下级关系指团队气氛和成员对领导者的态度、接受程度。当下属和领导者相互信任、有尊重并且下属对领导者有信心时，上下级关系就可以认为是很好的。当相互不信任、不尊重，对领导者没有信心时，上下级关系就不好。

任务结构是指团队任务完成的程度，是否包括特定程序，以及是否有清晰、明确的目标。常规性的、定义明确的任务，如装配线上工人的工作，就是有高度结构的工作。创造性的、定义不明确的任务，如研究开发或战略规划等，其任务结构水平就低。当任务结构高时，认为情境对领导有利；相反则不利。

职位权力是指领导者对下属拥有的正式权力。如果领导者能对下属的工作进行计划、指导、评估或处罚，那么他拥有的职位权力就高。如果领导者不能评价或嘉奖其下属的工作，那么他拥有的职位权力就低。当职位权力高时，这种情境对领导者来说是有利的，反之则是不利的。

当上下级关系良好，任务结构度高，职位权力强时，情境对领导高度有利。当上下级关系不好，任务结构度低，领导职位权力弱时，情境对领导十分不利。当三个元素中有高有低时认为情境对领导一般有利。也就是说，一个领导者可能有很强的职位权力但是任务结构度低、上下级关系不好。或者上下级关系可能不错，但是职位权力弱，任务结构度低。根据这三个关键元素的不同组合情况，有利水平程度也多有不同。

3.3.3　权变理论

当费德勒考察领导风格、情境有利度和团队任务表现之间的关系时，他发现了如图 3.4 所示的模式。任务导向型的领导在情境十分有利或十分不利时更有效。关系导向型的领导在一般有利的情境中更有效。

任务导向型领导在高度有利情境中胜出是因为每个人都相处得友好，任务明确，领导也有权力；所有这种情境所需要的就是有人能总览全局，提供方向。相似地，如果情境对领导很不利，那么就需要大量的安排和任务指导。一个强势的领导者会确定任务的安排，能在下属前建立威信。因为上下级关系不好，所以对领导的受欢迎程度来说，强势的任务导向与关系导向没有区别。思考塞尔吉奥·马尔乔内（Sergio Marchionne）在克莱斯勒是如何使任务导向型的领导风格适应情境的。

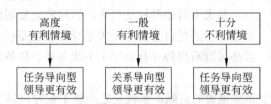

图3.4　费德勒的分类：领导风格如何与情境相适应

资料来源：Fred E. Fiedler. The Effects of Leadership Training and Experience: A Contingency Model Interpretation. *Administrative Science Quarterly* 17(1972), p.455.

前沿领导者

塞尔吉奥·马尔乔内，克莱斯勒集团公司

克莱斯勒是美国汽车行业三巨头中规模最小的，该公司的命运被放在了出生于意大利的塞尔吉奥·马尔乔内（Sergio Marchionne）手上。塞尔吉奥·马尔乔内用他对细节的执着在几年前拯救了处在破产边缘的菲亚特。马尔乔内是一个有着极强工作目标的领导者，马尔乔内没有选择位于密歇根州奥本山的克莱斯勒总部的顶层行政套房办公室办公，而是在四楼工程中心的一间办公室。他带了六部智能手机并且密切关注最小的细节，甚至会注意到新的道奇突击者上一个门把手不够完美。"如果你真的想要运营生意，"他说，"你需要亲身参与。"

马尔乔内是在克莱斯勒状况非常不好的情况下来到这家公司的。就像通用汽车一样，克莱斯勒几年前不得不靠联邦政府提供的紧急财政援助才得以幸存，并且马尔乔内在公司刚刚从破产的危机中幸存下来的时候掌权了公司，同时菲亚特也拥有公司部分所有权。销售额也在猛跌，克莱斯勒的形象受损，士气和动力都很低沉，开销很高并且运营问题使公司发展受挫。马尔乔内在菲亚特工作时最令人深刻的是长时间工作的特点，他一周工作七天，并且他要求克莱斯勒领导层为了公司可预见的将来做同样的事（长时间工作）。他定期与主管见面并且给他们的工作命令要求必须完成，固守旧的办事方式的主管会被开除。

克莱斯勒虽然比通用汽车公司恢复得要慢，但是马尔乔内的以工作为导向的领导风格正在起一种积极的影响：销售额在增加，并且运营问题已经被克服。除此之外，马尔乔内的有力措施给组织注入了新能量，也给员工们带来更大的希望和动力。

塞尔吉奥·马尔乔内的任务导向风格是适应他在克莱斯勒的困难处境的。芝加哥大学的学者研究了许多身处公司反转情境——公司通常是高负债且急需提升运营结果——的CEO，发现坚强的、专注任务的特质（如分析能力、对效率的执着、设立高标准）比起人际关系能

第3章　权变理论　69

力（如好的沟通能力、倾听能力和团队协作能力）更有价值。

关系导向型领导在一般有利情境中表现得更好，因为人际关系技巧在实现团队高成就时十分重要。在这些情境中，领导可能会比较和善，有一定权威，会监督比较含糊的工作。有好的人际交往能力的领导能在团队中创造可以提升人际关系、明确任务结构、建立威信的积极氛围。

要采用费德勒权变理论，领导者需要明确两件事情。首先，领导者应当清楚自身到底是关系导向型还是任务导向型。其次，领导者必须判断局势并且确定上下级关系、任务结构、职位权力是否有利于自己领导。

> **新领导行动备忘**
>
> 作为领导，当情境对你十分有利或不利时，采用任务导向型领导风格比较有效。当情境一般有利时采取关系导向型领导比较有效，因为人际交往技巧会带来积极的氛围。

费德勒的研究有一个非常重要的贡献，那就是它超越了领导风格的概念来说明领导风格如何适应情境。为了证实费德勒的模型，学者们进行了许多实验，研究结果普遍为费德勒模型提供了支持。然而，费德勒模型也被批判过。用 LPC 分数来衡量是关系导向还是任务导向对于一些研究者来说太过简单，用于决定情境是否有利的权重也决定得太过随意。此外，一些观察员也指出，这一模型缺乏实证支持，因为在大多数研究中的相关性检验并不具有统计意义上的显著性。随着时间的推移，这一模型是否有效还是个疑问。例如，如果一个像塞尔吉奥·马尔乔内一样的任务导向型领导与不利情境相匹配并且是成功的，组织环境应该就会有所提升，就会变成一个更加适合采用关系导向型领导风格的环境。在逐渐变得有利的情境下，马尔乔内的任务导向型领导还会继续有效吗？他能或应该试图转变为关系导向型的领导风格吗？费德勒模型并没有给出答案。

最后，费德勒模型和随后的研究未能考虑中等 LPC 分数的领导者，有些研究预言这种领导者在大多数情境中比高、低 LPC 分数领导者更有效。相比高或低 LPC 分数领导者，中等 LPC 分数的领导者更能平衡对关系和任务的关心，这使他们在多种情境中有更强的适应能力。

新的研究也在不断更新费德勒模型，费德勒模型仍被看作领导学中非常重要的贡献之一。无论如何，它的重要影响在于促使其他研究者更加认真地研究情境因素。在费德勒初始模型之后，大量情境理论逐渐发展起来。

3.4 路径—目标理论

> **路径—目标理论**
>
> 一种领导学权变理论，认为领导职责是为下属明确必要行为，使他们完成任务、获得奖赏，以此增加下属动力。

根据路径—目标理论，领导的职责就是提升下属动力来达成个人和组织的目标。如图 3.5 所示，领导者通过以下两种途径来激发追随者的动力：(1) 明确奖励并指明如何才能得到奖励；(2) 提高追随者看重和期望得到的奖励。路径明确意味着领导者与下属一起工作，帮助他们了解、学习能够使任务成功完成和对组织有利的行为。提高奖励意味着领导者通过与下属沟通了解什么奖励对他们来说比较重要，也就是他们喜欢工作本身的内在奖励还是如加薪、升迁这样的外在奖励。领导者的工作就是给下属增加完成任务后的个人奖励，并让他们了解如何才能得到这些奖励，以及这些奖励并非遥不可及。

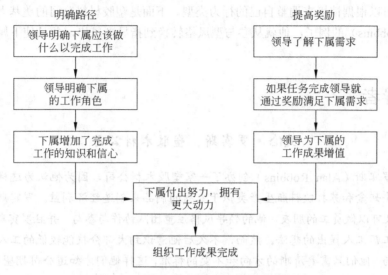

图 3.5 路径—目标模型中的领导角色

资料来源：Reprinted from *Organizational Dynamics*, 13 (Winter 1985), Bernard M. Bass, "Leadership: Good, Better, Best", pp. 26-40, Copyright 1985, with permission from Elsevier.

这个模型被称为权变模型是因为它由三个权变因素组成——领导风格、追随者和情境、满足追随者需求的奖励。费德勒模型提出假设，认为随着情境的变化，会有新领导者来接替工作；而在路径—目标理论中，领导者会改变自己的行为来适应情境。

3.4.1 领导行为

路径—目标理论把领导行为分为四类。这些分类是领导者可以采取的行为类型，包括支持型、指导型、成就导向型和参与型。

支持型领导表现出对下属幸福和个人需求的关心。领导行为开放、友好、平易近人，并且领导者会创造出团队氛围，平等对待下属。支持型领导与之前的体谅型或员工导向型领导相似。在芝加哥拥有五家小企业的企业家杰伊·戈尔茨（Jay Goltz）就是支持型的领导。他借钱给员工，为车贷做担保，帮助好几个员工买房子，甚至从监狱里保释出了几个员工。

指导型领导明确告诉下属应该做什么。领导行为包括计划、制定进度、设定业绩目标和行为标准，强调规章制度。指导型领导的行为与主动结构或任务导向型领导相似。

参与型领导和下属共同决策。领导行为包括询问意见和建议、鼓励决策参与、与下属在他们的工作地点开会。参与型领导者鼓励团队讨论和意见，与指导式或赫西和布兰查德模型中的参与式相似。

成就导向型领导为下属设定明确、具有挑战性的目标。领导行为强调高水平业绩和在现有基础上的不断提高。成就导向型领导者也会对下属展现出自信，帮助他们学习如何达到高目标。

> **新领导行动备忘**
>
> 作为领导，你可以通过调整领导行为来使追随者了解获得奖励的路径或提高追随者喜欢的奖励力度，以此提高追随者的动力、满足感和表现。

> "老板驱动下属；领导者培训下属。老板依赖于权威；领导者依赖诚意。老板增加恐惧感，领导者鼓励激情。"
>
> ——H. 高登·塞尔福里奇（1864—1947）
>
> 英国塞尔福里奇百货创始人。

四种领导行为类型并不是特征理论那样，认为人的本质都是根深蒂固的；它们反映了每个领导者都可以根据情境来调整自己的行为类型。下面是塑胶材料公司的奠基人艾伦·罗宾斯（Alan Robbins）的例子，他就从参与型风格转换到指导型风格，并且使下属间获得更好工作成效。

前沿领导者

艾伦·罗宾斯，塑胶木材公司

艾伦·罗宾斯（Alan Robbins）创办了一家塑胶木材公司，因为他认为这样既环保又可以通过将用牛奶盒和苏打饮料瓶生产类似于木材的制品来创造经济利益。罗宾斯希望自己既可以当老板又可以做员工的朋友，他的领导风格注重团队协作与参与，并且罗宾斯花了很多时间来实施由工厂工人提出的想法。然而，不久后他意识到大部分技能较低的工人并不关心是否有机会参与，他们只需要清晰的方向和不变的标准，这样他们才知道公司期望他们做什么。

罗宾斯倡导的参与型领导方式给员工们带来了一定的自由度，但这却导致了一些严重的问题。一些工人经常旷工或无故迟到，还有些工人喝醉了或嗑了药来上班，并且在工厂里打架生事，在许多员工眼里，让他们参与决策大大削弱了罗宾斯的权威。那些想认真工作的人感到很失望，因为工厂秩序混乱，而且有些工人看起来甚至可以为所欲为却不受惩罚。

尽管罗宾斯天生倾向于做一名参与型的领导者，但他还是改变了自己的领导风格，成为一位指导型领导者。他制定了一本全面的规则和政策手册，对所有工人进行健康测试，并设定明确的行为规范。经过这一系列举措，工厂里的工作氛围和员工的表现有了显著提高。

艾伦·罗宾斯原以为员工会喜爱自己的参与型领导方式。但当他开始使用指导型方式，明确了哪些行为是公司期待的，哪些行为是不能忍受的之后，员工的满意程度得到了提升。指导型领导通过确立明确的流程和方针，能够使员工专注于达到业绩标准。因此即使罗宾斯更偏好参与型领导，他也意识到对当前情境来说那不是最好的方式。对于不管变化过程而坚持单一行为方式的缺点，"思考一下！"专栏提供了一种有趣的视角。

思考一下！

"凡事适可而止"这种说法在领导中十分重要，傲慢的言行最终会成为你的弱点并导致事与愿违。

两极对立

所有的行为都包含对立的两极。如果我不断地一遍又一遍地做一件事，那么极端就会出现。例如，过分地追求美丽反而会使一个人变得丑陋，十分努力的让自己变得慷慨也是一种自私的形式。

任何过度的行为都会产生相反的效果：
- 对于生的迫切渴望其实正暗示了对死的恐惧；

- 真正的简单并不简单；
- 我们是很久不见，还是才见面不久？
- 好自夸的人总是觉得自己渺小而没有安全感；
- 本将成为第一名的那个人却以最后一名而告终。

了解了两极的运行规律，智慧的领导者不会极力推动事情发展而是让其以顺其自然的方式展开。

资料来源：John Heider. *The Tao of Leadership: Leadership Strategies for a New Age.* New York: Bantam Books, 1986, p.3. Copyright 1985 Humanic Ltd., Atlanta, GA, Used with permission.

3.4.2 情境权变因素

路径—目标理论中两个重要的情境权变因素是：团队成员的个性特征和工作环境。追随者个人特征类似于赫西和布兰查德模型的成熟度，包括能力、技能、需求和动机等因素。例如，如果一个员工在能力或技能方面比较差，领导者可能就需要提供附加的训练，以此提升员工业绩。如果下属是利己主义者，那么领导者可能就要为他提供金钱奖励来激励他。如果某位员工需要明确的方向指引，那么领导者就要采用指导型方法，明确告诉他应该做什么。手工艺人和专业人员则可能想要更多自由和职权，他们在参与型的领导风格下会工作得更好。

工作环境权变包括任务结构程度、正式权威系统以及工作团队的特征。任务结构与费德勒权变理论中的同一概念相类似，包括任务的定义，明确的工作描述、工作步骤。正式权威系统包括领导者所使用的合法权力，以及公司政策和制度约束员工的程度。工作团队特征则由下属的教育水平和他们之间关系好坏组成。

3.4.3 采取奖励措施

如前所述，领导职责就是为追随者明确如何获得奖赏，或为提升追随者满意度和工作表现而增加各种类型的奖赏。在一些情境中，领导者和下属一起工作来帮助他们提升工作所需的技巧、自信以及获得可以获得的奖励。在其他情境中，领导也可能为了满足下属的特殊需求开发出新的奖励。

图3.6陈述了四个领导行为是如何调整并适应情境的例子。在第一个情境中，下属缺乏自信，因此支持型领导提供了社交支持来鼓励下属做出工作所需行为并获得奖赏。在第二个情境中，任务含糊不清，员工不能有效工作，指导型领导的行为就是下达指令、明确任务以便于下属明白如何完成工作、获得奖赏。在第三个情境中，任务对下属来说没有挑战性，因此一个成就导向型领导的行为就是设定更高的目标，这是为下属指明获得奖赏的路径。在第四个情境中，给了下属错误的奖赏，参与型领导的行为就是要矫正这一错误，通过讨论下属的需求，领导者能够明确任务完成后下属想要的奖赏。在四个例子中，领导者通过调整自己的行为来适应环境，并激励员工付出更多努力。所有这些都是通过指明下属应如何获得奖励，或改变奖励方法以满足其需求来实现的。

路径—目标从理论上来阐明很复杂，但是许多相关研究都取得了令人振奋的成果。利用这个模型处理具体的确切关系，或对员工的工作成果做精确的预测会很困难，但是四种领导行为以及领导行为应当适应情境的想法为领导者激励下属提供了有用的方法。

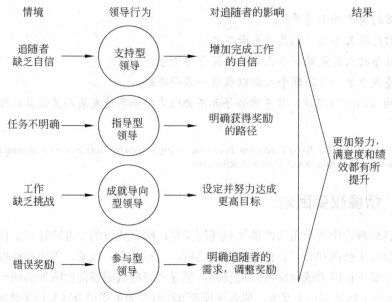

图 3.6 路径—目标情境以及所偏好的领导行为

3.5 弗洛姆—加哥权变模型

弗洛姆—加哥权变模型（Vroom-Jago Contingency Model）与之前的模型有许多相同的基本原则，但是与它们也有很大的区别。这个模型特别关注不同程度的参与型领导以及不同级别的参与度如何影响决策的质量和可靠性。许多情境因素共同决定究竟是参与型领导还是独裁式领导会带来更好的结果。

> **弗洛姆—加哥权变模型**
> 关注不同程度的参与型领导以及不同级别的参与度如何影响决策的质量和可靠性。

这个模型的出发点是，所有领导都需要解决问题，制定决策。解决问题的决策可能由领导者独自制定，也可能和追随者们一起制定。

弗洛姆—加哥模型非常实用，因为它使领导者准确了解在制定某个决策时，应让下属有多大程度的参与。这个模型有三个主要方面：领导参与模式、一套分析决策环境的检测性问题、一系列决策规则。

3.5.1 领导参与模式

该模型对下属在决策制定时的参与度分了 5 级，从高度专制（领导独自决定）到高度民主（领导委派给团队），如图 3.7 所示。图中展示了 5 种决策方式，从领导者独自制定决策开始（独裁），把问题单独告知几个下属以获取他们的意见然后进行决策（分别磋商），向下属团队陈述问题，适当采取他们的主意和意见，然后制定决策（群体磋商），与工作团队一起面对问题，作为问题推动者帮助团队决策（促进），或者委托给团队，允许他们在设定的规定范围内决策（授权）。这五种方法涵盖了一个连贯的区域，领导者应该根据情境来选择其中一种方式。

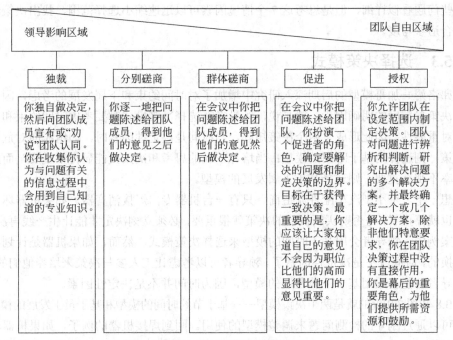

图 3.7 五种领导决策模式

资料来源：Reprinted from *Organzational Dynamics*, 28, no.4, Victor H. Vroom. Leadership and the Decision-Making Process, pp.82-94. Copyright 2000, with permission from Elsevier.

3.5.2 检测问题

上述有五种决策方式，领导者如何确定使用哪一种？决策参与水平由多个情境因素决定，比如所需决策质量、领导者或下属的专业知识水平、要求下属参与决策的重要程度等。领导者可以通过回答 7 个问题来分析出合适的决策参与度。

1. 决策的重要性：这个决策对于项目或组织来说有多重要？如果决策非常重要，为了项目或组织的成功而需要高质量的决策，领导者必须高度参与其中。

2. 下属参与决策的重要性：下属执行决策承担多少责任？如果决策执行需要下属高质量的付出，领导者应该让下属参与决策过程。

3. 领导者专业知识：领导者处理问题相关的专业知识水平如何？如果领导者信息、知识或专业技能水平不高，领导者应当让下属多参与进来。

4. 下属支持决策的可能性：如果领导者要独自做决策，下属对决策的认同是高还是低？如果下属只是听从领导者的决策，他们在决策制定过程中的参与度就不那么重要。

5. 下属对目标的支持度：下属对团队或组织目标的支持度在多大程度上影响这个决策？如果下属对组织目标的支持程度低，领导者就不应该让团队来独自制定决策。

6. 与目标相关的专业知识：团队对问题相关领域的专业知识水平如何？如果下属对问题相关的专业知识水平很高，他们就可以承担更多决策责任。

7. 团队合作能力：当团队成员作为一个团队解决问题时他们的技能和承担能力如何？当

下属技能水平高并且有合作解决问题的高意愿时，可以让他们承担更多决策责任。

这些问题看似详细，但是思考这 7 个情境因素可以迅速缩小选择范围，找出决策制定过程中的合适参与度。

3.5.3 选择决策模式

对弗洛姆—加哥模型的后期深入研究中增加了对时间约束和下属发展的考虑，因为它们是决定决策参与度的明确因素。就是说，领导者在选择决策模式时要考虑时间约束和下属发展的相对重要性。因此形成了两个决策矩阵，当时间是决定性因素时，如组织面对危机必须立刻决策，则选择用基于时间的模型；当培养下属的思考和决策技能显得很重要，而此时时间和效率不那么重要，则选择基于下属发展的模型。

试想一下一个小型汽车配件制造商，只有一台机器专门焊接消音器。如果机器坏了，那么生产也就停止了，是否购买新机器的决策就很重要，必须立刻决定才能让生产线再次运作。在这个案例中，领导者会用基于时间的模型来选择决策模式。然而，如果机器是计划在三个月内更换的，时间就不是决定性因素了。领导者可以考虑让工人参与决策来培养他们的能力。因此领导者可能会采用基于下属发展的模型，因为时间并不是决定性因素。

图 3.8 和图 3.9 说的就是两个决策模型——基于节约时间的模型和基于员工发展的模型——领导者可以通过刚才的检测问题来调整模型的使用。回到焊接机器的例子，如果机器坏了必须立刻更换，领导者就会用图 3.8 中的基于节约时间的模型。领导者先填写左边的"问题陈述"，从左往右一次回答 7 个情境问题，选择 H（高）或 L（低）时，不要穿过每条水平线。

第一个问题（决策重要性）是问这个决策对项目或组织有多重要，如果答案是"高"，领导者继续回答与参与程度相关的问题：下属执行决策的参与有多重要？如果答案是"高"，领导者继续回答领导专业知识问题：领导者对问题相关的专业知识水平了解有多高？再假设答案是"高"，领导者接下来考虑下属支持决策的可能性：如果领导独自决策，那么下属可能会支持这一决策吗？假设下属很可能支持，决策矩阵就直接指向了独裁模式，也就是领导者独自决策然后公布给团队。

如前所述，这个矩阵假设时间和效率是最重要的条件。然而如果领导者有好几个月的时间可以来考虑是否替换焊接机，并且认为追随者的发展比时间效率更重要，这样对决策模式的选择会发生怎样的变化呢？在这个案例中，领导者会采用图 3.9 中的员工发展驱动决策矩阵。从矩阵左边开始：这个决策对项目或组织有多重要？如果答案是"高"，继续回答与参与程度相关的问题：下属执行决策的参与有多重要？如果答案是"高"，下一个问题就是下属支持决策的可能性（领导者的专业知识未被考虑在内，是因为发展模型关注参与的下属，即使领导者有相关的专业知识）：如果领导者独自决策，下属可能会支持这一决策吗？如果可能性"高"，领导者再考虑下属对目标的支持：下属对团队或组织目标的支持度在多大程度上影响这个决策？如果对目标的支持度很低，答案就直接指向群体决策。如果支持度高，领导者接下来会问：对于产生的问题，团队成员的专业知识水平如何？如果答案是"高"那么领导者就要考虑：当团队成员作为一个团队解决问题时他们的技能和承担能力如何？如果答案是"高"那么就会指向授权模式，在这种模式下领导允许团队在规定范围内进行决策。

	1.决策重要性？	2.下属参与的重要性？	3.领导专业知识？	4.下属支持决策的可能性？	5.团队支持？	6.团队专业知识？	7.团队合作能力？	
问题陈述	H	H	H	H	—	—	—	独裁
				L	H	H	—	授权
						L	H	群体磋商
							L	群体磋商
					L	—	—	群体磋商
			L	H	H	H	—	促进
						L	H	分别磋商
							L	分别磋商
					L	—	—	分别磋商
				L	H	H	—	促进
						L	H	群体磋商
							L	群体磋商
					L	—	—	群体磋商
					H	—	—	独裁
		L	—	—	—	H	H	促进
							L	分别磋商
						L	—	分别磋商
	L	H	—	H	—	—	—	独裁
				L	—	H	—	授权
						L	—	促进
		L	—	—	—	—	—	独裁

图 3.8　基于时间的模型：确定合适的决策方式

资料来源：Reprinted from *Organzational Dynamics*,28,no.4,Victor H. Vroom. Leadership and the Decision-Making Process, pp.82-94, Copyright 2000,with permission from Elsevier.

值得注意的是，为了确保决策质量和下属的接受程度，基于时间的模型建议领导者采取第一种决策模式；而基于员工发展模型则放入其他因素来考虑。独裁决策比用促进或授权方式让下属参与花费的时间要少。然而，在许多案例中，时间和效率比起下属长远发展机会来说没有那么重要。在许多现代机构里，知识共享、广泛参与被认为对组织成功更有影响，当时间不是决定性因素时，领导者也更加强调下属发展。

领导者可以快速学习使用模型来调整他们的决策模式以适应情境。研究者们也已经开发出了更加复杂、精确的基于弗洛姆—加哥模型的计算机软件，包含了作为情境因素的时间价值和追随者发展价值，而不是在单独决策矩阵中描述它们。

	1. 决策重要性？	2. 下属参与的重要性？	3. 领导专业知识？	4. 下属支持决策的可能性？	5. 团队支持？	6. 团队专业知识？	7. 团队合作能力？	
问题陈述	H	H	H	H	H	H	H	独裁
							L	促进
						L	—	群体磋商
					L	—	—	群体磋商
			H	L	H	H	H	授权
							L	促进
						L		
					L	—	—	群体磋商
			L		H	H	H	授权
							L	促进
						L	—	群体磋商
					L	—	—	群体磋商
	L	H		H				独裁
				L				授权
		L						独裁

图 3.9　基于员工发展的模型：选择适当的决策方式

资料来源：Victor H. Vroom. Leadership and the Decision-Making Process, pp.82-94. This is Vroom's adaptation of Tannenbaum and Schmidt's Taxonomy.

尽管有人批评弗洛姆—加哥模型不够完美，但是对决策制定者来说它很有用，而且对这一理论的支持研究正在不断发展。领导者可以学会使用这一模型来制定出及时的、高质量的决策。让我们来试着把模型应用到下面这个问题中。

前沿领导者

阿特·温斯坦，怀特洛克制造公司

怀特洛克制造公司（Whitlock Manufacturing）和一家大型汽车制造商进行合作，为该汽车制造公司的旗舰轿车生产引擎。阿特·温斯坦（Art Weinstein）很高兴自己被任命为该项目的经理。这种引擎是日本设计的，十分复杂，并得到了诸多汽车媒体的轰动热烈的好评，这个项目戏剧性地提高了怀特洛克制造公司的声誉，因为以前它仅被看作生产船舶外侧引擎的制造商。

温斯坦和他的工程师团队为能得到这一任务感到非常骄傲，但是他们的兴奋很快被最近的一份报道所破灭，报道称消费者购买的这款跑车出现了严重的引擎问题。在第一个月生产的跑车卖出后，有14个车主反映遇到了引擎问题。公司采取了紧急措施，延缓了跑车销售，停止了目前的生产，并且通知目前拥有该车的车主不要驾驶这款车。内部的每个人都知道除非快速解决引擎的问题，否则怀特洛克制造公司可能会被起诉。除此之外，怀特洛克可能就会永远地失去与世界最大的汽车制造商宝贵的合作关系。

温斯坦最了解这一引擎，他花了两周的时间实地对被查封的引擎和安装设备进行了检查，除此之外，他还对引擎制造地的操作和实践做了仔细的检查，温斯坦深信在大量的研究的基础上他会知道问题出在哪儿，并且能找到解决问题的最好办法。然而，他本能的倾向是使更多的队伍成员尽可能多地参与决策的制定和问题的解决，他不但注重他们的投入，同时他还认为通过鼓励参与他提高了队伍成员的思考技巧来帮助他们成长并且对团队和组织贡献自己的力量。因此温斯坦在他做出最终决定前选择了和他的队友再商议一下。

队伍的会议那天下午持续了好几个小时，他们细致地讨论了问题并且分享了他们各种各样的观点，其中包括温斯坦在调查期间得到的信息。根据组内会议，温斯坦做出了决定，他将在队内会议的第二天早上呈现这个决定，之后就会开始对引擎的测试和修正。

在怀特洛克制造公司的案例中，领导者可以采用基于节约时间的模型或基于员工发展的模型来确定决策模式。虽然时间因素很重要，但领导者认为让下属参与其中也同等重要。你认为温斯坦用了正确的领导决策模式吗？既然温斯坦关心使成员得到发展的因素，那么让我们用基于员工发展的模型来看看他的做法是否正确。回到图 3.9，从左到右的问题和答案如下：这个决策对项目或组织有多重要？当然非常重要，这个决策的质量非常关键，很可能关系公司的存亡。那么下一个问题，下属执行决策的参与有多重要？也很重要，团队成员必须支持和实行温斯坦的决定。第三个问题（领导专业知识）在基于员工发展的模型里未考虑，因此跳过。下一个问题则是如果温斯坦独自决策，下属可能会支持这一决策吗？这个答案也依然是高，团队成员尊敬温斯坦，他们很有可能接受他对问题的分析。这就引出下一个问题：下属对团队或组织目标的支持度在多大程度上影响这个决策？这个答案显然也是高，接下来的问题是：对于产生的问题，团队成员的专业知识水平如何？这个问题的答案可能是低，因此指向了群体磋商的决策模式。因此温斯坦采用的正是弗洛姆——加哥模型推荐的模式。

现在假设相对于员工参与和发展，温斯坦选择把时间效率的权重增加。采用 3.8 基于节约时间的决策矩阵，根据刚才给出的信息（定义问题 3 中温斯坦的专业知识水平为高）回答矩阵上方的问题。记住避免穿过任何一条边界，什么样的决策模式是推荐的呢？答案与基于员工发展的决策树所给出的答案一样还是不同？

3.6 领导的替代

迄今为止的权变方法侧重于研究领导风格、追随者特质和情境特征。最新的权变方法指出情境变量的作用至关重要，甚至可以替代或抵消对领导的需求。这种方法大致列出了一些设定的组织环境，在这些环境中，无论是任务导向型还是人际导向型领导模式均变得不那么重要或没有必要了。

图 3.10 列出了可能会替代或抵消领导特征的情境变量。对领导

> **新领导行动备忘**
>
> 作为领导，你可以避免过分领导。调整领导模式使其完全适应组织环境，确保任务需求和人的需求都能得到满足。

的替代使领导模式显得多余或没什么必要。举例来说，受过高等教育、非常专业、知道如何完成任务的下属就不需要一个为他们明确安排、告诉他们做什么的领导者。此外，长期的教育可以培养个人的独立意识和自我激励意识。因此，任务导向型和人际导向型的领导风格就被专业教育和社会化所代替了。

华盛顿红人队的主管丹尼尔·斯奈德就发现他强硬的任务导向型方法与专业、天才的教练不能有效配合。

> **替代**
> 一个情境变量使领导变得不必要或多余。

变量		任务导向型	人际导向型
组织变量	组织凝聚力	替代	替代
	正式化	替代	无影响
	缺乏灵活性	抵消	无影响
	低职位权力	抵消	抵消
任务特征	任务高度结构化	替代	无影响
	自动反馈	替代	无影响
	自我满足感	无影响	替代
追随者特质	专业程度	替代	替代
	培训/经验	替代	无影响
	低奖励价值	抵消	抵消

图 3.10　情景对领导的替代和抵消

前沿领导者

丹尼尔·斯奈德，华盛顿红人队

丹尼尔·斯奈德（Daniel Snyder）曾是拥有华盛顿红人队（Washington Redskins）的老板。在他管理的 14 年中，他有着爱管闲事和傲慢地干涉别人工作的名声，他会插手队中的每一件事，甚至在队员的收购上做重大决定。

> **新领导行动备忘**
> 通过回答领导者自查 3.3 来衡量你的工作任务特征或你以前的工作任务是如何替代领导的。

但是斯奈德证明了领导者也是可以改变的，"他不再插手了。"一个内部人员说，"并且他因此得到了很多快乐。"一些同事说斯奈德终于能够后退一步是因为他厌倦了由于队伍中的麻烦而带来的损失以及粉丝和媒体的批评。

自从斯奈德退居二线后，队伍一直保持着获胜的状态。在 2012 年，红人队第一次赢得了美式足球联盟东赛区冠军——这是 1999 年斯奈德作为球队的老板以来第一次获得该冠军。"我认为他为此也做出了贡献。"1999 年被斯奈德开除的前任球队经理查理·卡瑟利（Charley Casserly）说，"他让大家做自己的工作，他们彻底将球队转向并且再次成功成为一个胜利者。"

在华盛顿红人队中，技巧、训练、经验以及教练的专业程度代替了所有者任务导向型的领导模式，并且也使关系导向型的风格变得不那么重要。丹尼尔·斯奈德才能采取观望态度，让他的教练和球员赢得比赛。

与替代不同的是，对领导的削弱将抵消领导方法的作用和阻止领导者采取某些行动。例如，如果一个领导者本人远离下属，那么他发号指令的作用就大幅降低了。以联邦快递办公室为例，其在整个地区内位置分布广泛，地区经理对网点经理和员工的互动就十分有限。因此他们支持和指导的能力就被抵消了。

图 3.10 中的情境变量包括追随者特征、任务和组织本身。例如，当下属都非常专业，如默克集团（Merck）、孟山都（Monsanto）等公司的研究员，两种领导风格就都不那么重要了。员工们不需要指导或支持。至于任务特征，如果任务结构化程度很高，就可以替代任务导向型领导，而令人满意的任务则可以替代关系导向型领导。

当任务很常规或是日常任务时，如现金审计工作，领导者就应该提供任务所不能提供的个人关心和支持。对态度满意的员工不需要给予特别的考虑。同样地，关于组织本身，组织凝聚力也可以替代两种领导风格。例如，空中交通指挥员与喷气战斗机飞行员之间的关系是由以高强度的相互影响和不间断地对等训练为特征的。这种凝聚力提供支持和引导，可以替代一般的领导。形式化的规定和程序替换了任务导向型，因为规则告诉人们要做什么。领导者、下属地理位置上的远离则抵消了两种领导风格。

图 3.10 中描述的情境能帮助领导者避免过度管理。领导者应该采用与组织环境相适应的领导风格。例如，银行出纳员的工作环境高形式化、低弹性，任务被高度结构化。出纳主任就应该采取关系导向型风格。在其他组织里，如果团队凝聚力或之前的培训能够满足员工的社交需求，领导者就可以采用任务导向型的行为。领导者可以调整领导风格来补足组织情境，确保追随者的任务需求和人际需求都得以满足。

> **新领导动备忘**
>
> 作为领导，当任务很常规，追随者受到一般规定、程序约束时，你可以采用关系导向型领导模式。如果团队凝聚力和追随者本质工作满意度达到他们的社交和情感需求时，调整至任务导向型模式。

领导者自查 3.3

测量领导的替代

说明：请思考你现在的工作或过去的工作，请你根据你在那份工作中的情况在下面的每一条中回答基本符合或基本不符。

	基本符合	基本不符
1. 由于我拥有执行任务的特质，因此我对任务最佳执行方法少有顾虑		
2. 我的工作职责十分简单，因此大部分人只要接受过一点指导都可以做到		
3. 在执行我的工作或活动时很难找到最好的办法		
4. 我工作中的大部分任务只有一种正确的办法		
5. 在我完成一项任务之后，我可以很快确定我的执行是否正确		
6. 我的工作类型是，当我完成一项任务时，我并不知道是否犯了一个错误		
7. 因为我工作的性质，我可以轻松地知道任务是否能很顺利地完成		

8. 我从我的工作中获得了很大的满足感
9. 难以想象有人能够从我所从事的工作中获得享受
10. 我对工作的满意度主要取决于我要做的任务或活动的性质

得分与说明

任务结构分数：第1、2、4题中，回答"基本符合"得1分，第3题回答"基本不符"得1分，你的任务结构分数为：___

任务反馈分数：第5、7题中，回答"基本符合"得1分，第6题回答"基本不符"得1分，你的任务反馈分数为：___

本质满意度分数：第8、10题中，回答"基本符合"得1分，第9题回答"基本不符"得1分，你的本质满意度分数为：___

任务结构分数或任务反馈分数得到高分（3分或4分）表明导向型领导极有可能被替代。本质满意度分数得到高分（3分）表明员工导向型领导可以被替代。你的领导者采用的方式是否与工作环境互补？还是说你的领导者过度管理？你会如何将这些理解融入你自己的领导者举措呢？

资料来源：Based on "Questionaire Items for the Measurement of Substitutes for Leadership," Table 2 in Steven Kerr and John M. Jermier, "Substitutes for Leadership: Their Meaning and Measurement," *Organizational Behavior and Human Performance* 22 (1978), pp. 375-403.

新领导行动备忘

作为领导，你可以对培训程度高的员工提供细化的任务指令和个人支持；下属特征和内在满足会对任务和关系导向型的领导都产生替代。

研究证实了情境的替代可以比领导行为更能影响产出（如下属满意度）。之所以进行这项研究，是希望通过利用替代变量来弥补现有领导的不足，在缺乏领导时能起到相应作用，并能提供更多更全面的领导选择。例如，哈蒙汽车零部件的作业班长保罗·里夫斯（Paul Reeves），会与工人共度半天来共同完成任务。当里夫斯升至中层管理后，他的团队不再需要班长了，工人们学会了自己采取行动。因此，当追随者通过训练提高能力后，许多领导行为就不再需要了。

通过环境替代来弥补领导者中的"缺口"对组织来说是很有利的。的确，领导替代理论的基本假设是有效的领导能够明确提高哪些任务，任务、团队和组织本身不能提供的支持和指导。

本章小结

- 本章中最重要的部分就是情境变量影响领导结果。权变理论经过不断发展，能够系统地描述领导和组织之间的关系。权变方法重点在于研究领导风格、下属特质和情境因素如何互相影响。赫西和布兰查德的情境理论、费德勒权变模型、路径—目标理论、弗洛姆—加哥模型和领导替代理论都证实了不同的情境下需要采取不同的领导风格。

- 赫西和布兰查德主张领导者可以调整他们的任务或关系风格来适应他们下属的成熟

度水平。根据费德勒模型，领导者可以判断出他们的领导风格是否适合情境。任务导向型的领导者倾向于在非常有利或不利的情境中能表现出色，而关系导向型领导者在一般有利的情境下会表现较好。路径—目标理论认为，领导者可以明确告知下属获得理想报酬的路径。弗洛姆—加哥模型表明领导者可以基于事件的质量要求、责任要求或领导者的专业知识水平等选择决策参与模式。此外，对时间的关注（需要快速决定）与对下属发展的关心也被考虑进去。最后领导替代理论认为领导者应该调整他们的领导模式来提供组织环境中没有提供的资源。

- 通过分析任务、下属和组织的特征，领导者可以确定采用何种领导方式，从而增加成功领导的可能性。因此有效的领导行为需要培养分析技巧，同时在领导过程中进行灵活调整。

问题讨论

1. 参考图3.4所示的费德勒模型。你认为在现实生活中，领导者遇到十分有利、一般有利和十分不利的情况各占多少比例？试着讨论一下。
2. 你认为领导风格是固定不变的，还是可以调整的？为什么？
3. 考虑一家法律事务所中合伙人的职位。任务、下属和组织因素中哪些因素可能会替代领导？
4. 比较费德勒权变模型和路径—目标理论，它们有什么相同点和不同点？你认为哪种方法更好？
5. 如果你是电话销售团队的一级主管，你如何评估下属的成熟度？你认为领导者可以轻易改变领导风格来适应下属的成熟度吗？
6. 想想你曾经的老师，然后根据路径—目标理论判断他们中谁属于支持型、指导型、参与型和成就导向型。你觉得哪种最有效果，为什么？
7. 为了以最有效率的方式做决策，你认为领导者应该采用参与风格吗？是否还有其他情况促使领导者让下属参与决策？
8. 考虑团队凝聚力、组织形式和地理位置分离等情境特征，它们各自如何替代或抵消任务导向型或关系导向型的领导，请解释。

现实中的领导

任务和关系角色扮演

假设你是法式谷物面包房（French Grains Bakery）的新任分销经理。5名司机向你汇报在城市地区杂货店配送法式谷物烘焙货物的情况。司机们需要按照真实运输情况和变故来记录配送报告。配送报告是存货管理的关键因素，并为公司给杂货店开发票提供相关数据。如果司机每天都不能完成报告，数据就会变得不准确，尤其是当司机已经到达但商店经理却需要不同货物品种时，错误会更多。因此，很可能由于配送报告中的一个小错误而使公司每天都有几条面包的账得不到支付，其结果是收入减少，存货控制也越来越糟糕。

其中一名司机所犯的错误占了整个配送报告错误数的60%，这位司机人不错，并且非常可靠，但他偶尔会迟到。他的主要问题在于他在文书工作方面比较差。还有一名司机所犯的错误占总错误的30%，第三位司机所犯错误占总错误数的10%。另外两位司机交上了几乎没有错误的报告。

假设你是个高度任务导向型（同时低关系导向型）的领导者，决定与司机谈一下，让他们交出更完整、精确的配送报告。在下面写出作为任务导向型的领导，你将怎样纠正这一问题。你会单独约见每位司机还是和整个团队谈话？你会在什么时间和地点见他们？你会说什么，你如何让他们听你的建议？

_____
_____

现在换成高度关系导向型（低任务导向型）的领导者。在下方写下作为关系导向型领导你会怎么做和怎么说。你会单独约见司机还是集体约见？你会在什么时间和什么地点见他们？你会说什么，你如何让他们听你的建议？

_____
_____

班级活动：老师可以让学生自愿来扮演分销经理和司机的角色。学生可以轮流扮演分销经理来展示作为任务和关系导向型领导他们会如何管理司机。老师可以让另外一些学生回答这些"领导"是否有效，即在这种情境下哪种领导风格似乎更有效，为什么？

资料来源：K.J. Keleman, J.E. Garcia, and K.J. Loveace. *Management Incidents:Role Plays for Management Development.* Dubuque, IA:Kendall Hunt Publishing Company,1990, pp.69-72.

领导能力培养：案例分析

阿尔维斯公司

凯文·麦卡锡（Kevin McCarthy）是阿尔维斯公司（Alvis Corporation）生产部门的经理，该公司主要生产办公用品。在看过一篇有关参与式管理的好处的文章之后，凯文认为可以在自己的部门采取这种方式，让工人们参与那些和自身相关的决策的制定。工人们没有成立工会。凯文为参与式管理的实验选择了两个决策。

第一个决策是关于假期安排。每个夏天工人们都会有两周的休假，但是不能有超过两名以上工人同时休假。之前都是凯文自己决定工人们的休假时间。他会先询问工人他们希望的日期，然后考虑到如果不同工人同时不在岗会对生产有什么影响。做休假安排非常重要，因为要确保有足够的工人维持部门的正常运转。当多于两名会相同技术的工人想在同一时期休假时，他会优先考虑产量最高的工人。

第二个决策是关于产量标准。在过去几年中，公司销售额一直稳定增长，公司最近安装了一些新设备来提高产量。这些新设备可以让凯文的部门在工人数量不变的前提下增产。公司有一种报酬激励系统，即工人在高于产量标准的基础上，每多生产一件产品就可以获得一定报酬。每种产品都有独立的标准，这些标准都建立在几年前工程师研究的结果上。总经理想要重新调整产量标准，因为现实中新的设备使工人们不用更努力工作也能获得更多报酬。由高产量标准节省的开支可以用来支付新设备的费用。

凯文在工作日结束前一个小时与他的 15 个工人开了一次会。他解释说他希望大家讨论一下这两个问题然后提出建议。凯文认为他在场的话会让工人们不好意思参与讨论，因此他离开了会场。正好凯文与质量管控经理也有个会议。当新设备安装后，质量问题逐渐增多，工程师们也在研究，为什么使用新设备后质量不是有所改善反而会下降。

凯文在即将下班时回到自己的部门，他很惊奇地发现工人们建议保留原先的产量标准。他原以为他们会知道现有的报酬激励不再公平，因而必须设定更高的标准。团队发言人解释说他们的基础工资并没有随着通货膨胀而提高，提高后的激励报酬不过使他们的真实收入能回到以前的水平。

在休假问题上，小组讨论陷入了僵局。有好几名工人都希望在相同的两周内休假，但是不能达成一致让谁去。一些工人认为他们应该有优先权因为他们的资历更老，而另一些人则认为优先权应当像以前一样建立在产量上。由于会议结束时间到了，小组得出结论应该让凯文自己决定。毕竟那不就是他应该决定的吗？

问题：
1. 用赫西和布兰查德模型与弗洛姆—加哥模型分析这一情境。根据这两个模型，什么是最适合的领导风格或决策方式？请解释。
2. 评价凯文·麦卡锡以前的领导风格和他试行参与管理时的领导风格。
3. 如果你是凯文·麦卡锡，你现在会怎么做，为什么？

一个不可能的梦想？

"团队怎么了？团队怎么了？"自从艾伦·布洛克（Allen Block）登上洛杉矶到芝加哥的飞机后，曼塞尔（Zequine Mansell）的这句话一直重复在他的脑海。

布洛克负责为东西两个城市安装新的顾客关系管理（CRM）的技术实施软件。软件急于用来提高他的公司——Exert Systems——的后续销售。Exert 通过全国范围内的 310 名销售人员对高中、院校和中小公司的娱乐中心销售体育器材。公司的低价赢得了不少生意，但是后续服务不佳，新的 CRM 系统承诺可以用日常销售的每日历史数据、问询、催函、升级来解决这些问题。Exert 的 CEO 用最快的速度购买并安装了 CRM 系统。

布洛克把一本黄色便笺簿和笔从他的办公包的侧袋中取出，放在窗户边的座位上，然后把包放在头顶上的隔挡里，在其他旅客登机的同时先坐下了。为了停止他的思考，他闭上眼睛把注意力集中在乱哄哄的噪音和通风口低鸣的声音上。他脑海中浮现出两年后曼塞尔退休然后他升职到她的职位的画面。他停止想象开始在便笺簿上涂鸦来集中注意力。

他把"团队怎么了"写了三遍，然后开始在他团队成员的名字上画箭头、圆圈：洛杉矶的巴瑞·莱文森、马克斯·霍军夫斯基，芝加哥的鲍勃·芬利、林恩·约翰斯顿、莎莉·菲利普斯。他划去了莎莉的名字，她最近跳槽到了另一家公司，她的才能不那么一流但却是公司急需的。在上一次洛杉矶到芝加哥的航班上她问他关于她在 Exert 发展前景的情况，她告诉布洛克她有了另一个工作机会。她承认薪水会少一点，但她说作为目前团队的成员承受了很多压力，她更想要生活质量。布洛克坦率地告诉莎莉，他最看重的技术方面她比其他同事要弱一些，所以如果不看她出色的人际、团队能力，未来升迁不太可能。

他在纸上写下"生活质量"并画了一个圆圈圈起来，之后划去并写道："什么玩意儿？"他沉思："为什么她想要自然生活质量而不是这份工作？我可是自从项目开始几乎都没有见过我的妻子和孩子。"布洛克的团队承受着很大的压力，他需要莎莉来帮他坚持下去。他也这么告诉她了，但是飞机一着陆她还是直接去了办公室辞职了，剩下人手不足、面临截止日期没办法临时加人的团队。

"团队怎么了？"布洛克暴躁地乱画着，同时大脑飞快运转：（1）截止日期马上就到了。曼塞尔为布洛克的团队制作新 CRM 软件划定了 10 周的时间，包括在两个城市的安装和测试。

他被空姐的问话打断了："先生您需要喝点什么吗？"

"是的，水就可以了。"

布洛克抿了一口继续写。（2）谢天谢地在洛杉矶的时候，巴瑞和马克斯工作十分热情，并且没有抱怨芝加哥团队的失败。两边气氛不同。虽然项目还在继续进行，快到截止日期了，可能压力就小一点。洛杉矶这边的人不知疲倦地在工作，没有需要惦记的家庭，紧张的工作与玩笑交替进行。"这些才是我想要的员工"布洛克想。（3）但是芝加哥这边，他写着。前些天销售部的萨姆·马西尼给他发过邮件并打过电话，告诉他芝加哥的两名成员似乎处于争吵和拒绝一起工作的状态。显然这已经持续了一段时间了。"怎么了？"布洛克想着，"而且为什么萨姆知道我却不知道？"于是那个早晨，在他航班出发之前，布洛克必须抽出时间打电话、发短信给芬利和约翰斯顿。芬利承认他对约翰斯顿反应过激了。

"听我说，我太累了，压力太大。我们一直不停地工作。我太太不高兴。"

"坚持到项目结束就可以了。"布洛克命令道。

"那是什么时候？" 在结束通话前芬利问道。

布洛克想到曼塞尔对他持续不断的抱怨，抱怨团队缺乏激情，而且她告诫他让他的人明白项目的紧急性。她的抱怨只会增加布洛克的压力。他一直以为在两年内曼塞尔退休之后他就是这个项目的领跑者，他的团队毁了他的梦想吗？现在项目的紧急程度从压力和长期的忍耐上就可以看出来。他承认他的团队成员不热情，但是他们仍在坚持。

现在回头重新设定团队工作还来得及吗？他撕破便笺簿上的纸，团成一团握在手里，盯着窗外。

问题：

1. 你怎么定义布洛克的领导方法（任务或关系）？你认为哪种最适合现在的情境，为什么？

2. 如果你是布洛克你会怎么做？你如何唤起更多工作热情来按时完成任务？写下你的步骤。

3. 如果布洛克想要继承曼塞尔的职位，你会建议他怎样调整领导风格？请详述。

第三部分

领导者的个人侧面

第 4 章　作为个体的领导者
第 5 章　领导者的思维与情感
第 6 章　勇气和道德领导
第 7 章　追随者

第 4 章

作为个体的领导者

你的领导学挑战

读完本章之后,你应该做到:

- 理解自我意识的重要性,学会识别自己的盲点。
- 识别几种主要性格维度,理解性格在组织中如何影响领导力及人际关系。
- 明确自己的工具价值和终极价值,理解价值观如何影响思维和行为。
- 理解态度,解释态度与领导者行为的联系。
- 理解归因理论,明白洞察力如何影响领导者与下属之间的关系。
- 识别个体认知方式差异,扩充思维方式从而激发更多领导潜力。
- 学会如何领导性格不同的他人,以及与人共事。

章节大纲

- 领导成功的秘密要素
- 性格与领导力
- 性格特征以及领导者的行为
- 价值观和态度
- 社会感知力与归因理论
- 认知差异
- 与不同个性类型的人共事

- 克里斯·休斯,Facebook 和 MyBarackObama.com
- 海军上将弗恩·E. 克拉克,美国海军行动首领,2000—2005 年
- 凯文·凯利,爱默瑞德包装公司
- 赫曼贺卡

领导者自查
- 五大个性维度
- 测量你的控制核心程度
- 手段型价值观和结果型价值观

- 你的思维模式是什么?
- 性格测评:荣格类型学

领导者书架
- 《安静:嘈杂的世界中内向的力量》

现实中的领导
- 过去与未来

领导力开发:案例分析
- 性格好的经理
- 环境设计国际公司

前沿领导者
- 普瑞玛瑞卡公司的里克·威廉和约翰·艾迪生

当史蒂文·辛诺夫斯基(Steven Sinofsky)还是微软视窗部门的负责人时,他领导着世界上最庞大、最重要的软件公司之一。他熟练地管理组织,按期完成任务,获得了重大的成

就，他充满才智的头脑广泛受到敬重。然而大家知道，辛诺夫斯基也给人留下了傲慢、粗鲁的印象，他与微软首席执行官史蒂文·巴姆勒（Steven Ballmer）和其他经理矛盾不断，而且他们的矛盾还在加深。2012 年秋天，就在 Windows 8 发布之后，辛诺夫斯基和巴姆勒一致认为辛诺夫斯基该离开微软了。本来辛诺夫斯基可能会接任首席执行官一职，但是一些经理表示如果他坐上首席执行官的位置，一定会有很多人反对。大家也不知道辛诺夫斯基对高层岗位是否感兴趣，不过他不能和谐地与人们相处，这一点可能会耽搁他的职业生涯。

史蒂文·辛诺夫斯基意识到自己冷淡、粗鲁的性格对他的事业发展有所阻碍，使其不能成为一名合格的领导者。至少，看起来他不在乎。在一个为期两天的高级执行官们的研讨会上，领导者要做陈述、回答问题，还要留下来观看同级的人做同样的事情。辛诺夫斯基说他没有准备陈述，他建议大家去读公司的微博来了解 Windows 8 的最新进展。之后他回答了几个问题，就离开了会议现场，不过其他人都待到了第二天。有个经理说："他失去了很多支持者。"

在第 2 章中，我们讨论了一些与高校领导者相关的个人特征品质以及行为。第 3 章探究了权变领导理论，该理论研究各种领导活动和活动发生时周围情形的关系，包括下属和外界环境。很明显，组织领导力既是个人行为也是组织特点。本章更深层次地研究了个体差异，以及性格、态度、价值观等的差异如何影响领导者和下属之间的关系。领导者能够了解自己的个性以及态度，同样也能了解员工的个体差异，这完全可以影响领导力的效力。现今的很多组织运用个性测试以及其他心理测试可以帮助人们更好地了解自己、联系他人。

本章首先研究了领导者了解自己的重要性，之后是领导者可能具备的盲点，这些盲点会限制他们的理解力以及效力。接下来涉及研究个性以及一些与领导相关的个性维度和价值观如何影响领导力的，以及领导者的态度如何影响行为。我们还会探究洞察力的作用、属性和认知差异，包括讨论思考方式、做决定方式以及脑力优势概念。最后，本章会涉及几个与不同个性的人工作的技巧。

4.1 领导成功的秘密要素

> **自我意识**
> 意识到自己的内在本质，如性格、情感、价值、态度以及洞察力，了解到你是如何影响他人的。

斯坦福商业研究院的咨询委员的 75 名成员参与了一项调查，调查结果几乎一致认为领导者最需要培养的能力是：自我意识。自我意识是指能意识到自己的性格、情感、价值、态度以及洞察力等内在本质，并清楚自己影响他人的方式。

4.1.1 自我意识的重要性

大部分研究领导学的专家都认为，有效的领导者都具备一个重要特征，即他们知道自己是谁，以及自己代表谁。领导者如果能够深刻自知，那么他们就会脚踏实地，始终如一，所以人们也就知道该对他们抱有什么样的期盼。

然而要意识到自我，做要比说难。夏洛特·比尔斯（Charlotte Beers）是奥美广告公司（Ogilvy & Mather Worldwide）的董事长兼执行总监，当她刚成为管理主管时，她自认为自己是个友好、易接近、好相处的领导者。而当朋友告诉她，有个同事说她是"威胁式"的管理方式,她十分震惊。这样的评价让比尔斯感到很崩溃,因为这与她自我评价相反。我们大多数人就跟比尔斯一样,存在盲点,以致我们不能看到自己真正的样子,也看不到我们的思考方式、行为方式对他人的影响。比尔斯现在经常为女性领导者举行研讨会,她一定会告诉她们明晰地了解自己的重要性。最近有本描写高度成就者的书,它的作者发现这些成功人士有个共同点:当面对困难和失败时,他们会经受一次无情的自我考验,考验自我信仰、个人偏见、主观想象。对大多数人来说,仔细地审查自我能够有效识别出自己的盲点。

4.1.2 领导者的盲点

道格·劳赫(Doug Rauch)是乔氏超市(Trader Joe's)的前董事长,他在公司发展时期差点断送了公司的前程,因为他拟实行"幸福管理"。当时有个勇敢的资深采购员把他拉到一旁说:"你快要把我们逼疯了,你必须停止插手。"劳赫才意识到他热衷于控制一切的做法正在危害公司。劳赫很吃惊,不过这句话帮助他发现了自己的盲点。他和团队承认了自己的问题,她跟员工们说自己是个"正在痊愈的控制狂",然后要求大家定期给他反馈以防他重蹈覆辙。

> **新领导行动备忘**
> 作为领导者要努力保持自我意识,这样才能知道自己是谁、代表了谁。为了避免因为存在盲点而出乱,要严格自我反省并让他人给出反馈。

很多领导者都有盲点——他们意识不到或者不认为那是问题——盲点会减慢工作效率并且阻碍事业的成功。一种极具破坏力的盲点是好斗、对抗性的表现方式,换句话说就是犯浑讨人嫌。拉斯·达尔加德(Lars Dalgaard),是 Success Factors(目前归属于 SAP)的创始人兼首席执行官,他说他从不觉得自己是个浑蛋,后来在一位领导力培训师的帮助下,他意识到自己总肆意践踏别人的感受。现在,达尔加德很努力地培养自己和员工之间的感情,同时帮助别人变得有情感意识。Success Factors 有条正式的"杜绝浑蛋规定",这家公司在旧金山湾区两次获选"最棒的工作地方之一"这一称号。

斯坦福教授罗伯特·萨顿(Robert Sutton)认为犯浑的人不仅伤害共事的人还会破坏组织绩效。萨顿还认为有些人是长期性的犯浑,而有些是偶然性的。长期性犯浑的领导者总会恃强凌弱、羞辱他人、滥用他人情感,这样的领导者往往权力不高。虽然有些人不是长期性的性格表现较差,但也会掉入这样的盲点。当领导者升职后,人际交往能力越发重要,但晋升的领导者,事业进步时却发现不了自己的方法已经不如当初一样有效了。杰克·韦尔奇(Jack Welch)长期担任通用电气(GE)的首席执行官,他也学到了这样的教训。当他竞争执行总监(CEO)的岗位时,他粗鲁的态度、生硬的方法差点让他失败。通用电气的董事会深信韦尔奇能创造利润,他们需要他能够表现出首席执行官的样子,也就是说,发现并去除掉自己犯浑的性格。

> 领导之道的挑战在于,要坚强,而不是粗鲁;要友善,而不是弱势;要大胆,而不是欺凌弱小。要考虑周全,但不是懒惰。要谦虚,而不是胆小。要骄傲,而不是傲慢自大。有幽默,而不是哗众取宠。
> ——吉姆·罗恩(Jim Rohn)(1930—2009),企业家、作家、励志演说家

有些领导者会有其他的盲点,就是态度太好。但是想要让所有人都高兴的人很难做领导者。因为他们不能忍受一丁点矛盾,所以做不出好的决定。苏·莫里(Sue Murray)是乔治基金会(George Foundation)的执行总监,当被问到其最大的弱点是什么的时候,她说:"做艰难决定的时候我总表现得太友好,这对任何人都没有益处。最后只能拖延到万不得已的时

候。"很多人跟莫里情况不同,他们爱讨好别人是因为过度在意别人对他们的看法,他们察觉不到这样的盲点正在破坏他们的人际关系以及事业发展。"

4.2 性格与领导力

盲点

一些人们意识不到的自己的性格、习惯或者不把这些看作是大问题,但这些性格、习惯会局限效力、阻碍事业成功。

性格

一组看不见的特性、方法,当面对周围环境中不同的想法、事物、人时,性格暗示了相对稳定的行为表现。

如果领导者能够了解自己并克服盲点,那么有效地了解他人并有效地和他人交流就变得更容易。想要最大化领导者以及追随者的效力,了解性格差异是一方面。性格是一组看不见的特性和过程,当面对周围环境中不同的想法、事物、人时,性格暗示了相对稳定的行为表现。比如下面这个例子,普瑞玛瑞卡(Primerica)是一家金融保险公司,位于佐治亚州的德卢斯(Duluth, Georgia),拥有两位性格不同却互补的领导者。

前沿领导者

普瑞玛瑞卡公司的里克·威廉和约翰·艾迪生

大家公认普瑞玛瑞卡是金融保险产品行业中管理最好的公司。或许其部分成功的原因会让人感到惊奇,那就是拥有两位高级领导者。两个人共同领导不一定会让企业成功,但对普瑞玛瑞卡来说这是其成功的神奇配方。如果两个人性格合适,而且都可以忽略自我而以整个团队利益为工作目标,那么公司就会持续良好运转。

从 2000 年开始,普瑞玛瑞卡就由里克·威廉(Rick Williams)和约翰·艾迪生(John Addison)共同担任首席执行官,共同领导。他们俩的性格以及技能差异很大但却能互补。艾迪生这样描述他的合作者:"里克会从聚光灯下走开,而我看到舞台就会走过去。"公司的年会证实了这样的描述。当俩人在雷鸣般的掌声下走上舞台时,威廉微笑招手,然后迅速走开并融入位于观众前排的众多投资人和他的妻子之中。这时,艾迪生还在充满聚光灯的舞台上、面对 4 000 人的人潮生动有趣地做介绍。

威廉不介意让艾迪生拥有聚光灯,他喜欢在幕后工作、分析问题、处理财政、保证一切顺利运行。他喜欢这个二人组,并觉得艾迪生就应该是那个外向、直观、善于鼓舞的人。威廉说:"我永远做不来约翰的工作,约翰也不想做我的工作。"

4.2.1 个性模型

从普瑞玛瑞卡的例子中我们可以看到,约翰·艾迪生是"直观型"的而里克·威廉是"分析型"的领导。大多数人从特质角度来考察个性。正如我们在第 2 章讨论的,一些研究者往往就特质是否经得起科学验证来进行调查研究,而我们则关注那些与有效领导力相关的特质。尽管多年来研究调查已经考察了数以千计的特质,但它们最终可以归为 5 类描述个性的维度,常被称作**五大个性维度**,用以描述个体的外向性、宜人性、责任感、情绪稳定性以及经验开放性。每个维度都包含很多具体的特性;也就是说,任何你用来描述老师、朋友或者老板的人格特性都可以归类到五大个性维度里。这些特性因素在表现程度上是连续的，因为一个人在不同的人格维度中会有低、高、中不同程度。

外向性包含的特性、特征在群体背景下影响行为。外向性是指一个人性格外向、喜欢社交、健谈以及与陌生人会面、交谈时感到轻松自在的程度。外向程度低的人表现得很安静、沉默，社交场合下很谦逊。这一维度中也包含支配特性。具有高度支配特性的人喜欢掌控大局、影响他人。这类人通常相当自信，会寻求权力岗位，喜爱竞争，态度坚定。他们喜欢管理他人或者对他人负责任。很明显具有支配和外向个性对成为领导者很有帮助。不过不是所有卓有成效的领导者都必须具备这些高程度的特性。

> **外向性**
> 外向性是指一个人外向、喜欢社交、健谈以及与陌生人会面、交谈时感到轻松自在的程度。

例如，很多成功的高级领导者都是内向的人，包括谷歌（Google）的拉里·佩奇（Larry Page）、伯克希尔·哈撒韦公司（Berkshire Hathaway）的沃伦·巴菲特（Warren Buffett）、莎莉集团（Sara Lee）的前首席执行官布兰达·巴恩斯（Brenda Barnes）以及苹果（Apple）的执行总监蒂姆·库克（Tim Cook）。社交活动后能量耗尽的人们也是需要独自充电恢复的。研究表明，十个高级执行官测试者中有四个是内向的人，因此外向品质不像通常猜测的那样重要。此外，如果没有令人愉快和稳定情绪的这类特质互补，高度的支配性甚至会损害领导力。

领导者自查 4.1

五大个性维度

说明： 每个人的性格特征集合都有差异，所以我们每个人都是独特的。但是，尽管性格特征集合多种多样，我们也会具备一些相同的特性。以下内容描述了各种各样的行为特征。评估一下每条对你来说的符合程度：1——十分不符；2——很大程度上不符；3——一般；4——很大程度上符合；5——完全符合。请按照实际情况而不是理想情况来进行评估，答案无对错之分。

> **五大个性维度**
> 五个综合维度包括外向性、宜人性、责任感、神经质以及经验开放性。

1	2	3	4	5
十分不符				完全符合

外向性

我热爱大型聚会。	1	2	3	4	5
人群中我很舒适。	1	2	3	4	5
社交场所我爱同很多不同的人交谈。	1	2	3	4	5
我享受人群的焦点。	1	2	3	4	5

情绪稳定性（情绪稳定性低）

我总是对自己感到不满。	1	2	3	4	5
我总是羡慕别人。	1	2	3	4	5

第4章 作为个体的领导者

我喜怒无常。	1	2	3	4	5
我容易被影响。	1	2	3	4	5

宜人性

我很善良，具备同情心。	1	2	3	4	5
我对每个人都说好话。	1	2	3	4	5
我从不冒犯他人。	1	2	3	4	5
我把他人看作第一位。	1	2	3	4	5

新经验开放性

我想象力丰富。	1	2	3	4	5
我支持政治自由党派。	1	2	3	4	5
我喜欢艺术。	1	2	3	4	5
我热爱新鲜事物。	1	2	3	4	5

责任感

我做事有计划、有效率。	1	2	3	4	5
我注重细节。	1	2	3	4	5
我总是提前备课。	1	2	3	4	5
我会把东西放回原位。	1	2	3	4	5

你最显著的特质是哪一条呢？与同学展开有趣的讨论，对比一下你们的测试结果吧。

资料来源：These questions were adapted from a variety of sources.

宜人性是指对他人态度温和、乐意同他人合作、富于同情心、理解信任他人。宜人性程度高的领导者通常都温和易亲近，而宜人性程度低的领导者通常都冷漠不友好，甚至麻木不仁。研究表明在宜人方面获分高的人更容易得到工作，他们相较于宜人程度低的人更有优势。尽管有些资料显示过度的宜人性会导致升职机会少，钱赚得少，不过为了成功肆意践踏别人、只为自己着想的领导者已经不再流行，那样的时代已经结束了。

当今成功的领导者一改过去粗暴的形象，无论男女，都懂得如何让人们亲近并信任他们。领导者一直在倾尽全力地向员工、公众、股东友好表现，因为过去很多新闻中曝光了白领犯罪、首席执行官的傲慢无礼、高层领导高薪的抱怨等。埃克森美孚（ExxonMobil）前首席执行官李·雷蒙德（Lee Raymond）为投资者赚到了很多的钱，却被一些股东描述成顽固、自我、粗鲁的样子。相比之下，雷蒙德的下一任雷克斯·泰勒森（Rex Tillerson）曾公开地在年会上受到表彰，因为他友好、幽默且坦率。

下一个个性维度：**责任感**。它是指一个人负责任、可依赖、坚持不懈、致力于成功的程度。严谨的人会设定几个目标，有意识地去努力实现目标，然而不严谨的人容易分心、易冲动。近期的研究表明为了使领导力高效化，具备责任感的各种特性比外向性的各种特性更为重要。斯坦福商学研究院一项研究发现，人们做错事时内疚感的多少与领导能力有一定联系。

> **新领导行动备忘录**
>
> 领导者自查 4.1 中的测试可以帮助你识别自己属于五大个性维度的哪一个，外向性、宜人性、谨慎性、神经质还是经验开放性。

> **宜人性**
>
> 对他人态度温和、乐意同他人合作、富于同情心、理解信任他人的程度。

对于领导者，内疚感是一种积极的情绪，因为内疚感与对他人的高度的责任感共存，在最近的抵押财政危机中促使这种情感为部分领导者带来收益。

思考一下这个案例，国际货币基金组织（International Monetary Fund）前主席多梅尼克·施特劳斯-卡恩（Dominique Strauss-Kahn）本来可以成为法国总统，但他因性侵酒店服务人员而遭控诉，在纽约被捕，随之其他一些女性开始控诉他。施特劳斯-卡恩责任感很低，相对来说施乐（Xerox）前首席执行官安妮·莫西卡（Anne Mulcahy）则表现出高度的责任感。莫西卡 2001 年任职施乐首席执行官时对员工以及股东负有强烈的责任感。当时公司状况曾持续下滑，股票价格一路下跌、信用率等级一直下降。有人建议莫西卡宣布破产，但她选择想办法使施乐恢复原状，甚至变得更强大。尽管这个决定做起来很艰难，但她始终考虑的是使员工和股东的利益最大化。

五大个性维度中的**情绪稳定性**是指一个人善于调整状态、情绪冷静稳定的程度。情绪稳定的领导者可以很好地控制压力，善于处理批评，而且一般不会认为错误或者失败都是自己造成的。情绪稳定的领导者通常会同他人维持积极的关系，并能时时改善关系。玛丽莲·A. 休森（Marillyn A. Hewson）的高度情绪稳定是促使她最近升职的一部分原因。之前位于最高职位的领导者被发现有违道德的行为之后就被解雇了，玛丽莲·艾休森则升职为国防承包商洛克希德·马丁公司（Lockhead Martin）的首位女性首席执行官。洛克希德公司当时面临极大挑战，不过艾休森向大家证明了她有能力保持情绪稳定去处理这次危机。艾休森在这家公司工作超过 30 年，她冷静平稳处理事情的风格以及严厉又和蔼的态度为她赢得了声誉。国防业顾问洛伦·汤普森（Loren Thompson）说："洛克希德·马丁需要修复人脉，玛丽莲则是最佳人选。"

情绪稳定程度低的领导者很容易紧张焦虑或者沮丧，他们往往不自信，容易在压力下或者批评下情绪失控。与情绪的智慧相关的问题会在下个章节详细讨论。

五大个性维度中的最后一条：**经验开放性**。它是指一个人兴趣广泛、想象力丰富、具有创造性、乐于接受新事物的程度。这样的人求知欲强，经常通过旅行、欣赏艺术品、看电影、大量的阅读或者其他的活动来追求新的经历。开放性低的人兴趣范围窄，会持续用已验证符合实际的方法来做事。开放性对领导者来说很重要。在第 1 章中我们学到领导力不是稳定的，是持续变化的。在对三位 19 世纪的领导者约翰·昆西·亚当斯（John Quincy Adams）、弗雷德里克·道格拉斯（Frederick Douglass）、简·亚当斯（Jane Addams）进行的有趣研究中，一位研究者发现早期的旅行经历以及对不同的看法、不同的文化的感悟对于培养思想开放的领导者至关重要。在性格形成期间去旅行会使领导者养成高程度的开放性，因为他们会处于一个要求适应能力的环境。

很少有研究仔细分析五大个性维度与成功领导者的关联。在一份关于 70 多年来个性与领导之间关系的研究总结中，结论确实有证据证明五个维度中有四个维度与成功领导者相关。研究者发现大量的证据都证明了开放性、宜人性、责任感、情绪稳定性维度中得分高者

> **责任感**
> 一个人负责任、可依赖、坚持不懈、致力于成功的程度。

> **情绪稳定性**
> 一个人善于调整状态、情绪冷静稳定的程度。

> **新领导行动备忘**
> 作为领导者要了解自己基本的性格维度，学会在跟下属打交道时突出性格的积极方面。

> **经验开放性**
> 一个人兴趣广泛、想象力丰富、具有创造性、乐于接受新事物的程度。

都是更加成功的领导者。开放性显示出较低的一致性，也就是说，在某些事例中开放性方面得分高的人会有更好的表现，但在其他的事例中就不会有突出的表现了。有个心理学家的团队研究了美国最伟大的性格特征（根据历史学家的记载），他们的研究表明开放性与历史学家划分的伟大程度有关联。研究记录了亚伯拉罕·林肯（Abraham Lincoln）、托马斯·杰斐逊（Thomas Jefferson）在开放性维度中获分很高。其他维度包括开放性、责任感，这个团队也发现一些特性与总统的伟大程度有关，具体特性包括意志坚定、目标远大、努力去取得成就。尽管宜人性与是否伟大没有关联，重视他人、关心他人的能力也属于情绪稳定性的特性。

五大个性维度旨在帮助领导者了解自己基本的个性维度，从而学会突出自己自然特性中积极的方面、减轻消极的方面。举例来说，性格内向的人往往会停滞不前，尤其在大型企业里，因为他们很难被注意从而就不太可能因辛苦工作而得到奖励。五个内向的被调查者中有四个认为外向的人更容易获得升职。实验证明讲话多的人尽管能力不如更安静的同事，却更容易评为出色的领导者。为了更加成功，内向的人可以在必要的时候表现得更外向。比如，为了宣传维珍集团（Virgin Group），理查德·布兰森（Richard Branson）化装成小丑，但他说这个色彩艳丽的公众形象跟他内在的性格一点都不相符。"我之前是很害羞的人，也不善社交，没办法出去到那里去做演讲，"布兰森告诉自己建立维珍集团更重要，"我必须训练自己看起来像是个外向的人"来宣传我的新公司。

最近几年，越来越多的人意识到内向的人的一些品质也会造就他领导成功，领导者书架中有详细描述。内向和外向只是一个人性格的一个方面，而且每种性格都有优缺点。图4.1为内向者以及外向者都提供了帮助他们更加高效和成功的建议。

给外向者的建议	给内向者的建议
• 不要沉浸在自己性格魅力的光环下，学着压制自己，让别人有机会成为被关注的中心。 • 不要过于充满激情。你天生的热情会使你错失重要的事实和意见。 • 少说话，多倾听。培养让别人针对问题先发言的习惯，避免出现骄傲自大的样子。 • 不要成为个性先生或个性小姐。外向者有时不能分辨他人的需求，无法激励他人，很容易使他人精疲力竭。	• 融入人群中，大胆说话，到外界去。强迫自己到外界去，不论上班还是下班，都要和人们打交道。 • 在公司以外的环境中表现开朗友好，不断练习。把新学会的技能融入办公环境中 • 计划一个游戏。为会议和演讲做好准备。参与问答环节，练习几个说话技巧 • 微笑。皱眉的表情或者严肃自省的神态会带来误解。明亮的样子展现的是自信，表示你知道自己的方向并希望他人也一起跟随

图4.1 领导效力最大化

资料来源：Based on Patricia Wellington, "The Ins and Outs of Personality," *CIO* (January 15 2003), pp.42, 44; "From the Front Lines: Leadership Strategies for Introverts," *Leader to Leader* (Fall 2009), pp.59-60; Joann S. Lublin, "Introverted Execs Find Ways to Shine," *The Wall Street Journal Asia* (April 18, 2011), p.31; and Ginka Toegel and Jean-Louis Barsoux, "How to Become a Better Leader," *MIT Sloan Management Review* (Spring 2012), pp.51-60.

领导者书架

《安静：嘈杂的世界中内向的力量》

苏珊·凯恩（Susan Cain）

在美国，从幼儿园开始，学生就被强迫在班级中表现外向、多讲话。大学里成绩也是基于课堂活跃度，不善表达想法的学生只能是被忽略。毫无疑问直到工作的时候，我们也认为善于社交多说话比安静沉思更有价值。苏珊·凯恩在她的著作《安静》中讲到企业过度屈从于外向魅力会错失内向者的创造力、洞察力以及看法，而内向者占了美国总人口的1/3~1/2。

对内向者的误解

凯恩合理地运用研究调查案例、历史事例、个人故事，推翻了关于内向者的谬论。

内向的人都比较害羞、不爱交际。

虽然有些内向者比较害羞，但大多数不是这样的，他们只是用不同的方式去跟别人交流。外向者总是让屋子里充满聚会的气氛，而内向者则倾向跟单个人或少量人做深入的交流。尽管内向者需要时间独自沉思缓冲自己，但这不意味着他们就不喜欢和别人共处。

内向者性格有缺陷

内向者往往会安静思考、独自行动，而崇尚外向性的文化认为这是次要性格特征，意味着失望，病态。凯恩指出内向的人其实有很多优点。内向者往往会深入思考，认真下决定，持久力更强。内向性对创造发明最有帮助。外向的史蒂夫·乔布斯（Steve Jobs）维持了苹果公司的活力，但如果内向的合伙人史蒂夫·沃兹尼亚克（Steve Wozniak）没有独自耗时间研究出第一台计算机，苹果公司就不可能会存在。

内向者做不了优秀的领导者

这可能是最大的误解了。像比尔·盖茨（Bill Gates）和沃伦·巴菲特（Warren Buffett）等这样的人都是内向者，他们是大公司的最高领导人，而且内向者还能胜任低级别的主管、经理，因为内向者非常善于倾听。凯恩引用研究来说明尽管很多团队大部分还是外向者来领导，内向者也可以擅长领导团队，因为内向者能够置身事外，比起表达自己的思维及想法他们更愿意倾听别人的好想法。

内向者和外向者不能共存吗？

没有谁是绝对的外向者或者内向者。每个人都是内向和外向的统一体。问题是，凯恩指出，美国文化和一些其他西方国家的文化都倾向于拥护外向者，努力使每个人都成为绝对外向的人。凯恩质疑领导者是否真的尊重、聆听内向的同事、内向的下属，是否能不只受响亮的声音的影响。"因为你想了解大家思维中最精华的部分，作为领导者你就应该这么做。"她说。

资料来源：Susan Cain. *Quiet: The Power of Introverts in a World That Can't Stop Talking*. Crown Publishers.

4.3 性格特征以及领导者的行为

对领导行为有重大影响并对领导研究有特殊意义的两大性格特征是控制核心和权力主义。

控制核心 一些人认为他们的行为会强烈地影响接下来会发生的事情，也就是说，他们认为自己是命运的主人。而其他人认为不管自己的生活中发生了什么，都是由机会、运气或者外在的人、

> **控制核心**
> 一个人把事情发生的主要原因归责于自己本人还是外界力量。

> **新领导行动备忘**
>
> 你认为是运气、机遇、别人的行为掌控了你的生活还是你自己？完成领导者自查4.2中的问卷调查可以更多地了解自己的控制核心。

事件造成的，这些人觉得自己控制不了生活。人的控制核心是指把事情发生的主要原因归于自己本人还是外界力量。相信自己的行为决定未来的人都具有高度的内部控制核心（内部型），而认为外界力量决定自己未来的人具有高度的外部控制核心（外部型）。一位具备强烈的内部控制核心的领导就是Facebook的共同创始人之一克里斯·休斯（Chris Hughes）。

克里斯·休斯表现出很多与内在控制核心相关的性格特征。研究发现内部型和外部型的行为表现有很大差异，这可以表现在很多方面。内部型通常更会自勉，更能控制自己的行为表现，更乐于参加社交政治活动，更积极地寻求资源。还有证据显示内部型更善于整理复杂信息、解决复杂问题，比外部型更具有抱负感。而且具有高度控制核心的人比外部型的人更可能去设法影响他人，所以更有可能去寻求或者得到成为领导的机会。此外具有高度控制核心的人会对后果和变更负责任，这是领导力的本质要求。

具有高度外部控制核心的人通常喜欢结构化、有指导的工作环境。比起内部型的人，他们更善于在处理工作时去顺从他人，与他人保持一致性。在要求主动性、创造性、独立性的工作环境中，他们就不能保持高效工作了。既然外部型想要工作表现优秀、获得成功，就只能在有他人指导、监督的环境中工作，所以他们就不太可能在领导岗位上适应或者获得成功。

前沿领导者

克里斯·休斯，Facebook 和 MyBarackObama.com

克里斯·休斯从小在北卡罗来纳州的海克（Hickory, North Carolina）长大，是家里的独生子。他的父母老年得子，父亲是纸业销售员，母亲曾是公立学校的老师。当休斯进入高中时，他决定做一些与众不同的事，而不仅仅是从当地的学校毕业然后在镇上找一份工作的老路。实际上他想要上一家有名望的私立大学预科学校，然后进入一所常春藤大学。

依他的家庭背景以及家人谦逊的行事方法，他的目标简直就是雄心抱负。不过休斯相信命运掌握在自己手中。他没有告诉父母，就开始调查、申请寄宿学校。最终他得到了菲利普斯学校丰厚的助学金，学校位于马萨诸塞州的安多弗市。几年后，他毕业考上了哈佛并得到了奖学金。

休斯在大学第一年的时候认识了马克·扎克伯格（Mark Zuckerberg）和达斯汀·莫斯科维茨（Dustin Moskovitz），三个人共同创建了Facebook。之后2008年总统选举时，休斯又突发奇想，用新型媒体来帮助巴拉克·奥巴马（Barack Obama）进行选举。他建立了MyBarackObama.com网站，自网站运营那天开始，志愿者就蜂拥而至。休斯没过多久就登上了《快速公司》（*Fast Company*）的杂志封面，标题是"助力奥巴马成为总统的年轻人"。

领导者自查 4.2

测量你的控制核心程度

说明：用下面的几个等级来回答这 10 个问题，表明同意的程度。

	完全不同意						完全同意
1. 当我得到自己想要的东西时，通常是因为我努力争取了。	1	2	3	4	5	6	7
2. 当我做计划时，我差不多能够确定会去实现计划。	1	2	3	4	5	6	7
3. 比起完全比技能的游戏，我更喜欢带有运气成分的。	1	2	3	4	5	6	7
4. 如果我下定决心去学习，那我什么都能学会。	1	2	3	4	5	6	7
5. 我的重大成就全部归功于自己的努力和能力。	1	2	3	4	5	6	7
6. 我一般不设定目标，因为对于我来说遵守起来很困难。	1	2	3	4	5	6	7
7. 竞争阻碍卓越表现。	1	2	3	4	5	6	7
8. 通常人们获得成功只是因为运气。	1	2	3	4	5	6	7
9. 无论什么类别的考试或者竞赛我都想知道自己和别人相比做得怎么样？	1	2	3	4	5	6	7
10. 持续做一份对自己来说很困难的工作是没有意义的。	1	2	3	4	5	6	7

分数与解析

计算分数时，对于问题 3、6、7、8、10 的得分要倒转计算（即 1=7 分、2=6 分、3=5 分、4=4 分、5=3 分、6=2 分、7=1 分）。例如，如果问题 3 中的描述你十分不符，你会选择 1，那么你的得分为 7。以此类推，现在把 10 个问题的分数相加计算。

你的分数：_____

这个问卷调查旨在测量对控制核心的信仰程度。研究者通过对大学生进行问卷调查研究，发现男性平均得分 51.8 分，女性平均得分 52.5 分，每个人的标准差是 6。问卷调查得分越高越是相信自己是生活的主宰，也就是说，高分就是内部控制核心，低分是外部控制核心。得分低是指认为自己控制之外的力量决定了生活，如：有权势的他人、命运、机遇。

资料来源：Adapted from J. M. Burger, *Personality*：*Theory and Research* (Belmont CA: Wadsworth，1986), pp.400-401, cited in D. Hellriegel, J.W. Slocum, Jr., and R.W. Woodman, *Organizational Behavior*, 6th ed. (St. Paul, MN.: West Publishing Co., 1992), pp.97-100. Original Source: D. L. Paulhus "Sphere-Specific Measures of Perceived Control," *Journal of Personality and Social Psychology* 44 (1983), pp.1253-1265.

权力主义认为权力和地位差异应该存在于组织中的信念。高度信仰权力主义的人会遵循传统的规则和价值观，顺从权威，敬仰权力与强权，苛刻地评价他人，反对个人情感的表达。领导信仰权力主义的程度会影响领导者如何使用权力、分享权力。高度权力主义的领导者通常很重视官方权力，不太可能向下级分权。高度权力主义象征传统、理性的管理方法，如我们在第 1 章提到的，以及第 2 章中描述的采用独裁方式的领导者。尽管高度权力主义的领导者也可能会实现高效领导，但新型领导模式要求领导者

> **权力主义**
> 认为权力和地位差异应该存在于组织中的信念。

第 4 章 作为个体的领导者

> **新领导行动备忘**
>
> 作为领导，想要提高自己的效率，就要会识别权力主义以及控制核心是如何影响自己与下属的关系的。可以分发自己的权力来激励他人。

成为较低程度的权力主义者。领导者要明白下属信仰权力主义的程度会影响下属对领导权力、权威运用的反应效果。当领导者和追随者信仰不同程度的权力主义时，就很难实现高效领导。

对领导者来说，理解性格特点和维度是如何影响行为表现的，这是有好处的，可以让领导者具备有价值的洞察力，审查自己的行为以及下属的行为。另一个重要的领域就是了解个体的价值观以及态度的差异。

4.4 价值观和态度

每个人的价值观以及态度有很大的差异，这些差异影响了领导者和下属的行为。

4.4.1 手段型价值观和结果型价值观

> **价值观**
>
> 一些辅助性的信仰，人们认为很重要，即使长时间内还是保持相对稳定，会影响态度、行为。

价值观是个人认为很重要的基本信仰，它一般表现得相对稳定，因此会影响态度、洞察力和行为。价值观决定了一个人的做事方法，使其更愿意用一种方法而不是另外的方法。无论我们自己有没有意识到，我们总是在评价事物、人、想法是好还是坏，舒适还是难受，符合道德的还是违背道德，等等。

考察价值观的一种方法是采用手段和结果方式。社会学家米而顿·罗奇契（Milton Rokeach）总结了一个清单，包含 18 种手段型价值观和 18 种结果型价值观。这些价值观几乎跨越了文化的差异，具有普遍性。罗奇契的完整价值观清单见领导者自查 4.3。结果型价值观有时也叫作末端价值观，指相信某种目标或者结果是值得去追求的。比如，有些人重视人身安全、生活舒适、身体健康，把这些看作是比其他任何事情都重要的目标，值得用一生去努力实现。其他人或许会重视社会认可度、愉悦感、刺激的生活。手段型价值观是指相信某些行为对实现目标是有帮助的。手段型价值观包括帮助他人、保持诚实和展现勇气等。

> **结果型价值观**
>
> 有时也叫作末端价值观，指相信某种目标或者结果是值得去追求的。

尽管每个人同时具备手段型价值观和结果型价值观，但是每个人对价值观的优先顺序是不同的，这样就形成了多种多样的人。了解每个人的价值观从而明确什么是重要的，是高效领导力的本质要求。图 4.2 展现了一些有趣的差异，显示了领导和非领导价值观的优先顺序。图中列出的结果型价值观以及手段型价值观是领导和非领导分别认为更为重要的价值观，同时这些排列是统计出来的结果。领导者通过识别、理解价值观的差异，能够提升交际能力、提高办事效率。

> **手段型价值观**
>
> 相信某些行为对实现目标是有帮助的。

```
┌─────────────────┐    ┌─────────────────┐
│ • 自由          │    │ • 世界和平      │
│ • 成熟的爱      │    │ • 愉悦          │
│ • 国家安全      │    │ • 智慧          │
│ • 解救          │    │                 │
├─────────────────┤    ├─────────────────┤
│ 领导者认同度较高的│    │非领导者认同度较高的│
│   结果型价值观  │    │   结果型价值观  │
└─────────────────┘    └─────────────────┘

┌─────────────────┐    ┌─────────────────┐
│ • 有理想        │    │ • 洁净          │
│ • 心胸开阔      │    │ • 对他人有帮助  │
│ • 有勇气        │    │ • 独立          │
│ • 能够原谅      │    │ • 有才能        │
│ • 忠诚          │    │ • 有逻辑        │
│                 │    │ • 自我控制力强  │
├─────────────────┤    ├─────────────────┤
│ 领导者认同度高的│    │非领导者认同度高的│
│   手段型价值观  │    │   手段型价值观  │
└─────────────────┘    └─────────────────┘
```

图 4.2　领导者与非领导者价值观等级排序的差异

资料来源：Based on Table 2, Differences in Managers' versus Non-Managers' Terminal and Instrumental Value Ranking, in Edward F. Murphy Jr., Jane Whitney Gibson, Regina A. Greenwood. Analyzing Generational Values among Managers and Non-Managers for Sustainable Organizational Effectiveness. *SAM Advanced Management Journal* (Winter 2010), pp. 33-55.

领导者自查 4.3

手段型价值观和结果型价值观

说明：在下面每个组中，勾选 5 个对你来说最重要的价值观。在每个组中选好 5 个价值观后，每个组里分别按等级 1～5 排序，1 表示特别重要，5 表示最不重要。

罗奇契的手段型价值观和结果型价值观

结果型价值观		手段型价值观	
舒适的生活有理想	___	雄心壮志	___
平等	___	心胸开阔	___
刺激的生活	___	有能力	___
家人平安	___	高兴	___
自由	___	洁净	___
健康	___	有勇气	___
内心和谐	___	能够原谅	___
成熟地去爱	___	对他人有帮助	___
国家安全	___	诚实	___
愉悦	___	想象力丰富	___
解救	___	知识丰富	___
自我尊重	___	有逻辑	___
成就感	___	有爱的能力	___

第 4 章　作为个体的领导者

获得社会认可 _____	忠实 _____	_____
拥有真正的友谊 _____	顺从 _____	_____
有智慧 _____	礼貌 _____	_____
世界和平 _____	有责任感 _____	_____
世界美丽 _____	自我控制力强 _____	_____

备注：以上列出的价值观是按照字母顺序排列的，结果型价值观和手段型价值观不是一对一的关系。

得分与解析

罗奇契指出，结果型价值观分为两种类型：个人的以及社会的。例如，成熟地去爱是个人的结果型价值观，而平等是社会的结果型价值观。分析自己选择的 5 个结果型价值观并按等级排序，判断自己主要的结果型价值观是倾向于个人还是社会。这 5 个选择集合在一起对你来说意味着什么？当你做出重大决定时，它们会怎么影响你？和别人对比一下自己的结果型价值观，每个人都说明一下通过这个练习从结果型价值观中学到了什么。

手段型价值观也分为两种类型：道德层面以及能力方面。人们用以达到目标的方法或许会违背道德价值观（例如，不诚实）或者不符合对才能、能力的理解（例如：没有逻辑）。分析自己选择的 5 个手段型价值观并按等级排序，判断自己主要的手段型价值观是倾向于道德层面还是能力方面。这 5 个自己选择的价值观集合在一起对你来说意味着什么？当你实现重大目标时，它们会怎么影响你？和别人对比一下自己的手段型价值观，每个人都说明一下通过这个练习学到了什么。

注意：上面所列价值观并不能代表所有的手段型价值观和结果型价值观。如果另外罗列出不同的价值观，你的结论会不同。这个练习目的只是自己讨论、学习，并不是要精确地评估你真实的结果型或者手段型价值观。

资料来源：Robert C. Benfari. *Understanding and Changing Your Management Styles* （San Francisco:Jossey-Bass,1999），pp.178-183; and M. Rokeach, *Understanding Human Values*. New York: The Free Press, 1979.

不同国家的文化，时代变迁引起的差异，家庭背景不同等都会影响人们对价值观的排序。比如，美国高度重视独立性，而且很多机构会强调独立性意识，比如：学校、宗教组织、公司。而其他一些文化则较少重视独立性，反而更重视成为紧密社区的一分子。年轻人通常没有老年人更重视家庭安全。一些领导者根深蒂固的价值观来源于父母。例如，时代华纳有限公司（Time Warner Cable）杰克逊-梦露分公司（Jackson-Monroe）（密西西比）总裁比尔·法默（Bill Farmer）曾说他的母亲一直教导他回馈社会的重要性。法默曾在杰克逊州立大学的学习中心做志愿读者，曾服务于很多非营利组织的委员会，还积极地参与当地商会的倡议，呼吁创造积极的社区环境。

我们的价值观通常在童年早期时已经建立完善了，不过人的价值观也会随着生活而改变。本章中的"思考一下"说明了在一次危机中决定领导者做事方法的价值观是如何在以后的时间中发展变化的。价值观以多种方式影响领导者和领导力。首先价值观影响领导者与他人的关系。重视服从、顺应、礼貌的领导者会很难理解或欣赏一个自主、独立、充满创造性

> **新领导行动备忘**
> 完成领导者自查 4.3 中的练习，看看自己能从自我的价值观中学到什么以及价值观是如何影响做决定、做事的。

以及有点叛逆的下属。个人的价值观会影响领导对机遇、状况、问题的认知，并会影响他们做决定。思考一下弗恩·克拉克（Vern Clark）于 2000—2005 年任职美国海军行动首领（Chief of Naval Operations）时所做的决定。

前沿领导者

海军上将弗恩·E. 克拉克，美国海军行动首领，2000—2005 年

海军上将弗恩·E. 克拉克在美国海军任职长达 37 年，于 2005 年 7 月退休，是任期第二长的美国海军行动首领。他的工作是建议总统如何实施战争行动。

2000 年 7 月克拉克被任命为美国海军行动首领，然而这时却有很多优秀的海员都不想延长服役。对克拉克来说，得到并拥有优秀的海员去保护国家安全是首要任务，而且他所有的决议都是出于对前线人员的考虑。海军官员提议削减培训发展的财政预算时，卡拉克表示反对。他提高了训练的预算，强烈建议提高海员的收入，还建立了拥有 12 个人才中心的海军教育训练司令部。克拉克还修订了绩效评定系统，全面地为人员提供建设性的反馈。克拉克致力于模糊服役海员和官员之间的界限，调整了任务分配流程，之后人员不会强制派往自己不喜欢的任务地点和完成自己不喜欢的任务内容。因为总是关注"做事"而不是"做对事"，克拉克鼓励每个人表达质疑，提出问题，发表不同意见。

海军上将克拉克强调认真对待海员，所以在他担任美国海军行动首领的前八个月，第一期延长服役的海员就从 38% 上升到 56.7%。更多的海员留在了海军部这一事实提升了快速响应保护国家要求的实力。

像海军上将弗恩·克拉克这样的领导者会高度强调要支持下属、鼓励下属、坚持下属的想法，这样虽不能做出广受赞同的决定，但能做出领导者看来正确的决定。领导者想要更加高效就要明确自己的价值观是什么，价值观怎样指挥自己的行动、怎样影响组织结构。当今很多企业都会说明、阐述自己企业的价值观，包括道德价值观，这是明确组织运营过程中很重要的一部分。

> **态度**
> 一种对人、事件、事物的评价（积极的或消极的）。

4.4.2 态度如何影响领导

价值观会影响领导者对自己和追随者的态度。态度是一种对人、事件、事物积极的或消极的评价。在第 2 章中我们讨论过，对人生积极乐观的看法是通往成功高效领导力的道路。

领导者对下属的态度会影响领导者与他人相处的方式。在一定程度上，领导的风格取决于领导者对人性的整体态度，即关于三个问题的看法：激励人们的是什么；人们本质上是否诚实可信；人们成长改变的程度有多大。道格拉斯·麦格雷格（Douglas McGregor）根据管理和咨询经验，以及作为心理专家所受的训练，形成了一种理论来解释不同的风格。麦格雷戈对人类天性进行了两种假设，称为 X 理论以及 Y 理

> **X 理论**
> 认为人基本上是懒惰的，主观上不愿工作，本能地逃避责任。

> **Y 理论**
> 认为人不是生来就厌恶工作，会愿意工作于自己喜欢的领域。

论，分别代表了两组不同的态度，即如何与下属交流、影响下属。图 4.3 解释了 X 理论以及 Y 理论的基本观点。

X理论的观点	Y理论的观点
• 一般人天生都不喜欢工作，会尽可能来逃避工作 • 因为人们不喜欢工作的特性，大部分人必须被强制、控制、指挥，或者以惩罚的方式威胁才会付诸全力去实现组织目标 • 一般人都倾向于得到他人指导，希望会逃避责任，雄心相对较小，把安全感放在第一位	• 花在工作上的精力，无论精神上的还是身体上的同花在娱乐休息上的精力是一样的。一般人并不是天生就不喜欢工作 • 使人们为实现企业的目标而付诸努力，外界的控制以及惩罚的威胁不是唯一的方式。人们努力实现目标时会自我引导、自我控制 • 条件适宜的情况下，人们基本上不仅会学着不仅是负起责任，还会寻求承担责任 • 为解决企业问题，能够发挥相对高程度的想象力、智力、创造力的人很多 • 现代工业化的生活使每个人的智力潜能只有部分被开发使用

图 4.3　X 理论与 Y 理论下人们的观点及态度
资料来源：Douglas McGregor. The Human Side of Enterprise. New York: McGraw-Hill, 1960：33-48.

思考一下！

培 养 性 格

"在关键的抉择时刻主导的性格特征已经确定。它是由早前在看起来不起眼的时刻做过的数以千计的决定所共同形成的。过去那些年做过的小决定形成了这个性格特点：当良心与诱惑发生争辩时，诱惑撒谎，悄悄说：'真的没事的'。当生活舒适、危机远离时，每天做的决定形成了这个性格特点。做过的一个一个的决定逐渐地形成了设法懒惰的习惯，自我牺牲的习惯或者自我放纵的习惯，责任、荣誉、正直为一体的习惯或者无耻羞愧的习惯。

资料来源：President Ronald Reagan, quoted in Norman R. Augustine, "Seven Fundamentals of Effective Leadership," an original essay written for the Center for the Study of American Business, Washington University in St. Louis, *CEO Series*, no.27, October 1998.

感知力
通过选取、组织、解释外界信息，人们感知外界的过程。

感知有误
因为不确切的感知过程而造成的错误评价。

总的来说，X 理论假设人基本上是懒惰的，主观上不愿工作，本能地逃避责任。所以持有 X 理论观点的主管会认为只有强制、控制、指挥人们、让人们有危机感，才能使人们的努力最大化。第 2 章中提到过，X 理论的领导者很可能以任务为导向，高度关注产品而不是员工。相对的，Y 理论认为人不是生来就厌恶工作，会愿意工作于自己喜欢的领域；认为在条件适宜的情况下，人们会承担更多的责任，会充满想象力、创造力地为企业的问题找寻解决的办法。持有 Y 理论观点的领导者反对为了让人们做事更高效而强制、控制人们，而是更多地以人为导向、关注人际关系。不过有些持有 Y 理论的领导也会是以任务、产品为导向。麦格雷戈认为对于观察下属、改变领导者态度，Y 理论更实际、更高效。有关领导者态度和成功之间关系的研究支持了麦格雷戈的观点，尽管这种关系还没有得到仔细研究。

4.5 社会感知力与归因理论

感知力，指的是人们通过选取、组织、解释外界信息，从而感知外界的过程。价值观和态度会影响洞察力；反之亦然。举例来说，一个人在一段时期内感受到了主管的高傲、冷酷后，会认为领导者是高傲、冷酷的。如果这个人换了新工作，这个观点会在新环境中继续影响他或她认知主管的方式，尽管新工作环境中的主管可能是会煞费苦心地理解和满足员工的需求。再如，看重成就、职业成功的领导者会认为下属的错误或问题会阻碍自己的成功，而重视助人为乐、服从命令的领导者则会将此视为帮助下属成长提升的机会。

因为在态度、性格、价值观、兴趣、经验上的个体差异，人们会用不同的方式看待相同的事情。一项对美国 2 000 名员工进行的调查显示，92%的领导者认为他们在管理员工方面做得优秀出色，但是只有67%的员工认同这一看法。再如，在金融行业，40%的女性认为女性面临着无法晋升高层的"玻璃天花板"[指在公司企业和机关团体中，限制某些人口群体（女性、少数民族）晋升到高级职位的障碍]，但是只有10%的男性持有相同观点。

4.5.1 感知失误

领导者要特别关注感知失误，即因为不确切的感知过程而造成的错误评价。领导者应该熟悉一些很常见的错误类型，包括刻板效应、晕轮效应、投射效应、知觉防御。领导者能够识别这些感知失误就能更好地调整感知过程，更符合客观现实。

刻板效应趋向于把个体归到组别中或者更宽泛的类型里（比如，女人、黑人、老人、男人、白人、残疾人），把宽泛的组别总体特征赋予到个体上。比如，某人看见一个新同事坐在轮椅上，就会把新同事归为身体残疾类别，把自己认为的残疾人总体特征赋予到新同事上，例如，他可能会认为新同事不如他人能干。不过丧失行走能力的人不代表在其他方面的能力也减弱。事实上，认定别人的能力不足不仅冒犯了新同事，还会阻碍自己从别人所做的贡献中受益。刻板效应让人们不能真正了解他们用这种方式进行归类的人。并且，负面的刻板效应还会阻止有才能的人进步，让他们无法为组织的成功充分发挥自己的才能。

晕轮效应是指感知者基于自己喜欢或不喜欢的特征来形成对人或环境总体的印象。也就是说晕轮效应会使感知者忽略其他的特征，不能通过这些其他的特征形成更为完整的评价。晕轮效应在绩效评定中起到了重要作用。举例来说，领导者或许会认为出勤率高的人有责任心、勤奋、高产；而出勤率低于平均数的人工作表现差。这样的评定或许是对的，但是领导者要确保评定是综合全部有关工作的特征信息，而不仅仅是出于自己更重视良好的出勤的偏好。

投射效应是指感知者把自己个人的性格特征附加到别人身上，也就是感知者把自己的需要、感觉、价值观、态度转嫁给他人身上去评定他人。以成就为导向的领导者或许认为下属也想取得成就。这样会导致领导者不顾员

> **刻板效应**
> 趋向于把个体归到组别中或者更宽泛的类型里，把宽泛的组别总体特征赋予到个体上。

> **晕轮效应**
> 感知者基于自己喜欢或不喜欢的特征来形成对人或环境总体的印象。

> **投射效应**
> 感知者把自己个人的性格特征附加到别人身上。

工的实际满足感而重新安排工作，使工作不那么循规蹈矩而是更具有挑战性，忽略了下属真实的需求。想要避免投射效应的错误的最好办法是具有自知之明和同情心。

知觉防御是指感知者避免接触有威胁性的想法、事物、人。人们感知令人满意、令人愉悦的事情但是忽略令人不安、令人不快的事情。其实人们在感知的过程中形成盲点：只是不让消极的感觉伤到自己。举例来说，田纳西州的一个非营利性教育组织的主管讨厌处理争论是因为他成长过程中父母总是争吵，还经常将他卷入争吵之中。这个主管一直忽略员工之间的矛盾直到矛盾激化爆发。当争吵爆发时，这个主管会很吃惊、沮丧，因为他一直认为员工之间很和谐。辨别自己的感知盲点可以使自己对现实的认识更为清晰。

> **知觉防御**
> 感知者避免接触有威胁性的想法、事物、人。

4.5.2 归因理论

当人们组织自己感知到的信息时，都会根据自己的理解下一个结论。**归因理论**是指人们解释事件或行为的因果关系的理论：①人的特征；②环境特点。例如，很多人会把企业的成功或者失败归因于最高领导者，而事实上企业表现取决于很多因素。人们同样也会总结判断才能引起人们行为的原因。

> **归因理论**
> 人们解释事件或行为的因果关系的理论：①人的特征；②环境特点。

- 内向归因者认为是人的性格特征引起了行为举动。（"因为我的下属很懒惰、能力弱，所以他没有按时完成任务。"）
- 外向归因者认为是环境引起了人的行为举动。（"因为下属没有团队支持和需要的资源，所以他没有按时完成任务。"）

掌握归因理论很重要，因为它会帮助人们决定在遇到某种情形时如何应对。如果下属没有按时完成任务，认为错误是下属个人性格特征造成的领导者会责备下属或者采取更有效的方式，即提供额外的培训和指导。认为错误是外界因素造成的领导者会尽力避免之后出现同样的情况，比如确保团队成员有需要的资源，提供帮助去除阻碍，确保截止期限是合理的。

基本归因失误 当人们对归因理论进行判断时，会存在偏见。评价他人时，很多人会低估外向因素的影响，高估内部因素的影响。这种倾向称作基本归因失误。思考下这个事件：某人升职为首席执行官，公司下属、外界人士、媒体等一般会认为是这个人本身的很多特点使他得到升职。实际上选择这个人可能主要基于很多外界因素，比如在那段特定时期的业务环境下需要一个财政营销背景很扎实的人。

> **基本归因失误**
> 低估外向因素对人行为表现的影响，高估内向因素的影响。

自我服务偏见 另一个导致归因偏差的偏见存在于人们对自己的行为进行归因时。人们成功时会高估内向因素，失败时会高估外向因素。这就是自我服务偏见，是指人们表现优秀时会过高地信任自己的能力，失败时会过多地抱怨外部力量。因此，如果下属说自己听得不是很明白，而领导者又认为下属交流能力欠缺时，事实上可能是某个中间环节出了

> **自我服务偏见**
> 成功时会高估内向因素，失败时会高估外向因素。

问题。爱默瑞德包装公司（Emerald Packaging）的凯文·凯利（Kevin Kelly）检查了自己的归因理论，通过纠正自我服务偏见提高了领导力的效率，详见下面的例子。

前沿领导者

凯文·凯利，爱默瑞德包装公司

爱默瑞德包装公司是凯文·凯利的家族企业，位于加利福尼亚，是食品包装袋的制作商。作为企业的最高层领导，凯文·凯利认为自己是不可或缺的。他认为主要是自己为企业创造了增长的销量、收益。当爱默瑞德开始衰退时，凯利责备经理当初没有接受可以使业务兴旺的新想法。他认为除了他自己每个人都需要改变。

一段时期内，凯利的领导方式就是责备与抱怨。之后他决定用新的方式来看待事情。真的是经理的错吗？意识到这些年快速的发展致使每个人都感到不少压力，凯利雇用了一批新的经理来援助自己精疲力竭的团队。不过，令人惊讶的是，事情看起来更糟了。凯利不得不面对残忍的现实：他并不是组织中唯一一个无须改变的人，现在他意识到自己是问题出现的最大的原因。

凯利寻找顾问和课程来帮助自己提升与人相处的技巧。他开始定期会见老经理和新经理，运用新方法成功地让老人和新人成为一个坚固的团队。之后凯利做了一些激进的事情（至少是对他自己）。他足足放了自己十天假，自从他接手企业后，这是他第一次没有和爱默瑞德保持日常的联络。他原来认为公司离开了他后会遭遇危机。事实上大家很顺利。危机解决了，生产持续，顾客甚至没有注意到凯利的离开。

凯利通过检查自己的归因理论、改变对自己、组织环境和经理人能力的看法，他所做出的改变能够让经理发挥才能，甚至使企业发展得更成功。

4.6 认知差异

最后一个我们要探讨的个体差异是认知差异。认知风格是指如何感知、加工、解释、使用信息。所以当我们谈到认知差异时，是指利用多种多样的方式去感知、理解信息、做决定、解决问题、与他人相处。认知方式是有优先顺序的，并不一定是固定不变的，不过大多数人还是趋于用少数几个自己习惯的方式去思考。影响力最广的认知差异是左脑思考以及右脑思考。

认知风格

如何感知、加工、解释、使用信息。

4.6.1 思考模式和脑力优势

神经学家和心理学家早就发现大脑有两个不同的半球。而且科学证实左半球控制着身体右侧的活动，右半球控制着身体左侧的活动。20世纪60年代与20世纪70年代，科学家发现两个不同的半球都控制思维模式，有趣的是分为左脑思维模式和右脑思维模式。左半球是逻辑分析型思考模式、直线型解决问题方式，右半球是创造性、直觉性、重视价值的思考模式。纽约市经济发展公司投资了

新领导行动备忘

领导者自查4.4中的简单练习可以帮助思考自己倾向于什么方面。不要着急浏览完，按照说明完成练习，根据赫尔曼的全脑模式思考自己起主导地位的思维方式。之后浏览每个不同大脑部分的描述。

第4章 作为个体的领导者

一个项目，解释了二者的差异。艺术家和有创造力的人们对城市的活跃度至关重要，不过大部分艺术家（右脑思考模式）不知道如何计划、开展商务（左脑思考模式），所以他们要养活自己会很困难。纽约市投资了五万美元在这个项目中，培养有创造力的右脑型人群所需的左脑型技能来把自己有创造力的作品转变为钱。另一个简单的例子，善于说话、书写的人群（使用直线思考模式）是使用左脑的，对比之下，更愿意用可视图画来解释信息的人群使用右脑更多。

尽管左脑思考模式和右脑思考模式在心理学方面概念不完全精确（不是所有与左脑相关的思考过程都只存在左半球，反之亦然），但是这个概念有力地对比两种完全不同的思维以及做决定方式。值得注意的是，每个人都是共同使用左脑以及右脑思考的，只是程度不同。

最近，这些观点被拓展为**全脑概念**。20世纪70年代内德·赫尔曼（Ned Heremann）在美国通用电气做经理时，就开始发展全脑概念，之后通过多年研究数以千计的个体以及企业，不断完善此概念。全脑概念不仅研究个人对右脑和左脑思维的偏好，而且还划分了概念思考以及经验思考。赫尔曼的全脑思维模型把大脑划分为四个象限，分别代表了不同的思考方式。尽管全脑概念从生理学上来说也不是完全准确的，但它对于理解不同思维模式也是一个绝佳的比喻。大部分情况下，一些人高度地倾向于使用四种象限中的一种，而其他人倾向两种、三种甚至全部四种思考方式。通过赫尔曼大脑主导工具（HBDI）可以确定个人对每种方式的偏好，这个调查已经对成百上千个人进行过实验。

> **全脑思考概念**
> 不仅考虑个人对右脑和左脑思维的偏好，而且还划分了概念思考以及经验思考，分为四个部分，分别代表了不同的思考方式。

全脑概念为了解个人思维偏好提供了一项有用方法，这种偏好反过来也会影响沟通。行为和领导方式。

> **象限A**
> 在全脑概念中涉及逻辑思考、事实分析、数据处理的大脑部分。

象限A 涉及逻辑思考、事实分析和数据处理。受象限A支配的人思维比较合理现实，会批判性思考，喜欢处理数字和技术问题。象限A属于大脑的"科学家"部分。这种类型的人喜欢了解事情是怎么运行的，喜欢遵循逻辑流程。象限A主导思维的领导者趋向于指导、命令他人。这类型的领导者会关注活动、任务，喜欢处理复杂的信息和事件。对他们来说，观点和感受通常没有事实重要。

> **象限B**
> 在全脑概念中涉及安排计划、组织事实、仔细审核的大脑部分。

象限B 涉及安排计划、组织事实、仔细审核。强烈偏好象限B的人很有条理、靠得住、做事利索。这属于"经理"头脑部分。这类型的人喜欢建立计划、流程，使事情按时完成。象限B主导思维的领导者一般会很保守、非常传统，趋向于避免风险，追求安稳。所以无论环境发生什么变化，都会坚持遵守规则和流程。

领导者自查 4.4

你的思维模式是什么？

说明：以下所列出的性格特点与赫尔曼全脑模式中划分的四个部分有关。思考一下自己是如何解决问题、做决定的。除此之外，思考自己一般会如何处理工作和课堂作业，以及与他人相处。从下面的词语中圈出十个你认为最符合自己的认知方式的词语。要诚实选择适合真实自己的词语，而不是自己希望成为的样子。答案不分正确或错误。

A	B	C	D
善于分析	善于组织型	友好的	整体把控
基于事实	提前计划	易于接受	想象力丰富
乐于指挥	爱掌控	热情	直观性强
严格的	探究详细	善于理解	善于综合
现实的	保守	表达力强	好奇心重
有才能	有原则	同情心强	真实自然
客观	重视实用性	信得过	灵活的
知识渊博	勤奋的	敏感的	思想豁达
心情明朗	坚忍	激昂的	理论化
思维清晰	执行力强	人文主义者	敢于冒险

A组中的词汇与逻辑、分析思维（象限A）有关；B组中的词汇与条理性、详细周全的思维（象限B）有关；C组中的词汇与同情、情绪化的思维（象限C）有关；D组中的词汇与正直、想象力丰富的思维（象限D）有关。你的思维倾向于四组中的其中一个还是平均的分布在四组中？如果你非常倾向于某个固定的部分，你是否对此感到意外？

象限C 与交际有关，影响主观情绪性思维过程。处于象限C的人对他人很敏感，喜欢同他人交往、教导他人。所以这部分属于大脑的"教师"部分。这类型的人一般很情绪化，善于表达，很外向，会支持他人。象限C主导思维的领导者会表现得很友好、值得信任、善于同情他人。比起任务和流程，这样的领导者更关心人们的感受，会很重视员工的培训和发展。

> **象限C**
> 全脑模式中与交际有关，影响主观情绪性思维过程的大脑部分。

象限D 是指把事实和模式概念化、综合化、集成化，忽略细节而会总体把控。这部分大脑属于"艺术家"部分。这类人有创见、想象力丰富、会质疑并打破规则、喜欢冒险、易冲动、好奇心重、爱尝试、爱玩。象限D主导思维的领导者整体感强，想象力丰富、适合创业。这样的领导者喜欢改变、尝试，敢于冒险，一般会给下属大范围的自由与灵活空间。

> **象限D**
> 全脑模式中把事实和模式概念化、综合化、集成化的大脑部分。

图4.4 阐明了4个部分以及相关的精神思维过程。思维方式不分好坏，不过过度地使用某种思维方式可能有危害。对领导者和下属来说，每种思维方式都会产生积极或者消极的结果。重要的是，任何个人即使高度倾向于某个象限，事实上也是对这四个象限偏好的结合。每个人至少都有少量的科学家、经理、老师和艺术家特征。

除此之外，赫尔曼认为人们应该学着使用全部的头脑，而不是仅限于一个或两个大脑象限。他的研究表明只有少数的人均衡使用着这四个大脑象限，不过人们可以意识到自己的思维偏好，然后参加一些活动、丰富经历来开发其他的思维象限。赫尔曼的研究表明位居企业高层的领导者通常非常均衡地使用大脑。举例来说，安吉拉·阿伦德茨（Angela Ahrendts）

第4章 作为个体的领导者

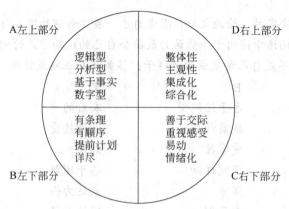

图 4.4　赫尔曼的全脑模式

资料来源：Ned Herrmann, *The Whole Brain Business Book* (New York: McGraw-Hill, 1996), p.15.

是时尚王国巴宝莉（Burberry）（市值 20 亿美元）的首席执行官，她就均衡地保持着不同的思维方式。阿伦德茨使用创造性、整体性的思维（D 象限）使巴宝莉从过时的品牌革新为一个"技术一流的国际化时尚强国"。她的另一个右脑思维特征是强调建立积极的人际关系（象限 C）。同时阿伦德茨展现了左脑思维，去仔细地调控公司的财务（象限 B），在做艰难决定时，她又表现出了现实、分析、理性的才能（象限 A）。2008 年发生经济衰退时，阿伦德茨迅速实施管理，针对新店运用有效的计划，财政上缩减了七千八百万美元，解雇了一些员工，冻结了工资，并使公司的财务运营流程更高效。

通常首席执行官的思维会均衡分布至少于两个，通常三个甚至四个象限，思考方式多元化才能在需要的时候进行选择。企业高层的领导者需要面临更大量、更繁复的人和问题，所以宽范围的思维方式更为重要。

> **新领导行动备忘**
>
> 作为领导者应该致力于拥有全脑思维模式，高效地同多种多样的人沟通，高效地处理复杂的问题。要清楚自己天生的思维模式，也要学着持有其他看问题的视角，培养自己宽广的理解能力。

了解人们具有不同的思维模式可以帮助领导者更为高效地同下属交流。一些领导者认为每个人面对相同的事物及行为举动会有相同的反应。不过这是不正确的。一些人倾向于了解事实和数据，而另一些人想要了解交际方式和操作流程。一些人更喜欢自由和灵活，而另一些人渴望组织秩序。为了高效地同下属沟通，领导者可以调整自己的做事方式，帮助下属发挥出最大的潜能，领导者也可以雇用具有多种多样思维方式的人来实现多种重要的目标。

4.6.2　解决问题的方式：荣格方式

另一项认知差异研究来自心理学家卡尔·荣格（Carl Jung）。荣格认为人们在解决问题、做决定时会有不同的收集、评估信息的方式，这就造成了个性差异。在美国大家广泛使用的**迈尔斯布里格斯性格分类法（MBTI TM）**，这是一项评估测试，评估个体在解决问题、做决定时收集、评估信息的方式有什么不同。全世界有好几百万人都使用了 MBTI TM 评估法，其能帮助个人更好地了解自己和他人。

> **迈尔斯布里格斯（Myers-Briggs）性格分类法（MBTI TM）**
>
> 通过测试判断人们在解决问题、做决定时是如何收集、评估信息的。

MBTI TM 法运用四种不同的特征组合把人分成十六种不同的人格类型。

（1）**外向型与内向型** 这一维度侧重于人们从哪里获得交际能力和精神力量。外向型者（E）在被他人环绕、和他人互动时能够获取能量，内向型者（I）在集中于个人的想法和感受时可以获得能量。

（2）**感觉型与直觉型** 这一维度侧重于个人如何吸收信息。倾向于感觉型的人（S）通过五大感觉来收集、理解信息，直觉型（N）较少直接感知信息。举例来说，直觉型更多关注的是模式、交往关系、预感，而不是直接感知事实与细节。

（3）**思考型与感情型** 这一维度涉及做决定时考虑情感因素的程度。感情型类型（F）更多关注自己的价值观以及正误判断，还会考虑某个决定影响他人感受的程度。思考型类型（T）关注逻辑性而且做决定时非常客观。

（4）**判断型与感知型** 判断型与感知型维度关注个人对不确定性的态度，做决定时的迅速程度。倾向于做判断的人喜欢确定、有结果的状态。判断型喜欢设立目标和截止日期，会根据有用的信息快速地做判断。感知型人群不同，喜欢不确定性，不喜欢设立截止日期，会多次改变心意再做最终决定。感知型喜欢在做决定前收集大量的数据、信息。

以上多种多样的倾向形成了十六个独特的类型。网络上有大量可供打印的练习，可以帮助人们确定自己的 MBTI TM 思维偏好。由于个人对外向和内向、感觉和直觉、思考和感情、判断和感知等不同类型的偏好，会形成自己独特的优点和缺点。采用全脑模式，MBTI TM 应该是可变的，不是固定的。人们对倾向的理解、培训、生活经历，随着时间都会改变自己的倾向。

据报道，将近两百个美国政府部门使用过 MBTI TM 方法参与培训项目，包括环境保护局（EPA）、中央情报局（CIA）、退伍军人事务所。环境保护局的布莱恩·蒂尔曼（Brain Twillman）说局里有一万七千个联邦雇员，将近 1/4 都使用这个测试，如果没有这项测试，保护局里会产生很多无知偏见。MBTI TM 评估法中一项重要的价值是帮助人们如何交流以及如何与他人交往。另外还有一千多个企业都使用过 MBTI TM 法，赫曼贺卡是其中一家，该方法帮助人们更好地了解自己，提高自己的交际能力。

前沿领导者

赫曼贺卡

赫曼贺卡（Hallmark Cards）承担着一项任务，其的核心部分是营造这样一种价值观，让人们明白、看到彼此最好的一面。该公司任务和做事准则没有改变过，不过市场、劳动力、商业环境这些年发生了翻天覆地的变化，变得全球化、多元化、移动化。

为了应对现实新挑战，赫曼的执行总裁们想要培养一个新领导者，能够从多种视角来看待问题，为了每个人的成功而一起努力工作，全身心地融入员工和客户中，鼓舞大家。使用 MBTI TM 是创建这个企业文化的一种方法，使经理具有强烈的自我意识和自我洞察力，明白自己的思维方式如何影响他人。"我们会根据自己对他人的理解、判断来对大家分类，但往往会出现偏差。"企业发展部人力经理玛丽·贝思·艾迈耶（Mary Beth Ebmeyer）这样说道。

MBTI TM 帮助领导者了解到误解很容易发生在不同个性类型的人之间。举例来说，一位领导者收到一封电子邮件，他认为很有敌意，然而发送者只是用自己特有的方式表达了友好的问候。领导者了解了不同的 MBTI TM 类型可以帮助自己通过实际情况来检测自己的洞察力。同样帮助自己更好地与不同类型人格的人沟通。经理之间的误解少了，决定就做出得更快了。

赫曼贺卡的领导者通过了解不同的 MBTI TM 类型，能够灵活调整所需的交流方式，更有意义地同员工联系在一起。除此之外，领导者意识到自己的 MBTI TM 类型可以帮助自己强化优点，弱化缺点。领导者应该记住每种类型产生的行为举动都有其消极面与积极面。

> **新领导行动备忘**
> 完成领导者自查 4.5，MBTI TM 评估法中划分的四组特征，看看自己属于哪一种。

越来越多的关于领导者的研究都使用了 MBTI TM 评估法。这些研究表明并不存在所谓的"领导型"，同时 MBTI TM 中的十六种类型都可以成为高效的领导者。领导者为了适应下属以及环境，要学着调整自己全脑模式中的四个维度、平衡自己的做事方法。研究揭示了一些初步的、有趣的发现。举例来说，我们通常认为外向型特征对领导者来说很重要，不过实际上外向型的领导者和内向型的领导者各占一半。关于感觉型和直觉型维度的研究数据表明，感觉型的人所在的大部分领域需要进行的决策是立即的和可见的（比如，建筑、银行、制造业），而直觉型在需要开拓新事业、长期计划的领域中占大多数。思考型（对立面是感情）领导者多出现在工商界以及科学界。而且思考型多被重视感受价值观的企业选为经理，比如顾问中心。研究结果最一致的是大部分领导者都是判断型。

所以根据有限的研究，与成功领导力最相关的是思考型和判断型。不过具备其他倾向的领导者也可以是高效的领导者。要得出关于 MBTI TM 类型与领导力联系的结论，还需做出更多的研究。

4.7 与不同个性类型的人共事

本章已介绍过，领导者必须要和不同类型的人共事。人格差异可以使领导者的生活变得非常有趣，也可以变得令人愤怒不已。人格差异可以创造出新型环境，也会导致压力、冲突、消极情感。

遵循以下简单的指导，领导者可以学着高效地与不同个性类型的人共事。

- 了解自己的性格特征、与他人的交往方式。避免用局限的知识评判他人，要认识到每个人都有不同的人格面。学会控制自己的挫败感，根据目标表现出不同的人格特征，为了实现目标关注于所需的任务。
- 尊重每一个人。人们都想以真实的自己获得尊重，被他人认可。即使你觉得别人的人格特征很令人讨厌，保持职业素养，不要激怒他人。不要说别人闲话、调侃别人。
- 认识到每个人的优势。每个人都希望自己独有的天分被认可，所以一定要能够识别他人优秀的性格特征，加以利用。比如，悲观的人难相处，但有时悲观的人也是有帮助性的，会关注问题的合法性，给出建议或计划。

- 致力于理解他人。和一个个性类型和自己完全不同的人相处的最好办法是，每次沟通有可能出现分歧时澄清问题。在提每个问题或每个要求时都要解释清楚你为什么想要这么做，这样做会对组织和个人有什么帮助。
- 记住每个人都想融入集体。无论人们属于哪种性格特征，他们通常采取的行为模式都会符合各自所处环境的标准。领导者可以创立标准，使每个人保持积极的工作态度，出色表现。

任何团体中、组织中偶然的性格冲突都是难以避免的，不过通过使用这些技巧，领导者大体上可以使工作环境氛围积极、富有成效。

领导者自查 4.5

性格测评：荣格类型学

说明：阅读下面每条内容，选择a或者b。有些情况下，可能a、b都适用于你，圈出更适合你的那个答案，即使两者只有微小的差异。

1. 我更喜欢_____
   a. 解决新的、复杂的问题　　　b. 做之前做过的事情
2. 我喜欢_____
   a. 在安静的环境中独自工作　　b. 出现在可以行动的地方
3. 我想成为_____的老板
   a. 在做决定时建立并运用一些标准　　b. 考虑每个人的需求，允许例外
4. 当我忙于一个项目时_____
   a. 喜欢直接完成，然后结束
   b. 通常使项目保持开放性，便于做有必要的更改
5. 做决定时，考虑的最重要的因素是_____
   a. 合理的思维、想法以及数据　　b. 人们的感受和价值观
6. 项目进行中，我会_____
   a. 在决定下一步怎么进行时，会反复思考
   b. 立即开始进行工作，边进行边思索
7. 负责项目时，我倾向于_____
   a. 尽可能多地掌握主导权　　b. 寻求多种意见
8. 关于我的工作，我更喜欢_____
   a. 同时负责多个项目，尽可能多地从每个项目中学到东西
   b. 负责一个具有挑战性的项目，使自己忙碌起来
9. 我经常_____
   a. 无论什么时候做什么事情，都会罗列清单和计划，很讨厌大范围地变更我的计划
   b. 不会计划，做事时顺其自然地让事情发展
10. 与同事讨论问题时，对我来说很容易的是_____

	a. 看见整体的"画面"　　　　　　　b. 抓住情形中的细节问题
11. 办公室或家里的电话铃响时，我经常会＿＿＿＿
	a. 觉得被打扰了　　　　　　　　　b. 毫不介意地接电话
12. 更符合我的词语是＿＿＿＿
	a. 分析性　　　　　　　　　　　　b. 情绪稳定性
13. 当我完成一项任务时，我会＿＿＿＿
	a. 稳定而持续地做事　　　　　　　b. 在精力充沛时工作，中间会休息
14. 当我听别人围绕话题讲话时，我经常设法＿＿＿＿
	a. 把自己的经历与之联系在一起，看是否一样
	b. 分析评估信息
15. 当我有新想法时，我一般会＿＿＿＿
	a. 马上去做　　　　　　　　　　　b. 对这个想法多加考虑
16. 当负责项目时，我更喜欢＿＿＿＿
	a. 缩小范围，清晰定义　　　　　　b. 扩大范围，加入相关领域
17. 当我阅读时，我总是＿＿＿＿
	a. 文章里写什么，我想什么　　　　b. 读书的同时，联想其他的观点
18. 当我必须快速做决定时，我经常＿＿＿＿
	a. 感到不安，希望能够有更多的参考信息
	b. 能够根据可用的数据做决定
19. 开会时，我会＿＿＿＿
	a. 一边说一边整理我的想法　　　　b. 在说之前，仔细思考问题
20. 工作中，我更喜欢花大量的时间关注＿＿＿＿
	a. 想法　　　　　　　　　　　　　b. 人
21. 会议中，我最反感这样的人＿＿＿＿
	a. 提出很多粗略的想法　　　　　　b. 说很多实践细节来延长会议
22. 我倾向于＿＿＿＿
	a. 早起　　　　　　　　　　　　　b. 熬夜
23. 在会议中，我喜欢人们＿＿＿＿
	a. 很愿意参与，反应积极　　　　　b. 做全面的准备，拟出大纲
24. 开会时，我更愿意让人们＿＿＿＿
	a. 释放出更多的情感　　　　　　　b. 以任务为主
25. 我更想在这样一个企业中工作＿＿＿＿
	a. 我的工作能激发智慧　　　　　　b. 我能为组织目标和使命奉献
26. 周末，我会＿＿＿＿
	a. 计划要做的事情　　　　　　　　b. 顺其自然地有什么做什么
27. 我更倾向于＿＿＿＿
	a. 外向性　　　　　　　　　　　　b. 独自思考性
28. 我喜欢为这样的老板工作＿＿＿＿

a. 充满很多新想法   b. 务实

从以下每组词语中选择一个更让你有感触的词语。

29. a. 社会性   b. 理论性
30. a. 创新   b. 实用
31. a. 条理性   b. 适应性
32. a. 活跃   b. 集中

得分：

下面列出的条目每个算一分，根据上面清单中圈出的选项做出计算。

I 得分	E 得分	S 得分	N 得分
（内向性）	（外向性）	（经验感觉性）	（直觉性）
2a	2b	1b	1a
6a	6b	10b	10a
11a	11b	13a	13b
15b	15a	16a	16b
19b	19a	17a	17b
22a	22b	21a	21b
27b	27a	28b	28a
32b	32a	30b	30a

共计：_____

选择得分较多的:　　　　　　　　　　　　选择得分较多的:
　　　I 或者 E　　　　　　　　　　　　　　S 或者 N
（如果 I 和 E 得分相同，不计算11题得分）　（如果 S 和 N 得分相同，不计算16题的得分）

T 得分	F 得分	J 得分	P 得分
（思考性）	（感情性）	（判断性）	（感知性）
3a	3b	4a	4b
5a	5b	7a	7b
12a	12b	8b	8a
14b	14a	9a	9b
20a	20b	18b	18a
24b	24a	23b	23a
25a	25b	26a	26b
29b	29a	31a	31b

共计：_____

选择得分较多的:　　　　　　　　　　　　选择得分较多的:
　　　T 或者 F　　　　　　　　　　　　　　J 或者 P
（如果 T 和 F 得分相同，不计算24题得分）　（如果 J 和 P 得分相同，不计算23题得分）

你的得分：I 或 E____　　N 或 S____　　T 或 F____　　J 或 P____

你的类型：_____（如：INTJ,ESFP,等）

得分与解析

以上所得的分数衡量了与 MBTI TM 相似的变量。本章已介绍过 MBTI TM 评估法，分为四个维度和十六个不同的"类型"。每个维度和每个类型的主要性格特征已在下面罗列出来。记住没有人只属于一种类型。每个人都会偏向外向性或内向性，经验感觉性或直觉性，思考性或感情性，判断性或感知性。根据自己的测验得分，浏览自己所属维度和类型的描述内容。你认为这样的描述与你的性格一致吗？

每个维度中涉及的性格特征

外向：活力来自在户外和人、事的共处，兴趣广泛，边思考边说话。
内向：受到内心世界的思维、想法、深藏的兴趣所激励，说话前先思考。
感觉：喜欢事实、细节以及实际的解决方案。
直觉：喜欢意义、理论，基于数据进行联想，喜欢不确定。
思考：通过分析、按照逻辑以及客观标准做决定。
感情：基于价值观、信仰、对他人的考虑来做决定。
判断：生活方式有条理、稳定、有计划、可控制。
感知：顺其自然、天真率直，思想开放并且寻根问底。

每个类型中涉及的性格特征

ISTJ：组织者、值得信任、负责任、让人放心的委托人或严格检验员。
ISFJ：安静、认真、专心、能够处理细节、优秀的管理员。
INFJ：坚持不懈、鼓舞人心、悄悄地关心他人，优秀的顾问。
INTJ：独立思考者、爱怀疑、理论化、有能力、优秀的科学家。
ISTP：冷静、善于观察、好相处、技艺精湛的手艺人。
ISFP：温暖、敏感、有集体意识、不会和他人发生冲突、优秀艺术家。
INFP：理想主义、坚定的价值观、喜欢学习、适合于上层服务业。
INTP：善于设计、逻辑强、概念化、喜欢挑战、优秀的建筑师。
ESTP：不确定性、社交型、善于解决问题、善于推销。
ESFP：社会化、慷慨、风趣、优秀的表演者。
ENFP：想象力丰富、热情、负责项目、出色的冠军。
ENTP：足智多谋、能够承受刺激、讨厌周而复始、挑战极限、优秀的发明者。
ESTJ：有序、有系统、实际、优秀的行政管理员或者主管。
ESFJ：人际能力强、协调性好、受欢迎、为他人做事、合格的主人。
ENFJ：有魅力、有说服力、说话流利的主持人、社交性强、活跃、优秀的老师。
ENTJ：有远见的规划者、掌管大局、精神饱满的演说家、天生的领导者。

资料来源：From *Organizational Behavior: Experience and Cases*, 4th ed. Dorothy Marci. @ 1995. Reprinted with permission of South-Western, a division of Thomson Learning: http://www.thomsonrights.com. Fax:800-730-2215.

本章小结

- 本章探究了自我意识的重要性以及一些会影响领导者和领导力过程的个体差异。个体的差异表现在很多方面,包括性格、价值观、态度、思考方式、做决定的方式。
- 五大个性维度模式可以检验个体在外向性、宜人性、责任感、情绪稳定性以及开放性这五个维度中得分的高低程度。尽管有人认为在每个性格维度中得分高,意味着领导方式会成功,但是在多个维度中得分低的人同样可以成为高效的领导者。对领导者行为有重大影响的两个具体的性格特征是控制核心和权力主义。
- 价值观是个人的基本原则,引导人用这种而不是另一种方式来做事。考察价值观的一种方法就是采用结果型价值观和手段型价值观的方式。结果型价值观是对值得追求的目标的信仰,手段型价值观是对那些能达到目标的行为的信仰。价值观同样也会影响个体的态度。领导者对自己和对他人的态度会影响自己在下属面前的表现以及对下属的交际方式。X 理论和 Y 理论假设分别代表了两组领导者可能对人们持有的完全不同的态度。
- 不同的性格、价值观、态度会影响人的感知力,感知力是人们用以选取、组织、解释信息的过程。感知偏差包括刻板效应、晕轮效应、投射效应、知觉防御。归因是指人们如何解释事件或者行为发生的原因。人们基于自己的感知力,会具有内部归因或者外部归因。
- 另一个关于个体差异的领域是认知方式。全脑概念研究了个人对右脑思维和左脑思维的倾向以及对概念思维和经验思维的倾向。这个模式提供的比喻生动形象,便于理解思维方式的差异。个体可以学着使用自己的"全部头脑",而不是只依靠一种思维方式。另一个涉及认知差异的是 MBTI TM,测试了个体偏向于内向性还是外向性,感觉性或直觉性,思考性或感情性,判断性还是感知性。
- 最后本章提供了一些技巧,帮助领导者更加高效地同多种个性类型共事。领导者要了解自己的性格特征、尊重每一个人、识别每个人独有的能力、避免缺乏交流、创造积极的环境,这样就能够使不同的人都更加富有成效,把精力集中在实现目标上而不是个性差异。

问题讨论

1. 一个优秀的领导者必须具备自我意识,你同意这种说法吗?对于不具备自我意识的领导者可能引起的消极后果,你认为具体的有哪些呢?
2. 大家通常认为外向是领导者应该具备的良好品质。为什么内向也是同样积极的品质呢?
3. 研究发现 79% 的执行总裁属于"高度乐观型",而被列为高度乐观的财务总监所占比例就少很多。你认为这些差异反映了个性特征还是岗位要求的不同?讨论一下。
4. 本章提出尊重每个人可以高效地同不同性格的人共事。对于长期对他人表现粗鲁、冷酷、不尊重的下属，领导者应该怎么处理呢？

5. 历史学家认为美国总统伟大程度的排名高度与开放性维度相关，但商业领导者的成功与其关联较弱，请列举原因。与过去相比，你认为开放性维度对现今的商业领导者来说更重要吗？讨论一下。

6. 现今企业中的很多领导者都通过性格测试结果来判断是否雇用、提升。讨论这样做法的优、缺点。

7. 根据领导者自查4.3，选出4~5个会引起领导者和下属的矛盾的价值观（可以是手段型或者结果型价值观）。并做解释。

8. 根据自己在全脑模式中的倾向，你认为能够帮助自己成为更优秀的领导吗？一起讨论。

9. 领导者如何运用对大脑支配的理解来优化组织各部分的职能？

10. 赫曼贺卡发现中层经理和高层经理主要都是思考型，但是高层总裁主要倾向于感情型。对此你有什么看法？

现实中的领导

过去与未来

在下面画一条生活轨迹，标出自己生活中的高峰经历和低谷经历。回忆塑造成今天的你的那些经历，重大的决定、关键的时刻、高峰的经历、极度的失望。从左到右画线，在每个凸点和凹点处标出1~2个词语。

出生年份： 今日日期：

是什么形成了这些宝贵的经历？这些经历是如何塑造成今天的你的？
_____
_____

现在仔细审视自己的生活。写下未来10年你想要拥有的领导者经历。用过去时描述每个10年（比如：未来十年：优厚的起薪、厌倦了第一份工作、升职到了中层管理岗位）

未来10年：_____

下个10年：_____

下个10年：_____

下个10年：_____

为了实现这样的未来，你将会运用什么样的技巧和能力？

_____

_____

你画的生活轨迹和以上回答中，核心生活目的或主题是什么呢？

_____

_____

你期望未来的自己会对现在的自己说什么？

_____

_____

上面的答案与你在本章中完成的"领导者自查"中的分数有什么联系？

_____

_____

领导力开发：案例分析

性格好的经理

希萨姆产业（Chisum Industries）管理升迁流程的方式是在公司内部设立基准，衡量每个人是否能够横向换岗或者升职到高一级的岗位。位于得克萨斯州的七个城市有办公室、工厂、仓库，对于中层管理者来说，有一个新的机会出现了，最优秀和最聪明的人能够得到晋升。在这个流程下竞选者可以设立目标、培养能力、识别缺点、重编生活的剧本、实现成就。选拔团队会亲临竞选者的工作场所，了解竞选者工作状态，跟竞选者的同事交谈，然后带入决赛的竞选者去达拉斯参加面试。这个流程使所有想要升迁的竞选者能够培养自我洞察力，得到成长的机会。2011年3月在圣安东尼奥市高管层的马库斯·希萨姆（Marcus Chisum）、卡尔·雅各布森（Karl Jacobson）、米奇·艾维（Mitch Ivey）、韦恩·休斯（Wayne Hughes）、芭芭拉·肯尼迪（Barbara Kennedy）在开会讨论四个中层管理竞选者中哪个可以升为高层。

马库斯："下一个人是谁？"

芭芭拉："哈利·克赖顿"（Harry Creighton），看了大家一圈，马库斯看到有几个点头的还有一个耸肩的。

马库斯："什么意见？"

卡尔和韦恩异口同声说："挺棒的。"

卡尔："我们都知道哈利上任时遭遇过公司绩效衰退。士气低落，还有削减员工的谣言。他挺身而出，平定员工的恐惧，使绩效攀升，干得很好。"

韦恩："他和员工关系处得非常好。当我们四处转转同大家攀谈时明显感觉到员工很信任他，也很买他的账。"

芭芭拉："员工都想说的一个词是：'很好'"米奇开会时有个习惯，靠在椅子上，用笔敲桌子。一开始大家都对他这个习惯感到反感，时间长了就习惯了这个声音。

马库斯:"米奇,你第一次听到这个名字的时候耸了一下肩。你是怎么想的?"

米奇:"就是好奇人好就是我们要找的吗?"这个评价引得大家笑出了声。"你说,一个经理是怎么因为人好就获得了全方位的荣誉。我曾经为很多经理效过力,也同很多经理共事过。我尊敬他们,认为大部分经理对待我们很公平、很坦率,也认为有些经理是蠢货应该被解雇……"

马库斯:"但愿我不属于后者。"(大家笑了)

米奇:"我从来没有遇到过一个'人好的'经理。"

卡尔:"有些人说哈利永远有人支持。"

芭芭拉:"我有印象哈利罩过员工。"

马库斯:"什么意思?"

韦恩:"就是说,当他检验员工有哪些弱势时不会很严格,截止期限定得比较松,会推迟截止期限。"

芭芭拉:"有些人说他总是想要……让我看一下笔记……'总是插手让他们脱离困境。'这样的描述不止一次,但我深入询问时,他们不会详细阐述。所以我想……"

卡尔:"……他是不是应对并承担了员工的责任。"

芭芭拉:"没错。"

米奇:"这让我很反感,他就像是帮助孩子制作科学展览作品的家长一样。"

韦恩:"我不认为这很糟糕,不过把他同其他竞选者对比时,我怀疑他位于高层管理时是否能做到对下属严格要求。他本人以及性格没有任何特点。"

卡尔:"他这样没有界限。没有边界意识。他是想要管理员工还是受员工欢迎呢?他能说'不'并真的执行吗?"

芭芭拉:"哈利有能力平衡好区别领导者的那条界限吗?获得尊重不是受到欢迎、鼓励他人、支持去插手然后帮助他人脱离困境。"

马库斯:"所以我们看到了哈利的优点。他有巨大的潜力,但是我们也明白他还达不到我们想要的水平,难以信任他做好高层管理岗位。我们下一步的任务是继续进行选拔流程,几周过后我希望大家能够想到帮助哈利激发潜力的方法以抓住未来的机会。"

问题

1. 你认为人好是什么意思?你认为人好是领导者的优秀品质还是失败的象征?

2. 人好涉及本章中的任何概念吗,比如五大个性维度的任何一个维度,迈尔斯·布里格斯分类法的任一部分或者左脑主导型?一起讨论。

3. 如果哈利通过了选拔,得到升职了,你会给他什么样的意见和建议让他提升领导技能,从而得以在未来得到升职机会呢?

环境设计国际公司

当李惠子快速吃完午餐回来后,她打开电子邮件的收件箱搜寻消息,一条令她恐惧的消息。因为还有很多其他邮件,所以消息找到后她随即标上了"高优先级",之后她沉到椅子里,调整情绪准备打开这个邮件。当惠子点击这条消息时,她感到胃里一阵痉挛,准备接受羞辱。一直以来她能从上司身上得到的就是羞辱，巴里·卡佛（Barry Carver）是她在环境设计国际公司（EDI）的上司，EDI 是一家快速发展的"绿色环保"公司，主要业务是改装商务楼来改善能源消耗率。

EDI 的主要客户是想要减少能源消耗，缩减温室气体排放，为全球温室效应做贡献的摩天大楼的拥有者。这些高耸的摩天大楼能量消耗最大的是照明、冷却和加热装置。纽约市帝国大厦的拥有者想要减少大厦的用量，2013 年的目标是减少 38%，如果改装成功的话，这栋建成了七十八年的大厦每年可以节约四百四十万美元。

惠子已预料到卡佛会发邮件严斥她和她的团队，因为他们未能在上周五——最后期限日，把策划书提交上去。这个策划书是要改装六十层的芝加哥摩天大楼，以符合新的联邦环保标准。惠子已经提醒过卡佛完成策划书的时间可能会延期，因为关于能量消耗率的联邦政策一直在变化。结果被她言中了。她跟客户沟通过，告知他们会延期，客户也同意了新的截止日期。

然而，卡佛对于延期很生气，邮件中态度粗鲁、冷酷。"我希望你能按期完成工作，高效率地与管理部门沟通。你拙劣的办事效率可能会让我们失去这个重要客户，"他在电子邮件里对惠子大吼。"为什么你不能像我一样对这个项目负责。要是我，就不会延期。"他说完了。卡佛总是令他的下属感到生活很痛苦，他通过说难听的话攻击下属来实现成效。以下是另一个事例，卡佛也会疏离自己的同事。最近一次开会，在讨论芝加哥摩天大楼替换数以千计的窗户问题时，卡佛另一个同事感到很尴尬，因为卡佛斥责他在选择供货商时没有多家对比报价。"如果你的功课都没做好，我怎么能评估你的建议呢？下周五我需要新的报价。"卡佛吼道。

卡佛是个技术娴熟的工程师，负责管理 EDI 在芝加哥办事处的设计师团队。尽管他直率的性格曾帮助他在公司升职，但是他的沟通方式令人恐惧，开始产生问题阻碍他获得更大的成功。卡佛审视了自己的表现，发现他的同事关系岌岌可危，大家对他的抱怨不断增加。即使跟他共事过很久的同事也在尽可能地远离他，想方设法地不与他共事。

意识到周围不断增长的敌意，卡佛开始重新考虑自己同下属和同僚的沟通方式。他刚刚完成了一个总裁教育课程，学到了一些方法，并积极地开始运用。其中一个技能评估活动让卡佛意识到，想要得到更好的成效应该温和地去沟通，建立共识，工作时多多关注团队。另外，他还意识到当与联邦管制局协调时，处理不可避免地延期，即使会阻碍重大建筑项目的进度，也要自己想办法控制怒火及情绪失控。当卡佛在思索技能评估方法时，他考虑自己是否可以温和自己的形象，这或许能够帮助自己获得那个位于 EDI 洛杉矶办事处的高级管理岗位，他期盼那个岗位已久了。

资料来源：Gerry Yemen, Erika H. James and James G. Clawson. Nicholas Gray: The More Things Change... Darden Business Publishing, University of Virginia, Copyright 2003; and Mireya Navarro. The Empire State Buliding Plans a Growth Spurt, Environmentally. *The New York Times*, April 7, 2009, p. A25.

问题：

1. "对于高级管理层，你是因为能力受聘的。你是因为性格受聘的。"在你看来，这样的描述是对还是错，与卡佛以及他目前的领导方式有什么关联？

2. 指出本案例中破坏巴里·卡佛工作中人际关系的行为举动。为什么经理要这样做呢？这么做会对下属和同事带来什么样的消极后果？

3. 卡佛（或者任何人）想要改变自己的领导技能，他会实现吗？他需要什么样的帮助呢？

第 5 章

领导者的思维与情感

你的领导学挑战

读完本章之后,你应该做到:

- 认识到思维模式是如何影响行为和人际关系的。
- 独立思考、思维活跃、批判性思考、保持警惕,不要漫不经心。
- 打破思维的固有模式,解放思维,接受新想法,采用多重视角。
- 开始把系统性思考和自我掌控的方式运用到学校或工作的各种活动中。
- 培育情商,包括具有自我意识、管理情感、激励自己、具有同情心、管理人际关系。
- 认识到利用恐惧激励他人和使用爱激励他人的差异。

章节大纲

- 运用头脑和心灵领导他人
- 思维模式
- 培养领导者思维
- 情商
- 利用恐惧感领导他人还是运用爱领导他人

前沿领导者

- 好莱坞影视工作室

- 约翰·哈博,巴尔的摩乌鸦队和吉姆 哈博,旧金山 49 人队
- 阿克沙伊·科塔里（Akshay Kothari）和安吉特·古普塔（Ankit Gupta）,华丽阅读器

领导者自查

- 保持警惕
- 情商
- 爱还是恐惧

领导者书架

- 《今日不比往昔》

现实中的领导

- 导师

领导力开发：案例分析

- 新老板
- 美国潜艇"佛罗里达号"

霍华德·奥尔森（Howard Olson）是名海军中校,当他审视眼前的人群的时候,发现屋子里大部分的人都比他职位高。不过他依然开口说道:"你们当中的每个人都有缺点……一些人甚至有不止一个缺点。因为我跟你们都交谈过,所以我很清楚。"

美国军队有个为期一周的学习项目,私底下被称作"魅力学校",用来训练少数几个被选拔为海军准将的人,这堂课只是其中的一讲。每个人都知道新兵训练时,军队会想方设法

地使新兵用全新的方式思考、做事，但很少有人知道军队是如何培训高级别军官的，从而使他们能够在精神和情感上都实现质的飞跃。魅力学校会促使新上任的上将了解自己内在的缺点并努力去克服这些缺点，还会提醒他们伟大的军官真心地关爱自己的士兵。训练过程中，其他常用的主题还有防止出现违反道德的现象，让道德勇气引领自己，克服骄傲自满的情绪，"骄傲自满"是所有军官中最严重的恶习。

美国的企业中没有类似的培训，不过魅力学校里的课程受到了当今很多企业的重视，领导者正学着在信任、谦逊、关爱、尊重的基础上建立工作关系。

最近有些观点认为领导者成为完整全面的人很重要，本章和下一章将通过研究领导者们的思维、情感、精神能力来探讨这一点。沃伦·本尼斯（Warren Bennis）是名作家兼学者，他曾说："成为真正高效率的领导者就是成为完整全面的人。"本章首先探讨了运用头脑和心智（思维和情感）领导他人的重要性。然后我们针对上一章节中介绍过的观点做了补充，思索转换思维和情感的能力是如何帮助领导者转变行为、影响他人、表现更加高效的。本章讨论了思维模式的概念，考察了一些品质对领导者来说的重要程度，包括独立思考、思维开放、系统思考。还仔细探讨了多种人类情感、情商概念，以及爱和恐惧是如何影响领导者和下属关系的。下一章节将会探讨道德方面的领导力以及勇气涉及的情绪。

5.1 运用头脑和心智领导他人

我们大部分人都从个人经验中学习到，跟他人高效地共事需要关注自己的思维、信念、情绪等这些抽象方面，同样也要关注别人的这些方面。参加过体育队的人都知道思想和情感可以有力地影响表现水平，不过有趣的是，处于领导位置上的人往往会忘记运用情感领导他人。

想要在现今的环境中成功，要求领导者成为一个完整的人，同时善于运用头脑和情感。领导者必须运用头脑处理企业的一些问题：如，设立目标、制订策略和生产计划、规划组织结构、处理财政问题、运营问题等。领导者同时必须运用情感处理人本身的问题：如，理解他人、支持他人、培养他人。时代充满不确定性，在快速变化过程中，运用情感领导他人就显得尤为重要。当今社会需要领导者运用头脑和情感共同解决的问题有：在几乎每天都有重大变动发生时，如何使员工持有目的和价值感；大量裁员、工作没有保障时，如何使员工感到受重视、受尊重；面对公司破产或解体、丑闻、经济危机时，如何维持高昂的士气和巨大的动力。

> **新领导行为备忘**
>
> 作为领导，你应该运用头脑和情感领导他人。通过有意识地参加活动，锻炼全面身心，能够提高调控思维、情感、精神的能力。

很多文献都强调完整的人是指头脑、情感、精神、身体一起运作。第4章基于价值观、态度、思维方式介绍了个体思考、做决定、解决问题方式的一些观点。本章在这些观点的基础上，提供了关于领导思维和情感更宽广的观点。

你的思维模式能够帮助你连接起这四个要素发出光亮来吗？

> **思维模式**
>
> 人们持有的一些理论，有关于世界运转的具体方法以及理想的行为方式。

5.2 思维模式

新领导行为备忘

作为领导，你应该认识到自己的思维模式是什么，以及它是如何影响你的想法和行为的。你应该学着把个人的观点当作偶发性的想法，努力拓宽自己的思维。

思维模式可以认为是一种影响领导者的思想、行动、人际关系的内在画面。思维模式是人们持有的有关世界的特定运行方法及其理想的行为方式的理论。系统是指各组要素相互影响，形成一个整体，产生一个特定的结果。我们可以通过思考电路系统来理解思维模式的意义。图5.1展现了一个电路系统所需的几个要素。思维模式会在你的思维里构图，合理地将四种要素组合到一起，光亮就产生了。电路是个系统，企业也是个系统，另外还有足球队、妇联集资募捐活动、大学的新生入学注册系统等。详尽的思维模式可以帮助领导者明白如何在系统中安排每个重大要素，得到预期的结果。

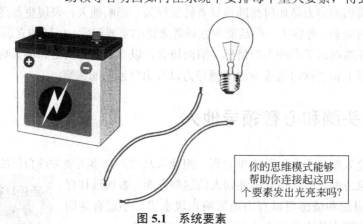

你的思维模式能够帮助你连接起这四个要素发出光亮来吗？

图 5.1　系统要素

领导者的思维模式会决定领导者理解不同经历的方式，以及他们对人和情形的反映方式。思考一下以下两个不同思维模式。罗伯特·汤森（Robert Townsend）是阿维斯出租汽车公司（Avis Rent-a-car）的前执行总裁，他说："你必须改变自己喜欢指使他人的习惯，要成为给下属端水的管理者，下属在工作上才能有进展。"他说的前半句反映了一种思维模式，即领导控制下属，而后半句则反映了领导者服务于下属，帮助下属发挥出最好状态的思维模式。图 5.2 展示了谷歌高层领导者使用的一种思维模式，在此思维模式指导下，该公司可以在核心搜索业务日趋成熟时依然保持在行业前沿。谷歌的领导者们认为，对于创新很重要的是承担风险、稍微表现狂热、出现错误，过多的规则和控制会使公司走向死亡。

- 跳出舒适区
- 让失败与成功共存
- 减少需要运用的管理
- 打破传统
- 快速行动并在进行中认清形势

图 5.2　谷歌领导者的思维模式

资料来源：Adam Lashinsky. Chaos by Design. *Fortune*. October 2, 2006, pp. 86-98.

谷歌以及其他企业的领导者们都致力于创造符合企业需求、目标和价值观的思维模式，不过个人的价值观、态度、信仰、偏见以及歧视全部都可以影响思维模式。领导者的想法对于塑造自己的思维模式至关重要，为了使企业具有更健康的状态，领导者可以在必要的时候审查自己的想法，改变、扩充自己的思维模式。

5.2.1 假设

第 4 章讨论了两组领导者对下属非常不同的态度与假设，称作 X 理论和 Y 理论，还探讨了这两个假设是如何影响领导者行为的。领导者假设的想法本身就属于自己思维模式的一部分，认为他人不可信任的人与认为他人基本可信的人在同样的情形下的反应会非常不同，领导者会对事件、情形、环境以及人们做出假设。主观有时是危险的，因为人们会把假设当作事实。

彭尼公司（J.C. Penney）（美国零售公司）就是个很好的例子。因为罗恩·约翰逊（Ron Johnson）协助创建了很受欢迎且很成功的苹果零售商店，因此彭尼公司在状况极度糟糕时雇用了他，不过在他入职不到 17 个月就被解雇了。约翰逊根据自己在苹果工作时的经验，提出全面改造的建议，包括使商店和商品更上档次等措施。他创造的精品店店铺放置了昂贵的置物柜，摆放着提示语，店铺内摆放着年轻化的修身款衣物，采用欧洲设计风格，却赶走了该零售商的核心客户。问题的根源在于彭尼公司和苹果公司不一样。顾客涌向苹果商店是为了得到能够划清界限、表明身份的产品，但彭尼的顾客想要的是低价位的基本衣物和家居用品。约翰逊这样改造是他假设顾客都喜欢的百货商店是"塔吉特百货（Target）、梅西百货（Macy's）和诺德斯特姆公司（Nordstrom's）"。ACM 的合伙人玛格瑞特·博根里夫（Margaret Bogenrief）这样说道。约翰逊被撵走了，迈伦·厄尔曼三世（Myron Ullman III）又回来做执行总裁了，不知他能不能和其他的高层领导共同探讨出更切合实际的假设，应对挑战，彻底改造出一个标志性品牌，迎接新时代。

这个案例说明，领导者应该把个人的假设当作偶发的想法，而不是不变的事实，这一点很重要。领导者对自己的假设认识越多，越能明白其如何影响行为和做决定的方式。领导者可以质疑自己长期持有的假设是否符合目前的实际情况，质疑假设能够帮助领导者了解、转换自己的思维模式。

5.2.2 改变或者扩宽思维模式

高层领导者的思维模式对于企业的成功起到至关重要的作用。哈佛大学曾研究了 20 世纪排名前 100 的商业领导者，发现这些领导者具有一个共同特点，研究者称作"语境才能"，他们感知社会、政治、技术、经济的时代环境，运用的思维模式可以帮助企业做出最恰当的反应。时代快速变化，从不间断，对于领导者和企业来说，决定成功最重要的要素就是改变、拓宽思维模式的能力。

面临新的现实状况，领导者依旧坚持老旧的思维模式会使企业很脆弱。举例来说，这些年黑莓智能手机市场份额急剧下滑，因为行业动态研究的领导者依旧持有适用于过去的思维模式。苹果和三星智能手机的推出使市场环境快速变化，黑莓的这些领导者很难转换思维模式，从而无法使企业具有竞争力。另外，苹果的领导者，尤其是史蒂夫·乔布斯（Steve Jobs），他在世的时候领导苹果的那些年一直都很擅长转换、拓宽自己的思维模式。一名采访过史蒂夫·乔布斯的研究人员说他有时会"瞬间使自己处在你的位置上,让你失去平衡感,从未想到乔布斯可以用这样不同的方式思考"。当今苹果如此成功的一个原因,研究者强调,是因为史蒂芬·乔布斯在重组问题、转换思维模式方面是天才,他能转化自己的、员工的、同事的、顾客的思维模式。苹果手机推出之前,没有人想到类似应用商店的方式或者想到可以向无线运营商收取费用等。

很可惜,很多领导者被禁锢在自己的观点和思维里,因为这些观点和思维在过去曾带来成功。他们只是简单地用传统的方法做事,不仅是运营企业,还有行业动态分析、管理基础工作、处理保险索赔、销售化妆品、指导篮球队员,没有意识到自己以局限的思维模式在做决定、在行事。

领导者面临着来自思维模式的特殊挑战,经历全球范围的不确定性和复杂性,传统的管理责任制下领导者经历的事情远远无法攻克这个挑战。全球化思维模式要求管理者能够领会并影响代表不同社会等级、文化、政治立场、学术组织、心理特征的个人、团体、企业和系统。具有全球化思维的管理者能够理解并同时回应多种不同的观点,而不是困在自己国家特有的思维模式里,用自己局限的文化视角来考虑问题。管理者培养自己全球化思维的最佳方式之一是多和不同文化背景的人聚集交流。肯恩·鲍威尔(Ken Powell)是通用磨坊(General Mills)的执行总裁,谈到早年处在国际化位置上的经历使他深信,让人们跳离舒适的圈子是培养出领导者的最好方式。一些好莱坞的电影执行人员拓宽了自己的心理思维,在海外市场获得了更多的成功。

全球化思维模式

管理者能够领会并影响代表不同社会等级、文化、政治立场、学术组织、心理特征的个人、团体、企业、系统。

前沿领导者

好莱坞影视工作室

一直以来好莱坞的电影都是典型的美国电影,以前日本、巴西、韩国的观众会出于忠心去看电影,虽然这些电影主要是为了迎合美国观众,而事实上市场也以美国观众为主。时代变了。其他国家本地引进的好莱坞电影也十分有竞争力。同时美国看影片的观众在减少,而海外观众却在增加。好莱坞电影海外收入可达到总收入的70%。好莱坞执行人员正采用新型思维模式,使电影专门应对不同的海外市场,或者重新编辑美国电影以适用海外欣赏品味。以下是一些例子。

- 派拉蒙电影公司的(Paramount)《特种部队:眼镜蛇的崛起》(*G.I. Joe: The Rise of Cobra*)和《特种部队:报复》(*GI Joe: Retaliation*),由韩国电影演员李秉宪(Byung-hun Lee)和南非演员阿诺德·沃斯卢(Arnold Vosloo)来做主角。
- 最近一些电影,比如《里约大冒险》(*Rio*)和《速度与激情》(*Fast Five*)都将故事发生的背景设置为巴西,因为巴西是好莱坞电影快速发展的市场。《暮光之城:破晓》第一部分(*The Twilight Saga: Breaking Dawn Part I*)中角色贝拉·斯旺(Bella Swan)和爱德华·卡伦(Edward Cullen)在巴西私人岛屿度过了自己的蜜月。
- 最近的一部《变形金刚》(*Transfomers*)电影中,梦工厂工作室(DreamWorks Studios)

设置的镜头中有一个演员喝着来自中国伊利奶制品公司的舒化低乳糖牛奶。
- 皮克斯动画工作室（Pixar's）在海外市场做得不好，所以工作室在巴黎、伦敦、东京、意大利里维埃拉海岸拍摄了一系列电影。

这些技巧或者其他类似的技巧代表了制作电影采用的全新思维模式。影视工作室的领导者没有想办法诱导观众去看电影，而是把观众作为电影的目标群体来思考。

好莱坞的领导者拓宽了自己的思维模式是因为只有这样才能使制作电影的成本更划算。"告诉你，如果不是全球观众都有兴趣，就不会有影视工作室花费一亿五千万美元或者两亿美元这样高的成本制作电影的。"马克·佐拉迪（Mark Zoradi）是迪士尼公司（Walt Disney Company）动画组的前董事长，他这样说道："只靠国内模式是无法收回制作成本的。"

尽管会引起心里不适，或没有方向感，领导者也必须挑战自己的思维模式，甚至摧毁自己的思维模式。认识假设、理解假设如何影响情感和行为，是转换思维模式、用新方法看待世界的第一步。高效率的领导者学着不断质疑自己的信仰、假设、感知力，从而可以跨越传统禁锢、用新方式看待事物，接受迎面而来的挑战。领导者如果不能够识别、改变自己低效率的思维模式，通常需要外界的帮助，本章中的领导者书架一栏有相关内容。

5.3 培养领导者思维

领导者如何能够拓宽自己的思维模式呢？从非领导者思维跨越到领导者思维，需要从四个关键方面培养：独立思考、思维开放、系统性思考、自我约束。综合起来这四个方面构建的基础可以帮助领导者审查自己的思维模式、克服盲点，避免局限领导力的效力和阻碍企业的成功。

> **独立思考**
> 质疑观点，通过自己的信仰、想法、思维来理解数据和事件，避免直接吸收既定规则和他人定义的类别。

领导者书架

《今日不比往昔》

马歇尔·戈德史密斯（Marshall Goldsmith）、马克·莱特（Mark Reiter）

经营培训师马歇尔·戈德史密斯说，当获得成功以后，人们就认为自己做的每件事都是对的。所以，领导者升职后通常还是运用过去在较低层岗位时奏效的人际关系思维模式。结果却降低效率，且无法取得职业成就。"其他的技能都是等同的，你的人际交往能力（或者人际交往能力的缺失）随着职位越高越发变得显著，"戈德史密斯在《今日不比往昔》中这样写道。戈德史密斯和他的合作人马克·莱特找出了20种会在高层岗位上破坏领导者人际关系的思维习惯。

每个人都不完美

每个领导者都会具有一些习惯或者消极行为，限制自己的效率。以下内容是戈德史密斯和莱特描述的一些行为缺陷。这些描述中有符合你行为的吗?

- **无论多大代价任何场所都需要赢。** 我们认识这些人：他们想要在每场辩论中都赢得对方，永远认为自己是正确的。他们想要在大事上赢、小事上赢，不大不小的事也赢。如果他们采取了别人的观点，结果却不奏效，就会说"我早跟你说这样不行了"。工作场合，高层领导希望永远正确，或别人认可自己是正确的，这样的话会破坏人际关系，甚至摧毁工作团队。
- **无法摆脱过去。** 审视过去、理解过去从而向过去妥协、从中学习，这并没有错。但是有些人总是沉湎于过去，并且将生活中发生的不顺归因于他人的错误，将过去作为一种武器来控制或惩罚他人，仅仅是因为别人没有完全按照他们的期望去做。
- **无法说抱歉。** "爱就是永远不说抱歉"，这种观点是错误的。道歉是爱的表现。比起人际失误，拒绝道歉会造成更严重的敌意，无论是爱情、家庭或工作关系中。"工作中不能道歉的人就好像是穿了一件T恤衫，上面写着'我不在乎你'，"戈德史密斯写道。

改变的方式

作为经营培训师，戈德史密斯花费精力帮助领导者找寻并调整会阻碍发展的思维模式。他追寻成功的方法可以帮助任何诚心想要提升人际关系的领导者。首先你要收集反馈信息，帮助识别自己需要改变的特定行为。下一步是集中思想解决问题，为自己行为缺陷道歉，之后再努力去改变，倾听别人的想法，感激那些为你的改变过程付出努力的人，记录自己的改变过程。戈德史密斯指出，当你依赖他人去进行改变时，通常别人不仅愿意帮助你成为更好的自己，他们也会努力成为更好的自己。

资料来源：Marshall Goldsmith, Mark Reiter. *What Got You Here Won't Get You There.* Hyperion Books.

5.3.1　独立思考

独立思考是指质疑观点，通过自己的信仰、想法、思维来理解数据和事件，避免直接吸收既定规则、常规和他人定义的类别。独立思考的人喜欢独处、有主见、发表自己思索的方案、决定行动方案，这都基于他们自己的想法而不是依靠别人的所思所想。下面是一位女性经理的经历，20世纪80年代中期，她离开了罗尔斯顿·普瑞纳公司（Ralston Purina）并任职于永备公司（Eveready）的营销岗位。永备曾因销售实惠的塑料和金属的手电筒而家喻户晓，不过后来手电筒业务衰退了。这位经理提出疑问：为什么手电筒不能做成粉色、淡蓝色、石灰绿的？这样才能吸引女性消费者。她接着质疑：为什么手电筒不能在食品杂货店销售呢？她的想法并没有被广泛认可，不过在执行总裁同意实施这个新想法后，手电筒业务立马回升。具备出色的领导力不是遵循别人的规则，而是坚持自己的观点是最适合企业发展的。

> **保持警惕**
> 关注新信息，面对变化的信息和转化的环境要迅速创造新思维方式。

独立思考是指保持思维警惕，运用批判性思考。独立思考是领导者保持警惕的其中一部分，保持警惕是指关注新信息，面对变化的信息和转化的环境要迅速创造新思维方式。保持警惕包括独立思考，要求领导者保持好奇心、求知欲。警惕性高的领导者思维开放，好奇心和求知欲会刺激别人思考。保持警惕与漫不经心完全相反，漫不经心是指盲目地接受规定和他人赋予的标签。漫不经心的人让别人为自己思考，保持警惕的领导者总是愿意接受新想法和新方案。

保持警惕、独立思考对领导者来说很重要，因为领导者面临着大量的和各种各样的任务，很容易被淹没，洪水般的电子邮件、短信、网络会议、博客等加剧了问题的严重性。开启自动模式做事很容易，不过在企业界，环境不断变化，这个情境下适用的方法在下个情景或许就不适用了。这样的环境下，思维懒惰、开启自动模式、采用别人的答案会危害企业和所有员工，来看一下企业家科尔德·坎贝尔（Kord Campbell）身上发生的故事。过去了12天他都没能看到一家大公司发来的邮件，在该邮件中该公司表示出有购买他旗下的小型网络创业项目的兴趣。为什么会这样呢？坎贝尔紧张的生活节奏让他开启了自动模式。"这段时间他日程满得不能再满了，"他的妻子这样说道。

出色的领导者运用批判性的思考考察环境、解决问题，以多种角度提出质疑、整合所有有用的信息，形成可能的解决方案。领导者采用批判性的思考时会质疑所有的观点，活跃地寻找多种意见，努力在所有可选方案中做一个平衡考虑。

独立思考、批判性思考都是艰难的工作，我们大部分人很容易偶尔变得漫不尽心放松自己，接受容易判断的答案，采用标准的方式处理事情。英国石油公司的领导者曾做出错误的决定，结果出现了一些重要的压力测试差异，最终关闭了墨西哥海湾深水地平线石油钻塔。他们遵循着在过去奏效的流程步骤，事实证明这对于深水地平线是致命错误的，钻探几小时之内就爆炸了，11名工人死亡，溢出的石油从路易斯安那蔓延到了佛罗里达。

出色的领导者鼓励下属保持警惕而不是漫不经心。伯纳德·巴斯（Bernard Bass）研究过魅力领导力和变革领导力，讨论过激发智力的价值：激发下属的思想和想象力，激发下属识别问题并创造性地解决问题的能力。人们钦佩的领导应该能够唤起他们的好奇心，激发他们思考、学习的能力，鼓励他们接受新型的、鼓舞性的想法和方法。

> **新领导行为备忘录**
> 完成领导者自查5.1中的练习，评估自己保持警惕的三方面的能力，包括激发智力。

5.3.2 开放式思维

习惯会局限我们的思维和行动，派克鱼综合征（Pike Syndrome）解释了习惯的力量。在一项试验中，实验人员用透明玻璃把鱼缸从中间分隔开，把北方派克鱼放在其中一侧，另一侧放了很多鲦鱼。饥饿的派克鱼不断尝试得到鲦鱼，但只能把自己不断地往玻璃上撞，最后明白这样尽力也是够不到鲦鱼的。之后玻璃挡板被移去，但是派克鱼没有试着去攻击鲦鱼，因为它已经习惯性地认为接近鲦鱼是不可能的。当人们根据以往的经验认为自己已经掌握了某种情形的全部知识时，这些人就犯了派克鱼综合征，这是一种由习惯所导致的无能，人们死板地守着过去的某种事实，拒绝使用多重视角变通地考虑。

领导者必须忘掉自己的习惯性观点，接受新观点。开放性是指丢掉先入为主的观念、暂时搁置固有的信仰和想法，要像新人的思维一样。当成为某个特定领域的专家时，思想通常不会对他人的意见开放。心理学家伊丽莎白·牛顿（Elizabeth Newton）做了一个实验，一组人属于"敲击组"，他们拿到列有很多著名歌曲的清单，在桌子上用手指敲出曲子的节奏。敲击的人说他们认为倾听者会猜对一半以上的曲子，事实上，敲击的120首歌曲中倾听者只猜对了 3 首。这种情况下，敲击者可能具有"专家思维"，他们太了解这些歌曲所以不明白为什么倾听者却听不出来。

领导者自查 5.1

保 持 警 惕

说明：回想一下自己在正式场合或非正式场合下、工作中还是团体中。做领导者的时候是如何对待他人的。根据自己的所有表现中进行这些行为的频率来回答以下内容。根据自己的情况在每条内容后选择"基本符合"或"基本不符"。

	基本符合	基本不符
1. 喜欢听到新想法。		
2. 激励别人用新方式思考旧问题。		
3. 试图把谈话引入更高水平。		
4. 欣赏他人的见解。		
5. 询问他人的意见和建议。		
6. 忽略别人的想法直接得出我的结论。		
7. 能用开放的态度对待他人。		
8. 鼓励别人表达不同的想法和观点。		
9. 保卫自己的想法。		
10. 会问傻问题。		
11. 对数据或事情做出有见地的评价。		
12. 问一些问题，促进别人对问题的思考。		
13. 会表达有争议的意见。		
14. 鼓励不同的观点。		
15. 为使自己和他人提升做事的方法提出建议。		

得分与解析

第 1~8 题和第 10~15 题，选择"基本符合"的得 1 分。第 9 题选择"基本不符"的得 1 分。总分 12 分或以上分数者认为具有高度的全面警惕性。有 3 个次级计分能代表了领导者警惕性的三大方面：有关是否有开放式思维或初学者思维，请把第 1、4、7、9、14 题的得分相加；有关是否具备独立思考能力，请把第 3、6、11、13、15 题的得分相加；有关智力激发，请把第 2、5、8、10、12 题的得分相加。

我的得分：

开放式思维或者初学者思维：

独立思考：

智力激发：

这些得分代表了领导者警惕性的三个方面，包括开放式思维或者初学者思维、独立思考、智力激发。

这三个方面中得分 4 分或 4 分以上者就是高程度的，因为很多人都不在领导工作中或者团体工作中发挥警惕性作用。得分 3 分者属于平均程度，2 分或者 2 分以下者属于低水平。比较三个方面的得分，进一步理解自己使用警惕性的方式。分析那些你没有得分的具体问题，深度审查自己警惕性模式的优点和缺陷。开放式思维或者初学者思维、独立思考、智力激发，对于培养高效率领导力极具价值。

资料来源：R.L., Lengel. *Fusion Leadership*. Chapter 4. San Francisco: Berrett-Koehler, 2000; B. Bass and B. Avolio. *Multifactor Leadership Questionnaire,* 2ed ed. Menlo Park, CA: Mind Garden, Inc.; and P.M. Podsakoff, S.B. MacKenzie, R.H. Moorman and R. Fetter. Transformational Leader Behaviors and Their Effects on Followers' Trust in Leader, Satisfaction, and Organizational Citizenship Behaviors. *Leadership Quarterly* 1, no.2(1990), pp. 107-142.

专家思维对企业是有危害的，因为过去的经验和知识会拒绝接受新想法。医药领域由于专家思维所给出的结论带来的危害是十分明显的。如果医生依靠标准的方式思考或依靠过去的经验，得出的诊断会有 15%～20% 的错误率，诊断失误会造成严重的危害甚至死亡。杰罗姆·古柏曼（Jerome Groopman）医生是《医生是如何思考的》（*How Doctors Think*）一书的作者，他现在在哈佛医学院教学生如何避免常见的陷阱，如：他早年生涯中落入的陷阱。当他还是个年轻的医生时，听完年长的病人描述完自己的病情——消化不良——后迅速做出判断。但他开

> **新领导行为备忘**
> 作为领导，应该培养分析、理解团队和企业中各部门之间的关系状况；或者另外建立系统，避免做出会带来消极后果的改变。

出的药物丝毫没有让病人的病情有所好转，不过他始终坚信最初的诊断结果。而事实是，病人的主动脉裂了，几个星期后病人死在了紧急救护室。这个教训古柏曼永远不会忘记。

与专家思维相反，初学者思维是开放性的，就像小孩子刚开始了解世界一样天真无知。高效率的领导者致力于保持思维开放，塑造提倡保持好奇心和求知欲的企业环境。这样的领导者明白过去经验的局限性，会寻求多种观点。他们不会因为别人质疑自己的想法就觉得受到了威胁，他们会鼓励每个人开放地讨论想法，直面反对意见，质疑观点，表达感受。

5.3.3 系统性思考

系统性思考能够着眼于全局而不只是部分，并能学习巩固或改变整个系统模式。具备系统性思维的领导者观察到的是蓝图，会把各个要素连接起来而不是孤立地审视单个要素。很多人一直接受的训练是把复杂的系统，如企业，拆分成多个分离的部分来解决问题，然后使每个部分尽可能地正常工作。不过成功运行每个部分后，各个部分的成功并不会累加而使整体运行成功。事实上，有时优化系统中的一个部分会使整个系统功能更低效。举例来说，小城市实施道路建设项目，解决交

> **系统性思考**
> 能够认识到整体的协调性而不只是系统中分离的各个要素，学会巩固或者改变系统整体模式。

通堵塞问题，但没有对整个城市系统做分析。新道路运行了，更多的人搬进了郊区。这个解决方案便利了向郊区搬迁，实际上加剧了交通堵塞、延误和污染问题。

组成整个系统的各部分之间的关系是重点要考虑的，无论是社区、汽车、非营利机构、一个人还是商业公司。运用系统性思考，领导者能够长期检查其运行模式。集中关注规律性变化、流向、方向、框架以及关系网络，审查质量，实现整体性能。系统性思考是一种思维

准则和框架，用来审视模式和交际关系。

把企业系统作为整体来审视是很重要的，因为系统太复杂。复杂事物会打击领导者，使领导者渐渐丧失信心。领导者看见复杂情形下暗含的结构可以促进改善的实施，集中注意蓝图十分必要。大卫·麦卡安玛斯（David McCamus）是加拿大施乐公司（Xerox Canada）的前执行总裁兼主席，提出了"周边视觉"，是指能够通过广角镜头审视企业而不是远焦距镜头，领导者应该培养这样的能力，从而明白自己做决定、实施方案影响的是整体。

系统性思考的要素是认识到因果关系环环相扣。皮特·森奇（Peter Senge）是《第五准则》（The Fifth Discipline）的作者，提出现实是由圆环组成的而不是直线。举例来说，图 5.3 展示了提升零售商收益的相互影响的环节。为了促销商品，提高了广告预算，促进了左边环节中的结果。广告促销提升了销售额，进而提升了收益，有了现金的支持可以再次提升广告预算。

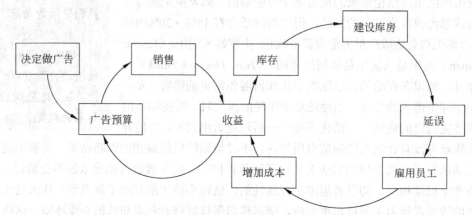

图 5.3　系统思维和因果关系环环相扣

资料来源：Based on concepts presented in Peter M. Senge, *The Fifth Discipline*: *The Art and Practice of the Learning Organization*. New York: Doubeday/Currency, 1990.

> "自我约束是自由的一种形式。摆脱慵懒、嗜睡，摆脱他人的要求和期望，摆脱软弱、恐惧、疑惑。约束自我可以感受到自己是独立的个体，感受到内在力量和才能。没有屈从于自己思想和情感，而是自己思想和情感的主人。"
>
> ——多尔夫曼（H. A. Dorfman），《棒球游戏的心理战》的作者

不过另一个因果关系圆环也受影响了。市场部的领导者做的决定会影响运营部；销售额和收益提升了，会强制运营部增加库存。增加的库存需要更多的库房；建设库房会延缓库存；库房建好了需要雇用新的员工；公司用在扩大规模上的花费会给收益带来消极影响。所以明白在因果圆环中做的决定会引发的后果，可以使领导者计划和分配用于建造库房和做宣传的资源，确保销售和收益稳定增长。没有意识到系统的高层领导者也不会明白为什么提高宣传预算实际上会造成库存延误以及暂时性的收益减少。

5.3.4　自我约束

森奇提出的另一个概念是自我约束。自我约束是指通过约束自己的方式促进领导力，达到预期的结果。约束自己需要具有三个品质：思维清晰、目标清晰、具备能够实现目标的组织能力。

首先，思维清晰是指认识到当今现实的真相。领导者应该坚持不懈地去找出局限自己、

欺骗自己的思维模式，勇于挑战假设、挑战标准的做事方法，这样的领导会打破现实对自我和对他人的否认。对真相的追求会让领导者更深层次地了解自我，工作时更深层次地了解更大的系统和事件。思维清晰可以使领导者应对现实，增加实现预期结果的机会。

> **自我约束**
> 掌控自我的准则；体现了清晰的思维、清晰的目标，具备能够实现目标的组织能力。

其次，能够自我约束的领导者知道对他们来说什么是重要的，也就是说这样的领导者的目标很清晰。目标清晰可以帮助领导者集中注意力于最终结果，这个愿景或者说是梦想会激励领导者以及领导者的团队和企业成员。他们能够清晰地预见期望中的未来，他们的意图就是实现未来。自我约束的一个要素是持续地集中于未来想要的是什么，并给出答案。

最后，通常情况下人的想法和现实情况有很大的差距。预期的未来和目前的现实之间存在差距，例如，一个人的梦想是经营生意，不过现实中却没有资金，这非常令人沮丧，不过凭借这个差距也可以创造能量。当前现实和对更好未来的愿景之间是有差距的，能够实现目标的组织能力可以缩减这个差距。高效率的领导会根据现实情况重新实施对实现愿景奏效的各种活动，从而使现实一步步接近愿景。低效率的方式是让愿景接近现实，是指降低愿景标准，比如，不解决问题或者设立一个更容易实现的目标。具备能够实现目标的组织能力，领导者会同时接受梦想和现实，靠近梦想，缩减差距。

所有五个思维方式都是相关联的。独立思考、思维开放可以提高系统性思维、促进自我约束，帮助领导者转换、拓宽思维模式。这几个要素又全部是独立的，领导者提升了思维方式中的任一要素就可以明显提高思维管理方法，变得更高效。

5.4 情商

心理学家和其他的研究人员，还有各行各业的人一直认为认知能力很重要，或者说是智商，决定了一个人是否能成功以及做事效率的高低程度。普遍的研究结果表明，做认知能力测试，比如智商测试，领导者比大多数人得分高，也就是认知能力与高效率的领导力正相关。越来越多的领导者和研究者开始认识到情商也是极度重要的，有些人提出情感比认知能力更能影响思维和做决定的方式、以及人际关系。一项关于领导者的研究显示，水平一般的领导者和表现出色的领导者之间的差异有 2/3 是由于情感能力不同，只有 1/3 是由于技术能力不同。

> **情商**
> 能够感知、辨认、理解、成功管理自己和他人的情感。

情商是指能够感知、辨认、理解、成功管理自己和他人的情感。具备情商是指能够高效率地管理自己和他人的关系。自从美国空军了解到最好的士兵情商能力方面会得高分后，就开始通过测试情商来选择新兵。情商测试得分高的领导者一般会更加高效率，同事和下属也会认为这样的领导者更加高效。

5.4.1 什么是情感？

情感种类有上百种，很多的情感很微妙无法用语言表达。领导者需要具备的一个重要的能力是认识人们的情感范围，了解不同的情感表达了什么样的内容。图 5.4 中的模型可以帮助领导者分辨积极的情感和消极的情感。主要的情感种类和相关的变形见以下内容：
- 生气：狂怒、愤怒、沮丧、恼怒、愤慨、憎恶、厌烦、烦躁、敌意
- 悲伤：悲痛、悲伤、阴郁、忧郁、自怜、寂寞、沮丧、绝望、气馁
- 解脱：解放、安心、放松、满足
- 恐惧：焦虑、忧惧、紧张、担忧、惊愕、谨慎、急躁、忧虑、惊恐、恐怖、恐慌
- 享受：幸福、高兴、欣喜、欢乐、感觉快乐、兴奋、兴高采烈、狂喜
- 爱：喜爱、接受、尊重、友好、信任、善良、吸引、热爱、爱慕、迷恋
- 嫉妒：猜疑、怨恨、怀疑、刁难
- 厌恶：蔑视、贬低、嘲笑、痛恨、厌恶、讨厌、反感
- 骄傲：满意、尊严、自尊、成就感
- 羞愧：羞耻、尴尬、委屈、懊恼、羞辱、后悔、屈辱、悔悟

有些领导者在工作场合中情感冷漠，好像把情感落在家了，这样是不对的。与他人有情感交流、认识到如何用情感影响工作关系和工作绩效是领导力的重要组成部分。

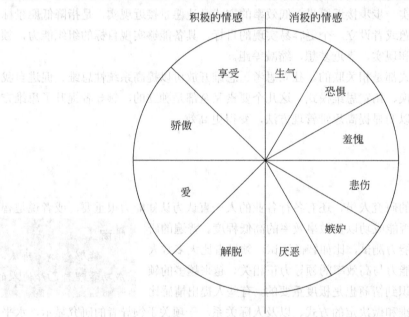

图 5.4　积极的情感和消极的情感

5.4.2　为什么情感很重要？

伦斯勒理工学院的研究者做了一项关于企业的研究，发现更爱表达自己情感、更能够适应别人情绪的人赚的钱更多，图 5.5 做了相关解释。得出这个结论的一个原因是，领导者能够驾驭并指挥情绪力量去提高下属的满意度、士气和积极性，就可以得到更好的结果，提升企业整体的效率。

情绪可以感染他人　领导者的情绪状态会影响到整个团队、整个部门，甚至整个企业。我们大部分人都认为可以感触到别人的情绪起伏，如果旁边的人热情地微笑，这种积极的情绪就会感染我们。反之，心情不好的人会使我们的情绪低落。乔纳森·奥恩斯（Jonathan

Ornstein）是梅萨航空（Mesa Airlines）的首席执行官，他之前的行政助理说她曾经负责追踪这位性格暴躁的领导者的频繁不可预计的情绪变化，然后提醒其他的执行官什么时候需要远离这位领导者。"有的时候他心情不好……，走进办公室后这个不好的氛围会感染整个办公室，"她说道。情绪感染是指如果领导者能够保持情绪平衡、态度积极，就能树立积极向上的榜样，激励、鼓舞大家。整个企业的能量级只有在领导者保持乐观、充满希望的时候才能上升，生气或者消极都不能上升。企业行为表现方面的科学家做了一项有趣的实验，显示消极的情绪比积极的情绪更容易扩散，因为一般人们积极的情绪较不容易被他人感染。心理学家同时发现消极的人和消极的事情影响人们情绪和心情的程度非常大。

因此，领导者发现不仅保持自己的情绪平衡很重要，帮助他人管理消极情绪也很重要，这样，消极的人就不会感染整个团队和企业。领导者应该协调他人的情绪平衡，发现不健康的消极情绪，鼓励大家在日常工作中探寻并运用积极的情绪。研究表明高情商但未经过训练的团队与低情商但经过训练的团队绩效表现一致。

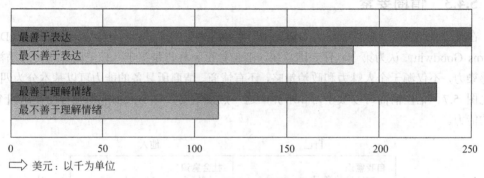

图 5.5　情商和赚钱能力

资料来源：Rensselaer Polytechnic Institute, Lally School of Management and Technology, as reported in *Business Week Frontier*, February 5, 2001, p.F4.

情绪影响绩效

上文提到的关于团队的研究表明情绪强烈地影响着绩效表现。很多现象显示人的情绪与多方面的绩效表现都有明显的联系，比如，团队合作、创造力、做决定、任务绩效。消极的情绪会榨干人们的能量，使人们无法发挥出自己的最好状态。

情绪氛围糟糕的企业无法获得成功，因为人们没有能量、焦虑不安、理想破灭、毫无希望。工作环境这样充满毒性，大部分人只能努力保留情感，详见图 5.6。相反，氛围积极，大部分人才能努力工作。领导者能够释放积极的情感时，包括愉悦、感激、爱，人们就能够扩大能量、创造力、智力。并且员工能够捕获更多数据信息、更具有创造力、形成多种解决方案，得到形成更好的结果。具备积极的情绪意味着消极的情绪减弱了，包括悲伤、生气、焦虑、害怕。积极的情绪取代了消极的情绪，人们就能够使自己的能力发挥到最极致。

《盖洛普管理期刊》（*Gallup Management Journal*）的一项调查强调，领导者尤其是一线领导者需要大量处理员工对工作生涯的情绪：积极的或消极的。有关工作中影响心情因素的研究越来越多，毫无疑问的是工作中几乎所有影响员工情绪的事情都在领导者的掌控之下，这就是为什么领导者需要具备高度情商。领导者需要管理自己的情绪，保持积极和充满希望的情绪，并拉升别人的情绪与他们保持一致。

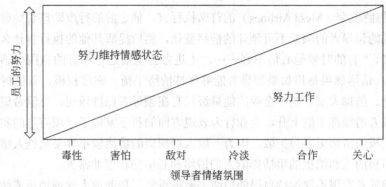

图 5.6 积极的领导力和绩效

资料来源：Success & the Team Climate. Team Leadership Toolkit, Lindsay Sherwin Company Website. http://www.lindsay-sherwin.co.uk/guide_team_leadership/html_team_development/1-success-and-team-climate.htm (accessed May 13th, 2011).

5.4.3 情商要素

在关于亚伯拉罕·林肯领导力的讨论中，著名的历史学家多丽丝·科恩斯·古德温（Doris Kearns Goodwin）认为第十六任美国总统（亚伯拉罕·林肯是第十六任美国总统）近乎神奇的感染力，不仅源于个人魅力和政治策略，还有情商。情商所具备的能力可以基本分为四类，详见图 5.7。记住情商可以被学习和培养，这一点很重要，每个人都能加强自己在这四个方面的能力。

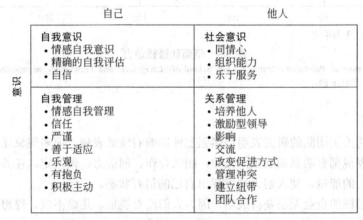

图 5.7　情商的构成要素

资料来源：Adapted from Richard E. Boyatzis and Daniel Goleman. *The Emotional Competence Inventory-University Edition*. Boston, MA: The Hay Group. 2001.

自我意识　自我意识是指能够认识并理解自己的情绪起伏以及情绪是如何影响生活和工作的。自我意识是具备其他所有能力的基础，能够了解自己情绪的人可以更好地控制自己的生活。领导者如果具备高度的自我意识可以学着相信自己的直觉，同时意识到直觉能够在做艰难决定时提供有用的信息。面对提出大型交易、解雇员工、重组业务、调整工作职责时，答案并不总是清晰明了的。当外部的信息对于找出这些答案没有用处时，领导者必须依靠自己的感觉。具备自我意识这个因素和良好的自信心也能够精确地判断自己的优势和弱势。

自我管理　第二个重要的因素是自我管理，是指能够控制破坏性的、无效用的、危害的情绪和期望。20 世纪 60 年代的一项有趣的实验显示了自我管理的力量。实验对象是一群四五岁的孩子，每个孩子得到一个棉花糖，研究者把棉花糖放在每个孩子面前的桌上，然后告诉孩子自己出去办事，如果能够等上几分钟就可以得到两个棉花糖。有些孩子不能忍受"现在就能吃掉"的棉花糖的诱惑，立刻吃掉了棉花糖。其他的孩子采用了各种技巧来阻止自己吃棉花糖的冲动，包括唱歌、自言自语、藏到桌子底下，然后得到了不止一个而是两个棉花糖的奖励。之后的 20 年，研究者跟踪了这些孩子，发现一些有趣的结论。曾经阻止吃掉棉花糖欲望的孩子们长大以后，更加能够控制压力、迎接艰难挑战，也更加自信、值得信任、可靠、实现目标时更能坚持。这些孩子早年培养了自我管理能力，成年后依然保持着这些能力。

无论什么时候人们开始学习管理自己的情绪和冲动都不会太晚。有些领导者以高级客户服务代表（高客服代表）为学习榜样。研究表明 70%的客户对产品或服务表示不满后会在大怒的时候与高客服代表沟通。最优秀的高客户代表，如，贝弗利·史密斯（Beverly Smith）在旧金山的医药中心接门诊病人的电话，以及赞恩·邦德（Zane Bond）在一家软件公司被大家称作"应对生气来电者的伙计"，他俩学会了控制自己的情绪、学会了保持镇定、倾听时满含温暖与同情心。当顾客镇定下来的时候，问题通常就能解决了。

> **新领导行为备忘**
> 作为领导者，应该识别并管理自己的情感状态，这样消极的情绪就不能屏蔽你的思维、歪曲你的判断、削弱你的领导能力。

自我管理类别中的其他特征包括：值得信任，是指持续表现得诚实正直；严谨，是指管理并执行自己的责任；适应性，是指能够适应变化的环境、克服困难。积极主动地抓住机会、实现高级内部标准同样也是自我管理的一部分。善于自我管理的领导者即使遭遇困难、面临衰退，甚至是彻底的失败，也会充满希望、保持乐观的情绪。马丁·赛里格曼（Martin Seligman）是宾夕法尼亚大学的心理学教授，他曾经建议美国大都会人寿保险公司（MetLife）雇用一组特别的求职申请者，这些申请者乐观情绪测试得分高，不过标准销售能力测试都没有及格。与那些通过常规销售能力测试但消极情绪得分高的销售员相比，乐观组第一年多做了 21%的销售额，第二年多做了 57%的销售额。

社会意识　社会意识因素与一个人理解他人的能力有关。具备社会意识的领导者具备同情心，是指能够设身处地地为别人着想、感知别人的情绪起伏、理解别人的视角。这样的领导者知道实施高效的领导力有时就是要强迫人们脱离舒适的环境，也能感觉到这样的做法会使下属害怕或者沮丧。这样的领导者会学着运用"专业的亲密关系"，他们会同情、关心他人，不过不会把全部精力放到他人的情绪上，以免误导自己的判断。具备社会意识的领导者同样能够理解多种看问题的视角，能够高效地同不同种类的人和多种多样的情绪方式沟通交流。组织意识与社会意识相关，是指能够控制组织生涯的流向、建立多种关系网、高效运用政治行动，达成许多积极的结果。社会意识这个因素还包括以服务为目的，是指能够识别并服务于员工的需求、客户或者委托人的需求。

关系管理　关系管理是指能够联络他人、建立积极的关系。情商高的领导者都知道自己的行为会影响他人，会对他人表现出同情心、保持敏感、表现友好。情商的这个方面包括培养他人、树立有

> **同情**
> 能够设身处地地为他人着想。

第 5 章　领导者的思维与情感

力量的前景去鼓励他人、学着值得信任的样子认真地倾听和沟通、理解他人情绪，从而用积极的方式影响他人。领导者通过理解多种多样情绪来鼓舞他人向好的方向改变、向好的方向引导他人、建立团队合作、解决难以避免的冲突。这样的领导者在企业内外都会培养并维护一个关系网络。

杰克·格里芬（Jack Griffin）曾是时代公司执行总裁，因为糟糕的关系管理，在任职不到六个月的时候被遣退。他很直接并且没有礼貌，无法和经理沟通，在时代公司的工作以失败告终。很多高级执行官指出，他们担心如果格里芬继续留在这个岗位上，那些与格里芬直接共事的经理会开始离开公司。

整体来看，图5.7列出的四个因素为培养情商建立了坚实的基础，领导者可以加以运用使团队和企业领导起来更高效。一个研究项目指出，所有高效的领导方式都是源自情商的不同因素。思考一下以下两个橄榄球队教练是如何运用情商高效地指挥队伍应对美国橄榄球联盟超级碗的。

> **新领导行为备忘**
>
> 作为领导者，你要能够同情他人，对他人表现出同情心，保持敏感，建立团队，学着倾听，理解他人情绪，解决人际冲突。

前沿领导者

约翰·哈博，巴尔的摩乌鸦队和吉姆·哈博，旧金山49人队

托尼·邓基（Tony Dungy）曾经负责印第安纳波利斯小马橄榄球队，乔·托雷（Joe Torre）曾经负责纽约扬基棒球队。目前约翰·哈博和吉姆·哈博分别负责巴尔的摩乌鸦队和旧金山49人队。这两位都是著名的教练，他们运用新策略来指挥体育队，即运用情商使队员发挥出最好状态。

哈博兄弟分别领导的队伍在2013年的美国橄榄球联盟超级杯上成为竞争对手，引起了世界的关注，两个人都创造了团队文化，鼓励队员们互相沟通交流从而取得出色的成果。他俩相信领导橄榄球队全部要做的事情归根结底就是人际关系。吉姆·哈博很重视和队员以及其他教练谈论他们的家人和球场外的生活。约翰·哈博把他的领导力归根于坚实的价值观和原则，不过在很多方面上允许队员自己做决定。"从来都不是我的方式或者公共的方式，"他说道。两个教练都认为倾听是成功的关键。

约翰·哈勃和吉姆·哈博创造的工作环境是现在很多企业想要达到的，领导者不是命令控制型的而是交流型的，领导力量贯穿于所有层级，个人目标是通过团队、关联、合作实现的。这样的工作环境下员工和客户的关系比技术和物质资源更为重要，相信会有更多的人对培养领导者的情商感兴趣。越来越多的数据显示情商会积极地影响领导者绩效的多个方面。

> **新领导行为备忘**
>
> 完成领导者自查5.2中的问卷测试，评估自己的情商水平。

如果领导者具备高度的自我意识的同时能够管理自己的情绪，就能够展现自信、赢得尊重和信任、考虑到别人的需求。情感方面能力强的领导者弹性更大，更能适应不断变化的环境，更愿意跳出舒适的圈子，更能接纳他人的意见和想法。

或许情商最重要的是能够促使领导者识别并尊重下属是一个

完整的人，有情感、意见和自己的想法。领导者能够运用情商帮助下属成长发展，让下属认识并提升形象和自我价值，使下属满足需求，实现个人和企业的目标。

> **新领导行为备忘**
>
> 作为领导者，要能够培养情商，能够表现得乐观、热情，树立积极的角色。

领导者自查 5.2

情 商

说明：对于以下每条内容，评估自己做出这些行为表现时符合描述的程度。回答前，努力想象当你有机会做出这些行为表现时的真实情况。判断以下内容是基本符合或者基本不符。

	基本符合	基本不符
1. 能把各种不同的内在心理暗示与不同的情绪联系起来。		
2. 在承受压力的情况下会试着放松。		
3. 了解自己的行为表现会影响他人。		
4. 能成功解决与他人之间的矛盾。		
5. 知道自己什么时候会生气。		
6. 识别别人什么时候会沮丧。		
7. 和别人建立共识。		
8. 当作不感兴趣的工作时会激励自己。		
9. 帮助别人管理情绪。		
10. 能让别人感觉不错。		
11. 能察觉到自己情绪的变化。		
12. 当别人生自己的气时保持冷静。		
13. 知道自己什么时候会防范别人。		
14. 说到做到。		
15. 能与他人进行亲密交谈。		
16. 能准确回应他人的感情。		

得分与解析

数一下你对以上 16 个问题回答"基本符合"的个数，得出你的情感总分。第 1、5、11、13 题的总分是你的自我意识得分；第 2、8、12、14 题的总分是你的自我管理得分；第 3、6、9、15 题的总分是你的社会意识得分；第 4、7、10、16 题的总分是你的关系管理得分。这个调查问卷能够在一定程度上反映你情商的高低。如果你的得分 14 分以上，那么你毫无疑问是高情商的人；得分在 10～13 分，你具有良好的情商平台可以培养领导能力；得分在 7～9 分属于情商中等水平；得分小于 7 分表明你要意识到自己的情商可能低于平均水平。

对于情商的四个因素：自我意识、自我管理、社会意识、关系管理，得分 4 分就是高水平，得分 2 分以下则是低水平。回顾本章中有关情商四个因素的讨论，思考怎么做可以改善自己得分低的领域。与其他同学讨论你们的分数。怎么做才能提高分数呢?

资料来源: Adapted from Hendrie Weisinger. *Emotional Intelligence at Work.* San Francisco: Jossey-Bass, 1988, pp.214-215.

5.5 利用恐惧感领导他人还是运用爱领导他人

> **新领导行为备忘**
> 完成领导者自查5.3中的练习,了解自己的激励方式是关于恐惧感还是关于爱。

领导力传统上依赖激发员工的恐惧感。恐惧是好事,恐惧对企业有益,这是高级执行人员不言而喻的观点。恐惧可以有力地激励他人,不过现今的很多领导者了解到人们处在得到关心、受到尊重的环境下比处在让人们恐惧的环境下做事更加高效。当企业的成功主要依赖于人们不需思考地遵守规定的情况下,利用恐惧感领导他人通常符合企业的需求。不过现今很多企业的成功依赖于企业中每个人的知识、思维力量、承诺、创造力、热情。基于恐惧感的企业会失去最优秀的人,失掉去别家公司的人带走的知识。即使人们留在企业,通常也不会达到自己的真实能力。之前讨论过,数据显示保持积极情绪的人工作时表现更佳。

展现尊重和信任也能够使人们对工作充满热情,这样人们的生活就更富有、更和谐。领导者可以依赖消极情绪,如恐惧感来加强工作效率,不过这样做会慢慢摧毁人们的精力,最终对员工和企业都没有好处。举例说明,在一家公司采访的员工中有2/3说工作中被粗鲁或者不友好对待了,从而导致自己绩效下降。五人中有四人说因为不愉快的事情而感到焦虑,没法工作;3/4的人说自己对公司的付出减少了;12%的人甚至辞掉了工作。

领导者自查5.3

爱还是恐惧?

说明:以下内容说明了你为什么工作的动机。下列每个问题回答两次,第一次针对你不喜欢的工作或家庭作业,第二次针对你的爱好或者你喜欢的体育活动。仔细地思考每条内容,通过自己内心的冲动和实际经验进行回答是"基本符合"还是"基本不符"。

	基本符合	基本不符
1. 我认为表现优秀很重要,所以我看起来很优秀。	_____	_____
2. 我必须强迫自己完成任务。	_____	_____
3. 我不想结果糟糕或者分数糟糕。	_____	_____
4. 我不想让自己感到尴尬,不想没别人做得好。	_____	_____
5. 这个经历结束后,我感到很解脱。	_____	_____
6. 我的注意力全部集中在我正在做的事情上。	_____	_____
7. 我真的很享受这个经历。	_____	_____
8. 时间好像比平常过得更快了。	_____	_____

9. 我完全集中于手头的任务上。
10. 这个经历让我感觉棒极了。

> **得分与解析**
>
> 这些内容反映了爱或者恐惧塑造的动机。第 1~5 题，回答"基本符合"的个数就是你"害怕失败"程度的得分。第 6~10 题，回答"基本符合"的个数就是你"热爱工作"程度的得分。4~5 分说明你喜爱或者害怕这项任务的程度很强烈。0~2 分说明程度并不强烈。也许你在做自己感兴趣的事情或运动时，"热爱工作"的得分比做作业时的得分高。
>
> 有些人会树立自我高标准，达不到标准时会恐惧，就这样激励自己。这或许就是害怕失败，通常激励人们实现重大成就。热爱任务可以带来本质的愉悦感，不过并不总是会产生重大成就。热爱任务与"沉浸理论"有关，人们全身心投入，能从做的事情中获得极大的满足感。爱或者恐惧会影响你选择成为领导者的决定吗？或者你是如何激励别人的呢？与其他同学讨论自己生活中相关的以爱激励或者以恐惧激励的重要性。
>
> 工作中的爱是指真诚地关心他人、与他人分享知识、理解同情他人，使他人成长然后成功。

5.5.1 企业中的恐惧感

工作环境中会产生多种恐惧，包括失败的恐惧、改变的恐惧、个人损失的恐惧、被评判的恐惧、对老板的恐惧。所有这些恐惧都无法使人们发挥出自己最好的状态，不敢冒险、不敢挑战去改变现状。思考阿克沙伊·科塔里（Akshay Kothari）和安吉特·古普塔（Ankit Gupta）是如何不得不克服自己的恐惧，在苹果荣誉应用商城中从 50 个原创应用程序中创造出其中一个他们自己的作品的。

领导进行中

阿克沙伊·科塔里（Akshay Kothari）和安吉特·古普塔（Ankit Gupta），华丽阅读器

阿克沙伊·科塔里和安吉特·古普塔研究生阶段就读于斯坦福大学的设计学院［通常以哈索·普拉特纳（Hasso Plattner）设计学院为大家所知］，这个学院颇受好评。那个时候他俩参加了一门课，这门课的目的是让人们脱离自己舒适的环境，在运用创造力和实现目标的过程中直面并克服恐惧。

两个人都描述自己当时是个"怪人"。尽管他俩技术能力出色，但需要大量和别人互动才能实现目标时害羞的性格就阻碍他俩了。为了战胜恐惧，他俩决定在校园外的餐馆里忙碌于课堂作业：为之后发布的新 iPad 设计一个阅读器。他们接近陌生人寻找对他们的想法和设计原型的建议，虽然这一点对他们来说非常困难，并且还会遇到让人心情沮丧的不友好者。

不过一段时间之后，阿克沙伊说，他们经历了"人们说'这是个垃圾'到'这个应用程序会提前在每个 iPad 上下载吗？'"在世界性设计师会议上，Pulse 新闻阅读器（Pulse News）

这个项目的结果得到了史蒂夫·乔布斯的赞扬，赢得了声望很高的苹果设计奖，下载量已经超过两千万人次了。

克服恐惧不仅帮助阿克沙伊·科塔里和安吉特·古普塔成功地完成了课堂项目，也让他们信心满满地找到一家公司，彻底地改革了移动新闻阅读方式。Pulse Highlights 的加入使 Pulse 扩增成了社会媒体，它能帮助用户看见朋友阅读时分享的故事。这样人们使用 Pulse 不仅可以阅读网站的内容，还可以发现新发起者和新故事。

> **新领导行为备忘**
>
> 作为领导者，可以选择运用爱领导他人而不是利用恐惧感。可以展现对下属的尊重和信任，帮助下属学习、成长，尽最大努力实现企业的未来前景。

恐惧的后果 恐惧不会让人们对工作、自己、企业感觉良好。恐惧创造的氛围会使人们感觉无力，自信、承诺、热情、想象力、动力都消失了。利用恐惧感领导他人的最严重的危害是产生了回避行为，因为没有人想要犯错误。工作环境中的恐惧感会削弱信任和沟通，员工如果开口讲关于工作的事情他们就会感到被讲话的后果威胁。一项研究调查了 22 个企业的员工，发现 70%的员工会在工作时保持缄默，因为害怕讲话的后果。据报道27%的人害怕如果开口说话会失去信誉和荣誉；其他人害怕失去职业成就；害怕可能会损害与上司的关系；害怕职位降职或者失去工作；害怕在他人面前感到尴尬或者被羞辱。人们害怕讲话，重要的问题就会被遏制，问题就会隐藏。有很多事情是员工们害怕讨论的，而他们最不敢谈论的是管理者的行为，尤其是管理者的人际关系技巧。当领导者引起员工的恐惧感时，就摧毁了得到反馈的机会，从而只能继续无视现实，拒绝改正破坏性决定和行为的机会。

与领导者的关系 领导者控制着企业中的恐惧等级。图 5.8 列出了一些关于用爱来领导和用恐惧来领导的企业领导力的指标。用爱领导的企业特点是开放、真实、尊重不同的观点、重视积极的人际关系。用恐惧领导的企业特点是谨慎和秘密、责备别人、过度的控制、人们之间情感的疏远。员工和直属上司的关系是决定工作中恐惧感等级的主要因素。传统的阶级制度遗留了恐惧和不信任，阶级老板下命令，员工立刻遵守"否则就"，很多企业依旧都这么做。领导者可以创造新环境，使人们能安心地说出自己的想法。领导者从爱出发而不是从恐惧感出发，才能让人们和企业从过去的枷锁中解放。

用恐惧领导的指标	用爱领导的指标
• 谨慎和保密 • 责备和攻击 • 过度的控制 • 排挤性的批判 • 心烦意乱 • 冷淡和距离 • 隐藏反抗	• 即使困难，依然开放、真实 • 理解不同的观点 • 期待别人做出伟大的事情 • 融入并领悟 • 持有观点 • 人际联络 • 公开场合表示反抗

图 5.8 企业中用爱以及用恐惧领导的指标

资料来源：Daniel Holden. Team Development: A Search for Elegance. *Industrial Management*, September-October, 2007, pp.20-25. Copyright© by Institute of Industrial Engineers.

5.5.2 把爱带到工作中来

领导者可以学着通过关心、同情、倾听、私底下联络他人等这样的积极力量使大家朝着同一个目标团结在一起。吸引大家去冒险、学习、成长、推动企业前进的情感是爱而不是恐惧。领导者应该记住爱不仅仅是一种情感，爱是举动，是真正的力量。史蒂芬·柯维（Stephen Covey）指出所有伟大的文学中，爱都是动词而不是名词。爱是指你做的事情、你做出的牺牲、你对他人的付出，就像本章"思考一下！"中描述的令人悲痛的故事那样。

思考一下！

爱是最伟大的

中士兰·纽兰（Ian Newland）开着运输车看到了敌人的榴弹区。不远处他的朋友罗斯·麦金尼斯（Ross McGinnis）扑进了那片榴弹区。"他这么做，我就尽全力不让自己虚度生命。"纽兰说道。当问到为什么麦金尼斯这么做的时候，纽兰简单地说："他爱我们大家。"

伊拉克战争期间，至少有五名美国士兵牺牲是因为他们用自己的身体抵挡榴弹来掩护战友。"真是个伟大的决定，"天普大学的心理学家弗兰克·法利（Frank Farley）这样说道。"我想象不到人性中还有什么比这更伟大。"一个海军中尉这样描述自己的一个战友，这个战友阻挡了扔向屋顶的榴弹，屋顶离队伍距离很近，他牺牲了自己。"你每天都在想他。围绕着他所做的，循环出现万物很美的样子。"

资料来源：Gregg Zoroya. Coping After a Hero Dies Saving You in Iraq. *USA Today*, September 20, 2007.

企业传统上会因员工的一些强有力的品质而奖励员工，如，理性思考、有目标、竞争力强。这些品质是重要的，不过过度强调这些品质会让很多企业领导者忽略更柔和的一面、忽略关爱他人、忽略创造性的能力，无法和他人情感交流，害怕冒险展现情感脆弱面。运用爱去领导意味着是什么？在所有的团体和企业中，同情、尊重、忠诚都可以转化为行动，比如，友好、团队合作、倾听、理解、忘掉自我为他人服务。情感就是行动。图 5.9 展示了一项活动的结果，人们说出了自己如何去表现关心他人以及得到关心是什么感觉。通常无法像图 5.9 这些人这样做的领导者是因为他们忽略了这样做的重要性。有时领导者表现出自己本身的恐惧感，会让别人也产生恐惧感。领导者的恐惧会扩大成傲慢、自私、欺骗他人、对他人不公平、不尊重他人。

5.5.3 为什么领导者要回应爱

大多数人想从工作中获得的不只是报酬。运用爱领导的领导者的影响力非同寻常，因为他们达到了员工五个无声的需求。

倾听并理解我。

即使你不认同我，请别否认我。

认识到我的过人之处。

记得我是有爱心的。

充满同情地告诉我真相。

当领导者直接满足这些微妙的情感需求时，人们通常会更加热爱工作，解决问题，服务客户时投入真情，对工作、对企业的热情有所提升。人们愿意相信领导者是真的关爱他们。

从从属的视角来看爱与恐惧，有不同的激励潜力。

你会做什么表示关心他人？	得到关心是什么感觉？
1. 提供援助	1. 有价值
2. 拥抱、紧拥	2. 有生机
3. 和他们待在一起	3. 负责任
4. 表示同情	4. 积极的前景
5. 接受	5. 振奋的
6. 分享梦想	6. 尊重
7. 认可做出的成就	7. 自由
8. 信任	8. 重要性
9. 鼓励	9. 感觉很不错
10. 像啦啦队长那样欢呼	10. 安全
11. 说你在乎	11. 更加开放，表达自己
12. 明白不同的感觉	12. 自尊提升
13. 尊重他们	13. 士气高涨
14. 表现积极	14. 骄傲
15. 对他们微笑	15. 感到被爱
16. 给他们时间	16. 有价值的
17. 认可他们	17. 幸福的
18. 保护	18. 你有帮助性
19. 做出肯定	19. 成就感
20. 一同庆祝	20. 高兴

谈论会上的参与者被问及上面两个问题，说出了以上这些文字或者写在了白板上，这些都是真实的、没有加工过的。

图5.9　关心他人的实际情况和结果

资料来源：Marilyn R. Zuckerman and Lewis J. Hatala. *Incredibly American: Releasing the heart of Quality*. © 1992. American Society for Quality. Reprinted with permission from the authors.

以恐惧为基础的激励方式：我需要一份工作来满足我的基本需求（实现身体较低的需求）。你给我提供一份工作，为了维持工作我为你做足够的事情。

以爱为基础的激励方式：如果工作和领导者让我感觉作为一个人是有价值的、有意义的，能最大化地为社区贡献（实现较高心智、思维、身体需求），所有我能做到的我都会做到。

> **以恐惧为导向的激励方式**
> 因为害怕失去工作而有动力。
>
> **以爱为导向的激励方式**
> 因为感到在工作中是有价值的而有动力。

这本书中的很多例子都阐述了运用积极的情感会发生的事情。一位管理顾问一直建议寻找有创造性的方式去表达爱，这样能够解决任何能想到的领导问题。理性思维和技术能力很重要，不过运用爱去领导可以建立信任、激发创造力、鼓舞斗志，释放不受边界局限的力量。

领导者可以培养发挥爱和关心这样积极情感的能力。沃尔特·贝廷格（Walt Bettinger）是嘉信理财（Charles Schwab）的董事长兼首席执行官，还在大学的时候，他得到了一个启发从而在之后的每天都想要运用起来。当时某门课的教授在期末的时候给每个学生发了一张白纸，最终测试只有一个问题：打扫这栋大楼的阿姨叫什么名字？学生们在这栋大楼上会待上10周，每周有2晚，每晚有4个小时，当他们去拿汽水或者使用休息室时会遇到这个清洁阿姨好几次。贝廷格说："我本来不知道多蒂（Dottie）的名字（她的名字是多蒂），不过后来我会记住所有多蒂这样的人。"

本章小结

- 领导者运用情感能力和智商能力以及理解力去指引企业度过混乱时期，使人们感到能量满满、动力十足，面对快速变化、充满不确定性、工作不稳定的情况下去关心人们。运用头脑和情感共同领导的领导者才是完整的领导者。
- 领导者应该意识到他们的思维模式是如何影响思考方式的，也有可能会造成盲点，从而局限他们的理解能力。意识到思维模式的存在是用全新的方法看世界的第一步。现在对领导者的挑战是培养全球性的思维方式。
- 扩大、培养领导者思维的四个重要问题是独立思考、开放式思维、系统性思考、自我约束。自我约束包括清晰的思维、清晰的目标、建立组织性系统去实现目标。
- 领导者应该理解情绪和情商的重要性。明白多种情绪是非常有必要的，因为情绪有感染力，情绪会影响个人的绩效表现。
- 情商的四个基本因素是自我意识、自我管理、社会意识、关系管理。具备情商的领导者能够积极地影响企业，帮助员工成长、学习、发展；培养目标意识和存在意义；灌输团结团队精神；建立以信任和尊重为基础的人际关系。这样下属才能承担风险，全身心地为企业做贡献。
- 传统的企业依赖恐惧来激励他人。尽管恐惧感能激励人们，恐惧感会让人们对工作感到不适，通常会造成回避行为。恐惧感会减弱信任和沟通，重要的问题和事情会被压制或隐藏。领导者可以选择不利用恐惧感而是运用爱去领导他人。大家认为爱的力量可以促使人们感到生机、团结、有力量。人们对爱有回应，因为爱满足了无声的需求：尊重和肯定。理性思考对领导力来说很重要，不过爱才能建立信任、激发创造力和热情。

问题讨论

1. 你认为要成为高效的领导者，在企业中培养自身和他人情感素质的做法如何？讨论一下。
2. 本章中写到"完整的领导者"，这是什么意思？你能从自己的经历中举个例子吗？讨论一下。
3. 为什么人们很难改变自己的理解方式呢？领导者需要了解自己的思维模式，有什么具体的原因吗？
4. 讨论思维模式和开放式思维的相同点和不同点。
5. 自我约束的概念是什么？对领导者来说自我约束有多重要？
6. 情商中的四个因素你觉得对成为高效的领导者来说最重要的是哪个？为什么？
7. 假设恐惧和爱都是潜在的激励方式，对大学生来说更好的激励方式是哪个？对于创造新产品的团队人员来说是哪个？对于在传媒集团工作的高级执行人员呢？为什么？
8. 工作中，你曾经经历过来自领导者的关爱或者对领导者的恐惧吗？你是怎么回应的？

领导者不运用爱的方式，而且不形成积极的结果只引发消极的结果，这样可以吗？讨论一下。

9. 你认为领导者花时间培养人们的情商，这样合适吗？合适的话，为什么？不合适的话，为什么？

10. 思考一下课堂上你把整篇文章作为一个系统来阅读。如果不运用系统性的思考就做出改变会对学生造成什么样的影响？

现实中的领导

导 师

想象一下别人充当你的导师或者教练的时刻。这个时候你遇到一些困难，帮助你的人这么做是出于对你的关心而不是出于自己的兴趣。

在下面简洁地描述这个场景，导师是谁，导师对你做了什么。

_____
_____

指导别人是出于真心，是慷慨的举动，通常接受帮助的人会非常感激。回忆导师帮助你的场景有什么样的感觉呢？

_____
_____

与一个或者更多的同学分享你的经历。根据多个类似的经历，导师通常具备什么样的特征呢？

_____
_____

课堂活动：小组非常适合讨论关于导师的经历。授课者可以让每个组确认导师的普遍特征，在黑板上写下每组的结论。根据罗列出的导师特征，可以给关于导师的普遍主题下定义。授课者询问学生以下问题：导师的重要特征是什么？在具备导师重要特征的基础上，以情感或者以思维来指导，哪个更高效呢？生活中你（学生）会充当别人的导师吗，你会怎么做呢？什么样的因素会导致你充当导师呢？

领导力开发：案例分析

新 老 板

山姆·诺兰（Sam Nolan）窝在家中对着计算机点击着鼠标，玩了好几盘纸牌游戏，他这样子已经有一个多小时了，妻子也早已放弃劝说他同自己一起去看电影或者在镇上度过一个不寻常的周六夜晚。这个游戏能麻痹思维，好像足以让山姆平静下来，不去烦恼工作，不去烦恼为什么他的工作似乎在一天天地变得越来越糟糕。

诺兰是世纪医疗（Century Medical）的总信息员，世纪医疗位于美国康涅狄格州，是一家大型医疗商品公司。4年前他成为公司的一员，从那时候开始世纪公司持续取得巨大的进步，将科技与公司系统和流程集为一体。诺兰已经负责了许多项目，该项目给公司设计建设了两个非常成功的系统。一个是公司的人力资源部门的收益管理系统；一个是复杂的网络采购系统，该系统使采购原料过程和收购资金商品过程流水线化。尽管采购系统运行了几个月就不使用了，但是简单推算一下该系统会为世纪公司每年至少节省两百万美元。新型的网络系统极大地节约了处理申请和安排预约所需的时间。采购经理现在就有了更多的时间，能够与重要股东合作处理业务，鉴别并选出最适合的供应商，谈判出更好的交易方式。

诺兰很疲倦，想起曾经他花费时间同公司所有的人建立信任，向人们说明科技不仅可以节省时间和金钱，而且可以支持团队工作、分享公共信息，使人们可以更多地控制自己的工作。这时他想起了一位长期任职的人力资源员工，他微微一笑，这个员工六十岁了，叫埃塞尔·摩尔（Ethel Moore）。当诺兰第一次向她介绍公司的内联网时，她被惊吓到了，但她现在是诺兰最主要的支持者之一。事实上，是埃塞尔第一次向诺兰提出想法，建立网络工作招聘公告系统。这两人一起组成了一个团体，逐渐形成了一个想法，即在集成网络系统的基础上运用人工智能软件，连接起世纪公司的管理者、内部招募人员、工作应聘人员。诺兰的老板是执行副总裁桑德拉·艾薇（Sandra Ivey），诺兰向老板提出这个想法，老板热情地采纳了。几周内，他们的团队就得到了批准，可以进行这个项目。

但是艾薇辞职了，她在纽约找到了一份高薪的工作。6个月后，所有的事情开始转变了。汤姆·凯尔（Tom Carr）接替了艾薇，他似乎对这个项目不感兴趣。在凯尔和诺兰第一次见面时，凯尔就坦率地说这个项目就是在浪费时间和金钱。公司内部招募人员提出了几个新要点，他当即否决了，即使项目团队争论说这些要点可以加倍内部聘请数量、节省数百万培训经费。"就坚持原来的计划，完成就行，所有的事情不管怎样都应该在个人基础上进行处理。"凯尔反驳道："在计算机上你所了解到的不如同实际的人交流了解到的多；至于内部聘请，同一个已经在公司任职的人沟通，这并不难。"凯尔似乎并不理解如何运用科技和为什么运用科技。埃塞尔·摩尔支出系统应该是基于网络，凯尔愤怒了。凯尔吹嘘道，他从没有访问过世纪公司的内联网站，认为"对网络的痴迷"无论如何将于几年后停止消散。甚至埃塞尔的热情也不能打动他。"科技是IS部门的人员使用的，我的工作是要人去运作，你的工作也应该这样。"凯尔大喊道。临近会议结束的时候，凯尔甚至开玩笑建议项目团队应该买一组好的文件柜来节省每个人的时间和金钱。

诺兰倚靠在椅子上叹气，这整个项目开始变得像个笑话。他的团队设想的人力资源部充满生机和创造力，现在似乎什么都不是了，只不过是白日梦罢了。但是尽管他很沮丧，诺兰有了一个新想法："凯尔是固执、心胸狭窄呢？还是他真的认为人力资源部是由人来做业务，不需要高科技的工作招聘公告系统呢？"

问题

1. 描述一下这个故事中展现的两种不同的思维模式。
2. 是什么样的观点塑造了山姆·诺兰的思维方式呢？而汤姆·凯尔呢？

3. 你认为凯尔转换一个新的思维模式是可行的吗？如果你是山姆·诺兰，你会怎么做？

资料来源：Carol Hidebrand. New Boss Blues. *CIO* Interpreter, Section 2, November 15, 1998, pp.53-58; and Megan Santosus, Advanced Micro Devices'Web-Based Purchasing System. *CIO*, Section 1, May 15, 1998, P.84. A version of this case originally appeared in Richard L. Daft. *Organization Theory and Design*, 7th ed. Cincinnati, OH: South-Western, 2001, pp.270-271.

美国潜艇"佛罗里达号"

三叉戟核潜艇上的氛围通常是平静安定的。即使导管接头也用垫子做了缓冲，以防发出声音泄露给追踪者。三叉戟是世界上最危险的武器之一：速度极快、毫无声音、装备的24个长距导弹共有192个核弹头。三叉戟上的船员都是海军部队培训出来最优秀的人，甚至修理管道的船员都是白领级别的。船上的文化主张低调、团结，即使船员名单一直在变化，船员们都学着温和讲话，共享狭窄的空间。服从于严格的安全限制条件，提升了精英意识和自豪态度。在海军中升职继而掌管一艘三叉戟核潜艇是非凡的壮举，有能力负责这项指挥的长官中不到一半曾获得这个职位。迈克尔·阿方索（Michael Alfonso）要负责三叉戟核潜艇时，船员们都很欢迎他的到来。船员们知道他曾是他们中的一员：他在年轻的时候就加入了海军，成为了海员，在岗位中不断晋升。过去的船员记得他基本是个不合群的人，有时很粗鲁，不过通常情况下表现足够友好。岸上的人发现阿方索一直很有礼貌，基本不爱交际。

船员们很高兴新船长只是短期任职。阿方索军官很快负责起指挥任务，告诫船员们他会严格要求他们。他没有开玩笑，很快"佛罗里达号"潜入深海进行试航时，新军官公开大声地谴责那些他认为绩效不达标的船员。上士唐纳德·麦克阿瑟（Donald MacArthur）是航行部的总长官，他是唯一一个因为个人原因遭受到阿方索怒火的人。训练期间因为浪花汹涌，麦克阿瑟没能掌控好船上的潜望镜深度。阿方索大喊道："你真是没本事。"阿方索突然就不让麦克阿瑟负责潜水任务了，而是让其通过额外的练习再次能够胜任时再负责。这件事很快传开了，船员们都吃惊了，他们习惯于"公开表扬、私下惩罚"这样的格言。没过多久，阿方索这样的行为方式就实施到其他船员的身上了，据军士亚伦·卡莫迪（Aaron Carmody）透漏："当阿方索做错事时，没人提醒他。你本不应该害怕你的长官，告诉他事实情况。不过没有人想这么做。"

长官并不总是因为工作绩效而发脾气。他痛骂了供需员、执行官、船只总负责人，因为有一天他使用的苏打饮水机接出了一杯可乐，而这其实是皮伯先生的饮水机。有次他突然来吃夜宵，发现自己位置上的叉子不见了，就大怒了起来。之后船只的水管工发放名叫"地下生活"的实事通讯时，半开玩笑地把长官发怒的这些事情传播开来。后来这艘潜水艇到达了夏威夷，开始评估战术的准备。军官们实施了为期一周的紧张检查，发现船员们几乎完全是疏远态度。尽管船只测试结果良好，检察人员告诉海军少将保罗·沙利文（Paul Sullivan）船上好像发生了不正常的事情，长官和船员之间关系极度紧张。三叉戟还剩最后一晚的检查，多数船员为了庆祝要看夜场电影，选择了《凯恩舰事变》和《红潮风暴》。这两部电影都是关于海军长官的，在海上海军长官面临叛变、失去了指挥力量。亨弗莱·鲍嘉（Humphrey Bogart）饰演虚构的凯恩核潜艇长官，当他因为丢失一份草莓而发怒时，有人大喊"嘿！是不是很熟悉？"

当所有人回到母港时，岸上的船员们的情绪又下降了。"身体上和精神上我们都陷入谷底，"有人喊道。海军少将沙利文考虑到之前那份报告说："船员们表现得很沮丧，实施了一项非正式的调查，最后他决定不让阿方索继续担任指挥。这是史上第一次解除三叉戟潜水艇军官职务。""他本有一生的时间去体会指挥的魔力，但他自己白白浪费掉了，"沙利文说道。害怕和恐惧必然会导致被摧毁的结果。"阿方索个人好像对海军少将沙利文的决定感到很吃惊，指出'佛罗里达号'军舰在他的指挥下是这样的状态，三叉戟试航时鉴定和检查的内容都是史上最好的成绩。"

问题：
1. 根据爱和恐惧理论来分析阿方索对船员施加的影响。他作为"佛罗里达号"潜艇长官时，是什么原因导致他态度如此强劲呢？
2. 领导者在核潜艇上应该更关注鉴定上的高分还是高质量的人际关系？你的看法是什么？你同意海军少将沙利文解除阿方索职务的决定吗？讨论一下。
3. 根据本章中列出的情商四个因素来讨论阿方索的情商等级。你会给他提什么建议？

资料来源：Thomas E. Ricks. A Skipper's Chance to Run a Trident Sub Hits Stormy Waters. *The Wall Street Journal*. November 20, 1997, pp.A1, A6.

第 6 章

勇气和道德领导

你的领导学挑战

读完本章之后,你应该做到:
- 将理性的领导力以及对人和伦理的关心结合起来
- 理解领导者如何设定公司的伦理基调,认识道德型领导者和不道德型领导者之间的差别
- 认识自己的道德发展阶段和促进道德成熟的方法
- 了解和运用增进道德文化的机制
- 运用管家式领导力和仆人式领导力的原则
- 认识别人的勇气,挖掘自己勇敢生活和行动的潜力

章节大纲

- 道德型领导
- 像道德型领导者一样行动
- 成为道德型领导者
- 仆人式领导
- 领导者的勇气

前沿领导者
- 洛丹青和詹妮弗·斯齐亚沃尼,ITT 公司

- 亚当·格兰特,宾夕法尼亚州立大学沃顿商学院
- 保拉·瑞德,美国特工处
- 迈克尔·伍德福特,奥林巴斯

领导者自查
- 你的仆人式领导倾向

领导者书架
- 《勇敢去工作:如何建立骨干、提高绩效、收获成果》

现实中的领导
- 可怕的人

领导力开发:案例分析
- 我该怎么说?
- 男孩、女孩、渡船船长和隐士

2012 年 10 月,马拉拉·尤萨夫扎伊遭塔利班枪手袭击,被射中头部,那时,她已经为巴基斯坦女童争取教育权奔走了 3 年多。尤萨夫扎伊在 11 岁时就用笔名为 BBC(英国广播公司)撰写博客文章,主要描述她在塔利班统治下的生活、塔利班对斯瓦特山谷的控制以及她对女童接受教育的呼吁。巴基斯坦军队将武装分子从她所在的地区驱逐出去之后,她就在公开场所发表演说。一份《纽约时报》的纪录片和采访在媒体上播出后,更增加了她的知名度,最终使她直接成为塔利班武装组织的目标。被枪击后她在巴基斯坦做了手术,保住了性

命。她随后被送到英国伯明翰，进行了数次手术，6个月之后，她在伯明翰重返校园。塔利班一直扬言要继续追杀尤萨夫扎伊，但这个年轻的领导者却从未退缩。她的一个主治医生说："虽然她现在知名度很高，但她面对自己的遭遇和状况的表现一点也不幼稚，她已经下定决心要继续为她的事业发出声音。"

马拉拉·尤萨夫扎伊很早就知道，作为一名有影响力的领导者，就要学会了解自己是谁，代表了什么，然后鼓足勇气去行动。领导者要对自己的信仰和行为有信心、有担当。对事业和理想的投入，而不是过分关注自我，可以激发行动的勇气。正如马拉拉·尤萨夫扎伊一样，她重返校园之后说道："我希望全世界的女童都能享有这个基本的机会。"

此外，马拉拉的故事还说明，真正的领导者不是利用他人，而是为他人服务。永远把他人的利益放在第一位是领导者成功的关键，不管是在社会活动领域，还是政治、战争、教育、体育、社会服务或商业领域。

本章主要讨论勇气和道德领导的相关概念。在第5章，我们讲了思想和情感，三个成功领导要素中的两个，本章我们讨论第三个要素：精神，即观察、思考人类状况的能力、辨别对错的能力、认清什么是重要之事的能力，以及对于值得和正义的事情勇敢站出来的能力。首先分析大多数组织目前的情况、进退两难的领导者在当今世界面临的情况、领导者在组织内部树立伦理基调的重要性。接着探讨领导者如何进行道德行为、检查个人道德发展的模范、审视管理和仆人领导力的重要性。最后讲解勇气的重要性和领导者如何开发勇气让道德领导成功。

6.1 当今的道德领导

一些曾经备受尊敬的名字，如美国国际集团（AIG）、雷曼兄弟公司（Lehman Brothers）、贝尔斯登公司（Bear Stearns）和美国国家金融服务公司（Countrywide Financial Corp.），如今已经成为贪婪、欺骗、傲慢和缺乏道德良知的代名词。尽管公司里道德败坏的高调故事有所减少，但是仍然有大批领导者由于不道德的行为而坐卧不安：美国百思买（Best Buy）首席执行官布莱恩·邓恩（Brian Dunn）和惠普公司（Hewlett-Packard）首席执行官马克·赫德（Mark Hurd）都因和女员工的不正当关系而辞职。雅虎（Yahoo）首席执行官斯科特·汤普森（Scoot Thompson）仅在职4个月就因学历造假而辞职，报告称他并没有获得其履历上所写的计算机科学学士学位。在位于纽约最贫穷的社区之一的非营利医院布鲁克林维考夫高地医疗中心，一项调查表明，该医院的高层管理者、董事会成员和地方政府官员从医院大肆获利，几近将医院掏空，使医院面临倒闭的危险，这进一步限制了穷人对医疗保健的选择。

6.1.1 商业中的伦理气氛

领导者面临诸多压力，这些压力使他们正确处理事情的能力也受到挑战。对于领导者来说，最危险的障碍不是全面的腐败，而是人性的弱点和个人的私利。削减成本、增加利润、满足卖家或生意

> **新领导行为备忘**
>
> 作为领导者，你要遵循道德价值观且付诸行动，并为追随者树立道德榜样。你可以顶住压力，不做不道德的行为，但不要忽视批评意见或追求短期利益。

伙伴要求、要让人看起来很成功，这一切压力都让领导者难以坚守道德底线。例如，在最近的房地产和金融危机中，评级机构标准普尔公司（Standard & Poor's）的领导，就忽视了道德危机信号，为了使把抵押交易全部放在一起的银行获得想要的级别，而选择了为短期利益罔顾事实的做法。美国司法部提起的一件民事诉讼指控标普公司的领导者为了公司业务，故意给出毫无根据的高等评级。他们的行为和很多其他公司领导者的行为导致了房地产市场的崩盘和全球范围的金融危机。

在当今的环境中，另外一个挑战是来自对取悦股东的过度强调，这也可能让某些经理对客户、员工和社会做出不道德的行动。经理面临完成短期收入目标的巨大压力，有些经理甚玩弄会计手段或用其他手段来展示符合市场预期而不是反映真实业绩的回报。所有领导者都希望自己的公司是成功的，他们有时会做出不当的行为，只是为了在他人面前显得成功。问题是他们是否能够鼓足勇气，顶着压力做出正确的行为。哈佛商学院的理查德·泰德罗（Richard Tedlow）说："生活就像在一个长长的滑坡上，一个人必须要足够坚定才能明白哪些线是不能跨越的。"

6.1.2　领导者应树立道德基调

高层领导者尤其应该受到细查，因为高层的一举一动都为公司的其他人树立了标准。在《财富》杂志调查的 100 家公司中，至少有 40%的领导者被发现有不道德的行为。而且，研究者还得出结论说，很多不端行为都可以追溯到高管人员执行和努力达到高道德标准的失败。

领导者对建立伦理气氛，为他人树立积极的行为榜样，负有重大的责任。领导者通过自身的行为暗示什么是重要的事情。当领导者的行为准则是自私和贪婪时，多数员工都会逐渐意识到这样做是没问题的。比如在现在已不复存在的贝尔斯登公司（Bear Sterns），高管团队为了个人的成功，丝毫不掩饰自己的狂妄和野心。他们建立了一种"强势乐观的文化"，在这种文化氛围中，公平、诚实和荣誉等这些基本的原则让位于个人利益的攫取。可对比贝尔斯登公司的方法和洛丹青女士（Denis Ramos）树立的 ITT 公司文化。

前沿领导者

洛丹青和詹妮弗·斯齐亚沃尼，ITT 公司

ITT 是一家多元化全球工业公司，成立于 20 世纪初，但当公司在 2011 年 10 月拆分其防务和水业务后，它基本上成了一家"百岁新兴公司"，它的公关主管詹妮弗·斯齐亚沃尼（Jennifer Schiavone）这样描述。很多公司会从外部着手来建立公司的品牌，但是斯齐亚沃尼的团队和新的首席执行官洛丹青却反其道而行之，从公司内部着手以信任、承诺和正直的文化建立公司的名誉。

洛丹青在全球进行了一场"倾听之旅"，他会见各级员工，有时单个会见，有时小组会见，有时是大礼堂式的集体会见。这种倾听是"ITT 方式"，是一种涵盖了尊重、责任与正直的核心价值观的准则，它定义了公司是如何满足员工、顾客、商业伙伴、股东和 ITT 所在社

区的需求的。

把价值观写在纸上很容易，如何实践它们才是最重要的。洛丹青非常努力，务求各级经理"言行一致"。她讲了一个拉丁美洲的部门经理进退维谷的故事：他可以向某人行贿，从而做成买卖，让自己完成季度销售目标；也可以拒绝行贿，丢失买卖，完不成目标。他选择了后者，高管团队特意为他失去的季度业绩而庆祝。完成销售和收入目标固然值得追求，但是，当人们做了正确的选择时，洛丹青说，"才是值得庆祝的时刻"。

洛丹青通过树立道德价值观的榜样、对以身作则的经理给予奖励，在 ITT 建立一种正直和道德领导的文化。图 6.1 比较了道德领导和非道德领导。第一栏列出的行为有助于建立信任、公平、做正确的事的公司氛围，正如洛丹青正在 ITT 所做的一样。第二栏列出的是相反的行为，助长的是道德和法律的滥用，如贝尔斯登公司。

道德领导	非道德领导
谦逊	傲慢、自负
关心大局	一味追求个人私利
诚实、正直	欺骗
履行承诺	违约
谋求公平	不公平
承担责任	推诿责任
尊重每个个体	贬低个人尊严
鼓励、发展他人	忽略下属的发展
为他人服务	吝啬帮助和支持
勇于伸张正义	缺乏面对不公正行为的勇气

图 6.1　道德领导和非道德领导对比

资料来源：Donald G. Zauderer. Integrity: An Essential Executive Quality. *Business Forum*, Fall 1992, pp.12-16.

道德领导者不以自我为中心，他们关注的是员工、客户和大局，而不是为自己牟利益、满足自我的贪欲或者滋生自我主义。典型的非道德领导者更多关注的是赢取个人利益，而不是为公司或社会谋利。例如，一项对纽约州公务员养老基金的调查发现，纽约前任总审计官艾伦·海韦希（Alan Hevesi）和其他官员与顾问收受了数百万美元的虚假咨询费、差旅费用、竞选捐献和其他好处，将养老基金出让给某些投资公司管理，以赚取高额的管理费用。海韦希和顾问汉克·莫里斯（Hank Morris）都承认了对他们腐败的重罪指控。海韦希在监狱服刑 20 个月之后，于 2013 年 2 月获得假释。

图 6.1 还显示，道德领导者对员工、合作伙伴、客户、卖家和股东也很诚实。他们谋求公平、信守约定或承诺。反之，非道德领导者则常常进行欺骗。在几年前《今日美国》的一份调查中，82%的首席执行官都坦言自己曾在高尔夫得分这件事上撒过谎。这虽然是小事，但久而久之，欺骗就会成为生活和经商的习惯。

道德型领导者在成功时会分享荣誉，在出错时会接受责怪。而非道德领导者则经常把同事的成绩据为己有，用无礼与轻蔑贬低他人的尊严。道德领导者帮助下属发展他们的潜力，并参与决策。非道德型领导者通常把下属当作实现目标的手段。

最后，领导者促成道德公司建成的主要方法之一是向他们认为错误的事情说"不"。如果一个领导知道员工受同事欺负而坐视不

新领导行为备忘

完成领导者自查 6.1 并回答问题，了解自己的行为及决策是否表明自己是个有道德的领导者。

管，这个领导就是向其他人树立了处事不公的先例。道德标准要求不严的同事和下属就会按照个人意愿行事。我们来看看宾夕法尼亚州立大学发生的事情。那是 2001 年，麦克奎里（Mike McQueary）当时还只是一名足球项目的研究生助理，他向主教练乔·帕特诺（Joe Paterno）报告说他看到防守教练桑达斯基（Jerry Sandusky）可能在更衣室性侵了一名男童。体育部主任科利和至少两名高管也很快获悉了此事。但却没有一个人采取下一步措施来制止这种不道德（并且非法）行为。桑达斯基继续猥亵更多的男童，直到他的一次罪行被揭露出来。在麦克奎里第一次报告桑达斯基的罪行之后的 10 多年里，桑达斯基被判性侵 45 名儿童罪。当法庭和公众得知那么多人明知桑达斯基的行为，却不去阻止他，而只和他谈话，劝他获得专业帮助时，他们感到非常震惊。

领导者怎么能够对这样的行为置若罔闻？事实是大多数经理都有保护公司的自然倾向。此外，领导者还必须和一种倾向做斗争，就是人们只想"看到我们想要见到的东西，而去故意忽视我们不想见到的东西，并希望问题会自行解决"。这种倾向导致像宾州州立大学那样的领导做出"后来被大家看作道德上站不住脚"的决定。这种即使冒着让不道德或非法行为继续的风险，也要保护公司的倾向并不只体现于宾州州立大学的领导者身上。由于种种原因，维护正义往往很困难，但这是领导者创造正直环境的主要途径。

领导者自查 6.1

道德成熟度

说明：根据你平时的表现来做出诚实的选择。按照你实际表现来回答，而并非按照你"期望"的表现来回答。

	基本符合	基本不符
1. 我可以清楚表明指导我行动的原则和价值观。	_____	_____
2. 我及时坦白自己的错误和失败。	_____	_____
3. 当他人的严重错误影响到我时，我可以快速地"原谅并忘却"这些。	_____	_____
4. 做出重大决定时，我会花时间来衡量我的原则和价值观。	_____	_____
5. 在朋友和同事之间，我有着守约的口碑。	_____	_____
6. 我主动思考自己的错误来获得更好的表现。	_____	_____
7. 当有人要我保密时，我总是完全做到。	_____	_____
8. 出现问题时，我很少指责他人或环境。	_____	_____
9. 犯了严重的错误后，我可以很快地原谅自己。	_____	_____
10. 我的同事会认为我的行为和价值观是保持一致的。	_____	_____

评分及解释

选基本符合的话得 1 分。总分 _____。你所获分数表明你是不是与图 6.1 中的道德领导者保持一致。8～10 分表明你更关心价值观以及他人而并非一己之私；0～3 分的话分数较低；4～7 分属于中间。同时你的分数也展示了图 6.4 中你的道德发展水平。后习俗发展水平说明你重视原则和价值观、负责任,并且不责怪他人。分数高的话说明你的道德水平很高。分数低的话说明你可能是在习俗水平或者是前习俗水平。请思考一下这个分数对你来说意味着什么。

6.2 像道德型领导者一样行动

在宾州州立大学,无数领导者都犯有过错,即将赢得足球比赛和保护学校声誉置于道德之上。在其他公司,领导者可能会把经济目标置于正义的事情之上。陷入道德困境的公司,大都是其高层领导者把季度收益和股价当作主要目的,当作衡量个人和公司成功的最重要手段。当领导者忘记商业的本质是价值,而不只是经济业绩时,公司和社会都会因此而受损。

道德领导力并不是意味着可以忽略利润、损失,股价、生产成本和其他可衡量的事实,但它的确要求意识到并恪守道德价值,承认人类意义、质量和更崇高目标的重要性。亨利·福特(Henry Ford)一百年前的评论似乎特别适合今天恶劣的道德环境:"长期以来,人们都认为工业的唯一目的是营利。他们错了。工业的目的是为大众谋福利。"

尽管公司的现实是贪婪、竞争和对目标及利润的追逐,但领导者可以按照道德价值行事,鼓励他人在工作中发展、利用道德价值,恪守道德行为标准。公司道德决策中最重要的因素是领导者是否在言谈中,尤其在行为中,表现出对道德标准的恪守。员工通过观察领导者的行为来了解公司重要的价值观。

> **新领导行动备忘**
>
> 作为领导者,你可以在组织内创造轻松的氛围,这样追随者可以在无压力的情况下汇报问题及道德侵犯的情况。你可以创立清晰的道德准则,奖励有道德的行为,严惩违犯者。

图 6.2 列举了一些领导者建立一个允许并鼓励遵守道德标准的环境的具体方法。领导者应建立支持道德行为的公司制度和政策,如创建开放政策,鼓励人们畅所欲言,建立清晰的道德准则,奖励道德行为,对违反者采取零容忍态度。很多公司都雇用了首席合规官来监管经理和员工。大多数公司都建立了道德守则来规范员工的行为,或列出了期望员工引以为荣的核心价值观。图 6.3 列出的是 More Than Wheels 公司的核心价值观,其使命是"帮助奋斗的个人和家庭打破不良金融决策的恶性循环,通过使用购车过程

---

1. 表达并维护高道德准则
2. 关注正确的事情和相关的所有人员
3. 树立你希望他人遵守的榜样
4. 诚实待人待己
5. 排除恐惧、消除不可商议之事
6. 建立并传达道德政策
7. 发展骨干力量——对违背道德行为零容忍
8. 奖励道德行为
9. 以公正、尊重、端庄对待公司每一个人,不管是最底层还是最高层
10. 在工作和生活中都要行正义之事,不管有没有人看到

图 6.2 如何像道德领导者一样

资料来源: Linda Kelbe Trevino, Laura Pincus Hartman, and Michael Brown. Moral Person and Moral Manager: How Executives Develop a Reputation for Ethical Leadership. *California Management Review* 42, no.4 (Summer 2000), pp.128-142; Christopher Hoeing. Brave Hearts. *CIO* (November 1, 2000), pp.72-74; and Patricia Wallington. Honestly? *CIO* (March 15, 2003), pp. 41-42.

> 在 More Than Wheels 公司，我们的核心价值观帮助我们完成使命，
> 我们与客户和商业伙伴合作，致力于为客户谋求持久的金融收益。
>
> 信任
> 我们尊重信任彼此和客户
> 我们互相坦诚以待，即使很难
> 我们尊重彼此的观点
>
> 客观
> 我们对待现实，不做评判
> 我们务实向上
>
> 担当
> 我们履行协议
> 我们不遗余力达到目标，解决问题
> 我们为客户竭尽所能
>
> 团队
> 我们看重合作的力量
> 我们的成功依赖团队
>
> 学习
> 我们互相学习，从成败中学习
> 我们追求工作上的持续和实质性进步

图 6.3　More Than Wheels 公司核心价值观

资料来源：More Than Wheels Mission and Core Values. http://www.morethanwheels.org/mission, Retrived May 18, 2013.

促进持久改变、金融稳定和控制"。最重要的是，领导者要表现并维护高道德标准，即使在他们认为无人看到时，也要遵守道德规范。如果领导者在认为不会被抓到时就抄近道、变通规则，领导者和公司最终都要承担后果。

有证据表明，员工、客户、社区和股东都坚持认为正义的公司肯定是好公司。例如，最近有一项针对全球 100 强致力于环境可持续发展的公司的调查，发现它们至少在某些业务上都有可观的销售增长、较高的资产收益率、利润和现金流。另外一份对被评为美国"最佳企业公民"的大公司的金融绩效调查发现，这些公司不仅声誉良好，而且金融业绩也非常优秀。同样，国际治理标准公司，纽约一家独立的治理评级机构，报告说股票运行更加无私的公司要比以自私模式运行的公司业绩更好。

6.3　成为道德型领导者

道德领导力

在实践领导力过程中，区分对与错、追求公正、诚实、善良和正确的行为。

领导力不只是一套无关对错的实践，所有领导力实践都既可以用来做好事，也可以用来做坏事，因而都具有道德维度。领导者需要选择是从自私和贪婪出发，排挤他人，还是服务他人，激励人们去挖掘自己作为员工和人的潜力。道德领导力是在实现目标过程中，区分对与错、追求公正、诚实、善良和正确的行为。领导者对他人影响甚大，道德领导力提升人的素质，改进他人的生活。不道德型领导者为了自己的提升而掠夺他人。

领导者很多时候都知道怎么做是正确的。问题是他们如何选择，是什么样的内部力量和外部政策，使他们得以将这种行动实施下去。影响领导道德选择能力的一个内部特征是个体

的道德发展水平。图 6.4 是个人道德发展的一个简单模式。

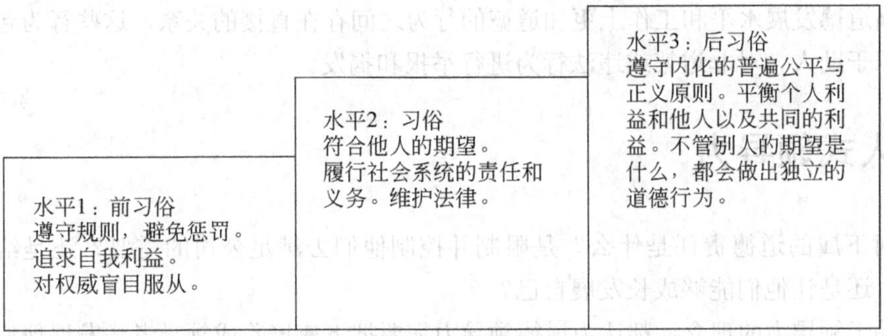

水平1：前习俗
遵守规则，避免惩罚。
追求自我利益。
对权威盲目服从。

水平2：习俗
符合他人的期望。
履行社会系统的责任和义务。维护法律。

水平3：后习俗
遵守内化的普遍公平与正义原则。平衡个人利益和他人以及共同的利益。不管别人的期望是什么，都会做出独立的道德行为。

图 6.4　个人道德发展的三个水平

在前习俗水平阶段，个体以自我为中心，关心的是能否收到外在的奖励并避免惩罚。他们服从权威，遵守规则，以求避免个体受到伤害，或满足自己一时的利益。基本的世界观是尽可能索取。具有这种价值取向的领导往往独断专行，利用职务便利为自己谋利。

> **前习俗水平阶段**
> 个体以自我为中心，关心的是能否收到外在的奖励并避免惩罚。

在第二个水平，即习俗水平阶段，人们学会让自己的行为符合同事、家庭、朋友和社会对好行为的期望。本阶段的人遵守规则、规范和公司文化的价值观。如果规则是不偷盗、不欺骗、不做口是心非的承诺或不违反法律法规，本阶段的人会尽力去遵守。习俗阶段的人遵守社会系统的规范。如果社会系统说可以向政府虚报账单，或者保底比诚实正直更重要，这些人也通常会按照这样的习俗去做。想想最近发生一系列作弊丑闻，波及多所享有盛誉的学校，包括美国空军军官学校、纽约曼哈顿史岱文森高中和哈佛大学。对史岱文森高中的学生和毕业生的采访表明，他们当中很多人都只是遵守了体系，一种把学生一起作弊看作"必要的恶"的文化。比如，很多班级都有自己的脸书群，在群里他们会粘贴全套考题答案——一个学生说，大家都应该互帮互助。教育研究生院的霍华德·加德纳教授说，"（学生的）道德肌肉已经萎缩"，因为更大的社会文化是鼓励成功不惜一切代价——遵守体系。

> **习俗水平阶段**
> 人们学会让自己的行为符合同事、家庭、朋友和社会对好行为的期望。

在后习俗水平阶段，有时也叫规则水平，领导者被一套内化了的被普遍看作公平、正义的行为准则所指导。本水平阶段的人甚至可能会拒绝遵守违背这些准则的法律或法规。这些内化了的价值观比公司或社区的其他人的期望更重要。具备这个道德水平的学生会在考试中因为其他人作弊自己也效仿吗？最近的一项研究表明，他们不会。在一次股票交易模拟中，研究者给随机选出的商业学校学生提供实际股票收益的"内幕信息"，允许他们接受或拒绝信息。那些拒绝内幕信息的学生在道德发展上得分较高，属于后习俗水平，而那些接受内幕信息的学生则得分较低。

> **后习俗水平阶段**
> 领导者被一套内化了的被普遍看作公平、正义的行为准则所指导。

大部分成年人都处于道德发展的第二个水平，有些甚至还没有超过水平 1。只有大约 20%的美国成年人达到了道德发展的水平 3，即后习俗阶段，尽管我们大多数人都有能力这么做。处于这个道德水平的领导者有远见卓识和能力，致力于服务他人和更伟大的事业。这些领导能够公正地把普遍的标准用于解决道德冲突、平衡个人利益和他人，以及共同的利益。研究一再发现，高道德发展水平和工作上更加道德的行为之间存在直接的关系，这些行为包括不喜欢欺骗、乐于助人、对非道德或违法行为进行举报和揭发。

6.4 仆人式领导力

领导者对下属的道德责任是什么？是限制并控制他们去满足公司的需要？还是给他们不错的薪水？还是让他们能够成长发展自己？

大多数关于领导力的理念，都认为道德领导力需要把下属培养成领导者，发展他们的潜力，而不是利用领导职位限制他们的发展。这种领导力被称作仆人式领导力，我们可以通过和其他领导力的对比来更好地理解它。图 6.5 是领导力思考和实践的连续图。传统公司都认为领导者管理下属，公司的成功取决于领导者对下属的控制力。在第一阶段，下属是被动的——不能有自己的想法，只能按照命令行事。第二阶段中的下属在工作中更加积极。第三阶段是管家式领导力，该阶段是理念上的一个飞跃，它将领导者的责任和权威转到了下属身上。

仆人式领导力超越了管家式领导力，仆人式领导者放弃对下属的控制，选择为员工服务。在这个连续图中，领导的重心从领导者转移到下属。下面我们分别来讨论每一阶段的领导力。

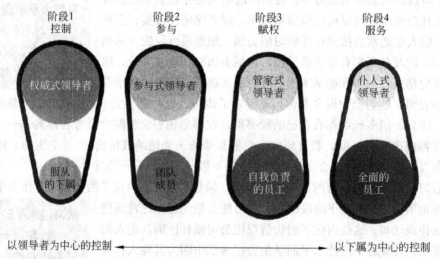

图 6.5 从自我到他人的领导中心变化图

6.4.1 权威式管理

传统上对领导力的理解是，领导者是好经理，指导、控制自己的员工，员工都是唯命是从的下属。在第 2 章里，我们讨论了专横独裁型领导者，他们会自行做决定然后直接告诉下属怎么做。权力、目的和特权是这些高层领导的特征。在这个阶段，领导者制定策略和目标，以及达到目标的方法和奖励措施。公司的稳定和效率是最高追求，员工和机器、原材料一样被程序化、被控制。下属在工作意义和目的上没有发言权，在如何工作上没有裁量权。这种领导力理念强调严格的下行控制、员工标准化、规格化、客观的措施和分析管理方法。

6.4.2 参与式管理

20世纪80年代以来，很多公司都做出各种努力让员工积极参与管理。领导者通过员工建议计划、参与小组和高质量的圈子提高了员工的参与度。在多数公司，团队已经成为工作方式的重要部分。研究表明，大约有70%的美国大公司采用了某种形式的员工参与计划，或转向了团队设计。然而，这些计划很多都没有把权力重新分配给底层的员工。这种管理理念依然是家长式的，因为领导者确定目的与目标、做最后的决定、决定奖励。员工只能提出改进质量的建议、为团队工作、对自己的工作承担更大的责任，但员工不允许成为真正的事业伙伴。

6.4.3 管家式管理

管家式管理是领导力理念的重要改变。管家式领导，意即领导者是公司资源和价值观的保护者和监管者，他们把公司的长远利益放在第一位。作为管家，领导者赋予下属决策权、对自己工作的控制权。管家式领导力的四条原则如下所述。

> **新领导行动备忘**
> 作为领导者，你可以运用管家式领导的原则，把下属看作真正的伙伴，通过与他们分享权力和权威来设定目标、做出决策及对其工作和行为进行监管。

1. 采取伙伴关系理念。只有当权力和控制从正式的领导者转移到核心员工身上时，伙伴关系才会发生。作为伙伴，领导者和下属对彼此完全真诚，共同对决定性的目标负责、共同承担后果、共同受益。

2. 把决策权和行动权给予和工作关系最密切的员工和客户。这就意味着要重新调整工作的管理和实施，以便让每个人都是领导者，都参与公司的核心工作。任何人都不能只是安排和管理他人的工作就拿薪水。

3. 把奖励与贡献而不是与职位挂钩。在管家式领导下，每个人的财富都和工作的成功直接相关。管家式领导就是要通过设计补偿机制重新分配财富，以便让那些做出特别贡献的人多劳多得。

4. 寄希望于核心团队建设公司。员工团队确定目标、维护控制、创造健康环境、重新组织自己应对不断变化的环境和市场。

> **管家式领导**
> 领导者为其他人及组织负责，但并不尝试控制他人，为他人划定范围或制定目标，或照顾他人。

管家式领导者领导公司而不是支配它，为下属提供方便而不是控制他们。位于英国多塞特郡的Julia's House孤儿院，拿过无数个奖，包括《星期日泰晤士报》"最佳公司"奖。它的首席执行官，以及所有部门主管和其他员工都坐在一间开放式办公室里，表示他们的伙伴关系。公司组织结构图设计为从左到右，而不是通常的垂直等级排列。管家式领导能让领导者和下属都能对公司的成功做出重大的、对自己负责的贡献。此外，它还能给予下属利用自己头脑、身体和精神的机会，因而也能成为更完整的人。

6.4.4 仆人式领导力

仆人式领导力将管家式领导力进一步推进。将强生公司（Johnson & Johnson）从一家小公司发展成世界最大企业之一的罗伯特·伍德·约翰逊（Robert Wood Johnson），他把自己的管理理念总结为"服务"。在"我们的管理哲学"声明中，约翰逊强调，"领导者的责任就是为那些对他负责的人当仆人"。约翰逊几十年前就去世了，但他对于道德责任的信仰在今天依然清新如故、让人信服（抑或让人不服）。

> **仆人式领导者**
>
> 超越自我利益，服务于他人的需要，帮助他人成长发展，提供机会让他人名利双收。

仆人式领导力是倒置的领导力。仆人式领导者超越自我利益，服务于他人的需要，帮助他人成长发展，提供机会让他人名利双收。弗雷德·凯勒（Fred Keller）创建了 2.5 亿美元的塑料制品生产公司——凯斯卡德工程公司（Cascade Engineering），他总是问的同一个问题是：我们能做什么好事？凯勒 40 年前创业的时候只有 6 名员工。今天，他的员工达到了 1 000 名，分布在 15 个部门。凯勒让服务他人成为公司的基石。公司为接受福利的人提供工作岗位，凯勒还为慈善事业捐款，有以个人名义的，也有以凯斯卡德的。

最近几年，仆人式领导力概念受到空前的关注。这个概念是由罗伯特·格林里夫（Robert Greenleaf）在他的《仆人式领导力》（*Servant Leadership*）中首次提出。格林里夫的模型有以下四条基本格言。

> **新领导行为备忘**
>
> 作为领导者，你可以优先考虑他人的需求、利益和目标，并通过运用个人才干来帮助他人发掘自身潜力。完成领导者自查 6.2，根据独裁型领导、参与型领导、管家型领导和仆人型领导的分类方法，评价自己的领导方式。

（1）将服务置于自我利益之前。按照这个观点，公司的存在是为个人提供有意义的工作，个人的存在是为公司工作，双方是同等的。

（2）先倾听再肯定。仆人式领导者给予他人最好的礼物之一就是能洗耳恭听。

（3）通过守信用激发信任。仆人式领导者通过说到做到、以诚待人、关注他人福利建立信任。

（4）培养他人，帮助他们更完整。仆人式领导者关心下属，相信每个人改变世界的能力。

仆人式领导者的首要任务是服务员工、客户、股东和大众。有了服务，领导力会水到渠成，因为它能最大限度地发挥他人的潜能。对于公司心理咨询师亚当·格兰特（Adam Grant）来说，为他人服务是动力和创新的源泉，如下面的例子。

前沿领导者

亚当·格兰特，宾夕法尼亚州立大学沃顿商学院

亚当·格兰特在哈佛大学读本科时就一直研究服务他人的力量。他曾经为一套旅游指南系列销售广告，但业绩不佳。直到他遇见在公司工作的另一个学生，得知她的工作是她完成学业的保障时，他才找到他工作的目的和意义。他最终卖出了公司历史上最大的一笔广告套餐。他说："当我代表学生的利益时，我愿意为保护他们而奋斗。"

格兰特继续读书，拿到了组织心理学的硕士学位，现在任教于沃顿商学院，在那里他是最年轻的终身教授、评价最高的教授。格兰特不止满足于帮助学生，他每年都为学生或已毕业的学生撰写大约100封推荐信。他把学生介绍给他认识的重要人物。他每天回复上百封学生、同事，甚至陌生人的邮件，提供信息或帮助。助人为乐是格兰特生活的口号。他还认为，公司最大的尚未开发的动力和创新的源泉是服务他人。

格兰特从几次实验中得到一些硬数据来支持他的主张，即关注我们为改善他人生活所做的贡献，会让我们更积极、更有效率。例如，为大学奖学金寻求捐款的客服中心的员工，在听到一个学生讲述了奖学金如何改变了自己的生活时，加大投入力度，募到的捐款增加了171%——即使那些员工本人都不认为他们是受到了那个学生几句话的影响。

领导者自查6.2

你的仆人式领导力倾向

说明：考虑几种你是领导者的情况，想象利用自己的方法去领导。下列陈述在多大程度上符合你的领导风格？是基本符合还是基本不符。

	基本符合	基本不符
1. 我的行为优先满足他人的需要。		
2. 我清楚地让他人感到自己是工作的主人。		
3. 决策时我喜欢和他人协商。		
4. 我是个完美主义者。		
5. 我喜欢对他人有帮助。		
6. 我尽力了解他人的需要和观点。		
7. 我有意识地利用他人的技巧和才能。		
8. 我对什么是正确的做法非常肯定。		
9. 我赞扬、认可他人。		
10. 我相信他人都是善良的。		
11. 我迅速通知他人影响他们工作的一些外在情况。		
12. 我喜欢自动管理。		
13. 我鼓励他人的成长，不期望回报。		
14. 在激励员工上，我看重合作胜于竞争。		
15. 我让他人参与安排和设定目标。		
16. 必要时，我会让人们顶着压力工作。		

分数解释

上面的16道题目中分别有4道对应了领导力的四个维度：权威式、参与式、管家式和仆人式。对应的题目在下方，每个维度里，选择"基本符合"得1分。

权威式：4、8、12、16；

参与式：2、6、10、14；
管家式：3、7、11、15；
仆人式：1、5、9、13。

这些得分代表领导力的四个维度。每个维度得分3～4分，属于中等偏上，得分0～1分是中等偏下。

互相对比得分，了解自己对管家式领导力和仆人式领导力的倾向。四个维度中哪个得分最高？哪个最低？研究一下这些问题，分析自己的强项和弱点。同时显示四个维度是不可能的，所以考虑那个你想要强调的维度，以反映你的领导理想。

格兰特的见解表明，仆人式领导力可以是简单地鼓励他人、帮助他们理解更大的目标。为医院、学校和其他大楼做保洁的服务大师公司就是一个很好的例子。领导者和关心员工对自己、对工作和接触的人的认识。他们灌输一种尊严感、责任感、做卑微工作的意义（如擦地、刷厕所）。例如，一个在医院工作的员工说她把自己看作团队的一分子，帮助病人康复。

6.5 以勇气来领导

> "领导力必须来自于领导者的内心，即真正的勇气所在之处。"
> ——彼得·沃耶，加拿大军队高级炮兵军官

当遭到他人讥笑、遭受经济损失或情感伤害时，领导者常常需要从内心深处服务他人、抵抗诱惑、按道德规范做事，或承受道德原则的勇气和力量。

有人说，没有勇气，领导无以存在。然而，对于很多领导者来说，尤其那些在大公司工作时，勇气的重要性很容易被模糊——最主要是要发展、应付、促进销售和涨工资。在太平盛世，领导者甚至会常常忘记勇气的意义，又如何能知道去哪里寻找呢？下面我们讨论领导力勇气的本质和公司中勇气表达的几种方式。本章最后探讨领导力勇气的源泉。

6.5.1 什么是勇气？

很多人都本能地知道，勇气能帮助你渡过贫穷、被讥笑、遭排斥的难关，使你能够完成你所在意的任务。勇气既是道德的也是实践的，缺乏勇气会让贪婪和自私占据上风。勇气是面对危险、困难和恐惧时，坚持不懈、不屈不挠的精神和道德力量。勇气不是不怀疑、不困惑、不恐惧，而是在必要时付诸行动的能力。事实上，如果没有恐惧或怀疑，也就不需要勇气。

> **勇气**
> 面对危险、困难和恐惧时，坚持不懈、不屈不挠的精神和道德力量。

冒险的勇气对完整充实的人生向来至关重要，如下面的表格。然而，拒绝人云亦云、不冒不必要和不道德的风险，同样重要。对于今天的公司，事情在不断变化，领导者只有通过反复的失败，才能不断成功。他们在面对不确定情况时，通过抓住机会、勇敢行动，不断向前，从而创造未来。

思考一下！

值得冒险吗？

笑……看起来愚蠢

哭……看起来太感性

接触他人……可能会卷入不必要的麻烦

暴露感情……暴露真实的自己

在人群中讲出自己的想法和梦想……被拒绝

爱……得不到爱的回报

活着……死亡

希望……绝望

尝试……失败

但是，必须去冒险，因为生活中最大的风险就是不去冒任何风险。不冒险的人是一事无成、一无所有的人。

他们或许能规避痛苦和悲伤，但他们却无法学习、感受、改变、成长和爱。处处以万无一失为主宰，就是奴隶，就丧失了自由。只有勇于冒险的人才是自由的人。

人们会经历各种各样的恐惧，包括死亡、错误、失败、尴尬、改变、受控、孤独、痛苦、不确定、谩骂、放弃、成功和公开讲话。一旦有风险存在，不管这风险是失去生命、工作、爱人还是名誉，感到恐惧是人的自然和正确反应。

然而，很多时候使人们裹足不前的并不是对真实威胁的恐惧，而是恐惧幻想症，即对"似乎为真的假证据"的恐惧，这种恐惧并不是来自真实的威胁，而是来自我们自己的想象。这种恐惧更像是一种焦虑，作家赛斯·高汀（Seth Godin）这样说："焦虑只是不停地提前体验失败。多么浪费啊！"这反映了很多恐惧都是习得的，阻止人们做自己想做的事。格兰特就有人群恐惧症，不敢在公众面前讲话，因此他读研究生期间，就强迫自己尽可能抓住每次公开演讲的机会，以便能够跨越阻止他完成目标的恐惧感（实际是恐惧幻想症）。真正的领导者会跨越这种习得的恐惧来接受责任、勇于冒险、做出改变、讲出想法、为信仰奋斗。

勇气意味着接受责任。领导者主动承担个人责任时，才会真正做出成绩。有些人只是听天由命，而领导者却促成事情的发生。有勇气的领导者创造机会，改变他们的公司和社区。一个例子就是马拉拉·尤萨夫扎伊，本章开头讲到的那个遭塔利班武装分子袭击的小女孩。商业上的例子是安泰保险公司（Aetna）的前任 CEO 约翰·W. 罗维（John W. Rowe）。罗维本身是一位老年病学家和医学教授，当他在 2000 年受聘于安泰公司时，该公司一片混乱。投资团体对他的任命满怀狐疑。一个分析师甚至告诉罗维说，他会坐等公司业绩在他手里下滑。罗维并没有让这些影响自己，他接受任务，找出问题根源，重新制定任务和核心价值观，把注重质量当作公司所有决策的指导性原则。到 2006 年罗维退休时，安泰公司的信誉度已经从倒数跃至首位，从日损失一百万美元到日收入五百万美元。

勇气常常意味着不墨守成规。领导力勇气意味着和别人背道而驰、打破传统、减少界限、发起变革。领导者愿意为更大的、更高尚的目标冒险，他们也鼓励他人这么做。

改变现状并非易事。想想保拉·瑞德（Paula Reid）的例子，她叫板美国特工处"男人本性"的现状，揭开了特工处特工在卡塔赫纳召妓的丑闻。

美国特工处很明显是多年来容忍了特工人员的道德沦丧，但保拉·瑞德相信这一定能改变。她顶着潜在的内部阻力依然照行不误，因为她相信，特工的行为不仅伤害了特工处的名誉，而且也损害了它履行保护任务的能力。

大部分立志改革的领导者都会找到合作和支持，但他们也会遇到阻力、排斥、孤独，甚至讥笑。往往是维持现状容易，改革难。

前沿领导者

保拉·瑞德，美国特工处

在哥伦比亚卡塔赫纳，召妓是合法的，但是当一名特工处特工拒绝支付嫖资时，就引发了集体召妓的丑闻，导致多名人员被开除，使特工处丢尽脸面。保拉·瑞德是美国特工处迈阿密办公室的稽查经理，迈阿密办公室是著名的分部，监督着整个南美地区。一收到酒店骚乱的报告，保拉·瑞德迅速行动。她不关心召妓是否合法，她的底线是，对于保护美国总统安全的特工来说，光顾脱衣舞俱乐部、饮酒、召妓都是不被接受的。

根据酒店经理提供的信息，瑞德迅速召集了几名特工，让他们离开哥伦比亚，并通知她的上司，说她已经找到了他们"严重行为不端"的证据。这次丑闻在特工处掀起轩然大波，使主任马克·苏利文（Mark Sullivan）和其他多名高层领导人尴尬不已。然而，对于瑞德来说，"男人本性"的想法在当今世界是无法被接受的。"如果每个老板都像瑞德一样，"一名前特工说，"特工处就永远不会有问题。可能会很枯燥，但不会有问题。"

> **新领导行动备忘**
>
> 作为领导者，你有时需要培养自身毅力，学会为赢得期望的结果、反抗现状和坚定个人信念而担负起个人责任。你有时需要学会放弃安逸，克服恐惧，超越自我。

勇气意味着走出舒适地带。抓住机会进行改革，意味着领导者需要走出自己的舒适地带。当人们走出舒适地带时，他们会遭遇一道内部的"恐惧之墙"。30年前的一个社会实验说明，当人们走出他们的舒适地带时，恐惧之墙就会产生。为了研究纽约地铁中制约人们行为的不成文规则，斯坦利·米尔格兰姆博士（Dr. Stanley Milgram）让研究生一年级的学生坐上一趟拥挤的地铁，然后请求别人让座。米尔格兰姆的兴趣很快转移到了学生身上，因为这个看似简单的任务却非常难以完成，即使受了伤也不行。大部分学生觉得直接要求别人让座让他们非常不舒服。有一个学生说："我恐怕我要放弃了。"当要求别人约会、面对老板、关系破裂、启动昂贵的项目或更换职业时，人们都可能会遭遇恐惧之墙。如何面对恐惧之墙，最需要的就是勇气。

勇气意味着索要自己想要的，说出自己的想法。领导者必须把话说出来才能影响他人。然而，取悦他人—尤其是老板—的欲望常常会让你欲言又止。每个人都想得到别人的赞同，因此在你认为别人会不同意或不赞同时，就很难将事情说出口。作家兼学者杰瑞·哈维（Jerry Harvey）讲述了一个他在得克萨斯的家人决定驱车40英里前往阿比林吃晚饭的事情。那是一个炎热的日子，车里的空调坏了，他们都很郁闷。事后谈起这件事，每个人都承认当时自己不想去，只不过是为了不扫别人的兴才一同前往。哈维教授把这种人们为取悦他人不愿意说出自己真实想法的倾向称为阿比林悖论（Abilene Paradox）。勇气就是当你明知道别人可能会不同意你甚至会嘲笑你，你依然能说出自己的想法。勇气还意味着索要自己想要的，并确定界限。对不合理的要求说"不"是一种能力，为了完成目标，索要自己想要的也是一种能力。

> **阿比林悖论**
> 人们为取悦他人而不愿意说出自己真实想法的倾向。

勇气意味着为自己的信仰奋斗。勇气意味着为有益于整体的结果奋斗。领导者甘冒风险，但他们是为了更高的目标。例如，阿肖克·赫姆卡（Ashok Khemka），他在印度政府工作了21年，在这期间，他被降职或调离岗位43次。为什么？因为赫姆卡是反腐败斗士，常常会得罪某些人。有些人把他看作麻烦制造者，特别是那些享政策之便的老板。但印度的反腐积极人士和很多民众都支持他。"政府官员有两种，一种为取悦自己的上级主子工作，一种（如赫姆卡）为维护法律、为公平和穷人工作。"支持者库尔迪普·蒂瓦里说。

> **新领导行动备忘**
> 完成领导者自查 6.3，评价你的领导勇气。

领导者自查 6.3

评估你的道德勇气

设想一些你在团队或组织中承担或被给予领导角色的情形。想象作为领导者你会如何运用自己的勇气。下面的陈述可以在何种程度上刻画你的领导特质？请根据自身情况如实回答下面各题是"基本符合"还是"基本不符"？

	基本符合	基本不符
1. 我甘愿承担可能使我个人遭受重大损失的风险来实现组织愿景。		
2. 为了捍卫我的信仰，我甘愿承担个人风险。		
3. 即使我将遭受巨大损失，我也会说"不"。		
4. 我有意识地将自身行为与更高尚的价值观相联系。		
5. 我会毫不犹豫地反对他人的意见和认可。		
6. 我总是很快告诉别人真相，即使它是负面的。		
7. 大多数时候我都很放松。		
8. 对组织中不公平的事，我能大胆指出。		
9. 对出言无礼的人我敢于当面指出。		
10. 我按良心行事，即使这样做我会丢掉职位甚至不被认可。		

计分与解释

上面每个问题都与领导情境中展示出的某方面勇气相关。把你所有选择"基本符合"的个数加起来，1个为1分。你的得分为：_____。如果你的得分大于等于7，你就是一名有勇气的领导者。低于3分意味着你逃避困难的事情，或者你还没有遇到过对你的道德领导力形成挑战的情形。你的得分与你所了解的自己的勇气相符吗？看看你选"基本符合"或

"基本不符"的题，找出自己的优势和劣势。把你的分数与其他同学的相比较。你将如何增加自己作为领导者的勇气？你想要增加吗？

6.5.2 勇气如何用于道德领导力？

有很多在公司工作的人都有勇气打破陈规、承担责任、做他们认为正确的事情。平衡利润和人，自我利益和服务、控制和服务等都需要个体的道德勇气。

像道德领导者一样行动需要个人勇气。要实践道德领导力，领导者必须了解自己、了解自己的强项和弱点、了解自己的立场，还要不墨守成规。诚实的自我分析可能会很痛苦，认可别人的优点而承认自己的缺点需要人格的力量。此外，道德领导力还意味着建立人际关系，这需要倾听、有和他人相处的经验、让自己处于弱势，这些能力经常让很多人望而生畏。然而，慢慢接近并为他人利益着想，好事与坏事、痛苦与生气、成功与欢笑都一起分享，领导者就会开发出他人身上最为可贵的品质。

这方面的例子是威廉·匹斯（William Peace），他是西屋公司（Westinghouse）电气合成燃料部的总经理，当时公司需要解雇一批人。匹斯勇敢地亲自宣布了裁员消息。在会见这些员工时，他遭到了他们的痛击，但他相信，让人们把悲痛和愤怒发泄在他身上是应该的。他的行为投射出一个信息，那就是看重员工作为人的情感。因而，员工再次奉献，挽救了部门。对于匹斯来说，亲自面对员工实践道德领导力的勇气给他赢得了尊重、员工的斗志和更好的绩效，虽然他个人遭受了短期的伤害。

反对不道德行为需要勇气。举报就是揭发员工在公司的非法或不道德行为。最近的一个例子是查理斯·M. 史密斯（Charles M. Smith），他是一名高级文员，在负责监督一份美国军队和 KBR 几十亿美元的合同时，经受了一次勇气的考验。承包商所列的成本里有超过 10 亿美元的食品、家居和其他服务，史密斯找不到证据，但他被要求批准支付，他拒绝了，尽管军队和文官都向他施加压力。最终，史密斯被调离那个职位，之后很快就退休了，向媒体讲述了这件事情。

> **举报**
> 揭发员工在公司的非法或不道德行为。

正如该案例所展示的，员工举报有很大的风险，他们可能会失去工作，被同事排斥，或被调到不理想的职位。奥林巴斯（Olympus）前总裁兼首席执行官迈克尔·伍德福特（Michael Woodford）向我们描述了身处举报旋涡中心的感受。

前沿领导者

迈克尔·伍德福特，奥林巴斯

迈克尔·伍德福特在 2011 年年初被任命为奥林巴斯总裁和首席执行官时，他已经在奥林巴斯工作了 30 年，这次任命也成为他在公司事业的重点。

伍德福特很快就发现有很多未经授权的钱被支付给了第三方，用以掩盖重大亏损。他去了董事会，但他们都不理睬他的发现。"我求他们不要这样做，我是总裁，我要努力揭露欺诈行为。"他说。

他把事情公开之后，就被投票解职了。他描述了他那一刻的感受："我惊呆了，觉得事业没了，安全感没了……还有各种黑社会势力的卷入。"伍德福特说虽然很痛苦，但却是一次很好的教育，他没有做错，并不后悔。奥林巴斯董事会最终全体辞职，三名高管被控欺诈罪。

大部分举报者，如查理·史密斯和迈克尔·伍德福特，都意识到他们可能会遭受经济损失和感情伤害，但他们都勇敢地坚持正确的做法。正如伍德福特所说："如果你明知是错的，你不采取措施，你就是同谋。"

6.5.3 寻找个人勇气

领导者如何寻找勇气，克服恐惧和困惑？无论面对什么风险，依然采取行动？每个人都有生活和行动的潜在勇气。有很多方法可以让领导者释放内心的勇气，包括尽职于自己信任的事业、和他人联系、控制愤怒和发展技巧。

新领导行动备忘

作为领导者，你可以通过投身于你坚信的事业来发掘自己的勇气。你可以坦然面对潜在的错误，将其视为促进自身成长与发展的途径，还可以同家人、朋友和同事建立一种相互关心、相互支持的关系，由此来减少个人的恐惧。

相信更高的目标 当我们为之奋斗的是我们深信不疑的事业，勇气就会很容易到来。对更大的目标抱有强烈责任的领导者会找到克服恐惧的勇气。当拒绝付款给 KBR 的查理斯·史密斯（Charles Smith）被问到他的决定时，他说："最终，付给 KBR 的钱会从军队来出，我不会那样做。"对于史密斯来说，心系士兵的利益给了他勇气，让他拒绝支付这笔他认为存在欺骗的款项。21 岁的努尔贾汗·阿卡巴（Noorjaham Akbar）是巴基斯坦机构"改变年轻女人"的创始人，她说在巴基斯坦，为女性争取权利的积极分子都曾受到过伤害，甚至被杀害，但是这只能增强她们推动变革的决心。阿卡巴和其他人冒着生命危险，并不是追求刺激，而是为她们深信不疑的事业。

从他人身上汲取力量 在这个喧嚣的世界，关心他人并得到他人的支持是勇气的源泉。这是对 20 世纪 60 年代发生在美国南部的民权运动研究的结果。在密西西比自由之夏运动中，年轻的志愿者被招募为黑人注册选民、办自由学校、提高民权意识。在志愿者到达密西西比的几天之内，就有 3 个人被绑架并杀害。在整个夏季，无数教堂被烧毁、房子被炸毁、志愿者被射击、殴打、抓捕。1/4 的志愿者都选择了退出。研究人员研究了留下的人和退出的人之间的区别，发现留下的人更有可能具有"强连接"的社会关系，即同在运动中的好朋友，以及关心自己生命和活动的家人。那些离开的人只是致力于运动的目标，但却没有同样的社会支持。

孤单的人较少冒险，因为他们输不起。有趣的是，尽管一些社交媒体，如推特（Twitter）和脸书（Facebook），让人们加入他人，共同支持社会事业或推动改革变得更加容易，但也有证据显示，社交媒体实际上是削弱了"强连接"（密切的社会关系），使得人们在必要时更难具有勇气。

领导者书架

勇敢去工作：如何建立骨干、提高绩效、收获成果

比尔·特雷热

《勇敢去工作》(*Courage Goes to Work*)的作者比尔·特雷热(Bill Treasurer)生长在一个把勇气教育看重得如历史、数学一样的家庭，这让他很早就把勇气看作一种技巧，会熟能生巧，越用越强。作为大跃步咨询公司(Giant Leap Consulting)的创始人兼首席鼓励官，在这本书里，特雷热利用自己的经历，帮助人们和公司更加勇敢，提供了很多建议。

三种勇气

"勇气经常是一种应对挑战的行为，"特雷热写道，"作为一名经理，你有责任，实际是义务，去激发你周围的人身上的勇气。"要挖掘并增强自己和下属的勇气，领导者需理解职场里三种重要的勇气。

- 尝试的勇气。这是采取行动的勇气，是"开始行动"，而不是一味求稳妥。为了帮助下属实践尝试的勇气，领导者要帮助人们利用自己的力量，提供挑战性的任务，帮助人们挖掘自己的潜力，鼓励创新的方法和实验，接受错误，奖励面对困难时的不懈坚持。

- 信任的勇气。第二种勇气是信赖和依靠他人的勇气。领导者需要信任他人，然后才能获得他人的信任。他们相信员工无罪，在如何完成任务上，给予员工充分的自由。领导者通过尊重下属、诚实有礼和充满感情地去了解员工，构建信任的勇气。他们能够通过鼓励下属打开心扉、说出自己的欲望、梦想和恐惧，帮助下属实践信任的勇气。

- 说的勇气。"我认为说的勇气是最需要填满的，"特雷热说。当人们害怕说出错误、不敢说出相反的观点、不敢质疑并指出领导者的错误行为，公司就会遭殃，很多领导者最近这些年都了解了这一点。领导者通过鼓励人们畅所欲言、真诚地倾听他人、不带个人情绪、避免责怪和冒犯、践行对他们的许诺，来建立说的勇气。

建立勇气模型

"当你的行为被勇敢的冲动所指引，你就是在实践最优秀最勇敢的自己，"特雷热写道。"当他人目睹了你的新行为……他们也会逐渐地进入自己的勇敢世界。"帮助他人寻找并发展勇气，领导者必须首先发现并发展自己的勇气。

资料来源：Bill Treasurer. *Courage Goes to Work*. Berrett-Koehler.

驾驭挫折和愤怒。如果你曾经为某件事特别生气，你要知道，它会让你忘记对失败的恐惧、尴尬的恐惧或他人不喜欢你的恐惧。现在60多岁的佩吉·佩恩(Peggy Payne)，曾经是一名成功的记者和作家，但她说每当想起16岁时没有被北卡罗来纳州州长学校录取时，她仍然会很生气。这种愤怒，她说，成了鞭策她的动力，让她下决心做出成就让每个人看。挫

折和愤怒也同样激励格伦·麦金太尔（Glenn McIntyre）创立了自己的公司。在一次摩托车事故中，他落下了残疾。每次住酒店时，麦金太尔就非常生气。酒店对残疾人的服务态度之差让他倍感挫折，给了他勇气创办一家设计公司，不要再对自己感到抱歉。公司帮助品质套房酒店和华美达酒店等重新设计空间，更适合残疾游客通行。适量的愤怒是一种能提供前进动力的健康情感，但困难在于如何控制好并利用得当。

循序渐进。 在公司内部，多数情况下，寻找勇气是有意识的行为而不是瞬时间的反应。勇气可以看作是能够通过有意识的思考和实践习得的决策技巧。勇敢的领导者都不是鲁莽和蛮干之辈；他们都具备了应对困难的技巧和资源。除此之外，勇敢的领导能够通过建立勇气模型和帮助人们实践勇气来激发下属的勇敢行为，如本章领导者书架描述的那样。

有一个被提升为首席财务官的领导者，被施加压力重新表述重组费用，以便看起来更棒，因为这有助于股票价格的提升。他没有简单地拒绝，而是发起了一个诚信运动，提醒人们该公司被利益驱动的领导传统。这也支持了那些不想做不道德的事而又不敢拒绝上级压力的其他领导者。优秀的领导者总能提醒自己，对付道德难题是他们工作中至关重要的一部分。

本章小结

- 本章讨论了许多道德领导力和领导力勇气的概念。人们想要诚实、值得信赖的领导者。然而，领导者面临多种压力，让他们难以做出正确的选择。如削减成本的压力、增加利润的压力、满足不同股东需要的压力，以及要看起来很成功的压力。创建有道德的公司要求领导者按照道德原则做事。
- 领导者是公司伦理气候的象征。当他们一味追求自我利益、进行欺骗、违约、缺乏面对不公正行为的勇气时，他们就损害了和相关每个人的利益。道德领导者谦虚、诚实、正直。他们关注更高的目标、谋求公平、有为正义起身的勇气。像道德领导者一样行为意味着服务他人和社会，以及提高利润和个人收入非常重要。
- 个人对领导者的理解就是这个人的道德发展水平。领导者通过了解道德发展阶段来增强自己和下属的道德成长。道德发展水平高阶段的领导者关注下属的需要和普遍的道德原则。
- 领导者和下属之间的控制与服务概念在不断变化和发展，从权威经理到参与经理，到管家式领导力，再到仆人式领导力，呈连续状。管家式领导者和仆人式领导者能够帮助建立有道德的公司。
- 本章最后讨论了领导力勇气和领导者如何寻找自己的勇气。勇气就是具有精神和道德的力量去面对、坚持、承受危险、困难或恐惧。勇敢的领导者接受责任、勇于冒险和变革、实话实说、为自己的信仰奋斗。公司里勇气的表达有两种：道德领导力和伦理举报。勇气的源泉包括对更高目标的信任、和他人的关系、驾驭愤怒。

问题讨论

1. 作为学生，当你做正确之事的能力受到挑战时，你面对的压力有哪些？作为领导者，你是否期望压力多一些或少一些？讨论一下这些可能会是什么压力。

2. 如果大多数成年人都处于道德发展的习俗阶段，对于他们的道德领导力潜力来说，这意味着什么？

3. 理解"恐惧"和"恐惧幻想症"两者的不同如何让你成为更优秀的领导者？你能从你的生活经历中举出几个"似乎为真的假证据"的例子吗？

4. 研究发现，当领导者有压力时，恐惧和风险也会随之增加，他们往往会转向权威的、命令与控制式的领导方式，你如何找到勇气抵制这种倾向？

5. 作为学生，如果你处在和宾夕法尼亚州立大学的麦克奎里相似的位置，你认为自己会怎么做？为什么？

6. 服务他人应不应该比服务自我处在更高的道德水平？请讨论。

7. 如果阻止周围的人发挥他们最大的潜力是不道德的，那你的行为道德吗？

8. 有几家公司，包括 Hostess Brands，Sbarro 和 Blockbuster，他们的领导者在公司申请破产之际却被加薪或得到很高的红利，公司辩解称，这是在困难时期保住经理的必要手段。从道德的立场来看，你认为这种辩解合法吗？请讨论。

9. 即使没有人会知道，也应该做正确的事，这一点对领导者很重要，你同意这种观点吗？为什么？

10. 近日一名顾问说，对公司治理和社会责任的强调分散了领导者的精力，让他们无暇顾及更重要的商业问题，如服务客户、打败竞争对手等。你同意他的说法吗？商业问题和道德问题，领导者应该把哪个放在第一位？

现实中的领导

可 怕 的 人

想象一下你身边有那么一个人，你非常怕他。可怕的人就是那些你不认识，但又很害怕的人，因为你觉得自己不喜欢他们；或者远远看起来，你不喜欢他们的做事方式，因此你避免和他们建立关系。可怕的人可能是一个学生、一个工作的人、一个邻居或者你社交圈中的人。

可怕的人会引起我们小小的恐惧，这就是为什么我们不愿意接近和了解他们。有一份勇气的测试就是看你能否跨越这种恐惧。作为领导者，你会经历很多次这样的恐惧。

这个练习，你的任务是去接触一个或多个你生活里可怕的人。邀请这个人共进午餐或散步，介绍自己，进而开始谈话。或许你可以主动和他一起完成一项任务。关键的问题是你要跨越自己的恐惧，逐渐深入了解这个人。

完成任务之后，和另外一个人分享这个过程。你能够接触到这个人吗？对这个人你有什么发现？通过这个活动你对自己有什么发现？如果你觉得这样的练习很傻，拒绝去完成，你可能就患了恐惧幻想症，却辩解说这个任务没有意义。

课堂讨论：教师可以提前布置这个任务，然后在课堂让学生小组讨论他们的经历。每个人都要尽可能地多展示和那个可怕的人相处的细节、如何鼓足勇气去搭讪，以及结果等。小组讨论之后，教师可以挑选小组向全班汇报。可以问学生这样的问题：回头看这次经历，勇气是什么？在这次练习中，它是如何被表现或没有被表现的？恐惧和勇气如何成为你领导力的一部分？

领导力开发：案例分析

"我该怎么说？"

由于他的前任比尔·安德鲁斯（Bill Andrews）突发心脏病，罗素·哈特（Russell Hart）得以临时进入高管层，管理 Kresk 国际公司在利雅得的中东分公司。Kresk 的管理层野心勃勃地想要在沙特扩张。

在一年期的利雅得及中东项目进行了 6 个月的考察之后，罗素需要短暂出差到达拉斯，向年中董事会会议进行汇报，之后再返回沙特。他知道除了他对公司在这个地区的评估，董事会会议有一部分是集中讨论安德鲁斯的健康恢复的情况，并且会在年末时决定是他还是安德鲁斯来获得永久的任命。这两个人是好友，在过去几个月内一直有通信往来。罗素期待安德鲁斯完全康复，回到工作岗位。然而，由于罗素单身，加上爱冒险的本性，他喜欢这个职位，希望自己能影响董事会，以便被任命为中东分公司的负责人。

"在这里，我的个人追求和个人价值观产生了冲突，"当罗素乘坐公司的直升机离开利雅得的时候对他的助理克里斯多夫·邓恩（Christopher Dunn）说。"我想说的是，看看这周围，这就是我梦想的工作，并且我能够胜任。如果有人在我还在内布拉斯加州上中学时告诉我，我将来会有一份工作，而且是乘坐公司飞机从沙特起飞，我肯定会笑掉大牙。"

"打扰一下，罗素，你和克里斯多夫喝点什么？"乘务员问道。

"一杯威士忌，"罗素说。

"我也是，"克里斯多夫说。

乘务员走了之后，罗素悄悄说："公司对这个地区志在必得。他们只想看到报告说，'哇，我们在这里会大赚一笔。'而我们在过去几周里所看到的也能证实这一点。这里看起来非常棒！但是这里的我，"他指着他的胃说，"其实在不停地嘀咕——我到底是该给他们一份能赚大钱的报告，还是告诉他们真相，即这个分公司有很严重的问题……"

"……那这份工作就成了比尔的了，"克里斯多夫说。

"没错。到年底，数据会看起来很漂亮，也会达到我们的绩效标准，但是我认为这里的管理问题很严重。我知道我们在一个文化差异很大的地方工作，并且我可以获得补贴。我对于他们的祷告活动没有任何意见。我知道得在他们的斋月里和开斋节里不谈生意。我会见酋长或赛义德也很自在，当一个商人拉着我的手带我进入房间时，我甚至不觉得有什么奇怪的。我能应付所有这一切事情。但是，这里的公司有一件事让我感到苦恼，我想也会让总部的多数经理感到苦恼，这就是我这个报告纠结的地方。我应不应该实话实说？"

"当然，必须诚实……"

"你慢点说，我们可是在谈论我的事业。"

"好。你想在报告里增加或者不增加什么内容？"

"主要的问题是优素福·赛义德（Youssef Said），"罗素说。

"我知道。但是如果是我，我会尽量不提那个。公司都喜欢这个人。比尔·安德鲁斯一直是他的拥护者，因为他的成果显著，至少短时期看是这样。"

"我不同意。我想如果他们看到他的行为，就不会这样想了。我不理解比尔为什么要支持他。"

"他们见过他的行为，"克里斯多夫说。

"哦，他们看到的是他希望他们看到的。你和我看到的是他天天怎么对待同事和员工的。他的苛刻让人瞠目。我看到他完全不顾他人的观点，以羞辱别人为乐，冲人们大吼大叫，有几个人甚至已经辞职了。我跟他提起过几次，他都说，'我知道，但请理解……'"

"这里的做事方式就是这样，"克里斯多夫说，这是他们两个人经常听到的一句话。

"我不认为这里的就是这种方式。这不是我们的文化，至少不是美国和欧洲的文化。这只是他的方式。我不知道这对员工的士气有什么影响，我认为在这里工作的人会相信公司和他是一致的，这就是我们的政策，"罗素说。"优素福可信任的朋友和家人非常少。对我来说，他似乎永远都在谈生意，到处社交。我知道阿拉伯人喜欢做买卖，喜欢谈判，但是有太多优惠、太多不成文的协议和付款了，我不知道我们要不要干涉。我不知道国际法或公司自己的伦理是否被置于不顾，我严重怀疑这个人的行为是不是符合 Kresk 公司文化和公司伦理。但是我需要把这些担心都写进报告里吗？……"

"这样的话你要么是打破了董事会的幻想，让他们对比尔产生怀疑，要么他们会怀疑你，不给你想要的这份工作？"

"另一方面，如果我看到我认为的严重的长期问题，但现在在这个报告里只字不提，问题以后出现了，我要因为违反了道德法则而感到内疚吗？"罗素停顿了一下说。"因此，克里斯多夫，在明天的董事会上我说什么呢？"

问题

1. 你认为罗素·哈特应该在他的报告里报告优素福·赛义德吗？为什么？如果你在他的位置，你会怎么做？

2. 要真实地揭发这一切，哈特需要多少或哪种勇气？你会给哈特提供什么样的建议帮助他获得那种勇气？

3. 你会把优素福·赛义德、罗素·哈特和比尔·安德鲁斯分别放在科尔伯格道德发展水平的哪个阶段？为什么？

男孩、女孩、渡船船长和隐士

有一座岛，岛上住着一个女孩。不远处有另一座岛，岛上住着一个男孩。男孩和女孩非常相爱。

男孩不得不离开他的小岛去远行，要走很长一段时间。女孩觉得她必须要在男孩走之前再见他一次。从女孩的岛到男孩的岛只有一种方法，那就是乘坐由一个渡船船长划的渡船。女孩走到码头，请求船长带她到男孩的岛。船长答应了，但向她要路费。女孩说她没有钱，船长告诉她说没有钱也可以，但是，"如果你今晚和我在一起，我就带你过去"。

女孩不知道该怎么办，于是她向山上走去，她来到一座小茅屋，茅屋里住着一位隐士。我们把这个隐士叫作第一位隐士。女孩向隐士讲述了她的故事，并问他的建议。隐士认真听完她的话，告诉她说："我无法告诉你该怎么做，你必须自己权衡各种选择和牺牲，用自己的心做决定。"

于是，女孩走回码头，接受了船长的要求。第二天，当女孩到达另外一座岛时，男孩正等在码头来迎接她。他们拥抱在一起，然后男孩问她是怎么过来的，因为他知道她没有钱。女孩告诉他船长的要求以及她的做法。男孩听完后一把把她推开，说："我们完了，就到此为止。你走吧，我再也不想看到你。"他离开了她。

女孩又孤独又困惑。她又走进这座岛的山里，又来到一座住着第二位隐士的茅屋前。她告诉这个隐士她的遭遇，问他她该怎么做。隐士说她什么也做不了，尽管在这座小屋住下来，吃他的食物，睡他的床，而他趁此到城里去讨点钱，给她做回去的船费。

当第二个隐士带着钱返回的时候，女孩问该如何报答他。隐士回答道："你什么也不欠我的，我们彼此亏欠。我只是喜欢乐于助人。"于是，女孩走回码头，回到了自己的小岛。

问题：
1. 列出故事里你喜欢的人物，按照喜欢程度依次排列。是什么样的价值观让你做出这样的排列？
2. 给这些人物评判他们各自的道德发展阶段，并解释。
3. 评价每个人物的勇气水平，然后进行讨论。

第6章 勇气和道德领导

第 7 章

追 随 者

你的领导学挑战

读完本章之后,你应该做到:

- 有效地进行向上管理和向下管理。
- 认清自己的追随风格,并且努力成为更有效的追随者。
- 理解领导者在培养有效追随者过程中起到的作用。
- 运用有效追随者原则,包括责任、服务、挑战权威、参与改革和急流勇退。
- 将有效追随者战略运用到学习或工作中。
- 了解追随者和领导者对彼此有怎样的期待。
- 通过信息反馈和领导力培训帮助追随者成长并发挥其潜能。

章节大纲

- 追随的艺术
- 领导者对追随者的期待
- 追随者风格
- 向上管理的策略
- 向上管理的能力和勇气
- 追随者对领导者的期待

- 道恩·马歇尔和 Pathmark 超市
- 约翰·斯特鲁普,百通公司
- 劳里·斯泰因,罗克斯公司

领导进行时

- 欧文·亚龙和玛西亚·雷诺德

领导者自查

- 追随的力量
- 你是一个令人厌烦的追随者吗?
- 训练准备

领导者书架

- 《好老板坏老板:如何成为最好的老板以及如何向不好的老板学习》

工作中的领导者

- 追随者角色扮演

领导力开发:案例分析

- 等待批准
- 杰克的宠物乐园

欧文·克里斯多夫(Irving Christopher)和安吉拉·纳瓦罗(Angela Navarro)正站在悬崖上俯瞰大海。过去的两天对于他们来说很美好,他们在研讨会上学习"在当今文化多元并且社会媒体蓬勃发展的职场中如何成为更好的领导者"这一课题。现在研讨会已经结束了,周末过后他们将开车回家并投入日常工作中去。这两位中层领导者正在悬崖上漫步,欧文说:

"这个研讨会确实有很好的启发作用。不过我的下属已经非常棒了,甚至于如果我决定跳下悬崖,他们会和我一起跳下去。"安吉拉犹豫了一下说:"我不知道是否能说我的下属很棒。如果我的团队成员看到我走到悬崖边上,他们会制止我并告诉我为什么不能那样做。"

你认为上面两位领导者谁拥有更好的追随者?专家认为上述的两种追随者都不是最有效的追随者。盲目地追随领导者跳下悬崖不是一个好的做法,但是追随者制止领导者为追求组织的更大利益进行冒险和高难度挑战的做法也不是领导者所希望的。最好的追随者是能够明白领导者的意图以及深层考虑,帮助领导者找到能够更快、更安全、更有效地实现目标的方法。

在本章中我们将研究追随者的重要性,包括追随者角色的本质,领导者对追随者的期待,每个人表现出的不同追随风格。本章还会研究高效追随者的行事方法,讨论向上管理的策略,以及向上管理的能力和勇气的来源。最后,我们会探讨追随者对领导者的期待,以及在开发和支持追随者的过程中领导者起到的作用。

7.1 追随的艺术

领导力和追随力是密切联系的。那些认为领导力是组织成功的唯一依赖的观点并不正确,并且会对人们在组织中主动承担责任或作出积极有价值的贡献产生消极的作用。任何群体或组织想要成功,就必须要有人自愿并有效地担当追随者和领导者。追随力是可以进行有价值的领导技能学习并运用于实践。此外,领导者和追随者是两个基本角色,在一定条件下二者相互转换,所有人——包括领导者在内——都有扮演追随者的时候。事实是大多数人,甚至是那些处于权威地位的人,更多数时候是追随者而不是领导者。因此,学习如何进行有效的向上管理和向下管理很重要,正如图 7.1 所示。

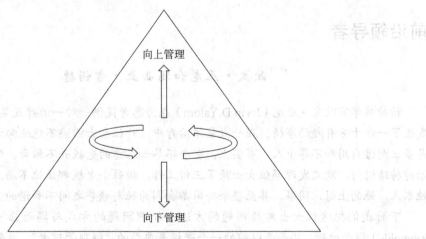

图 7.1　好的领导者会进行向上管理和向下管理

资料来源:Mark Hurwitz and Samantha Hurwitz. The Romance of the Follower: Part 2, *Industrial and Commercial Training* 41, no. 4(2009), pp.199-206.

7.1.1 学习向上管理

> **向上管理**
> 有意并主动与你的直接上级发展一种有意义且相互尊重的工作关系。

向上管理意味着有意并主动与你的直接上级发展一种有意义且相互尊重的工作关系,向他们提供信息、指导,并向他们展示你的主动性,在必要的时候要质疑你的上级以使团队成员为组织更好地工作。只有可以进行有效的向上管理和向下管理的人才能获得更大的成功。组织中越高层的领导者越依靠他的下属提供信息、支持和帮助来完成组织的目标,所以,你的上司需要你进行向上管理。此外,追随者依靠你的帮助从更高的层面获得信息、资源、支持,了解他们的需求并且满足他们应得的部分。人们喜欢为对其下属有影响的领导者工作,因为这样做会提高他们在组织中的地位,并且获得更好地完成工作的有利条件。如果你不能像管理追随者一样实行向上管理,你就不是真正好的领导者。

7.1.2 向上管理目前的独特挑战

很多刚刚成为领导者的人对于向上管理很不适应。对他们来说,最重要的是取悦他们的上司。因此他们很少传递那些可能会使上司感觉不好的信息,不会质疑上司的假设、想法和决定。长此以往,这些领导者的自我保护策略对员工、老板和组织都会产生不利的影响。

向上管理比较难的其中一个原因在于,我们不能像控制和下属的关系一样控制和上司的关系。在没有把握的关系中采取自我保护策略是很自然的行为。然而,事实是在和上司的关系中我们不像自己想象的那样没有把握。上司为了更好地完成工作需要我们的支持,包括我们的智慧、信息、想法和正直的态度。正如我们为了更好地完成工作需要上级的支持一样,领导者如果能像向下管理一样进行有效的向上管理,所有人都将受益。分析下面的案例。

前沿领导者

欧文·亚龙和玛西亚·雷诺德

精神病学家欧文·亚龙(Irvin D.Yalom)在为患者提供一对一治疗或集体治疗的过程中,发生了一件十分有趣的事情。在一次集体治疗中,一位女士滔滔不绝地向大家抱怨她的老板是多么刚愎自用和不尊重人。事实上,有个不尽如人意的老板并不稀奇。但有趣的是:随着治疗持续进行,欧文发现那位女士换了三份工作,但每个老板都让她不满。可以想象,不止她本人,她的上司、同事,甚至整个公司都会因为她与领导之间不和谐的关系而蒙受损失。

下面我们把这位女士看待问题的方法和处理问题的方式与玛西亚·雷诺德(Marcia Reynolds)做个比较。玛西亚以前的一个老板是典型的"微观管理者",监管事无巨细——他会不停地批评指正玛西亚的工作。然而玛西亚决定不去怨恨这个乐于"挑刺"的上司,而是把他看成拥有世界一流员工的世界一流老板。每次他吹毛求疵,玛西亚绝不发牢骚,也不表示抗拒,而是给予积极的回应,把自己变成老板的得力助手。后来她发现有趣的情况出现了:

"当我不再表示抗拒，他反倒开始信任我了，好像也没有要一争到底的意思了。积极配合让我赢得了更大的自主权"。后来，随着老板对玛西亚信任度的增加，他的管理也不那么"微观"了。两人的关系不断改善，双方都能更开心地投入到高效的工作。通过学习向上管理，玛西亚能够更好地完成工作，并且知道她的下属需要什么。

玛西亚·雷诺德明白积极的回应和有力的帮助比怨恨对完成工作更有益这个道理，由此改善了她和老板的关系。高效地向上管理需要了解领导者的需求和期待。

7.2 领导者对追随者的期待

虽然不同的领导者和组织各有差异，但有一些追随者的素质却是受到所有领导者青睐和欢迎的。以下几点就对提高工作效率和改善领导者与追随者的关系有益。

1. 一切皆有可能的态度

领导者不喜欢听借口，他们重视结果。如果追随者积极向上，充满工作激情，能独立、出色地完成任务，而且十分有责任感，那么领导者的工作就会变得相当顺利。领导者欣赏那些能发现问题并主动解决问题的人。例如，一天晚上，FAVI（一家法国铜合金铸造厂）的清洁工在打扫卫生时接到一个电话。她得知一位重要的来访者被耽搁在机场并且没有人接他回旅馆（FAVI 的 CEO 在这位来访者没能按时到来时就离开了机场）。这名清洁工驾驶公司的车用了 90 分钟将这位来访者送回旅馆。然后，她返回公司完成 3 小时前被中断的清洁工作。虽然这些不是她的工作任务，但是这位清洁工知道这家公司的老板欣赏那些能主动承担责任积极做事的员工。

2. 通力合作的意愿

领导者在整个组织中所担负的责任远超过对任何追随者个人的关注点、情绪和表现的责任。每个追随者都是大局中的一部分，所以他们应该认识到自己的一言一行都会对整个组织产生影响。拉里·博西迪（Larry Bossidy）曾任美国联信公司（Allied Signal）和霍尼韦尔有限公司（Honeywell）的董事长兼 CEO，他向我们讲述了曾发生于生产部经理和市场营销部经理间的争端：由于两个部门经理间缺少沟通，库存总是出现状况。拉里不得不同时解雇了两人，因为他们不配合已经妨碍了整个公司的利益。后来两人共同致电公司，表明自己已意识到了错误并承诺加以改正，才得到了复职的机会。

3. 与时俱进的精神

领导者期望追随者了解公司所在行业或他们所从事领域的近况。此外，领导者希望追随者对客户和竞争对手的情况了如指掌，并能预见科技进步和国际事件将对组织产生怎样的影响。大多数人为了得到某项工作机会而拼命学习该领域涉及的所有知识，但常常因此而过度自满，与工作范围以外的大环境脱节。

4. 自我提升的热情

同样，领导者青睐那些主动提升自我而非完全依赖领导者助力的人。任何有助于个人与

第 7 章 追随者　177

他人沟通或接触新思想的事物都有可能帮助个人在人际交往和专业领域有所发展。例如，追随者在组织内外都积极与他人沟通联系；追随者主动承担棘手的工作，表现出他们敢于面对挑战的勇气、打破自身局限的意愿及乐于学习的热情。

7.3 追随者风格

尽管追随者在组织的成功中发挥重要作用并扮演重要角色，但对这一课题的研究还很有限。罗伯特·E. 凯利（Robert E. Kelley）曾提出一个有关追随的理论，在采访了大量的领导者和追随者后，他总结出5种追随者风格并依两种范畴将其归类。第一类范畴指独立性、批判性思维与依赖性、非批判性思维的对比。批判性思维指带着缜密的思维和公正的态度来讨论课题、处理情况或解决问题；客观地收集、评价来自各方面的思想与信息，并能深入挖掘不同可能性的内在含义。独立思维正如第5章中讨论的核心；独立且具有批判性思维的人十分留意他人为实现组织目标而采取的行为效果，并能认识到自己和他人行为的价值。他们能够权衡领导者的决策对实现组织目标会有怎样的影响，并提供有建设性的批评、创意和改革方案。相反，依赖性强、没有批判精神的思考者除了被告知的东西外，考虑不到其他任何可能性，对组织建设没有任何贡献，只知道盲目接受领导者的想法。

凯利用来划分追随风格的第二类范畴是积极表现和消极表现的对比。积极的个人全身心地投入组织工作并参与超出工作范围外的事务中，表现出强烈的主人翁意识，主动解决问题，参与决策。消极的个人则需要领导者持续不断地监督和鞭策。消极常被视为懒惰，消极的人除了完成分内的事，对附加的责任唯恐避之不及。

一个人是积极的追随者还是消极的追随者，是有批判精神的独立思考者还是依赖性强的非独立思考者，决定了他是一个不合群的追随者、被动追随者、循规蹈矩者、实用主义生存者还是有效追随者，如表7.1所示。

批判性思维
独立且具有批判性思维的人十分留意他人为实现组织目标而采取的行为效果。

非批判性思维
依赖性强、没有批判精神的思考者除了被告知的东西外，考虑不到其他任何可能性，只知道盲目接受领导者的想法。

不合群的追随者
那些虽然不主动，但有主见的批判性思考者。

表7.1 追随者的不同风格

追随者风格	思维方式	互动程度
不合群的追随者	独立性、批判性的思考	消极
循规蹈矩者	依赖性、非独立性的思考	积极
实用主义生存者	根据需要	根据需要
被动追随者	依赖性、非独立性的思考	消极
有效追随者	独立性、批判性的思考	积极

资料来源：Robert E. Kelly. *The Power of Followership*. New York: Doubleday, 1992.

不合群的追随者　指那些虽然不主动，但有主见的批判性思考者。通常，他们曾一度是高效追随者，但由于遭受过挫折和打击，如遭到上司的背叛而形成这样的风格。因此，他们虽然有能力，却过分关注组织和别人的缺点。由于愤世嫉俗，不合群的追随者虽能独立思考，却从不帮助解决问题或弥补不足。巴里·帕里斯（Barry Paris）曾经为《匹兹堡邮报》（*Pittsburgh Post-Gazette*）撰写文章达几十年之久。在那里，他以性情乖戾、缺乏热情和团队精神闻名。最终帕里斯认识到，他把所有的时间都浪费于反思他所谓的"伪善的新闻客观性"。"我没法对这种事听之任之。"帕里斯说。他没有尽自己最大的努力并帮助他人保持正直和客观，而是任凭敌意和玩世不恭充斥于他的作品中。

循规蹈矩者　积极参与到组织活动中，却不在工作中运用批判性思维。换句话说，循规蹈矩者的典型做法是无视工作本质，唯命是从。循规蹈矩者总是乐于参与，但从不考虑自己按要求办事的结果——哪怕他们的行为是助纣为虐。举例来说，由于美国国家金融服务公司（Countrywide）、房利美（Fannie Mae）和印地麦克银行（IndyMac）银行等一些次贷巨头的高管纵容次级贷款（有时称为"骗子的贷款"）大肆发放，导致成千上万人由于难以偿还抵押贷款而无家可归。然而这些高管并非唯一的责任者，那些盲目听从上级指示的管理者及职员也难辞其咎。美国国家金融服务公司的前总经理亚当·迈克逊（Adam Michaelson）在《美国丧失了抵押品赎回权》（*The Foreclosure of America*）一书中写到群体思维和盲目从众扫清了阻力，导致人们赞同公司的行为，即使他们认为公司错了。循规蹈矩者只知道避免冲突。事实上，这种风格常常形成于严苛的制度和独裁的环境，因为在这种环境中，领导者把下级的建议看作对他们的挑战或威胁。

> **循规蹈矩者**
> 组织中积极的参与者，但在工作中不会进行批判性思考。

实用主义生存者　可能集四种极端的特点于一身——要看什么样的风格合乎时宜。这一类型的追随者总能采用当前最适合自己职位的风格，尽量减少风险。在任何公司里，总有25%~35%的实用主义生存者。他们多半是出于政治原因而逃避风险，恪守现状。政府官员常常表现出这种追随风格，因为他们要在很短的时间里完成自己的工作。他们或许会向一些必要的人求助，可这些人自己也是疲于奔命，因此为了能在日理万机中苟延残喘，他们甘愿做任何事。实用主义生存者通常还会出现在组织濒临绝境的时候，一些追随者会为了摆脱困难而不择手段。

> **实用主义生存者**
> 集四种极端的特点于一身（不合群、主动、被动、循规蹈矩）——要看什么样的风格合乎时宜。

被动追随者　既没有批判的独立思考能力，又不会积极主动参与。他们既无进取心，又乏责任感。他们只做别人让他们做的事，而且要在严密的监督下才能完成任务。一家大酒店的经理助理发现老板的女儿不仅不按程序办事，甚至需要别人一遍又一遍地告知她完成任务的时间和步骤，而且她对自己的工作毫无兴趣，这就是典型的被动追随者。被动追随者把思考的任务留给领导者，这种风格往往是由领导者的纵容和鼓励造成的。一旦追随者发现表现出主动性、责任感和创造性不仅得不到奖励，反而可能会遭到领导者的惩罚时，他们就会变得越来越被动。那些过分控制他人、严惩错误的领导者，常常促使被动追随者的产生。

> **被动追随者**
> 组织中没有批判的独立思考能力，又不会积极主动参与的人。

有效追随者　对所有人一视同仁，不因其地位不同而区别对待。他们不规避风险或冲突。

相反，为了组织的最高利益，有效追随者有勇气倡导革新，敢于担当风险或与别人发生冲突，即使是面对他们的领导者也不在乎。

> **有效追随者**
> 既是批判的独立思考者，又能积极参与到组织活动中的人。

有效追随者既能处处留意，又乐于行动，他们是组织变得高效的根本所在。他们善于自我管理，了解自身和组织的优势和弱点，并投身于高于自我的事业中。提高自身能力、寻求解决方案及产生正面影响是其工作目标。Pathmark 超市的收银员道恩·马歇尔（Dawn Marshall）就是一名典型的有效追随者。

前沿领导者

道恩·马歇尔和 Pathmark 超市

道恩·马歇尔在宾夕法尼亚州上德比（Upper Derby）的 Pathmark 超市做收银员，每次轮班时间是 5 小时。这天，4 名疯狂扫货的客户排在她的收银台前，短短 8 分钟后，这 4 名客户就提着马歇尔为他们打包好的 27 个购物袋离开了超市，脸上洋溢着满意的微笑。几乎没有人会认为马歇尔的工作多么光鲜或有多大的影响力，但她却把它当作世界上最伟大的工作来对待。

马歇尔善于让人们在采购日常所需的食品杂货时也享受到奢华的待遇。她是一名很好的收银员，但她的专长其实是装袋。马歇尔知道如何利用不太结实的塑料袋把物品都装好，从而保证鸡蛋无损，面包完好，绞好的牛肉馅不会漏到装麦片的盒子里。2002 年，她在全美杂货店协会举办的比赛中获得"最佳装袋员"奖，而那项比赛是根据装袋速度、装袋技巧和风格及态度来进行评判的。"我认为这是一门艺术，因此要认真对待。"马歇尔是这样看待自己的工作的。许多曾光顾 Pathmark 超市的客户都同意这点。他们厌倦了那些只知道把客户的东西扔进塑料袋，全然不顾客户方便或需要的收银员和装袋员。有位客户说，因为马歇尔，她宁愿舍弃离家更近的商店而跑到 Pathmark 购物。"我喜欢她的态度，克隆她吧！"这位客户如是说。

尽管马歇尔每天都站着上班，有时还会碰到粗鲁或不通情达理的客户，但她都用积极的态度来对待这一切。对马歇尔来说，她的工作不仅是装袋，更是为人们的生活提供便利。因此，她对工作充满了活力和激情，并尽其最大努力将每次服务做到最好。她不需要任何人监督她或督促她更加努力地工作，工作越忙她越开心。

> **新领导行动备忘**
> 身为领导者，你也可以成为一名有效的追随者。你可以进行独立的批判性思考，而不是盲目地听从上级指示。你可以主动寻求解决办法，而不是盯住他人的缺点不放。

马歇尔承担了一个在常人看来乏味且收入低的工作，然后通过自己的努力为其注入了意义和价值。她为实现个人价值而承担责任，通过各种方法来扩展自己的潜能并发挥自己的能力来满足他人和组织的需要。像马歇尔这样的有效追随者，同时也扮演了领导者的角色，她不仅为别人树立了榜样，还以其积极的态度去激励和振奋他人。

有效追随者并非无能为力——他们自己也很清楚这一点。因此虽然处在追随者这样一个地位，但他们并没有心灰意冷，也从未想过仇视或操纵他人。本章的"思考一下"描述了一位作者是如何理解有效追随这一概念的。

思考一下！

我们最深的恐惧

我们最深的恐惧并非来源于缺乏什么，而是我们能力无限，难以估量。
是身上的闪光点，而非阴暗使我们深深畏惧。
扪心自问：我到底何德何能，集聪明绝顶、才华横溢、天资超群、美妙绝伦于一身？
事实上，你凭什么不能如此？你是上帝的孩子。
如果你甘于渺小，低调行事，就不能服务世界。
为使他人安心而退缩是不明智的。
我们之所以存在，就是为了彰显流淌在我们身体里的光荣。
它不止存在于我们中的某些人身上，它属于每个人。
当我们自己绽放光芒，也在无意中促使他人闪亮。
当我们从自己的恐惧中解放出来，也在无形中帮助他人从桎梏中挣脱。

资料来源：Marianne Williamson. *A Return to Love: Reflections on the Principles of a Course in Miracles*. HarperCollins.

领导者自查 7.1

追随的力量

说明：在下面每个状态中，想象你为组织中的领导者工作的某个典型的情形。然后回答在那样的追随情境下哪些项基本符合，哪些项基本不符。

	基本符合	基本不符
1. 我常常向经理评论重要的数据和事件。	____	____
2. 我会仔细考虑并对关键问题发表看法。	____	____
3. 我会频繁地建议改善我和其他人工作的方式。	____	____
4. 我用一种新的方法来思考一个旧的问题，向我的经理发起挑战。	____	____
5. 并非坐等领导者指示，而是自己发掘实现组织目标所需的重要行动。	____	____
6. 我常常独立思考并向领导者贡献新想法。	____	____
7. 我会尽力解决困难问题而不是等着领导者来帮忙解决。	____	____
8. 我会扮演"魔鬼代言人"的角色，如果需要论证上行和下行的举措。	____	____
9. 我的工作实现了我较高的个人目标。	____	____
10. 我对工作充满了热情。	____	____
11. 我清楚领导的目标并努力工作助其实现目标。	____	____
12. 这份工作对我有重大意义。	____	____

13. 我感到在每一个平凡的工作日中都很忙碌。
14. 每天我都有机会去做我擅长的事情。
15. 我知道我对公司的成功的贡献是什么。
16. 我愿意付出很多努力去完成超越我的工作范围的任务。

计分与解释

第1~8题测试了独立思考能力，把你选择"基本符合"的个数加起来写在下面。

第9~16题测试了积极参与能力，把你选择"基本符合"的个数加起来写在下面。

独立思考得分：_____

积极参与得分：_____

以上两项分数反映了你的追随风格。小于或等于2分为低分，高于6分为高分。3~5分为中等。请根据得分判断你的追随风格。

追随者风格	独立思考得分	积极参与得分
有效	高	高
不合群	高	低
循规蹈矩	低	高
实用主义	中等	中等
被动	低	低

你觉得自己的追随风格如何？与同学比较一下各自的风格。为了成为更有效的追随者，你还有哪些方面可以改进？

资料来源：Douglas R. May, Richard L. Gilson, and Lynn M. Harter. The Psychological Conditions of Meaningfulness, Safety, Availability and the Engagement of the Human Spirit at Work. *Journal of Occupation and Organizational Psychology* 77 (March 2004), pp. 11-38; Robert E. Kelly. *The Power of Followership: How to Create Leaders People Want to Follow and Followers Who Lead Themselves*. New York: Doubleday, 1992; and Towers Perrin HR Services. Working Today: Understanding What Drives Employees Engagement. 2003, 222.towersperrin.com.

7.4 向上管理的策略

越来越多的人认识到追随者如何管理领导者和领导者如何管理追随者一样重要。向上管理的两个方面：一是理解领导者；二是使用特殊的策略来提高领导者和追随者的关系。

7.4.1 理解领导者

我们常常花时间和精力去了解那些对我们来说很重要的人，同样的道理，如果你想要和自己的领导建立一种高效的工作关系，你就需要花时间和精力去了解自己的领导者。一切都需要你自己带头去了解你的领导者的工作目标、需要、优势和弱势，以及组织的约束。

另外，高效的追随者会主动学习他们的领导者喜爱的工作风格。而不是在相同的情况下两种个人的工作方式或行为方式。高效的追随者学习他们领导者喜爱并且适合他们自己的工作方式。通过采访高级管理者，我们确信这种策略是一种既高效又适合的、建立良好的领导者和追随者的关系的策略。你可以从下面这些领域对领导者的行为进行密切的关注，来学习如何成为一个更高效的追随者。

- 领导者是否想知道有关你的计划、项目、问题等所有的细节？或者他只是想要了解一个大概？
- 领导者是控制还是授权？他是想密切地监督和控制员工的行为还是想授权员工一定的自由度，寻找机会帮助员工成长，挖掘员工的最大潜能？
- 你的领导者在进行决策时是喜欢仔细地分析信息和可供的选择还是倾向于迅速做决定并立即采取行动？
- 你的领导者是一个读者还是听众？他是喜欢你以书面报告的形式上交给他，以便他有时间可以先学习和分析一下，还是他更倾向于你向他进行口头的汇报，以便他可以及时地向你提问？
- 你的领导者更喜欢文字的方式还是数字的方式？他是否喜欢你用资料和数据来支持你的汇报？
- 你的领导者是内向的还是外向的？和很多人互动对他来说起到的是激励作用还是令他疲惫？他喜欢一整天和人们在一起，还是需要独自的空间来思考和充电？

高效的追随者通过和领导者以及他人聊天，关注领导者的行为细节等方式找到了他们能找到的领导者所有的信息，因此他们能够对领导者的工作方式和需要十分敏感。举例来说，和美国总统奥巴马一起工作的人知道他是一个内向的人，喜欢有足够的时间给他考虑。他喜欢有决策备忘录、简略的材料以及其他书面材料以便他可以认真地学习和思考他想问的问题。奥巴马在他发表言论前喜欢考虑很多的信息和观点。而布什总统则是一个外向的人，他喜欢口头报告和快速做决定。

7.4.2　向上管理的策略

多数追随者在一定程度上会抱怨领导者的某些缺点，例如，不善于倾听或鼓励、不能认识到追随者的努力等。然而有些时候，在将这种令人失望和没有效率的关系归咎于领导者之前，我们需要自省。为了追求高效率，追随者需要和领导者发展一种有意义的、任务相关的关系，这种关系能使双方即使在意见不统一时也能为组织贡献价值。

追随者也应该意识到某些行为会触怒领导者，损害彼此的良好关系。某商业杂志采访了一些有权力的人，询问哪些事会触怒他们，总结出了 20 多个追随者易犯易忽视的小毛病。

领导者和追随者之间的关系大多以权威和服从为基础，以情感和行为的方式呈现。领导者是权威人物，可能在追随者心目中扮演强大到不合乎常理的角色。表 7.2 呈现了 4 种令追随者克服以权威为基础的关系并和领导者发展成一种高效、互相尊重的关系的策略。

表 7.2　影响领导者的方法

理智地看待领导者	与领导者建立关系
・停止把领导者理想化	・询问领导者如果处在你的水平/地位会怎么办
・不要隐瞒	・欢迎领导者的反馈和批评，例如"是什么经历使你产生了这种想法"
・不要对别人批评你的领导者	
・偶尔发表反对意见	・请领导者给你讲公司的故事

帮助领导者成为更好的领导者	成为领导者的资源
• 征求意见 • 告诉领导者你的想法 • 找机会向领导者表示感谢	• 了解领导者的需求 • 配合领导者 • 让领导者了解你 • 自我调整以适应团队目标/愿景

新领导行动备忘

领导者自查 7.2 给你一个机会来检验自己是不是一个令人厌烦的追随者。

领导者自查 7.2

你是一个令人厌烦的追随者吗？

1. 如果你觉得自己做的某件事有个错误，你会怎么办？
   A. 坦白承认。最好是把你的顾虑告诉上司，这样他就能判断问题是否存在，并且在他脸色变得难看之前把错误改正。
   B. 试图将错误掩盖一时。也许那根本不是一个问题，所以没有必要令你自己显得无能。

2. 你如何对待上司的批评？
   A. 频繁地光顾他的办公室或者在餐厅的角落找他谈话，以便维持彼此的关系。
   B. 接受建设性的批评，明确上司的要求并继续工作。

3. 在某个重要会议中，你们谈成了一笔上百万美元的生意。会议结束后，你和上司走进拥挤的电梯，你会：
   A. 与上司交谈会议的细节和成果，以此庆祝你们的胜利。
   B. 保持沉默或谈论与生意无关的事。

4. 你的上司采取开放性政策，欢迎任何人随时去他的办公室谈论任何事情。午饭后你突然闯到他的办公室，发现他正在打电话，这时你会：
   A. 马上离开，一会儿回来。
   B. 等待。你知道他的电话一般很短，因此他几分钟后就会空闲。

5. 上司叫你去办公室，但你不知道他叫你去谈什么。
   A. 你准时到了他的办公室，但什么也没有带，然后问他你要带什么东西。
   B. 你准时到了他的办公室，带着纸笔和日程表。

6. 几个星期以来，你一直试图找到和上司面对面交流的机会，你幸运地在卫生间遇到了他，你会：
   A. 解决完自己的事然后离开。
   B. 抓住机会和上司交流。问问题或讲笑话。也许最近都不会有这样的机会了。

以下几个选项是适宜的追随者行为。

1. A. 诚实的自我评价并向上司承认错误的勇气能促进双方的信任和尊重。没有什么比出事以后才暴露出无能更快地摧毁信任。

2. B. 帝国蓝十字和蓝色盾牌前总裁兼首席运营官大卫·斯诺把那些没有安全感、敏感的人称为左右摇摆者,这些人总是在受到批评后左右打听。在工作和生活中,这种人非常令人讨厌。对此,我们只需要继续做自己的事情,不需要理会他们。

3. B. 如果你不认识电梯里的人,最好保持沉默。事后你可以在私底下庆祝你们的胜利。

4. A. 在打电话的人身边徘徊最糟糕,你可以给上司的助手留便条或者等一会儿再来。

5. B. 你应该知道上司不会没有原因就找你谈话。会面时一定要带上纸笔以便做好记录。

6. A. 利用在卫生间的机会引起上司的注意只能说明你已经走投无路了。这还说明你缺乏策略和判断。

上述大部分得当的追随者行为看起来都是应该做到的,但是根据对领导者的采访,追随者在工作时总是反复地犯类似的错误。因此我们应该将这些教训牢记于心,不要使自己成为一名令人厌烦的追随者。

资料来源:William Speed Weed, Alex Lash,and Constance Loizos. 30 Ways to Annoy Your Boss. *MBA Jungle*. March-April 2003, pp.51-55.

成为领导者的资源

有效追随者将自己和组织的目标和愿景联系起来。追随者通过理解组织的目标和愿景,使自己成为领导者汇聚力量和支持的源泉。有效追随者可以用自己的优势弥补领导者的弱势。同样的,有效追随者能够展示个人目标和自己能给组织带来的资源,也能够把自己的想法、观念、需要和受到的约束告诉领导者。领导者和追随者愈能了解对方的日常工作,就愈能成为彼此的资源。在一个组织中,一些残疾人利用董事会开会的机会,提出为成员租用轮椅的请求,这样他们就能坐在轮椅上在工厂内活动。董事会了解到员工面临的问题后,立即改善工厂内斜坡的路面状况,使残疾员工能更好地工作,从而成为公司更好的资源。

帮助领导者成为更好的领导者

追随者对领导者的影响能够提高领导者或者突出领导者的缺点。好的追随者向领导者征求建议,并在领导者的帮助下提高自己的技能、能力,为组织创造更大的价值。他们通过直白地告诉领导者,要想成为更好的追随者他们需要什么,来帮助领导者变得更好。如果领导者认为追随者看重自己的建议,就更倾向于给出建设性的指导意见,而不是毫不留情的批评。

领导者可以通过追随者对领导者有益行为的称赞和感谢变得更优秀,例如,倾听、奖励追随者的贡献、和追随者共同分享成绩。另外,追随者能够为领导者提供狂热的支持,但是还没有到追随者由于自己的领导者没有职业道德并且对组织的目标或价值有威胁而不能保持公正的那种程度。追随者帮助领导者进行有必要的改变,或者防止道德问题的发生,这是领导者最大的利益。在"领导者书架"中有进一步的描述,好的上司喜欢愿意在必要的时候提供重要反馈信息的追随者。

> **新领导行动备忘录**
>
> 作为一名领导者,你应该采取策略与下属建立一种公平公正、相互尊重的良好关系。例如,可以让下属认识到领导者也会犯错,帮助他们摆脱一味服从的心理模式和行为习惯,做最好的自己,使之成为领导者的资源。

领导者书架

好老板坏老板：如何成为最好的老板以及如何向不好的老板学习
罗伯特·I. 萨顿

在《好老板坏老板》一书中，斯坦福教授罗伯特·I. 萨顿提醒我们坏老板对于追随者和组织来说都是负担。他认识到人类需求和经营成果之间存在着天然的对峙关系，并且强调好老板在情况变得不平衡时起到的作用。为爱侮辱人的老板工作的追随者常常会有更差的生产效率、更差的满意度、更多的健康问题，以及犯更多的错误。

好老板怎么做

不幸的是，大多数人知道为坏老板工作是什么感觉。但是，好老板和坏老板明显的区别是什么呢？萨顿引用了一些调查，以及朋友、同事和自己的故事来说明这一点。下面是一些例子来说明好老板怎么做。

- **他们减少自欺欺人的风险。**"对每个老板来说发展和保持自我意识是最重要的。"萨顿写道。然而，他同样认为上司有无知发作的倾向，他们倾向于高估自己的能力并且意识不到自己的缺点。好老板会通过持续不断的寻找反馈来减少自欺欺人的风险。他们鼓励追随者向自己挑战，问困难的问题，持续向他们输入信息，即使这个过程非常坦率甚至不那么令人愉快。

- **他们不使权力欲冲毁大脑。**在"压制内心的恶魔"一章中，萨顿提醒领导者不要令他们的组织权力剥夺他们的人性并使他们变成蠢人。好老板从不挑剔和令人感到威胁。人们的职位越高，越可能遭受"权力毒害"。萨顿说，并且变得和他们周围的人一样的自私和健忘。

- **他们保护自己的下属。**好老板不会变得自私和健忘。他们反而常常十分注意控制自己的情绪和行动，准确地解释他们对别人的影响，并且在忙碌的工作中做出调整。另外，好老板会保护为他工作的下属并且确保他的追随者有资源、时间和自主权来高效地工作。好老板的一个重要角色是"人体保护盾"，来保护他的追随者避免来自"事事干预的高管"、爱打听的参观者、不必要的会议、一大堆其他的侮辱、入侵和时间挥霍者的干扰。

我们所有人都能成为好老板吗？

在《好老板坏老板》一书中，有很多章节收录了一些问卷，来使读者可以在生活和领导力上应用这些理念。萨顿提醒读者："如果你是一个老板，你的成功取决于和他人的思想、感受以及对你的反应保持一致。能够持续改善表现和人性化的老板会投入相当大的精力来理解和回应追随者的感受和行动。"

资料来源：Robert I. Sutton. *Good Boss, Bad Boss*. Business Plus.

与领导者建立关系

有效追随者努力与自己的领导者建立真诚的关系，包括培养信任感，并在信任的基础上讲真话。通过与领导者建立关系，追随者可以使每次沟通都变得对组织更有意义。此外，这种关系中更多的是相互尊重，而不是权力和服从。百通公司的首席执行官约翰·斯特鲁普（John Stroup）说他通过之前在丹纳赫集团的工作学到了这一点。

前沿领导者

约翰·斯特鲁普，百通公司

美国电缆厂商百通公司的首席执行官约翰·斯特鲁普说他更愿意提拔那些偶尔会和他有不同的意见并向他提出挑战的追随者。然而，关键在于追随者是否有天赋以正确的方式做这些事。在之前的丹纳赫集团的工作中，斯特鲁普发现一些新招募的高级经理由于在和上级建立信任关系之前就推动改革或者怂恿上司接受自己的想法而被解雇或者被调走。

斯特鲁普记下了这个教训并且开始和自己的直接上级以及其他高管们建立积极和互相尊重的关系。最终，他告诉上级他想在他的部门进行一项改革，内容是为某些顾客的特殊需要提供完整的解决方案。这和标准的程序是相互背离的，并且这对公司来说是一项有风险的策略变化。他的上司不同意这项改革，但是在听完斯特鲁普的争辩后，他最终同意了这项改革因为"他意识到了我的优势，"斯特鲁普说，"把我的观点讲出来令我感到很舒服，因为我们的关系建立在信任和相互尊重的基础上。"

他的想法获得了巨大的成功，因此斯特鲁普被迅速提拔到了群体的高级管理者的位置。

其他领导者同样意识到了和上司建立一种积极、互相尊重的关系是使重大变革顺利实施的最好的方法。追随者可以通过向领导者提问题来培养尊重感，例如，询问领导者在做下属时的经历，或者积极寻求反馈，并请领导者给出某反馈与批评的依据。通过这样做，追随者可以摆脱顺从的局面，领导者会明白要对自己的批评负责，考虑追随者的立场，分享双方在同一组织内服务的共同经历。

理智地看待领导者

追随者对领导者抱有的不现实的期望是建立有效的领导者—追随者关系的最大障碍。然而期待你的上级是有能力的是合理的，期待他们是完美的是天真和不切实际的。一旦我们接受了领导者是易犯错误的并且会做很多错事，我们就打开了建立平等的关系的一条路。追随者应该视领导者为他们真正的样子，而不是追随者认为他们应该是的样子。

类似地，有效追随者也会呈现完全真实的自己。他们不会试图隐瞒自己的弱点或遮掩自己的过失，更不会向他人批评自己的领导者。掩盖事实是循规蹈矩者和被动追随者的特征，那些浪费时间诋毁自己的上级和公司的追随者只会强化隔阂并且加强不合群的追随者的思维模式。这些不合群的和被动的行为可能对领导者、追随者以及组织产生消极的甚至是灾难性的影响。在关系到部门或组织的工作的情况下，坦率的反对领导者远比向别人批评自己的领导者更有建设性。

7.5 向上管理的能力和勇气

> "从许多角度来看,伟大的追随者比领导者更难,因为前者危险更多且回报更少。"
> ——Warren Bennis,领导学专家,*Still Surprised: A Memoir of a Life in Leadership* 的作者

几乎每一个组织都有追随者提醒我们"领导力有时是多么空洞,并且追随力有时是多么英勇"。但是拥护上级并不很容易。当你意识到领导者是多么依赖追随者的时候,寻找有效地进行向上管理的勇气就变得容易了。事实上,我们的上级比我们拥有更多的能量。然而下属拥有超过人们想象的更多的能量。

7.5.1 向上管理的能力的来源

表 7.3 概述了追随者向上管理的能力的一些来源的渠道。

表 7-3 向上管理的能力的来源

个人的信息来源	地位来源
• 知识、技能	• 可见位置
• 专门技术	• 信息流
• 努力	• 中心位置
• 说服力	• 关系网

个人的信息来源 一条向上影响的个人的信息来源是对组织有价值的追随者的知识和能力。拥有有价值的学识的追随者对领导者来说十分有利,并且他的离开将会是损失。另外,拥有被证明的表现良好的记录的人常常发展专业技术,并用这种方法影响上级的决定。成功的记录和历史贡献可以使追随者获得专家的地位。当一个人被认为是专家,这个人常常可以影响活动,因为他对领导者来说已成为一种不可或缺的资源。影响领导者的能力同样和追随者的努力联系起来。人们可以通过证明自己愿意学习、接受困难的或者不受欢迎的任务、发起一个活动付出远远超过预料的努力这些方式来增加影响领导者的能力。

向上影响的另一个方法是说服,指的是直接向上级呼吁期望的结果。当尝试向上管理时,使用事实和理由的理性说服是典型的最有效的方法。追随者通过使用商业化的方式处理问题,系统的阐释工艺的争论并利用细节支撑,来获得关注和尊重。然而,追随者能够使用多种影响策略,取决于他们的个人特征、风格、偏好和领导者的风格。第 12 章将详细讨论影响策略。

地位来源 追随者的正式地位也能够提供能力来源。例如,某些工作或实际位置能够使追随者面对众多的人员。对于信息流十分关键的位置能够使这个位置及其中的工作人员尤为重要,因此他们对于需要这些信息的人来说也就非常有影响力。中心位置带来影响力是因为该位置的追随者能够认识许多人并且能够帮助到这些人的工作。在一个组织内如果能够多多接触到人员和信息的话,也就掌握了与组织内外众多人员建立关系的方式。而当拥有了关系网之后,追随者也就在领导者面前有更大的影响力,以及更多说服力和做出重大贡献的机会。

7.5.2 向上管理的必要勇气

一些人会思考："我是什么人竟然会向 CEO、主管、团队的领导者发出挑战？"然而领导者依靠愿意走进领导者和挑战领导者的追随者，前提是要符合组织的利益。好的追随者不是唯命是从的人。他们是独立思考并完成工作，有勇气和正直的人。我们在第 6 章中讨论的勇气和正直既适用于追随者又适用于领导者。为了成为有效的追随者，他们必须了解自己的立场并愿意向领导者表明自己的想法和意见，即使这样做可能会使他们丢掉工作、被降职或觉得自己能力有限。有效追随者有勇气承担责任，挑战权威，参与变革，为组织的需要服务，并适时隐退。

> **新领导行动备忘**
>
> 作为追随者，你应该为自身发展、个人行为及工作表现负责。你应该找机会改变自己以迎合组织需要，服务他人，并为这共同目标努力。

承担责任的勇气 有效追随者对组织及其使命富有责任感和主人翁精神，因此勇于为自己的行为及其对组织的影响承担责任。有效追随者并不认为领导者或组织有义务为其提供安全感、行动许可证或个人成长机会；相反，他们主动寻找机会来促成个人发展，训练个人潜能，并为组织发挥他们的最大能力。艾米莉娜·巴瑞拉（Emiliana Barela）在威尔的安特勒——位于科罗拉多的一家滑雪旅行社当了 32 年的清洁工。她以自己的工作为荣，因为她的辛勤工作能让客户更舒适。巴瑞拉认为自己有义务去了解客户，并把他们的利益和需求放在第一位。

挑战的勇气 尽管有效追随者服务和支持他人，但他们绝不会为了一团和气而牺牲个人的正直或组织利益。如果领导者的行为和决策与组织的最高利益相冲突，有效追随者就会站出来指正。举例来说，服从在军队中被认为是最高美德，但是美国的军队教育士兵他们有责任不遵守非法的和不道德的命令。好的领导者期望下属敢于为了组织的利益向自己发起挑战。泰克国际有限公司（Tyco International），是一家早在 2000 年被卷入到财务丑闻的并成功地恢复名誉的大公司，"（今天）唯一会让事业终结的行为是不把坏消息往上汇报，"在人力资源部门任高级副总裁的劳里·西格尔（Laurie Siegel）说。对那些在泰克国际有限公司的领导者来说这是一条有指导意义的原则，来使围绕他们的人能大声说话并使他们负责任。管理者的领导行为每年被评估，并且内容包括评估他们是否愿意在必要的时候挑战他们的上级。

参与变革的勇气 有效追随者把组织的改变和变革看作是所有人共同经历的过程。当组织处在艰难的转变时期时，有效追随者能支持领导者和组织。他们并不怕面对在重塑组织的过程中产生的工作和改变。大卫·奇斯利特在帝国石油一家炼油厂工作时，就曾面临这种考验。该炼油厂是行业里最低效的，董事会给工厂管理者 9 个月的时间来扭转这种局面。作为工厂变革战略的一部分，奇斯利特被上司要求放弃自己的管理职位，重新从工薪阶层做起。奇斯利特同意了这项变动，为整个工厂的变革做出了自己的贡献。

服务的勇气 有效追随者了解组织的需要并积极行动去满足这些需要。在前面的章节中我们谈到了领导者可以服务他人，追随者也同样如此。追随者可以通过支持领导者的决策，在组织中做一些对领导者职位有利的工作来帮助领导者。通过展示为他人服务的意愿，追随者能够为实现组织的目标积极行动，他们具有的激情绝不亚于领导者。罗克斯公司的法律总顾问劳里·斯泰因（Laurie Stein）在公司雇用了一位 CEO 之后，证明她自己是杰出的追随者。

前沿领导者

劳里·斯泰因，罗克斯公司

有一个专家估计当一个公司雇用了一名外来的 CEO 时，管理者有 30%~40% 的可能性被解雇。最好的策略是什么？为新的领导者工作并帮助他成功。

这就是罗克斯公司的法律总顾问劳里·斯泰因所做的。在唐诺德·克诺斯（Donald Knauss）做 CEO 以前，劳里做了大量的调查来帮助自己了解如何更好地和他合作工作。举例来说，她了解到克诺斯更喜欢一页纸的备忘录而不是大量数据，更喜欢非正式的交流而不是正式会议。另外，她开始寻找更好地为组织和克诺斯服务的途径。即使她不同意某些克诺斯计划的政策变革，她也认为支持克诺斯是她的工作。

斯泰因之前在中国工作时，就自愿帮助同事革新公司的政策。克诺斯感激斯泰因的主动性和服务导向的方法。他说："她会帮助任何一个寻求帮助的人。"在做了 CEO 几个月后，克诺斯拓宽了斯泰因的工作任务并且肯定了她的能力。

离开的勇气　有时追随者不得不因为组织与人事的变动而从某种领导者—追随者关系中抽身。例如，当追随者发现自己需要新的挑战，即使对他来说离开一个有很多好朋友和重要同事的工作环境实在很艰难，但如果追随者发现他的领导或组织不愿意做出必要改变，此时追随者就应该果断离开，另谋高就。还有一种情况是：追随者和领导者之间存在严重的意见分歧，追随者意识到自己不可能再支持领导者了，因此有道德义务离开。美军将军约翰·巴蒂斯特拒绝了升职机会并递交辞呈，因为他无法支持上级对伊拉克的军事决策。军官有权向上级提出建议，但如果双方意见无法统一，军官还是要无条件执行上级的决策。一方面是使命感和对上级指挥系统的尊重，另一方面是万千将军的呼声，巴蒂斯特将军连续几周纠结于两者之间，不知何去何从。最终，他觉得自己不能再为上级服务了，便毅然决然地离开了他一辈子珍视的事业。

7.6　追随者对领导者的期待

> **新领导行动备忘**
>
> 作为追随者，你应该帮助你的领导者渡过难关；在上级的决策与组织的最高利益有冲突时，你应该有勇气予以指正。

本章的大部分内容都在讨论对追随者的要求及使追随者在组织中变得更有效的途径。但是，责任并不都在追随者身上。想要有好的追随者，那些处在领导者位置上的人也应该重新审视自己的职责和要求。

研究结果表明，追随者都期待拥有理想的领导者。通过调查追随者对领导者和同事的期望，表 7.4 列出了 4 种最受欢迎的、理想的领导者和同事的特质排名。

追随者希望他们的领导者诚实、有前瞻性思维、鼓舞人心且富有能力。领导者必须值得信任，对组织的未来富有远见，能鼓励他人为组织做出贡献，还能有效处理那些与组织息息相关的事务。

表 7.4 理想的领导者和同事的特质排名

理想的领导者	理想的同事（追随者）
诚实	诚实
前瞻性思维	合作
鼓舞人心	可靠
有能力	有能力

资料来源：James M.Kouzes and Barry Z.Posner. *Credibility*: *How Leaders Gain and Lose It, Why People Demand It*. San Francisco,CA:Jossey-Bass Publishers,1993, p.255.

追随者希望他们的同事不仅诚实、有能力，还值得信赖，能协同合作。因此，对同事的期望与对领导者的期望在两点上是一致的——诚实可信和有能力。然而，追随者自己更希望同事既可靠又配合，而不是高瞻远瞩和鼓舞人心。区分领导者角色和追随者角色的特征不是权威、知识、权力或其他传统观念中追随者所不具备的一些特征，两者之间清晰的界限恰恰在于领导者需要勾画未来的愿景，还需要鼓舞他人为实现这种愿景而努力。我们将在第 13 章中详细讨论愿景，并在第 14 章中描述领导者是如何通过塑造自身的文化价值观来实现愿景的。

表 7.4 的调查结果同样说明了：一些对有效领导者来说恰当的行为也适用于有效追随者。追随者不希望因为领导者的行为而使自己失去做出有价值的贡献的机会。通过明确目标、提供成长机会、给出真诚和具有建设性的反馈以及保护追随者远离组织障碍这 4 种具体的方法，领导者可以提升追随者的能力及其对组织的贡献。

7.6.1 明确目标

向追随者阐明团体或组织的目标及设立该目标的原因是领导者的工作。但创造一个鼓舞人心的愿景仅仅是设定目标的一个方面，追随者还需要明确地认清个人目标和集体目标。许多研究都已表明，清晰具体并且有挑战性的目标有助于调动积极性，使人们有更好的表现。目标明确的好处在于，它能让人明白该把自己的精力和注意力集中在什么地方，并在达成目标的时候给予人们自豪感和成就感。

明确目标的另一好处在于，它能帮助追随者认清自己是否适合某团队、部门，甚至整个公司。这也正是许多领导者采用财务资讯共享管理的原因。当人们看到更广阔的金融愿景时，他们就能了解组织当前所处的位置，明白自己需要做出怎样的贡献。

7.6.2 成长机会

领导者可以作为教练来帮助追随者提升技能，促进其职业发展。**领导力训练**是一种引导、促进追随者进步的方法，目标是帮助追随者提升某项技能并取得发展，如更有效地管理时间、增加个人产值或为新的职责做好准备。训练并不意味着尝试去改变人们并且使他们变得不像自己。相反，它意味着帮助追随者意识到自己的潜能。

要理解领导力训练的内涵，请仔细思考"管理"和"训练"对实施者心态和行为的不同要求。

领导力训练
　　一种引导、促进追随者进步的方法，目标是帮助追随者提升某项技能并取得发展。

管理	训练
指示	放权
评判	促进；清扫障碍
控制	发展

传统管理者需要做的是给追随者下达指令，引导、控制他们的行为，然后评判他们的表现。然而训练的不同之处在于：它赋予追随者自己探索的权利，帮助他们理解学习事物，为他们提供支持，扫清他们在成长成才途中的障碍。

图 7.2 显示了追随者接受领导力训练的好处，包括获得一个新的观点、获得处理具体情况的建议、应用组织的各种政策以及获得鼓励与支持等。追随者提到的最大的好处是能够就其表现获得直接明确的反馈。

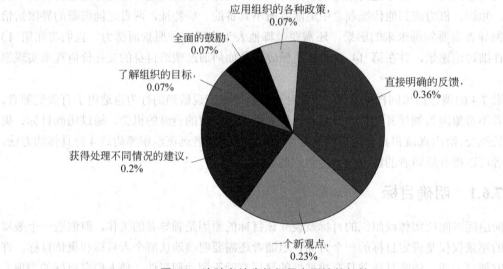

图 7.2　追随者认为的领导力训练的好处

资料来源：The Business Leader as Development Coach. *PDI Portfolio* (Winter 1996),p.6;and Personnel Decisions International,http://www.personneldecisions.com.

7.6.3　经常提供具体即时的反馈

新领导行动备忘

作为一名领导者，你需要形成一种即时反馈的习惯，并且要做到积极反馈与消极反馈并举。作为一名追随者，你可以将获得反馈看作是一种自我提高的方法。换个角度来看待负面反馈可以让你在工作和生活中朝着目标积极努力。

坦率公正的反馈是追随者成长和发展的最重要的因素之一，但是很多领导者不知道如何提供好的反馈。有效领导者将反馈的信息视为一种提高、发展的途径，而不是让人讨厌或畏惧的东西。如果一名领导者提供了反馈，这就意味着他关注追随者的成长与职业发展，并且愿意为追随者发挥个人潜力提供帮助。

领导者用评价与沟通的方式来帮助追随者了解自我、提高自我，最有效的方式就是**反馈**。有效领导者会不断提供富有建设性的积极反馈和消极反馈。例如，如果有人面临一项困难的任务，有效领导者会即时给出反馈，而不是让这个人怀疑自己多么没有效率。一位广告业务经理瑞安·布罗德里克说："听到些什么总比什么都没听到要强。"

追随者喜欢积极的评价，但他们同样希望在做得不好时得到反馈，并且希望这个反馈足够具体，这样下一次就能做得更好。从不给出任何批判性反馈的领导者可以一时获得"好人"的美名，但长此以往只会落得个"没心没肺"的恶名，因为他对提高问题员工的水平没有任何帮助。以下是领导者提供反馈的一些方式，可以在惠及追随者的同时，照顾到领导者与追随者的感情。

> **反馈**
> 利用评价与沟通的方式来帮助追随者了解自我、提高自我的方式。

及时反馈。人们不要等到年会的时候才知道自己做得怎么样以及该如何提高。看到想要纠正或表扬的行为时，领导者应当尽可能及时地给出反馈，例如，一位领导者说："展示做得很好，萨尔。你充分利用了图表，我想唯一还需要改进的地方是，如果能加一些具体数据，如过去的销售金额，那样就更好了。知道哪儿可以找到那些信息吗？要同销售经理一块儿开个会吗？"如果领导者决定等一会儿再给出反馈，那么唯一的可能应该是他想再收集一些必要的信息，或是想组织思路，整理观点。

关注表现，而不是针对个人。反馈不应该仅仅是为了批评某人或指出错误。当一个人觉得自己受到了人身攻击时，他通常不会从反馈中学到任何东西。因此反馈应当始终着眼于帮助追随者进步。领导者必须指出不好的表现，但同时大力表彰优秀表现也同样重要。这能帮助追随者汲取优点，并减轻消极反馈所带来的打击。

具体反馈。有效的反馈能具体说明某一行为给他带来的结果，并阐明领导者赞赏该行为或期待该行为得到进一步改善的原因。领导者可以用举例的方法来说明什么样的行为是有效的，并确认追随者确实理解了自己的意思，而不是想当然地觉得他们都明白。

关注未来，而不是过去。优秀的领导者不会翻一些陈年旧账来说事。此外，如果追随者的错误显然只是一次无心之过，不会再犯，领导者应当就此作罢，而不是给出负面反馈。有效的反馈关注的是未来而不是过去的错误，并且会说明什么是理想的行为和结果。

> **新领导行动备忘**
> 请回答"领导者自查7.3"中提出的问题，了解你是否有正确的心态来受益于领导力训练。

领导者自查7.3

准 备 训 练

说明：思考你对个人成长的态度，然后回答下面的问题，哪些项基本符合，哪些项基本不符。

	基本符合	基本不符
1. 我有强烈的意愿提升自己。	_____	_____
2. 我欢迎可以帮助我更好行动的建议。	_____	_____
3. 我对自己的优点和缺点十分清楚。	_____	_____
4. 我欢迎消极的反馈。	_____	_____
5. 我常常履行承诺。	_____	_____
6. 我常常正视自己犯的错误。	_____	_____

7. 我会吸引上司对我取得的成功的注意力。
8. 在做错事后，我会立刻使相关人员了解这一点并提出解决方案。

计分与解释

每一个"基本符合"的答案计 1 分。

总分_____。领导力训练是领导者提供有价值的反馈给追随者以帮助他们实现潜力的一种方法。追随者的态度在一个成功的训练关系中同领导者的态度同等重要。这份问卷的分数反映了你对于接受领导力训练和从他人那里获得反馈的现有状态。如果你在6分或6分以上，表明你可能已经做好准备接受领导力训练。如果你在3分或3分以下，你可能还没做好准备接受领导力训练。如果你还没以开放的心态接受领导力训练，你认为你能成为一个对别人来说好的教练吗？你愿意改变你的训练心态吗？你可能采取的第一步是什么？

资料来源：Susan Battley. Coached to Lead :*How to Achieve Extraordinary Results with an Executive Coach.* Susan Francisco:Jossey-Bass,2006, pp.20-40.

保护追随者远离组织障碍

好的追随者愿意尽其所能做好工作。他们不希望被管理者的问题和意见不断地打断工作，并且他们不希望自己的工作需要和组织的政策、领导者的不确定因素以及不必要的程序做抗争。就像我们在本章的"领导者书架"中所介绍的，好的领导者"为成为人盾而骄傲"。他们不干涉人们的工作，并且保护自己的追随者远离浪费时间的事例如繁重的组织实践（思考常规的报告，但是没有人看）、有进取心的或者严格的高管、肆意辱骂或者过度要求的顾客或客户以及不必要的会议。

因为好的领导者要承担责任，所以雇员们不需要再去承担。一位美国西南航空公司的领导者打断了一位顾客对登机门服务员的糟糕行为，他告诉这位顾客他不允许自己的员工被这种方式对待，并且陪同这位顾客到另一个柜台购票。负责游戏"模拟人生"和"孢子"（The Sims and Spore）的开发工作的威尔·怀特（Will Wright）在每次被设计师们叫去参加不必要且浪费艺术家时间的会议时，他都会向他的设计者们收费一美元。领导者投入时间和精力帮助他们的下属成为好的追随者。并且当人们不能或者不愿意学习和改变时，好的领导者应去除这样的"坏苹果"而不是让他们影响整个团队。

本章小结

- 追随力对组织的重要性被越来越多的人逐渐意识到。领导者和追随者互相依赖，并且人们更多时候是追随者而不是领导者。
- 能够有效地向上和向下管理的人更能成功，但是向上管理对于新的领导者来说很困难。向上管理的策略包括成为领导者的资源、帮助领导者成为更好的领导者、与领导者建立关系、理智地看待领导者。
- 领导者希望追随者乐观主动、拥有实干精神、具有责任感并能出色地完成任务。有效追随者在组织中既积极又独立。要成为有效的追随者就不能疏离他人，不能唯命是从，不能消极被动，也不能为了明哲保身而碌碌无为。

- 有效追随不是一件容易的事。有效追随者有勇气去承担责任、服务他人、挑战权威、参与变革，并能够急流勇退。追随者可以认识到并且依靠一些个人或职位的能力来源去增加向上管理的勇气。
- 追随者希望他的领导者和同事诚实并有能力。然而，他们同样希望领导者可以有前瞻性思维并且善于鼓舞人心。后两种特性区分出领导者和追随者的不同角色。追随者希望被领导，而不是被操控。他们希望领导者能营造一种和谐、积极的氛围，从而使自己贡献出最大的力量。
- 领导者提升追随者的能力和贡献的4种具体方法是明确目标、提供成长机会、给出真诚和具有建设性的反馈以及保护追随者远离组织障碍。
- 追随者希望获得及时具体的反馈，希望所关注的是他们的表现而不是本人，并且希望关注的是未来而不是过去的错误。

问题讨论

1. 讨论追随者的作用。你认为为什么人们只关注领导者的作用而忽略追随者对组织的作用？

2. 假如你是一名领导者，你最希望你的追随者有怎样的表现？假如你是一名追随者，你最希望你的领导者有怎样的表现？这两种期待的区别和共同点有哪些？

3. 比较不合群的追随者和被动追随者。你能分别举例说明这两种类型吗？你曾经是这两种类型中的其中一个吗？如果你是领导者，将如何对待这两类下属？

4. 为什么向上管理在组织中很重要？描述并解释你最喜欢的向上管理的策略。

5. 这一章描述了追随者需要鼓起勇气的5种方式。你认为哪种最重要？哪种最不重要？讨论追随者获得采取新行动的勇气的来源的可能性？

6. 在你看来，传统的定期业绩回顾与每日提供反馈相比，哪一种更好？你会对哪一种做出更好的反应？试讨论。你认为领导者应如何提高消极反馈来获得好的结果？

7. 你认为哪一种追随者勇气的类型对你来说使用起来最简单？哪一种最难？你能想到拓展你向上影响的能力的方法吗？

8. 某位组织观察家提出：如果追随者犯错，而领导者从不提供负面反馈，长此以往所造成的危害将远大于当场严厉训斥。你赞同这个观点吗？试讨论。

9. 对你来说领导力训练有什么意义？领导者应该如何确定受训对象？

10. 对领导者来说成为追随者的保护者意味着什么？你认为这应该成为领导者对追随者的责任的一部分吗？

现实中的领导

追随者角色扮演

假如你是超链接系统公司（Hyperlink Systems）的生产主管，而你的公司正在为诺基亚手机和 IBM 计算机生产电路板。工厂在价格战中遇到了问题，于是高层管理者请了一名咨询师对生产部门进行分析。工厂经理苏·哈里斯（Sue Harris）要求立即执行咨询师的建议，并想当然地认为产量会立即增加，继而将每周的目标产量定得比以往更高。在你看来，哈里斯没有把学习新流程需要的时间考虑进去，而工厂工人会因此承受巨大的压力。同时，一部分工人拒绝采用新方法，因为使用旧方法，他们反而能生产更多电路板。大多数工人改用了新方法，但生产率并没有提高。一个月过去了，许多工人还是认为旧方法更加快捷有效，生产率更高。

对于哈里斯，你还有其他一些意见。她曾叫你参加一个运营会议，但最后又临时决定让另一名主管去参会，而且没有给你任何合理的解释。她也曾承诺给你的部门新增一些供给和设备，却始终没有兑现。她行动很快，但总没有恰当地执行和跟进。

你思考了自己作为下属的责任，决定直接向哈里斯汇报。在下面的空白处写出你将如何处理这件事情。你会运用自己的知识和她正面交涉吗？你会在什么时间、什么地点与她相会？你会说些什么？你将如何说服她？

_____

_____

哪一种风格更好地展现了你在这种情况下的反应——是有效的、循规蹈矩的、被动的，还是不合群的？你将采用表 7.2 中的哪种策略来帮助哈里斯？

_____

_____

课堂活动　在课堂上，老师可以请学生自愿扮演工厂经理和生产主管。几名学生可以轮流扮演生产主管，让他们展示追随者发挥作用的不同方式。老师可以向其他学生提问，请他们对每位生产主管的有效性给予反馈，讨论哪种方法在此种情况下更有效。

资料来源：K.J. Keleman, J.E. Garcia,and K.J. Lovelace. *Management Incidents: Role Plays for Management Development*, Dubuque , Iowa: Kendall Hunt Publishing Company,1990, pp.73-75,83.

领导力开发：案例分析

等 待 批 准

Alvon 生物识别技术公司的董事会与该公司的 CEO 托尼·巴塞德（Tony Bussard）达成了协议，即任命一名 COO（首席运营官）来负责公司的日常运营，但托尼仍旧控制公司的财务和行政，他显然不想失去任何权力。

每个人都认为这项工作对任何人来说都很巨大。经过数月来的评估、面试和讨论，胡安·卡洛斯·德拉维加（Juan Carlos De La Vega）被任命为公司的首席运营官。

德拉维加是从一家和 Alvon 是竞争对手的小公司应聘来的，最初他对自己的新职位和公司的未来都很感兴趣。德拉维加在军事安全调查中受过训练并变得对生物学数据的测量和统计分析感兴趣，包括指纹、眼睛视网膜和虹膜的声音模式，以及可以用于安全系统的面部模式。他通过自己的工作在竞争对手 Bi-Tech 公司中获得了中层管理者的地位，并且欣然接受了这个他非常热衷的领域的大公司的机会。"这太酷了，"是德拉维加独特对此工作的评论，因为他对于系统的每个小玩意的巨大飞跃都很高兴。

但是德拉维加对于新职位的激动渐渐地消失，因为他试图投入快速变化的技术中，但同时还要适应组织，并且要在托尼·巴萨德的自负下小心翼翼地工作。

巴萨德对于德拉维加的到来看起来很兴奋，他当时的态度简直就像是看到了后援军的穷途末路的军官一样。他对每个人都热情地介绍了新的首席运营官，大加赞赏德拉维加在生物识别技术领域的经验和专业知识的水平，这种赞扬几乎到了尴尬的地步。

"你让我的工作变得更容易了一些，"巴萨德滔滔不绝。"我们对你的到来都很兴奋。"

现在德拉维加已经工作了一年，但是他对自己的工作职责还是很疑惑，以及巴萨德和他的工作的界限在哪里。这些东西实际上从来没有在一个协议中写明，它们的边界模糊并且混淆。甚至在最初的面试中，巴萨德和董事会成员对德拉维加的背景表现出极大的兴趣，没完没了地谈论巴萨德对未来的展望。但是现在回想起来，首席运营官意识到当时根本没有讨论过他的愿景，并且从未提及他如何适应未来。

由于没有明确的协议，德拉维加为了获得责任的指导所做的努力被难以捉摸和含糊的 CEO 漠视了。

"如果他再次跟我说'是的，我们回头聊聊'，我想我会尖叫。"德拉维加抱怨道。"我想成为一名真正的首席运营官，而不是首席执行官的伙伴。同时，我不想令巴萨德和董事会成员们认为他们选择我是一个错误。"

德拉维加角色的混淆同样使公司的等级制度被无视。员工期待德拉维加能做出些指示，但是却对他的工作职责不甚清楚。人们几乎都只寻求巴萨德的指示，而直接绕过了新的首席运营官。工人们喜欢德拉维加，钦佩他的行业经验。然而，旧习难改，屈服于巴萨德的领导的习惯依然持续着。甚至在一年后，员工都不愿冒着激怒巴萨德的风险来转而效忠德拉维加。

对于德拉维加来说，他知道现在应该令权责清晰了，但他很犹豫。因为他不知道应该在什么时间以什么方法接近处于强势地位的 CEO。

问题

1. 如果你是德拉维加，在这种情况下你会怎么做？你是否认为德拉维加为了大幅度地改善和巴萨德的关系等待了太久时间？为什么？

2. 你会如何描述德拉维加的追随者风格？什么方法能够帮助他改善他和巴萨德的关系？试解释。

3. 如果你处于德拉维加的位置，从一开始，你会怎么做？请具体叙述你的行动以及行动时间。

杰克的宠物乐园

杰克的宠物乐园是面向周边居民的一家小型连锁宠物商店。这天，坐在收音机前的亚当·格利特抬起头来瞟了一眼光临宠物店的第一位顾客。这是个愁眉苦脸的小男孩，极不情愿地把一个大鞋盒放到了柜台上。"我们有麻烦了,"孩子的父亲低语道,"所以我想退款。"亚当小心翼翼地掀开鞋盖,发现一只黑色的小栗鼠蜷缩在盒子一角的木屑中,艰难地呼吸着。通常这种栗鼠都是十分活泼机灵的,很明显这只生病了。孩子的父亲是这家店多年的老主顾,他把收据递给了亚当。退款条例亚当早已烂熟于心:"本店在7日之内保证外来动物的健康,逾期不予退款。"这只栗鼠是10天前购买的,但作为老员工的亚当知道,他的老板在这种情况下一定会稍作变通给顾客退还全款。暂时把退款条例搁在一边,亚当如数返还了125美元,并对那个小男孩说:"我很抱歉你的小宠物不能陪伴你了,你想不想再选一只新的呢?"虽然亚当没有按照条例规定行事,但是他相信他的分店经理菲利普·乔丹先生一定会赞同他这种做法。

的确,乔丹支持这种为留住"回头客"而暂且搁置公司制度的决定。尽管公司那本厚厚的制度手册要求雇员们严格按照制度行事,乔丹依然鼓励员工站在顾客的立场上具体问题具体分析。此外,乔丹还十分重视培养一种员工友谊,虽然这可能和制度要求有不同。举例来说,闭店后留下员工打扫仓库卫生,如果员工们表现出积极的工作态度,乔丹就会请所有人吃比萨、喝饮料。在整理货架、清理地板的同时,员工们会讲故事,说笑话,互相帮助并快速完成任务,整个过程其乐融融。虽然有时候高一级的地区经理对乔丹的某些决策颇有微词,但乔丹对他创造的这种高效又和谐的企业文化十分自豪。

乔丹宠物店的营业额一路稳定上涨,年收入比去年高出5.4%。然而这一点儿也不出人意料,因为员工有高涨的积极性和工作热情。员工流动率低也是该店成功的原因之一:抛开公司硬性规定,乔丹用稍高一点的薪资来留住老员工,通过升职来增加员工的责任感和使命感,甚至为"VIP"员工提供免费的主题公园度假游。因为该店的所有员工本人都饲养宠物,乔丹便允许员工将仓库多余的宠物用品带回家,并为他们的宠物提供免费试吃品。他对员工无微不至的关怀造就了该宠物店的成功。当然,乔丹自己心里清楚,一旦他的这些做法被地区经理发现,员工们就不能再享受到这些福利了,所以他学会了坚守秘密。

当乔丹调到了离家更近的一家店时,麻烦来了。新上任主管简·威特奥的管理风格完全不同。她恪守规章,纪律严明,一切都必须按照规定程序来。威特奥在上任的第一天,就宣布了她在任期间的规定:"在店里,大家必须严格遵循公司的补偿政策。根据新出台的工资标准,你们当中一些人的工资要减少。我也不想这么做,但是没有办法,你们前任主管的决定有问题。"于是,包括亚当在内,表现最佳的员工们士气骤降。威特奥在第一个月末开除了一名员工,理由是他违反了店里的退货政策——给一位超过7天时限的球蟒买家全额退了款。另一名员工因为将新到的有机宠物粮试吃品在顾客购买前就送给了她而遭到当场训斥。新主管的行为以及她的高压政策,使员工们觉得既震惊又愤怒。曾经友好温暖的文化氛围消失了。亚当·格利特向他的同事透露:"我已经到街尾的宠物超市申请了一个职位。不过在辞职前,我会和威特奥谈谈,看看她能不能在规定上放宽些。"

亚当鼓起勇气敲响了威特奥办公室的门,询问是否可以和她谈谈。威特奥放下她的阅读放大镜,将面前的财务报表推到一边,示意亚当坐下。"我很担心大家的士气,"亚当开始说明,"我们一些最好的员工正在离开,而我也在考虑辞职。前一任主管在位时,我喜欢上班,也很享受员工和顾客间的友谊。但现在每个人的情绪都很糟,顾客也在流失。"他深呼吸了一口气,继续说道:"如果您能在政策上更宽容一些,我很愿意留下来。"但威特奥似乎并不赞同，仍旧坚持自己的立场，她解释道："亚当，我有责任做一名严格的主管。并且我一直怀疑你们的前任主管并没有遵守公司的规章。我就是希望按照上面的指示来做好我的工作。很遗憾听说你要走了。"

看着亚当垂头丧气地离开办公室，威特奥心想：地区主管肯定会为我能坚守立场而感到骄傲。事实上，地区经理近来确实对她的处事方法赞赏有加。但两人都没有预料到，下季度的销量将会急速下降。

问题

1. 你希望给谁工作，菲利普·乔丹还是简·威特奥？这两位领导者的风格如何影响了宠物店的文化？试解释。

2. 亚当·格利特是哪一种追随者？你比较赞赏怎样的追随者品质？当追随者为你工作时，你希望他们表现出什么样的品质？

如果你是地区经理，你希望哪位商店主管做你的手下，为什么？在你看来，在向上管理方面，哪位主管做得更加出色？那向下管理呢？

第四部分
作为关系构建者的领导者

第 8 章　激励与授权

第 9 章　领导的沟通艺术

第 10 章　领导团队

第 11 章　培养领导的多元化

第 12 章　权力与影响力

第8章

激励与授权

你的领导学挑战

读完本章之后，你应该做到：
- 认识到内在激励与外在激励的不同，并学会应用。
- 采取恰当方法挖掘出能够促使他人实现重要目标的动机。
- 通过满足他人更高水平的需求来激励对方。
- 应用基于需求的激励理论，并且理解公平概念是如何作用于激励的。
- 描述心理授权和结构授权的要素，理解授权如何利于激励。
- 应用工作特性模式来充实工作。
- 识别影响员工敬业度的重要因素，运用敬业度来满足更高水平的需求。

章节大纲

- 领导与激励
- 基于需求的激励理论
- 其他激励理论
- 授权给员工以满足更高层次的需求
- 重视员工敬业度
- 有关激励的新观点

前沿领导者
- 保罗·迈克尔斯，玛氏公司

- Ralcorp 公司
- 凯茜·刘易斯与罗博迪维，英国保诚公司

领导者自查
- 你的需求得到满足了吗？
- 激励他人的方法
- 你敬业吗？

领导者书架
- 《驱动力：有关激励的惊人真相》

现实中的领导
- 应该、需要、喜欢、热爱

领导力开发：案例分析
- 夏洛特的佣金
- 太阳黑子

作为 Solix 公司的 CEO，约翰·帕里（John Parry）意识到必须要采取一些措施来改变现状。Solix 是一家业务外包公司，最近刚从一家更大的公司中分离出来，领导者们正在努力解决一些重大问题。员工们士气不高，年度人员流失率接近 20%，他们频繁地旷工或迟到，不想来工作。更糟糕的是，Solix 没有任何利润。作为领导者，帕里在思考自己应该做什么，最后发现这个问题应该去问 Solix 的员工。他单独约见了每位员工并询问他们的需求以使其更

敬业，更实干，过上更幸福的生活，并且让公司也能够更加成功。

帕里最终决定废除自上而下的独裁式管理，以期领导者与员工能更像搭档一样工作。他废除了管理者在每个工作日朝八晚六地监督员工的死板规定，取而代之的是，一天 24 小时敞开办公室的大门，允许员工灵活地安排自己的时间表。自从帕里做了这些决定，员工精神焕发，公司也兴旺了。员工离职率降到了 4%以下，并且员工的平均短假少于行业平均水平的一半。Solix 连续六年（2007—2013 年）获得了阿尔弗雷德·P.斯隆奖的最佳工作弹性待遇企业，并连续四年获得美国新泽西州"最佳工作地"之一的称号。此外，即使在经济不景气的时候公司的收入也持续增长。那些感到自己受重视的效忠且敬业的员工造成了这些差异。"如果我们在价值数百万美元的合同上信任这些员工协助做出复杂决定，"帕里说，那么他们就可以被信任即便在没有管理者监视的情况下也能认真工作。

很多其他的领导者也发现，创造一个能让员工感到自己受重视、受尊重的工作环境是高效激励的关键。本章将研究组织中的激励，以及领导者如何能使员工展现出最佳水平。我们将着眼于内在激励与外在激励的不同，探究员工在工作中的需求，讨论积极动机与消极动机如何激励他们去行动。每个人都有低层次与高层次需求，有许多不同的激励方法可以满足这些需求。本章将论述几种激励理论，重点关注领导科学和传统管理方式在激励员工方面的不同。最后一节将探究授权和敬业度，以及领导者如何通过使得员工在工作中感到进步来争取更多的职工。

8.1　领导与激励

激励

引发人们的热情与毅力去采取某些行动的内部或外部力量。

我们大多数人都会按照自己的方式来生活，比如早上起床后去上学或者工作。但在对周围的人和环境做出反应时，我们通常很少会思考为什么要努力工作，为什么要在一些课程上投入额外的时间和精力，为什么花费空闲时间来娱乐或志愿活动。然而这些行为都是被某些事情激发的。激励是指引发人们的热情与毅力去采取某些行动的内部或外部力量。对员工的激励会影响生产效率，因此领导者的部分工作就是寻找激励员工的渠道，来实现组织的愿景和目标。对激励的研究可以帮助领导者了解：是什么促使员工开始行动，什么会影响他们行动的选择，以及他们为什么能够长时间地坚持下去。

图 8.1 展现了一个简单的人类激励模型。人们有着基本需求，例如，友谊、认同感或金钱，这些能够转化为内部压力，激发出特定行为来满足需求。当这些行为在某种程度上获得

反馈奖励使人们了解行动是否合适，是否可以被再次使用

图 8.1　一个简单的激励模型

成功，需求得到满足，相当于人们得到了奖励。这种奖励还使得人们了解这些行为是恰当的，并且将来可以再次使用。

如图 8.1 所示，激励的重要性在于它可以引起行动，进而给组织带来更高绩效。研究表明，高员工激励与高组织绩效和利润是紧密相连的。盖洛普（Gallup）的一项广泛调研显示，当组织中的员工都受到高激励，并且表现出最佳水平时，客户忠诚度会提升70%，员工流动率会下降70%，利润会提升40%。领导者可以采用激励理论来使员工的需求得到满足，同时鼓励更高效的工作表现。如果员工没有受到激励来实现组织目标，通常都是领导者的过失。

8.1.1 内部和外部奖励

奖励可以是内部的，也可以是外部的，能够满足低层次和高层次的需求。内部奖励是个人在完成特定行动过程中得到的满足与享受。解决一个有益于他人的问题可以满足个人使命感，完成一项复杂的任务会给予人们一种愉悦的成就感。内部奖励是内在的、受个人控制的，如从事某项工作来满足对能力和自我肯定的需求。

> **新领导行动备忘**
> 作为一名领导者，你不仅需要为员工提供外部奖励，如升职、加薪和表扬，还要帮助员工获得内部奖励并满足他们对成就、成长和自我实现的高层次需求。

与之相反，外部奖励是由他人给予的，典型的是来自主管，包括升职与加薪。外部奖励由于是为愉悦他人而外在地产生的，因此会促使个人为了能够满足自身需求的外部因素而从事某项工作，例如，为了在现代社会中生存而对金钱的需求。设想一下两种情况下激励的不同：擦洗自己的车和因在洗车行工作而给别人擦车。把自己的车擦得光亮而获得的良好感觉是来自内部的，然而在洗车行擦车是需要获得薪酬作为外部奖励的许多日常工作之一。

虽然外部奖励十分重要，但领导者们格外致力于使员工得到内部奖励。内部奖励意在满足个体的高层次需求，如成就感、能力、自我实现和自我肯定。外部奖励则意在满足个体的低层次需求，如物质享受、安全和保障。图 8.2 展现了传统管理理论与现代领导科学在按需激励方面的不同。传统管理方法倾向于满足人们低层次的、基本的需求，依靠外部奖励和惩罚措施来激励人们按照理想的方式表现。这些方法是有

> **内部奖励**
> 个人在完成特定行动过程中得到的满足与享受。

效的，但它们是通过操纵员工对行动的决定来控制他们的行为的，当人们满足于用劳动来换取外部奖励时，他们高层次的需求就不能得到满足。在传统管理方式下，人们会通过恰当的表现来得到奖励或避免惩罚，因为他们不一定能从工作中获得内部满足感。

现代领导方法力求通过给人们提供机会以满足高层次需求并获得内部奖励的方式来达到激励的目的。如果公司员工被赋予了社会使命感，并且能够丰富他人的生活，那么通常他们能受到很大的激励，因为他们从帮助他人的行为中得到了内部奖励。任何公司的领导者都能使员工找到工作的意义。例如，在莫里森管理专家（Morrison Management Specialists），一家为医疗保健和资深养生产业提供食物、营养、餐饮服务的公司，领导者提供名为"我们最好的合作伙伴"的课程，力求帮助员工发现他们的工作是怎样给年老或受疾病折磨的人们的生活带来改善的。"以人为本"的认知方式使得员工通过对彼此的认知来提供卓越的服务。需要记住的是，无论如何，内部奖励的来源对员工来说是其自身内部的，因此，对某个人来

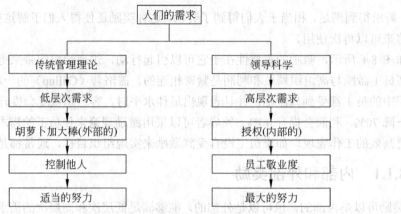

图 8.2 人们的需求和激励方法

资料来源：William D. Hitt. *The Leader-Manager: Guidelines for Action* (Columbus, OH: Battelle Press, 1988), p. 153.

说属于内部激励的因素对另一个人来说也许并无作用。领导者试图使所有员工获得内部奖励的一种方法是，让他们对自己的工作有更多的掌控，有更多的权力去影响最后的结果。当领导者向员工授权，给予他们自由去决定自己的行动时，他们会因为这些内部奖励而表现良好。他们可能会变得具有创新性、革新性，并且对自己的目标付出更多。因此受到激励后，他们通常能做出自己能达到的最好表现。

最为理想的是，工作表现既能满足员工的低层次和高层次需求，同时也能为组织的任务服务。可惜实际情况往往并非如此。领导者的激励作用是创造一种能将人们的需求，尤其是高层次需求，与组织的基本目标结合起来的环境。

8.1.2　正激励与负激励

对于人们来说，促使他们参与到某项特定的行为或活动的激励有正激励，也有负激励。例如，一些人和公司缴税是为了避免被罚款或进监狱的坏结果，而其他人可能是出于帮助团体或社会的积极动机。图 8.3 列出了基于这两个准则的四类动机。横向维度是将受恐惧或痛苦驱动与受成长或愉快驱动进行对比，纵向维度是将由内部因素引起与由外部因素（如领导）引起的动机做比较。这四个象限代表了领导者激励员工的四种不同方式。象限Ⅰ和Ⅱ都是积极的激励方式。象限Ⅰ的激励方式试图通过能创造快乐的外部奖励，例如，给员工加薪，奖金，或者礼物来影响其行为。在旅游推荐网站 Gogobot，领导者为员工提供 400 美元的信贷资金，钱可以用在旅游、食物和宾馆上，只要他们为网站撰写评论就可以。许多领导者发现一些小的、意想不到的奖励，例如，礼品卡、水瓶或者比萨券，都是高效的外部奖励。当给予人们意料之外的奖励时，此举会收到事半功倍的成效。外部奖励很重要，但是好的领导者并不依赖它们并把其作为主要的激励手段。相反，他们也力求运用象限Ⅱ的激励方式来帮助人们找到工作中的意义与乐趣。象限Ⅱ的方法通过帮助人们从工作中得到深层次的自我满足来挖掘他们深埋的能量和承诺。

好的领导者尽可能多地依赖于积极动机。然而，消极方式也有其价值。在现实世界中，几乎每位领导者有时都会不得不采取一些惩罚措施或者利用消极动机来获得理想的行为或者结果。象限Ⅲ利用外部消极措施，例如，恐吓或惩罚，促使人们按照期望的去表现。例如，一些公司会惩罚吸烟员工或者要求超重员工支付额外的健康保费，并认为这是改善员工行为并且减轻公司在健康关爱支出方面的有效方式。这种尝试越来越多，同时领导者引用行为科学研究作为其依据。研究表明人们通常对造成可能损失（不能减重的处罚）的反应比期望增益（减重的奖励）的反应强烈得多，这被称作损失规避。在莫霍克实业公司（Mohawk Industries），自从领导者开始惩罚每位不参与的员工 100 美元后，企业健康风险评估项目的参与度提升了 97%。以前，该公司为参与者提供奖励，但是注册率依旧很低，这促成了向惩罚的转变。

图 8.3 中的最后一类，象限Ⅳ，体现了试图通过引发自我怀疑或焦虑来激励人们，例如，通过强调经济衰退与高失业率来激励人们努力工作。恐惧是一项有力的激励，但是利用恐惧来激励人们通常会对员工成长与长期表现产生消极影响。高效的领导者会避免恐惧策略的使用。

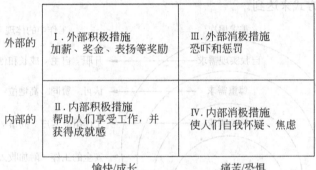

图 8.3　四类动机

资料来源：Bruce H. Jackson. Influence Behavior: Become a Master Motivator. *Leadership Excellence*. April 2010, p.14.

8.2　基于需求的激励理论

基于需求的理论着重强调那些能够激励人们的需求。如图 8.1 所示，需求是内部驱动力的来源，激励人们采取行动来满足这些需求。个人需求就像一份记录着人们想要并且愿意通过工作来得到的东西的隐藏目录。如果领导者了解员工的需求，那么他就能够设计奖励机制来引导员工的精力和优先权，来实现共同目标。

8.2.1　需求层次理论

最为著名的基于需求的理论也许要属亚伯拉罕·马斯洛（Abraham Maslow）提出的需求层次理论。马斯洛的需求层次理论认为，人们受多种需求的激励，并且这些需求按照一定的等级次序存在，如图 8.4 所示，只有当低层次需求被满足后，高层次需求才有可能被满足。马斯洛将激励需求分为 5 个层次。

生理需求：人们最基本的生理需求包括食物、水和氧气。在公司设置中，这些反映在对适宜的温度、空气和能保证生存的基本工资的需求上。

安全需求：接下来是对生理和心理上的安全感以及免受威胁的自由的需求，也就是对避免暴力和社会安定有序的需求。在公司设置中，安全需求反映在对安全的工作，额外的福利和工作保险的需求上。

社交需求：人们都渴望被同事认可，获得友谊，成为群体的一部分，并且被爱。在组织中，这些需求影响人们对于同事之间的友好关系，参与工作小组和与上级保持良好关系的渴望。

尊重需求：对尊重的需求与人们渴望获得积极的个人形象、关注、认可和欣赏有关。在组织中，尊重需求反映在渴望获得被认可的激励、责任感的提升、高地位以及为组织做出贡献而得到的赞誉。

自我实现需求：自我实现，作为最高级别的需求，代表了自我满足的需求：发展自身全部潜能，增强自身能力，并且使自己变得更好。组织中自我实现需求的满足可以通过给予员工成长机会、使其得到授权并且具有创造性、为完成挑战性任务与提升来受到培训等方式来达到。

> **需求层次理论**
> 马斯洛的理论指出人们受多种需求的激励，并且这些需求按照一定的等级次序存在。

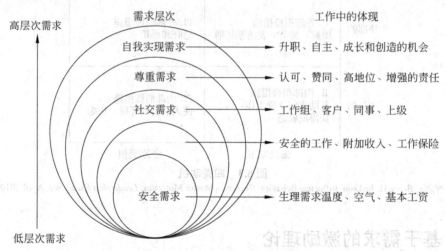

图 8.4 马斯洛需求层次理论

基于马斯洛的理论，生理、安全和社交是短缺性需求。这些低层次需求具有优先权——它们必须在高层次或者成长性需求之前得到满足。需求的满足要按照一定的顺序：生理需求在安全需求之前，安全需求在社交需求之前，以此类推。一个渴望人身安全的人会竭尽全力去获得一个更为安全的环境，而不会关注尊重和自我实现的需求。一旦某个需求得到满足，它的重要程度就会下降，而另一个更高层次的需求就被激活了。例如，当一个团体中，员工得到较高的报酬以及良好的工作环境，他们的基本需求就得到了满足，这时他们希望从工作中得到社交及尊重需求。在一些中国工厂里，领导者已经超越了经济激励而试图以其他激励方式来满足员工的社交和尊重需求，采取的方式有工作竞赛、美国偶像类型的歌唱比赛、练歌房、闪电约会、与管理者共进晚餐，以及关于员工绩效目标的更多交流等。

8.2.2 双因素理论

弗雷德里克·赫兹伯格（Frederick Herzberg）建立了另一种流行的基于需求的激励理论，被称为双因素理论。赫兹伯格采访了数百名员工，询问他们在工作中被高度激励的时刻，以及感到不满、没有受到激励的时刻。他的研究发现，与不满相关联的工作性质和那些与满意相关联的工作性质存在很大区别，这促使他得出了两个影响工作激励的因素。

图 8.5 展示了双因素理论。坐标中间代表中立，表示员工既不觉得满意，也不觉得不满意。赫兹伯格认为，这两个完全独立的维度影响着员工在工作中的行为。第一个维度称作保健因素，包括工作中不满因素存在与不存在的状态，例如工作条件、报酬、公司政策和人际关系。当缺乏保健因素时，工作就会令人不满。这一点与马斯洛描述的短缺性需求相似。好的保健因素能够消除不满，但它本身并不能使人们达到高满意度并在工作中受到激励。

> **新领导行动备忘**
>
> 你可以通过回答领导者自查 8.1（第 210 页）的问题，根据马斯洛的需求层次理论和赫兹伯格的双因素理论，来评价你现在或以前的工作。

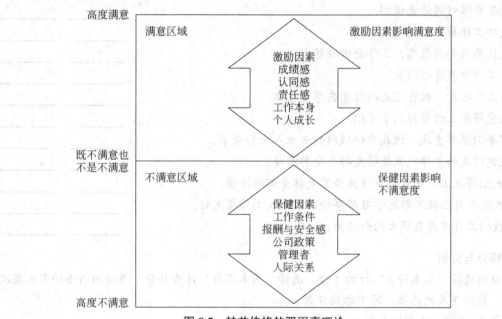

图 8.5　赫兹伯格的双因素理论

第二个维度是影响工作满意度的因素。激励因素能满足高层次需求，例如，成就感、认同感、责任感和成长机会。赫兹伯格认为，当激励因素存在时，员工会被高度激励，并且得到满足。因此，保健因素和激励因素代表着两种影响激励的不同因素。保健因素作用于低层次需求，它的缺乏会引起不满。工资水平低、工作环境不安全或者吵闹都会引起员工的不满，但即使纠正了这些情况也不能带来高水平的工作热情与满意度。高水平的激励因素，如挑战性、责任感和认同感，这些必须得到满足，员工才能受到高度激励。玛氏公司（Mars Incorporated）的领导者成功地运用双因素理论为员工提供保健因素和激励因素，因此同时满足了员工的低层次与高层次需求。

> **保健因素**
>
> 赫兹伯格双因素理论的第一个维度，包括工作条件、报酬、公司政策和人际关系。

> **激励因素**
>
> 赫兹伯格双因素理论的第二个维度，包括工作满足感与满足高层次需求，例如，成就感、认同感、责任感和成长机会。

领导者自查 8.1

你的需求得到满足了吗?

回忆一份你做过的一份具体工作（现在的或以前的）。如果你是一名学生，那就把你的班级和学习活动视为你的工作。根据自身的相关活动回答下列问题，指出每一项对你而言是否相符。

	基本符合	基本不符
1. 在工作中我觉得很安全。	_____	_____
2. 我享有很好的健康福利。	_____	_____
3. 我对工作薪酬很满意。	_____	_____
4. 我认为只要我愿意，工作会十分稳定。	_____	_____
5. 在工作中我有好朋友。	_____	_____
6. 在工作之外，我有充足的时间去享受生活。	_____	_____
7. 我觉得在工作中得到了赏识。	_____	_____
8. 同事们很尊重我，视我为领域内的专业人士和专家。	_____	_____
9. 我觉得我的工作使我能够发挥出全部潜能。	_____	_____
10. 我觉得在工作中我正在作为专家发挥全部的潜能。	_____	_____
11. 我觉得自己在不断地学习新事物，来使我工作得更好。	_____	_____
12. 我的工作中存在很大的创造力。	_____	_____

得分与分析

每题选择"基本符合"计为 1 分，选择"基本不符"计为 0 分。根据马斯洛的需求层次理论，按照下面的指示，写下你的分数。

第 1~2 题：生理需求得分_____
第 3~4 题：安全需求得分_____
第 5~6 题：社交需求得分_____
第 7~8 题：尊重需求得分_____
第 9~12 题：自我实现需求得分_____

这 5 项得分代表了你认为自己的需求在工作中是如何得到满足的。所有需求满足的平均分（12 个问题）一般为 6 分，通常低层次需求的得分比高层次需求高一些。你的得分也是如此吗？你的得分说明你的需求在工作中的满足情况如何？哪些需求没有很好地得到满足？这将怎样影响你对新工作的选择？在发达国家，低层次需求理应得到满足，工作中的激励主要用来满足高层次需求。把自己的得分与同学相比较，他的得分与你有什么不同？询问他的工作情况，解释不同的原因。

重读上面的 12 个问题。哪些问题是赫兹伯格双因素理论中的激励因素？哪些问题是保健因素？分别计算激励因素问题与保健因素问题的平均得分，比较这两个因素的得分与马斯洛需求层次理论的得分，能说明什么问题？

资料来源：M. Joseph Sirgy, David Efraty, Phillip Siegel and Dong-Jin Lee. Copyright © and reprinted with kind permission of Kluwer Academic Publishers. A New Measure of Quality of Work Life (QWL) based on Need Satisfaction and Spillover Theories, *Social Indicators Research* 55 (2001), pp. 241-302.

前沿领导者

保罗·迈克尔斯，玛氏公司

玛氏公司拥有的品牌包括糖果制造商，如M&Ms、士力架，还有宠物食品，如宝路、伟嘉。保罗·迈克尔（Paul Michaels）和该公司的其他领导者，看似满足了保健因素与激励因素的所有需求范畴。玛氏公司，作为美国第三大私营公司，有些情况本是非常隐秘的，但是财富杂志在2013年首次将其列入"100家最适宜工作的公司"之后对该公司的一次采访却揭露了一些有趣的珍闻。

一旦人们在这里得到了工作，他们就几乎不会离开，这表明激励因素如工资和福利待遇很好，工作关系很牢固。与类似的企业相比，报酬很丰厚。如果团队表现优秀，员工便能得到相当于工资10%～100%的奖金。自动贩售机全天免费发放糖果，宠物食品部门的员工可以带宠物来工作。员工上班必须打卡，迟到的话会扣工资，但该项政策对底层员工和高级行政人员都适用。

提到工作场合的公平原则，激励因素包括员工享有研发自主权，能够提出新观点和表现积极得到认可。员工拥有很好的机会去获得提升，不局限于自己的部门，而是整个公司。领导者鼓励员工的成长与进步。吉姆·普赖斯（Jim Price）最初只是玛氏公司的一名门卫，现在已经是一个巧克力车间的质量监测与食品安全经理。当他在公司起步时，上级督促他参加夜间社区大学，并且玛氏公司为他支付了学费和书费。许多玛氏的员工能得到一位导师来学习新技能。管理人员会与较年轻的员工结对，向其学习使用社交媒体。公司的每一个角落都在发展。员工可以带薪休假去志愿参加社区活动，如打扫公园、培植花园或者在诊所帮忙。一个竞争激烈的项目每年选出80名左右的员工去国外偏远地区为玛氏合作者（例如，可可豆种植户）工作6个星期。

对领导者而言，双因素理论的影响是很明显的。员工有多样的需求，领导者的任务不只是消除不满，并且还要使用激励因素，以满足员工的高层次需求，并且激发热情，获得高满意度。

8.2.3 成就需求理论

另一项基于需求的理论是由大卫·麦克莱兰（David McClelland）提出的。成就需求理论认为，一些需求是在个人生活中产生的。也就是说，需求不是与生俱来的，而是在生活经历中认识到的。例如，曼彻斯特·彼得威尔（Manchester Bidwell）是由比尔·斯特里克兰（Bill Strickland）的父母创立并经营的，它是一个非常成功的非营利

获得需求理论

麦克莱兰的理论认为，在人的一生中，有些需求（成就、关系、权力）是靠后天获得的。

组织，为问题青年提供课后及暑假项目。斯特里克兰的父母总是鼓励他追求梦想。20 世纪 60 年代，他想去美国南方声援"自由骑士"，得到了父母的支持；他要把地下室改装成摄影工作室也受到了同样的热情支持。因此，斯特里克兰形成了一种"对成就的需求"，从而使他在今后的人生中取得了惊人的成就。三项最常被研究的需求是对成就的需求、对关系的需求、对权力的需求。

- 对成就的需求：克服一定的困难，达到高标准成功，征服复杂的任务和超越其他人的渴望。
- 对关系的需求：建立紧密的人际关系，避免冲突和建立温暖的友谊的渴望。
- 对权力的需求：影响或控制他人，对他人负责和凌驾于他人之上的渴望。

20 多年以来，麦克莱兰一直在研究人们的需求及其对管理的意义。他发现，对成就需求较高的人倾向于从事那些具有创业性与革新性的工作。对关系需求较高的人是成功的"整合者"，他们的工作是协调个人和部门之间的工作。整合者包括品牌经理和项目经理，这些职位需要出色的技巧。对权力需求较高的人通常能成功地达到组织层级的较高水平。例如，麦克莱兰对 AT&A 的管理者进行了 16 年的研究，发现那些对权力需求较高的人在不断地升职。

总之，基于需求的理论关注的是激励人们如何行动的潜在需求。需求层次理论、双因素理论和成就需求理论都明确了激励人们的特定需求。领导者可以致力于满足员工的需求，从而引导员工恰当和成功的工作表现。

8.3 其他激励理论

另外三种激励理论：强化理论、期望理论和公平理论，主要关注外部奖励和惩罚。依靠外部奖励和惩罚有时也被称作"胡萝卜加大棒"政策。产生期望结果的行为会奖励"胡萝卜"，如加薪和升职。与之相反，不被期望的或没有收益的行为会引来"大棒"，如降职或停止加薪。"胡萝卜加大棒"的方法更多的关注的是低层次需求，虽然有时高层次需求也能得到满足。阅读下一节的内容"思考一下！"，了解一些使用胡萝卜作为奖励因素的观点。

> **新领导行动备忘**
>
> 作为一名领导者，你可以利用良好的工作环境、令人满意的薪酬和舒适的关系来减少对工作的不满。要想提高工作满意度，并且激发工作热情，你可以运用挑战、责任感和认同感等激励。

> **强化理论**
>
> 注重行为与结果之间的关系，主要通过适当地使用直接激励或惩罚来改变或修正员工工作行为的激励理论。

思考一下！

"胡萝卜"会降低满意度吗？

一名店主对每天下午在他商店门口玩耍的孩子们的吵闹感到厌烦。有一天，他要求孩子们离开，并承诺明天他们再来玩的时候会给每人 1 美元。当然，孩子们又出现了。然后，店主说下一天会给每天 50 美分。第二天他给了每个回来的孩子 25 美分。这时候，孩子们说以后他们不会再来了，因为只为 25 美分不值得来。店主通过转换激励达到了自己的目的。他将对孩子们的激励由最初得到的内部愉悦转换成了得到外部奖励。

这个故事的寓意在于，寻求外部奖励的激励，不管是奖金还是职业认同，都会导致人们关注奖励而非从活动中获得的内在满足。外部奖励是暂时的，它们明显是在传递低层次需求，并使人们关注直接的目标和期限而非长久的成功和幸福。

资料来源：Several variations of this familiar story have been told in different sources, including Vincent F. Filak and Robert S. Pritchard. Fulfilling Psychological vs. Financial Needs: The Effect of Extrinsic Rewards on Motivation and Attachment to Internships. presented in the Public Relations Divisions in the Association for Education in Journalism and Mass Communication Conference, August 2008, Chicago, http://citation.allacademic.com/meta/p_mla_apa_research_citation/2/7/2/3/2/pages272318/p272318-9.php (accessed April 20, 2013); Samuel S. Franklin. *The Psychology of Happiness: A Good Human Life*, New York: Cambridge University Press, 2010, pp. 61-62; and Alfie Kohn. *Punished by Rewards: The Trouble with Gold Stars, Incentive Plans, A's, Praise, and Other Bribes,* Boston: Houghton Mifflin, 1999.

8.3.1 激励的强化视角

员工激励的强化方法避开了基于需求的理论中的深层次需求。强化理论只注重行为与结果之间的关系，主要通过适当地使用直接激励或惩罚来改变或修正员工的工作行为。

> **行为修正**
> 强化理论用来修正行为的一套技术名称生活中产生的。

行为修正是强化理论用来修正行为的一套技术名称。行为修正的基本假设是效果定律，即正向的强化行为易被重复，但未被强化的行为不易被重复。强化是指任何导致特定行为被重复或被抑制的方法。领导者可以采用4种方法来修正或塑造员工行为：正向强化、反向强化、惩罚和消除，如图8.6所示。

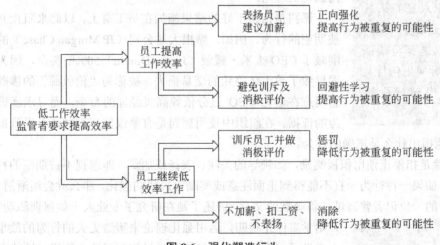

图 8.6 强化塑造行为

资料来源：Richard L. Daft and Richard M. Steers. *Organizations: A Micro/Macro Approach*, Glenview, IL, Foresman, 1986, p.109.

正向强化是指期望的行为发生后，出现好结果或给予奖励。一个很好的正向强化的例子是当员工完成了一些额外工作后立即称赞。研究表明，正向强化确实能改善员工的工作表现。此外，正反馈、社会认同和关注等非金钱强化如金钱奖励一样有效。近期一项

> **效果定律**
> 正向的强化行为易被重复，但未被强化的行为不易被重复。

强化
任何导致特定行为被重复或被抑制的方法。

正向强化
期望的行为发生后，出现好结果或给予奖励。

> "一句真诚合适的表扬所起的作用往往是别的东西所无法替代的，而且完全免费。"
> ——山姆·沃尔顿
> 沃尔玛创始人

新领导行动备忘
作为一名领导者，你可以通过适当的奖励或惩罚来改变员工的行为。如果要快速确立新行为，可以选择持续强化；如果要在长时间内保持某一行为，可以尝试间歇性强化。

反向强化
行为一旦改进就停止不愉快的结果。

对一家高级餐厅员工的研究显示，当领导者能够提供明确的任务，并且对员工表现得如何优秀做出明确的回馈时，会加强激励，提升员工表现。桌椅、地板、休息室的清洁消毒提高了63%，旁站的补货率提高了48%。监管者的关注与回馈为激励提供了心理推动，无须金钱奖励。

事实上，很多人认为非金钱因素更为重要。一项麦肯锡公司所做的针对金钱的激励价值的全球调研显示，受访者"来自直属上司的表扬与称赞"比现金更具激励效果。意外的表扬或欣赏会产生巨大的激励推动。英德拉·诺伊（Indra Nooyi），百事可乐公司的CEO，不仅将感谢信寄给团队中表现优秀的成员，也寄给他们的配偶和父母。Globoforce公司最近的情绪追踪调研显示，82%的员工表示自己的努力被认可会增强激励。"它使我工作更加努力，想要每天工作，并且为自己能为老板工作而自豪"，一位受访者说道。然而，只有65%的被调研公司有认可员工努力的项目，41%的员工表示他们已经至少6个月没被认可过了。

反向强化，有时也称回避性学习，是指行为一旦改进就停止不愉快的结果，从而鼓励并加强期望的行为。也就是说，如果一种行为引起了不被期望的结果，人们就改变这种行为来避免该结果。举个简单的例子，上司对在工作中游手好闲的员工不厌其烦地提醒、唠叨，当员工改正后，上司就停止唠叨，这就是反向强化的应用。

惩罚是指将不好的结果施加在员工身上，以此来阻止并减少不被期望的行为。例如，摩根大通公司（JP Morgan Chase）的董事会削减了CEO杰米·戴蒙（Jamie Dimon）50%的奖金，因为他的失误导致了数十亿美元的交易损失，被称为"伦敦鲸"的惨败。这个惩罚意在避免CEO过分依赖高级经理的命令，而寻求谨慎交易行为的证据。在组织中使用惩罚是有争议的，有时还会受到批评，因为它不能指出什么是正确的行为。

消除是指停止使用积极奖励，如领导的关注、表扬或加薪，即忽视不被期望的行为。换句话说，如果一种行为一直不能得到正面注意或奖励等形式的强化，那么就会逐渐消失。《纽约时报》的一位记者曾写过一篇幽默的文章，讲述了她在研究了专业人士如何训练动物之后，开始学着停止唠叨，运用强化理论来塑造丈夫的行为的故事。如果丈夫做了她喜欢的事，如把脏衬衫放到了洗衣篮里，她就会采用正向强化，给丈夫一个拥抱或亲吻来表示感谢；如果是她不喜欢的行为，如把脏衣服丢到地上，她就会根据消除原则对此置之不理。

领导者可以运用强化理论来影响员工的行为。他们可以在员工每次行为之后强化此行为，这就是持续强化，也可以是间歇性地强化，称为部分强化。通过部分强化，被期望行为的强化达到足以使员工认为该行为值得重复的程度即可，不需要每次都如此。持续强化对确立新行为非常有效，但研究表明，部分强化对于在长时间内保持某一行为更为有效。

8.3.2 期望理论

期望理论认为,激励依赖于个人对于自己能完成任务和得到期望奖励的心理预期。期望理论主要由维克托·弗鲁姆(Victor Vroom)提出,其他一些学者也对此做出过贡献。期望理论并不关注对几种需求的理解,而是注重个人希望获得奖励的思考过程。

期望理论基于个人努力、高水平绩效的可能性与随之而来的理想结果这三者之间的关系。图8.7展示了这些要素以及它们之间的关系。"努力—绩效的期望"(E>P 期望)是指付出努力就能得到良好绩效的可能性。要使这种期望值较高,个人需要有能力、工作经验、必备工具、信息和机遇。有一项十分有趣的关于期望理论的调研,是对美国中西部地区巡警的毒品抓捕情况进行研究。该研究发现,抓捕率最高的巡警是那些受过专业技能训练,并且感到自己有充足的时间和资源来对可疑的毒品活动进行调查的人。

> **惩罚**
> 不被期望的行为发生后,施加给员工的不愉快的结果。
>
> **消除**
> 停止使用积极奖励,意味着行为不被强化,从而未来不会再出现。

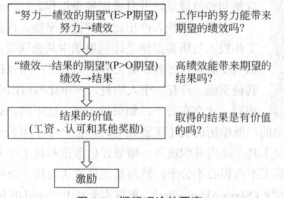

图8.7 期望理论的要素

"绩效—结果的期望"(P>O 期望)是指高绩效带来期望结果的可能性。如果这个期望值较高,个人就会得到较高的激励。结合能力是指结果给个人带来的价值。如果通过很大的努力带来的结果与高绩效不被员工看重,激励便会降低。同样,如果结果很有价值,激励便会提高。一个简单的例子可以用来解读图8.7中的关系。阿尔弗雷多·托雷斯(Alfredo Torres)是一位钻石礼品店的销售人员,当他认为更努力的销售会带来更高的个人业绩,他的"努力—绩效的期望"值就高。再进一步,如果他认为较高的个人业绩会带来升职或加薪,那么他的"绩效—结果的期望"值也较高。最后,如果阿尔弗雷多看重升职和加薪,这几种的结合能力就高,他所受的激励程度也高。要是一个员工被高度激励,期望模型中的3个要素的值都必须高。

和第三章中讨论的路径——目标理论意义相同,期望理论也是把下属的需求和目标进行个人化。每个人都是与众不同的,所以领

> **新领导行动备忘**
> 期望理论和强化理论被广泛地应用于各类组织与领导情境中。领导者自查8.2为你提供了机会去检验在自己的领导中应用这些激励理论的成效。
>
> **期望理论**
> 认为激励依赖于个人对于自己能完成任务和得到期望奖励的心理预期的理论。

导者必须要利用鼓励与奖励共同去激励。一个领导者的责任是弄清每位员工的"特有激励属性",并且帮助员工在完成组织目标的同时满足他们的需求。

根据期望理论,要想增强激励,领导者需要弄清员工需求,提供期望的结果,确保员工有能力来表现良好并且达到期望的结果,并为其提供支持,从而提高员工的期望值。

8.3.3 公平理论

有时,对员工的激励不仅受他们的期望和所得奖励的影响,还受他们对自己与他人相比待遇是否公平的感知的影响。公平理论认为,人们被激励从表现所得报酬中去寻求社会公平。根据这一理论,如果人们觉得自己所得报酬与同等贡献的人所得报酬一致,他们就认为自己受到了公平对待,就会得到更高的激励。如果他们觉得自己未被公平对待,激励就会下降。

萨曼莎·埃克特(Samantha Eckerd)被她的金融服务公司告知,她必须换到一个新的工作岗位才能挣更多的钱,然而当她调换岗位后,公司原岗位以更高的工资雇用了新人。不公平感使得埃克特无比生气与紧张,与人合作的意愿和绩效降低,并且考虑换个工作。

> **新领导行动备忘**
>
> 作为一名领导者,你应该弄清员工渴望的奖励,保证他们有知识、技能、资源和支持去取得期望奖励。你也应该记住,奖励中的公平感与不公平感都会影响激励。

人们利用投入产出比来评价公平性。也就是说,员工将自己的工作投入与所得报酬之比同组织中其他同类人员进行比较。投入包括所受教育、经验、努力和能力等,产出包括工资、认可、升职和其他奖励。只有一个人的投入产出比与组织中其他人的投入产出比相同,才存在公平。如果投入产出比不同,如某个经验丰富、很有能力的员工与一名新来的、低学历的员工工资相同时,便产生了不公平。

一些公司与全体员工共享雇用升职决策、绩效评估数据和员工个人工资水平,坚称这样可以创造信任,并且员工不再担心不公平。然而其他公司认为过于公开透明会造成更多的问题。斯拉瓦·阿克姆切特(Slava Akhmechet),数据库公司 RethinkDB 的 CEO 和创始人之一,就曾实施透明工资制度。但当他在紧缺的劳动力市场雇用新技术人员时却遇到了问题。他发现需要为新员工支付高于现有员工的工资。资深员工开始要求涨工资,并且在一些激励中,当要求不能被满足时绩效和承诺显著降低,因为员工觉得受到了不公平对待。阿克姆切特最终取消了透明工资制。

> **公平理论**
>
> 认为人们被激励去从表现所得报酬中去寻求社会公平的理论。

这些讨论只是简单介绍了一下公平理论。该理论的实际应用仍有争议,因为理论中一些关键问题并不明确。然而,公平理论的关键在于,对很多人来说,激励既受相对报酬的影响,也受绝对报酬的影响。这一理念提醒领导者,应该认识到员工感到激励和绩效方面不公平时可能带来的后果。

领导者自查 8.2

激励他人的方法

回忆你在某个团队或组织中担任正式或非正式领导者的情况。设想一下作为领导者,你运用的个人方法，回答下列问题，指出每一项对你而言是否相符。

	基本符合	基本不符
1. 我询问他人希望高绩效带来的什么奖励。		
2. 我会判断某人是否有能力去胜任他需要做的事。		
3. 我会向我试图激励的人清楚地解释需要做的事。		
4. 在给予他人奖励前，我会找出他需要的是什么。		
5. 我会与员工商议完成任务后所得奖励。		
6. 我会确认员工有能力完成绩效目标。		
7. 我会为他人的出色表现给予特别肯定。		
8. 我只奖励那些达到业绩标准的人。		
9. 我采用各种奖励去强化杰出表现。		
10. 我慷慨地表扬那些业绩出色的人。		
11. 我总是立即表扬那些工作超出平均水平的人。		
12. 我会公开表扬那些工作尤为突出的人。		

得分与分析

以上问题代表了激励理论的两个相关方面。每题选择"基本符合"计为1分，选择"基本不符"计为0分。第1～6题的总分与期望理论相关，第7～12题的总分与强化理论相关。

我的激励方法得分是：

我采用期望理论的得分：

我采用强化理论的得分：

这两项得分代表了你如何看待自己在领导工作中采用期望和强化这两种方法。在期望理论方面不低于4分，说明你通过管理来激励他人，就是说你理解个人的努力会带来高绩效，并确保高绩效会带来有价值的奖励。在强化理论方面不低于4分，说明你用积极的方式来修正他人的行为，采用一种经常的、立即的、正面的强化方式。新上任的领导者通常先学习使用强化理论，随着经验的积累才能学会使用期望理论。

和其他同学交流一下，看看你们的分数有什么不同，这代表了你们在运用这两种不同的激励理论方面的不同。记住，领导者需要掌握这两种激励理论的运用。如果你的得分低于平均分，以后处于领导位置时要有意识地多运用期望理论和强化理论。

资料来源：D. Whetten and K. Cameron. *Developing Management Skills*, 5th ed. Upper Saddle River, NJ: Prentice Hall, 2002, pp. 302-303; and P. M. Podsakoff, S. B. Mackenzie, R. H. Moorman, and R. Fetter. Transformational Leader Behaviors and Their Effects on Followers' Trust in Leader, Satisfaction, and Organizational Citizenship Behaviors. *Leadership Quarterly* 1, no.2 (1990), pp. 107-142.

8.4 授权给员工以满足更高层次的需求

工资透明可能并不总是一个好主意，但许多领导者发现全员共享公司财务数据和允许员工参与到战略决策会带来很大的高层次

> **新领导行动备忘**
>
> 作为一名领导者，你可以授予员工更多的权力和权威，以满足其高层次的激励需求。你可依据以下5个要素向员工授权：信息、知识、判断力、意义和奖励。

激励。Tenmast Software 公司（不共享工资数据）的团队支持协调员安吉拉·李（Angela Lee）说，了解公司的要求并理解自己对公司业绩的影响就是"授权"。其他公司也给予了员工更多的权力、信息和权威以保证他们得到更大的内在满意度。授权是指权力的分享，将权力或权威授予组织成员。

授权能加强激励，因为它满足了个人较高层次的需求。此外，员工的参与能扩展他们的能力，领导者也从中受益。一线工人在某些方面，如怎样改善一项工作流程、满足客户或解决某个生产问题等，比领导者有更好的理解和更多的经验。通过授权给员工，领导者使员工理解自己的工作对实现组织使命和目标的重要性，同时也为他们提供了自由行动的方向。在丽思卡尔顿酒店（Ritz-Carlton hotels），员工拥有高达 1 000 美元的自主决定权以求创造更好的客户体验。当居住在酒店附近的加利福尼亚拉古纳尼古尔市的人们由于火灾风险被疏散时，该酒店打破了禁止宠物入内的规定。一名员工预见到宠物食品的需求，开车去最近的食品杂货点采购狗粮和猫粮，为暂时无家可归的焦急顾客带来了便利。

8.4.1 授权的心理模型

> **授权**
> 分享权力；将权力或权威授予组织成员。

授权能带来强烈的激励，因为个人会认为他可以掌控自己的工作和成功。研究表明，大多数人对自我效能有需求，即希望能够达成目标，感到自己有作用。大多数人带着将工作做好的愿望进入组织，授权使得领导者释放了早已存在的激励。这一章的书架表明，授权能起作用是因为它触及了 3 个能真正激励人们的高层次需求：掌控的渴望、自主意识和操纵的需求。

在向员工真正授权让他们高效完成工作之前，必须具备 5 个要素：信息、知识、判断力、意义和奖励。

（1）员工应得到有关公司业绩的信息。在向员工完全授权的公司里，如 Tenmast Software，简单来说，每个人都被教育要像企业负责人一样思考。员工都可以获得公司的财务数据，并且参加金融素养课程来学习怎样解读它们。

（2）员工应获得知识和技能，为实现公司目标做贡献。公司通过培训课程和其他发展手段使员工具备完成公司业绩所需的知识和技能。例如，生产宠物用品的 DMC 公司，赋予员工权力和责任来负责生产线的关闭，还为员工提供广泛的培训。

（3）员工有权力做出实质性的决定。被授权的员工拥有直接影响工作流程和组织方向的权威。例如，通过质量圈和自主工作小组来实现。位于美国亚利桑那州圣曼努埃尔的 BHP 铜业公司，车间工人鉴定并解决生产问题，且自我判定其在组织中的工作表现。

（4）员工应理解自己工作的意义和影响。被授权的员工认为自己的工作重要且有意义，认为自己有能力和影响力，认识到自己的工作对客户、股东和公司整体的成功产生的影响。

（5）根据公司业绩对员工进行奖励。奖励机制在支持授权方面具有重要作用。员工的奖励基于公司最终的结算结果。美国家庭人寿保险公司对从客服人员到顶级领导者的全体员工施行一项利润共享机制。

领导者书架

驱动力：有关激励的惊人真相

丹尼尔·H. 平克 著

尽管许多证据与之相反，但仍有很多人认为更多的金钱或其他外部奖励是激励他人的最好方式。当然给予员工丰厚且公平的报酬是重要的，但是在《驱动力：有关激励的惊人真相》中，丹尼尔·H. 平克为金钱并不是增强激励的最佳手段这一观点提供了更多的佐证。

I 类型和 X 类型

平克将人群分为两类。X 类型（外部）的人受外部因素驱动，如金钱、名誉、地位等。I 类型（内部）的人，激励源自内部，如完成一些有意义的事后产生的成就感，或在工作中发挥自己最佳能力带来的快乐。平克认为人类天生倾向于 I 类型，但组织对外部奖励的关注经常将我们转变为 X 类型的人。他说，当大多数人在做例行的、机械的、重复的工作时，外部奖励也是有效的，但现今的大多工作都更加复杂、具有创造性，且需要一定的知识储备，因此，领导者需要一种新的方式。

现今，有如下几种激励方式。

提供一份地图

对于外部奖励的过多关注会削减内在满意度。平克认为领导者可以通过提供 3 种关键状态来增强激励。

控制权

"我们对于成长和发展有着与生俱来的渴望——非常希望能够擅长某件事"，平克说。控制权能带来自我充实感，当领导者给予员工时间去学习拓展自身，并且为员工更好的提升提供回馈时，他们提倡的是控制权。不幸的是，现代工作场合是"美国文化中最缺乏回馈的场所之一"，平克说道。

自主权

自主控制是一个人幸福感的重要部分。领导者应该设立目标，为员工提供需要的工具和资源，并且给予员工在如何达成目标方面的酌情决定权。例如，美捷步公司（Zappos）的客服中心员工并没有稿子，员工自主决定如何处理投诉。

目标

对那些要被激励的员工来说，他们需要为了一个鼓舞人心的目标去工作。股价上涨并不能使大部分员工早早起床去工作，更不用说工作时拼尽全力了。领导者应该确立一个使员工相信的并且愿意为之努力的目标。

该书的最后一部分提供了一个"工具包"，里面包含具体的建

工作设计

用某种方式来组织工作，以求满足更高层次的需求，并且强化对完成目标的激励。

议和技巧，以便在现实世界的组织中实施上文所提到的激励的原则。金钱和其他外部奖励有其用武之地，但对平克来说，"金钱激励的最佳方式是给员工足够多的报酬，使钱不再是个问题"。

资料来源：Daniel H. Pink. *Drive*. Riverhead Books/Penguin Group.

8.4.2 授权的工作设计

领导者也可以调整工作的结构方案来给予员工更多的自主权，使其感到工作的意义与授权。工作设计是指用某种方式来组织工作，以求满足更高层次的需求，并且强化对完成目标的激励。工作特性模型提出，一些核心工作维度给员工创造了积极的心理反应，带来了更高的激励与绩效。核心工作维度与心理反应相关，结果见图8.8。

> **工作特性模型**
> 工作设计的一个模型，考虑核心工作维度的技能多样性、任务同一性、任务重要性、自主权和能使工作充实并且提升激励潜能的回馈。

领导者可以从工作的5个维度进行变更来提高工作的激励潜能和授权潜能。

（1）增加技能多样性。具有多项活动的工作需要技能的多样性，从而能得到更多的激励。

（2）改造工作结构，使得员工能够从头到尾完成一项完整的任务。工作特性模型将此视为任务同一性，指的是工作有可识别的开头和结尾。

（3）将任务的重要性合并进工作。当人们进行一项重要的工作时，他们会感到自身能力和自我效能增强，并且能影响到顾客和公司的成功。在 Nerdery，一家网站开发公司，领导者给予全体员工联席总裁的职称，这增强了每份工作的重要性，因为它赋予了每个人自由和责任去做最有利于顾客和公司的事。

（4）赋予员工何时何地完成特定任务的自主权。当人们对于计划和实施任务拥有自由、酌情处理权和自我决定权时，他们会受到显著的激励。

（5）为拓展可能性，设计工作来提供回馈并且让员工看到努力的成果。当工作本身不能及时地提供回馈时，领导者必须努力为员工提供特定的回馈，并且使他们认识到工作如何对组织的成功做出了贡献。例如，詹姆斯·阿尔特（James Ault）一直在潜心研究讨论国家能源政策的相关问题，但可能从未看到过他工作的结果。最后，阿尔特有时发现很难从他的工作中得到心理报酬，他说"做一名电工应该会比较好，你可以为自己完成的工作感到骄傲"。

这5个特性被更多地设计到工作中，员工的激励就会更高，他们的绩效也会更高。实质上，这些改变意在将权威和责任感从领导者身上转换到员工身上，并且使工作得到丰富。工作丰富化将工作与高层次的激励因素，如责任感、认同感，以及成长和学习的机会等相结合。在丰富的工作中，员工控制了表现良好所需的资源，并且自己决定如何开展工作。

接下来的例子介绍的是内华达州的斯帕克斯市 Ralcorp 公司的谷物生产车间的领导者如何利用工作设计来推动员工授权的。

前沿领导者

Ralcorp 公司

要想丰富一项过于简单化的工作，方式之一是将其扩大化，也就是说，把它的责任拓展到几项任务而非一项。在 Ralcorp 公司的谷物生产车间，领导者将几个包装职位的工作结合在一个职位中，对员工进行跨职业培训，让他们能操作所有包装生产线的设备。员工被赋予了能力和责任来完成所有不同的职能，而不仅仅是一项任务。

此外，生产线上的员工不仅负责挑选和面试所有的新员工，还要对新员工进行培训和指导。他们控制着生产流程和从上游到下游的合作者，因为他们了解整个生产过程，知道自己的工作将如何影响产品质量及其他部门员工的生产。Ralcorp 公司在培训方面的投入很大，使得员工既有所需的操作技能，又有能力做决策、解决问题、管理质量以及为持续发展做贡献。

Ralcorp 公司的领导者应用工作设计的要素来丰富工作，提高了员工的激励与满意度。公司也从更高的长期生产率、成本降低和更幸福的员工中受益匪浅。

如图 8.8 所示，5 个核心工作维度能使个体体验到 3 种积极心理反应。前 3 个维度：技能多样性、任务同一性和任务重要性，能使员工认为工作是重要的、有意义的（"对工作具有意义的体验"），这使工作内在地令人满意。工作中更多的自主权会使员工产生更强烈的对于任务结果成功或失败的责任感（"对工作结果责任感的体验"），因此会有更多的承诺。最后一个维度，回馈，为员工提供"对工作活动真实结果的认知"，从而，员工知道自己在做什么，并且能调整工作表现来达到期望产出。

> **工作丰富化**
> 将工作与高层次的激励因素，如责任感、认同感，以及成长和学习的机会等相结合的激励方式。

这些积极的心理反应可以带来更高的内在满足，更高的激励，更高的工作绩效和更低的缺勤率与人员流动率，正如 8.8 所示。

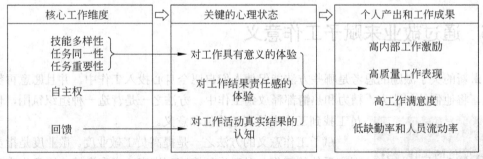

图 8.8　工作特性模型

资料来源：J. Richard Hackman and G.R. Oldham. Motivation through Design of Work: Test of a Theory. *Organizational Behavior and Human Performance* 16, 1976, p. 256.

8.4.3　授权的应用

现在的员工授权模型可按照两个方面来分类：（1）在定义期待的结果时员工的参与度；

（2）在决定如何实现结果时员工的参与度。图 8.9 展示了授权区间从一线员工均没有酌情决定权（如传统流水线）到员工可以参与制定组织战略的完全授权。

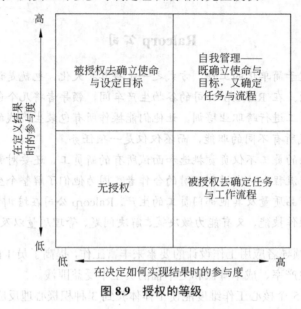

图 8.9　授权的等级

当员工得到完全授权时，他们既参与到使命与目标的确立中，又决定如何实现它们。已经达到高层次授权的一个组织是普能源公司（Hilcorp Energy），美国第四大陆地原油和天然气私人制造商，总部位于得克萨斯州的休斯敦。普能源公司接管大能源公司废弃的探洞，每年从中生产大约 250 万桶的石油和天然气。该公司从 1989 年的三个人和一部电话发展到现在的 600 多名员工（称作合伙人）。管理者将公司的成功归功于一线员工，因为管理者把决定权授予了合伙人，这些人需要充足的信息来做出明智的选择，因此所有的财务和运营信息是共享的。普能源公司合伙人的奖励也基于公司绩效，如果达到绩效目标，他们能拿到高达年薪 60%的奖金。此外，他们还可以购买公司围垦工程之一的经济股份。在普能源公司，员工真的觉得自己是主人翁。

8.5　通过敬业来赋予工作意义

最新的关于激励的思考是哪些方法能促使人们自愿全身心投入工作中，并且愿意再努力一点，将他们的创造力、精力和热情都释放到工作中。方法之一是营造一种组织氛围，使得员工找到工作中的真正价值和意义。

敬业度
员工很享受他的工作，对工作环境感到满意，富有激情，愿意为实现团队和公司的目标做贡献，对公司有归属感和责任感。

赋予工作意义的方法之一是提高员工敬业度。敬业度是指员工很享受他的工作，对工作环境感到满意，富有激情，愿意为实现团队和公司的目标做贡献，对公司有归属感和责任感。全身心投入的员工对组织有感情，并且积极主动地寻找方法去完成任务。近期研究发现只有 30%的美国员工认为自己是敬业的。研究也表明公司的绩效和收益率会随着员工敬业度的提高而上升。此外，盖洛普公司的调研显示敬业员工的人员流动率会下降51%，缺勤率下降27%，并且绩效增加18%。美国网上鞋业零售商Zappos就非常重视员工的敬业度，甚至于如果员工在工作中没有激情，该企业就会支付资遣费辞退该员工。在2011年，这种提前辞退的补贴，内部被称作"报价"，是4 000美元。领导者多次采用该手段来确保把此类员工清理干净了。

领导者的行为最大限度地影响了员工在工作中的投入度。领导者的角色不是去控制他人，而是让每个人能够置身于一个可以学习、献身和成长的环境中。盖普洛公司的研究人员设计了一种衡量方法，称为Q12，利用12个问题来评价领导者通过满足员工高层次需求、提供内部奖励来激励员工的表现。例如，有一个问题是关于人们是否有机会在工作中做自己最擅长的事。回顾在第二章中讨论过的优势及每个人都拥有独特的天赋和才能。当人们有机会做与其天赋和才能相匹配的工作时，他们的满意度和敬业度就会大幅提升。Q12的评价特征还包括员工是否了解自己被期望的是什么，员工是否拥有提升表现所需的资源，员工是否觉得自己因工作优异而受到赏识或得到认可，员工是否觉得自己的意见很重要，等等。Q12调研的所有问题可以在研究员马库斯·巴克林汉姆（Marcus Nucklingham）和卡特·科夫曼（Curt Coffman）所著的《首先要打破所有陈规》（*First, Break All the Rules*）一书中找到。如果大多数员工能够积极回答Q12中的问题，那么组织就拥有一支受到高激励的、敬业的、高绩效的员工队伍。

领导者自查8.3

你敬业吗？

回忆一门你喜欢并且成绩优异的大学课程，据此回答A部分的问题，然后根据一门你不喜欢且表现不好的课程，回答B部分的问题，指出每一项对你而言是否相符。

                       基本符合 基本不符

A部分（针对喜欢的课程）
1. 我能保证定期学习。
2. 我十分努力。
3. 我找到方法使其贴近生活。
4. 我在课堂上发过言。
5. 我会与员工商议完成任务后所得奖励。
6. 我上课时感到很有趣。
7. 我在小组讨论时积极参与。
8. 我帮助落后的同学。

B部分（针对不喜欢的课程）
1. 我能保证定期学习。
2. 我十分努力。
3. 我找到方法使其贴近生活。

4. 我在课堂上发过言。
5. 我会与员工商议完成任务后所得奖励。
6. 我上课时感到很有趣。
7. 我在小组讨论时积极参与。
8. 我帮助落后的同学。

得分与分析

每题选择"基本符合"计为 1 分，选择"基本不符"计为 0 分。在下面写下你的得分。

A 部分的得分：

B 部分的得分：

> **新领导行动备忘**
>
> 做一做领导者自查 8.3 中的测试，衡量并比较一下对于你喜欢与不喜欢的大学课程，你的敬业度如何。

员工敬业度的概念在企业界非常流行。敬业度指的是员工能很好地融入公司，能通过工作展现自己，超越工作所需的最低付出。敬业度在很大程度上与个人满意度和绩效有着积极关联。如果该关联对你的课程而言也是如此，那么你喜欢的课程的得分就应该比不喜欢的课程得分高很多。作为一名领导者，你的挑战是学会使得员工像你最喜欢的那门课程一样敬业。教学和领导是相似的。你的老师用什么技巧来使你努力学习呢？当你成为一名领导者时，有什么技巧是可以使得员工努力工作的呢？

资料来源：Mitchell M. Handelsman, William L. Briggs, Nora Sullivan and Annette Towler. A Measure of College Student Course Engagement. *The Journal of Educational Research* 98 (January-February 2005), pp. 184-191.

领导者可以先确定员工的敬业度，然后制定策略使员工全力付出，提升表现。思考下面为约 700 万客户提供人寿和养老金保障的英国保诚公司的案例。

前沿领导者

凯茜·刘易斯与罗博·迪维，英国保诚公司

和其他金融服务行业的公司一样，在这个被全球经济危机和金融业丑闻进一步破坏的动荡环境下，英国保诚公司（Prudential UK）努力运行着。"客户和机构都不知道该做什么，"保诚的人力资源总监凯茜·刘易斯（Cathy Lewis）说。

刘易斯、保诚 CEO 罗博·迪维（Rob Devey）和其他高层领导者注重关注员工敬业度的提升，使其成为优秀员工。第一步是通过调研收集数据，了解员工希望能有什么改善。领导者成立了一个由各部门的高级职业组成的敬业董事会，来分析调研结果并且确认敬业的主要驱动力。一个调查结果是基层管理人员没有达到公司期望的理想授权。高层行政人员重新规定了基层管理人员的角色，并且对于没有转变的重新指派人员。"这是很痛苦的，"客户服务总监特蕾西·哈里斯（Tracy Harris）说，但是它使得高层领导者允许管理者像经营自己的小公司一样运行自己的部门。调研的另一个发现是，领导者的重要性非常明显，尤其是离总部较远的员工（该公司在伦敦、雷丁、苏格兰、都柏林和孟买都设有办公地点）。

敬业董事会编写了一个长达六章的"故事"，阐述了保诚公司的历史、面临的挑战、应

对挑战的期望行动以及员工如何适应。这个故事通过多种沟通渠道被传递，包括高层领导者去每一处办公地点传达。高层领导者也开始每周写博客，包括记录做出重大贡献或得到奖励的员工。"这是件小事，但我们都热爱它，"刘易斯说。理由之一是它鼓励员工之间的紧密联系并使其成为可能。"这些措施能展现领导者的关心，并且允许人们享有主动权，"迪维说。通过地区公司策划的圣诞集市、家庭日或特殊信息早餐会，员工团体意识大大提升。

当敬业调查实行一年以后，敬业度（员工感到是组织中的一员，并且愿意多做一点）和能力（感到有资源和自主权去把工作做好）都大幅提升。

尽管保诚公司的后续调研结果显示效果十分积极，并且是"值得骄傲的事"，但领导者说这并不意味着他们的工作完成了，"不断询问，不断探讨，"刘易斯说，"组织中的员工才知道如何做出改变。"

> **新领导行动备忘**
> 作为一名领导者，你要营造一种环境，让员工可以释放潜能并且让员工对工作和组织敬业专注。你可以通过使得员工在有意义的目标中获得成就感等渠道提升员工的敬业度。

8.6 有关激励的新观点

敬业和授权能够有如此高的激励潜能，原因之一是它们能触及高层次需求，并且能通过应用一些近期观点，即怎样创造一个员工自我感觉良好的高绩效工作场所，来提供内部奖励。

8.6.1 进步原则

近期研究指出"向目标前进"是高激励的关键。进步原则认为可以在工作时促进激励、使心态积极、提高认知的最重要因素是在为达到有意义的目标而进步。当人们有机会取得成就时最受激励。知道他们每天都在进步，即使是很小的一步，也会使受激励的人在持续追求的道路上感到有很大的不同。

领导者可以采取措施来支持员工取得进步，如设立清晰的目标、赋予员工自主权、提供充足的时间和资源和帮助员工意识到自己所做的贡献。此外，领导者的鼓励和认可使员工认为工作是重要的、有意义的。独创的奖励体系会把员工的每一次进步都记录下来并进行反馈从而为员工注入新活力。有时管理者低估了前面提到的工作特性模型中的持续性回馈的重要性。

> **进步原则**
> 认为可以在工作时促进激励、使心态积极，提高认知的最重要因素是在为达到有意义的目标而进步。

8.6.2 创造茁壮成长的劳动大军

总体来看，这章的很多观点都是领导者创造一个利于员工茁壮成长的环境。茁壮成长的劳动大军使其中的员工不仅满意、多产，并且致力于创造未来——自己的和组织的。茁壮成长的个体的两个组成部分是活力和学习。一个茁壮成长的员工是有活力的、受激励的，并且对工作有热情。他们认为自己的工作有目的和意义。此外，这样的员工在不断学习和成长，并学着掌握现在和将来可以应用到的新知识、技术和能力。

> **茁壮成长的劳动大军**
>
> 其中的员工不仅满意、多产,并且致力于创造自己和组织更好的未来;将活力和学习相结合。

领导者通过应用本章提到的多种激励方法来促进繁荣,例如,满足高层次需求,帮助员工从工作中得到内部奖励,还有为表现和进步提供定期反馈。长期的授权和敬业度可以为茁壮成长的劳动大军创造基本条件。授权和敬业度的目标是转变文化。领导者通过一对一的交流和每天的行动来了解每个员工感到敬业和被授权的希望和需求。尽管有一些关键性的驱动力,但并不存在普遍适用的方式,因为每个个人和组织都是不一样的。正如前面提到的,直接监管者在员工能否敬业和茁壮成长方面起着关键的作用。

本章小结

- 本章介绍了激励员工的很多重要观点。人们受到多种动机的激励来满足一系列的需求。领导者使用的激励方法倾向于正激励,并且满足员工的高层次需求。领导者的作用是营造一种可以使员工的高层次需求和公司的需求可以同时得到满足的环境。
- 基于需求的激励理论关注的是激励人们如何表现潜在需求。马斯洛的需求层次理论认为,人们必须先满足低层次需求,才能进一步满足高层次需求。赫兹伯格的双因素理论认为,必须消除令人不满的因素,然后采用激励因素来满足员工。麦克莱兰认为,人们由于习惯的不同,所受的激励也不同。
- 其他激励理论,包括强化理论、期望理论和公平理论,以及主要关注外部奖励和惩罚,有时称作"胡萝卜加大棒"的激励方法。强化理论认为,人们的行为能通过激励和惩罚来修正。期望理论提出,人们受到激励是因为他们对于特定行为会导致理想结果的期望。公平理论认为,个人的激励不仅受奖励的影响,还受他感觉到的与他人相比是否受到公平待遇的影响。人们在看待自己的表现所受奖励时总是寻求社会公平。
- 一个高效的满足高层次需求的方式是给员工授权。授权可以使员工了解公司的发展方向,并赋予他们采取符合公司发展方向的行动的自主权。领导者可以向员工提供其为公司做贡献所需的知识、做出决定的权力以及完成工作所需的资源。
- 工作可以被设计来提高授权。工作特性模型提出,当工作具备技能多样性、任务同一性、任务重要性、自主权和回馈时,员工被授权和被激励的程度会提升。
- 员工敬业度试图帮助员工发现工作的价值和意义。最佳的激励方式是使得员工敬业,享受工作并且感到自己在做很大的贡献。敬业的员工为达到目标充满激情地付出。领导者应创造使得员工敬业的环境。
- 两个最新的与敬业度相关的激励观点是进步原则和创造茁壮成长的劳动大军。研究表明,激励的最重要因素是感到在为达到有意义的目标而进步。一个茁壮成长的员工在满腔热情地学习和成长,学着掌握现在和将来可以应用到的新知识、技术和能力。

问题讨论

1. 描述人们带给组织的需求种类，人们的个性，如第四章提到的内向型、外向型或者经验开放型，将如何影响工作中的需求呢？

2. 伴随着经济衰退，一些公司悄悄停止了加薪，甚至削减了部分员工的工资，为了给表现突出的员工发放高额薪水。作为一种激励手段，你认为该方法合适吗？有没有什么缺点？

3. 授权是如何为茁壮成长的劳动大军提供两个条件（活力和学习）的呢？结合心理因素和工作特性模型来回答该问题。

4. 谷歌希望员工之间能够更多的交往但不是浪费时间。因此作为该公司"人员策略"的一部分，谷歌分析了大量数据来决定自助餐桌的最佳大小和形状，以及午餐队伍的最佳长度。如果赫兹伯格的双因素理论中的保健因素不能提供增长的满意度和激励，那你认为为什么谷歌要努力增加午餐交往呢？讨论一下。

5. 你认为为什么最新研究表明"在有意义的工作中取得进步"是最重要的激励因素？对于那些从事长期工作，可能几个月甚至几年也看不到成果的员工，领导者要怎样使他们感到进步呢？

6. 一家小公司的老板说她不会给她的业务员提供激励，因为他们会试图妨害其他人来得到更多的业务，并且对小的账目不再重视。作为领导者，你将如何设立机制来激励和奖励高绩效，但避免助长错误行为？

7. 你能思考出一种特殊的激励方式能够满足图8.3中的四个方面（积极外部、积极内部、消极外部、消极内部）吗？描述一下该方法。

8. 你同意本文描述的，领导者的行为在很大程度上决定员工敬业度吗？影响敬业度的其他因素有哪些呢？

9. 有人说，帮助员工找到工作的意义是领导者的责任，你同意这种说法吗？对于信用卡呼叫中心的员工，领导者要怎样做到这一点呢？对于那些清空垃圾桶、打扫运动或娱乐场所休息室的员工呢？

10. 作为美国联邦医疗改革的一员，病人满意度得分目前被用来帮助决定联邦政府在医疗保健方面医疗设备的支出。这符合本章所学的哪种激励理论？这种方法有什么潜在问题？

现实中的领导

应该、需要、喜欢、热爱

回想你在学校或工作中的某项任务，你认为自己有责任去完成，但其实并不想做。写下该任务。

回想你在学校或工作中的某项任务，你认为自己需要去做，还可能得到好处，如金钱或学分。写下该任务。

_____

_____

回想你在学校或工作中的某项任务，你喜欢去做，因为令人享受、很有趣。写下该任务。

_____

_____

回想你在学校或工作中的某项任务，你热爱它，被它吸引，完成任务后，得到了深深的满足感。写下该任务。

_____

_____

现在回想一下这4项任务，看看对你而言，它们意味着什么。在完成这4项任务的过程中，你觉得自己所受激励程度如何（高、中、低）？在完成每项任务时，你需要的心智努力如何（高、中、低）？

现在写下你每周的任务中应该、需要、喜欢和热爱的比例，总和为100%。

应该：_____% 需要：_____% 喜欢：_____% 热爱：_____%

如果你的"应该"和"需要"的得分远远高于"喜欢"和"热爱"的得分，这对你来说意味着什么？是否说明你强迫自己做一些令自己不愉快的工作？为什么？为什么不在生活中加入更多让你喜欢和热爱的工作呢？或者那些"应该"和"需要"的工作已经令你厌倦，你是否应该重新选择生活的重心或一份新工作？仔细考虑这些情况，和同学们进行讨论。

你"热爱"的工作使你的生活充满创新精神。那些从事自己热爱的工作的人总是有某种魅力，其他人希望能够追随他们。那些你"喜欢"的工作总是能适应你的才华和能力，或者能使你做出某些贡献。那些你"需要"完成的任务总是比较实际，能为你带来想要的结果，但这些任务通常不能像"喜欢"和"热爱"的任务一样带来满足感。那些你觉得"应该"完成的任务通常不包括"热爱""喜欢"或"需要"，对你来说很困难、很讨厌，需要很大的努力才能完成。如果只是完成"应该"完成的任务，你就很难成为领导者。

每项任务所占的比例在你的生活中意味着什么？这些任务如何影响你的热情和对生活的满足？你为什么不能有更多"喜欢"和"热爱"的工作？作为领导者，你将如何提升下属"喜欢"和"热爱"的工作比例？具体说说。

_____

_____

课堂活动

老师可以让学生分组讨论他们每项任务的比例，说说这意味着什么。还可以让学生谈谈

"应该""需要""喜欢"和"热爱"的各种工作与本章所讲的激励理论之间的关系，以及领导者是否有责任引导下属做他们"喜欢"和"热爱"的工作，还是只让他们在工作中做"应该"和"需要"的任务就可以了。

老师可以把同学们的各项比例写在黑板上，以便于每个人和他人进行比较。还可以请同学们来解释他们从各项任务中得到的不同程度的满足感，以及这些比例是如何影响学生的个人生活的。

领导力开发：案例分析

夏洛特的佣金

桃瑞丝·安·莱利（Doris Ann Riley），任国王导体（King Conductors）的人力资源经理，在经过员工餐厅的某个隔离座位的花架时，被一段交谈逗乐了。她听出来声音来自皮特·莫里斯（Peter Morris）、卡特·亨利（Carter Henry）和理查德·派克（Richard Parker）。这三个人此刻正在激烈地讨论着一周后的美国橄榄球联盟赛季的开幕和对当地球队四分卫明星队员的续约问题。

"如果他能为5 000万美元的合同留下，他会发挥出更大的能量的。他值得那么多……"皮特宣称。

"这家伙已经有百万资产了，"理查德打断他，"看在上帝的份上，作为一个新手，他去年就挣到了。他就是一个自私的混蛋，他的自私让所有人生气，粉丝、老板，还可能有其他队员。"

"嗯，那些一直在队里，为我们常年赢得比赛的其他队员怎么样呢？"卡特问道。"他们每年都能为我们打进最后的决赛，然后这家伙来了，只待了一年，皮特，他现在要么得到几百万要么就干脆不打了。好啊，他可真伤我们的心。"

"幸好夏洛特·福赛斯不懂美式足球，否则就不止要求这些了，而可能索要整个公司。"理查德的评论打破了餐桌上的紧张氛围，大家都笑了。

花架另一侧的桃瑞丝·安却不再笑了。

夏洛特作为国际舞台上的顶级销售人员，已经为竞争对手英国美林国际公司效力数年。作为伦敦当地人，她的毕生愿望是移民到美国。桃瑞丝·安是把夏洛特从美国对手方马丁导体挖来在国王导体（公司老板是威利·金和詹姆斯·刚韦，很久以前被幽默地称作"金刚"）做销售职位的团队成员之一。在电导体界拉拢夏洛特被视为妙计。上文提到的三家公司长期以来被视为该产业的三大巨头，都是生产需求巨大的电导体的。国王导体的构想是设计用来计算数据处理中持续的抗挠性，旋转私服平台和其他应用。

为了俘获如此高效益的销售员工，桃瑞丝·安是最早答应支付夏洛特超常薪金的人。为了得到销售的直接佣金，夏洛特放弃了基本工资——这是她的老东家已有的策略。这个安排在本公司是非常规的。但是团队认为，这是能把夏洛特从马丁导体挖过来的必要步骤。此外，作为英格兰本地人，夏洛特有靠道路左侧行驶的习惯，由于对美国道路不熟悉，尤其是拥挤的大都市地区，这导致了让她的工作助理也在多种场合当其司机这一不寻常的安排，尤其是出城的时候。然而当她在公司总部工作时，她坐火车上班，经常乘坐火车或出租车。但员工们仍然对这位"夏洛特女王"和她享受的"皇家"待遇有诸多不满。

"她的销售占很大份额，自从她来了，带来了很大的改善。她确实值得这样大费周章，"桃瑞丝·安对公司副总裁查尔斯·欧恩必说道，"但是她找过我，想要提高佣金——大幅度提高——我不知道该怎么办。我认为你、我、威利和詹姆斯需要商量一下。"

"我同意，"查尔斯说，"我认为他们也有理由屈服……"

"但是问题在于，我相信，其他员工会有意见的，"桃瑞丝·安说道，"我听到很多关于夏洛特女王和皇家待遇的讨论，还有那些工作数年的员工却不能得到像新手一样的尊重。所以问题是，我们要屈服还是坚定立场？"

"我知道她可以随时离开去马丁导体，"查尔斯补充道，"两条路都有风险，所以我们必须把大家叫到一起进行商讨，来探究出最佳选择。"

问题：
1. 哪些激励理论能够帮助解释夏洛特的要求和其他员工对这些要求的反应？
2. 你能想出哪些方法来处理夏洛特对加薪的要求？你会选择哪种方法？为什么？
3. 鉴于明星销售人员提出的超高薪金要求，桃瑞丝·安·莱利可能会如何处理员工士气？

太 阳 黑 子

耀眼的阳光透过办公室的窗子照进来，SunDax 的 CEO，达克斯·霍兰沃兹（Dax Hollansworth），将皮质办公椅回转来，向后倾斜，面向公司的 CFO 迈克·罗伯茨（Mike Roberts）。

"你知道，迈克，表面上这看起来是不可能的。我们看看这些数字、能源趋势、税收突破和投入的拨款和贷款，还有……"他的双手做出放弃的姿势，声音也渐渐变弱。

"我害怕季度会议和视频转播，"迈克说，"每个人都真的很努力地在工作，他们希望能拿到年终奖金。该死，他们计划着奖金的用途，他们的家庭需要这笔预算。"

"我意识到这会带来很大的失望，但是我真的不认为这对他们来说是极大的打击。你要糖果吗？"达克斯问，他抓了一小把果冻豆，然后把罐子递给了迈克，让他也拿了一点。"他们拼命地干活，但我却察觉到全员的士气有所下降。每个人都密切注意着联邦水平的产业、心情和努力。他们每天与中国人竞争，也看到了合并和收购的大趋势。他们可能不愿意承认我们想说的，但我认为他们知道奖金池已经空了，并且开始思考未来要怎么办了。"

这个涉及美国太阳能产业的问题回荡在位于加利福尼亚的 SunDax 公司的办公室上空，"怎么会发生这种事？"

对外行而言，太阳能发展得很好。在过去的一年，使用率超过 60%的普遍增长。作为一种可替代能源，太阳能在美国住房和商业建筑中日益流行。就像电动车一样，是未来的潮流。但是公众只看到了太阳，产业内部人士关注的是太阳黑子。

早些年的私人投资会有联邦税收优惠和能源部门的贷款担保，这使得太阳能公司，如 SunDax 可以改善产品、增加存货和在世界范围内销售。繁盛时期美国财政部对该产业的补贴高达几亿美元，并且销量提升，员工得到奖金。许多奖金达到员工薪水的 1/3，可以支付孩子的大学学费、家庭住房首付、旅游和其他奢侈品。

现在，处于波动的全球经济环境中，SunDax 和其他公司看到了在中国竞争者降低成本，并且为美国制造商提供存货港口的同时，美国和欧洲国家太阳能产业的衰落。在这种风气下，国会并不乐意去改变最低补贴或增加税收优惠。这个刺激使得许多企业依靠市场扩张的方法已成为过去。

"我害怕员工认为我们因屈服于公众的压力才不给他们发奖金，或者他们认为我们保留资产是为了可能的合并或收购。"达克斯对迈克说。

"合并和收购是现在的正确趋势，一些行业大佬已经屈服了。如果我们被收购了，就可以分享成果了。"

"我们还没走到这一步，"达克斯说，"我们的挑战是支撑起员工对未来的信念，同时处理市场困境。但是如果你说'看看这些挑战'和'顺便说一句，别指望年终奖金'，我们怎么能支撑起信念，让大家恢复激情呢？"

问题：

1. 你认为达克斯和迈克应该怎么做才能减轻不能满足员工年终奖金的期待所带来的伤害呢？

2. 如果你是此情境中的一名高级管理人员，你有什么具体的步骤可以实施？解释一下每个步骤。

3. 你认为在一个高度不确定的环境中，员工薪水的很大一部分是与公司绩效相关的奖金，这是激励性的并且公平的吗？为什么？

第9章

领导的沟通艺术

你的领导学挑战

读完本章之后,你应该做到:

- 在行动中做一名沟通高手和"意义诠释者",而不仅仅是信息处理者。
- 运用有效倾听的关键要素,理解为什么倾听对领导者沟通十分重要。
- 适度坦诚来提高你的沟通有效性,识别和运用对话和讨论之间的差异。
- 你的领导沟通术要加入隐喻和故事。
- 为领导信息的传达选择合适的渠道,并有效运用非语言和社会媒体的沟通方式。
- 运用沟通去说服和影响他人。
- 面对压力或危机时,仍能有效地进行沟通。

章节大纲

- 领导如何进行沟通
- 领导战略性对话
- 说服性沟通
- 选择正确的沟通渠道
- 非语言沟通
- 目前的沟通挑战

前沿领导者

- 美国驻非洲司令部

- 凯文·夏尔,安进公司
- 约翰·钱伯斯,思科系统
- 杜克大学

领导者自查

- 你"联网"了吗?
- 倾听和提出问题
- 你有坦诚沟通吗?

领导者书架

- 《用谈话来获胜:联系,劝说,利用故事的隐藏力量来取得胜利》皮特·古博

现实中的领导

- 像专业人士一样去聆听

领导力开发:案例分析

- 督导的指示
- 亨特·沃什玩具公司

2010年4月,一个在墨西哥海湾上进行深海作业的石油钻机引发BP公司发生爆炸,造成11名工人死亡和持续数月的喷油进入大海。为什么没人发现安全程序中的问题和设备的缺陷可能会导致这样的灾难?令人悲伤的答案是:人们发现了,但他们却不敢说。针对工人的一项调查发现,许多人都担心安全措施被忽视,例如,延缓设备维修和检查,设备可靠性差,

以及平台上的不安全操作，但他们由于担心受到报复而不敢举报。大多数人说对可以立即解决的钻机问题他们会毫不犹豫地汇报，但是他们对于需要逐级上报的问题却心存疑虑，因为公司对他们使用的是"恐惧战术"。有些人甚至承认他们输入虚假数据到 Transocean 的安全追踪系统里；因此，该公司高管对于钻井平台的维修和安全问题的认识是完全脱离现实的。

BP 公司简直就是组织内部不良沟通的典范。没有人喜欢听坏消息，但是领导者必须要认识到问题，不然他们永远无法解决这些问题。当人们害怕说话，不愿意说出来，或者发现没人在听时，组织和与它相关的每个人都会受伤害。作为一个领导者，你要将确定您的团队或组织的沟通氛围，无论事情公开讨论或抑制，人们是否知道并且关心组织在发生什么，倾听是否被视为沟通过程中的一个关键部分。

在信用下降、充满不确定性以及被经济危机笼罩的时期，领导者尤其需要良好的沟通技巧。回忆一下本章前面的内容，领导意味着影响人们，让人们根据组织的愿景或组织期望的未来做出改变。领导者通过沟通与员工分享愿景，激励员工为之努力，并建立起价值观和相互间的信任，从而促进形成高效的工作关系，促成组织目标的实现。

成功的领导者沟通还包括看似简单的部分，如主动提问，注意非语言的沟通和积极倾听等。不幸的是，研究表明，许多高管没有投入时间和精力去变成好的沟通者。最近 AMA 的一项调查发现，企业近 40% 的员工感觉在状况外且不知道公司在发生什么。只有少得可怜的 9% 的员工报告说了解公司大部分时间在发生什么。领导显然没有和他们沟通愿景和目标，让员工了解和参与很多工作。此外，许多领导者抵制员工反馈，因为他们不想听到负面的信息。没有反馈，领导者会错过一些问题的重要信号。此外，当领导者没有获得反馈时，他们常常会忽略员工的需要和看法，导致决策和计划难以顺利实施。

本章介绍的方法和技能可以帮助克服在各个机构中普遍存在的沟通问题。我们还会讨论领导者应该如何运用沟通技巧，使他们的组织和追随者的生活发生改变。

9.1 领导如何进行沟通？

你接触过这样的主管或教师么，他们沟通技巧太差以至于你不知道对你的期望是什么或如何完成工作？另外，你是否曾遇到过这样一位富有沟通技巧的教师、上级或教练，他能够"用语言勾画蓝图"，既能鼓舞你，又能使你明白该如何达成目标？

领导意味着通过影响和激励他人来实现更远的共同目标，带领他们走向未来。沟通是一个过程，在这个过程中信息和理解在输出者和接受者，领导者和员工，导师和学生，教练和足球运动员中传递。图 9.1 显示了在沟通过程中的关键要素。输出者（比如领导）通过将想法和主意转换成编码语言来进行沟通，即选择一些符号（比如语言）来组成并传达一个信息。这个信息是对该想法或主意的真实陈述，而信息传递的媒介则被称为渠道。这个渠道可以是篇正式的报告，一篇博客，一个电话，一封邮件，或者一条短信或者面对面的对话。接收者重新将符号解开来理解信息的含义。编码和解码有时会导致沟通错误。

> **沟通**
> 沟通是一个过程，在这个过程中信息和理解在输出者和接受者，领导者和员工，导师和学生，教练和足球运动员中传递。

因为每个人的知识，价值观，态度和背景不同，会起到像过滤器一样的效果，并且会在传递符号来表达意思时产生"噪音"。人们可以很轻易的曲解信息。而反馈是沟通过程中的关键要素，可以让人们判定接受者是否正确理解了信息。当接收者对领导者的沟通做出回应时，反馈就产生了。没有反馈的话，沟通圈是不完整的。有效的沟通既包括传达也包括互相对于信息的理解。如图 9.1 所示，信息发送者和接收者可能需要经过好几次的信息沟通才能达到相互理解，因此有效沟通的本质是一种循环。通过发送、接收和反馈，验证理解的过程就构成了管理和领导沟通的基础。

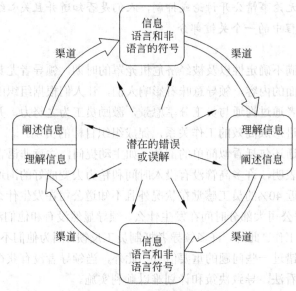

图 9.1　人际沟通的循环模型

资料来源：Gabriela Moise. Communication Models Used in the Online Learning Environment. *The 3rd International Conference on Virtual Learning* 2008, ICVL(http://www.icvl.edu/2008), pp 247-254; and Wilbur Schramm, *The Process and Effects of Mass Communication,* 6th Ed. UrbanaIL:University of Illinois Press,1965.

领导者自查9.1

你"联网"了吗？

要求：如果你是一名雇员或学生，请思考一下你目前的生活。根据自己的情况在每个问题旁边选择"基本符合"或"基本不符"。

	基本符合	基本不符
1. 我能很早的察觉到组织中发生的那些对我或我的工作产生影响的变化。		
2. 我非常相信积极主动的人际交往会带来很多益处。		
3. 我很擅长和他人保持联系。		
4. 我建立尽可能多的联系去帮助他人解决问题，同时也帮助我自己。		
5. 我对他人和他们在做什么很感兴趣。		
6. 我频繁地利用午餐的机会结交并发展新的人际关系。		

7. 我定期参加慈善活动。
8. 我有朋友和同事的名单，在节日的时候会给他们寄节日贺卡。
9. 我和不同性别、种族、国籍的人建立人际关系。
10. 我保持着和以前的组织和学校组织中的小组成员的联系。
11. 我很积极地给下属、同龄人和上级提供信息。
12. 我认识其他组织中的同级并会与他们聊天。

得分和解释

把上述你选择"基本符合"选项总数加起来：_____。得分为 9 分及其以上说明你在建立人际关系上很出色，可以成为人际关系网中的领导者。3 分及其以下建议你需要在建立人际关系网上多加注意，或许你可以从事一份节奏较慢的工作，或者是避免处于领导者的位置上。4~9 分是平均水平。

关系网络是积极建立和管理有益关系的过程。关系网络建立了社会、工作和事业的关系，并且促进相互的理解和相互的收益。与普通人相比，领导们大多是靠关系网完成工作。

9.1.1 管理沟通

一个管理者的传统角色是一个"信息处理器"。管理者每个工作日花费在和别人沟通上的时间占 80%。换句话说，每个小时就有 48 分钟是花在开会、打电话或者和他人非正式的对话上。管理者会仔细审视周围的环境，以寻找重要的书面和个人信息，收集事实、数据和创意，再把它们传递给下属或其他会用到的人。管理者接收下属的信息和反馈来检验他们是否理解了信息内涵，决定是否需要对信息进行修正，以保证其准确无误。

> **新领导行动备忘**
> 人际关系网是领导信息分享的重要渠道。请回答领导者自查 9.1 中的问题，看看你是否和成功的领导者一样，同他人建立了良好的关系。

管理者领导和控制整个组织。他们传递事实、统计数据并做出决定。高效管理者会处于信息关系网络中心来促进任务的完成。然而，与管理沟通相比，领导沟通起到一个特殊的作用。

9.1.2 领导者——沟通能手

虽然领导沟通也包括了发送、接收和反馈，它还是和管理沟通不同。领导者通常沟通宏观的蓝图——如第一章中所定义的愿景——而不是事实和片段的信息。一个领导者可以被看作是沟通能手。

沟通能手认为，在建立员工信任、使员工为实现愿景付出努力这两个方面，沟通发挥着极为重要的作用。他们深信这一哲学理念，并以此作为沟通的依据。领导运用沟通鼓舞员工，使他们在对目标的理解和身份的认同方面达成共识，团结在一起。沟通能手可以帮助追随者将愿景贯穿到他们的日常行为之中。在现在的很多组织中，命令—控制式的管理是适得其反的。人们不能被单纯地被命令去做什么，他们需要理解并接受愿景和战略来让他们的行为配合组织的战略意向。

领导沟通也决定了人们对工作和组织的看法。领导者是意义诠释者。诠释意义指的是影响他人怎么形成意义并理解组织和他们在其中的位置的过程。好的领导者不仅用沟通去鼓励人们对愿景的期待和灌输一些对实现愿景必要的价值观,他们还用沟通去帮助人们理解他们自己的工作的更大目标是什么,并看清楚他们怎样适应组织。沟通能手还会明显地或象征性地参与基于沟通的活动。不管他们是四处走动问些问题或者是若有所思地听着下属的想法或疑问,沟通能手每天的行为都承载着深刻的意图去沟通和诠释意义。沟通不仅仅是偶尔的会议、正式的演讲或者是展示。领导者们通过语言和行为每天都在活跃地进行着沟通。规律性的沟通对建立个人的关系和把人们紧密联系在一起来实现愿景和战略很有必要。这章的"思考一下!"强调了领导者采取积极的方式来沟通的重要性。

图 9.2 展示了"领导者作为沟通能手"的模式。通过建立开放式的环境、提出问题、倾听、对话实践、坦诚、讲故事,领导者促进并支持了帮助组织进步的策略性对话。领导沟通是目的指向的,它直接影响每个人对愿景、价值和对组织或团队愿望的态度,它说服人们用有助于实现愿景的方式行动。

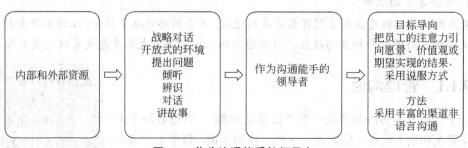

图 9.2　作为沟通能手的领导者

领导者运用许多沟通方式,包括挑选丰富的沟通渠道并运用非语言沟通。领导者通常运用象征性的语言和动作来传递他们的信息并影响他人。例如,罗纳德·里根总统(Ronald Reagan)就被认为是一个伟大的沟通学家。当他在传播关于联邦预算的信息时,里根提到一万亿美元堆放起来有帝国大厦那么高。通过这个方式,既重新定义了一万亿美元,同时也让听众对这一数字有了新的实际认识。

新领导行动备忘

作为领导者,你可以成为领导冠军。你可以通过语言、非语言及符号沟通的方式引导大家向着同一愿景共同努力,促进战略性对话的进行,并建立信任。

思考一下!

沟通从心灵开始

思想表现为语言,
语言表现为行动,
行动产生习惯,
习惯固化为性格。
所以仔细看清思想,
让它在爱中生根发芽,
从对万物的关注下出生。

上述文字是佛祖在 2500 年前说的:"我们会成为我们所想的那样。我们是从我们所想中成长的。我们用思想创造世界。"这句话是亘古真理:不管是过去、现在抑或是将来,它都是真理。

9.2 引导战略性对话

战略性对话是指人们跨越技术界限和层级关系所进行的对话，对话内容包括组织愿景，关键的战略问题，以及能帮助实现期望结果的价值观等。领导者可以通过以下方法来促进战略性对话：(1) 询问和积极聆听他人想法来进一步了解他们的态度、价值、需求、个人目标和愿望；(2) 通过强调关键的和组织成功相关的战略性主题来设立对话日程；(3) 挑选适当的沟通渠道来促进对话。美国军队就为战略性对话提供了一个案例，该对话在国防局宣布建立美国驻非洲司令部时遭受到来自国内和国外的非议。

> **领导战略对话**
> 一个战略性的对话涉及人们谈论边界或垂直水平上的组织的愿景、批判性的策略性主题和能帮助取得想要的结果的价值。

前沿领导者

美国驻非洲司令部

当美国国防局宣布成立美国驻非洲司令部（USAAFRICO）作为一个地区作战司令部，并称其将承担在非洲大陆国防部活动的责任时，大多数领导者都知道这一举动会激发怀疑和误解。

这是一个看似简单的重组，因为这些责任以前是划分给其他地区作战司令部的。USAFRICOM 的第一指挥官和其他领导者的坚定地认为重组是积极的一步，但他们需要每个涉及的人也这样看待。他们实施了一项全面的沟通计划，在涉及来自美国、非洲、欧洲和更广泛的国际社会的广泛的参与者中促进战略对话。领导者故意发布出了一套简单、一致的设问和回答，来回应一系列针对他们自己的使命、目的、USAFRICOM 的性质的问题。

他们也问到有关利益相关者的问题，特别是非洲的伙伴，那些被认为是最重要的利益相关者的群体。方法是"给他们想要的声音并让他们知道我们会倾听和理解"。他们的目标是支持，而不是破坏，"非洲的答案回答非洲的问题"。而不是提供特定服务或描述他们认为在未来非洲应该是什么样子，领导者试图了解伙伴的重点和策略。整个早期沟通策略是强调开放、透明、坦率和包容性。领导者创建了一个统一的主题构建团队和开发的消息，来说明 USAFRICOM 是一个"倾听和学习的组织"。

虽然仍有诋毁者和批评家，USAFRICOM 继续强调开放性和透明度和鼓励人们去 http://www.africom.mil.检查他们的工作。换句话说，战略对话还在继续。这个例子说明了六个关键组件促进战略对话：一个开放的沟通环境，提出问题、积极倾听、对话、坦率，使用故事进行沟通。以下各部分将描述这六个元素。

9.2.1 创建一个开放的沟通环境

开放沟通
在全公司范围内，尤其是在各个职能部门和各个层级之间分享各类信息。

开放沟通是指在整个组织中各部门和各层级之间共享各类信息。传统上，公司采取的是自上而下、有选择性的信息传递，这种传递方式与开放的沟通是相对立的。优秀的领导者希望进行全方位的沟通。沟通跨越传统的边界使领导者能够倾听追随者不得不说的事，这意味着组织可以集思广益。高管之间来回传递的相似视角不会产生有效的改变，也不足以创造出能使组织蓬勃发展的强烈的共同愿景或强大的人际关系网。加入来自不同领域的人及其持续的交谈，会使沟通更富活力，且更有成效。

构建一个开放的沟通环境，领导者需要打破传统的层级和部门界限等沟通障碍，使他们能够传达一个更强的意识和承诺组织愿景、目标和价值观。在一个开放的环境，领导者对愿景的沟通会遍布公司的各个角落，如图 9.3 所示。这样一来，整个组织的人有一个明确的方向，并且能清楚了解自己如何能作出贡献。开放的沟通环境有助于减轻部门之间的紧张和冲突，建立信任，重申员工承诺共同的愿景，并使公司更具竞争力。

开放的环境是创建上下级共同愿景的必要，而上下级是必要的因为：
自然法则1：实现所谈论的(目标)
一个公司的愿景必要要有足够的"空中时间"，领导者必须利用每个机会来分享和实践愿景。
自然法则2：组织环境是对组织领导者的一种反映
如果领导者不能传达出组织的愿景和价值观，那么整个组织也不可能体现出这样的愿景和价值观。
自然法则3：你不能指望一蹴而就
愿景不可能在一夜之间就被理解和接收。沟通必须循序渐进，在日常交往中渗透，才能逐步使员工将之内化。

图 9.3 为什么创造开放的沟通环境？

资料来源：Bob Wall, Robert S. Slocum, and Mark R. Sobol. *Visionary Leader* (Rocklin, CA: Prima Publishing, 1992), pp. 87-89.

9.2.2 提出问题

新领导行动备忘
作为领导者，你可以通过分享好坏两方面信息的方式来创造一种开放的沟通环境，并促进各个团队、部门及级别间的沟通水平。

管理者通常认为他们应该是给予正确答案的人，而领导者则应是提出好问题的人。事实上许多领导者，一般来说大多数人都不能认识到问题的神奇力量。在我们的社会里，我们习惯于针对某些问题给出答案。很小的儿童通常是充满了疑问，但是这种好奇心却被扼杀了。老师希望学生举手来正确地回答出问题，但是当学生回答错误时却又会遭到责备。领导者认为如果下属来找他们询问问题，他们就应该给出正确的答案。反之，他们就将失去下属的尊重，这种想法大错特错。

领导应该提出什么样的问题？提问的一个目的是以领导为中心的，因为它旨在告知领导组织中正在发生什么；调查存在的问题和面临的机遇，并收集相关的信息、想法或见解。因为它能帮助领导者发现并了解下属的专业能力和想法。随着技术和通信的发展，没有一个人能够掌握所有的数据和信息来应对大多数组织面临的挑战。即使在 1928 年的时候，当保罗·高尔文（Paul Galvin）创立了摩托罗拉，他就认识到这种提问方式的价值。他的儿子鲍勃·高尔文说他的父亲会在公司的自助餐厅里了解公司事务。"他在午餐时候总是要和员工一起吃饭，"高尔文说，"他会问到很多问题，内容包括生产运作，客户以及如何提高产品质量。"

领导者提问的另一个目的是以追随者为中心，旨在开发新见解，鼓励批判性思考，扩展人们的意识，并激发人们不断学习。一项研究发现，在参与调查的高层管理人员中，99%的人认为批判性思维在各个层面都是组织成功的关键。

提出正确的问题对于领导和追随者来说都有很大益处。问题会鼓励并引导大家思考，并积极地寻找答案，帮助建立积极的态度并增加追随者的信心。提出问题并非单纯地为了寻找答案，它也会激发批判性思考并引导更深入持久的学习。此外，提问这一举动显示了领导者在乎他人，珍视他人的意见和见识，并乐于接受新思想，还会强化大家为组织做贡献的信念，有助于建立互相信任、互相尊重的关系。人们希望自己的领导者可以认识他们每个人并使其参与到有意义的工作中。乔纳森·克拉夫特（Jonathan Kraft）是新英格兰爱国者足球队的总裁，他的父亲是罗伯特·克拉夫特（Robert Kraft），该球队主席，他曾说他和他的父亲只有一个角色："我们就像其他任何经理一样提问问题，来激发大家思考。"除此重任之外，克拉夫特父子将领导权完全交给了教练比尔·比利切克，人事总管妮可·卡瑟利奥以及团队里其他领导者。

9.2.3 倾听

倾听与提出问题同样重要。最近的一项针对 800 名员工进行的调查发现，2/3 的人感觉自己的意见不被欢迎或者不受重视。如果领导者不善于倾听，那么很难在组织中形成开放的沟通环境。如果领导者不能认真听取员工的想法，就会发出这样一种信号——"你并不重要"，这无疑会使员工减少对工作投入程度和工作的动力。当人们觉得有人在倾听他们的话并真诚地重视他们的想法时，他们就愿意分享自己的意见、建议和问题。

> **新领导行为备忘**
> 你可以通过回答领导者自查 9.2 中的问题来评价自己的倾听和提问的技巧。

倾听看起来很容易做到，实则很难。倾听是指领会和解释信息真正内涵的技巧。记住，信息接收是沟通过程中十分重要的一环。然而，许多人在倾听时并不能取得预期的结果。他们只是集中于构思自己接下来该说什么，而不是听别人对他们说了什么。幸运的是，领导者可以像培养其他技能一样来提高倾听的技巧。

良好的倾听效果由哪些方面构成？图 9.4 给出了 10 个有效聆听的十大要素，和区分较好的倾听者和较差的倾听者的方法。有效的倾听关键的重点在于注意力集中。一个好的倾听者会把全部注意力集中在对话者传递的信息上，而不是去想其他事情。他不会想采购部的无关问题，他桌子上堆了多少文件，或者中午该吃点什么。一个好的倾听者会以一种积极地态度去倾听，保持开放的心态，努力倾听的同时还会在脑中总结，权衡、预测对话者接下来要说什么。

> **倾听**
> 倾听指领会和解释信息真正内涵的技巧。

有效的倾听是一种投入的倾听。好的领导者会走出办公室与他人沟通，询问问题，建立沟通平台，让大家可以说出自己心中的任何想法，并对这些想法给予反馈，使人了解到领导已经用心倾听了他们说的全部内容。积极主动的倾听是领导者工作当中日常的、时刻都在进

第 9 章 领导的沟通艺术　239

要素	坏的倾听者	好的倾听者
1. 积极倾听	很少介入，不专心	感兴趣：点头，问问题并作总结
2. 保持开放的心态	只关注符合自己的意见想法	寻找机会和新的学习
3. 抵制分心	很容易分心	抗干扰：容忍坏习惯；知道如何集中
4. 利用思维快于语言的特点讲话者	语速慢时开始空想	挑战，总结，倾听弦外之音
5. 寻求理解	假装同意将对话结束	寻找共同基础和新的理解
6. 评价对话内容而不是形式	如果对话形式不好容易走神	评价内容，忽略形式上的错误
7. 控制怒火	先入为主的偏见，喜欢批评	对方讲事情谈完后才会进行评价
8. 倾听是为了了解想法	倾听目的是事实	倾听目的是了解中心思想 听事实
9. 努力倾听	不付出努力，假装倾听	努力倾听，表达积极的肢体语言，眼神接触
10. 表达尊敬	打断对方谈话；想要表达时会越过他人	学会保持沉默，让对方多说话

图 9.4　有效倾听的十大要素

资料来源：A Field Guide to Identifying Bad Listeners. *McKinsey Quarterly*, Issue 2(2012), p. 112; Bernard T. Ferrari. The Executive's Guide to Better Listening. *Mckinsey Quarterly*, Issue 2 (2012), pp. 50-60; Philip Morgan and Kent Baker. Building a Professional Image: Improving Listening Behavior. *Supervisory Management* (Novermber 1985), pp. 34-38; and Sherman K. Okun. How to Be a Better Listener. *Nation's Business*. August 1975, p. 62.

行的重要部分。凯文·夏尔（Kevin Sharer），刚刚从安进公司（Amgen）退休的 CEO 就将之称为"策略性倾听"。

前沿领导者

凯文·夏尔，安进公司

凯文承认在他大部分的职业生涯中，他没能做到很好地倾听，虽然他本也无意做一个良好的倾听者；他只想走在生活耳朵前面并认为这仅仅意味着说服他人接受他的观点。然后有一天，他听到了山姆·帕米萨诺（Sam Palmisano）的一番话。山姆曾在 IBM 公司创造了销售和利润增长纪录，之后在 2012 年他的职位由弗吉尼亚·罗曼提（Virginia Rometty）接手。山姆说他在日本工作的那段时间对于他的领导力发展有重要意义。"因为我学会了倾听，"他说，"我认识到倾听只有一个目标：理解对方。我倾听的时候并非为了批评或反对或说服对方。"

这对于凯文来说犹如醍醐灌顶，他这才意识到一个优秀的领导者不在于劝服他人接受你的观点，而是尊重他人并从中受益——而这需要正直的倾听。一个领导者需要在复杂的生态环境中工作，凯文说，所以这就要求领导者需要倾听的技巧来获取方方面面的信息，来了解公司的运营状况。"你必须积极主动地收集信息，并使用各种方法来接收它们，"他说。凯文开始定期拜访公司员工并真诚地倾听他们的话，他承认这并不容易，"你必须做出改变，"他说，"并且你必须要真心想要做出改变……必须带着谦卑的心态才能成为好的倾听者。"

夏尔相信，倾听是你可以给别人做出的最大尊重。"不懂倾听的人会最终失去他们团队和同事的支持，并且一旦你失去了这种支持，就几乎无法再重新获得。"

领导者自查 9.2

倾听和提出问题

说明： 仔细思考你在工作或学习中通常会如何沟通，阅读下面的句子并基于你的情况作出"基本符合"或"基本不符"的回答。回答无对错之分，所以请诚实回答。

	基本符合	基本不符
1. 我会认真倾听他人的话。	___	___
2. 我会故意表现给对方我已在倾听他的话。	___	___
3. 我认为认真倾听是件很享受的事。	___	___
4. 他人谈话时我不会胡思乱想无关事务。	___	___
5. 我经常复述对方的话并询问我有没有正确理解。	___	___
6. 我经常在他人谈话时思考如何做出回应。	___	___
7. 我经常要求他人澄清他的意思。	___	___
8. 在每场对话中我都会问问题。	___	___
9. 我在对话中会真诚地对他人想法发出疑问。	___	___
10. 在一个对话中，我经常挖掘深层的信息。	___	___
11. 我询问别人在话题中的观点。	___	___
12. 即使听起来是愚蠢的问题，我也会毫不犹豫地提问。	___	___

评分和解释

计算你的回答并将你的答案写在下面空格处。你的倾听分数的计算方法为，1～5题回答"基本符合"的话得1分，第6题回答"基本不符"的话得1分。你的提问分数的计算方法为，7～12题回答"基本符合"的话得1分。

倾听分数_____   提问分数_____

你的第一个分数反映你的倾听习惯。管理人员会面对的许多分心的事，这使得他们很难集中精神听别人说话并注意说话内容。聚精会神地倾听会防止你犯更多的错误。你的第二个分数反映了你提问的习惯，即意味着你的提问是为了了解更多的信息，还是只是为了确认你的理解是对的。提问对于有效的领导力沟通来说是十分重要的部分，正如文章中所提到的。5～6分反映了你有非常完善的沟通技巧，0～1分表明你需要在沟通技巧上多加练习。3～4分表示你的分数尚可，但仍有进步空间。

资料来源：William B. Snavely and John D. McNeill. Communicator Style and Social Style: Testing a Theoretical Interface. *Journal of Leadership and Organizational Studies* 14, no. 1 (February 2008), pp. 219-232.

9.2.4 对话

在大多数组织中，有一些问题具有强烈的感情特色或者极度的不确定性，以至于它们并不能根据事实或者逻辑来解决。这些所谓

新领导行动备忘

作为领导者，你可以学习成为更好的倾听者。你可以将你的注意力集中于对方在说什么并努力倾听——使用目光接触；提出问题并对信息进行解读，并提出积极的反馈。

的棘手问题，所涉及的风险是很高的。当话题涉及整个集团的员工，一个被称为"对话"的沟通方式或许可以解决。

"dialogue"的词根是"dia"和"logos"，可以理解为"意思的流动"。在对话时，人们可以一起组成信息流并共同分享，还可以通过信息流来相互理解并分享各自的世界观。刚开始时，人们可能持有完全相反的看法，但通过积极倾听和相互真诚地交流，他们就会发现彼此间存在共同的立场和话题，并建立对更美好未来的共同理想。大多数人在听别人谈话时，往往是加入一些自己的意见，而不会单纯地接受别人所讲的内容。另外，美国以及多数西方国家的传统商业价值十分赞赏那种极力主张自己的观点，并设法否定或抵触他人观点的人。但只有在不存在预先判断、没有个人观点且不存在"正确"答案的交谈中，人们才能进行真正有意义的对话。对话参与者无法预测最终结果，也不能向他人推销自己的理念。

> **新领导行动备忘**
>
> 作为一个领导，你可以用对话去帮助人们创造一个共有的对于意义和目的的感知，你可以让他们表达他们的期望和担心，表达他们的信念，探索设想，让他们有动力去寻找想法中的共同点。

通过将对话和谈论进行比较会帮助我们理解对话的特点。图9.5 描述了对话和讨论之间的不同点。通常来说，讨论的意图是展示自己的观点，以及说服团队里的其他人去接受它。讨论总是用逻辑推理的方式来说服对方或驳倒对方的观点。而对话则是要求所有参与者把自己的观点先搁置在一旁，这样才能进行更深层次的倾听、整合、形成整个团队共同表达的含义。

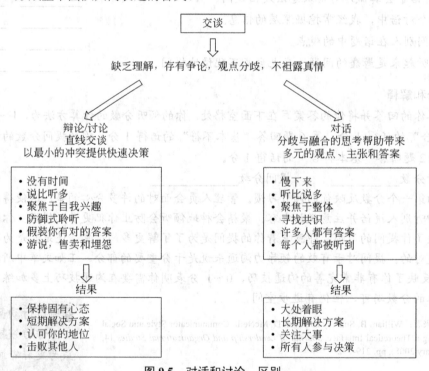

图9.5 对话和讨论：区别

对话对于解决棘手问题尤为有效。一个用对话来处理棘手问题的例子发生在 NECX，一家被肯沃公司（Converge）收购的在线电商公司。亨利·贝特乐（Henry Bertolen），公司创始人以及首席执行官把对话引入公司，从而改善了公司的内部沟通，缓解了经济高速发展所带来的内部压力。"我们需要一些特别的会议，不为别的，只是为了让大家彻底放松，"他说，"每个人可以对彼此尖叫然后离开。"贝特乐聘用了拥有 MBA 学位的心理学家威尔·卡玫斯（Will Calmas），卡玫斯设计了一系列活动，使员工互相之间以一种更加信任的态度进行更加深入的交谈和倾听。公司鼓励员工去表达他们的反对意见、敌对想法、秘密心愿，以及任何影响着他们生活和工作的感觉。这种对话会议给人们创造了一个安全的环境去释放他们的感受、探索观点和建立共同意见。贝特乐也相信对话帮助职工自由、灵活和开放地对待各种新想法——随时准备好对周围突然的变化做出回应。

沟通的两种形式，对话和讨论，都可以引起组织上的变化。然而，讨论的结果局限于一个被权衡的特殊主题，而对话的结果是联合团体，每个人的意思都为大家所了解，思维模式也得以转变。这种结果具有深远意义。一个新的、共同的思维模式并不等同于达成一致，因为它创造一个参考的起点，这个点可以展开新的沟通。因为这样崭新而有深度的解决方式的形成，彼此信任的关系就在沟通双方之间建立起来了，这对于每一次沟通都很重要，从而值得我们去做。因此对话改变了沟通的结果，进而改变了组织。

> **对话**
> 积极在人们探索想法中的共同点时一起分享，倾听，以及明白彼此，并与对方分享自己的世界观。

9.2.5 坦率沟通

坦率沟通可以减少工作中的误解、不文明行为和恶意相加等可能导致问题升级的行为。当领导者与人坦率沟通时，他们也鼓励别人这么做。坦率指的是诚实、直率地表达领导者的想法。坦率沟通不仅意味着直接、诚实和清楚地告知下属应如何达成目标，同时还意味着对下属的尊敬，进而不让下属觉得被轻视、被控制或是被利用。坦率沟通在解决热点问题时特别重要。但不幸的是，许多领导者做不到坦诚沟通。杰克·韦尔奇（Jack Welch），是演说家、作家，也是通用电气的 CEO，当他向许多经理人询问"你们当中有多少人是因为坦诚而被称道的？"只有 10%的人举了手。当他问"有多少人会因为自己的员工坦诚而对其进行褒奖？"回答者也没有多少。

> **新领导行动备忘**
> 完成领导者自查 9.3 中的问题来了解在坦率沟通上你是否非常高效。

> **坦率**
> 坦率指的是诚实、直率地表达领导者的想法。

坦诚沟通意味着让追随者精确地知道自己的领导者的立场以及领导者希望自己做什么。对坦诚沟通合适的应用会充实其他人的观点和意见，但是对于领导者想要的以及为什么都很明确。那些与人坦率沟通的领导者一直重视明确的观念和它在领导和组织上的效果，而不是指责批评其他人。他们坚持事实而不是判断，他们对于自己想从追随者身上得到什么非常清楚。

在一个组织中，如果坦诚沟通很常见，每件事情都会进行得更快更好。当每个人对于说话谈论都很自然，更多的人会加入组织的谈话而观点会被讨论、接受、实施的更加快。坦率沟通也限制了共同的问题比如说无意义的会议、充满恶意的沉默或是无效率的团队合作。在汤顿新闻公司（Taunton Press），这是一家特殊兴趣出版公司，坦诚的缺乏引起了无止境的会议和下降的产量。在一个像汤顿新闻一样小而组织严密的公司里，人们一般不愿意冒犯别人。CEO 们雇用福尔斯公司（Fierce Inc.）的咨询师，去帮助汤顿的领导者和职工认识到健康的关系其实是包括冲突和赞赏的。"一个诚实而真实的关系，必须要真实地交谈。在一个合作的关系里，必须坦率的沟通。"海里·波克（Halley Bock）说，他是福尔斯的 CEO 和主席，一段时间后，汤顿转变为一个坦诚、合作而有责任的企业文化。

领导者自查 9.3

你有坦诚沟通吗？

介绍：根据你在与人沟通的情况回答下面的问题。回答每种情况对你是基本符合还是基本不符。没有标准答案，所以请诚实地写下你的选择。

	基本符合	基本不符
1. 我告诉人们我的真实想法。		
2. 我对于真相可能伤害别人从不犹豫。		
3. 我说话时候很坦率。		
4. 我在给与反馈时很直接。		
5. 我为我的观点提供证据。		
6. 我是一个很坦白的沟通者。		

评分说明

每个你选择基本符合的题目得一分，把你的分数写在下面：

你的得分反映了你与人沟通的坦率度，很多人在直率地叙述观点和坦诚回应时感到困难。因为他们不希望伤害别人，也不想别人因此而讨厌自己。因此分享诚实的观点就有限了。5～6 分表明你有坦率的习惯，这会增加你的领导效率，3～4 分表明你在把自己想法真实地说出来这方面表现得还不错。0～2 分表示你可能认为坦率很难，你应该多练习去提高你的坦率度。

9.2.6 故事的力量

> **新领导行动备忘**
>
> 作为领导者，使用故事及暗喻来让人们在情感上与你所传达的信息联系起来以及你想要传递的关键价值。

美国本土的印第安部落一般让他们族人中最会讲故事的人作为他们的领导者，那是因为故事可以对人的信仰、态度和举止造成巨大影响。正如前文所述的关于领导者是"意义诠释者"的观点。讲故事是意义诠释的基础，它通过听觉传播，领导听取员工、顾客以及其他的一些故事，再利用这些线索细节去说自己的故事以用其意义和目的团结周围的人。故事可以帮助人们明白复杂的情况，让他们有共同的目标，同时也鼓舞行动，以及带来别的沟通方式达不到的改变。

斯坦福商学院调查证据表明，故事对人的思考有协调作用，研究目的是让 MBA 的学生了解一个公司实践的"零解雇"政策。第一组的同学只被告知了一个有关该政策的故事，第二组是给了一些数据，第三组是被告知公司这项政策的条文，第四组又给了数据又给了故事。但是在这些方法中，第四组对这项政策了解度最深。这对于所有领导者是重要的一课。

去影响人们最重要的是赢下他们的心。而故事是最好的方法，结合想象和故事元素的领导者，在他们的日常语言中，比那些只用事实和图表支持他们观点的领导者要有更大而更久的影响力。

领导者书架

用对话来获胜：联系，劝说，利用故事的隐藏力量来取得胜利

皮特·古博

在领导角色中每个人都有一个共同的问题，皮特·古博在《成功秘诀》(*Tell to Win*)里说"要想成功，你必须让别人信服你的愿景、梦想或事业"。不管领导的沟通是什么目的——激励员工，抓住顾客，或者是组织投资者——领导者必须"获得你的听众的注意力，让他们因你的目标而沸腾激动，鼓动他们行动……你必须了解他们的内心和思想"。怎么做到最好呢？对于领导者来说，讲针对性的故事是每天都需要做的事。

如何讲一个针对性的故事

作为一个企业家，媒体大亨以及获奖电影包括《蝙蝠侠》《午夜快车》《紫色姐妹花》《雨人》的制作人，古博明显知道很多关于如何讲一个好故事的知识，但是他强调说你不需要做一个讲感人故事的专业人士。古博针对怎么讲一个成功的领导者故事给出了几点指导意见。

- **故事要有目的性**

  有目的的故事对行动有一个引导。领导者讲故事是为了达到目的。他们清楚自己希望追随者根据这个故事如何去感受，思考和行动。当古博担任索尼图像娱乐公司的负责人时，他说将一个分散在国内和国外的人群团结在一起工作看起来难以完成，但他讲了一个来自电影《阿拉伯的劳伦斯》中的故事：T. E. 劳伦斯把阿拉伯所有的部落领导者聚集起来组成了一个大的部落，他以此来鼓励员工也像故事中所描述的一样团结在一起。

- **故事要真实**

  领导者必须被目标所激励，不然去激励跟随者是不可能的事。个人与故事联系起来会让讲述者把听者与之联系起来。优秀的讲故事者不会照着手稿念，也不会停留在某个点上。他们有时候稍微改变故事，来帮着与听者形成共鸣或传递需要传达的信息。

- **目标是观众**

  根据"这里面有他们需要的什么"来构造一个故事，领导必须了解他的观众然后根据他们的兴趣去组织这个故事。通过描述你对他们的兴趣很关心，你让被动的听众变成积极的故事参与者。

为什么讲故事这么重要？

没有故事，领导者和员工之间只有相互关联的一些元素但是却并没有联系。古博说。在成功秘诀中古博不只用了自己的经历，还举了其他 90 多个领导者的例子，包括著名篮球教练、动机演讲家帕特·瑞里（Pat Riley）；YouTube 的建立者和 CEO 查得·河里（Chad Hurley），以及前美国总统比尔·克林顿（Bill Clinton），他曾用很多目的性的故事助他成功。

阅读这些领导者怎样用故事给我们一个清晰的认识：一个好故事可以非常简单，来自任何地方。正如古博说的："任何人都能做，每个人都能做到！"这一点对于领导者来说很关键。

资料来源：Peter Guber. *Connect to Win*. Crown Business.

每个人都可以学着讲故事，而故事不需要很长和细心地编织。一个故事可以是笑话，一个描述观点的简单的例子，一个历史事件，某些从电影或电视节目的东西，一次个人经历，或是在博客或新闻上读到的东西。关键点在于它可以在领导者传达信息时创造一种情感背景。一位资深领导者在促使员工来完成一个新的愿景和战略时，提到了1804—1806年，路易斯和克拉克穿越充满未知恐怖的7 689英里的远征的故事。他告诉大家，在旅程中路上有"山脉"、"河流"以及"朋友和敌人"，

> "在领导力中，故事是唯一最有力量的武器。"
> ——霍华德·加德纳
> （心理学家，*Leading Minds* 的作者）

但是正如路易斯和克拉克所经历的，他们也可以克服众多的激流和险滩。利用这些形象，整个组织开始接受新的愿景，人们经常会想起路易斯和克拉克的故事来记住他们是在进行一个充满挑战性的旅程，向同一个方向前进对于改变来说十分重要，而人们因为感情聚集在一起，而不是逻辑。

"人们因为听故事和说故事而绑在一起。"古博说，他是好莱坞电影制作人，曼德勒娱乐公司 CEO，《用对话来获胜：联系，劝说，利用故事的隐藏力量来取得胜利》的作者，也是我们的领导者书架中介绍的作者更加深入地描绘。"我们需要进入它，利用它。"

9.3 以说服和影响为目的的沟通

对于说服和影响他人，故事是尤为有效地工具。领导们沟通并非仅仅为了传递信息，他们运用沟通技巧向他人传达组织愿景，影响他们的行为，从而使他们实现目标，并帮助组织实现愿景。

> **新领导行动备忘**
> 作为领导你可以通过先去建立信任和找共同点的方式去提升自己的影响力，以及在知识和技能的基础上建立信誉，你可以显示你的计划可以给追随者带来哪些好处，以得到他们的支持。

说服别人的能力在今天尤为关键。那种管理者"指挥—控制"的思维模式（即管理者告诉下属做什么以及应该怎么做的模式）已经过时了。员工不仅想要知道他们该做什么，还有他们为什么要做这个。而且，随着新的工作方式的产生，很多领导者陷入权威的界限不再明朗的情况。像加利福尼亚联邦银行（Union Bank of California）、盖尔道美洲钢铁公司（Gerdau Ameristeel）和 IBM 增设了培训项目，来帮助领导者学习用影响力而非命令的方法来领导别人。领导者可以采取以下4个步骤来实践说服的艺术。

（1）先倾听。一份研究性格的杂志所做的研究表明，当人们感受到别人在认真听他们说的时候，他对那个人的好感会上升。好领导者知道细心地去了解别人的要求和情感是影响他们的第一步。他们明白很多人不能听进去你说的话，直到他们有机会说说他们的想法。领导者问问题然后积极地听取，再支持地去建立友好关系，找到共同点，再紧抓追随者了解对于他们的想法会如何做。

（2）建立信誉。一个领导者的信誉是建立在领导的知识和专业知识以及他们的人际关系

上。当领导者已经阐述了他作出见多识广的、明智的决定，跟随者对他们的专业知识有信心。领导者同时也通过听取被人意见、建立好的人际关系和表达他们在心里想着别人的利益，以建立信誉。

（3）在共同背景的基础上确立目标。要变得能说服别人，领导者需要解释清楚自己要求的东西如何能使所有人包括自己受益。例如，大卫·郑幼什（David Zugheri）想在休斯敦第一抵押公司（First Houston Mortgage）使用无纸化办公系统。于是他对员工强调说，用电子方式存储客户积累，意味着员工在休假或孩子生病时可以在家工作并随时掌握重要的账目信息。"我简直从他们的肢体语言中看到，他们的观点正在其变化。"大卫说道。如果领导者找不到共同的好处，这就意味着需要调整他们的目标和计划。

（4）使个人所处的位置更有说服力。领导者不仅仅依据事实和数据来表达想法，他们还会运用信号、隐喻和故事来影响别人。通过激发员工的想象力，领导者可以鼓励人们去实现不可思议的结果。在美国全国农庄共有公司（National Grange Mutual）——一家产物意外保险公司），理赔部门的领导者采用了公司一位独立代理人的陈述来煽动人们的情感，激发人们的想象。当讨论到理赔部门应该如何联系顾客时，这位代理人说："客户来索赔时，我希望顾客感受到你拥抱着他。"领导者利用这个唤起感情的形象，让员工把提供更好、更快、更关怀的服务。

说服是一个有价值的沟通过程，领导者可以利用这个方法引导他人达成共同的解决方案或承诺。作为有说服力的沟通能手，领导者必须经常随和地与组织里的人沟通。但是对于一些个人，沟通经验是没意义的，所以他们可能有意无意地避免需要沟通的情形。"沟通恐惧"这种说法就描述了一种避免对话的行为，定义为"一个人与人联系的焦虑感或对于参加当前或预期的沟通害怕的程度"。

9.4 选择正确的沟通渠道

有效沟通的关键在于选择正确的沟通渠道。一个渠道是一个中介，通过它沟通信息可以从发送者送至接受者。一个领导者也许面对面讨论一个问题，用电话，写备忘录或者信，用电邮，发送文本信息，在博客或网页上邮寄信息，又或是在报纸上写几句，而这都取决于信息的特征。

> **渠道**
> 一个从发送者到接收者之间的媒介。
> **渠道丰富性**
> 一段沟通期间内可以传递的信息量。

9.4.1 沟通渠道丰富性的连续变化

最近的研究已经可以解释领导者是如何通过选择沟通渠道以加强沟通的效果。研究表明，各种沟通渠道在传达信息的能力上有所不同。渠道丰富性是指在一段沟通期间内可以传递的信息量。图9.6说明了渠道丰富性的等级划分情况。

丰富的信息渠道是受三个特点影响：（1）能够同时处理多个线索的能力；（2）能够促进快速、双向反馈的能力；（3）为沟通建立个人关注的能力。面对面的讨论是最丰富的渠道，因为它带来直接经验，提供多个信息线索，即时反馈，还能带来个人的关注。这种渠道促进广泛的同化线索和对情境深入、感性化的理解结合起来。例如，莱德系统（Ryder Systems）

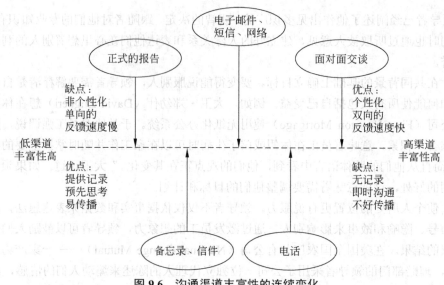

图 9.6　沟通渠道丰富性的连续变化

的前任 CEO 托尼·伯恩斯（Tony Burns），总是喜欢面对面的处理事情。"你可以看着别人的眼睛，"他解释说。"你可以通过他的眼神或他的声音的音调变化找到真正的问题或问题的答案是什么。"电话交谈是在沟通渠道丰富性等级中位居第二。尽管没有眼神接触、姿态及其他肢体语言的暗示，但人类的声音仍然有大量的情感信息。

电子消息，例如，电子邮件、短信和推特（Twitter）等社交媒体正被越来越多地用于过去以电话为主要沟通方式的沟通任务。虽然这些渠道缺乏视觉和口头提示，但是它们允许快速反馈，并且可以个性化。博客提供了一种广泛的受众获取信息，还能收到快速的反馈。

笔记和信件等印刷媒体可以个性化，但他们只传达了线索写在纸上，而且提供反馈很慢。非个人的书面沟通没接，包括传单、公告牌和标准的计算机报告，是丰富性最低的沟通渠道。这些沟通渠道没有特定的信息接收者，使用有限的信息暗示，而且几乎不可能得到反馈。

每个沟通通道都有优点和缺点，每一种方法都可以在适当的情况下成为一种有效的沟通方式。频道选择取决于消息是否常规。常规通信简单明了，比如产品价格变化。常规消息传递数据或统计或只是把人们已经理解并同意的消息写成文字。常规消息能够以一个较低丰富度的途径有效传达。当群众广泛传播，或者当消息是"官方"的并且需要永久记录的时候，书面或电子信息也很有效。另外，非常规消息通常关注的问题变化、冲突或误解潜力巨大的复杂性。非常规的消息往往有时间压力、惊喜等特点。领导者只需要通过一个丰富的途径就可以有效的传达非常规信息。

领导者需要选择一个适合消息的途径。例如，公司开始裁员后，人们害怕和担心自己的工作。一些领导者不知道说些什么，仅仅发出书面通知并挂在他们的办公室里。而好的领导者明白面对面的沟通是保持士气和生产率高的途径。在一个不得不裁员的建筑公司，CEO 让雇员们聚集在一起并告诉他们抵押贷款危机和低迷的房屋市场怎样影响他们的公司。他承认

> **新领导行动备忘**
>
> 作为领导者，在面对复杂、带有感情因素或特别重要的问题时，可以选择丰富多样的沟通渠道，如面对面沟通或打电话。对于常规、直接的信息，则可使用书面或电子的形式进行沟通。

他不能保证之后不会有更多的裁员，但是当他在解释情况的时候，房间里的气氛很平静，因为雇员们感觉到他们了解了正在发生的事情。特别是在变化的时候，如果人们不能从领导者那里得到什么事情正在发生，他们就会依赖谣言，并且做出最坏的假设。

当一个消息特别重要时，领导者会通过使用不同的途径传递相同的信息来实现冗余沟通。比如说，一个领导者亲自向员工解释一个请求，然后立刻组成一个后续的电子邮件给同一个员工，在书面上总结请求。对于全公司的变革，领导者可能会与员工举行小组会议，探讨一项新的政策，在内部网站和通讯上发表文章，并且使用社交媒体，以确保每个人都获取了消息。通过冗余沟通，即通过多种渠道多次表达同一信息，领导者加大了信息的重要性，并且使之在员工的思想里保持高位。

前沿领导者

约翰·钱伯斯，思科系统

约翰·钱伯斯明白当领导者和雇员谈论，而不仅仅是告诉他们的时候，有效的组织沟通才会发生。将沟通转换成一个双向对话，思科使用最先进的技术实现几个创新策略。思科公司使用自己的下一代称为思科网真的视频会议，促进整个组织的领导和员工之间的互动沟通。思科网真是一个通过在不同的地点之间发送视频信号以模拟面对面会议的三屏系统。这是人与人之间能够正常对话，不管时间、空间，或者是计算机系统的类型。它还能够让人们看着彼此的眼睛，克服了一个对于大多数电子沟通渠道来说的主要限制。

思科的领导者还使用其他的通信技术和雇员保持联系。例如，钱伯斯记录对每月一次提供简短的视频博客，即兴消息，通过视频或者发短信邀请来自员工的反馈。社交媒体也是思科沟通策略的一个重要部分。社交媒体将会稍后在本章讨论。

9.4.2 有效使用电子沟通渠道

在今天的组织中，电子通信已成为一个不争的事实。新技术为沟通提供了十分有效的方式，并且能够在常规消息方面广泛运用。能够允许人们立刻分析速记信息的短信，已经在使用量方面快速增长，并且在一些组织中已经变得比电子邮件更加普遍。当代许多领导者使用博客来和雇员、顾客、供应商和公众之间保持更密切的联系，并重建信任。

电子通信有许多的优点，但同时也有缺点。电子媒体的激增导致了在许多组织里缺乏沟通。在办公室工作大厅的员工会发电子邮件或短信息和别人沟通，而不是通过面对面的沟通。一个员工说他被在同一间办公室里的离他只有五英尺的经理，通过邮件解雇了。即使对于少量的令人不快的信息，电子沟通方式会增加潜在的错误。当领导者试图通过电子邮件讨论微妙或复杂的问题时，他们可能遇到类似冷漠，傲慢或麻木不仁的情况。能够通过面对面对话或者通过电话顺利解决的事情，会因为被培养起来的怨恨、痛苦和艰难的感觉而变成巨大的问题。

> **新领导行动备忘**
>
> 作为领导者，你可以避免让电子沟通方式完全取代人与人之间的互动。你可以控制住自己的冲动，不在电子信息中进行批判或抱怨，生气或激动时也绝不要发电子邮件。

一个精神病学家认为，另一个同样令人不安的担忧是，技术越来越多地被用于沟通，尤其是社交媒体，为个人和组织创造了隐藏的问题，被剥夺了人的"人类时刻"需要激励员工，激发创造力，支持情感福祉。人们需要与他人在物理空间互动，以建立创建伟大的组织的连接。电子通信会保留下去，而领导者的关键是受益于新技术带来的效率提升，同时防止意想不到的问题。下面有一些关于有效使用电子沟通渠道的提示。

- **结合高科技和人性化。**永远不要让电子通信代替人类之前的联系。在一起工作的人应该定期面对面的见面，领导者需要在现实和虚拟空间了解它们的跟随者。许多公司要求虚拟环境中的工人每个月至少来办公室一次，已进行非结构化的碰面。在波士顿的一个房地产开发商每周有一个免费的比萨的一天，广泛分散的工人能来，围着桌子坐在他的办公室，和他(她)谈谈。

- **考虑一下当时的情况。**和有新的工作关系的人相比，了解彼此，并且合作很长一段时间的人通过电子手段通常能沟通更复杂的问题。当人们之间有了一段很长时间的工作关系，就会有更少的潜在误解和糟糕的感觉。此外，当各方对正在讨论的问题有一个好的理解时，电子渠道可以被有效利用。一个长期以来运转良好的团队的领导者比起刚成立不久的团队的领导者来说，更能有效利用电子邮件。

- **按"发送"键要三思。**许多人对于快速回复电子信息感到有压力，这会制造出意想不到的问题。花旗集团最近给所有员工发了一个便笺，以提示他们"写字之前思考，发送之前阅读"。慢下来并且思考消息是不是你想要在网络空间发布的，任何人都可能读到。永远不要在你生气或沮丧的时候发送电子信息。永远至少阅读你的信息两次。

图9.7列出了一些进一步注意事项，涉及适合电子邮件的学科。

应该做的事
- 使用电子邮件设置会议议程和发送材料，回顾一下口语对话，或者跟进已经面对面讨论过的信息。
- 保证电子邮件简短并切中重点。许多人用小屏幕的手持设备读邮件。
- 使用电子邮件传输标准报告。
- 像一名报社记者。使用主体抓住读者的注意力，并且反ански消息是关于什么的。把最重要的信息放在第　段。回答任一问题——谁，什么，什么时候，什么地点，为什么，以及怎么样——这些是相关的。
- 考虑做一个快速的电话澄清混乱，而不是接二连三地来回邮件。

不应该做的事
- 使用电子邮件与一位坐在你对面的走廊或大厅的同事讨论事情。用过时的方法和彼此说话。
- 通过电子邮件说一些关于老板、朋友，或者同事的消极言论。并且不要转发别人的负面评论。
- 使用电子邮件开始或延续旧怨。如果你得到一个电子邮件，诱使你以尖刻的方式作出反应，阻止自己。你可能会曲解消息。即使你没有，还是走高端路线。
- 在一封电子邮件里写你不想发表在报纸上的任何事情。带有敏感或者潜在的令人尴尬的信息的电子邮件有想不到的泄露方式。
- 从离开会议的那一刻开始，就用你的智能手机的小键盘回复电子邮件。回到办公室，用笔记本电脑、平板电脑，那些可以让你在较少的时间里精心制作回复的工具。

图9.7　电子邮件的注意事项

9.5 非语言沟通

领导者不仅仅用文字沟通。领导者被观察，对于其他人来说，他们的外表、行为、动作以及态度都是象征性的消息。事实上，非语言沟通就是通过动作、行为、面部表情和语调来传递消息，在一个人接收到的全部信息中占一半以上。甚至沟通渠道的选择会传达一个象征性的消息。换句话说，人们赋予渠道本身意义。报告和备忘录通常传达形式和合法化的信息。一个领导者做出的私人访问被解释为团队精神和关爱的一个标志。

许多人没有意识到他们无时无刻不在沟通，不是通过语言，而是通过他们的面部表情、肢体语言和行为。看一下这个例子，一个经理认为他的新老板不喜欢他，并且不认可他的辛勤劳动和忠心。"我看到她和别的经理说话，但是她从来没和我说过话，"他告诉一个朋友，并且开始考虑他是否应该着手找另一份工作。当他最终问他的新老板他做什么才能改善关系的时候，这个新的领导者十分吃惊。她告诉他，她认为他是自己最信任的经理之一，并且她很感激能有一个不需要她时刻盯着的人。新的领导者很忙，以至于她没有意识到他的非语言沟通给她的一个优秀的员工传达了不确切的信息。

非语言沟通
通过行动或表现传递的信息。

新领导行动备忘
作为领导者，你可以用自己的外表、肢体语言、面部表情与日常活动传达出重要的信息。使用"在漫步中管理"会增强效果：你可以走出去，到下属和客户中去，通过非正式观察与交谈，了解他们的想法、问题和需求。

领导者应力图了解除语言信息之外的他们给其他人的信号。调查显示，如果一个人的语言和非语言沟通有差异，非语言沟通在理解方面有更好的保障。此外，基于非语言沟通的判断可以以闪电般的速度发生。一项研究表明，人们在 115 毫秒内形成基于身体语言的观点。在理解领导者的非语言暗示时，追随者会衡量领导者的行为与语言信息的相符程度。如果一名领导者一直在谈论客户服务，却几乎不花时间与客户接触，员工很有可能认为客户服务其实并不重要。如果一个领导者大部分时间房门紧闭，却大谈重视员工反馈的话，下属会质疑她说这话时的真诚度。而用非正式沟通来表达领导者对反馈的重视的一种方法是运用"漫步管理"（Management By Wandering Around, MBWA）。"漫步管理"的意思是领导者走出办公室直接和工作中的员工们交谈。举个例子，生产自动出纳机的迪堡公司（Diebold）的 CEO 托马斯·希维达尔斯基（Thomas Swidarski），经常私下踱步到员工办公桌旁来询问他们的工作并了解他们此时的想法。这些即兴的会谈传递给员工一个具有象征意思的积极的信号，那就是他们的领导者关心他们的想法、观点和感受。

9.6 目前的沟通挑战

目前领导者面临两个挑战：运用社交媒体和在危机中增强沟通技巧。

9.6.1 社交媒体中的领导力

每个人都知道社交媒体，尤其是脸书（Facebook）和推特（Twitter）。它们已经改变了人们进行社交生活的方式。而现在，它们也改变了办公室里的沟通方式。社交媒体指代一系列的网络软件，包括社交关系网，维基，博客以及其他那些允许建立并分享用户个人内容的网站。凯撒医疗集团（Kaiser Permanente）使用一个名叫 IdeaBook 的内部社交平台，它支持博客，维基，在线视频和聊天室功能并提供给人们一个见面谈话的虚拟空间。当线上鞋靴零售商 Zappos 意识到经济衰退影响着他们的生意时，该公司 CEO 谢家华（Tony Hsieh）选择使用社交媒体来告诉员工他们需要裁员的决定。为了更快的表达目的以减轻焦虑和不确定性，他用到了前面所述的冗余沟通，他通过邮件、博客公布了这一决定，而被解雇的员工则单独通知。这是一个艰难的时刻，但被解雇的员工和留下的员工对公司领导者处理这件事的方式普遍给予了积极回应。谢家华是早期推特应用者，但大部分领导者接受各种形式的社交媒体都很缓慢。举个例子，通用电器公司的 CEO 杰弗里·伊梅尔特（Jeffrey Immelt）在 2012 年 9 月开通了推特后便迅速得到了这样的回复："为什么我的爷爷开通推特的时间比你还早？"美敦力公司（Medtronic）的前任 CEO，哈佛商业学校的教授比尔·乔治（Bill George）建议领导者要把社交媒体当作他们工作中的重要一部分，并把它们用作成为一个好领导者的工具。"人们都希望 CEO 是一个真实贴近生活的人，他们渴望知道你在想什么，"他说。

> **新领导行动备忘**
>
> 作为一个领导，你可以学着成为一个有效的危机沟通者。在保持冷静和专注的情况下，你可以了解人们关心和担忧的，提供精确且最新的数据，并帮助人们展望更好的未来。

> **社交媒体**
>
> 一系列的网络软件，包括社交关系网、维基、博客以及其他那些允许建立并分享用户个人内容的网站。

IBM 的商业价值研究院采访了 1 700 名顶级专家后发现他们相信在未来的数年中"走向开放的趋势"对他们的商业工作具有最重要的影响力。人们现在需要和领导者有着更亲密的个人关系和更开放诚信的沟通。社交媒体简单直接地提供了走向开放透明的趋势并且为领导者提供一个全新的在整个组织中和员工们建立沟通关系的方式。当人们感觉到他们通过分享事物融入一个组织中时，他们和组织的紧密度就会增强。领导者应该意识到如今的世界，尤其对于年轻员工们来说，团体经常是依靠社交媒体而建立起来的。

9.6.2 做好面对危机的准备

沟通是领导者工作中的关键部分，尤其是在充满迅速变化、不定性和危机的时期它更显得极其重要。每个人都听说过影响整个组织的重大危机，比如说 2013 年波士顿马拉松上恐怖分子设置的炸弹，丰田 2010 年大范围汽车召回和 2011 年日本海啸以及它引发的核泄漏等，但领导者每天都会遇到一些小危机，比如计算机数据丢失，种族歧视控诉或者是因减小规模而进行的裁员。

前沿领导者

杜克大学

杜克大学曾经陷入危机，是由于它的曲棍球小队的三名成员被起诉，因为他们在重度醉酒的情况下涉嫌殴打、强奸并意图绞杀一名他们三人在派对上请来的外籍美非混血舞女。杜克大学之前已经因为他们的领导人没有及时妥当地对一系列事件做出回应而声名狼藉，所以此次如何处理这件危机会决定杜克大学是否能维护他们的名声或是让事情进一步恶化。

杜克的校长理查德·布劳德海德（Richard Brodhead）迅速地承担了此次事故的责任，他向公众道歉并开始一步步正确的行动。他说明强奸案的事实并不成立，而球员应是无罪的除非宣判罪名成立（对三名队员的指控最终因为受害者供述的更改而撤销）。但是，理查德承认曲棍球队确实有几名队员存在行为不当。从事件发生开始直到故事结束，理查德一直通过多家媒体和学生、家长、校友、员工以及公众沟通。正如他在 60 分（一个访谈节目）中解释的那样，理查德意识到他"不得不从第一天开始就展现他对这件事的领导力"。

为了在危机中及时沟通做准备，领导者可以强化以下四条技能。

- 保持冷静。可能在危机中一个领导者最重要的工作部分是去吸收人们的恐惧和不确定心理。"不要把不确定的事物传播给你的同伴们，" Eugene Kranz 说，他是在 1970 年参与帮助受损的"阿波罗 13 号"飞船安全返回地球的 NASA 飞行器设计者，"不管你周围发生着什么，你必须保持冷静再冷静"。
- 做一个常沟通的支持员工的领导者。领导者总是低估在危机中他们经常沟通和支持员工的重要性。成为一个领导者，意味着你随时都要站出来，既使下属安心也是对公众关心的事物做出回应。
- 说出真相。领导者尽力确认事实，然后尽快地对员工和公众"讲出糟糕的事实"。杜克大学提供了一个揭示讲出实话的重要性的例子。
- 描绘理想蓝图。人们需要感受到他们有工作的目的和可以憧憬的事物。危机出现的时刻对领导者来说是一个向下属描绘未来蓝图的绝佳时机，这可以激发他们的斗志并促使他们向着统一的目标奋斗。

本章小结

- 有效沟通对于领导者来说极其重要。有效领导者是沟通能手，能鼓舞和团结人们为了共同目标而努力奋斗。有效领导者引导人们进行战略性对话，使他们跨越界限来讨论愿景、关键的战略问题和能够帮助团队或组织实现理想结果的价值观。
- 促进战略对话的六大元素分别是开放的沟通环境，提出问题，积极的聆听，对话，保持坦率和使用事例。开放的沟通对于建立信任非常重要，而且它为获得与下属更多的沟通机会提供道路，而且允许组织获得员工想法中的优点和长处。但是，领导者必须善于做一个积极的聆听者以明确战略问题并建立能帮助组织获得成功的富有成效的关系，并且他们在与下属沟通中必须保持直接坦率的态度。

- 当积极的聆听和保持坦率在一个组织中不断被发扬，一种作为对话被提到的沟通机制就产生了。通过对话，人们发现一个共同点并一起创建一个共同的意识来让他们了解彼此并分享彼此的世界观。在沟通中运用想象力和案例帮助领导者在情感层次上和人们沟通并且会更加有效。
- 领导者的沟通应是直接而有效的，而其中的一个重要因素就是说服其他人向实现目标和完成预想做出不同的努力。四个步骤用来练习说服的艺术：先聆听，建立信任，在共同方面上设立目标和运用你的地位来要求别人。领导者选用合适的沟通方式，进行反复的沟通以强化重要信息并且语言沟通和非语言沟通同时使用。
- 电子沟通渠道为领导者的沟通设立了新的挑战。电子渠道如果使用得当的话可以非常有效，但是它们的使用会增加沟通失误的潜在可能性，而且这些渠道也不适用于复杂的或是敏感的沟通信息。
- 目前领导者们面临的沟通挑战是使用社交媒体和在不确定或是出现危机的情况下如何有效地沟通。领导者应该考虑把使用社交媒体作为他们工作的一部分，因为这是提供开放沟通环境的重要一方面。在危机中四个主要的沟通技巧是：保持冷静，让别人看得到自己，"说出糟糕的事实"和描绘理想蓝图。

问题讨论

1. 为什么对于领导者来说讲故事是沟通的一个重要的方式？积极的聆听和讲故事之间有什么联系？

2. 为什么说领导者需要通过沟通来表现出"意义诠释者"？你如何看待这种方法和传统管理沟通之间的差别？

3. 某些公司的董事会成员开辟了新的沟通渠道，让公司股东可以针对高管薪酬与公司管理发表自己的看法。你认为这是个好主意吗？这种开放式沟通可能会带来什么风险？

4. 一名沟通课程中的经理评论道，"聆听看起来像是在对话中对别人最小的打扰，但也似乎需要花费更多精力"。这种观点你同意与否？请讨论。

5. 为什么对话和讨论是不相同的？结合自身经验举例谈谈你的看法。

6. 一些高级管理人员认为他们应该依赖于已记录的信息和计算机报告，因为这些系统可以提供比面对面沟通更加精准的数据。你同意吗？请讨论。

7. 面对将要进行的全公司裁员，你会选择什么样的沟通方式呢？发布公司野餐的信息呢？新的公司质量目标会要求你的下属在执行任务方面有重大改变时，你又会如何沟通呢？解释你的选择。

8. 领导者如何使用沟通影响和说服他人？回忆你认识的特别擅长说服技巧的人，是什么使这个人成为一个有效的沟通者？

9. 领导者如果运用社交媒体在员工之间建立一种组织意识？你认为一个公司使用社交媒体与员工进行沟通会有哪些优点和缺点？

现实中的领导

像专业人士一样去聆听

最快地成为一个优秀聆听者的方法是表现的像一个专业的聆听者，比如一位运用聆听去治疗他人的临床心理医生。治疗专家放下自己的观点去专注于病人的观点。这些治疗专家总是会聆听并获得很多信息，而不是去思考如何做回应。

下次你和别人沟通他们遇到的问题或者是与他们有关的事情时，完成以下内容以锻炼成为专业聆听人士：

1. 坚定地注视着说话人的左眼（不是鼻子或是脸，而是左眼）——运用温柔的凝视，不是僵硬地盯着。
2. 从对话中摒除你的想法和观点——压制住你脑中的思想活动和你想说一些话作为回应的冲动。
3. 停止评论——而不是批判性的分析现在正在说什么，设身处地地去感受他人的想法。
4. 用简短的问题和对话来得到他人的想法。

与不同的朋友重复专业人士聆听方法至少三次来习惯这些方法。

课堂活动：指导员把学生分成多对（聆听者和说话者），在班级里进行练习，"说话者"可以被要求谈论他们在前一两天遇到的一些小问题或烦恼。"聆听者"被给予说明在第一个试验期间不要说话，保持柔软的目光盯着说话者的左眼，只能用肢体语言做反应（面部表情和点头），说话的学生要保持说话直到无话可说或者他们感到一种情感转变并且不想再提问。在学生们转换角色，都扮演过说话者和聆听者，指导员询问班级之前发生事情的感觉和整个交谈时他们的反应。

学生们选择第二组配对并用新的问题重做练习进展顺利，唯一的不同是第二次"说话者"角色被给予更少的限制，所以聆听者可以进行简短的评论，例如，去解释或者问一个短的问题，聆听者然而应该保持最少的口语陈述并且完全不应该提供他们自己的想法和观点，在学生们完成之后，指导员应该收集说话者和聆听者关于这个经历的意见。关键问题包括以下：去倾听而不是口头回答别人所说的话的感觉怎么样？专职倾听方法的价值是什么？在什么情况下，专职倾听会更有效或无效？如果指导员有意愿的话，可以再做第三遍练习，来帮助学生能够更舒适地适应真正的聆听者角色。

领导力开发：案例分析

督导的指示

教育管理经常收到各级教育创新的要求。各种提高数学、自然科学和社会科学教育方案、国家责任计划、新的管理方法和其他想法都是由教师、管理者、利益集团、改革家和国家监管机构发起，在一个学区，督导是关键的领导者，而在一所学校，校长是关键的领导者。

在卡维尔市学区，波特督导负责11所学校——8所小学、2所初中和1所高中，在参加完暑期管理课程后，波特发送了以下电子邮件给每所学校的校长：

"请要求学校每位教师们为其所教授的每门课程制定一套课程目标。在8月的10个工作日里会安排咨询师指导教师们撰写这些目标。9月21日前需要将书面报告交至办公室。"

耶斯沃斯小学校长韦根先生将波特的邮件转发给了他管理的学校里的所有老师，并附上了以下信息：

"请参阅波特督导之前的邮件，如他所说，你们需要为所教的每门课程制定课程目标。务必在一个月内将课程目标的书面报告交上来。今天下午的全职会上，有人会指导你们如何撰写这些目标。"

收到这封邮件后，几位小学老师草草地回复了电子邮件。一个备受尊重的且极具才华的老师写了下面的邮件，本意是想发给他的同事，却不小心把它发送到韦根先生：

"这完全是无稽之谈！我应该把时间集中在董事会批准的新高级英语课的教学计划上，波特是无能的而且不知道班级内我们面临的需求。他只会告诉我们去完成毫无意义的形式化任务。我要开始寻觅一个珍惜我时间的学区。"

韦根先生被这封邮件惊呆了。他担心会失去这样一位受同事及教育系统同仁敬仰且极其重要的老师。他知道这封邮件写的轻率，而且那位老师如果知道了他收到了这封邮件将会很尴尬。他担心其他老师会不会对他的邮件做出同样的反应，他同样不知道怎样回应这份生气的邮件，也不知道怎样在新学年开始提高士气。

问题：

1. 评价波特先生和韦根先生的沟通方式。他们在多大程度上有效地传递除了新课程目标的信息？如果你是一名教师，当你接到邮件后会有什么感觉？为什么？

2. 如果你是韦根先生，你将对这名生气的教师作何反应？详细说明一下你将如何与他沟通以及你要说些什么。他可以通过怎样不同的方式向教师传达有关课程目标的信息，从而使大家的反应更积极一些？

3. 指出那名老师在书写和发送邮件过程中所犯的错误。

亨特·沃什玩具公司

圣诞节就要来了，就在不久前，恰克·摩尔信心满满，认为即将到来的假期将会是公司中一年最好的时候。他是亨特·沃什玩具公司的全国销售经理，而这家公司是一个位于纽约的跨国玩具制造商。在最近的玩具展览上，亨特·沃什玩具公司揭幕了一个新型互动毛绒玩具，它外形可爱，技术含量高，并且与一个主要的节日动画片形象相关，预计销量会不错。恰克也认为玩具销量会很好，但是坦白地说，大家对其感兴趣的程度让他吃惊，消费者对玩具大加赞赏，随后的订单数量也急剧增加。一切都看上去非常美好，但是他现在却有一种厄运即将到来的感觉。

简单来说，问题在于生产该玩具的墨西哥子公司可能无法按时完成生产。不仅目前所有的订单已经推迟，而且他们生产的数量还远远低于订单。恰克决定写信给工厂的经理维森特诺兹说明情况，来避免圣诞假期中面对吵嚷着要玩具的父母而他却对这种情况束手无策。

在邮件中，他用极具专业的口吻来书写。开头以"亲爱的维森特"，恰克询问最近订单的情况，以及延迟订单的生产计划，并希望获得为何订单难以按时到达的合理解释。一个小时内他就收到了回复，但是让他极为震惊的是，该条回复十分简短，并且来自维森特的秘书。她确认收到了他的邮件并向他保证墨西哥工程会在接下来的十天内寄出该批订单，即使此时已经延误了一周了。

"够了，"恰克恼怒道，"该让佐藤知道发生了什么。"在发给老板的信息中，开头部分是他发给墨西哥的原邮件以及那位秘书的回复，之后他表达出了自己的对于这个节假日的火爆产品的上市可能性的担忧。"我难道非得在维森特身上点一把火才能让他更快一点吗？"他写道。之后将其转发给了他的主管，也是他的好友，迈克·佐藤，也是市场和销售部的执行副总裁。

很快的，他就接到了维森特的电话——这个子公司经常非常愤怒。"摩尔先生，你怎么能背着我对我的老板说我的坏话？"他口沫飞溅，听起来又愤怒又惊慌失措，看起来迈克已经将恰克的邮件转发给了亨特·沃什玩具公司的运营副总裁，而他又将其发送给了墨西哥分公司的总裁。

事情变成这样是不幸的，但是恰克并没有觉得抱歉，"如果你回答我上周邮件发给你的问题，你本可以阻止这些事情，"他指出，"我仅仅得到了一个敷衍的回复，并且还是你秘书发的。"

"我的秘书总是回复我的邮件，"维森特回答，"她认为如果问题紧急的话，你会打电话和我直接说，与你们北方人想的不一样的是，我们的确把截止日期看得很重要。对于我们现在存在的供货问题我只能说这么多，但是我怀疑你是否对这些感兴趣。"维森特没有等回应就挂掉电话。

恰克感到困惑且沮丧，事情糟糕成这样，他怎样能扭转局面？

问题：

1. 根据维森特·儒兹的行为和他与恰克·摩尔的对话，你认为墨西哥在沟通的文化态度上与美国相比有什么不同？理解这些不同很重要吗？请解释。

2. 恰克与维森特沟通的主要目的是什么？他与迈克尔·佐藤的沟通呢？当他选择和维森特沟通的方式时，他应该考虑什么因素？这些因素和他与迈克尔·佐藤沟通的时候应该考虑的是同样的因素吗？

3. 如果你是恰克，你将有什么不同的做法？为了确保新玩具的供应充足且满足预计的需求这点上，你会采取什么措施？

第 10 章

领 导 团 队

你的领导学挑战

读完本章之后,你应该做到:

- 将一群零散的个体转变成一个协作的团队,通过共同的使命和集体责任感来达到高绩效的目的。
- 发现团队工作中存在的挑战并说明为何人们有时对团队工作存在负面情绪。
- 通过提供激发兴趣的明确目标,阐明角色和责任,就规模和多样性来协调团队,给团队成员决定权并提供支持和指导,来使团队达到更高的绩效。
- 理解和掌握团队不同时期的发展,知道怎么去提高团队凝聚力,形成富有成效的团队规范。
- 了解虚拟团队的挑战和优势,以及促进虚拟团队绩效的团队领导者行为。
- 处理发生在团队成员间的不可避免的矛盾。

章节大纲

- 团队价值
- 团队成员的困境
- 带领团队获取高绩效
- 团队形成过程
- 团队成员必做的努力
- 领导虚拟团队
- 合理处理团队矛盾

前沿领导者

- 托尼·布朗和艾伦·穆拉利,福特汽车公司

- 山泉公司
- 智能平衡公司

领导者自查

- 个人还是团队?
- 你是一位卓有贡献的领导者吗?
- 你怎样解决团队冲突?

领导者书架

- 《优秀的商业团队,打开出色表现的密码》

现实中的领导

- 团队反馈

领导力开发:案例分析

- 决策时刻
- 蒂维洛-迪林集团小组

克丽丝·鲁弗是晨星公司(Morning Star)的创始人,拥有三家为亨氏食品公司(Heinz)和坎贝尔汤公司(Campbell Soup Company)生产产品的西红柿加工工厂。他相信如果人们在没有老板的情况下能够管理好他们生活中复杂的事情,那么在工作的地方他们就没有理由不能

管好自己。鲁弗在团队工作自主的基础下创建了晨星公司，但是随着公司从初始的 24 个同事（也称雇员）扩展到 400 人，问题也随着产生了。一些人在没有老板和等级制度的环境下会遇到困难。处理发生在任何场所的不可避免的矛盾都是特别的挑战。因此，鲁弗建立了晨星公司自我管理协会来为员工提供自我管理原则和体制方面的培训。现在，每一个员工都经历了培训，以 10~15 人为一组，学习在团队中如何有效率的工作，如何处理作为管理者需要有代表性地执行的"计划、组织、领导和控制"责任，如何平衡自由和义务，如何理解和有效地和他人沟通，以及如何处理冲突。虽然对计划结果的反应已经很积极了，但是鲁弗认为还要继续努力培训，使自我管理的轮子一直顺利地滚下去。

团队正在成为组织的基本构建模块，比起传统的分层结构来说团队有更大的领导挑战。本章探讨团队和团队领导力。我们给各种各样类型的团队下定义，关注团队工作中的困难，研究达到高影响力的原因。本章调查了团队是如何发展，探索凝聚力和团队规范等话题，认为团队成员必须担任各种各样的角色来使团队运行得更好。领导虚拟团队的新挑战仍然在被讨论中。本章的最后部分关注如何处理团队冲突，包括使用谈判。

10.1 团队价值

团队并非适用于所有情况，但是在组织中大量的工作是互助的。这就意味着为了完成工作，个体和部门对于信息和资源是相互依赖的。当任务需要高度互助的时候，为了成功完成任务，团队是确保协调水平、分享信息和资料交流的最好方式。当他们的价值发挥得最为高效时，团队可以通过高效生产力、质量改进、更好的灵活性和速度、扁平化额管理结构为组织和员工双方提供利益，从而增加员工的参与和满意度，提高营业额。

10.1.1 什么是团队？

团队是由两个或两个以上的人组成，为了实现一个特定目标而进行互动、相互合作的团体。几个主要特征可以区分一个团队，例如，一个由语言学家、心理学家、统计学家和脸书（Facebook）的软件工程师组合成的团队有一个清晰的目的（共同目标），去重新设计脸书的无效搜索引擎，更好地理解人类（而不仅仅是计算机）语言。团队成员要协调他们付出的努力，工作互助来研究、设计、测试和发展一个新的搜索引擎。开发团队是一个截然不同的单位，独立于其他团队。团队成员在一起工作一年多的时间提前完成编码和测试一个新的搜索工具，并继续他们的工作去使新搜索引擎更加完美，脸书希望可以与搜索巨头谷歌竞争。

> **团队**
> 由两个或两个以上的人组成，为了实现一个特定目标而进行互动、相互合作的团体。

一个团队是一群人，但是一群人并不等于团队。那些不定期进行交流的，比如在公司的食堂排队或一起乘坐电梯的人，不能称作一个团队。甚至一群在一起工作的员工也不是一个团队，除非有关成员共享一个共同的目标，要求他们互相依赖。此外，团队合作的概念意味着人们升华他们的个人需要、欲望和自我，综合他们的知识、技能，努力完成一个共同的目标。教授、教练或雇主可以聚集起一群人，但这并不能构成一个团队。例如，迈阿密热火篮球队,在2010年的春天,勒布朗·詹姆斯(LeBron James)、杜恩·韦德(Dwyane Wade)、克里斯·波什(Chris Bosh)等顶级球员分属不同的篮球队。但是第二年,他们都效力于迈阿密热火队。拥有这样的技能的团队本来应该很难被任何人打败,但是热火队遭遇了一个惨败之后,跌跌撞撞地度过了本赛季的前几周。过去常常负主要任务的明星队员在关键时刻发现他们对彼此的目的存在误解。在对热火团队输给纽约尼克斯队的讨论中,前任芝加哥公牛队的队员斯蒂夫·科尔(Steve Kerr)说道,"这是一个大危机。情况就是每个人都觉得'我是天才,我应该主导这场比赛'。但是他们的集体表现糟糕透了"。

个体明星不一定会在体育或者商业中创造一个成功的团队。迈阿密热火队努力地与组织中所有团队都会面临的问题做斗争,即怎样让明星员工升华自我,牺牲他们个人的目标?怎样汇集他们的专业和技能有用的一方面?怎样去定义角色?怎样提升凝聚力和规范的合作?怎样创造一个在平常的任务中表现出团结的队伍?这一章的"思考一下!"举例说明了团队合作的精神和能量。

思考一下!

大雁的教训

现象1:由于每只大雁扇动它的翅膀,会形成一个上升气流让其他大雁跟随。"V"字形飞行的过程中,整个群体的飞行距离比单只鸟飞行增加了71%。

领悟:有共同方向和集体感的人可以更快更简单地到达他们的目的地,因为他们可以沿着他人的脚步前进。

现象2:当一只大雁脱离了队伍,它会立刻感到单独飞行的苦难和阻力。因此它会很快赶上雁群,迅速地重新归队。

领悟:如果我们能够体会到大雁的感受,那么我们就会留在队伍中。和前面带队的人一起去实现目标。我们将乐意接受他人帮助,同时也帮助其他人。

现象3:当领头的大雁疲惫的时候,它会在阵形中旋转,然后另一只大雁就会飞到重要的位置。

领悟:在完成艰难任务的时候轮流替换和分享领导能力非常重要。像大雁一样,人们要互相依赖于他人的技能、能力、独一无二的天赋、天才和智谋。

现象4:大雁会在飞行过程中发出叫声来激励前面的大雁保持速度。

领悟:我们需要确保这种鸣叫声是激励人心的。团队中存在激励,它的产量往往越高。这种激励的能量(坚持自己的真心和核心价值观,并鼓励他人的真心和核心价值观)就是我们所追求的"雁鸣"的本质。

现象5:当一只大雁生病,受伤或者被击落时,会有两只大雁离开队伍跟着它下来然后去帮助和保护它。它们一直陪着它直到它死了或者能飞了。然后它们会继续编队飞行或追寻它们的雁群。

领悟:如果我们有大雁一样的意识,那么我们无论患难还是顺利都会彼此扶持。

资料来源:1991 Organizational Development Network. Original author unknown.

10.1.2 团队类型

在现代组织的每一个层面都能找到团队。在太阳剧团（Cirque du Soleil），作为顶级管理者创立职能的首席执行官、首席运营官、首席财务官一起合作来发展、协调和监督每年到四大洲大约一百个城市巡回演出的杂技团。谷歌集合很多三或四人的团队来评定和建议新创意是否可行。IBM 让专攻计算机硬件、软件、研究和销售的人组成团队来为顾客解决详细的问题，比如沃尔马特、嘉信理财和梅约诊所。在美味餐饮方面，一个芝加哥的家族企业把公司第一线的员工包括厨师、会计、办事员、司机、管理者和服务员组成团队来执行所有的战略决定。

组织用各种各样类型的团队来满足内部需求和外在挑战。图 10.1 阐述的三种类型的团队在组织中的使用：职能型、跨职能型和自我指导型团队。

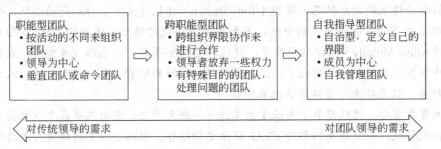

图 10.1　团队和团队领导的演变

职能型团队

职能型团队是传统垂直等级制度的一部分。在正式的管理系统中，这种类型的团队是由管理者和他们的下属组成，有时候又称作垂直团队或命令团队。职能型团队包括了一个部门中三或四个等级层面。通常，职能型团队就是组织中的一个部门。比如说，蓝贝尔牛奶（Blue Bell Cream）在布伦汉姆和德克萨斯的质量监控部门就是一个职能型团队。这个部门负责检查所有的原料成分，确保只有最好的产品可以用来做冰激凌。财务分析部门、人力资源部门和销售部门都是职能型或垂直型的团队。每一个都是组织在虚拟等级制度中创造的，通过成员的共同努力来达到特定目标。

跨职能型团队

一个跨职能型团队是由组织中不同部门的团队成员组成的，这些团队通常被称作跨职能团队。跨职能型团队处理影响多个部门的项目，因此需要他们考虑到很多观点。跨职能型团队促进了信息在不同功能分支之间传递，并对部门调整做出建议，同时对存在的组织上的问题开辟新的想法，帮助形成新的实践与政策。

专用团队是跨职能型团队的一种类型，有时也叫作项目团队。专用团队致力于一个特殊的目的，一旦项目完成就会被解散。他们

职能型团队
　　由管理者或下属组成的正式指挥团队。

跨职能型团队
　　由组织中不同部门的团队成员组成的，这些团队通常被称作跨职能团队。

新领导行动备忘
　　作为领导者，你可以创立一个跨职能型的团队来处理需要不同功能分支相互合作的项目。对于特别重要的项目，建立一个专用团队，例如，开发一个新的产品或者服务。

创立于正常组织框架之外,承担非常重要的或者复杂的任务,或者提供新的产品或服务。根据先前讲述,致力于脸书引擎研究的团队是一个专用团队。福特机车公司的领导人创建了一个专用团队来解决供应链的相关问题。

前沿领导者

托尼·布朗和艾伦·穆拉利,福特汽车公司

在 2008 年的金融危机中,不仅仅是三大美国汽车制造商(通用、克莱斯勒、福特)处在破产边缘的组织。大部分的供应商也都在生存的边缘挣扎,有些却已经破产了。福特的领导者意识到除了零件没有什么可以拯救公司的了。

福特的全球采购副总托尼·布朗(Tony Brown)建议建立一个特别行动小队,专门监督零件的制造生产,以防供应链的中断,并加快福特摆脱对供应商依赖的计划。CEO 艾伦·穆拉利(Allen Mulally)很快就同意了,就这样 Quark 项目(以电影《亲爱的,我把孩子变小了》中家里的狗来命名)形成了。这个团队包括福特的所有主要部门和制造、人力资源、工程、财务、信息技术、法律等其他职能部门。

时间非常重要,团队开展了高强度的工作——每天开会,有时在早晨 7 点之前就开会,晚上工作到很晚,而且每周四都向 CEO 提供定期报告。团队会议室的墙覆盖着打印出来的每个供应商的清单;他们所提供的特殊零件;他们的财务状况;他们所提供的车间和他的一些其他客户。为每一个供应商进行风险预测,将名单缩小到 850 个福特自己想保持的关键供应商。Quark 项目的首要任务就是确保这些公司能够存活。

这个团队和福特的行政部门都知道,靠福特自己是无法拯救全球的供应商的,所以他们开始想接触其他的汽车制造商。可能因为通用的管理者有更重要的问题需要考虑,所以他们对此并不产生兴趣,但是考虑到相互连接的供应网络中的供应商们都在破产的边缘,丰田和本田很快的开始活跃在市场上。在某些情况下,这三家公司同意在商业上共享维持一个特殊供应商的费用。

这个专门团队在帮助福特供应断裂中起到了至关重要的作用,也最终帮助领导者复活了公司。

向自我指导型团队演变

跨职能型的团队可能逐渐地进化成为自我指导型团队。例如,在先前开篇讲述的例子中,晨星公司由拥有最小管理权与流水作业雇员组成的团队生产了整个产品或服务,或者至少一个完整的方面或者产品或服务的一部分。

图 10.1 说明了团队与团队领导的演变过程。在传统的框架内,具有功能的团队和个人按照普通技能和从事活动来分类,其领导建立在垂直等级基础上。在跨职能型的团队中,成员能够从阶层中得到更多的自由,当时团队依旧是领导集中制和领导命令制。领导者

专用团队

致力于某个重要特殊目标的团队,一旦项目完成就会被解散;有时也叫作项目团队。

自我指导型团队

由拥有最小管理权与流水作业雇员组成的团队,生产整个产品或服务。

很有可能是被组织指定，经常是团队中来自一个部门负责人的主管或者经理团队。

在下一阶段的演变中，团队成员不经过经理、主管或者指定团队领导者的指示而自主一起工作。经验主义学习显示自我指导型团队与工作中高度满足感有关。工作满足感增加是因为在自我指导型团队中工作能够使人们感到挑战，找到工作的意义，感到能够掌控工作，并培养出与组织的强烈的认可感。

自我指导型团队能够调动需要的信息与资源来完成整个任务，同时拥有任务中做决定的权威性，例如，选择新成员，安排工作与假期，评估绩效。自我指导型团队并非典型的自制型，在团队中制定所有的指导条款，同时基于定期基础来管理成员工作。然而，这些团队经过有效的训练，用最小的管理权工作，同时成员共同做决定，共同解决问题。在美国洛克希德马丁导弹公司（Lockheed Martin's Missiles）和亚拉巴马州特洛伊市派克镇的火控操作公司，所有在自我指导型团队中工作的雇员都设置绩效目标，同时根据先进导弹的装配与测试来做决定。派克县操作公司的自我指导型团队在零客户投诉的情况下为完成100%的按时运送作出了贡献。

> **新领导行动备忘**
>
> 作为一个领导者，当团队成员不需要实时领导就能够胜任工作时，可以用自我指导型团队。给予团队资金、装备、供给，以及信息去完成项目或任务，同时提高团队决定权的权威性。

自我指导型团队惯例上选择他们中的一员作为领导者，领导者可能每年都要变更。一些没有预设领导者职位的团队中，依情况任何人都有可能扮演领导者的角色。例如，在马萨诸塞州总医院（Massachusetts General Hospital），急救创伤小组工作相当顺利，以至于根据现场情况每个人都可以担任领导者。面对每个紧急情况，指导可能来自于医生、实习生、护士或者医师——无论是谁都要对手头问题很有经验。

10.2 团队成员的困境

当ICU医疗产品的领导者宣称公司正在转变一种完全基于团队合作的架构时，首席财务官却辞职了。一些人喜欢团队合作，其他一些人讨厌团队合作，还有一部分人对于团队合作持有中立态度。当领导者完全理解团队合作给人带来的三大困境时，他们做事就能够更加的富有效率。

- **我们必须放弃我们的独立性。** 当人们变成团队中的一员，个人的成功依赖于团队的成功；因此，不仅是自己的倡议和行动，团队中其他人表现的好坏也对此至关重要。除此之外，为了实现个人的成功大部分愿意做出牺牲，团队合作要求他们为了团队的成功做出一些牺牲。要点就是每个人必须把团队放在第一位，即使有时候这样会伤害到个人的利益。

- **我们必须容忍"搭便车"的行为。** 团队中的人有时候来自各行各业。"免费搭便车者"（Free Rider）指的是团队中的一些人，这些人从团队中获益，但却不积极参与团队合作，也不对团队工作作出贡献。你也许经历过这种挫折，在一个学生项目组中，一个成

> **新领导行动备忘**
>
> 你喜欢团队合作，抑或喜欢单干？读完领导者自查10.1你就会对团队合作有所感触，并且知道团队领导是否会给你带来问题。

> **"免费搭便车者"**
>
> 团队中的一些人，他们从团队中获取收益但是却不积极的参与到团队工作当中。

员没有对项目作出贡献，但当分发成绩时却从其他人的努力工作中获益。搭便车的行为有时也被称为社会惰化，因为各个成员之间的作用不平等。对搭便车可能的潜在原因，一项调查发现 40%~60%的人（与性别和年龄相关联）喜欢在团队中工作并向他人学习，但仅有不超过36%的人表示他们喜欢在团队中工作。

- **团队合作有时会发生机能障碍**。一些公司依靠团队获得巨大成功，但也有数不清的引人注目的失败反例。一个在大型美国空军基地的平民工人讲述了一段经历，"合理化"项目使邮件控制过程由 8 步变为了荒谬的 19 步，意味着官方的邮件要被更多的人处理，同时相比以前要花费更多的时间投递到目的地。图 10.2 列举出了五项普遍存在于项目中的机能障碍。在过去的几十年中，许多研究和项目经历对项目的成败原因已经产生了具有意义的发现。证据显示，项目如何被安排起着至关重要的作用。

障碍	态度与行为
信任缺失	队员在指出错误、分享关注点，以及表达观点时缺乏安全感
害怕争执	队员为了与别人保持和谐关系而不敢表达争议性的观点
缺乏承担	队员没有表达他们真实的观点和思想，不能真正认可决定
逃脱责任	队员不愿承担结果责任，出错时急于相互指责
忽略结果	成员把个人雄心与个人需要放在集体利益之前

图 10.2　团队协作的 5 大障碍

资料来源：Patrick Lencioni. *The Five Dysfunctions of a Team*. New York: John Wiley & Sons, 2002.

领导者自查 10.1

个人还是团队？

说明：根据你在工作和学习中的喜好对以下的说法做出判断。请回答以下的每一个问题对你来说是不是"基本符合"或者"基本不符"。

	基本符合	基本不符
1. 我喜欢团队合作，而不是自己完成任务。		
2. 如果能够选择，我会努力自己完成工作，而不愿面对团队工作的麻烦。		
3. 我喜欢与他人工作时发挥个人的影响作用。		
4. 我偏向于做自己的工作，让别人做他们自己的工作。		
5. 相比于个人的胜利，我从集体胜利中得到更多的满足。		
6. 当组员不做出贡献时，团队合作是徒劳的。		
7. 当我和他人合作时感觉很好，即使我们有不同意见。		
8. 当作一项工作或任务时，我宁愿依靠自己而不是别人。		
9. 我发现在团队中的工作能够让我的能力更好地发挥。		
10. 当在团队中工作时我感到心烦。		

分数和解释

针对奇数项题目，选择"基本符合"得 1 分；偶数项题目选择"基本不符"得 1 分。

总分

你的得分能够显示出你在团队工作中以及个人工作中的表现对比。8~10 分清晰说明你在团队中与他人工作时的成绩很好。团队合作能够完成你个人远不能及的任务，而且与他人合作会是你满足感的来源。0~3 分表明了你在个人工作时会比团队中取得更好的成绩。在团队中你会失去一些控制权，而且不得不依靠一些其他比不上你有责任感的人。在团队中将不得不与他人协调工作，并且失去一些对工作流程与结果的控制能力。4~7 分表明你对团队合作与单独工作都能满意。你认为你的表现是怎样影响你的事业选择和你成为一个潜在领导者的？

10.3 带领团队获取高绩效

团队运行良好的原因在于领导者的创新和改进。例如，研究手术项目的哈佛商学院教授们发现，手术领导者的态度与行为，以及与团队成员相互作用的品质，对手术效率与成功率有至关重要的影响。在健康护理中，团队合作越来越常见，但是团队成员间合作交流不畅，已经成为一个很大的问题，从而导致错误甚至病人死亡。美国国防部和健康护理研究中心（The U.S. Department of Defense and the Agency for Healthcare Research and Quality）研发出一个提高团队合作的项目，用来教会人们成为更好健康护理团队合作所需的认知能力与人际技能，尤其是专注于团队领导力方面。在波士顿儿童医院（Boston Children's Hospital），学习过这个项目后运行一些机制，团队减少了 40% 的错误。

带领一个团队获取高绩效，无论是在健康护理、制造业、网络服务，或者是云斯顿赛车中，领导者应该拥有这样的特质。

- **明确的目的，清晰的目标，清楚的度量。** 要想成功，团队成员要知道自己如何去努力，并且要带着责任感去完成工作。高绩效的团队有一个特定清晰的目的和一套合理明确的目标，使得人们在一个共享的事业下团结起来。如果人们在挣扎中追问这个团队存在的意义，或者团队中人们朝着不同方向努力而不是为了一个共同的目标奋斗，那么这个团队就不能成功。团队成员同时也需要明确的度量，让他们很好地知道他们正在朝着目标努力前进。
- **技巧多样性与明确的角色。** 高效率团队拥有混合多样的技术、知识以及经验，这些都是团队项目各个部分所需要的。另外，团队中种族、性别、习俗或者文化背景的多元化，或者其他因素，可以促进创新以及做更好的决定，因为团队可以拥有更加广阔的远景。然而，在这个混合多样性团队中，个人角色与义务被清楚的定义了。团队中成员清楚的角色分配与期望能够提高团队合作，因为这样人

> "拥有高绩效的团队与组织不会自动出现。他们也不会突然出现。高绩效是一个过程，是一种思维方式。它需要一个方法论，它必须不停地被练习。"
>
> ——约翰·弗里
> （约翰·弗里集团创始人和总裁，前海军陆战队战斗机飞行员教官，蓝色天使喷气机队表演队主要个人飞行员）

们就不会迷迷糊糊地在他们任务与责任之外与他人发生冲突。
- **使队伍规模合理化**。尽管大部分的调查者认为不存在最佳团队规模，只需要团队中有足够的人员可以从事相关工作时，团队就发挥出最佳功能。但也有一些专家指出人少的团队犯的错少于人多的团队，大量研究证明小于6人的团队表现的好于大的团队。在小型规模团队中的成员可以提出问题，交换意见和展示出更多的合作化行为。不仅如此，人们在小型团队中反馈出更高的积极性，更多的工作的满意度和更好的凝聚力和归属感，在美国的一个民意测试投票中，表现出82%员工认为小规模团队有更强的生产力。
- **决策权高于如何实现目标**。尽管领导者需要经团队清晰的定义出目标，但团队应有权去决定如何实现目标，好的领导者下放权力，分享信息共同承担责任和寻求一致意见而不是问题指导，高效率团队的成员认为可以通过合作的方式完成和实现目标。
- **支持和指导**。尽管团队领导者必须关注下属任务的完成进度情况，但研究表明，温和式领导关注积极关系的构建，这对建立高效团队来说非常重要。如果团队领导能给团队成员提供帮助，强化团队宗旨和意图，积极维系成员之间的信任关系和团队凝聚力，并指导团队成员自我领导，那么团队效能、生产能力和学习能力都可以增强。诸如沟通、建立关系、发展生产规范以及解决冲突等周期性指导训练对团队的合作和绩效能产生重要影响。

这五个因素是对于团队领导者最重要的指南，《领导书架》进一步讨论了团队的特征可以导致更高的表现力。

领导者书架

《优秀的商业团队，打开出色表现的密码》

霍华德·格特曼著

本书作者，管理学顾问霍华德·格特曼（Howard Guttman）认为良好的表现来源于优秀的团队，在这本《优秀的商业团队》（*Great Business Teams*）一书中，格特曼研究了诸如强生、欧莱雅、瑞士诺华制药（Novartis）和玛氏饮品（Mars Drinks）等公司几十个高效团队的内部运作机制。

一、优秀团队的特征

无论是一个强领导力的团队，或是一个各部门合作项目团队或者自行制造产品部门的团队，格特曼认为优秀的团队有以下几个特征。

（1）由高效领导者带领

一个优秀的团队的领导者将权力和义务放在团队手中，他了解他们的工作并确保所有成员清晰的了解并认可他的策略和目标，理解他们的角色和责任，并遵循一些特别的基础性规定，比如制定决策和人际关系。

（2）成员担任领导者

优秀团队的成员担任领导者，履行自己的责任，发挥影响力，并且共同为结果负责。每个人的绩效——即使是领导者的绩效——都要受到审查和反馈。

（3）依工作计划行事

格特曼认为职责混乱会破坏有效率的团队工作，为了实现高绩效，每个人在团队中需清晰的了解团队将需完成什么，每个个体需关注什么，这个团队如何实施任务，团队成员如何与他人互动。

（4）永远不满足于当下

在高效的团队中，自我管理，自我评估，不断提高绩效标准。

（5）拥有有利的绩效管理系统

为了获得出色的团队工作，组织中的绩效管理和奖励系统必须对符合预期的团队行为进行奖励。

二、为什么组建团队

格特曼相信，现在的组织及其面临的挑战过于复杂，因此正式领导者不能制定全面的政策。他认为实行分布式领导可以让公司取得更大的成功。在这种领导模式下，主要角色由各级自我指导型团队制定，由这些团队共同对绩效负责。

资料来源：Howard Guttman. *Great Business Teams*. John Wiley & Sons.

10.4 团队形成过程

团队形成过程指的是团队随着时间变化被领导者所影响的动态过程。在这个部分我们会讨论团队发展进程、凝聚力、工作规范。团队演进过程的四阶段和冲突会在本章的后面讨论到。

10.4.1 团队怎样发展

对于领导者来说随着时间发展，团队会成长。资料反映团队的成长经历几个过程，图10.3展示出团队发展成长过程模型。这几个阶段一般是按顺序发生，不过有时可能会有重叠。

形成期

形成期是团队开始定位和成员开始相互熟悉的阶段。团员找出那些他们可接受的行为，展示出友好并决定主题方向。此时不确定性很高，因为没人知道基础规则是什么，或者别人对自己的期望是什么。团员有时受到权力和责任的控制，无论它来源于正式领导者或非领导者。这个过程中，领导者面临的挑战是促进交流和融合团员，帮助他们相互熟悉，以及建立团队共同工作的原则。在这一阶段非常重要的是，领导者要让团员们感到舒适，感觉像团队中的一员。领导者需发现害羞或安静的团员，帮助他们和其他人建立良好关系。

> **新领导行动备忘**
>
> 作为一个领导者，你应该给团队清晰的定出一个方向去帮助队员们，让他们正确看待他们的工作，你可以定义主题和阐述角色，而不是告诉人们怎么实现目标，给每个人一些空间，给他们提供一些额外需要的训练、支持和指导。

> **形成期**
>
> 包括了制定方向和熟悉过程的团队发展阶段。

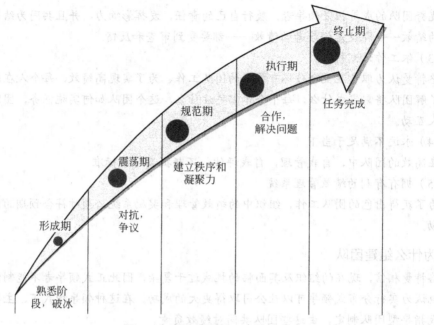

图 10.3　团队发展的 5 个阶段

资料来源：Based on the stages of small group development in Bruce W. Tuckman. Developmental Sequence in Small Groups. *Psychological Bulletin* 63 (1965), pp. 384-399; and B.W. Tuckman and M.A. Jensen. Stages of Small Group Development Revisited. *Group and Organizational Studies* 2 (1977), pp. 419-427.

震荡期

在震荡期，个人个性暴露的更加清晰。在明确个人角色时，人们会表现得过分自信。这一阶段充满冲突与不和。团队成员对团队的动机和目的的理解可能会相互不同。这时团队普遍缺乏团结和凝聚力，因此很显然，如果团队不能超越这个时期，将不会有高水平的表现。最近的一个关于学生团队的实验表明，当一个团队进入震荡期并不再前进时，其绩效相较于发展到下个阶段的团队要差得多。领导者在震荡期时需要去鼓励每个团队参与者并帮助他们找出他们的日常观点和价值，成员需要讨论他们的观点，找出争议的原因，最后克服各种不确定性及对团队任务和目标在理解上不一致的地方。情感的表达，即使是消极的，也会对建立同志情谊和对共同目标和任务的理解上有所帮助。

规范期

在规范化时期，冲突已经被解决，团队的团结和和谐展示出来，凝聚力的发挥归功于这个团队的天然领导者是谁，并且团队成员角色会更清晰，团队成员将去理解和接受其他方面问题，不一致被解决后，成员们展现出凝聚力，这个时期是一个短暂的过渡期，将很快过渡到下个时期，领导者应着重于整个团队的开放性并促进沟通，明确团队角色、价值观和期待。

新领导行动备忘

作为一个领导者，你可以指导你的团队，在整个发展期，早期你可以帮助团员了解其他人并鼓励参与活动和普及目标，而后你需阐明目的和期望，最后你应关注帮助这个团队实现高凝聚力。

震荡期

个人特点及冲突开始出现的团队发展阶段。

规范期

冲突解决团队形成统一的团队发展阶段。

执行期

在执行期间，应主要关注于完成团队目标。团员们有责任去实现团队使命。他们频繁互动，协调他们的行动，以成熟、有效率的方式解决争端，团队成员面对解决问题时，他们都从完成任务的角度出发采取行动。在这个时期，团队领导者应集中在促进高效完成任务上从而帮助他们自主实现目标。

终止期

终止期阶段主要出现在因特定任务而组建并在任务完成后即被解散的委员会和团队中进行的。在这个时期，主要是结束收尾工作。执行任务不再是最优先问题，领导者主要关注团队成员的社会及情感需求。人们或许觉得被激励，有凝聚力但或许也会失望，对团队的解散而遗憾。这时候领导者可能希望以一场典礼或仪式来宣布团队解散，或者还可以当场颁发证书或分发奖品来表示结束。

当团队处于这种时间关口时，这些时期或许会发生的很快或者是重叠。对于虚拟团队来说，这些时期或许会加速前进。例如，对于一群工作在大型消费商品公司的工程师的虚拟团队系统，他们工作在美国和印度。领导者用几天时间开始团队建设并帮助这个团队很快地度过形成和震荡期。

> **执行期**
> 重点是完成团队目标的发展阶段。
> **中止期**
> 团队发展受限时期，重点在于收拾残局，放缓速度，标志结束。

前沿领导者

山泉公司

当山泉公司（Spring Company）的高层领导决定将物流供应商连进程发展的部分转到该公司位于印度的一个分支机构来做时，其中关键的问题是如何确保美国的工程师和印度的工程师尽快合作，重点放在主要的绩效目标，并将个人利益放于团体利益之后。

让团队尽快进入操作环节中，领导者和顾问举办了一系列的团队建设活动。在活动中，队员们一起建立共同的愿望发展独特的团队文化和认同感，并建立虚拟关注和阐明各自的角色和责任，文化的教育和训练在虚拟交流中也是进程的一部分，在团队建设活动的最后，成员一起欢笑并渴望在一起工作，在接下来的在线会议和电话会议中，这个团队一直处于不断朝着目标努力的良好势头，并且每个人都享受在一起工作的时光。

山泉公司的团建过程不仅帮助人们快速过渡到实施期，而且它对于建立一种很吸引人的特质——凝聚力，有很大的帮助。

> **新领导行动备忘**
> 作为领导者，你可以为成员提供互动和相互了解的机会，增强团队凝聚力。你可以利用跟其他团队的友好竞争来增强凝聚力，并与高层领导协商团队制定较高的绩效标准。

10.4.2 团队凝聚力

团队凝聚力被定义为在一定范围内成员被吸引到这个团队中，并且主动去维护保持这个团队的力量。当高凝聚力团队的成员去参加团队活动，出席会议，他们的团队赢了的时候，他们将会高兴。低凝聚力的成员不太关注团队的福利，因此领导者想鼓励形成团队的凝聚力。

> **团队凝聚力**
> 在一定范围内成员被吸引到这个团队中并且主动去维护保持这个团队。

凝聚力的决定因素。 领导者可以利用多种团队建设的特征和环境去影响凝聚力，第一点是团队联系，当团队成员可以频繁顺畅的联系，他们彼此相互了解，将自身作为一个整体，并觉得可以变为一个团队；第二点是共同目标的概念，当团队成员朝着一个目标和方向努力，他们会更有凝聚力，有最强凝聚力的团员普遍认为他们共同处于一个重大的事情中。一个航空观测的执行者回忆他参加一个前沿设计的团队，他说，他认为他们所走的路不同于其他任何人，他觉得他们走在他人之前，走在世界前沿；第三点是个人魅力的团队，这意味着团队成员有相似的高度和价值观，并且享受在一起的感觉。

在团队的环境中，两方面影响团队的凝聚力。第一个是竞争的表现。当一个团队与另一个团队竞争并且努力赢的时候，它的凝聚力会增加；第二个是团队的胜利，赢得了外部的良好评价以此增加了凝聚力。当一个团队在它的任务中成功并且组织中的其他人意识到成功时，成员感到良好，这样他们对团队的贡献会更高。

凝聚力的结果。 团队凝聚力的结果可以分为两类——斗志与表现。正如常规那样，在一个有凝聚力的团队中，因为成员间责任感的增加会使团队的斗志提高，一个友好的团队氛围对团队的贡献就是维持团队成员之间关系。同时起作用的还有忠诚和成员对于团队活动和决定的参与。高的凝聚力总是对团队满意度与成员的斗志有一致的好作用。

表现方面，研究表明团队中成员感觉彼此紧密联系以及良性互动往往会表现得更好。所以，一个友好积极的环境对绩效的贡献是与团队成员的满意度是一样的。有时候有凝聚力的团队可以不受限制的扩大雇员的能量与创造力。对此的一个解释就是，一项研究发现雇员们与高绩效之间的联系。例如，在美国银行呼叫中心团队之间，当领导者计划了更多的面对面互动时间的时候，绩效提升了10%。同他人简单的互动会产生激励性的影响。

> **集体思维**
> 在一个有凝聚力的团队中，人们的倾向会压制不同的观点。
>
> **团队规范**
> 由团队成员共同执行的指导其行为的非正式规范。

然而，有时候在某些情况下，凝聚力也会减少绩效。涉及的一个具体的问题是集体思维，它指的是在一个有凝聚力的团队中，人们的倾向会压制不同的观点。团队成员对于表达违背团体共识的安全问题会感到犹豫，这一直被人们视为1986年挑战者号航天飞机灾难的一个因素。当渴望和谐大于对决策质量担忧的时候，人们陷入了团队思考。其他的研究表明，在高凝聚力的团队中，绩效的高低可能依靠于领导者与团队工作之间的关系。一项调查了200个团队的研究发现，凝聚力与绩效是有一定关系的。当团队成员感觉到了最高领导人的支持时该团队会更富有成效，但当他们感觉到他们的领导者是有敌意并且消极的时候，会造成该团队绩效不佳。

10.4.3 团队规范

团队规范指的是由团队成员共同执行的指导其行为的非正式规范。团队规范的价值在于它界定了什么样的行为是可以接受的，并为成员的行动提供了参考框架。

图 10.4 展示了规范发展的两种常见方式。在一个新的团队成立时，成员间的第一次互动时便会产生规范，所以"第一次行为"会为今后团队如何互动创造出先例。在一家公司里，团队领导者在第一次会议上就提出问题并且"引导"团队成员直到他获得想要的解决方案。这种模式很快就在团队中稳定下来，并导致产生了一种无任何收益的团队规范，即成员们都将会议看作是"猜我在想什么"的游戏。

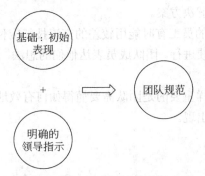

图 10.4 两个形成团队规范的方式

团队领导者在树立规范的时候应该多加小心，以使该规范可以帮助团队更有效。例如，研究表明当领导者对于合作性解决问题有较高期望时，团队合作程度较高。另一种领导影响团队规范形成的方式是对于他所期望的团队行为制定"确切陈述"。当比尔·维斯（Bill Weiss）担任美国信息技术局的首席执行官（CEO）的时候，他在他的高级领导团队的合作和支持下建立了一个规范，并且直言不讳地告诉他们，如果他发现有人试图对他人使坏，此人将被解雇。

> **新领导行动备忘**
> 你为团队做了什么贡献？完成领导者自查 10.2 中的问卷调查，看看你为了团队的成功通常你会做出哪方面的努力。

10.5 团队成员必做的努力

现在让我们把目光投向可以促使团队成员做出出色表现的能力和品质上面。为了解决对不同技能和能力的需求，让我们考虑一下在 2010 年 8 月在智利圣何塞发生的矿难中那 33 名被困地下几个月的矿工。矿工们被有组织地分在了许多小队里，并且分别负责重要的活动。这些活动包括：比如和救援队联络，从地面向地上传递供给，并将供给食物定量分配，监控矿工们的身体健康情况，还有防止石头进一步掉落而让矿内变得更安全。在这折磨人的 69 天里，一些团队成员只关注帮助被困矿工的生理需要；一些成员只关注如何协调人们的活动；另外的人只关注矿工们的心理和社会需求，帮助他们保持信念不失去希望并且团结起来。专家认为，团队合作和领导是矿工能够幸存的关键。

10.5.1　团队的基本能力

研究已经证明,要想组成一个高效的团队,需要成员们具有许多关键的能力。为了对一个团队起作用,团队成员需要表现出以下 5 个能力。

1. **目标设置和绩效管理**。第一,也是最重要的,组织中的成员必须有可以建立和完成特殊、有挑战性的目标的能力,以及监督和评估完成会议目标的绩效的方法。

2. **计划和协调**。计划和协调能力对于团队的有效性来说是一个很重要的决定因素,成员们必须为了完成目标而紧密、协调地同步行动、信息和资源。

3. **合作解决问题**。团队队员需要能认清什么时候一个问题需要团队的参与,然后适当地集合团队成员寻找多选择的解决方案。

4. **交流**。从事个人工作的员工有时能用较差的交流技能应付工作,但是只有靠好的交流技能才能保持团队合作的继续进行。团队成员表达他们的想法,询问问题,寻找并提供反馈,然后才能熟练地表达。

5. **解决矛盾**。最后,同样重要的是团队需要懂得如何有效地解决分歧。即使在最紧密的团队,矛盾也会不可避免地出现。

领导者自查 10.2

你是一位卓有贡献的领导者吗?

说明:思考一下作为一位团队成员你是怎么表现并且作出贡献的?根据你的实际表现来回答以下问题。

	基本符合	基本不符
1. 我提议制定清晰的团队目标。	____	____
2. 我发起面对面的关于团队目标的讨论。	____	____
3. 我建议采取正确的行为来提高团队表现。	____	____
4. 我帮助协调团队成员。	____	____
5. 我预先就准备好会议相关事项。	____	____
6. 我遵守承诺。	____	____
7. 我是一位专心并富有活力的倾听者。	____	____
8. 我积极引导其他队员参与进问题的解决过程当中。	____	____
9. 我支持并且欣赏组员。	____	____
10. 我会因为别人出色地完成了任务而赞扬别人。	____	____

得分与解释

这些问题衡量了你对团队的贡献力度,这些贡献即本章中所涉及的。这些问题涉及了你对团队贡献的方方面面。通过以下几个角度比较你的得分,你或许能够找到你能做出最好贡献的最佳方式。为了预估你的得分,对于"基本符合"的选项,你可以得到一分。

A. 目标设置：问题1、2
B. 绩效管理：问题3、4
C. 计划：问题5、6
D. 解决问题的沟通：问题7、8
E. 社会支持：问题9、10

> **新领导行动备忘**
> 作为领导者，你要确保任务和团队成员的社会情感需求都得到满足，这样人们就既能感受到友好的支持又能感受目标完成时的成就感。

一个高效的团队一定需要每一个组员都要能作出贡献。一个团队要有分工合作，而不是让一个人承担所有职务。事实上，如果你的大多数问题都是"基本符合"，那么你在一个团队中大多数时候是一位领导者。A部分与目标和方向设置有关，这也通常是一位领导者需要做的事情。B部分与绩效管理有关，这需要领导者和其他组员来协作完成。C部分是与你保持与其他队员的相互独立性有关。D部分涉及沟通和问题解决的能力。F部分与满足团队成员之间的关系需求有关。你能通过什么样的方式来成为一位高效的队员呢？你又该怎么做来使自己更加有效率呢？

10.5.2 团队成员的作用

5个团队的能力反映出一个团队需要这样的成员，他们能确保任务和社会情感需求得到满足。回顾第三章中讨论的情境领导力与分别以任务为导向和以关系为导向的管理行为（图3.2）。以任务为导向的行为主要关心任务和产量，这通常与获得更高的生产率相关，但是以关系为导向的行为重视下属和人际关系，这通常与获得更高的员工满意度有关。

> **任务专家角色**
> 负责帮助团队完成目标，如提出新想法、评估现状及提出解决方案。
>
> **社会情感角色**
> 帮助保持人们情感健康，如鼓励他人参与、化解冲突、对他人表示关心及保持团队和谐。

一个团队要想长期获得成功，既要有以任务为导向的管理行为，又要有以关系为导向的管理行为。任务专家角色负责帮助团队完成目标。展现出任务专家角色的人通常会有下列一些行为。

- 思想启迪。提出解决团队问题的新思路。
- 给出建议。提供解决任务的建议；对别人的建议做出坦率的反馈。
- 寻找信息。寻找与任务相关的事实。
- 总结。有关手头各种各样解决问题的想法；将这些想法放在一起总结出一个总的观点。
- 激励。当团队兴致降低时激励团队。

社会情感角色的作用包括平衡人们的幸福感，巩固社会身份的行为。采用社会情感角色的人会表现出下列一些行为。

- 鼓励。热情并乐于接受他人观点；赞扬并鼓励他人以激发他们的创造性贡献。
- 和谐化。调和团队矛盾；使意见相左的双方达成一致。
- 缓解压力。讲讲笑话或者当团队气氛紧张时调动组员积极性。
- 倾听。紧跟团队的步伐；悉心听取其他队员的想法。
- 妥协。牺牲自身的意见以换取团队和谐。

有着多数社会情感角色的团队通常很令人满意，但是他们的工作成果可能也会大打折扣。从另外一个极端来讲，一个主要由任务专家角色组成的团队通常只会考虑到完成任务所会遇到的单方面问题。这样的团队可能在短期内高效率但是从长远角度来讲就很难令人满意。高效的团队通常兼有任务型和社交型人才。一个平衡度很好的团队通常能够长时间内表现突出，因为这样的团队将个人自身需求与团队目标紧密地结合在了一起。

人们通常会基于自身的兴趣和性格在选定自身角色。一类人天生能从任务指向型的行为中学到很多；而另一类人则是更多地从促进团队和谐度的行为中收获更大。通常能够两者兼得的人才也会快速成长为团队领导者。在万豪酒店（Marriost），团队领导培训的主要目标就是要同时加强任务导向型和关系导向型的管理技能，因为兼具两种技能的领导者是很典型的高产者和创造者。不管怎么说，同时满足任务型的需求和社会化的需求，是领导者的基本职责，不管是通过领导者以身作则还是通过团队成员的努力来达成目标。

10.6 领导虚拟团队

虚拟团队
由地理上及组织形式上都很分散的团队，但是却有着共同的目标并且由先进的信息通信系统相联系。

当一个团队的成员身处不同的地理位置，甚至说着不同的语言，有着不同的文化背景时，作为团队领导者可能面临着极大的挑战。对于今日的领导者来说，虚拟团队并不陌生。虚拟团队指的是由地理上及组织形式上都很分散，但是却有着共同的目标并且由先进的信息通信系统相联系的团队。虚拟团队有时候也是全球化的团队。一个全球化的团队是由来自不同国家，从事着跨国事业的组员组成。

图 10.5 展示了传统团队和当今虚拟化团队的基本区别。传统团队在物理空间里完成他们的面对面交谈，这早在这一章节前一部分就已有论述。尤其很典型的是，团队成员都有着近乎相同的背景阅历和人格特征。然而虚拟团队的主要特征是空间距离限制了面对面交谈的机会，并且运用科技来达成交流的目的，是组员交流的基本方式。虚拟团队的成员大多分布在不同的地点，如城市周围的办公区或者商业区。队员们可以使用邮件、电话、短信、视频会议、SKYPE、其他科技产品或者各式各样的软件来完成他们各自的任务。尽管虚拟团队有时候只由正式员工组成，但有时候也接受临时编制成员，如顾客、供应商、咨询师或者其他一些不相干的人。您可以参考名为 SMART BALANCE 的一家健康膳食公司的虚拟团队的架构。

全球化团队
由生活和工作在不同国家、具有不同文化背景并在全球基础上就自己的部分工作与他人进行合作的成员组成的团队。

团队种类	空间距离	沟通	组员文化	挑战
传统	聚集	面对面	相同	高
虚拟	分散	媒介	相同	比较高
全球化	广泛分散	媒介	不同	很高

图 10.5　传统团队、虚拟团队和全球化团队的区别

前沿领导者

智能平衡公司

智能平衡公司（Smart Balance）有将近67个雇员，但是却有将近400名员工为该公司工作。该公司以制作黄油系列产品起家，而今已经有了一整条生产线，如花生黄油、富营养牛奶、奶酪、酸牛奶、爆米花以及其他产品。智能平衡公司的管理层想建立一个虚拟团队，包括内部雇员和外部的承包商，以便使该公司更好地实现创新，并发展壮大。

智能平衡公司一方面制订产品发展计划和市场营销战略；另一方面动用外部承包商进行产品的生产、分配、销售、科技信息资源的获取以及产品的测定和研发。每天早晨，虚拟团队的成员都会就前日工作的总结和今日的工作计划进行邮件、信息以及电话的沟通，以确保实时对接。领导者花大量的时间用来建立和协调团队关系。每隔两年，他们都要举行一次包括公司的全职员工和参与进虚拟团队的承包商在内的公司大会。当今世界信息变化万千，领导者需要尽早意识到虚拟团队对于公司未来成功发展的重要意义，以便于建立公司的信誉。

10.6.1 虚拟团队的意义

根据最新调查，将近一半的公司建立了虚拟团队，并且有80%的跨国公司雇员有过在虚拟团队工作的经验。虚拟团队可以是针对具体项目建立起来的短期小组，也可以是自我指导性质的长期团队。虚拟团队的最主要优势之一就是能够快速召集一批最出色的员工来完成一项复杂的项目，解决一个特定的问题或者探索一个特定战略发展计划的可能性。不同背景的人会集在一起才能激发创造性。从某个方面来说，公司能够缩减虚拟团队雇员的时间成本和差旅成本。IBM曾报告说他在一年内节省了超过5 000万美元的差旅成本。

> **新领导行动备忘**
>
> 作为领导者，即使利用有限的控制和监管也可以帮助虚拟团队完成工作。你可以选择在虚拟团队中出色的成员，定期安排与他们面对面沟通，从而保证成员清楚工作目标和绩效标准。

10.6.2 虚拟团队所面临的挑战

尽管虚拟团队能够带来很多潜在利益，有一种日益增长的迹象表明虚拟团队的工作效率不如面对面交流的团队效率强。有研究表明，随着空间距离的增加，创新思维会骤然下降93%。团队信任会下降83%，分工的明确性会下降62%，例如按时交付或顾客满意度之类的项目成果会下降50%。原则上来说领导者对与团队的工作绩效等有着重大影响，但是虚拟团队无疑对于领导力的发挥带来了巨大的挑战。

而今，如何建立团队相互信任的基础，是摆在所有领导者面前的一个最大挑战。"真诚沟通……运用个人技巧来建立人际关系和人际信任是很重要的。"一位领导者如是说，但是在一个虚拟的环境当中，"个人沟通技巧通常与欺骗性、目的性的行为联系在一起"。虚拟团队的领导者要能够信任队员能够完成各自的任务，而不是持续不断地监督他们，并且他们更应该关注项目的结果而不是完成的过程。过度集权会毁灭一个团队，所以领导者们应该学会适度放权，并且同时为组员们指明方向，提供鼓励支持。如要想成功，虚拟团队的领导者们需要做到如下几点。

- 挑选合适的团队成员。高效的团队领导者会花很多心思来挑选成员组队。组员们需要有合格的沟通、技术，以便于在虚拟团队里高效工作。此外，领导者还应该清楚每个队员为什么能够被挑选，以便能够建立能力和承诺信任的基础。此外，挑选开放、诚实值得信任的组员更是一个额外的优势。就如其他类型的队伍一样，小的虚拟团队趋向于更加团结一致，绩效突出。但是，不同的经历和价值观对于团队的成功也很重要。分散性思想通常植根于虚拟团队，因为当领导者挑选合适的人选时，不管他们现在何处，组员们通常显示出不同的背景和观念。

- 正确开始。领导者确保了队员们有机会相互了解，建立信任。研究表明，最初的面对面会议是将队员会聚起来，并且是快速度过形成期和震荡期的最好方式之一，这在本章节的前一部分已有论述。在美孚公司（Mobil Corporation），领导者们在项目初期的时候将组员们聚集在一个特定的地点，以此来建立人际关系，并了解他们对于项目目标的理解程度和他们的责任感程度。LivePerson Inc., 一家以云计算为基础的平台公司，在员工任何需要面对面会议时，都能提供这样的服务。"我们知道这会有一大笔开销，但是我们能够预见好的成果，我们很乐意支付这样一笔费用。"副总裁史蒂夫·斯克拉斯（Steve Schloss）如是说。

- 运用技术建立关系。领导者们应该运用 SKYPE 之类的软件来举行会议，以便于让队员们相互认识，明确每个人的职责分工和项目计划等。领导者们还可以鼓励非任务化交流，比如人们可以使用分享图片、思维和个人经历的社交媒体。凯斯·费莱斯（Keith Ferrazi）在哈佛商业评论的博客中写道："经理们通常以为人们对他们的队友能做的事情感兴趣，而不是对他们个人自身感兴趣。"这种理念是错误的。费莱斯和其他的虚拟团队专家则重视无工作关系的人际交流。研究者还发现在 24 小时之内，虚拟工作组员可以获取最新的文件，密切注意任务期限，注意彼此的工作进度，并且可以相互交流讨论来提高团队工作的成功概率。

- 就基本原则达成一致。团队领导者在任务初期就应该明确每个成员的角色、职责和权力。所有的成员都应该清楚地知道团队和每个人的目标、工作期限和自身效绩预期。当职责和预期清晰可见时，信任就可以更加容易地建立起来。当然，领导者创建一个能让成员更好地做出决策，监督他们的行为以及调节他们表现的工作环境也很重要。对于每一个成员的决定，联合国际公司（Global Integration）的总裁凯文·霍尔（Kevin Hall）要求队员对这样的决定做出相应的总结，不管团队是否对这样的决定达成一致，并且制订相应的行动决策计划。与此同时，制定相应的尊重交流准则也非常重要。团队成员应该遵循相互交流的基本礼仪，在网上相互交流心得，需要更多的队友反馈，不管回复语音或者电子邮件是否有时间限制，都应该有所准则。

随着虚拟团队的广泛运用，人们也越来越能理解其背后的成功意义。许多专家建议领导者应该招募更多的虚拟团队志愿者，与团队成员有更多的互动交流，支持想让团队更高效地运行起来的相关成员的想法。

10.7 合理处理团队矛盾

任何一个人都可以预料到的是，随着相互误解，不恰当交流概率的增加，团队成员矛盾摩擦的概率也就相应的增加。有研究表明正确地解决矛盾冲突的方式对于团队的成功有着重大的意义。再者，团队成员通过邮件交流时，通常会出现比面对面交流多得多的不恰当行为，如"直呼其名"或者"人身侮辱"。当虚拟的团队成员倾向于逃避责任，减少付出时，很容易引起团队矛盾。文化价值观的不同，极少地面对面交流，实施监督机制的缺失，使团队存在感和承诺感的建立举步维艰。

不管在哪一个团队，矛盾是不可避免的。不管是领导一个虚拟团队，还是传统团队，合理有效地解决矛盾冲突是领导者的最重要的工作之一。矛盾冲突具体是指一方试图阻止另一方的工作计划。合理的矛盾冲突管理对于团队凝聚力和团队表现有着巨大的影响。绩效好的团队通常冲突矛盾少，因为矛盾通常与团队任务有着重大关系，而不是人际关系。此外，有着良性冲突处理模式的团队通常有着明显的团队信任感和相互尊重意识。

> **矛盾冲突**
> 一方试图阻止另一方的工作计划。
> **任务冲突**
> 关于既定达成目标或者任务执行内容的不同意见。
> **关系冲突**
> 由于个人的格格不入而引起的团队成员关系的紧张和憎恶。

10.7.1 冲突分类

团队里的两种基本冲突是任务冲突或者关系冲突。任务冲突是指关于既定达成目标或者任务执行内容的不同意见。两位商店领班可能会就是否更换机器的真空管或者让它很嘈杂地运行着之类的问题发生争执。或者两位顶级管理团队的成员会就是否通过并购的方式或者启动新产品来达到扩张的目的发生争执。关系冲突是指由于个人的格格不入而引起的团队成员关系的紧张和憎恶。比如，在医院里医生与护士之间会反复出现这样一种问题：许多内科医师习惯了掌控注射流程，导致团队工作在模式转变时很困难。一项针对美国大学内科医师委员会管理层的调查显示，71%的人显示有过冲突性行为，例如，医生会因为护士不间断地提问而严厉斥责，外科医师猛扔手术刀，或者说内科医师会因为同事能力不行而大肆嘲弄。这些现象至少每月都会在他们医院出现。

总的来说，研究表明任务型的冲突可以是有益的，因为任务型的冲突可以更好地做出决定和解决问题。另外，关系型冲突通常会对团队的工作效率产生负面影响。一份针对高级管理团队的调查显示，任务型冲突通常与高质量决策、高忠诚度、高接受度紧密连接在一起，而关系型冲突恰恰起到相反的效果。

10.7.2 平衡冲突与合作

有证据表明，温和的冲突对于团队有着积极影响。一个健康的冲突水平有利于防止人云亦云现象的发生。前面章节有所描述，有时候成员会太注重团队团结以至于没有人提出不同的意见。当人们仅仅是为了团队和谐而努力，肯定会产生问题。所以，一定程度上的冲突会因为不同观念的碰撞而形成更好地决策。

然而，通常矛盾冲突是如此的剧烈以至于常存在于个人之间而非任务上，并且如果不恰当的处理方式很可能会以有损产量、撕裂团队关系、扰乱成员之间思维和信息的交流。团队的领导者应该找到冲突与合作之间的正确平衡，正如在图10.6当中所提及的。即使再小的冲突都有可能损害团队表现，因为团队并没有从思维观念的交融当中获益，即使是不同的意见，而不同思维的交融很有可能激发更好地问题解决方式，或者有效防止团队犯错误。另外，太多的矛盾冲突很有可能会超过团队合作协调的努力，进而导致降低队员满意度和忠诚度的下降，并最终伤害到整个团队的表现。适量的冲突以及良好的解决方案通常会使团队表现最佳。

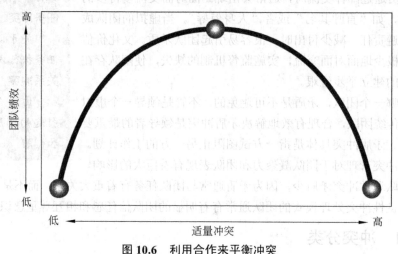

图10.6 利用合作来平衡冲突

资料来源：From Daft. Management, 11E. ©2014Cengage Learning.

10.7.3 冲突的成因

很多原因都可以引起冲突，其中一个最主要的原因是对资源的竞争。比如说金钱、信息或者供给。这样的条件下很容易发生冲突。因为人们用这些资源去追求不同的目标。目标的不同在团队中是很正常的事情。举例来说，销售部门为快速交付新订单设定的目标或许与制造部门的高质量、高效率的目标冲突。

> **新领导行动备忘**
>
> 完成"领导者自查10.3"中的问题，看看你最倾向于采用哪种方法来处理冲突。此外，试着回想一下你遇到过的各种冲突情况，看看哪种方法能够适用。

职位和责任的划分也会导致冲突的发生。回忆一下2012年JP摩根公司损失数百亿美元的案例。很多人想知道这个公司的谨慎低风险的交易策略是怎样被履行的。伊娜·德鲁（Ina Drew），一个曾经因为这个问题而被谴责的高级银行家，在她带领公司度过了2008年金融危机后曾经赢得了CEO 杰米·戴蒙（Jamie Dimon）的全部信任。然而，德鲁已经于2010年因病休假很长时间了，而这时蓄势待发的关于职业和责任的争论和分立已经出现。德鲁在纽约的代理人阿尔希尔·德尔斯顿（Althea Duersten）不认为这种冲突存在风险，伦敦的代理人阿基里斯·马克里斯（Achilles Macris）打了一个过分的赌，但是这位伦敦代理人用他强大的个人能力在舆论上压倒了德尔斯顿的异议。一个交易人员强调这种分立时说他"不知道该听谁的"。

10.7.4 处理冲突的方法

团队包括个人为了解决他们自己担心的愿望而创造出一些解决冲突的特别方法。图10.7描述了五种解决问题方法的模板。个人处理冲突的方式可以通过两个维度来衡量：独裁与合作。

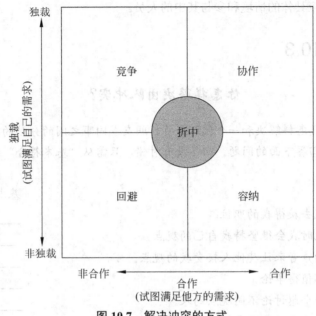

图 10.7 解决冲突的方式

（1）竞争方式。这种方式是指采用自己相信的方式来解决问题，通常在发生重要事情或罕见情况下需要迅速采取决定性行动时使用，如紧急情况或迫切需要减少成本的情况。

（2）回避方式。这种方式反映的是既不独裁也不合作的态度。当事情微不足道时、一方没有获胜机会时、需要延迟时间来收集更多信息或改变现有局面付出很大代价时，采用回避的方式比较适合。

（3）折中方式。这种方式同时反映了独裁与合作的态度。当双方目标同样重要或当双方力量均衡且双方想抛开分歧时可以使用折中策略。当人们在时间的压力下需要达成一个临时的或权衡的解决方案时妥协也是适合的。

（4）容纳方式。这种方式反映的是高度合作的态度，当人们意识到他们错了或当一个行动对别人比对自己重要时，容纳能很好地发挥作用。容纳也可以被应用于为下次讨论建立互信，或者保持凝聚力非常重要时，这种方式最为有效。

（5）协作方式。这种方式反映的是高水平的独裁和合作。协作方式能让双方都取得成功，但这需要实质性的沟通和协商。当双方的考虑都很重要并且不能妥协时，或者需要将不同人的观点合并成一个总的解决方案时，或者需要双方就自己的责任达成一致时，合作方式就是最好的解决方式。

2008年北京奥运会时就有一个这种协作方式的范例。当建设北

新领导行动备忘

作为领导者，你可以采取最佳方案去解决团队冲突。基于对自信和合作需要的程度从支配躲避妥协调解或谈判中选择一个来处理局面。

京国家水上运动中心（通常被称作水立方）时，两个建筑公司——一个中国公司和一个澳洲公司——他们的设计理念完全不同。尽管这激起了一些紧张的气氛，但庆幸的是，双方没有只为自己的想法争论，而是想出了一个全新的、让所有人激动不已的概念。协作的结果回报了大家，最终的建筑设计非常壮观。

这五种协作方式中的每一种用于特定方面都很合适，有影响力的团队成员和领导人会改变他们的方式以适应具体的情境和参与其中的人员。

领导者自查 10.3

你怎样解决团队冲突？

想一下你通常是怎样解决和一个团队成员、朋友或同事之间的分歧的，然后依据你出现某种行为的频率来回答下面的问题。回答没有对错，只需从"基本符合"和"基本不符"中做出选择。

	基本符合	基本不符
1. 我很努力地尝试去获得我的职位。	___	___
2. 在产生不同意见时我会很坚持我自己的观点。	___	___
3. 我会提高自己的声音来让其他人接受我的观点。	___	___
4. 我感觉不同点不值得争论。	___	___
5. 我经常会躲避一个想讨论不同观点的人。	___	___
6. 我会保留自己的意见而不是争论。	___	___
7. 如果其他人在做同样的事情的话我会稍稍让步。	___	___
8. 我将会抛弃不同观点来达成共识。	___	___
9. 我通常会因他人的观点而放弃若干自己的观点。	___	___
10. 我不想伤害其他人的感情。	___	___
11. 如果一个与我争论的人提出了一个好观点时我会很快表示赞同。	___	___
12. 我尝试去调和不同点。	___	___
13. 我建议一个包括其他人观点的解决方案。	___	___
14. 我会同等考虑自己和别人观点的优点。	___	___
15. 我尝试去创造一个包括其他人观点的解决方式。	___	___

得分和解释

上面的练习测试了解决冲突的 5 种方式：竞争、回避、折中、容纳和协作。通过比较下面每种方法的得分，你可以看出自己倾向于哪种冲突解决方式。

计算你的五个分数，给你的三个题目中每个选择"基本符合"的加一分。

竞争：第 1、2、3 题
回避：第 4、5、6 题
折中：第 7、8、9 题

容纳：第10、11、12题

合作：第13、14、15题

简略地回顾文章中关于这五种解决冲突的材料。你认为你得最高分数的策略是你最经常用到的吗？你觉得哪个策略最难使用？如果你面对的是你的家庭成员而不是团队成员，你处理冲突的方法会有所改变吗？你可以想出一个能让你不擅长的争论策略变得更有效的方法吗？将你的得分向其他同学解释并听取他（她）对他自己的分数的解释。

资料来源：Robert E.Quinnetal. How Do You Handle Conflict? *Becoming a Master Manager*. New York: Wiley, 1990, pp. 221-223.

10.7.5 磋商

一种管理冲突的方式是磋商，即让冲突双方参加协商讨论，考虑不同的解决方案以便共同做出双方都可接受的决定。磋商尤其被用在像联合或管理之类比较正式的争论中。

磋商的途径

冲突双方可以带着不同目的，从不同角度开始谈判，但谈判方式有两种：一种是整合式；另一种是分配式。

整合式磋商是基于一个双赢的设想。在这个设想里，所有的成员都想去提出一种创造性的、可以有利于各方面的解决方案，而不是着眼于一个有胜有负的争论。人们从很多角度看问题，考虑权衡，还尝试去统一利益而不是引起分歧。在全体磋商后，争论可以过渡到促进真诚和积极关系的长期合作与妥协。分配式磋商，从另一方面来说，假定利益总和是固定的，那么每个成员都会尝试去得到尽可能多的利益。一方想胜出达到利益的最大化，也就意味着其他各方就会失去利益。在这种"一输一赢"方式的指导下，分配式磋商具有竞争性和对抗性，很难带来积极的长期关系。大多数专家都强调整合式磋商在今天商业合作环境下的价值。这就是说，整合式谈判有效的关键不是把谈判看作零和博弈，而是把它看作一个过程，找到创造性的解决方案，使所有人获利。

> **工贸谈判**
>
> 一种谈判中的合作方法，在工贸谈判中，争论双方试图达到双赢的局面。
>
> **分配谈判**
>
> 竞争性的谈判，在这种情况下争论双方都争取获得最大的利益并放弃尽可能少的利益。

达到双赢的建议

通过整合式谈判实现双赢基于四个主要策略。

（1）将人与问题分开，对于一个成功的整合式磋商来说，人们会持续关注这个问题和争议的源头而不是去攻击或企图使他人难堪。

（2）关注利益的源头而不是当前的需要。需求是每个人在协商中想要的，而潜在的利益代表需求背后的为什么。想象一下两姐妹为了果盘里的最后一个橘子争执。每个人都认为她应该得到橘子并拒绝放弃（基础）。如果两姐妹中一个人问另一个人为什么她想得到橘子（利益），这对姐妹会意识到她们一个人是想吃掉它而另一个人是想剥开它来完成自己的计划。通过对彼此利益的关注使这对姐妹可以找到一个解决方案而各取所需。需求创造了是或否的障碍去影响协商的进行，但是潜在的利益可以被创造性地解决。

（3）聆听并询问问题。一个对大多数协商都有效的策略是听取并回答问题。领导者可以了解更多有关他们对手的立场、条件和需求（通过保持沉默或问问题）。聪明的谈判者想要去了解另一方的立场，这有利于他们在谈判中获取优势。有效的谈判者们不会将对方的缺陷认作是"他们自己的问题"考虑"那是他们的问题"。相反，他们尝试为对手想一个解决方案，所以两党派可以更进一步地达成共识。

（4）坚持结果是建立在客观的标准之上。在谈判中，每一个党派有他们自己追求的利益并且自然而然地想让他们的成果最大化。关于这个成功的解决方案，成功的谈判要求关注客观的标准和维持公平的标准而不是用主观的判断。

本章小结

- 许多领导者都需要亲自协助团队，而不是仅仅直接听取下属的报告。实现相互依托的任务需要合作和信息分享，而团队恰恰能实现这一点。职能团队是传统的组织结构中的一种。跨职能型的团队包括来自不同功能地区的人们并且经常是为了特别重要的工程而组建。自我指导型团队是成员中心型而不是领导中心型或直接型。

- 对许多人来说团队呈现出一种困境。个体不得不放弃他们的自主性并且有的时候个体为了团队的发展必须做出牺牲。其他潜在的问题是坐享其成的成员和机能失调的团队。

- 一个团队是否能实现更高的绩效，领导者起很大的作用。领导者提供五件事情对高绩效实现会有贡献：引人注意的目标和清楚的目的；清楚的规则和多样的技能；合理的团队规模；怎样实现目标决定的权威性和支持与指导。

- 随着时间推移，团队会度过发展阶段和改变阶段。领导团队度过这些阶段是团队领导的一个重要部分。另外，领导者鼓励团队提升凝聚力，帮助建立富有成效的规范和确认人们为团队贡献的技能和能力是有效的。每一个团队必须掌握以下能力：目标的设立和绩效的管理；计划与协调；解决合作的问题；交流以及解决冲突。团队成员要承担不一样的角色同时还要满足任务和社会心理的双重需要。

- 这个原则也适用于虚拟和全球化团队。然而，当人们因不同的地理位置，不同的语言和文化而分开的时候，成为一个团队的领导者便更具有挑战性。为了创建高效，平稳的虚拟团队，领导者需要选择技能和性格适合在虚拟环境中工作，能利用技术建立相互信任的关系并且能就团队基本规范达成共识的成员。

- 由于资源的缺乏，目标的不一致或者是权力的不同，所有的团队都要经历一些冲突。领导者要尽量平衡冲突与合作，并且用不同的方式来处理冲突，包括竞争、回避、折中、容纳和合作的方式。每一个方式在某一特定的情况下有效。

- 冲突处理的一种方式是磋商，好的领导者尽量使用建立在双赢的假定之上的整合式磋商，而不是分配式磋商，因为在分配式磋商中，每一方都会追求自己利益的最大化，而不顾忌这会对他人造成什么样的损失。

问题讨论

1. "团队"和"团体"之间有什么区别？请根据自己的经历进行描述。
2. 描述跨职能型团队和自我指导型团队之间的不同。你是否认为自我指导型团队能够在某一组织中得到有效应用？请解释。
3. 你认为对于领导者来说，在虚拟的团队中最难实施五个高绩效要素中的哪个？请解释。
4. 描述团队发展的阶段。你会采取什么措施来促进每个阶段的发展？
5. 在一个虚拟的团队中，个人对于团队协作的困境如何被强化或是减少？作为虚拟团队的领导者，你会怎样处理这些困境？
6. 本章认为小型团队（如只有 3～6 个人的团队）能够更好地运作，而且大部分人都喜欢在小型团队里工作。然而，很多公司用一百人或更多的人的团队来执行复杂的任务，例如，在创造和发展一种新产品的时候。你认为这种超大规模的团体能够良好运作吗？请讨论。
7. 讨论团队间凝聚力与表现力之间的关系。作为一个领导者，你能想出特别的方式鼓励凝聚力与合作吗？
8. 回想一个你参与过的良好项目团队，或者是参与过的运动团队。你能识别团队中哪个成员扮演专家的角色，而谁扮演社会关注的角色吗？他们的什么行为与这些角色相关？
9. 你通常使用什么样的方式来处理冲突？在实例中，你能记起某种风格不同却更富有成效的方式吗？
10. 如果你是一个研发新游戏团队的领导者，你可能怎样运用谈判来解决两个意志坚定，且在游戏中起重要作用的两个成员之间的冲突？

现实中的领导

团队反馈

回想你最近的一次团队工作经历，无论是在工作中或学校。根据你在团队中的角色回答以下问题。

团队成员欣赏你的哪一点？
_____
_____

团队成员从你身上学到了什么？
_____
_____

团队成员能在哪些方面依靠你？

你怎样提高你对团队的贡献?

评估你的回答。你回答的主题是什么?作为团队成员,你的角色意味着什么?作为团队领导者呢?

课堂活动:学生完成某个特定的班级项目或者是共同完成某项活动后,"团队反馈"可以有效地了解学生的反馈。如果没有随机分配团队活动但是学生已经在课堂上彼此认识,他们可以被分配到小组中,教师可以就课堂参与而不是课外活动问学生一下问题。

导师可以让学生小组面对面地坐成一圈。然后找出志愿做中心人物的一名学生,然后团队其他的每一个成员都要告诉这名学生以下几个方面。

- 我欣赏你什么。
- 我能从你身上学到什么。
- 我可以在哪些方面得到你的帮助。
- 我对你作为团队领导者/成员提出的一个改进建议。

团队成员给第一名中心人物反馈结束之后,其他团队成员依次做中心人物,然后其他人继续给他反馈。当每名学生都得到其他成员给自己做出的反馈后,练习结束。

学生学习的关键的问题包括:你形成了成为团队领导者的所需的技能或行为方式了吗?如果没有,那对你来说意味是什么?如果你现在正在培养团队领导力,作为领导者,你能怎样继续进步和提高?

资料来源:Thanks to William Miller for suggesting for this exercise.

领导力开发:案例分析

决 策 时 刻

本·杜雷(Ben Dooley)和凯西·斯泰林格(Casey Stringer)去 35 楼开董事会之前在星巴克的中庭停下来喝咖啡。

"你好像在沉思,"本说着把两杯热咖啡放在桌子上。

"回想乔安娜和罗伯特在先前的董事会上的表现,我明白了为什么人们在会议上任何决策都做不了了,"凯西沉思。"他们二人都表明了观点,并且都坚持不肯让步。我讨厌这次会议,我宁可去拔牙。"

"是啊，尽管这两个人互不相让，剩下的我们还是需要尝试看有没有什么妥协的方式。几年前我们把制造公司承包给了中国来减少成本，但现在事情已经发生了巨大的变化，我们要做一个重要的决策了，也就是说，是把毕舍普工程塑料公司（Bishop's Engineered Plastics）留在中国是上策……？"

"……还是需要另寻他处？"凯西补充道。

"今天必须要有人说句公道话了，"本说道。"罗伯特·马负责监理中国承包公司，在最开始的时候，这个决策还是非常正确的。"

"我也觉得这的确节省了大量的成本在温州通过中国人建立先进的工厂，不仅促使我们达到了业内领先水平，还着实节省了大量成本。"

"是啊，2012年是龙年，但是这条龙却没给我们带来好运，"本回答道。

"对，罗伯特将要必须面对这个现实，如果我们待在中国，我们必须从温州搬走，"凯西指出。"工人的缺乏越来越严重。目前对用工地区的评估是缺少一线的工人。对工人们来说，随着工资的上涨和其他机会的呈现，在这些城市手工制造类工作已经失去了吸引力。在我们的工厂，管理者必须亲自在生产线上工作。这情况可不好。现在，为了避免大量工厂的批量离去，中国正提供一种刺激的措施，就是让工业企业向中国的内部城市搬迁。内部地区提供更多的工人和更低的工资……"

"但工厂的搬迁将会导致生产延期，并且使运输更加的困难，"本回答道。"另外，中国人坚持要在运送前全额付款，而我们正面临潜在的严重延误。"

"另外，乔安娜认为目前中国的情况是一个迹象，表明这是一个最佳的回归时机，即把工作带回美国，"凯西说。"在这一点上她会很坚定，并且你我都知道那个威严的董事会中至少有两名成员会支持她，不通过任何优缺点的分析就赞成她的意见。我有时候认为弗兰克太喜欢取悦他人，总是特别好说话，尤其是对乔安娜来说，因为她是主席。并且玛莎通常不说任何事情，很少提供观点。当事情变得严重的时候她只会低下头凝视着她的手。"

"对乔安娜来说优点很明显——将工作带回美国而此时本地需要这些工作；缩短供应链，减少包装成本，为顾客提供快速的回应；并且，我相信，提供一个质好的产品。稍微高点的劳动花费是值得的。"

"那缺点是什么？"

"问题就是本地的工资更高，还有重建工厂的成本，在这个国家已经落后好几年了。"

"但是，"凯西问道，"我们会转到中国内地建立一个新的工厂吗？肯定不会。他们那里的员工会是已经接受过培训的吗？我觉得不会。中国政府会对建立和重组的花费会有所帮助，但是……"

"所以，乔安娜和罗伯特的观点都有明显的优缺点。在这有妥协的余地吗？我倒期望会有。这样至少我们能有一些进展。"本说道。

"我不知道，我希望看到他们会带给我们什么方案。这应该是个有意思的对话。"

"或者是一个讨厌的下午，"当他们两个走向电梯的时候本说道。"我想知道你和我可能会做什么来帮助乔安娜和罗伯特解决这个冲突。你认为我们应该怎样做，凯西？"

问题：

1. 在处理董事局成员之间争端这一方面，该公司呈现出什么风格？请解释。

2. 对于帮助解决乔安娜与罗伯特之间的冲突，本和凯西各持有什么观点？关于这个会议，他们可能会采取生么样的冲突方式？
3. 对于帮助董事局成员之间达成一个好的团队决定，你会给出怎样的建议？

蒂维洛-迪林集团小组

项目团队兴冲冲地跑到纽约第六大道和怀恩大街交口拦住一辆出租车。相互击掌庆祝过后，四个人中的三个跳上了出租车的后座准备回全球广告公司蒂维洛-迪林集团（Devereaux-Dering Group）在纽约曼哈顿的办公室（另外两处办公室设在中国香港和法国巴黎）。团队成员迫不及待地想要告诉团队领导者库尔特·兰森（Kurt Lansing）一个好消息：他们成功地获得了宝马公司（BMW）的广告项目。团队第四位成员，布莱德·费兹格拉德（Brad Fitzgerald）此时正把玩着自己的手机，然后拦截了一辆出租车去拉瓜迪亚机场，去赶乘下午的航班。

在经历了连续两年的销售额下降了以后，蒂维洛·迪林集团亟须赢得像宝马公司这样的业务。为了寻求新业务以及开启新项目，公司雇用了毕业于沃顿商学院的高才生，在业内有着良好声誉的库尔特·兰森来担任主管。他主要负责领导团队更好地研究市场，制定策略，并且获得更多的业务。兰森分别选取了在四个领域表现突出的成员：布莱德·费兹格拉德担任创意总监；特里仕·罗德里克（Trish Roderick）负责客服部；阿德里安娜·我儿什（Adrienne Walsh）担任生产经理；还有泰勒·格林（Tyler green）负责品牌策略。

"真是让人震惊。"罗德里克说。"菲兹杰拉德展示出其对公司的全球发展计划时，客户们才显示出很浓厚的兴趣。"客户们很是喜欢这个计划。"他最后说关于亚洲市场的结语时，我甚至觉得是他一个人搞定了这个项目。"

"好吧，他是个真正的天才。"格林低声嘟囔着。"世界的第八大奇迹。"格林深深地叹了口气，好像失去了往日的生气活力。"如果没有他，我们就不可能赢得这项合同，而且我也知道我们每个人都因此获益。但是我们每个人都不知道最后他要展示的全球发展计划那一部分。我知道他昨晚忙着画标记线，但是他完全可以在今早有大把时间的条件下通知一下团队成员。我讨厌在客户面前被制造惊喜的感觉。我感觉自己就像一个傻瓜，即使我们已经赢得了这项合同。"

"他简直是一位骑士。"沃尔什轻声笑着。"在最后一秒挽救大局。我觉得我们应该感谢他，但是他的做法还是太让人生气了。上周他指责我，因为我没有告诉他有个客户没及时收到广告策划，有点不高兴。其实我在项目会议上就已经说过了，但那时他显然没有在听。他像往常一样总是在看他的黑莓手机。如果他不参与进来，那我们的项目会议还有什么存在的必要呢？"

罗德里克被组员的针对菲兹杰拉德的意见震撼到了。她原以为团队一直合作得很好。然而她很快就感觉到了组里出现异样的气氛，这是她第一次赤裸裸地直面积压已久的团队矛盾。毫无疑问，菲兹杰拉德有着强烈的自尊心和冲突性的人格特征。他本来就是一位卓有声誉的成功企业家，一直在不断需求超越自我，积极进取。但是她也注意到菲兹杰拉德并没有对不同的意见显示出足够的尊重或者邀请别人阐述自己的观点。她甚至在怀疑他是否将个人的成就置于团队整体之上。但是，既然他能让团队一起得到好处，和他一样拿到丰厚的红利，她还有什么好抱怨的呢？罗德里克对现状已经感到心满意足了。"其实，"她说，"我们能和他在一个团队中还是很幸运的。"

她注视着窗外来来往往的车辆，倾听着来自其他两位组员的抱怨。"昨晚当我路过他的办公室并看到他正在使用他的新打印机时，我就应该意识到什么。他肯定在赶制那条新的标记线。"格林勉强笑了："我们是一个团队，难道不是吗？团队远比个人来得重要，他看上去似乎并不是很关心团队的利益——而只是他自己的利益。"

"好吧，是时候和这名超级选手好好谈谈了。"沃尔什讥讽地说。"我很确定他和我们是志同道合的。我们还要给他讲一遍《团队合作 101 条》这本书。这样，问题就解决了！"当出租车停在了车道上时，他们给了司机一张 20 美元的钞票，然后径直去了他们位于第 40 层的办公室。他们首先需要先去见见团队领导者库尔特·兰森。

同时，兰森已经收到了菲兹杰拉德的短信，告知他团队赢得了宝马广告项目，所以正开心不已。他躺在座椅上，为团队的凝聚力和成功而深深地称赞。团队建立共同愿景和信任的努力开始凸显成效了。

问题：
1. 你认为影响团队凝聚力的因素有哪些？请解释。
2. 如果你是团队的领导者，你认为你怎样做才能将菲兹杰拉德融入团队当中来，并且培养出更好的团队成员关系？
3. 如果你是团队一员，你会怎么做？团队的另外三名成员是否应该当面告诉菲兹杰拉德他们的不满？他们是否应该告诉库尔特·兰森？请解释你的回答。

第 11 章

培养领导的多元化

你的领导学挑战

读完本章之后,你应该做到:

- 理解并减少组织中少数族裔面临的困难。
- 在日常生活中有多元化维度以及跨文化问题的概念。
- 鼓励和支持多元化以适应组织需要。
- 思考文化价值的作用以及在处理不同文化、不同种族背景员工问题时的态度。
- 克服阻碍你成为包容的领导者的个人障碍。
- 用身份地位和员工密切团体来支持女性和少数族裔的参与和发展。

章节大纲

- 领导和你不同的人
- 当今的多元化
- 少数族裔面临的挑战
- 女性领导方式
- 全球多元化
- 成为一名包容的领导者
- 鼓励女性和少数族裔进步的方法

前沿领导者

- 秘密情报局(M16)和中央情报局(CIA)
- 大都会人寿保险公司
- 辛迪·斯扎德尔斯基,美国联合航空公司
- 蕾切尔·胡德,丹妮餐厅

领导者自查

- 特质平衡
- 无意识的偏见
- 社会价值观

领导者书架

- 《向前一步:女性、工作和领导的意愿》

现实中的领导

- 个性多元化

领导力开发:案例分析

- 对自己真实
- 手镯的麻烦

美国青少年服装零售商 WET SEAL 的主要顾客群体为 13~23 岁的人群,他们的宗旨是提供"时尚又实惠"的服装。年轻女性热爱漂亮且流行的衣服,因此位于加州 Foothill Ranch 的 WET SEAL 公司得到了飞速发展,同时在商场和网络售卖他们的服装。但是,该公司的前非裔美国人商店经理也曾评价道,该公司有着典型的"老套,直接的歧视行为",正如他们的律师布拉德·赛里格曼如是说道。这三位前经理提出一项关于种族歧视的诉讼,控诉 WET SEAL 以非洲籍美国人不适合企业的品牌形象为理由解雇或拒绝他们晋升职位。其中一个原告

表示，在她被开除后，她听到一个高级副总裁对区域经理说想要一个金发碧眼的员工。而其他原告则说他们听到了高层们希望员工队伍的"肤色更白一些"。作为诉讼材料的一部分，一位高管的一封有关商场运营的邮件中说道"非籍美国人占主导地位——这是个大问题"。

作为存在歧视行为的公司，WET SEAL 被指认"不仅仅容忍，甚至鼓励歧视行为"。如果情况属实，那么现在仍然会发生这种情况也是令人震惊。大多数企业的领导者已经在尽全力避免因为歧视政策和惯例而发生的诉讼。除此之外，许多公司也知道重视和支持多元化员工的价值。在今天，最好的领导是能够认识到多样性创新的火花，领导者们更好地做决定以及鼓励他们的成长。但是微小的偏见和隐藏的歧视仍然是组织的大问题，像 WET SEAL 那样令人忧虑的事情还会间或发生。

现如今，每一位领导者都应该明白多元化问题的复杂性，学会创造一个包容的文化，为了达到领导力的更高一层，更要支持少数族裔的发展。在接下来的时间，领导者们要遵循的重要规则之一就是发展不同领导才能的坚实基础。摩托罗拉研究全球多元化的前副总监以及领导者罗伯塔·古德曼（Roberta Gutman）说："在美国任何一个组织中，你都可以在最顶层看见多元化。"

本章节讨论的主题是多元化和多元文化论。首先，我们可以看到领导者们在领导与他们不同的人的时候的困难。然后我们对多元化做出定义，探索在组织中多元化的价值，以及组织中少数族裔所面临的挑战。其次，我们要尝试另一种领导方式，可以鼓励一个更加具有包容性的工作环境，更近距离的审视全球多元化，以及探索一个领导者怎样增加他们的文化智商。最后，我们将讨论领导者个人的多元化意识以及领导鼓励不同的人在职场上进步的方式。

11.1 领导和你不同的人

在职场上，非洲籍美国人、亚洲人或西班牙人领导者如何领导一群白人员工？女领导又如何领导一群男员工？白种男高管如何有效并积极地与少数族裔和女同事互相影响呢？当一个 29 岁的人领导一群年龄 50~60 岁中层领导者时又会发生什么呢？随着组织中的多元化与日俱增，这些问题也越来越频繁地被提及。例如，达登餐厅（Darden Restaurant，是休闲餐厅 Olive Garden，Red Lobster 的运营商）的 CEO 克莱伦斯·欧迪斯（Clarence Otis），是美国财富 500 强中为数不多的非洲籍美国人 CEO 之一；还有凯西·蓝妮尔（Cathy Lanier），她是一位白人女性，身份是华盛顿特区警察局局长，领导着一群黑种人和男人。

我们之后还会探讨有关多元化的优势，但这其实是美国企业中女性和少数族裔逐步步入更高职位的原因。然而在创造一个包容多元化企业文化上还有很多挑战。女性和少数族裔发现他们在走向管理层的道路上是孤立无援的。尽管有些人在底层部门工作时已经或多或少地遭遇过种族歧视和性别歧视，但晋升到高层部门后，他们的遭遇仍会让他们"大开眼界"。职场上的种族歧视和性别歧视经常发生在一些细微的事情上——下属对分派的日常事务不予理会；在完成重要任务时缺乏紧迫感；忽视团队会议中提

> **新领导行动备忘**
> 完成领导者自查 11.1，学习领导多类型且与你不同的员工的重要性。

出的意见和建议。克里斯蒂·戴尔（Christine Dale）说"我在开会时提出建议，但就跟没说一样，但如果一个男性说了同样的意见，马上就有人回应说'真是个好主意'"，许多少数族裔领导者们每天都在为如何指派责任给那些不尊重自己的员工而大伤脑筋。

许多企业中的企业文化和组织系统并不对多元化起到真正的支持和提升价值的作用。在本章节的最后，我们希望读者可以明白一些挑战，以及一些可以帮助创造更加包容的企业的领导策略，以便给所有人提供更好的工作环境。

领导者自查 11.1

特 质 平 衡

说明： 以下每组都包含两种特质，选择其中更符合你的一项。即使两项都符合，你也只能选择其一。

1. 善于分析 _____   富于同情心 _____
2. 协同合作 _____   果断坚决 _____
3. 好胜心强 _____   善于交际 _____
4. 忠心耿耿 _____   雄心勃勃 _____
5. 机智聪明 _____   适应性强 _____
6. 敏感细致 _____   独立自主 _____
7. 自力更生 _____   团结一致 _____
8. 乐于助人 _____   持之以恒 _____
9. 敢于冒险 _____   安于现状 _____
10. 好奇心强 _____   知识渊博 _____
11. 富有责任心 _____ 鼓励他人 _____
12. 圆滑老练 _____   发愤图强 _____
13. 强势有力 _____   温文尔雅 _____
14. 积极参与 _____   成就导向 _____
15. 行动导向 _____   听从指挥 _____

积分和解释

上述词汇代表了两种领导特质："合作能力"和"个人主动性"。奇数行的第一个词和偶数行的第二个词代表个人主动性；反之则为代表合作能力。分别计算选中的代表各自特质的词并记录下个数。

个人主动性：_____
合作能力：_____

在西方文化中，合作能力代表女性特质，如果你选中的词中该类型占多数，你可能低估了你的个人主动性；反之，个人主动性代表男性价值观，如果该种类型词占多数，这意味着你低估了自己的合作能力。如何平衡你的特质？如何领导那些与你特质不同的人？

性别也是多元化的一个特点。如何在女性特质和男性特质并存的集体中受到欢迎？阅读本章节余下的内容，你就会学到哪一种特质和成功的领导方式具有密切联系。

资料来源: Donald J. Minnick and R. Duane Ireland. Inside the New Organization: A Blueprint for Surviving Restructuring, Downsizing, Acquisitions and Outsourcing. *Journal of Business Strategy* 26 (2005), pp. 18-25; and A. B. Heilbrun. Measurement of Masculine and Feminine Sex Role Identities as Independent Dimensions. *Journal of Consulting and Clinical Psychology* 44 (1976), pp. 183-190.

11.2 当今的多元化

当今领导的目标是要意识到每一个人都可以结合自己的多元化特点给工作带来价值和力量。组织建立起员工组织的多元化机制有利于推进不同身份背景的员工得到雇用、吸纳和提拔，并有利于保证这些差异在工作中会被接受和尊重。

> **员工队伍的多元化**
> 由不同特质和不同文化背景的人组成的工作场所。
>
> **多元化**
> 人们在年龄、种族、性别以及其他的不同。

11.2.1 多元化的定义

员工队伍的多元化是指员工具有不同的能力与性格或者来自不同文化熏陶的人。就个人角度来说，多元化是指人各方面的差异，包括基本特征，如年龄、性别、婚姻状况、体能、收入水平还有生活方式。几十年前，大部分的公司仅从有限的几个方面来定义多元化，但是今天组织对多元化的定义更具包容性，它们意识到多元化涵盖了一系列的差异，这些差异影响着员工如何工作、沟通，以及如何从工作中获得满足感，并诠释着他们在组织中的身份地位。

图11.1 显示了传统型模型和更加包容的多元化模型之间的区别。传统型多元化模式中，我们可以直接观察到每个人天生的、改变不了的不同之处。然而在包容模型中我们可以看到人们之间差异的所有方面，包括可以靠后天养成或改变的因素。这些因素也许没有传统模型中的因素那么有影响力，但是却影响着一个人的自我定义和世界观以及别人对这个人的评价。例如，像经历过伊拉克战争和阿富汗战争的老兵们已经被战争经历深深地影响着，同时也被认为与其他人不同。一个住在公共住房的普通员工也会不同于住在高层富裕街区的人。有孩子的女性在工作环境中也会被与没有孩子的女性区别对待。像工作方式和技能等级这样的次要项目，特别是在组织建设中，有重大作用。

图11.1 传统型 VS. 包容型的多元化模型

11.2.2 改变对多元化的态度

人们对待多元化的态度的影响在日渐扩大，因为作为领导者，他们必须要对社会上的重大变化，包括人口变化、转移的社会财产以及全球化等做出回应。在美国，少数族裔人数大约有1亿人，占了美国居民的1/3；说西班牙语的人大约有3 200万，并且他们中有将近一半的人表示，他们英语说得不好。少数族裔占美国工人总数的16%，未来，西班牙工人的增长率将最快，在2020年将增长18.6%。同时，女性员工也在增长，并且她们对公平和平等的待遇上的要求程度也与日俱增。民意调查显示，社会习俗和生活方式也在发生转移。社会应该对不同生活方式与背景的人给予更多的包容，数据显示，持该观点的人群所占比例从1999年的29%涨到了2003年的44%，对于同性恋结婚的支持率也从2004年的30%涨到了53%，有些地区也已出台了同性恋结婚的相关法律。

多元化赞同增长的另一个原因就是全球化。领导者们也在强调对跨文化交流的理解，这样才能与不同国家的人友好共事。波林·宁·布特迪（Pauline Ning Bordy）是一个出生于上海的多元化方面的顾问，也是高露洁公司之前的全球销售主管，他说，"全球商务的迅猛发展正在加速多元化"。今天，在美国、英国和一些其他国家的主要公司中，外籍首席执行官的人数之多是史无前例的。有着世界经历和文化敏锐度的雇员是极度需求的，因为几乎每个生意的一些方面都是跨越国界的。正如下面的例子所示，公司并不是唯一通过寻求多元化的劳动力来应对全球化挑战的组织。

前沿领导者

秘密情报局（M16）和中央情报局（CIA）

如果你是詹姆斯·邦德（James Bond），你就不需要申请。英国的秘密间谍机构（M16），已经在紧张地开展一项招募活动，即招聘女性和少数族裔而不是M16中已经有的男性白种人。情报局的招聘网站鼓励包括目前在内的女性来申请，同时保证她们不会被用于勾引男子。残疾人士也是受到欢迎的。但是开展这项活动的最大目的是招募到一些少数族裔，比如说阿拉伯语、波斯语、中国普通话、乌尔都语、达里语和帕托图语等阿富汗语言的人。

对情报机构来说，多元化被看作是一项关键的任务。伴随着恐怖主义成为首要挑战，美国和英国的安全机构正在寻找有多文化背景的雇员去担任接待员、语言学家、业务代理、技术员、安全保卫员等。

对于英国的M16，积极招募少数族裔求职者的措施开始取得成效。在2007年，开放式招聘的新成员中有40%是女性，11%是少数族裔。英国正在向一个新的"平等法案"迈进，这一法案将加强相关法律对歧视的监督和约束，并允许组织赋予少数族裔一定的优先权。M16在这一方面已捷足先登。正如M16人事部总监所表达的，"……所有的情报局必须要展示他们正在朝着多元化做出积极的努力，而这对于我们来说意味着更多"。

新领导行动备忘

作为领导者，你可以雇用和晋升有着不同文化背景和个人特质的人。你可以借助组织的多元化来提升创造力和改善决策力，更好地为客户服务，并提高组织的灵活性。

同时，美国中央情报局（CIA）面临着同类化文化导致的情报失误，从而产生的攻击逐渐增多。菲利普·斯波让（Philippe Silberzahn）和米洛·琼斯（Milo Jones）正在撰写一部关于中央情报局惊人战略的书，他们认为："对于现存的多数的情报局来说，情报局的大部分特工和分析家都是白人、新教徒和接受过美国人文教育的男性"。只有很少的一部分中央情报局的特工会说外语或曾经有国外旅行经历。在 2012 年，退休上将大卫·H. 帕特阿斯（David H.Petraeus）辞去 CIA 局长职务时说道，"现在我们关键的挑战就是确保 CIA 中具有非凡天赋和献身精神的员工都能贡献出全部潜力。这就意味着，在每个层面上，我们一定要在成员结构上和组织决策中做到尽可能地包容。情报工作是团队工作……"

11.2.3　组织多元化的价值

CIA 和 MI6 变得更加多元化，表现出了明显的战略原因，也反映了新的全球趋势。但是所有组织都需要通过思想的多元化去实现高业绩。人们在很多方面是不同的，比如人种、文化背景、性别、体能、教育水平、生活习惯、年龄、婚姻状况或是其他方面，所以不同的人会有不同的观点和视角。要实现思想文化多元化意味着要在一个更加广泛的、更加深入的想法、观点、经历的基础上去解决问题、创新和革新。一项研究结果显示，创新和革新次数高的公司所拥有的女性和非白人男性雇员要比革新次数少的公司多。另外一个最新的研究表明，当团队中有更多的女性员工时，团队的集体智慧会增加。进一步来说，当公司财务状况相同时，领导层团队更加多元化的公司要胜过别的公司。研究人员还分析了美国、法国、德国和英国的 180 家公司的资产回报率（return on equity，ROE）和息税前利润（earnings before interests and taxes，EBIT），同等财务状况的公司相比，研究人员发现有更高比例的女性和外国侨民的公司比领导层多元化弱的公司经营情况更好。

利洁时公司（Reckitt Benckiser）是一个英国生产商，主要生产家庭、健康和个人护理方面的产品，在这家公司，领导层由不同国界的人组成。在领导层团队里，有两个总经理是荷兰人；一个总经理是德国人；两个是英国人；一个南非人；两个意大利人；还有一个来自印度。1999—2000 年，公司收入平均每年增长 17%，领导者认为公司劳动力的多元化是收入增长的一个原因。最近，已经退休的 CEO 巴特·贝克特（Bart Becht）说，"无论我是和巴基斯坦人、中国人、英国人，还是土耳其人，男人还是女人待在同一个办公室，这都是无关紧要的，也不管他们是从销售岗位还是别的岗位来的，只要我和有着不同经历的人在一起工作，才是重要的，因为当你和来自不同背景的人一起工作的时候，摩擦出新想法的概率将会变得更大"。

> **新领导行动备忘**
> 　　完成"领导者自查 11.2"中的测试，评估你自己消除偏见的程度，并思考可以让自己更加关注多元化的各种方式。

多元化有助于公司迎合多元化顾客的需求。文化在顾客选择货物、娱乐方式、社会服务和家用产品方面扮演着重要的角色，所以组织会招聘少数懂得不同的人的生活情况和需求的职工。比如福克斯体育公司（Fox Sports）通过将节目观众进行细分，把特定的节目发给特定的受众，比如西班牙裔，从而获得了竞争优势。另外，多元化的劳动力有助于和多元顾客建立更紧密的联系。美国销售和市场营销多元化组织（National Organization for Diversity in Sales and Marketing）的主席雪莱·威林厄姆-欣顿（Shelley Willingham-Hinton）说："我国消费者背景多种多样，我无法想象一个公司如果没有多元化的雇员基础，那这个公司该怎么获得成功。"

> **民族优越感**
> 　　认为自己民族的文化和亚文化比其他文化优越。

11.3 少数族裔面临的挑战

创造一个多元化的环境，在这个环境里面所有的人都被尊重、感到自己有价值、可以去发挥他们独一无二的天赋，这一点很难做到。大多数人，包括领导者在内，都有一种民族优越感的本性，他们认为自己民族的文化和亚文化比其他文化更优越。进一步来说，社会心理学家的研究表明人类有一种本性，他们把自己归属于某一个特定的群体，对其他群体充满敌意，并且差别对待。像在高中学校里，爱好体育的男孩联合起来与"书呆子"找麻烦。在医院自助餐厅里，外科医生坐在一个区域，内科医生坐在另外一个区域。在报社办公室，编辑和负责广告的人总是合不来。这种促使民族分离的自然力量、种族优越主义、一系列的民族假设和行为标准的共同存在，使得少数族裔雇员和领导者面临更多挑战。

领导者自查 11.2

无意识的偏见

说明：思考一下你的日常行为，并且用"基本符合"和"基本不符"来表示下面的每一项。

	基本符合	基本不符
1. 我更加愿意与和我有同样想法的团队合作。		
2. 我会避免和那些与我有不同文化背景的人交谈，因为我怕说错话。		
3. 我在没有听完一个事件的各方看法之前就得出自己的结论。		
4. 我会首先注意到别人与众不同的外貌。		
5. 在雇用一个人之前，我会在脑海里想象一下这个人应该是什么样子。		
6. 我会很明显地忽视那些和我关于团队和价值的思考不同的电影、杂志和电视节目。		
7. 当一个人坚持自己的观点或者盲目的开玩笑，我并不想就这些内容和他们交涉。		
8. 我不愿意去讨论敏感的话题，比如说人种、年龄、性别、性行为、宗教等。		
9. 虽然我很喜欢一些人，但是当我邀请他们和我的家人或亲密友人聚会时我会感到不舒服。		
10. 如果我去找一个良师益友，我会想要找一个文化背景和我相似的人。		

得分和解释

选"基本符合"可得一分。上面的每一项都反映出了"消极偏见"的成分，这会让那些与你不同的人感觉到被你忽视和不尊重。你的得分是：_____。作为一个领导者，你典型的日常行为将会反射出你的偏见和价值观。一些人的偏见是表面的且众所周知，而其他人的偏见却是微妙的。当一个人并没有意识到他（她）的偏见，也没有意图要去表达偏见时，却被他人感受到了这份偏见，这就是无意识偏见。无意识偏见或许要比表面歧视更具伤害性，因为这些人拒绝和多元化经历的人表达和互动。这个测试的理想分数是 0，但是很少有人达到理想分数。如果你得分小于或者等于 3，你可以去尝试着消除你的消极和无意识的偏见。如果你的得分等于或者大于 8，你就要注意你对于和你不同的人的想法和行为了。你应该去思考方能够获得文化敏锐性的方法。越早学会去接纳多元化的观点和人，你将越快地变成一个更好的领导者。

资料来源：Lawrence Otis Graham. *Proversity: Getting Past Face Values and Finding the Soul of People.* New York: John Wiley & Sons, 1997.

11.3.1 偏见、成见、歧视

在很多组织里面，一个显著的问题就是偏见，这是一种在毫无事实根据的情况下形成的反感和否定的态度。怀偏见的人趋向于认为那些和他们不一样的人是有缺陷的。偏见的一个层面就是一成不变。成见是指对一组特定人群的死板、夸张、不合理的观点或印象。当一个领导者和公司对那些受到偏见的人表现出偏见时，歧视就会产生。同样的工作，女性的报酬低于男性的报酬就是性别歧视。本单元开头的例子是种族歧视。拒绝雇用一个人的原因是他或她在不同的种族划分里，这就是种族歧视。举例来说，几年前，一家大银行的兼并和收购部门经理在录用员工时遭到了高层领导的反对，因为这个经理想要雇用的是一个戴着穆斯林头巾的印度求职者。

> **偏见**
> 在毫无事实根据的情况下形成的反感和否定的态度。
> **成见**
> 对一组特定人群的死板、夸张、不合理的观点或印象。
> **歧视**
> 由于偏见或成见用不同的态度对待某些特定人群。

在美国，这样的歧视不仅仅不道德，而且也不合法。领导者应该意识到有很多联邦和州法规定禁止各种类型的歧视。沃尔玛（Wal-Mart）曾因为一起集体诉讼受到打击，因为它阻止女性管理职位的提升，而且在所有的职位上女性的报酬要少于男性。很多其他的公司，比如德士古（Texaco）、可口可乐（Coca-Cola）、通用汽车（General Motors）、三菱（Mitsubishi）、联邦快递（FedEx Express）、易趣（eBay）、阿博菲奇服装（Abercrombie & Fitch）等，也都曾陷入诉讼案件，因为这些公司违反了法律条文，即禁止因为人种、性别、年龄、身体残疾，或是其他的多种多样的行为特征而产生歧视行为。

虽然公然歧视并不像过去那样普遍了，但是消极的——有时是无意识的——偏见依然是工作场合的大问题。一份来自美国国家经济研究局（National Bureau of Economic Research）的调查报告，题目为"格雷格（男子名）和艾米丽（女子名）比拉奇莎（女子名）和贾马尔（男子名）更加容易受到雇用吗？"的报告来看，雇主有时候因为简历上的名字听起来像是非洲人或者非裔美国人而对求职者产生无意识的偏见。在这个研究之前的面试中，被调查的大多数人事部经理都表示他们预计差距会很小，一些主管甚至认为存在逆向歧视。然而调查结果表明，听起来像白人名字要比听起来像黑人名字的得到的复试机会高 50%，即便他们的技能

> **新领导行动备忘**
> 作为领导者，你应该欣赏不同人的差异，并脱离成见，消除带有偏见的态度。你应该避免歧视并将人与人之间的差异视为有益的或者中性的。

和经验是一样的。类似地，最近的研究发现，虽然大多数的男性说在工作场合他们对女性充满善意，并且也想让她们成功，但是男性和女性思考和表达情感的不同经常导致无意识偏见。尚迪·菲尔德汉（Shaunti Feldhahn）是《男性因素：在工作场合的不成文规则，直觉错误，和男性的秘密信念》的作者，写道"男性大脑有着令人羡慕的能力，当男性需要的时候它本身可以抛弃情感。"当男性看见一个人在工作的时候表达个人情感，大多数男性会认为这个人不太精通业务。另外，对于大多数女性来说，表达情感是很自然的事情，而且就像私人生活一样，是工作中正式的一部分。

社会学家威廉·比尔比（William Bielby）认为由于人们有先天偏见，如果让他们自由发展，他们将会自动地产生歧视。举例来说，无意识偏见理论指出男性白种人不可避免地轻视女性和少数族裔，因为人们的决定受到无意识偏见的影响。这就需要采取领导行为去改变现状。领导者可以去限制雇用和职位提升方面的无意识偏见。像英国石油公司（BP）和贝克顿·迪金森（Becton Dickson）在其多元化培训项目中会使用一些方法来检测无意识及有意识的偏见。

11.3.2 玻璃天花板

> **玻璃天花板**
> 一种无形的障碍，将女性和少数族裔与高层领导职位隔离开来。

这些先天的偏见的存在也有一部分归咎于玻璃天花板。玻璃天花板是一种无形的障碍，将女性和少数族裔与高层领导职位隔离开来。当高层领导挑选继承者或者高层职位候选人时，他们倾向于选择自己认识的人，而这通常意味着是男性白种人。女性和少数族裔只能通过天花板仰望，社会中占主导地位的看法和态度却在无形中阻碍它们的发展。研究结果也证实了在组织中玻璃天花板的存在，它无形中阻碍了公司内部进行重要的横向调职。玻璃天花板障碍也会体现在其他领域中，比如说生产线监督或者一般管理不会允许女性和少数族裔发展到高层职位。

虽然一些女性和少数族裔已经晋升到领导层的显赫职位上，比如说施乐公司（Xerox）的乌苏拉·伯恩丝（Ursula Burns）、美国运通（American Express）的肯尼斯·陈纳德（Kenneth Chenault）、杜邦公司（DuPont）的柯爱伦（Ellen Kullman）和百事可乐（PepsiCo）的卢英德（Indra Nooyi），但是大多数的女性和少数族裔仍然聚集在组织的底层。在这些年以来女性已经迈出了一大步，但是她们仅仅是美国 500 强公司的顶层领导者和董事会成员的 1%。麦肯锡公司进行的一个全球研究发现，在 2011 年，董事会成员中有 15%被女性占据，而其中 14%的女性董事是位于美国的执行委员会中。在被调查的国家中，挪威的董事会成员和执行委员会中的女性比例最高（分别为 35%和 15%），日本最低（2%和 1%）。在 2009 年，乌苏拉·伯恩丝成为第一个担任美国财富公司前 50 强企业领导层的女性非裔美国人，开创了历史，但是无论是男性或是女性非裔美国人和拉丁裔美国人在美国所有管理层职位依然仅占有很小的比例。

其他国家的领导者也正在应对类似的多元化问题。举例来说，关于英国管理人才的报告显示，虽然前线的雇员"反映出了 21 世纪英国差异多元化"，但是高层人员仍然是"男性白人、身体健康、处于特定年龄"。虽然随着大部分欧盟成员国缩小了男女员工的薪资差距，德国国内对男女不平等现象的批判声不断高涨，但在德国男女薪水的差距仍旧悬殊。在日本，女性占据了总劳动力的41%,但是在高层职位上只占据了不到3%。在印度,情况也很悲观。印度最近的经济增长已经提示印度要对劳动力有深入的考查。女性仅仅占据了劳动力的24%,在高层职位中只占据了不到5%。更糟的是,报告显示在印度开创事业的女性经常面临着工作上的恐吓和威胁。

在美国,一些女性在她们遭遇玻璃天花板之前就离开了这条快车道。这被称作为"自愿退出趋势"。在一个包括了大概2 500名女性和653名男性的调查中,37%的高素质女性报道说她们可以在她们事业的某一时刻自愿地离开工作,相比之下,同等素质的男性中只有24%。女性领导者认为朝着公司晋升制度方向攀爬的成本太高了。雪莉·桑德伯格(Sheryl Sandberg)是脸书(Facebook)的首席运营官,在她的一本富有争议的著作《向前一步》中,她说到许多女性在她们的事业上落后是因为她们自己糟糕的选择,正如在下面的"领导者书架"中所描述的那样。然而,证据表明成功事业的女性需要不断地放弃个人时间,外面的友情或者爱好,因为除了生意上的责任外,还需要花时间去照顾孩子和做家务。在这个调查的基础上,图11.2显示取得成就的男性和女性在家庭责任上的时间差别。

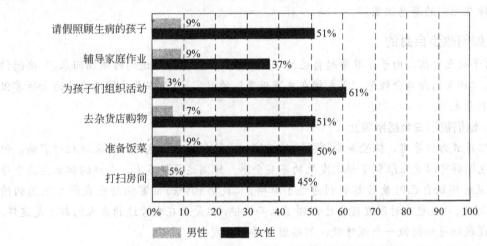

图 11.2　高成就男性和女性中主要家庭责任承担情况

资料来源：National Parenting Association. as reported in Sylvia Ann Hewlett. Executive Women and the Myth of Having It All. *Harvard Business Review*. (April 2002); pp.66-73.

虽然一些女性自愿离开快车道,但还有一些女性愿意沿着公司晋升制度爬升,却发现她们的道路受限。Catalyst公司做的一项调查中,55%的女性经理说她们渴望做到高层领导的位置。另外,一项涉及美国财富杂志前1 000强公司103名自愿离开经理工作的女性的调查,发现公司文化被列为离职的第一原因。对于女性领导者来说,最不利的因素主要来源于偏见态度和严重的男性主导的公司文化。一些主要的组织,比如说美国大都会人寿保险公司(MetLife),正在寻找方法去打破玻璃天花板,目的是让女性有足够的机会去成长、贡献和发展。

领导者书架

《向前一步：女性、工作和领导的意愿》

谢丽尔·桑德伯格著

脸书（Facebook）首席运营官谢丽尔·桑德伯格（Sheryl Sandberg）的《向前一步》(Lean In)是近年来最具有争议性的书籍之一。桑德伯格承认女性在职场中面临巨大障碍，但她认为女性应该自己去冲破壁垒，从而找到自信。她讲述了职场和社会科学研究证明偏见和制度壁垒是存在的，但她也提供了证据表明，女性自己阻碍了自己。比如，有一个研究发现，当女孩在测试之前被提醒性别后，即使只需简单地检查在页面的顶部是"M"或"F"时，她们也没有完成得很好。桑德伯格说："性别刻板印象如此有力地根植于女性。以至于这种认识将继续延伸在她们的潜意识里。"

女性是如何故步自封的

"由于缺乏自信，由于不敢举起自己的手，女性在应该挺身而进的时候缩回来，"桑德伯格写道，"妇女们却只会埋怨'男人仍在主宰世界'的现实。"以下是桑德伯格认为女性常犯的一些职业毛病。

- **她们被不安全感所阻止**

自信是成为领导者、探险和变得强大的关键。桑德伯格说，这对男性来说相对容易，但是女性也同样可以克服限制了她们发展的不安全感。她描述了很多次，在她的职业生涯中每当她深深地怀疑自己时最后都顺利通过了障碍。"我仍然会面临害怕超出我能力范围的情形，"她写道，"我也有时因发现自己说错了话而懊恼，但是坐在我旁边的男人们却不是这样。但是现在我知道如何做一个深呼吸，然后继续举起手发言。"

- **她们不为自己的成功负责**

女性在职场"应该"如何表现，这种社会规范和刻板印象已经存在了大约几十年，只有女性自己能承担起重新定义期望的责任，这种情况才能得以改变。桑德伯格说，对大多数女性来说，她们已经陷入"头饰综合征"，女性们期望获得好的工作待遇，而不是抓住机会争取她们应得的。女性应该果断地"坐在桌边"，而不是只在她们的事业中观察。

- **她们寻找导师**

拥有一个指导者对任何一个人的事业来说都是非常有利的优势，但是人们获得指导的前提是他们工作出色吸引了愿意帮助他们的更高层主管们的注意。"寻找导师和等待白马王子是一样的效果，"桑德伯格说。不是说期待通过指导而变得优秀，女性们正确的逻辑应该是"因为优秀所以获得了指导"。

- **她们在离开之前就已经离开**

女性倾向于根据未来规划来逐渐做出决策，并渐渐失去自己的职业选择。"一个法律助理可能不会追求成为合伙人，因为她想拥有一个家庭，"她写道，"销售代表可能只拥有一个较小的权利范围，或不去申请管理角色。通常在她们还没有意识到的时候，女性已经放弃了追求新的机会",桑德伯格也鼓励女性工作的同时养育孩子,但是她强调,"缩减工作的时机应该是在需要休息时或者孩子来到时——不需提前,当然更不需提前几年"。

答案是什么?

"我认为女性领导者是解决问题的关键,"桑德伯格写道。她说当其中更多可以改变组织文化的女性位居高职时,事情将变得对每个人都更好。为了实现它,女性必须克服那些阻碍她们内心的障碍。

资料来源:Sheryl Sandberg. *Lean In: Women, Work, and the Will to Lead.* Alfred A. Knopf.

前沿领导者

大都会人寿保险公司

大都会人寿保险公司(MetLife)的领导者认为女性是公司全球视野和战略的一个必要组成部分,但他们意识到女性在高层组织中的代表明显不足。他们创造了一个叫作"领导圈"(Leadership Circles)的领导力发展项目,旨在引导和支持具有高潜力的女性。

该项目教授女性有关领导力的相关概念,比如创造鼓舞人心的愿景,设定目标,调整行动计划,或作为领导者根据自身发展组建一个团队。参与者属于一些由10~15个成员组成的"圈",通过多种方式支持他们的学习和成长。每个小组有一个专门的教练,教练也会与每个成员单独工作。大都会人寿保险公司认为,人们在从被动到主动的领导力发展中,一对一辅导很有必要。

通过清楚地知道他们自己想要什么并且如何去实现它,参与者不仅在他们目前的工作中提高了他们的绩效,同时获得了进入未来高级职能角色的技能。通过这个项目,一个财务顾问的工作产量增加了45%,并且成为了保留给顶级顾问的"大都会"领导者会议的参与者。一个业务经理在关键领域把效率由48%提高到74%,一个营销经理提高了她手下资金的投资回报率,给公司额外带来了829 000美元的收入。此外,一些项目的参加者已经在公司内部担任更高的领导角色或成为新计划中参与者们的导师。该项目的目标是建立一个女性自我扶持的模型,帮助女性进入高级领导角色并取得成功。

由于"领导圈"项目的原因,《工作母亲》(Working Mother)杂志将大都会人寿保险公司评为最适合女性工作的100个最佳公司之一,"公司需要支持这些女性,不然她们可能会去别的地方,"该项目的一名参与者说。许多组织已经发现,当得不到成长和进步的机会时,一些高能力的女性就会离开公司。由于女性领导者的能力,在今天的环境下公司比以往更需要女性领导者,这点我们将在下一节讨论。诸如麦肯锡公司(McKinsey & Company)、贝恩公司(Bain & Company)和波士顿咨询集团(Boston Consulting Group)等组织实施包括培训、职业发展计划以及灵活的工作选择的措施以吸引部分处于自发离开趋势的女性。

11.4 女性领导方式

研究表明，拥有更多的女性领导的组织比那些没有女性代表的组织在财务回报上高出65%。越来越多的证据表明，女性占相当比例的董事会和高级管理层的公司比那些高层职位中只有极少数女性的公司表现得更好。人们对于女性所采取的方式越来越感兴趣，因为这些方式产生了积极的结果。女性经常采用与男性不同的领导方式，从而在如今动荡的、文化多样的环境中更有效率。

一些证据表明，男性在美国员工中的影响可能会降低，妇女将占主导地位。因为女性的方法更适应多元化环境下的需求和价值。例如，在美国的学校出现惊人的性别逆转，从幼儿园到研究生院女性接管了几乎每一个领导的角色。汉娜·罗森（Hanna Rosin）是一名记者，同时也是《男性的终结》（The End of Men）一书的作者，她认为女性更具适合性且更容易被培养。实证研究表明女性学生更具有成功倾向，她们不太可能逃课，会花更多的时间学习，通常会得到更高的分数。本章的"思考一下"版块对在美国女性似乎超过男性的多种方式进行了详细解读。

思考一下！

男人失败了吗？

最近，美国有一些观察资料表明男人们逐渐落后于今天的世界。

- 最近的经济衰退打击最严重的是传统的以男性为主导的行业。1954年，96%的25~54岁的男人有工作，2012年，这个数字下降到80%。
- 男人仍然控制着统治结构的上层，但女性获得了其他层级的主导权。
- 15个发展最快的行业中，12个都是由女性主导的。
- 虽然男人仍然挣得更多，但男性的收入在过去的10年里普遍下降，而女性收入在增加。20多岁的女性往往比同年龄层的男性赚得更多。
- 2011年，57%的学士学位、60%的硕士学位、51%的博士学位、48%的法律学位和45%的MBA学位颁发给了女性。25~29岁的女性中，32%有大学学位，相比之下男性却只有27%。
- 共和党和民主党的政治顾问都说，同等条件下，现在女性候选人比男性更理想。

总体而言，妇女在劳动力和公民事务中的参与度自20世纪50年代中期以来稳步增长，而男性参与则在缓慢而稳步地下降。

当社会有重大动荡时，在昔日秩序顶端的人（男性）倾向于坚持旧的方式，而在底层的（女性）的经历爆发了能量并利用了新的机会。男人失败了吗？或者这只是为修正社会男女平等而做出的贡献？

11.4.1 作为领导者的女性

据康奈尔大学（Cornell University）人类发展学教授和著作家詹姆斯·尕布力诺（James Gabarino）称，妇女们"能够更好地满足在现代社会对人们的要求——有注意力，遵守规则，表达方式灵活，能够处理办公室人际关系"。他的研究观察被一系列事实加以证明，例如，女性领导者通常被下属评为具有更高的人际技巧，而其他因素如任务行为、交流、激励他人的能力和目标的完成方面也是女性领导者做得更好。

如图 11.3 所示，在一个调查中，下属们认为女性领导者在几个方面显著高于男性，而这些方面对于发展快速灵活且适应性强的组织来说十分关键。女领导者被认为有着更具理想化的影响力，提供更具鼓舞的激励，更人性化的考虑，并给予更多的知识启发。**理想化影响**意味着下属认同并追随领导者，领导者被信任被尊重且得以维持是因为她有能力而不是因为她所处的位置。**鼓舞的激励**源于领导从情感和象征性地呼唤员工渴望努力工作并协助实现组织目标。

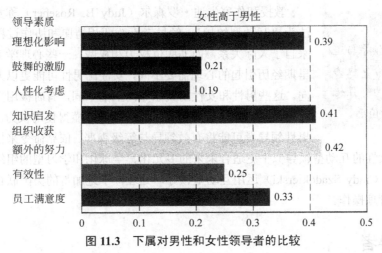

图 11.3　下属对男性和女性领导者的比较

人性化考虑意味着每一个下属是被当作个体来对待，每个人都是公平的；个人需要会被考虑到，委派任务时为下属提供学习的机会。例如，英美资源集团（Anglo American）的第一位女领导辛西娅·卡罗尔（Cynthia Carroll）的优点之一是"充分发挥每个个体的能力"。卡罗尔也带来了一种新的思维方式来帮助公司变得更加全球化，即一种智力上的启发。智力启发的含义是质疑当前的方法，并挑战员工以新的方式思考。除了这些特质，在调查中下属们也认为女性领导者更高效，为其工作时更有满足感，同时也能够让员工更努力工作。

11.4.2　领导风格是由性别决定的吗？

在美国，一些研究人员已经研究调查了女性和男性的领导方式是否存在不同这一问题。导致的问题是否与男性不同。虽然以下说

> "多元化：共同独立思考的艺术。"
> ——马尔科姆·福布斯（美国商人，福布斯杂志出版商）

新领导行动备忘

作为领导者，你可以采用一种互动合作的领导方式。你可以与下属建立私人关系，让他们感觉到自己是团队中不可或缺的一分子。

法比较概括，但是社会科学研究表明，一些"关系取向"特质主要和女性相关，比如同情和善良等主要领导品质相关，而如自信和竞争力等属于"工作取向"，则更多的与男性有关。在之前第十一章中的11.1领导力自查中有所提及，看看你的价值观是否更加有工作取向或关系取向。

领导特质在传统上与出生在美国的白人男性联系在一起，这些特质包括激进或专断、理性分析和控制的态度。男性领导者富有竞争意识和个人主义，愿意在等级分明的环境中工作。他们与下属的交流中，依靠的是权威和地位。

一些女性也反映了这些特征。当然，研究已经发现了这些，一般来说，比起男性，女性更喜欢少竞争力的环境，趋向于更多的协作和关注建立友好、包容、参与性和关怀的关系。女性领导者如黛博拉·肯特（Deborah Kent），福特汽车的整车组装厂的第一个女性，或者特里·凯尔（Terry Kelly），戈尔同仁公司（W.L.& Associates）的首席执行官，往往更愿意分享权力和信息，鼓励员工发展和努力提高他人的自我价值感。"如果你不听他们的意见和想法，这对于有一个多元化的劳动力没有好处。"肯特说，"所以我希望以被对待的方式来对待别人。"

教授和作家朱迪·罗森尔（Judy B. Rosener）称女性的领导方法为"互动型领导"。领导者喜欢两相情愿和协作过程，其影响力来自于人际关系，而非职位权力和权威。一些心理学家认为，由于早期经历引起的心理需要不同，女性比男性可能更以人际关系为导向。这些男性和女性的关系导向上的不同，有时被用来解释为什么女性不能有效地进行领导，因为她们不懂得使用权力。然而，尽管男性领导者可能将有效领导与等级森严、依靠命令来控制进程联系在一起，但女性的互动型领导似乎更适合未来的多元化、全球化和学习型的组织。辛迪·斯扎德尔斯基（Cindy Szadokierski）运用互动型领导，处理位于芝加哥的美国联合航空公司的复杂苛刻的管理操作。

> **互动型领导**
>
> 一种领导风格，领导与追随者发展私人关系，分享权力和信息，给予员工权力并强化他人的感受及自我价值感。

前沿领导者

辛迪·斯扎德尔斯基，美国联合航空公司

25年前，辛迪·斯扎德尔斯基放弃了高中法语教师的工作，去联合航空公司做了一名机票预订员。今天，她已成为副总裁，负责联合航空最大的中心机场——奥黑尔国际机场的运营工作。

加入公司以后，辛迪·斯扎德尔斯基所负责岗位的职责就不断增加，其中包括担任华盛顿杜勒斯国际机场联合中心的总经理一职。从她来到联合航空之后，辛迪就想负责运营工作，因为她喜欢将指挥中心同机场各个角落联系起来的工作。她每天负责监督4 000名员工和4 000个航班的运营状况，她最喜欢做的是每周有一个下午在奥黑尔停机坪散步，有一上午的时间漫步于候机大厅。为什么呢？因为这会给她与员工和客户交流的机会。联合航空的母公司——联合航空集团首席运营官皮特·麦克唐纳（Pete McDonald）说，过去奥黑尔机场在运营方面存在严重的运管问题，所以他们让沟通能力最强的人负责这一工作。"她无处不在。

她与每个人都会交流。"奥黑尔的联合技工协会的主席唐·沃尔菲（Don Wolfel）这样说道。

辛迪·斯扎德尔斯基的领导方式更倾向于合作，而非控制和命令。除了从员工和客户中学习，她还定期与其领导团队开会讨论工作中的成果和失误，以及怎样解决这些问题。

与互动型领导方式相联系的价值观，如包容、建立关系和关心照顾，一般都会被看作是"女性的"价值观，然而互动型领导并非女性特有。这些价值观对于男性和女性领导者来说，都越来越重要。任何领导者都可以采取一种更具包容性的风格，注重非语言行为和发展的技能。如倾听、同理心、合作和协作。

11.5 全球多元化

多元化迅速发展的根源之一是全球化，这意味着领导者将在更广的范围内遇到前所未有的多元化问题。如表11.1所示，当领导者与具有其他文化背景的人沟通时，连握手这样简单的事都会令人困惑。各国的握手方式如此多样，难怪经理在其他国家的人做生意时不知如何表现。

表 11.1　与不同文化背景的人握手的正确方式

国　家	握手风格
亚洲	温和（某些亚洲人对握手既不熟悉，又感到不自在，但韩国人例外，他们喜欢握手时握得很紧）
英国	轻柔
法国	轻而快，见面和再见时都要握手，但不要和上司握手
德国	豪放有力；见面和再见时都要握手
拉丁美洲	力度适中；多次重复
中东	温和；多次重复
北美	坚实有力

资料来源：Sondra Thiederman. *Bridging Cultural Barriers for Corporate Success.* Copyright ©1991. Lexington Books. Reprinted by permissions of the author.

通过理解社会文化环境，领导者可以应对全球多元化的挑战，通过开发文化智商（CQ）来了解如何举止得体。

11.5.1　社会文化环境

社会和文化差异可能会比任何其他因素带来更多潜在困难和冲突。例如，在洁百士公司（JBS Swift & Company）位于内布拉斯加州奥马哈市的一个肉类加工厂，数百名主要来自索马里的穆斯林员工罢工示威，抗议公司不在斋月期间给他们留出额外休息时间进行祷告。为此领导者调整了政策，以便工人们有时间祷告。然而，这一政策又引起了非穆斯林员工的抗议，声称这是"优惠待遇"，这使得领导者不得不重新考虑政策的可行性。员工之间的紧张关系和冲突差点引发暴动，洁百士公司的领导者仍在努力寻求解决不同宗教员工之间的问题的办法。

> **新领导行动备忘**
>
> 社会价值观的差异对领导方式、工作关系和组织运行有着重大影响。请完成"领导者自查11.3"的问题，以更好地理解你的同学或同事的社会价值观。

一些美国企业试图把它们的多元化政策和实践转移到它们的欧洲分部时，管理者遇到了文化方面的因素引起的问题。那些旨在解决美国的多元化问题而制定的政策并没有考虑欧洲复杂的社会和文化体系。例如，在英国，阶级差别与性别、年龄、残疾一样，是多元化的一个重要方面。甚至连多元化这个词语本身都有问题。在许多欧洲语言中，"多元化"最接近的词语意为"分离"而不是美国的多元化政策所提倡的"包容"。在美国做生意的外国公司也在理解和处理多元化问题上遇到了相似的难题。贝斯特食品公司（Bestfoods）的主席兼首席执行官迪克·苏梅特（C.R. Shoemate）说："在一个跨国跨公司的组织中，需要一种特别的领导方式来处理这些不同。"贝斯特食品公司使用跨境作业和广泛的个别辅导培训人才来领导一个多元文化的劳动力。

领导者自查 11.3

社会价值观

说明： 我们周围有不同的社会群体（同事、家庭、专业团体、国家、宗教和文化团体）。关注你认为是你的同事的群体（如团队成员、同事、同学）。回答下面每个问题，指出其对你的同事团体的重要程度。用5分制回答，其中1代表"完全不重要"；5代表"非常重要"。

重要性	完全不重要			非常重要	
1. 妥协自己的想法和同事一起行动	1	2	3	4	5
2. 对你的同事忠诚	1	2	3	4	5
3. 遵循同事建立的标准	1	2	3	4	5
4. 保持稳定的环境，而不是"捣乱"	1	2	3	4	5
5. 不打破规则	1	2	3	4	5
6. 成为专家或职业人士而不是一名管理者	1	2	3	4	5
7. 有机会挣更多钱	1	2	3	4	5
8. 有机会得到提升，做更高水平的工作	1	2	3	4	5
9. 与能够和他人良好合作的人一起工作	1	2	3	4	5
10. 和你的领导者有良好的工作关系	1	2	3	4	5
11. 领导者对于工作有详细指导	1	2	3	4	5
12. 避免与管理者产生不一致	1	2	3	4	5

得分和解释

有4组分数用来衡量霍夫斯泰德提出的4项社会价值观。对于个人主义和集体主义方面，计算第1、2题和第3题的平均分。关于不确定性规避的方面，计算第4、5、6问题的平均分。关于男性主义和女性主义的方面，反向计算第9题和第10题的回答（即5 = 1，4 = 2，2 = 4和1 = 5），然后计算第7、8、9、10问题的平均分数。对于权力差距方面，计算第11题和第12题的问题平均分数。

我的平均社会价值得分是：

个人主义—集体主义（I-C）；

不确定性规避（UA）；

男性主义和女性主义（M-F）；

权力差距（PD）；

个人主义—集体主义方面，如果平均得分 4 分以上，就说明在你的同事群体中集体主义是大家的社会价值观，平均分小于等于 2 则说明个人主义价值观占主导地位。在不确定性规避方面，平均分大于 4 说明你的团体重视模糊性和不确定性的缺乏（高度不确定性规避），得分 2 分或以下意味着不确定性和不可预测性是受欢迎的。在男性主义—女性主义方面，得分大于 4 意味着在你的同事群体中男性主义盛行，而得分 2 分或以下意味着女性主义占主导地位。在权力差距方面，得分 4 分以上意味着很高程度的权力差距或层级差距，而得分小于等于 2 则表示较低程度的权力差距或者是平等性占主要地位。

和他人比较你的 4 个分数，弄明白你对同事群体里不同价值观的看法。在这 4 个价值观中，你认为哪一个得分最高？分析那些你得分特别高或特别低的问题，从而分析你的团体的社会价值观模式。把你的得分向来自不同国家的同学解释，说明他们意味着什么。你的同事群体的社会价值观与国际学生群体的有何不同？这些社会价值又是怎样在你的班集体中得到反映？

资料来源：Geert Hofstede. *Culture's Consequences* (London: Sage Publications, 1984); and D. Matsumoto, M. D. Weissman, K. Preston, B.R. Brown, and C. Kupperbausch. Context-specific Measurement of Individualism-Collectivism on the Individual Level: The Individualism-Collectivism Interpersonal Assessment Inventory. *Journal of Cross-Cultural Psychology* 28, no. 6 (1997), pp. 743-767.

11.5.2　社会价值体系

基尔特·霍夫斯泰德（Geert Hofstede）对 40 个国家的 IBM 员工进行的研究发现，在处理诸如个人主义和集体主义矛盾这类问题时，思维方式和文化强烈地影响着组织和员工关系。并且在不同文化之间差别很大。表 11.2 列出了若干国家在四个主要方面进行的排序。

表 11.2　9 个国家价值体系的四个方面的排序

国家	权力(a)	不确定性(b)	个人主义(c)	男性化(d)
澳大利亚	7	7	2	5
哥斯达黎加	8	2	10	9
法国	3	2	4	7
印度	2	9	6	6
日本	5	1	7	1
墨西哥	1	4	8	2
瑞典	10	10	3	10
泰国	4	6	9	8
美国	6	8	1	4

a 1=最大的权力差距　　　10=最小的权力差距
b 1=最高的不确定性规避　10=最低的不确定性规避
c 1=最高程度的个人主义　10=最高程度的集体主义
d 1=最高程度的男性化　　10=最高程度的女性化

> **权力差距**
> 人们对于权力平等的接受程度。高权力差距反映出机构、组织和个人对权力不平等的接受；低权力差距意味着人们期望权力平等。
>
> **不确定性规避**
> 社会成员因对不确定性和含糊性反感，而支持那些具有确定性和一致性的主张和行为。
>
> **个人主义**
> 一种松散的社会结构，每个人都需要照顾自己的事情。
>
> **集体主义**
> 一个偏好紧密的社会框架，人们相互关照，而组织保护其成员的利益。
>
> **男性化**
> 反映了偏爱成就、英雄主义、当机立断、工作中心化和对物质的追求。
>
> **女性化**
> 反映的价值观注重合作、群体决策，和生活质量。

- 权力差距。高度的权力差距意味着人们接受单位、组织和个人上的权力不平等。低权力差距意味着人们期望平等权力。权力差距大的国家有马来西亚、菲律宾和巴拿马。权力差距小的国家包括丹麦、奥地利和以色列。
- 不确定性规避。高度不确定性规避是指社会成员因对不确定性和含糊性反感，而支持那些具有确定性和一致性的主张和行为。低度不确定性规避则是指人们对于缺少规划、模糊含混、无从预料的情况有高度的容忍。高度不确定性规避的文化包括希腊、葡萄牙和乌拉圭，而新加坡和牙买加则是低度不确定性规避国家的典范。
- 个人主义和集体主义。个人主义反映一种松散的社会结构，每个人都需要照顾自己的事情；集体主义则更倾向于紧密联系的社会结构，人们互相关照，而组织保护其成员的利益。提倡个人主义的国家有美国、英国、加拿大，而提倡集体主义的国家则有危地马拉、厄瓜多尔和巴拿马。
- 男性化和女性化。男性化反映了偏爱成就、英雄主义、当机立断、工作中心化和对物质的追求。女性化反映的价值观注重合作、群体决策和生活质量。日本、奥地利、墨西哥国家有着强大的男性化价值观。而女性化价值观占主导地位的国家包括瑞典、挪威、丹麦和前南斯拉夫。无论是男性化还是女性化文化里，男性和女性都服从于占统治地位的价值观。

特里·尼尔（Terry Neill），是一家位于伦敦的变革管理公司的管理合伙人，他利用霍夫斯泰德的研究结果运用到工作中。根据他和一些国际化公司（如联合利华、壳牌石油和英国石油等）的各种工作经验，尼尔指出，荷兰、爱尔兰、美国人、英国人适应开放式的讨论。然而，日本和其他亚洲国家的员工对此经常感到不自在，甚至觉得受到了威胁。在许多亚洲国家，领导者认为该组织是一个大家庭，强调合作的人际关系网络。相比之下，德国和其他中欧国家的领导者通常将公司看作运转良好、非人性化的机器进行管理。领导者如何处理这些问题和对待其他文化差异对多元化员工队伍的满意度和效率有很大影响。

11.5.3 发展文化智商

虽然了解社会文化环境和社会价值的差异十分重要，但一个人不可能事先预知每种可能发生的情况。因此，在多元文化环境里，领导者如果在文化上灵活，能够很容易地适应新的形势和做事情的方式，他们将取得最大的成功。换句话说，他们需要高文化智商（Cultural Intelligence, CQ）。文化智商指的是一个人运用推理和观察技巧去理解不熟悉的形势和情况，并产生适当的行为反应的能力。发展高 CQ 能使人在不熟悉的情况下很快理解并适应。不同于一个笼统的"该做和不该做"列表，CQ 能使一个人在应对新情况时找到理解文化的线索。文化智商包括一起发挥作用的三个组件：认知、情感和身体。认知成分涉及一个人的观察和学习技能，运用线索理解的能力。情感方面涉及一个人的自信和自我激励。一个领导者必须相信他或她自己理解和吸收不同文化的能力。困难和挫折可以触发更努力地工作。第三部分，身体方面，指的是一个人同不同文化交流时的说话方式，表情和肢体语言的能力。大多数人都无法同时在三个领域都很擅长，但要最大限度地利用文化智商要求他们同时具备三个方面。

> **文化智商**
> 一个人运用推理和观察技巧去理解不熟悉的形势和情况并产生适当的行为反应的能力。

发展高 CQ 需要领导者以开放的姿态对待新观点和新方法。在不同的国家工作是最好的方式之一，人们可以超越自己的舒适区，拓展更广泛的全球视角。一项研究发现，那些最容易适应全球管理的人是那些从小学习如何理解、同情，与不同于自己的他人工作的人。例如，新加坡人在日常生活中总是中英结合。荷兰人为了与邻国进行经济贸易，不得不学习除了荷兰语之外的英语、德语和法语。英裔加拿大人不仅要对美国文化和政治非常熟悉，他们也必须考虑法裔加拿大人的意见和建议。没有在这种语言与文化多元化的环境中成长的人，其中包括在美国的大多数领导者，通常会在处理外交事务时遇到更多问题。但是无论来自哪个国家，只要管理者们愿意，他们都能够敞开胸怀去了解其他观点。

11.5.4 领导暗示

对五个国家的管理人员的一项研究发现，虽然企业全球化似乎导致一个趋同的管理价值观和态度，但在不同国家和地区仍存在显著差异，这可能给领导带来问题。为了在多元化的全球环境中有效地领导，领导者应该认识到文化和亚文化的差异。第三章研究了领导权变理论，解释了领导风格与一个给定的情况之间的关系。认识文化的影响方式和领导的情形对领导者非常重要。例如，在高度不确定性规避文化下，对具有较高任务结构的领导情况是有利的，如第三章所述。但在低度不确定性规避文化中，人们更倾向于低结构化的工作情况。关于权变模式如何应用于跨文化情境的研究非常少。然而，所有的领导者需要意识到文化可能产生的影响，并且在与雇员和同事接触中考虑文化价值观。

> **新领导行动备忘**
> 作为领导者，你可以培养自己的文化智商。你可以学习其他语言和文化，与来自其他国家的人建立关系。你也可以学着对社会价值体系的不同保持敏感，并寻求解决这些棘手的多元化问题的创新方法。

对于领导者该如何表现这个问题，不同的文化中会给出不同的答案。例如，国家之间在人们期待怎样的领导方面有巨大差异。例如，领导者应该是能为雇员的问题提供准确答案的专家，还是作为帮助雇员发现解决方法而不是直接给他们答案的促进者？不同国家的答案不同，并且问题可能会出现在当领导者没意识到正在和从另一种文化来的雇员打交道时。例如，美国大部分领导者认为仅仅提供答案会限制下属的主动性和创造性。然而在法国，领导者们认为他们应该给出准确的答案以维持他们作为专家的信誉。如果从美国来的领导者在法国工作，告诉一个雇员他不知道答案，并且建议雇员和另一个人一起去研究这个问题，这个雇员可能会归结为这个美国领导者是没有能力的。相似的，在美国为一个法国老板工作的雇员，当老板总是给出准确的答案而不是提供怎样发现问题的解决方案的建议时，也许员工会认为老板以自我为中心。图 11.4 给出了一些关于在领导者是否被期望提供给雇员问题的答案方面，不同国家领导者的角色的例子。

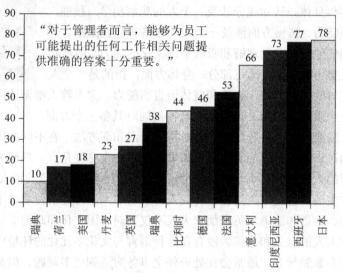

图 11.4 大家都认为领导应该是专家吗？

资料来源：André Laurent. The Cultural Diversity of Western Conceptions of Management. *International Studies of Management and Organization* 13, no. 1-2(Spring-Summer, 1983), pp. 75-96. Adapted from ADLER, *International Dimensions of Organizational Behavior*, 5E.

另一种举止上的误解同样会使领导犯错误。一个美国经理最近面临在韩国公司的问题处理，因为他需要从他的韩国竞争对手那里得到信息但却遇到困难，他直接对高层执行官抱怨。在美国，这样的途径可以被接受，而在韩国，这被看成是不尊重的表现。底层的韩国经理很恐惧也很尴尬，上级经理也觉得被冒犯了。最后，只能由美国方面的高层经理到韩国当面道歉，以示尊重，这场风波才得以平息。

11.6 成为一名包容的领导者

当今全球机构的一个目标是确保所有人——女性、少数族裔、年轻人、男女同性恋、残疾人、老人、少数族裔以及白人，被给予平等的机会并被公平和尊重对待。

领导者对其他文化、态度、价值观和做事的方式的敏感度和开放度不同。图 11.5 展示了个体差异的认识和行动的五个阶段模型。这个连续体的范围从防御性的、种族主义的态度到对个体差异的完全理解和接受，包含了从领导对肯定行为和反对性骚扰的最低法律要求的满足，到重视多元化并将其视为组织文化的有机组成部分。

人们在阶段 1 的时候经常会把差异看作反对他们自己观点的威胁，频繁地使用消极的观念或表达自己的偏见。位于该多元化意识层次的领导者认为只要自己没犯法就是成功的。他们可能会把女性和少数族裔看作需要重点处理的"问题对象"。通常，这些领导者会提拔一些少数族裔到经理级别，但这只是为了应付法律规定。在阶段 2，人们会尝试把差异最小化，

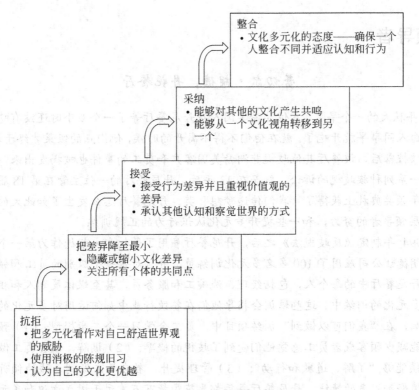

图 11.5　个人多元化意识的阶段

资料来源：M. Bennett. A Developmental Approach to Training for Intercultural Sensitivity. *International Journal of Intercultural Relations* 10 (1986), pp.179-196.

并且集中关注于所有人的共同点。在这个阶段，无意识的微妙的偏见十分明显，因为人们已经受到了公开的偏见的影响。领导者们不能正确地认识到或者回应于这些女性和少数族裔在组织中所面对的挑战。当上升到阶段3时，他们已经拥有了多元化的认识，他或她就会接受文化的差异，并且意识到别人不一样的想法和做法的正确性。在这里，领导者们会先发制人，并且承认和强调性别、种族、残疾，这样不仅是为了少数族裔的员工，更是为了组织的整体健康。他们意识到在开发新客户和营销产品时，女性和少数族裔员工能提供必需的洞察力，所以他们就会寻找吸引和保留那些高素质的少数族裔员工。在处于阶段3的组织中，更多的女性和少数族裔居于高的职位，并且领导者们也开始对所有的员工提供多元化的训练。

当所有人到达阶段4时，他们就能够认同这些与他们不一样的人，并且可以从一种文化观念中自由转换为另一种。领导者们在这个阶段会配置大量的资源进行多元化培训和其他举措，引导组织改变对女性和少数族裔的低估状态并使其得到充分发展。领导者开始真正尝试在制定政策和进行实践时兼容并包而不是盲目排外。看看丹尼餐厅（Restaurants）的领导者们怎么提高多元化的认识，将这个公司从十足的种族主义代表转变为一个多元化的典范。

前沿领导者

蕾切尔·胡德，丹妮餐厅

1993年秋天的一个早晨，6位非裔美国人在丹尼餐厅等了一个多小时还没有吃上早餐，而他们的白人同事早就开吃了。就在他们不得不离开的时候，他们点的饭菜才终于端了上来。这一事件被披露后，该餐厅其他歧视非洲裔美国客户和员工的事件也被揭发出来，随后该餐厅受到了一系列种族歧视的诉讼。然而在13年后，丹尼餐厅的一位主管在第18届马丁·路德·金周年颁奖典礼上获得了"我们传递梦想"奖。丹尼餐厅怎么发生了如此大的改变？这归功于高层领导者的努力，和一些提升多元化认识行为的正规训练。

在1994年制定《反歧视法》之后，丹尼餐厅雇用了蕾切尔·胡德作为第一个首席多元化总监。胡德让公司雇用了100多名多元化训练员，并且对每一个级别的员工和领导者实施了训练。丹尼餐厅中的每个人，包括经理、洗碗工和服务员，甚至媒体策划人和租用的保安都加入了多元化的训练中。这些培训会指导他们在餐饮行业中如何运用对多元化的理解和敏感性。例如，在"我们可以做到"训练项目中，员工会学习一个三步模型：（1）预防，比如怎么样才能减少顾客或者员工感觉他们受到了歧视的概率；（2）调解，教会员工做到当事情出错的时候能够"了解、道歉和行动"；（3）管理提升，教会员工做到真诚的倾听，表达歉意，减少愤怒和沮丧的情绪。丹尼餐厅每年都要花费数百万美元于树立意识和多元化训练的系统上，这也是该行业中最全面综合的系统之一。

胡德与管理者一起努力，提高供应商的多元性，开展面向少数族裔的营销活动，并将经理的奖金与多元化目标的实现程度挂钩。这一系列举措都提高了公司的多元化意识。在1993年，丹尼餐厅只有一家连锁店的店主是少数族裔，公司所有供应商都不是少数族裔，董事会也是主要由白人男性组成。然而今天，一切变得不同。

- 超过40%的丹尼连锁餐厅的店主是少数族裔。
- 在近10年中，丹尼餐厅和少数族裔供应商开展的食品和服务方面的业务量高达10亿美元，其中非洲裔美国客户占了48%。这占到整个公司合同总额的18%，而全国平均数仅在3%~4%。
- 56%的董事会是由有色人种和女性构成。
- 女性和有色人种在高层管理中占了50%。

由于这些改进，《黑人企业家》（Black Enterprise）杂志将丹尼餐厅命名为最适宜非洲裔美国人工作的公司之一，并且《财富》（Fortune）杂志连续将丹尼餐厅排在"美国少数族裔工作的50家最佳企业"之一。丹尼餐厅的改变有力地证明了一个公司能够快速深远地改进自己的领导方式，以更加积极的态度对待文化转变。丹尼餐厅的领导者们已经在多元化认识中进入到阶段5了。

在多元化意识的阶段5中，人们已经有能力整合差异并且从思想和行为上同时接受。在这个阶段领导者们可以创造没有性别和种

新领导行动备忘

作为领导者，你可以使自己的多元化仪式和行动发展到更高的层次。你可以尊重多元化，并为每个人提供平等的机会。

族差异的组织。所有的员工都靠他们的竞争能力，旧的观念和偏见全都消除。没有任何团体认为他们是不同的或是处于不利地位。阶段5代表了最为理想化的领导和组织。尽管它看起来很难实现，在现在仍有许多领导者为达到这个阶段的多元化意识和接受性而奋斗。高层领导者的努力对于建立在任何商务活动中都能拥抱多元化的组织至关重要。

11.7 鼓励女性和少数族裔进步的方法

个人多元化意识对于创建一个包容和允许所有人达到自身潜能的文化来说是第一步，从而可以使这个组织达到最好状态。"领导者们有责任为工作环境定下基调"，建立一个包容性的基调，在这里面每个人可以感受到自己的价值和一个成功的机会，贝琳达·平克尼（Belinda Pinckney），一个退休的军官，现任 Better Horizons and Possibilities Consulting 的董事长和CEO。领导者们尝试了各种方式鼓励创建一个包容性的文化。使得少数族裔获得更多表达渠道的两个有效方法是：员工联谊会和少数族裔赞助。

> **新领导行动备忘**
>
> 作为领导者，你可以通过创建和鼓励员工联谊会来支持女性和少数族裔的个人发展和事业进步。利用赞助来帮助具有极大潜力的员工来到达更高的水平。

11.7.1 员工联谊会

员工联谊会基于社会认同，比如性别或者种族，目的是关注联谊会内部的员工所关心的事物。这些组织有时候也会被称作多元化关系网或者员工资源团体。员工联谊会可以使有相似背景的人分享共同的经验和成功的策略，使他们可以为工作组织做出更多的贡献以及推进事业的发展。员工联谊会第一次出现在20世纪70年代，主要是为了关注对非洲裔美国人的招聘和保护。现在，已经发展成将来自各种各样背景的员工结合在一起的活动。思科公司为亚洲人、非洲人、美国人、女性、中东的员工、素食主义者、拉丁美洲人、男同性恋和女同性恋、残疾者还有一些其他群体等提供了领导力成长机会。思科公司里11个员工联谊会包括了全球72 000员工中超过18%的人。

> **员工联谊会**
>
> 联谊会基于会员制，它聚焦于会员的关切，并使他们为组织做出更多贡献。

员工联谊会举办多种多样的活动，比如教育最高层领导者的会议、指导项目、社交活动、培训会议、技术研讨会、少数族裔实习项目以及社区志愿活动。这些活动给在这个组织中的人们建立社会和职业联系的机会。员工联谊会是一个减少对女性和少数族裔的社会隔离的有效方式，帮助员工提高效率，并且能够使他们达到更高的职业目标。一些研究结果证实了这些关系群体可以被当作帮助公司保留管理层的少数族裔员工的重要工具。

员工联谊会的重要特征是团体活动中涉及高级领导者，他们会找到最有效的方法提高组织的效率。思科拉丁美洲人联谊会的会长，吉列尔莫·迪亚兹（Conexion, Guillermo, Diaz Jr.）将联谊会从一个"提供娱乐的社交俱乐部"变为商业资源，影响西班牙语的顾客，并且为拉丁美洲IT领导组织会议。三年之后，Diaz被提升为副总经理。在BT公司（原名叫英国电信），残疾人网络成员——Able2，培训安装工程师，让视力有问题的顾客先感受后安装。"他们仅注意所有正当的理由，而不是去发展人工的产生网络能见度的项目，因为他们是在帮助企业，"卡洛琳·沃特斯（Caroline Walters）说道，BT的人力和政策主任这么描述员工联谊会的新做法。

为员工提供帮助，从而扩大员工联谊会，进而使他们为企业和他们个人带来帮助。安妮·安克雷（Anne F. Ackerley）在世界上最大的资产管理公司贝莱德公司（BlackRock）中得到了升职机会，成为了首席营销官，主要是因为她在公司的女性员工中的重要角色，以及她上级领导的认可。当人们感觉到他们在为公司做出了真正的贡献，并且因此而有机会得到职业的提升，从而更加愿意参与其中。"在我们一些活动中，一些非正式交流的影响是非常大的，"英国皇家检察署的非洲裔员工联谊会的主席沙克拉特·阿里（Shakrat Alli）如是说道。"人们会带着什么事情皆有可能的认识回到工作岗位中。"

11.7.2 少数族裔赞助

员工联谊会的另一个好处就是人们通过团体中的从属关系获得赞助商。例如，肯·威尔逊（Ken Wilson）是贝莱德公司强大的全球委员会中的副主席，在看到了安妮·安克雷在公司女性团体中的出色表现之后成为了她的赞助人，对她提供职业上的帮助，并最终使她得到了成为首席营销官的机会。威尔逊是这样评价安妮在女性关系网中的新工作的"这给她提供了一个被整个公司所熟悉的形象，她（在此之前）并不是那么有名。"

赞助

有权威的总经理职位的人愿意提供帮助，以他或者她的信誉为风险去提升个体到更高的组织层次。

赞助指的是有权威的总经理职位的人愿意提供帮助，以他或者她的信誉为风险去提升个体到更高的组织层次。导师很重要，因为他们可以提供建议和指导，但是赞助人是拥护他们的门徒，将他们引荐到重要的人物和任务面前。因为这个相对比较冒险，因此赞助人更倾向于优秀的表现和不动摇的承诺。

《放弃导师，寻找赞助人》（Forget a Mentor, Find a Sponsor）的作者西尔维娅·休利特（Sylvia Hewlett）做了一个两年的研究，证实赞助人能在事业中提供巨大的改变和进步。赞助人能确保他的门徒在重要的任务中能被考虑进去，并且有能够展示他们才能的机会。除此之外，有赞助人的人更喜欢额外的任务，要求薪水的提升和寻找机会。但是只有5%的少数族裔有赞助人，而相比之下白人员工却有21%。就像升职一样，当高层领导选择他们要赞助的人，他们更倾向于选择和他们相似的人。像美国运通公司（American Express）、AT&T、花旗集团（Citigroup）、瑞士信贷（Credit Suisse）、德勤（Deloitte）、基因泰克（Genentech）、摩根士丹利（Morgan Stanley）这样的公司，使公司内部的赞助让少数族裔更容易得到，通过对高层领导者的教育，确保他们都接触到有潜力的女性和少数族裔候选人。

本章小结

- 本章重点是，现如今多元化已经成为生活的一部分，而且领导者们可以根据环境的变化来进行创新和改变。美国的人口、劳动力、客户基础都在随时进行改变。除此之外，组织在一个飞速发展的全球环境中生存，就意味着多元化登上了更宽广的舞台。

- 多元化定义涵盖了人们相互不同的各个方面。这个定义近年来被拓宽了，使其更含包容性和广泛的特点。这个更具包容性的定义是多元化不仅包含了性别、种族，而且包括工作习惯、国籍和收入水平等特征。
- 组织需要珍惜和支持多元化是出于多方面的原因。多元化的想法不仅提供更为宽广的解决问题的基础和经验，而且是保证组织在迅速变换的今天蓬勃发展的关键因素。一个多元化的劳动力帮助组织和多元化的顾客建立更好的关系，并且帮助员工挖掘潜能。最近多元化引起关注的一个方面是女性的领导才能，被称为互动型领导。互动型领导方式的特征，如包容性和关系网的构建，对21世纪的男性和女性领导者而言都是有价值的方式。
- 当今的领导者在领导和他们不同的人群时面临着重大挑战。领导多元化群体的第一步是要理解那些与主流文化如白种人、美国出生与男性文化不相适应的群体所忍受的艰难。这些艰难包括了偏见、成见、歧视和玻璃天花板。
- 另一个重要问题是全球多元化。领导者们应该意识到文化带来的冲击，理解社会与文化价值的差异，并发展文化智商。
- 人们在多元化意识和对其他文化、价值观与工作方式的敏感性方面会有所不同。领导者一般会经历多元化意识和行为的不同发展阶段，这个范围包括从通过最少努力来满足合法行为的准绳，到把多元化看成公司不可分割的一部分。强大的、文化性敏感高的领导力是组织变得综合广泛的唯一方法。
- 21世纪领导者的终极目标是以一个完整的团体来建设组织，在其中人们可以感到欢欣鼓舞、受尊重并且一致向往着相同的目标。员工联谊会和少数族裔赞助是领导者支持女性和少数族裔员工参与和进步的两个重要方式。

问题讨论：

1. 社会学家威廉·比尔比（William Bielby）认为人们有着与生俱来的偏见，如果听之任之的话人们会自行地歧视。你是否认同这个观点？讨论一下。
2. 为什么思想的多元化对于今天的组织来说至关重要？如果一个组织的员工都是相同的种族且年龄与背景相似，你认为这个组织是否会存在多元化思想？
3. 什么是互动型领导方式？为什么这一能力对于21世纪的领导者来说变得日益重要？
4. 讨论当下属把较小的权力距离作为社会价值的，而领导者显示出较大的权力距离时，这将如何影响两者的互动？
5. 你认为为什么很多女性在去追求更高级别的公司领导权时会自动退出？这是否会不利于组织的长远发展？为什么？
6. 再看一次这章的"思考一下！"栏目。为什么人们看起来是在落后于今日的世界？如果这是真的，为什么女性仍旧难以代表更高的组织等级？
7. 为什么现在的领导者发展文化智力至关重要？你认为一个从未与和自己不同的群体共事的经历的领导者，是否可以发挥出顺利适应从不同文化的角度进行思考与行动的能力？讨论之。

8. 回忆一个你曾经的领导。这个领导属于个人多元化意识的哪个水平？解释之。你又属于个人多元化意识的哪个水平？

9. 你认为人们和组织是否可能会忽视性别和肤色差异？讨论之。

10. 这个章节描述了一个肉类加工厂中关于为穆斯林提供祷告时间这件事情上产生的冲突。领导者如何在满足不同的群体需求的同时，不去冒犯到别的群体或者表现出歧视？

现实中的领导

个性多元化

每个人对其他人重视的行为或期望的感受可能都不尽相同。这折射出了我们自己关于多元化的感受。和他人相比你的感受差异可以是关于你的身体因素（身高、年龄、肤色），也可以是你的思考方式、感觉、个性或是行为，特别是当你感受的差异不同于其他人的期望或你所感受到的社会规范时。在下面写出你和别人感觉有差异的六条：

1._____ 2._____
3._____ 4._____
5._____ 6._____

现在以你所理解的多元化回答下列问题。

对于与众不同，你的感受是什么？

_____

_____

多元化的哪个方面令你感到自豪？为什么？

_____

_____

你希望改变哪个方面，使自己不那么多元化？为什么？

_____

_____

你的不同给学生团体或者工作组织带来了什么贡献？

_____

_____

课堂活动： 这项练习可以在关于潜在多元化的课堂讨论中采用。导师可以要求学生们以三五个人围一圈面对面。一个学生（受关注者）可以主动以上述列表为基础来描述自己感受到的差异。其余学生轮流给予反馈，反馈包括对于他们来说那些差异代表着什么。

每个学生轮流当受关注者，描述他们感受到的差异并听取他人关于这些差异带来的领悟与影响的反馈。

这个训练的关键问题是：关于多元化理解和人际关系你学到了什么？当我们的差异对于我们变得比对于他人更大时意味着什么？个人多元化如何影响一个团队或组织的表现？（可以在白板上列出。）

领导力开发：案例分析

对自己真实

艾特妮·金特里（Ethney Gentry）签下了一家中型塔尔萨石油公司的工作，对于进入到这个终极男性关系网络她感到十分激动。她拥有着可靠的证件和她所认为的女性领导力的力量——倾听、合作、共识建设力和组织能力，并期待着和公司已退休的第一位女性经理亚历克西斯·贝尔（Alexis Bale）的第一次会面。

亚历克西斯给了她一个大力的、几乎有些令人感到痛的握手和一杯咖啡。

"我一直在期待着和你见面，亚历克西斯，"艾特妮说道。

"我叫艾利克斯。"

"喔，我之前不知道。"艾特妮喝了一口滚烫的咖啡，感到一阵突然的不适。这个她过分期待的会面刚开始就看起来糟糕且相当不自然。

"我实话跟你说，"艾利克斯一边说一边走开，并坐在她桌后的一把特大号椅子上。"你在这里的原因和我以前一样。12年前我们的创办人钱普·鲁曼（Champ Luman）死后，他的三个中年女儿，也就是公司里所谓的'那些姑娘们'，成了主要持股人。她们强力推动一位女性进入管理层，也就是我，现在变成了你。"

艾特妮把咖啡放在桌上，尽量不去表现出任何反应。"你在暗示我是说，我被选择的原因并不是比其他男性候选人更优秀？"

"不，我并不在做出选择的团队里。我看过了你的简历，你对于组织来说是非常优秀的补充。但把资格放在一边，可以说，你和我满足了一个纯男性俱乐部里对'多元化'的要求。"

艾特妮无法相信桌对面这个女性不加掩饰的讥嘲。她一方面希望站起来冲出办公室，另一方面想要留在这里听完整个演讲。她觉得需要另辟蹊径。"我认为原因是你在这里干的非常成功，"她说道。

"我也这么想。"艾利克斯看着许多展示着散落在Oklahoma平原上石油装具的照片。"我学会了游戏规则，"她有些不满足地说着，然后突然转身看着艾特妮。"我不是在恐吓你，但我觉得既然加入了进来，你就应该理解一些东西。"

"比如？"

"比如……不要太急于表达你的主意或者观点。当我刚开始的时候，我想要立刻融入进去并且做出贡献。男人们对此感到怨恨，一位'绅士'当面告诉我他们认为我是一个热心过头的女人。我很痛苦。他们虽然一直和我在一起，却把我边缘化，确保我不被重视，并让我知道这一点。"

"那你做了什么？"

"我焦虑了一段时间，最终尝试了相反的战略。我跑出来为每个人倒咖啡，我探寻符合他们观点的锦囊妙计然后才在会议上提出建议。我扮演了他们心目中的已经存在的女性角色。我觉得自己像个白痴。我百般谄媚直到我觉得自己快吐了。"

"他们是如何反应的？"

"我不再被边缘化，但我也不再被尊重，我几乎退步到接受了我自己的地位。"

"你为什么不辞职了事？"

"因为我知道这正是他们想让我做的，而我也固执地不给他们所想要的。"

艾特妮深呼吸了一口，摇了摇头。"这听起来是20世纪50年代发生的事儿，我无法想象管理层的男人们是这样行事的。"

"啊哈，也许现在情况好些了，但他们仍然是20世纪流行的思想。"

"如果你是个被忽视的受气包，那你是怎么样成功建立起了名誉的？"

"你见过比尔·莱德森（Bill Ledson）了吗？"艾特妮点点头，喝了一小口咖啡，然后靠上前去，等着聆听成功的秘诀。

"在休斯敦的一次工业会议上，他的妻子玛格丽特有些微醉。她和我聚于角落拉长了声调说，'听着亲爱的，我这一辈子身边都是石油行业的男人。我的父亲和祖父是石油人。你需要变聪明并投入进去——变成他们之一。这是你被接受的唯一途径。'她提醒我说我是在他们的地盘上。玛格丽特告诉我，'亲爱的，作为这群人的妻子和女主人，我谈论足球的次数你是想象不到的。我讨厌足球，我只是坚持着迎合大众，但是他们不知道。比尔也不知道。我和上帝——我们是唯一知道的人。相信我，'她说道，'这些人确实会正儿八经地处理严肃的商业问题，但肯定是在他们抱怨完了俄克拉荷马州被剥夺了在LSU比赛中得到国家冠军的机会之后。'"

"这难道不会使这家公司里的男人们变得琐屑浅薄？"艾特妮问道。

艾利克斯耸耸肩。"反正很管用。我变成了艾利克斯，变成了他们中的一员。一段时间之后我被给予了些许尊重，提拔随之而来。上次董事会上我用'由于BCS更看好SEC，Texas A&M为了得到更好的机会而加入了东南会议'这个理论将全场镇住了15分钟。之后，我递交了关于加强与石油领域团队合作的建议，他们觉得这个主意太棒了！我是他们中的一员！"

艾特妮点点头，有些震动。

"采纳我的建议吧，换个名字。艾特妮太女性化了，你的中间名是什么？"

"麦迪逊（Madison）。"

"那就叫麦迪逊吧，"艾利克斯带着艾特妮走向门口并握了握手，这次会面结束了。

当门在她背后关上时，艾特妮对于她刚才所听到的感到既迷惑又恼怒又沮丧。"她出卖了自己，所有这些女人都出卖了自己。她们甚至都不能做她们自己。我是一个有经验的、受过教育的、合格的并且有能力的女性，我不想做麦迪逊。"艾特妮这样自信地想着，按下了电梯按钮。

电梯门打开了，她走了进去。"我步入了怎么的境地？"

问题：
1. 如果你是艾特妮，你会怎么样在石油公司表现自己？为什么你觉得自己的方法可以成功？
2. 你觉得这种男性主导文化是否仍然存在？你认为女性是否应该策划一种战略来使自己被接受？你会不会采用一种和你自身人格不同的战略？为什么？
3. "对自己真实"是什么意思？在一个男性主导的公司里，真实更重要还是取得个人事业的成功更重要？延续这种对于女性来说"不健康"的工作环境是否正确？为什么？

手镯的麻烦

丽拉·帕特尔（Leela Patel）站在她的机器旁边，过去的六年里她每个工作日在这里工作八小时。丽拉很快乐，在这个食品加工厂里的400个左右女性中她有很多朋友。尽管亚裔女性在女性员工中占不到5%，但是其中有很多人和她一样有印度血统。丽拉是一个由五个女性组成的小队中的一员，这个小队由主管比尔·伊凡斯（Bill Evans）负责。

丽拉看到伊凡斯和商店总管杰米·沃特金斯（Jamie Watkins）一起走了过来。"你好，丽拉，我们是来向你解释一些事情，"伊凡斯说道，"你一定听到了上个月发生的事故，一个女孩被机器绞住了手链，切到了自己手腕。安全委员会已经做出决定：所有人在工作的时候都禁止穿戴手链、订婚戒指和项链——除了婚戒和手表。所以恐怕你要摘下你的手链了。"丽拉依照自己的传统，戴着三个手链——一个钢的，一个塑料的和一个金的。所有的已婚亚裔妇女都戴着手链，很多欧美女孩也开始佩戴。丽拉解释说自己是一个印度教妻子，手链对她的宗教来说十分重要。

"别添乱，丽拉，"伊凡斯咬着牙齿说。"我已经朝着汉莎和米拉吼过了，你为什么不能像米娜一样？她不介意把她的手链取下来，那些欧美女孩们也不介意。"丽拉可以看出伊凡斯非常生气，所以她摘掉了自己的手链，几乎哭了出来。然而当他们俩走了之后，她又戴上了金手链然后继续工作。

两三天之后，工厂经理山姆·琼斯（Sam Jones）注意到所有的亚裔女性又开始佩戴手镯，事实上有一些人佩戴了比之前更多的手镯。"我对于这些简单的、常识性的不准佩戴珠宝的禁令带来的反应震惊了，"琼斯对区域种族雇佣关系顾问说。"我已经收到了好几个亚裔女性代理人对于禁令的抗议，更别提那些受她们丈夫指示前来的好些人。另外，我刚刚收到了一个叫作亚裔咨询委员会发来的信，声称在我们和他们的代表见面之前禁令应当被撤销。这股不满意的力量逼着我来和你对话。珠宝在这里对于安全和卫生都是危险因素，所以必须被除去。而且我担心一旦我和这个亚裔委员会对话，就会发现他们是一群可以导致一切问题的狂热分子。与此同时，我们再也负担不起任何停工了，你有什么建议？"

几天之后，顾问安排了当地社区关系理事会派来的辛（Singh）先生与琼斯和其他经理谈话。辛先生解释说，从宗教信仰的惯例来看，并没有什么阻碍可以阻止这个手镯禁止令的实施。然而，他同时指出：手镯有很重要的风俗意义，比佩戴戒指的英式传统更强烈；手镯不仅是婚姻的标志，还意味着丈夫对妻子的尊重；手镯越多，价值越大，她所受到的尊重越高，她的社会地位也越高；这个传统也有着一定的宗教暗示，因为妻子所佩戴的手镯表明她们每个人都承认丈夫"值得"自己完全履行自己的宗教义务；当妇女成为寡妇的时候，她们会摘下自己的手镯，这种情况会变得更复杂，因为有的人会担心摘下手链会导致自己丈夫死亡。

问题：
1. 你对于这个故事的第一反应是什么？你觉得为什么你会有这种反应？
2. 基于上述有限的信息，你认为这家公司该如何发展领导的多元化？
3. 如果你是这个公司的高级主管，你会如何解决这个问题？

第 12 章

权力与影响力

你的领导学挑战

读完本章之后，你应该做到：

- 运用权力和政治策略帮助组织完成重要目标。
- 通过追求你很在意并且想要与他人分享的愿景或思想，在某些方面实践魅力型领导。
- 区分变革型领导和交换型领导的概念，并加以应用。
- 运用联盟型领导方式建立同盟以帮助你为组织达成重要目标。
- 在组织陷入困难时期，需要采取强硬措施时采取权谋领导风格来帮助组织渡过难关。
- 解释软权力和硬权力的区别并且识别其在组织中具体的权力类型。
- 描述组织结构参考框架、人力资源参考框架、政治参考框架及象征参考框架，并确认你主要的参考框架。
- 使用影响力策略——寻求更伟大目标、合理说服、友善相处、互惠原则、发展联盟和直接诉求。

章节大纲

- 四种有影响力的领导方式
- 硬权力 VS 软权力
- 政治活动中日益增长的影响力
- 不要滥用权力

前沿领导者
- 海伦·德拉格斯，特蕾莎·沙利文，弗尼吉亚大学

- 埃文斯一家
- 帕特里夏·塞勒斯，《财富》杂志
- 保罗·沃尔福威茨，世界银行

领导者自查
- 联盟型领导
- 你善于权谋吗？
- 你的领导方向

领导者书架
- 《权力：为什么有些人拥有而其他人没有》

现实中的领导
- 影响力圈子

领导力开发：案例分析
- 苏亚雷斯效应
- 维特制药公司

当超过 100 名现任和前任华纳兄弟公司高管观看庆祝工作室成立 90 周年的纪录片时，令人不安的事情发生了。影片播放不久，数字放映机发生了故障：音频发出噼啪声，画面冻

结不动。"嗯，这个开始不怎么顺利，"新任华纳首席执行官凯文·特苏哈拉（Kevin Tsujihara）说道。特苏哈拉是在与电视集团总裁布鲁斯·罗森布拉姆（Bruce Rosenblum）和电影集团主席杰夫·罗宾诺夫（Jeff Robinov）在经过两年的高强度历炼后脱颖而出从而在三个星期前刚刚被任命为最高领导的。特苏哈拉是娱乐集团的主席。前任华纳首席执行官杰夫·比克斯（Jeff Bewkes）曾创建一个总裁办公室，目的是促使这三位雄心壮志的领导者通过合作的方式来竞争自己的职位。比克斯曾说，这三位将作为一个团体来工作。

结果证明，并非如此。这三个人很少一起工作，为了争取更好的岗位而他们私下操作，他们的下手也都悄然的推动着自己青睐的候选人。长时间的对峙让特苏哈拉的工作更加困难，因为这种对峙损害了士气和凝聚力，使华纳公司远近闻名的家庭氛围变得紧张起来。尽管他可能直面这些挑战，据说特苏哈拉是一个佛教徒，他之所以能够得到这份工作是因为他在三人中最不具侵略性，并且他十分热心倾听，对每个人都十分的友善，善于合作，做对团体最有利的事情。董事长巴里·迈耶（Barry Meyer）曾说："我们觉得他更有可能把公司的所有元素合并到一起，而不是使它们两极分化。"

所有的领导者都使用权力和影响力来完成他们的工作和影响他们的组织，但是在当今这个合作的世界，个人竞争力和自我推销不是获得和行使权力的最好方法。成功的领导者使用柔性方法来完成他们的目标，就像凯文·特苏哈拉在华纳公司所做的一样。本章将探讨四种有影响力的领导方式。接下来我们会考察权力和影响力的意义，研究影响领导者如何考虑和使用权力的不同领导参考框架，探究使用软权力和硬权力的不同，勾勒领导者通过政治活动使用权力和影响力的方式。最终，我们简要地讨论在使用权力和影响力时道德方面的问题。

12.1 四种有影响力的领导方式

新任领导者经常认为，领导者权力是通过组织中领导者的地位来体现。然而，领导者所拥有的权力并不完全局限于工作职权，他们还可以通过各种方式影响人们。基于领导者的个人特点和与他人的关系，可以划分为四种有影响力的领导方式，即变革型、魅力型、联盟型和权谋型的领导方式。

12.1.1 变革型领导

变革型领导的特征是有能力给追随者和组织带来显著的变化。变革型的领导者有能力从眼光、策略和文化修养等方面改变组织，同时，能够促进产品和技术的创新。

变革型领导
特征是通过能力去实现在追随者和组织中有意义的转变。

交换型领导
在领导者和下属之间交易或者交换方法。

一种理解变革型领导的方式是将其与交换型领导风格进行比较。交换型领导的基础是领导者和追随者之间的交换或互动方式。交换型领导者认识到追随者的需求和愿望后，然后明确表示。只要追随者完成特定目标或担负特定责任，这些需求和愿望就能得到满足。因此，追随者获得工作绩效的奖励，而领导者同时获益并完成任务。交换型领导者关注当下,擅长保持组织的平稳运行和效率，他们善于计划和预算等传统管理功能和一般集中在客观方面的工作表现。交换型领导很有效率。然而，因为它涉及的承诺是"遵守规则"，所以交换型领导在组织内要保持稳定，而不是促进改变。

对于所有领导者来说，变革的能力十分重要。然而，世间的成功往往取决于连续的变化，所以组织也需要变革型领导。变革型领导关注的不是利用规则、指导和激励来分析和控制与追随者之间的具体交换，而是利用注入愿景、共享价值观和想法等这些无形的东西来建立联系，使各自的行为更有意义，并提供共同立场使追随者参与到变革过程中。变革型领导是以个人价值观、信仰和领导者的素质为基础，而不是以领导者和追随者的相互交换为基础。

研究表明，变革型领导对于追随者的发展、绩效，甚至组织的盈利能力具有积极的影响。而且，变革型领导能力可以使他们那些不是根深蒂固的个性特征有所改善。变革型领导与交换型领导的不同主要在以下四个方面。

（1）变革型领导描绘了一幅未来的宏伟蓝图,并以这种方式让改变所带来的痛苦变得值得。变革型领导者的最重要的作用是为组织找到一个新的愿景，要明显优于现有愿景，并且使其他人愿意分享这个愿景。这个愿景激励人们采取行动，并为变革型领导的其他行动提供基础。没有愿景，就没有变革。

新领导行动备忘

作为领导，你可以表现成为一个变革型领导通过聚集人们为一个激励人心的愿景，表达对未来的乐观，帮助下属实现他们的潜能，并且分权给他们去帮助改变的实现。

（2）变革型领导激励追随者超越自身利益以便增加集团的利益。变革型领导会激励人做比开始的期望更多的事情，他们会使追随者清醒地认识到改变目标和结局可能会使整个组织获得更多的利益。

（3）变革型领导能够将追随者的担忧从最基础的物质需求（例如，安全感等）提升到高层次的心理需求（例如，自尊和自我实现能力）。虽然低层次的需要可以通过优厚的工资待遇、安全的工作条件和其他条件得到满足，但变革型领导者也注重每个人的成长和发展的必要性。因此，领导者作为模范和分配任务者不仅满足当前需求，还把追随者的需求和能力提升到一个更高的水平，与组织的使命联系在一起。

新领导行动备忘

完成领导者自查 12.1 的问题，去学习如何在变革型领导中监督你的速度。然后，回答你如何在领导岗位上表现的问题。

（4）变革型领导者的追随者也会成长为领袖。与严格控制人不同的是，变革型领导者能够努力找到最好的追随者。他们把人们团结在使命和愿景周围，为下属规定行动范围，使其有更大的自由来完成目标。他们招募追随者并帮助其识别问题和以新的方式看待事情，这样这些追随者们就可以对生产力产生更大的改变，以便实现变革型领导者的愿景。

卓有成效的领导者能够同时展示出交换型和变革型两种领导模式。他们不仅强调要用自己的能力来建立愿景，授权和激励激励他人,而且运用交换型领导技巧来设计任务结构、控制系统和奖励系统，从而可以帮助人们实现愿景。

12.1.2 魅力型领导

魅力也被称为"点燃追随者激情和奉献精神的烈火，能够带来远远超越指责的成果"。魅力型领导对人们有感情影响力，会激励

魅力型领导

有能力去激励和促进人们不顾障碍以及个人牺牲去做他们正常工作之外的工作。

他们做比他们通常会做的更多的事情，尽管有障碍和个人牺牲。他们对使命的热情激励人们跟随他们，激发人们超越自己的利益以便实现其目标。变革型领导寻求的是增加追随者参与和赋权，而魅力型领袖则通常给追随者灌输敬畏和服从的思想。变革型领导不仅激发人们追随领导者，而且也相信变革的需要和愿意为愿景做出牺牲，而不仅仅是出于对领导者的钦佩。

领导者自查 12.1

说明： 想象你处在一种环境下，有一个人（老板、教练、老师或者是小组组长）在领导的位置上是高于你的。标出下列每项项目中对你来说是基本符合还是基本不符。

通常情况下，这个领导会：

	基本符合	基本不符
1. 会仔细倾听我的担忧。	_____	_____
2. 展示出对他或她价值观的信念。	_____	_____
3. 帮助我集中发挥我的优势。	_____	_____
4. 对于我们的使命很有热情。	_____	_____
5. 对于我的发展提供辅助意见。	_____	_____
6. 对于未来总是很乐观。	_____	_____
7. 鼓励我们自我成长。	_____	_____
8. 在重要的价值观和信仰上有清晰的理解。	_____	_____
9. 对于我做的事情会提供反馈。	_____	_____
10. 激励我们与他或她一起规划未来。	_____	_____
11. 教我如何发挥我的能力。	_____	_____
12. 得到其他人致力于他或她的梦想。	_____	_____

得分和说明

这些问题代表变革型领导的两种维度。对于"使追随者成为领导者"这一维度，将第1、3、5、7、9题和第11题中你回答基本符合的题目的总数相加。对于"鼓励追随者超越自身利益"这一维度，请将第2、4、6、8、10题和第12题中你回答基本符合的题目的总数相加。

你的领导者的得分是：

使追随者成为领导者：

鼓励追随者超越自身利益：

这两个分数代表你眼中你的领导人在变革型领导的两个重要方面的表现。在其中任何一方面分数是5分或者以上是高分，因为很多领导者在实际的领导或团队工作中，通常不展现他们的变革能力。而分数是2分及以下低于平均水平。将你的分数和其他同学的分数对比，从而理解你的领导者对变革型领导方式的践行。你如何解释你领导者的分数呢？

记住，在这个练习中获得经验的是你，而不是你的领导人。分析你的领导人是让你理解变革型领导概念的一种简单的方式。在"使追随者成为领导者"以及"鼓励追随者超越自身利益"这两个维度你能得多少分？这对精通者来说也是很好的技巧。假设你是领导者，回答这12个问题。从你回答的这12个问题中显示的信息，分析你的变革型领导方式。

魅力的应用可好可坏，但如果巧妙且符合伦理地应用，可以提升整个组织的活力和绩效水平。尽管魅力本身是无法学到的，但是魅力型领袖的有些方面，是任何人都可以运用的。魅力来自于追求你真正热爱的事物这个过程中。魅力型领导者能够将他们的情感应用在日常工作生活中，这使得他们精力充沛，热情和充满魅力。例如：维珍集团（Virgin Group，该集团拥有400多家公司）的成立者和董事长理查德·布兰森爵士（Sir Richard Branson）只有在对一项新业务十分有兴趣的时候，才会去参与进去。他的热情感染着他身边的每个人。已逝的斯蒂夫·乔布斯（Steve Jobs），苹果公司（Apple）前执行总裁，一个赢得像摇滚歌手一样的拥护而且不止一次地被称作"魅力型领导的楷模"的人，他对苹果公司以及它的产品有着非常强烈的热情。大量研究指出了魅力型领导者的独特品质，证明了他们对追随者的影响，描述了帮助他们取得卓越成果的行为。表12.1比较了魅力型领导者和非魅力型领导者特征的区别。魅力型领导者能将美好的未来清楚地表达成一个理想化境界。他们有能力用一种清楚的，引人入胜的方法传达复杂的想法和目标，这样人们就能够明白并且认同他们的信息。魅力型领导者还以独特的方式行事，并以独特的意义超越现状，创造变化。最后一种魅力型领导者具备的品质就是他们影响力的来源是来自个人特征而不是权威的正式地位。人们羡慕、尊重并且认同领导者，并且希望能够像他或者她一样。尽管魅力型领导者可能处于权威的正式地位，但是魅力型领导者能够超越组织中的正式地位，因为他的影响力是建立在个人品质的基础之上而不是组织授予的权力和地位。

> **新领导行动备忘**
> 作为领导，你可以通过运用自身魅力去表达愿景，使人们愿意献身去帮助完成它，并且激发人们的情感多过思想。通过追求你真正喜爱的目标去扩大你的魅力潜能。

表12.1 魅力型领导者和非魅力型领导者的特征区分

	非魅力型领导者	魅力型领导者
亲和力	共同的观点使领导者具有亲和力	共同观点和理想化的愿景成为亲和的领导者和值得认同和效仿的可敬英雄
联系现状	努力维持现状	创造变革的氛围
未来目标	有限目标与现状没有太大差异	拥有与现状有很大差异的理想愿景
阐述	对领导目标和动机的阐述不是很清晰	对领导愿景和动机的阐述强有力且鼓舞人心
行事	在现有秩序的工作框架内利用可用的方法来达到目标	利用非传统的方法来超越现有秩序
影响	主要权威来自地位和奖励	超越地位；个人权力来自于专业知识和他人对领导者的尊重与赞赏

12.1.3 联盟型领导

变革型领导和魅力型领导都认为是领导个人起了催化作用，在接近达成目标或愿景时为组织带来有价值的变化。然而，在大多数案例中，成功的变革结果来自于人们的联盟，而不是单一领导者的努力。联盟型领导者建立一个多人联盟，这些人支持领导者的目标，

> **联盟型领导**
> 联盟型领导建立一个多人的联盟，这些人支持领导者的目标，并且能够带动他人贯彻领导者的决定以达成目标。

并且能够带动他人贯彻领导者的决定以达成目标。联盟型领导者观察并了解组织中合作的模式和影响。他们善于在广泛的人群中发展联系并且能使他们的行为和方法适应不同的人和情况。

联盟型领导者在组织内外都发展积极的关系，同时他们花时间去了解别人的观点，建立互利互惠的联盟关系。在政治领域，建立联盟关系十分重要。例如，林肯被历史学家认为是美国史上最伟大的总统之一是因为当美国被内战残忍割裂时，他认真听取了许多他社交圈内和圈外的人的意见。他包容了那些反对他甚至批判他的目标和计划的人。另外，学者们认为小布什浪费了一个成为伟大总统的机会，因为他没有听取他们的意见，并且使他们参与到伊拉克战争的决策中。当伊拉克陷入困境时，没有与他人结成联盟的失败深深地割裂了美国。在一个从 30 年代就存在的离职总统意见调查中，布什离职时得到了史上最低选票。至于奥巴马，大家目前仍不清楚对他的评价会如何。但是，奥巴马甚至难以和他最大的资助者建交，并且他将与民主党的联盟建设留给了国会，而其他结盟则留给了副总统拜登，他这样的行为受到了人们的批判。奥巴马常被认为是一个不合群的人，他倾向于政策而不是百姓，并只向小范围的顾问咨询，尽管一些报道暗示他会在考虑重要决策时参考许多人的意见。

无法与他人合作会使领导者的决策因为冲突和不合脱离正轨，特别是当反对派组成了强大的联盟的时候。读一下下面这个案例，美国弗尼吉亚大学董事会的海伦·德拉格斯（Helen Dragas）想要迫使校长特蕾莎·沙利文（Teresa Sullivan）辞职，看看当时发生了什么。

前沿领导者

海伦·德拉格斯，特蕾莎·沙利文，弗尼吉亚大学

弗尼吉亚大学第一任女性董事会会长和第一任女性校长之间的对决在成千上万人面前竟持续激烈的 18 天。"官邸的变革遇上了基层的叛变，"一位政治学教授在冲突的最高潮时写下这样的推文（twitter）。

当特蕾莎·沙利文在与董事会会长海伦·德拉格斯和副会长迈克的会议上，被告知董事会对她作为校长这两年的工作不满意并且希望她辞职的时候她感到很震惊。她看到一份离职协议书，德拉格斯告诉沙利文说他们掌握了董事会 16 票中的 15 票，所以她的离开是一个无法改变的决定。德拉格斯错的多么离谱！德拉格斯可能认为董事会会支持她要驱逐沙利文的决定，但是她没有预测到来自学生、学院院长、校友、前董事会成员、捐赠者、政治家和沙利文的其他支持者的强烈反应。德拉格斯为辞职处理的方式道歉并且努力寻求对她的决定的支持，但一切都晚了。

两个星期的混乱之后，迈克从副会长职位离职，弗尼吉亚大学的管理者威胁说如果他们不重新处理的话要罢免整个董事会。6 位董事会成员强烈要求沙利文复职，6 票反对，4 个成员投票打算夺权。一个星期之后，德拉格斯宣布，"是时候让弗尼吉亚大家庭都回来了"。沙利文复职的投票全票通过。

假定她拥有董事会的支持，但海伦·德拉格斯却没有建立一个有效的联盟来支持她的决定。她没有像沙利文一样与大学的主要董事会成员建立支持联盟。确实，如果没有那样一个

来自整个大学社区的公开反对,大多数董事会成员可能已经支持她的决定了。管理者需要预测可能遭受到的抵抗,并且要与整个组织的人交谈,确保他们的决策会对整个组织有益。

领导者如果能遵循建立有效联盟的四步骤会更成功。

(1)联盟型领导者要做很多访谈。领导者安排与全组织的人进行非正式谈话来获取信息,对他们面临的挑战和机遇有一个清晰的认识。除了访谈之外,无论何时他们得到一个机遇,领导者都要与人们进行非正式谈话。

(2)联盟型领导者拜访顾客和其他利益相关者。联盟型领导者还征求顾客的观点和数据信息,还有其他潜在的有影响力的利益相关者,比如董事会、政府机构、债权人,或者其他人。简·弗兰克发现,要为加利福尼亚州工伤保险基金会带来改变是她工作中的一大部分内容。当弗兰克接管后,这个机构正卷入财务丑闻,违背伦理道德和一桩刑事案件调查。除了与管理者、员工和董事会成员交谈之外,弗兰克还需要定期与法律的制定人员和修改人员会面,征求他们关于如何改善机构信誉的想法。她知道他们的支持对她想要为组织争取的东西至关重要。

(3)联盟型领导者会制定利益相关者情况的示意图。领导者通常会发现有些人强烈支持他们的目标和计划,有些人坚定地反对他们,还有大部分人在二者之间摇摆。

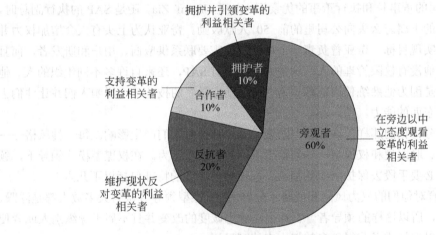

图 12.1　利益相关者立场示意

正如图 12.1 所展示的关于某个重要变化的利益相关者的立场。10%的人是典型的拥护者,这些组织内部和外部的利益相关者是坚决的支持者,在变革中可以起带头作用。另外 10%可以说是合作者,他们支持并鼓励变革,但是不会积极领导变革。20%是典型的强烈反对变革的人。这些反抗者甚至可能扰乱和破坏他人为变革做出的努力。剩下的 60%被归为旁观者,因为他们对提出的想法和改变都是持中立态度。

(4)联盟型领导者能打破障碍,推进跨部门合作。联盟型领导中最后的关键一步是不断地克服阻碍,推进不同的部门,分工和层级之间的合作。举个例子,在科林·鲍威尔(Colin Powell)还是美国参谋长联席会议的主席时,他定时就会把陆军、空军、海军和海军陆战队的领军人物聚到一起,好让他们相互了解对方的观点。

12.1.4 权谋型领导

尼科洛·马基雅弗利（Niccolo Machiavelli）是一位意大利哲学家、历史学家和政治策略家，他在 1513 年写了一本为当时的政治领导者作为怎么去争取和使用权力的指导书——《君主论》。术语"权谋"（Machiavellian）经常与不择手段甚至是那些意在增加自己的权力为了个人所得的恶魔般的行为相联系，但是在现实中，马基雅弗利在《君主论》中的本质争论是国家的福利必须是第一位而且更是最重要的，这也是领导者必须注重的，即使是本着不择手段的精神的残忍事情。用别的话说，权力是用来保障组织安全和稳定的工具。尽管在强调亲和性和合作性的今天，许多组织的领导者，学者和政客都认可马基雅弗利的观点，在不完美的世界是不可能用"完全干净的手"去领导的。

杰弗里·普费弗（Jeffrey Pfeffer）是斯坦福大学的一位在组织权力和政治领域的教授和专家，认为领导者需要使用"赤膊上阵"策略去获取完成伟大事业所需的影响力。正如"领导者书架"中所进一步解释的，普费弗相信尽管个人成就值得赞赏，权力和政治行为作为影响力的来源经常更胜过绩效，所以领导者更要善于争取和适应这些工具。对于今天的这些相对来说更不具阶级性的企业来说，领导者事实上比之前需要更多的权力去影响人们。当 Streetline Inc 公司的董事长和执行董事的优素福·奇亚（Yusuf Zia）还是 SAP 的执行副总时，他建议并指导他的下属怎么去向公司里的前 50 人献殷勤。奇亚认为上头有人会增加权力并且会得到帮助来实现目标。奇亚曾负责一个项目，他需要联系供应商、用户和研发者，而且需要去影响这些他没有权限管理的人，这些人不仅来自 SAP，还来自许多不同组织的人。他说他之所以成功是因为他熟练使用他称作为"组织动态学"的技巧——影响人们并让他们去做完需要完成的东西的能力。

正如前面部分讨论的那样，许多类型的领导方式都会对人们产生影响。每一种风格——变革型、魅力型、联盟型和权谋型——依赖于不同的假设和行为。在权谋型模式领导下，领导者愿意用任何必要手段去保护组织的福利。权谋型领导者的特征包括以下几点。

（1）他们一直对他们的权力风险和威胁十分警惕。权谋型领导者认为大多数人都是浮躁、贪婪而且虚伪的，所以这样的领导者一直都很注意忠诚度的改变并且不屑于操纵别人或者使别人之间相对立以保持或者获得更多的权力来达到目标。

（2）他们不担心被惧怕。马基雅弗利警告说当遇到困难时期需要强硬的行动时，努力想要成为最受欢迎的领导者往往会弄巧成拙。由于太过慷慨仁慈，领导者最终会让这种混乱破坏组织。

> **新领导行动备忘**
> 你有权谋型领导者的特征吗？完成 12.2 领导者自查问卷来看看你有没有。

（3）必要的时候他们会使用骗术。权谋型领导者对于使用欺骗的行为或利用权力以维持或确保组织的安全完全没有问题。

（4）他们用奖励和惩罚来塑造行为。权谋型领导者不介意利用人们的欲望和恐惧来使他们遵守规则并且做对组织整体有利的事情。

领导者书架

《权力：为什么有些人拥有而其他人没有》

杰弗里·普费弗

管理者可能被授予权威的位置，但是真正的权力并不会就这样落入一个人的手中。它需要有抱负、决意、精力，还有极具成为一个成功而有效率的领导者所需之能力的技巧，杰弗里·普费弗在《权力：为什么有些人拥有而其他人没有》中说道。认为做好一份工作就能给你权力？再想想。就像普费弗说的，欢迎来到真实的世界——不一定是我们想要的，但是这个世界就这么存在着。

真实世界中的权力

为了积聚权力，你需要被注意到。这里有几条普费弗关于这样做的小建议。

- **当老板的配角**。普费弗建议要经常去问那些有权力的人，例如，你的工作中哪方面是他们认为最关键的，还有你应该如何去做。这是一种能让你的老板还有其他有权力的人对他们自己感觉良好的手段。"最可靠的保持你的地位还有建立权力基础的方法是帮助那些有更多权力的人加强他们良好的自我感觉。"在普费弗眼中，奉承真的可以带你到任何地方。
- **精通沟通的艺术**。试着去建立一个在公司中不同部门或者公司和其他重要的公司之间的联系好让你成为沟通的中心。和那些你能够帮助同时他也能在信息和资源上帮助你的人建立关系。玩政治游戏是获取权力和解决问题的必要手段。
- **要强势且谨慎**。那些强势且自信的人赢得了权力，而那些看上去犹豫不定者却与权力渐行渐远。例如，在会议上打断他人的说话也是自信的一种表现。普费弗说英特尔的安迪·格鲁夫（Andy Grove）曾坚持认为他那些杰出但犹豫迟疑的管理者们在参加 Wolf School 之后学会了靠近老板并大声说出自己的主意或者建议。
- **明智地打破一些规则**。"蔑视规则和违反规则的实践真的能创造权力，只要罪魁祸首能逃脱这种行为的惩罚，"普费弗如是说。规则支持那些制定规则的人——那些已经拥有权力的人，而且他们也不会总是给想要得到权力的人好处。

这是一种正确的领导者行为吗？ 普费弗的书因为没有承认对获得权力以及权力本身过多的关注会导致腐败而受到了批评。但正如普费弗指出的，没有权力，领导者和组织是不会成功的。此外，普费弗引用了一些表明有权力的人更有钱，有更多的朋友，生活质量更高甚至更健康长寿的研究。他认为自己的书可以作为如何得到和守住权力的指导手册。

资料来源：Jeffery Pfeffer. Power: Why Some People Have It and Others Don't. HarperCollins.

领导者自查 12.2

你善于权谋吗？

说明： 领导者在看待人类天性和他们如何通过他人完成事情的策略上的观点有所不同。基于你如何看待别人来回答以下的问题。仔细思考每一个问题而且要诚实面对自己的内心想法。请回答下面的每一项对你而言是基本符合还是基本不符。

		基本符合	基本不符
1. 总的来说，卑微但诚实比成功但不诚实要好。		_____	_____
2. 如果你完全相信某个人，就是在自找麻烦。		_____	_____
3. 一个领导者应该只在道德上是正确的时候采取行动。		_____	_____
4. 告诉别人喜欢听的内容是操控别人的好方法。		_____	_____
5. 没有理由对一个人说善意的谎言。		_____	_____
6. 奉承重要人士是说得通的。		_____	_____
7. 大多数成功的领导者都有非常道德的生活。		_____	_____
8. 不告诉人们你做有些事的真正原因是更好的选择，除非说出来对你有好处。		_____	_____
9. 绝大多数人都是勇敢、善良和友好的。		_____	_____
10. 有些时候不走捷径很难达到顶端。		_____	_____

得分和解释

为了计算你的权谋得分，将第1、3、5、7题和第9题中选择基本不符的答案记1分，第2、4、6、8题和第10题选择基本符合的答案记1分。这些题目来自意大利政治哲学家尼科洛·马基雅弗利的作品，他在1513年写的《君主论》一书中描写了一个君主如何获得权力来保护和控制他的王国。得分在8~10是一个权谋家高分。4~7分是一个中等的分数，而0~3分则是一个低分。成功的阴谋操纵在马基雅弗利的时代被认为是必须的行为，而在今天这可能被认为是玩弄权术。高分数不意味着你是阴险恶毒的人，但可能意味着你是一个冷酷的把自己分离开的人，把生活看作游戏，而且是一个不亲自参与的人。和其他同学讨论你的结果，另外讨论一下当地的政治家或者联邦政府官员，或者公司的高管，例如，第六章谈到的贝尔·斯登，他们可能会得一个高分或者是低分。

资料来源：R.Christie and F.L.Geis. *Studies in Machiavellianism*. New York: Academic Press, 1970.

和联盟型领导者一样，权谋型领导者也高度政治化，然而联盟型领导者注重与他人合作，典型的权谋型领导者关注获取和使用个人的权力。他们会努力获得对信息和资源诸如工作、报酬、经济援助和材料的控制好让人们为了他们需要的去依赖他们，这增加了他们的权力，但他们那么做是因为他们相信组织只有在它有强有力的领导者的时候才会安全。每个组织都有困难的时候，即便是不留情面的领导也有存在的必要。接下来的例子描述了一个女人用权谋家风格的领导方式挽救了她的家庭。

前沿领导者

埃文斯一家

苏珊娜·埃文斯（Suzanne Evans）刚刚结婚，完成了历史学博士论文还照料着4个不满8岁的孩子。这完全是一团混乱，但是像很多处理混合家庭的母亲一样，埃文斯曾经尝试着对孩子们仁慈和慷慨。"但当我读了《君主论》之后"她说，"我意识到我给予他们越多，他们就会变得期望更多而感激更少。"

埃文斯认为强硬的权谋风格的方法可能会控制住这些可能导致她的家庭分崩离析的混乱局面。以下是她基于在《君主论》这本书中读到的格言所采取的行动。

- 不再过于慷慨：在之前的购物之旅中，如果她不给孩子们买他们想要的任何东西，他们就会大发脾气。下次他们去目的地的时候，她给了他们每个人10美元然后告诉他们可以随便怎么花，但他们一共只有这些钱所以做决定的时候要明智。
- 分而治之：为了让她的儿子丹尼尔在学校表现得更好，埃文斯让他和她的女儿特迪展开了一场不太友好的比赛。当特迪带着一张近乎完美的成绩单回家的时候，她得到了去最喜欢的餐厅吃庆祝晚餐的奖励。而成绩不好的丹尼尔除了得到他输给了他的妹妹的提醒之外别的什么也没有。
- 运用惩罚：让孩子遵守一定的规矩对于保证孩子安全很重要，尤其针对有特殊需求的孩子更为重要。当5岁的患有唐氏症的凯蒂总是尝试在无人照看的情况下去外面时，埃文斯采取了行动。埃文斯把凯蒂直接带到她的房间宣布说只要她犯规，她就要待在房间半个小时。并且强调只有她一个人要待够足够的时间才可以出去。
- 要有决断：埃文斯极度需要休息，并且她和她的丈夫需要一些单独相处的时间。为了防止不让孩子跟着而引起的抱怨和哭声，埃文斯告诉他们"我和你们的爸爸将要在周末的时候出差，而且我对此一点也不觉得愧疚"。

这个策略起作用了。购物之旅变得更顺利了，而且孩子们学会认识到金钱的价值。到了学年年末，丹尼尔和特迪都带着优秀的成绩单回家。这强硬的方法阻止了凯蒂尝试离家出走而且保证了她的安全。而且埃文斯和她的丈夫在孩子们去拜访他们祖父母的时候度过了一个美好的周末。"当我回到家，我休息的很好而且很放松，而且有一个开心的，轻松的母亲对孩子来说有好处，"埃文斯说。

虽然权谋型领导似乎是获取和使用权力最具动机的方式，所有人依靠权力的使用来影响别人和解决事情。在接下来的单元中，我们实验了不同种类的权力和领导者们如何通过影响策略来运用权力。

12.2 硬权力 VS.软权力

权力的一般定义是指一个人去影响别人执行命令或者做一些他们做不到的事的潜在能力。另外一些定义强调权力是权力拥有者达到其预期目标或结果的能力。"简单来说，权力

权力
　　一个人通过影响他人从而达到预期目标的潜能。

是让事情按你的方式来处理的能力。"这里权力的定义是以预期结果的达成为基础的。权力是在组织内部一个人影响他人以期带来自己想要的结果的潜在能力。权力是影响组织中其他人的潜能，其目的在于达到权力持有者理想的结果。

　　权力可以分为硬权力和软权力。硬权力是大部分来自于一个人的权威地位的一种权力。这是一种能让管理者用奖惩去影响下级的权力，是一种允许管理者发号施令并让其被服从的权力，也是一种能压制首席执行官不考虑他人想法独断的决策的权力。这是权谋型领导者得到权力的典型的方式。变革型、魅力型和联合型领导者也使用硬权力，但是他们更多的是依赖以个人性格特点和人际关系为基础的软权力。类似地，权谋型领导者有时也用软权力。

　　权力通过政治和影响的进程而实现。影响指的是一个人的行动在别人的态度、价值观念、信仰及行为上所产生的效果。权力是能让人产生改变的能力，而影响被认为是实际产生改变的程度。比如说，当你还是个孩子的时候，你可能有这样的经历，你会玩一个你并不想玩的游戏，只是因为团队中有一个人能影响别人去做他或她想做的事情。你可能受人生中某个重要的人影响而换过你的大学专业，或者基于政治或者宗教的领导者的影响改变对一些社会问题的看法。

12.2.1　权力的特定类型

　　大多数的关于权力的讨论包括了五种领导者可以使用的权力行使。图12.2阐述了领导者权力的五种类型，可以被归类为硬权力和软权力。硬权力大部分由组织策略和程序来定义，包括合法的、奖赏的、强制的权力。但是，职位权力和领导能力是不同的。正如我们在第一章讨论过的，一个人可能拥有一个正式的权威地位但还不是一个领导者。

　　有影响力的领导者不仅仅是依赖他们正式职位带来的硬权力去影响别人。软权力包括专家权力和参照权力。当今世界，软权力越发成为领导者的工具。想想通用电气（General Electric）的首席执行官杰弗里·伊梅尔特（Jeffery Immelt），他认为如果自己一年内运用正式权威的次数超过七八次，那么他就失败了。其他时候，伊梅尔特使用更柔性的方式去说服影响他人并化解冲突的想法和观点。甚至美国军方也在讨论建立关系而并非使用暴力的重要性。例如，前国防部长罗伯特·盖茨（Robert Gates）说，在国外获取民心的斗争中，美国应该扮演一个善于倾听的角色而不只是擅长踢倒门，军队新的稳定操作的战地手册公开提到了软权力的重要性。领导了反抗塞尔维亚总统斯洛博丹·米洛舍维奇（Slobodan Milosevic）任务的前北约最高指挥官韦斯利·克拉克（Wesley Clark）建议说，对商业和国家领导人来说，第一选择应该是建立共同利益体，而不是使用威胁恐吓以及原始的权力。

影响
　　一个人的行动在别人的态度、价值观念、信仰及行为上所产生的效果。

合法权力
　　由正式职位所授予的权威。

　　图12.2中阐述的领导者权力五种类型都会在接下来的段落中详细解说。

　　合法权力是由组织中的正式职位所授予的权威。比如说，一旦某人被选中当一个管理者，大多数员工会同意他们有义务并且怀有敬意地跟随他或她对工作活动的方向。某些特定的权力、责任和特权都会属于任何一个有正式领导职位的人。追随者们接受领导者们制定目标、做出决策和指挥活动的合法权力。

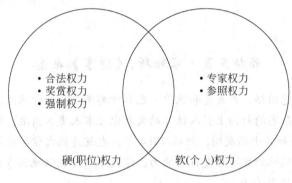

图 12.2　领导者权力的 5 种类型

奖励权力：这种权力是有权授予其他人奖励的权力。举个例子，任命的领导者会有一些正式的奖励，如加薪或升迁。此外，最高领导者会向下属分配大量的资源奖励。领导者们控制着资源和他们的分配方法。低层的追随者如何进行工作，取决于领导者分配的经济和物质的资源。领导者可以用分配奖励的权力来影响部下的工作行为。

强制权力：奖励权的反向就是强制权力。这是惩罚或申请惩罚的权力。主管在适当条件下有这种强制的权力去开除、降职、批评下属或降低他们的薪水。举个例子，如果一个销售人员没有达到要求中的表现，他的主管有权去批评训斥他或者在他的档案中使用消极的词语，甚至取消他加薪的机会。强制权力是奖赏权力和合法权力的负面表现。

专家权力：这种权力来自于领导者在部下执行的任务中表现出的专业知识和技能。当这个领导者是一个真正的专家，那么他的部下由于他先进的知识而遵从他的工作建议。据一位学者的研究，具有较高专家权力的领导者比没有专业性的人对他们的部下有更多的影响力。高层次的领导者经常在产品生产中获得经验，从而增加他们的影响力。然而最高层的领导者可能会缺乏这种专家权力，因

> **新领导行动备忘**
>
> 作为一个领导者，你可以通过处理好同事关系和获取高级的知识敬仰来提升你的个人影响力。你可以运用这个影响力来取得他人的信任去完成目标。适当的时候使用职位权力，但不要过度。

> **奖赏权力**
>
> 对其他人的奖赏的权力。
>
> **强制权力**
>
> 惩罚或申请惩罚的权力。
>
> **专家权力**
>
> 来自领导者专业知识或技能的权力。

第 12 章　权力与影响力　331

为他们的部下具有更多的技术知识的细节。在专业知识密集的组织里，人们可以用专业知识来影响或者移除限制领导者的决定或者移除限制。

参照权力：这种权力来自领导者的个人品格，能使追随者认可、尊重和羡慕，并希望努力赶上他们的领导者。当工人因为主管的为人处事的方法而尊敬他们的主管时，这种影响力就来自于参照权力。参照权力来自于领导者的个人品格而不是他们的头衔或者职位，也是领导力显而易见的一个方面。让我们来看看帕特里夏·塞勒斯的例子（Patricia (Pattie) Sellers），她具有强壮的头脑和体格，隐藏在《财富》杂志（Fortune Magazine）列举的50位最有影响力的女性领导者中。

> **参照权力**
> 建立在个人品格特征的权力，能够获得追随者的关注、尊敬和羡慕，让他们希望跟上领导者。

前沿领导者

帕特里夏·塞勒斯，《财富》杂志

她与谢丽尔·桑德伯格、卢英德和沃伦·巴菲特都很熟悉。你从来没听说过她？可能那是因为她的《财富》杂志的封面上引人注目的文章比她本人更加出名。帕特里夏·塞勒斯以笔名帕蒂（Pattie）而知名于朋友间。她从1984年，也就是她大学毕业两年后加入《财富》杂志。从那以后她就从她的故事里发挥影响力。这几年来，她以她的专业性、朋友关系和个人风格一直在发扬她的影响力。

她的前任编辑苏·卡拉威（Sue Callaway）说："她只是不顾形象的搜寻她的完美故事。"塞勒斯在1998年提出了给最有影响力的女人排行的想法，并且告诉了高层领导者，以她的热情和信誉给这些女人排行，这竖立了她的新闻行业的地位。一年之后，她有了一个强烈的想法，即联系女性并且给她们讨论商业问题的机会，而这个想法引领她开始年度会议。

在早期职业生涯中她十分腼腆，而现在却用她的个人魅力轻松的影响着这个年度会议，就好像与会者都是她的老朋友一样（时至今日，很多人的确是她的老朋友）。沃伦·巴菲特说"我生活中太多的琐事，但是现在我要在日历上为这个会议排好时间"。在2011年的会议上，巴菲特曾耐心的等待摄像师来给他和塞勒斯合影。很多人都想放下手中所有事来和她合影，她的一部分魅力正来源于此，她对待每一个人都是友好的态度。当她和客人们忙的时候，即使是"奥马哈先知（Oracle of Omaha, 巴菲特的昵称）"也需要像其他人一样等待，不过他不介意。他说："她做到了别人从未做过的事：把这些女人聚在一起，并让她们感觉不错。"

前面描述的魅力型领导，紧密的基于领导者和追随者之间的关系，同时依赖于参照权力或专家权力。然而，所有优秀的领导者都同时使用这几种权力而不是仅行使他们的职位权力。

思考一下！

涟漪效应

你想成为一个积极的十分有影响力的人吗？首先，让你的生活井井有条。围绕这一个简单的原则来做事，你的行动将会十分高效。如果你做到了，你会赢得他人的尊重和变成一个有影响力的人。

你的行为会产生涟漪效应并影响到他人。这是因为每一个人都会影响身边其他的人。有魅力的人将会产生巨大的影响。

如果你的生活变得有序，你将影响到家人。

如果你的家人变得有序，他们将影响到社区。

如果你的社区变得有序，他们将影响到民族。

如果民族变得有序，他们将影响到世界。

如果世界变得有序，涟漪效应将会扩散到整个宇宙。

资料来源：John Heider. *The Tao of Leadership: Leadership Strategies for a New Age* New York: Bantam Books, 1985, p. 107. Copyright 1985 Humanic Ltd., Atlanta, GA. Used with permission.

12.2.2 追随者对权力使用的反馈

领导者使用多种影响力去影响其他人做事，这是完成组织目标的必要方式。任何试图施加影响的努力能否成功，都是一个度的问题。权力的使用会带来3种不同结果：遵从、抵抗和认可，如图12.3所示。

> **遵从**
> 听从有权力的领导者的决定，不管他们对这个决定是否有异议。

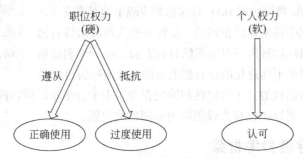

图 12.3　追随者对权力使用的反馈

这个参考图标告诉了我们参照权力更加深远的影响。

当人们成功地使用了硬权力（合法权力、奖赏权力、强制权力），追随者的反应是遵从。遵从意味着人们会听从领导者的决定，不管他们是否认同这些决定。他们会听从命令并坚持下去，即使他们可能并不喜欢这样。问题是很多时候追随者工作只是为了满足领导者却没有发挥自己全部的潜能。回到我们之前对领导力的定义。这些人不会积极的抵抗或者破坏领导者的努力，但是他们看起来不会全身心地参与到工作中。然而，如果对硬权力的使用，尤其是当强制权力的使用使人们觉得超过了合法范围的时候，人们会积极地抵抗这些影响。抵抗意味着雇员们会故意地违反规定或者反对领导者的命令。因此，仅仅依赖于职位的领导者的效力将会十分有限。

> 影响力有两种：一种是来自他人对惩罚的恐惧；另一种是出于爱。出于爱的影响力有着比另外一种高数千倍的效力。
> ——圣雄·甘地
> （Mahatma Gandhi）

追随者对软权力、个人魅力、人际关系上影响的反应经常是认可。人们变成同伴和建设者而不是抵抗者。认可意味着追随者认可领导者的观点并热情的遵循指导。无可争议的是，认可是比遵从和抵抗更好的反应。尽管遵从的反应就能够满足日常工作，但在领导者执行变革时认可就显得尤其重要。变革带来风险和不确定性，追随者的认可会克服恐惧和抵触。成功的领导者会同时使用硬权力和软权力去影响其他人。

> **抵抗**
> 这是一种来自违反命令的或者故意不按指导工作的行为。
>
> **认可**
> 认可领导者的观点并积极的听从指挥。
>
> **政治**
> 当选择存在不确定性和分歧时，通过获取、发展及运用权力和其他资源去达成目标的各项活动。

12.3 政治活动中日益增长的影响力

权力的获取和利用在很大程度上是一个政治活动。政治是指当选择存在不确定性和分歧时，通过获取、发展及运用权力和其他资源去达成目标的各项活动。优秀的政治领袖们努力去读懂他人的观点、需求、愿望和目标，然后用他们的理解来影响人们去帮助领袖完成他的组织目标。

举例来说，大多数组织的领导者进行一定程度的政治活动，旨在影响政府政策和决策的选择，因为对公司和非营利性组织来说，政府的选择代表了不确定性的关键来源。例如，BAE Systems 公司的领导者与十多位该公司供应商共同展开游说活动，意图来改变五角大厦的决定，因该决定将减少对 BAE 布拉德利线战车的军事支出。

很多个人在组织中也从事政治活动。尽管有些人对政治抱着消极的态度，但适当的政治行为将对组织的目标有益。在一个利益集体中，政治是一个解决不同意见的很自然的方法。政治行为可以是积极的力量也可以是消极的。不确定性和冲突在组织中十分平常，所以政治是一种机制，可以处理那些不能纯粹通过职位权力或强制力量解决的问题。

> **新领导行动备忘**
> 使用结构、人力资源、政治和象征性框架中的每一个影响因素去提高你的领导效果。完成在领导者自查 12.3 的题目去了解占优势的框架。

12.3.1 领导者参考框架

在领导活动中，正确运用权力和政治策略完成工作是重要的一面。在开展政治战略前，让我们探讨一下领导者参考框架，之后再讨论政治方法如何与其他的领导哲学相结合。

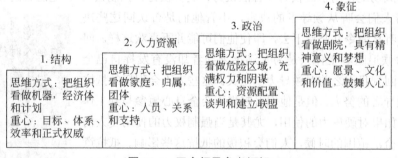

图 12.4　四个领导参考框架

资料来源：Lee G. Bolman and Terrence E. Deal. *Reframing Organizations* (San Francisco: Jossey-Bass, 1991); and L. G. Bolman and T. T. Deal. Leadership and Management Effectiveness: A Multi-Frame, Multi-Sector Analysis. *Human Resource Management* 30, no. 4 (Winter 1991), pp. 509-534. Thanks to Roy Williams for suggesting the stair sequence.

框架 来自于领导观察这个世界的观点，并且它影响着领导者决策和行使权力的方式，以及与追随者之间的互动方式。图12.4表明了参考框架的4个部分：结构、人力资源、政治和象征。领导者经常以一个结构性框架观点开始，当他们架构的足够成熟，他们领导力的发展上攀到更高时会采用其他框架结构。

结构性的框架 在结构参考框架中，组织就像是一台机器。领导者要为获得机器般的高效率、评价确凿数据以及分析决策而努力。结构框架的重心是计划、设定目标和明确期望，目的是保证组织的正常秩序、高效率和稳定性。领导者凭借权威和职位权力去影响他人，他们强调厘清工作描述、规则和程序以及管理体系。这一框架将组织视为理性系统并致力于明确方向和对结果的控制。

人力资源框架 在人力资源框架中，人是组织中最有价值的资源，这个框架明确困难和问题发生在人与人的交往期间，并且寻找一种方式调整组织去适应人员所需。领导者并不单一的依赖于地位权力去发挥自己的影响力，而是集中在人际关系上，用被授予的权力和承诺去领导。领导者用人力资源的观点使被领导者追随，并且给予他们个人和专业道路发展上的机会，这是种家庭的感觉和归属感，把组织看作是一个团体。

政治框架 政治框架把组织视为有不间断冲突矛盾或因为资源稀缺而过度紧张的竞技场。领导者花费时间在交流和组建联盟上，从而影响决策和行为。正如本章前文所讨论的联盟型领导风格，领导者利用政治框架努力建立权力基础，他们行使职位权力和个人权力来实现想要的结果。政治框架的思维方式就是认为组织就是危险地域，权力和政治在组织生活中被认为是自然而有益的 部分。

象征框架 为了满足领导力的潜在需求，领导者们也会发展第四种参考框架：象征框架。在该框架中，领导者把组织看作分享意义和价值的系统。比只依赖于常规权力或使用政治策略要更好的是，领导者集中精力于分享前景、文化和价值去影响他人，优势之处是把组织看作剧院，领导关心点在于精神和意义，为了组织的利益和组织内的人们，他们致力于满足追随者的愿望和情绪。

四种框架中的每一种为了优化领导效力都提供了极大的可能性，但是单独的每一个框架又是不完整的。许多新的领导者还没有发展出成熟的政治框架。领导者们首先会理解他们的自然框架，意识到这种框架的局限，之后会学会使用多样化的框架使之完整以达成他们潜在完整的领导力。

框架
框架是领导者观察世界的视角，它影响着领导者决策和行使权力的方式，以及与追随者之间的互动方式。

结构性的框架
结构框架的重心是计划、设定目标和明确期望，目的是保证组织的正常秩序、高效率和稳定性。

人力资源框架
在人力资源框架中，人是组织中最有价值的资源，这个框架明确困难和问题发生在人与人交往期间，并且寻找一种方式调整组织去适应人员所需。

政治框架
政治框架把组织视为有不间断冲突矛盾或因为资源稀缺而过度紧张的竞技场。领导者花费时间在交流和组建联盟上去影响决策和行为。

象征框架
领导把组织看作分享意义和价值的系统，领导集中精力于分享前景、文化和价值去影响他人。

领导者自查 12.3

你的领导方向

说明：这个问卷要求你描述作为领导者的你自己。对于以下的每一项，对形容你最贴切的短语给出分数"4"，稍差的一项给"3"分，对于形容你最不贴切的那项给"1"分。

1. 我最强的技能是
   _____ a 分析技能
   _____ b 人际交往技能
   _____ c 政治技能
   _____ d 表演天赋

2. 形容我最贴切的是
   _____ a 技术专家
   _____ b 好的聆听者
   _____ c 技术高超的谈判者
   _____ d 鼓舞人心的领导者

3. 对我的成功帮助最大的能力是
   _____ a 做好的决策
   _____ b 指导和训练人员
   _____ c 建立强大的联盟和权力基础
   _____ d 鼓舞和激励他人

4. 人们最有可能注意到我
   _____ a 注重细节
   _____ b 关心他人
   _____ c 成功应对矛盾和冲突的能力
   _____ d 很有魅力

5. 我最重要的领导力是
   _____ a 合理清晰的见解
   _____ b 对他人的关心和支持
   _____ c 性格强韧和进取精神
   _____ d 想象力和创造力

6. 对我最好的形容为
   _____ a 分析家
   _____ b 人道主义者
   _____ c 政治家
   _____ d 有远见卓识的人

积分与解释

按照如下方式来计算分数

结构性=1a+2a+3a+4a+5a+6a=

人力资源=1b+2b+3b+4b+5b+6b=

政治=1c+2c+3c+4c+5c+6c=

象征=1d+2d+3d+4d+5d+6d=

你的答案显示了你在四种独特领导方向或参考架构中的倾向，你的得分越高，你的偏向程度越大，而一个低的分数可能意味一个盲点，"结构性"意味着把组织视为一个有着高效率到达成功的机器，"人力资源"意味着从根本是把组织看作一群人，为了成功，领导者要善待这个家庭。"政治"意味着把组织看作争夺资源的比赛场，为了成功，领导者要建立联盟。"象征"是把组织视为具有共享意义和价值并且借由塑造文化来取得成功的系统。

你认为政治因素在组织中是积极还是消极的？大多数新的领导者，首先是通过运用结构性和人力资源这二者之一，或二者皆用，才最终获得成功。但新的领导者在政治方面总是有盲点。随着管理者向更高的等级晋升，他们学会变得更加政治化否则就会错失良机，无法做出重要决定。象征框架通常会在领导者的发展后期，比较你和其他学生的得分并且看看哪一种方向数量最多。

资料来源：Reframing Organizations: Artistry, Choice and Leadership, 5e, Bolman. Copyright © 2013 Lee. G. Bolman. Reproduced with permission of John Wiley & Sons, Inc.

12.3.2 维护领导者影响力的策略

> **新领导行动备忘**
>
> 作为领导者，当选择存在不确定性和分歧时，你可以使用政治活动来达成重要的组织目标。你可以通过自愿接受有难度的项目和自愿为委员会工作与有权力的人建立联系。

一个领导者的能力如果不是应用在影响他人去实施那些既需要技巧又需要自愿的决策，改变的促进和完成目标的话是没有用处的。不是所有在使用能力上的努力都能得到实际影响的结果。一些权力的行使会遭到追随者拒绝，尤其在他们为个人着想的时候。领导者为了使用他们的权力，不得不通过考虑个人的、集体的和环境的因素，决定出的最好的最有可能去影响他人的方法。除此之外，他们要理解那些能导致人们改变他们的行为与态度的基本原则。

领导者经常会把各种影响策略结合起来运用，而那些被认为拥有更大权力和影响力的人总是会采用多种策略。有一项针对几百位领导者的调查显示，领导者可采用超过 4 000 种不同的方法去影响他人完成领导者想要完成的事。然而，领导者使用的无数种成功的影响策略可分为几个基本类型的影响力行动。图 12.5 中列出了 6 种维护领导者影响力的原则，请注意这些原则比起单一依赖于强硬的地位权力或奖惩行为，大多数都是使用温情且更个人的力量。

（1）寻求一个美好的前景或更伟大的目标。去吸引人们有新的行为或作出重大改变的有效方法就是用强调美好的远景或更伟大目标的方法去提出要求。给人们一个"解释"能够让他们看到做你所要求的事物是值得的。例如，马特·范·弗兰肯（Matt Van Vranken），美国 Spectrum Health Systems 公司总裁，如何让公司一万名承受重压的健康中心人员超越自己的基本工作，为患者提供更贴心的服务？他的做法就是将员工行为与其对患者的意义紧密联系。

他影响他人去做正确决定所使用的关键方法就是把他们所做的事情与病人个人的福利联系起来。弗兰肯经常带着他的雇员们去倾听病人谈论他们的经历，以及某个工作人员的行为影响了他们的健康和幸福。

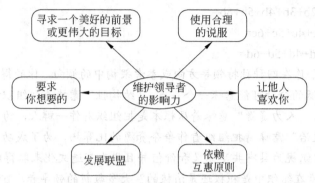

图 12.5　维护领导者影响力的 6 大原则

（2）使用合理的说服。最常用的影响策略可能就是合理的说服，这意味着运用事实、数据和合理的论据去说服其他人接受已提出的想法或请求，这是完成任务或达成期望目标的最好方法。无论是面向上级或下级还是平级，这个方法都十分有效，因为大多数人都是信任事实和分析。尽管命令也可以起到作用，当领导者具有专业的知识或相关联的专家意见（权威效应）时，合理说服最为有效。很多时候，一个合理论据的某些部分找不到事实和数据支持，这时人们就不得不信任领导的可靠性而去接受他或她的观点。

（3）让他人喜欢你。我们都知道对一个你喜欢的人说同意比对你不喜欢的人要更容易。在一本关于影响力的书中，作者描述了在沙特阿拉伯工作的一个美国人的故事。这个美国人发现，要从政府部门获得信息或者求他们办什么事，最好是装作刚好经过，一起喝茶或与人闲聊一会时可以很容易把事情办成。在沙特阿拉伯的文化价值中个人关系非常重要，但事实上来自各种不同文化的人都会对友善和关心作出反应。当领导者对他人的渴望和需要给予倾听、表示关心，找到共同之处，表示尊敬并且公平待人时，人们更可能会通过做他或她要求的事去帮助和支持领导者。除此之外大部分人会喜欢一个让他们感到自我感觉良好的领导者，因此领导者不能低估赞美的重要性。

（4）依赖互惠原则。把权力转换为影响力的主要方法就是分享你拥有的东西，无论是时间、资源还是情感支持。有大量的研究表明大多数人认为做事去回报那些对他好的人是一种义务。这也是为什么像诺斯罗普·格鲁曼公司（Northrup Grumman）、卡夫食品（Kraft Foods）和辉瑞公司（Pfizer）这样的组织要像参、众议院议员最爱的慈善机构捐款的原因。领导者会去努力博得那些作出的决定可以明显影响他们生意的立法者的好感。这种"不成文的互惠原则"意味着帮助过他人的领导者可以期望他人的帮助作为回报。领导者首先要以身作则，向他人示范"合作与分享"，从而引导他人去效仿这种行为。有些研究人员认为，交换的概念——用有价值的东西交换你想要的东西——是其他影响策略的基础。例如，"合理说服"这一策略之所以有效是因为其他人看到了依照计划行事的益处，"让他人喜欢你"这一策略能够成功是因为其他人也得到了回报——他们得到了欣赏和关注。

（5）发展联盟。在发展网络式时互惠原则也发挥着作用。领导者可以通过花时间与追随者聊天去影响他人，其他一些领导者会在非正式的会面中去了解他人的需要和关心的事，同时向他们解释存在的问题，并表达自己的观点，从而影响他人。领导者与他人交换意见，最终在提议的决策、变革或战略上达成一致。领导者可以通过与更多的人接触和建立联系，从而扩大自己的盟友网络。一些领导者通过雇佣、转移、提拔等方式扩大人脉网。例如，迈克尔·科尔巴（Michael Corbat），花旗银行（Citigroup）的新 CEO，让前 CEO 的一部分顶级同盟辞职，并且减少了其他同盟的责任，从而把自己信任的顾问置于关键职位上。找出对自己期待的结果持赞同态度的人并且把他们放在关键的职位上可以帮助领导者实现自己的目标。

一项研究发现政治上的技巧，尤其是人脉网络建构，无论是对员工针对领导者的认知还是对工作团队的表现和客观表现，都有积极的影响。塞拉·拜尔（Sheila Bair），美国联邦存款保险公司（Federal Deposit Insurance Corporation, FDIC）的前任主席，就是凭着拉拢他人、与之结盟的方式，让他们支持她在如何修复美国金融体系问题上的意见，扩大自己的声誉和能力。她的努力也扩大了机构的权力。美国联邦存款保险公司获得了相当大的新的权力去统治众多金融机构，包括在金融公司里任命审查员以便监视经理们的活动。

（6）要求你想要的。塞拉·拜尔还采用了另一个技巧来影响人们，那就是对于自己想要什么有清晰的认识，并公开地寻求它。领导者们必须愿意偶尔利用激烈地争论来说服其他人同意自己的观点。甚至连对手都称赞拜尔在恰当的时间表现出魄力来达到自己的目标的技巧。如果领导者们不愿意去寻求和说服，那么他们很少会得到他们想要的结果。只有在领导者的视野、目标和期待的改变都很清晰，组织可以回应时，政治活动才会有效。领导者可以运用他们的勇气变得坚定而自信，说出他们相信的话来说服他人。除此之外，领导者可以运用说服的技巧，例如，倾听、在双方共同之处建立目标和诉诸感情，正如第九章所述，来得到他们想要的东西。权谋型领导者可能甚至会操控人们的感情，就像激活来自同辈的压力，或者在描述一个请求时强调它的潜在损失而不是潜在收益。人们通常会赞同这样的请求，因为人们对于潜在损失的反应比对潜在收益的反应更强，正如第八章描述过的一样。

领导者们可以运用对于这些策略的理解维护自己的影响力，同时使事情成功完成。当领导者们忽视政治策略时，他们会发现自己失败了但却不知道原因。例如，在世界银行（World Bank），保罗·沃尔福威茨（Paul Wolfowitz）试图在没有建立必需的关系来维护影响力的前提下行使自己的权力。

> **新领导行动备忘**
>
> 作为一个领导者，你可以通过运用合理的说服、发展同盟、增加自己的专业知识和可信度来影响他人。要记住，人们响应友谊和关心，并且通常认为自己有义务回报别人的好意。

前沿领导者

保罗·沃尔福威茨，世界银行

前任国防部副部长保罗·沃尔福威茨在布什当局时竞选国防部长或国家安全局顾问失败之后，他跳槽到世界银行出任行长。但是沃尔福威茨刚就职就毁掉了自己在世界银行的职业生涯，因为他败在发展关系和建立联盟。

大多数世界银行的领导者们在沃尔福威茨到来时已经就职很多年了，他们习惯于，正如一位董事会成员所提出的，"互相提升对方的利益和互相帮忙"。沃尔福威茨到来后提出自己的想法、目标和正式的权力，而没有考虑到其他人的利益、想法和目标。他很快就使世界银行领导团队和董事会中的很多人和自己疏远起来，因为在重要问题上他一意孤行，拒绝考虑其他观点。沃尔福威茨直接对银行高级官员发号施令，或本人直接通知，或通过他精心挑选的经理们，但从不试图说服别人接受他的看法。很多官员带着对这位新主席的怀疑辞职了。

最后，董事会要求沃尔福威茨辞职。"保罗不理解世界银行行长这个职务，并理所应当地拥有权力，"一个前任同事说，"只有当一个银行的行长能够在银行的地盘上组成联盟时，他才是成功的。沃尔福威茨没有和他们结盟，反而和他们疏远了。"

当沃尔福威茨意识到他需要运用政治的途径而不是试图强迫他人按自己的日程表行事时，一切都为时已晚。即使领导者权力很大，但在把权力变为影响力时，政治策略比强迫更有效。

12.4 不要滥用权力

哈利·杜鲁门（Harry Truman）曾说过，让人们去做他们不喜欢的事并且产生好感是一种能力。他的话证明了一个问题：领导是运用权力和影响力来完成组织目标的机会，但是权力也会被滥用。当领导者陷入利用权力为自己谋利的诱惑，而不是考虑整体的利益时，人们和组织都会受到伤害。

个人型领导和社会型领导的区别是一件需要考虑的事。他们区别在根本上决定了领导者运用权力的方式。个人型领导者典型的自私、冲动、行使权力只考虑自身利益而不是组织权益。社会型领导者为造福别人的更高目标而服务，并且把组织当成一个整体。个人型领导者以自我扩张、不平等、剥削为特点，但是社会型领导者放权、平等、有支持力。个人化的行为以自己为基础，社会化行为以造福别人为基础。

> **新领导行动备忘**
>
> 作为一个领导者，你应该在行使权力、使用策略时遵循道德要求。你应该通过长期、高效的关系来达到重要目标，使整个组织受益。

另一种备受关注的不道德行使权力的情况是性骚扰。组织中的人们依靠彼此——尤其是领导——得到资源，包括信息、合作，甚至工作。当得到资源意味着提供性利益或容忍恐吓言论时，无论领导者有没有扣留资源，对于处于从属地位的人来说都违背了自己的意愿。例如，被卷入肮脏的性骚扰和虐待丑闻的美国军队。2013年5月，美国国防部发布了一则尴尬而耻辱的报道，详细地描述了普遍出现在军队中的性虐待现象，据估计，2012年每周被强奸的男性和女性大概有500人。虽然其中很多人是被战友强奸，但是也有一些人被军官强奸。例如，一位负责防止性虐待的陆军军官在得克萨斯的胡德堡接受调查，据说他强奸了两个士兵，还强迫另一个人卖淫。另外，统计数据显示军事司法系统纵容了这种行为。指挥官决定撤销控诉或者减少处罚。空军二号的三星将军被陪审团拒绝定罪为性侵犯，其中的一起事件中被告被声称为不可能有罪的，因为他是"一个爱孩子的父亲和爱妻子的丈夫"。

性骚扰和性虐待不仅违反职业道德，还是违法行为，并且明确代表着对权力的滥用。

但是，组织中还存在着其他没有被解决的情况，领导者们可能有时候难以区分对权力和政治的运用是否符合道德。图12.6总结了一些规定道德行为的标准。首先，也是最重要的问题，就是行为是否是被自己的利益所激发的，或者它是否一直符合组织的目标。一家网络公司有一条规矩：如果一个员工的行为是为了自己的利益，而不是为了公司的权益，或者伤害到了别人，那么他就会被开除。一旦一个领导者解决了这个初级问题，就会有更多的问题来辨别一个行为的潜在影响是否合乎职业道德，包括它是否尊重了牵涉其中的个人和组织的权利，是否违背公平原则，以及领导者是否希望其他人做出相同的行为。如果一个领导者诚实地回答出这几个问题，那么我们可以以此当作衡量一个潜在行为是否合乎道德的标准。

在组织的复杂世界中，常有难以解释的情况发生。最重要的就是知晓自己的拥有权力、合理运用权力的责任，要帮助别人而不是伤害别人。领导者们不应该只为自己考虑，而是为建立长期、有效的关系，达到整个组织的目标和利益而着想。

| 行为有没有坚持考虑组织目标，而不是纯粹因个人利益？ | 行为有没有尊重牵扯其中的个人和组织的权利？ | 行为有没有违反公平正义的标准？ | 如果这个行为影响了你，你希望其他人做出相同的行为吗？ |

图12.6　道德行为准则

资料来源：G. G. Cavanaugh, D. J. Mobert, and M. Valasques. The Ethnics of Organizational Politics. *Academy of Management Journal*, (June 1981), pp. 363-374; and Stephen P. Robbins, *Organizational Behavior*, 8th ed. Upper Saddle River, NJ: Prentice Hall, 1998, p.422.

本章小结

- 本章着笔于领导者如何运用权力来影响别人、完成任务。四种有影响力的领导在很大程度上取决于领导者的个人特点，分别是变革型、魅力型、联盟型和权谋型领导。魅力型领导者对人们有感情上的影响。他们创造出一种变革的气氛，描绘出一幅理想化的未来景象，激发信仰和希望，时常承担个人风险来影响属下。变革型领导者也创造出变革的气氛，他们不仅激发下属跟随他们，并且相信愿景。变革型领导者鼓励下属超越自己的私利来考虑整体的利益。联盟型领导者需要建立联盟，联盟里的人可以影响别人去执行领导者的决定，达到领导者的预期目标为了获得更大的影响力，领导者们和别人建立联系，倾听别人的需要和目标，增加和别人的合作。权谋型领导者相信本着保护组织的精神，领导者必须做些艰难的，甚至是无情的事情。他们以个人的能力为重点，而不是和别人结盟。

- 所有的领导者都运用权力和策略来影响人们，达到目标。权力是影响别人来达到预期结果的能力。权力可以被表现为软权力和硬权力。硬权力包括合法的、奖励型的、强制的权力，它和领导者的正式权威地位有联系。软权力包括专业能力和认同感，基于领导者的学识、专业知识和个人特质。不同的方法会引发三种不同的结果：服从、反抗和认可。硬权力和职位权力的有效利用通常导致下属的服从，但是过度使用职位权力——尤其是高压权力——可能导致反抗。通常来说，下属对于个人实力的反应都是承担责任。
- 通过政治活动能获得、提升并行使权力。从政治观点看待组织十分重要，因为领导者需要利用政治策略来达成重要目标。政治观点可以与其他领导者参考框架结合使用。参考框架影响领导者决策和行使权力的方式，以及其与追随者之间的互动方式。领导者参考框架有 4 种，分别是结构框架、人力资源框架、政治框架和象征框架。领导者通常会从结构框架开始，随着领导责任感和洞察力的不断成熟，逐渐发展其他几种参考框架。
- 领导者可以运用一系列影响力策略，但一般应遵循 6 个原则。这 6 个原则分别是：寻求一个美好的前景或更伟大的目标；使用合理的说服他人喜欢你；依赖互惠原则；发展联盟和要求你想要的。对于领导者来说，一个重要的考虑就是如何用道德而负责任的方法行使自己的权力。有道德的领导者运用权力服务组织的目标，尊重个人和组织的权利，并且在与别人的相处中尽力做到公平。

问题讨论

1. 19 世纪末的英国历史学家爱克顿公爵（Lord Acton）说过，"权力滋生腐败；绝对的权力导致绝对的腐败"。这表明一个人的道德感随着权力提高而下降。你同意吗？考虑到这个想法，让领导者试着提高权力是道德的吗？讨论这个问题。

2. 你怎么看待个人运用权谋型领导方式？你认为权谋型领导方式有什么积极的和消极的方面？

3. 你怎么看待变革型领导和交换型领导的区别？变革型和魅力型呢？变革型和魅力型领导有什么相同点吗？

4. 假设你是招聘委员会的一员，正要更换一位大的金融服务公司的 CEO，这个公司刚经历过抵押贷款危机。你觉得对于一个新的领导者，在解决组织问题时什么特质更重要？魅力、变革、联盟，还是权谋型领导？如果是一个小型私立大学呢？讨论这个问题。

5. 4 种组织领导者参考框架你更欣赏哪一种？你认为哪一种对你的领导能力有益？哪一种有害？

6. 近期一个杂志文章指出，刚进入社会的年轻大学毕业生拒绝"玩政治游戏"。为什么会发生这种事？如果政治在完成任务中是重要的，这些人会成为成功的领导吗？讨论这个问题。

7. 你会依靠哪种权力来快速执行一个决策？长期看来哪一种会有持续的效果？

8. 描述一个提高你个人权力的方法。

9. 在 6 个影响力策略中，你认为哪一个更适合用来成为一个学习小组的领导？如果是一个工作团队呢？讨论这个问题。

10. 一位专门研究领导力的学者曾在采访中说道，大部分女性领导者看待权力的方式和男性不同，在行使权力时更加注重合作和关系导向的运用。如果情况果真如此，这其中对女性领导者完成任务的能力的阐述表明了什么？对女性领导者升职的能力的描述又表明了什么？讨论这个问题。

现实中的领导

影响力圈子

你个人会如何影响他人？仔细回想一下，你如何让别人同意你的看法或得到你想要的东西。看看你在团队中、家庭中、工作中怎样影响别人。列出你的影响策略。

_____

_____

_____

本章讨论过的影响力和政治策略中，你通常不会使用哪一种？

_____

_____

_____

在接下来的两天中，你的任务是（1）观察你经常使用的影响策略；（2）尝试一个你不常用的策略。你即将使用的新策略是：

_____

_____

_____

另一个重要概念被称为"影响力圈子"。仔细想想对你有影响的人。这些人就是你的影响力圈子。你可能在工作中有一个影响圈，在家里又有另一个，在生活或工作中还有很多个。写下在工作或者学校中对你有影响的人：

_____

_____

_____

这就是你的影响力圈子。

当你确实想影响某人时，这个人的影响力圈子就很重要。如果某人对你试图向他施加的正常影响没有反应，那么你应该考虑找出他的影响力圈子——那些对他有影响力的人。你可以通过间接影响别人圈子中的人来影响你想要改变的那个人。

挑选出一个人，可以是你工作或者学习中的人，甚至是你的导师，然后找出他的影响圈。列出你认为是他们信任影响力圈子的关键人物：

_____

_____

_____

你如何才能得到人们真正的影响力圈子的更多信息？

_____

_____

你怎样利用自己了解的这个人的影响力圈子去影响他？运用这种方式影响别人的缺点是什么？

_____

_____

课堂练习： 导师可以让学生分为 2~5 人的组，让他们分享自己的影响力圈子。列出工作或学习的影响力圈子之后，学生可以讨论对他们的专业、社会、家庭活动有影响的人。有关这个讨论的关键问题是，学生的影响力圈子的常见主题是什么？什么时候，以及如何让影响圈的想法在应用中影响别人？如果在你努力影响别人时它没有产生作用或者产生事与愿违的结果会怎样？

领导力开发：案例分析

苏亚雷斯效应

帕特·塔利（Pat Talley）带着一丝赞赏的神态站在那里，观察着正在工作的苏亚雷斯。由于犀利、迷人又有个性，苏亚雷斯给别人留下了难以忘怀的印象，她有机会接近 CEO 克里斯·布朗特，接下来她可能会成为一位董事会主要成员的行政助理。

"她太棒了，"肯特·沙因（Kent Schlain）递给塔利鸡尾酒的时候低声对他说，"我喜欢观察她，学点东西。她是办公室政治的教科书。"

"我们又不是政治人物，"塔利带着些敌意回答，"我们在 IT 领域。"

"得了吧，塔利。" 沙因嘲笑说，"别告诉我她没有令你担心。谁都知道她是你坐上首席信息官职位（CIO）的主要竞争者。"

塔利傻笑了一下，抿了一口他的鸡尾酒，讽刺地说，"我很担心。满意了吧？"

远离了沙因恶意的刺激之后，以往很自信的塔利闪过一丝疑虑。"没事的，我很好，我没关系，"他自我安慰道，"我比其他任何人都有更多的专业知识，包括苏亚雷斯。并且，为了完成项目，我不怕不遵守规矩。"

经过公司高管几周的思考、采访和现场视察以及无尽的等待，关于首席信息主管的任命马上就要下达，并要在公司年会上由 CEO 布朗特宣布。尽管曼斯菲尔德公司拥有一个才华横溢的 IT 团队，公司内部人员和行业观察家都认为 CIO 的任命将会在卡梅丽塔·苏亚雷斯和塔利之间产生。

想到这一点，塔利就充满了自信，因为他有在曼斯菲尔德 20 年的优秀的工作记录。由于在技术上很有天分，他成为了设计和实施公司原有 IT 系统团队中的一员，并且这些年以来他在该系统的成长和扩张中担任主要角色。他的特殊的强项在于电子安全和风险管理两个领域。

塔利在最近一次和公司经理和董事会成员的会谈中解释道，技术上的专业知识和能力是成为 CIO 所应具备的条件。"我们的工作和声誉应该是最合适的考虑因素，"他强调，"我的工作不是闲谈拍马屁，我不是在竞选公职，我是在经营 IT 部门。"

这些年来，塔利在工作和友谊方面保持着清晰的界限，实际上，20多年来，他发展的偶然的朋友关系和在工作中建立的友谊关系屈指可数。他很骄傲于自己区分这两个领域的能力，因为这说明他的人际关系和管理决定无关。作为一个公正但严格的领导者，他认为这是他个人声誉的重要部分。他要求完美并且认为对技术缺乏兴趣或者缺少专业技能的人不可宽恕。

塔利很讨厌政治，并且认为办公室政治就是浪费时间。然而，在像这样的公司聚会上，他仍然显得有些倨傲，也正是由于这一点，虽然他对公司很重要，他依然徘徊在公司团队的边缘——没有被排除在外，也没有被纳入内部。这次特殊会议的重要性以及苏亚雷斯在办公室政治方面运转着一个部门，这个事实加重了塔利的不满情绪，让他不得不更具有防御性，异常担心自己的未来。

"办公室政治真能成为决定性因素吗？" 塔利突然怀疑到。苏亚雷斯不仅了解原料，她还做研究，洞悉 IT 行业的最新走向和最新产品。她能控制任何情况，尤其是那些在团队内部或者供应商有关的棘手的问题。塔利悔恨地笑了笑，"真见鬼，我甚至还带她来过这一两次！"

现在，他站在那，观察着房间内的活动，观察到他的竞争对手悠闲地穿梭在人群和各种各样的团体中。"我觉得我好像看到了'幸存者'，对自己非常有自信的那个人会赢吗？还是那个建立起自己同盟的人？" 他摇了摇头，努力甩掉自己头脑中的画面。"太傻了，这又不是电视节目，这是美国公司，我已经建立了自己的声誉，这将一直支持着我。"

当苏亚雷斯递给他一杯新的加水威士忌的时候，他迅速恢复了注意力。她一边微笑着一边指指他的空杯子说："你可以再来一杯了。明天是个重要的日子，我很想过来祝你好运。对公司和 IT 来说，这些天都是很令人兴奋的，不管未来公司沿着哪条路发展，我都很期待和你一起工作。干杯！"

"我也一样。"他回答道。他们一起碰杯。"该死，她真的很棒。" 塔利想到。

问题讨论：

1. 你认为 CEO 应该任命谁为 CIO？为什么？

2. 塔利认为，建立人际关系就是在搞"办公室政治"，这让大家的重心远离了每天的工作，这种想法会对他的工作产生破坏吗？你会给塔利这个不会建立自然的人际关系的人什么建议？

3. 在公司中塔利和苏亚雷斯都使用了什么权力？你认为作为 CIO，哪个人会更有影响力？解释原因。

维特制药公司

阿米莉亚·拉西特（Amelia Lassiter）是一个位于加利福尼亚的大型制药公司——维特制药的 CIO。在这个行业中，在市场上推广一种新药大概需要 5 亿美元投资资金和 10~12 年的时间，像维特这样的公司一直都在想办法提高生产力，加快每项事情的进度。工作 8 个月之后，拉西特向公司总裁詹姆斯·许（James Hsu）建议，公司可以安装一个新的全球性知识共享的应用，这个应用软件有望将研发时间和经费降低一半。关于全球性知识共享系统她已经做过广泛的研究，并且就此问题和全球强大的诺华制药公司的IT主管进行了密切交流，诺华制药是在制药和动物健康保护方面走在最前沿的公司。诺华的IT主管认为，知识共享系统在公司的竞争力方面起着重要作用。

许把这个想法呈给了董事会，董事会所有成员都同意推行这个项目。他要求拉西特调查一些可以帮助维特的IT部门研发并推行与自己现存系统兼容的全球性知识共享应用软件的公司。许解释说，他想要在下个月把这个消息告知董事会做决定。

拉西特发现了三家她相信可以完成这项工作的大公司，她带着总结的内容来到许的办公室，一位年轻娇小、很有魅力的女人，也是许的行政助理，露西·李（Lucy Lee）接待了她。尽管大家都说李和许的关系看上去很正常，但是，公司里没有一个人可以理解为什么李可以在这里工作，除了她长得好看之外。她缺乏才能和经验，与其说她能帮忙，不如说她是一个累赘。她对许非常恭敬但对其他人很傲慢。在公司上下，李经常让人恼怒和感受到恶意，但是毫无疑问，她又是接触到许的唯一途径。李收起拉西特送来的信息，并承诺一定让总裁在两天之内看到。

第二天下午，许让拉西特到他的办公室，问道为什么标准系统公司，当地一家小型咨询公司，没有被考虑在潜在供应商之列。拉西特很惊讶，标准系统公司主要以帮助小公司做会计电算化系统出名。她不知道该公司做过任何与知识共享应用系统有关的业务，更别说是基于全球化了。但在进一步调查这家公司之后，拉西特发现标准系统公司的所有者是露西·李的一个叔叔，才恍然大悟。幸运的是，她也知道这个公司在更复杂的应用上有一些很有限的经验。她试图在私底下和许讨论一下他考虑标准系统公司的原因，但是许坚持让李参加他所有的内部会议。在他们最近一次的会上，他还坚持让标准系统公司加入到董事会的考虑之列。

在接下来的两周里，来自各个公司的代表都见了许、公司的两名高管和IT部门所有员工，对他们的服务进行了解释说明并做了示范。拉西特建议董事会参加这些报告会，但是许说董事会没有时间，他会对所有公司进行评估并向董事会提出自己的建议。标准系统公司是名单上的最后一名，虽然这个公司有一些优秀人才和很好的声誉，但是它绝对没有能力完成这样一个庞大复杂的项目。

拉西特提出把自己的调查结果呈给董事会，但是，许以时间为借口再一次拒绝了她的提议，并说："最好是我给他们提供最后的建议，这样，我们就可以继续做其他事情，而不是陷入大量问题和讨论之中。"董事会会议在第二周召开，当总裁开完会回来并告知拉西特董事会已决定和标准系统公司合作，让它作为知识共享应用的咨询公司时，拉西特呆住了。

问题

1. 你怎么解释董事会选择了标准系统公司？
2. 讨论文中出现的三个主要人物的类型、掌握的权力根源和权力的相对大小。
3. 拉西特怎样才能在这个决定上提高自己的权力，增强影响力？如果你是她，你会怎么做？

资料来源：Restview Hospital. Gary Yukl. *Leadership*, 4th ed. Upper Saddle River, NJ: Prentice Hall, 1998, pp. 203-204; Did Somebody Say Infrastructure? Polly Schneider. Another trip to hell. *CIO* (February 15, 2000), pp.71-78; and Joe Kay. Digital Diary, Part I, http://www.forbeschina.com/asap/2000(accessed November 19, 2000).

第五部分

作为社会建筑师的领导者

第 13 章　创造愿景与战略方向

第 14 章　塑造组织文化和价值观

第 15 章　领导变革

第 13 章

创造愿景与战略方向

你的领导学挑战

读完本章之后，你应该做到：

- 解释愿景、使命、战略和执行机制之间的关系。
- 创建您的个人领导愿景。
- 在生活和工作中运用有影响力的愿景。
- 描述出四种可以树立一个让你的追随者相信的崇高目标的基本方式。
- 了解领导者如何制定和实施策略。
- 运用有效战略的各个要素。

章节大纲

- 领导工作：展望未来
- 领导愿景
- 使命
- 作为首席战略家的领导者

前沿领导者

- 约翰·里奇蒂耶罗，美国艺电公司
- 阿里·温兹温格和保罗·萨吉诺，金爵曼商业社区

- TeamBank，德国合作银行集团
- 玛丽莎·梅耶，雅虎公司

领导者自查

- 我的个人愿景
- 愿景领导
- 你的战略风格

领导者书架

- 《提前十步：成功的商业愿景与我们的有什么不同》

现实中的领导

- 未来设想

领导力开发：案例分析

- 新博物馆
- 空想的领导者

尼克·萨班（Nick Saban）拿到了在高校体育中最引人注目的教练职位。保罗"熊"布莱恩特，曾带领亚拉巴马大学橄榄球队赢得六个全国冠军，在亚拉巴马州仍然被视为一个英雄。即使在 20 世纪 80 年代早期他就离开了教练工作，该校橄榄球队"红潮队"（Crimson Tide）依然是东南联盟（SEC）里最棒的球队，并且在接下来的数十年间都非常具有震慑力。但是事情开始发生变化。当萨班在 2007 年接棒教练职位时，该球队已经经历了一些失败的

赛季，包括一些耻辱性的失败，并且在 SEC 的排名也不断下降。对于球迷来说，看到曾经伟大的红潮队成为失败者是一件很痛苦的事情。萨班曾被寄予扭转乾坤的厚望，但大多数人认为这需要几个赛季的时间。

萨班不认同这种说法。他开始执教并且在创纪录的时间内复兴了这个曾经辉煌的球队，在第二年就获得了 12:0 的好成绩。他是怎么做到的？"首先，你必须有一个愿景，"萨班说，"然后你要有一个计划去实施，然后你要树立你想要的榜样，发展重要的原则和价值观，并且让人们相信它。"他用再次回到顶级球队的愿景来激励球员，再创布莱恩特制造的红潮传奇。他为了获得该愿景发展了一套战略理念，包括球队项目各个方面的详细计划。之后他事无巨细地督促每个人实施该愿景和战略。

这是所有成功的领导者所做的事情。领导者最重要的功能是表达强有力的愿景并与他人交流，激发和鼓舞人们走向未来，然后帮助他们实施计划，并实现这样的未来。在这一章，我们首先概述领导者通过激励愿景和行动来开创组织未来中所起的作用。之后，我们会讨论什么是愿景、有效愿景的共同要素及创建强大愿景的步骤。我们也会对愿景与使命的区别进行解释。我们还将讨论领导者如何为了获得愿景而拟定和实施战略。

13.1 领导工作：展望未来

许多汽车和手机内置的 GPS 系统，会引导你到想去的餐馆、公司或者住所。如果出现错误，该装置将重置并报告重新计算路线。这与领导者的角色相类似。他们向前看，必要时重新计算路线以保持组织的蓬勃发展。卓越的组织性能不是运气的问题。它在很大程度上取决于领导者的选择。最高领导者负责了解组织的环境，充分考虑 5 年或 10 年后的发展，并为未来设定每个人都信任的方向。洛兰·门罗（Lorraine Monroe），是位于哈勒姆著名的弗雷德里克·道格拉斯学院的前任校长和洛兰·门罗领导学研究所的创始人，她认为领导者是"乐队指挥，在人们面前保持愿景并时时提醒该愿景的人"。

13.1.1 激励愿景和行动

在一个美丽的湖边餐厅，休息室旁的牌子写着"没有希望在未来，没有权力在当下"。老板通过一个小故事来解释为什么树立这样一个牌子在这里。故事的内容是他所在的风景如画的小镇里，很多家庭和生意人为了一个防洪项目作出牺牲。在反抗该项目的行为失败后，大多数人只是让他们的生意渐渐没落并最终消亡。很快地，来这个镇里的人只是为了在这个愉快的小餐厅吃饭，而这个餐厅的老板成了大家的笑柄，因为他还依然非常辛苦地工作。当这个老板决定在小镇后面的山坡上建一个更大更豪华的餐厅时，大家都嘲笑他。但是，当防洪项目完工以后，他的餐厅成了新形成的风景旖旎的湖旁边唯一的优美餐厅，并吸引了大批的游客前来。大多数人像他一样其实都能够发现，新形成的湖的边界在哪里，但是他们都没有对未来的愿景。这个餐厅老板看到了这个机遇，并且抓住了它。

> **新领导行动备忘**
>
> 作为领导者，你可以通过拥有伟大梦想和将其转化为关键的战略行动来为你的团队或组织做出成就。

对未来的希望和梦想都是使人前进。读一下"思考一下！"里的小故事，了解愿景的重要性，它可以作为一个追随者看不到的世界的窗口来帮助看到希望。领导者不仅是将未来注入梦想，他们还要创造出实际的不同，他们将梦想与战略行动联系起来。愿景必须转化为实际目标，方向以及员工知道如何向着想要的未来前进的计划。一个古老的关于生活的英国谚语同样也适用于此。

没有愿景的生活单调乏味。

没有行动的愿景只是空梦。

愿景引导的行动是快乐和希望。

图 13.1 说明了四种领导提供方向的可能性。基于领导者对愿景和行动所投入的关注，领导者们可以被分为四种类型。提供视觉和刺激行动两者都低的置身事外者，并不是一个真正的领导者。只有行动而几乎没有愿景的领导者是行动者。他或她可能是一个努力工作的人，致力于工作和组织，但工作起来却很盲目。他们没有目标和方向，活动没有意义，并不真正服务于组织、雇员或社区。而梦想家，他们擅长为自己和其他人提供有意义的重要理念。这种领导者可能有效地激励他人产生愿景，但他或她缺乏执行战略行动。愿景在这种情况下仅仅是一个梦，一个幻想，因为它成为现实的可能性很小。成为有效的领导者，就像亚拉巴马大学橄榄球队的尼克·萨班，不仅有梦想，并且还可以把梦想转化成重要的战略行动，通过自己的行动或通过雇用其他可以有效地执行愿景和战略的领导者。

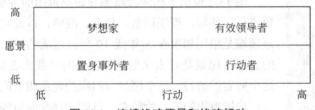

图 13.1 连接战略愿景和战略行动

思考一下！

打开一扇窗就是一个明亮的世界

一个盲人生病了来到医院，他非常沮丧。他和另一个人共用一个房间，有一天他问道："外面有什么？"另一张床上的人详细地讲了很多，有阳光，阵阵微风和走在人行道上的人。第二天，盲人又问道："请告诉我今天外面都有什么？"室友便给他讲了对面公园里的活动，池塘里的鸭子，以及喂鸭子的人等。第三天以及接下来的两周里，这个盲人好奇着外面的世界，他的舍友讲给他听，各种各样的故事。盲人很享受这些对话，他通过每天了解外面的时候而变得快乐起来。

然后盲人的室友出院了。新室友是坐着轮椅进来的，他是一个坚强的商人，虽然身体不舒服但是想很快地完成治疗。第二天早上，那个盲人说，"请你告诉外面有什么好吗？"商人感觉不舒服，他不想给一个盲人讲故事，觉得很麻烦。所以他独断地回应："你是什么意思？我看不到外面。这里没有窗户，只有一堵墙。"

盲人又变得消沉，而几天后他的病情恶化，并转移到了重症监护室。

资料来源：Based on a story the author heard at a spiritual service in Santa Fe, New Mexico.

13.1.2 战略领导

战略领导是组织面对的最关键问题之一。战略领导意味着预测和预见未来的能力，保持灵活性，进行战略性思考，与他人合作发起组织的变革，从而为组织在未来赢得竞争优势。在一个日新月异的世界，各国领导者面临一系列令人眼花缭乱的复杂和模糊的信息，没有任何两个领导者将会以同样的方式看待事物或做出同样的选择。

> **新领导行动备忘**
> 作为领导者，你应该学会策略性思考，并预想未来，实现变革，让公司能够长盛不衰。

环境的复杂性和不确定性的未来可能会压垮一个领导者。此外，许多领导者都被淹没在信息和琐事中。他们可能很难找到安静的时间来"思考全局"。一项对各部门高管花在长期战略活动上的时间的调查结果令人沮丧。在那些被调查的公司中，财务主管84%的时间、信息技术主管70%的时间，以及运营主管76%的时间都花在了例行公事的日常活动上。另一项研究发现，平均而言，当今组织的高管花费不到 3%的精力在构建组织的未来发展规划上。如果没有一个清楚的观点和未来的规划，任何公司都不会长期繁荣下去。

> **战略领导**
> 战略领导意味着预测和预见未来的能力，保持灵活性，进行战略性思考，与他人合作发起组织的变化，创建一个有竞争优势的未来。

图 13.2 说明了构成战略领导影响范围的各个层次。战略领导要负责外部环境，组织愿景、使命、战略，以及它们的执行。图 13.2 最顶端是组织想要在 5 年或 10 年内达成的清晰、明确又有吸引力的愿景。愿景是对未来的抱负，是对"我们要将被引领到何处？"这个问题的解答。这个愿景与组织的使命相互配合。第二层——使命，是指组织的核心价值观、目的和存在的原因，回答了"作为组织，我们是谁"的问题。第三层——战略，回答了"我们如何实现愿景"的问题。战略提供将愿景变为行动的方向，也是帮助组织建立实现组织目标的具体机制的基础。第四层——执行体系，则具体解释了"我们现在做什么"的问题。战略是意图，执行是在基本的组织结构（结构、激励）内让事情发生。在图 13-2 中可以看到，等级制度中每一层级都支持着上一层级。接下来我们将讨论结构中每个层级。

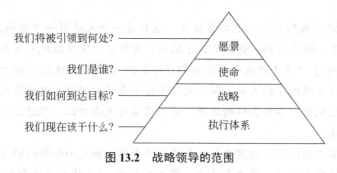

图 13.2 战略领导的范围

战略领导能力不是天生的，但是领导者可以培养必要的战略性思考和不确定性推理技能。

- 预测威胁和机遇。高效的领导者总是通过和客户、旁人交流，研究产业和市场等方式来观测环境，因此他们不会错过任何可能对组织有利或者不利的重要征兆。
- 挑战现状。如我们在第 5 章讨论的，战略制定者质疑他们自己和他人的假设和思维模式，他们从各个角度检查问题和机遇。
- 理解趋势。领导者依靠他们的所见所闻寻找方式和新的视野，而不是接受一个简单的答案。一家食品公司原本该发展一个低碳蛋糕生产线，但是一个领导者发现很多消费者在关注糖量的问题。她与其他领导者共同讨论出了一个低碳无糖的混合生产模式。
- 达成统一。领导者必须统一员工和其他股东的战线。员工和股东是两个不同的群体，甚至在观点和利益上充满冲突。只有每个人都站在一致的队伍，向着一致的方向，才能实现愿景。

为了提升战略领导能力，领导者可以鉴别出在这些技能中的薄弱项，再针对改正。约翰·里奇蒂耶罗（John Riccitiello），美国艺电公司（Electronic Arts）的前任 CEO 讲述了这些领导技能的重要性。

前沿领导者

约翰·里奇蒂耶罗，美国艺电公司

多年前，约翰·里奇蒂耶罗就看出了美国艺电公司（EA）陷入了困境，社交网络和手机的出现都威胁着传统单机游戏业，公司的员工们都充满了恐惧。里奇蒂耶罗当时就有着作为一个领导者的意识，"你需要绘制一个每个人都可以参与认同的蓝图，尽管你自己都不能确定这是否有效，因为你们都看到了其他科技的兴起"。

里奇蒂耶罗听取了组织内部和外部人的意见以确保自己的方向正确，但是他明白，要在迅速发展的工业中成为领导者需要不断地调整和适应。他诚实地告诉大家由于工业发展本身的不确定性，确立一个新方向意味着可能只有 70%的正确率，但他强调每个人都必须 100%地遵从方向并且清晰地了解领导者可能撤退或者当领导者意识到方法无效随时会进行调整。里奇蒂耶罗在单机游戏到手机游戏的巨大转变中成功地经营着 EA，并且让每个人统一到一个方向。在大型组织中，他说，"面对一群以你为信仰的人，你需要绘制一张未来发展的蓝图。因此你得找到一个让大家保持一致的途径，因此当大家重复同样的事情时大家脑中才会有一样的蓝图。没有大家都理解和愿意投入的愿景，人们就很容易走向反方向，这样会使你的公司在朝着应走的方向前行时充满了困难。"

里奇蒂耶罗在 2013 年辞职了，他说他觉得是时候由一个新的最高领导者带领着 EA 走向下一阶段的成长。在他任职 EA 期间，里奇蒂耶罗采取了一些勇敢冒险的行为。有的是有效的，也有的无效，但是他这种战略领导力总的来说对于公司是积极有利的。一个在里奇蒂耶罗制定策略期间与之共事的人说，"事实就是，游戏行业持续转变非常迅速，EA 是一个好地方但是他需要太多的精神和精力集中……他绕着公司旋转多年了，但是该行业保持着更加高速的旋转"。

公司策略领导对于一个有效的组织至关重要。世界大企业联合会近期报道，在全部 IT 发展项目中 40%的项目未完成就已经取消，这对于组织来说都是一笔巨额的开销，他们失败的最主要原因就是低效的战略领导。

13.2　领导愿景

> **愿景**
> 愿景是指一个充满吸引力的、理想的未来，它可信但又不容易达到。

愿景是指一个充满吸引力的、理想的未来，它可信但又不容易达到。愿景是可以使每个组织成员坚定信念的对于未来的雄心壮志，是可以达到的优于现实的光明前景。金融危机之后，已经多年每年都达到预期目标的渣打银行的领导者发出了一个简洁的声明，"Here for good"，这反映着渣打银行一心做好、始终如一的愿景。这样的愿景点燃了人们的希望也重新激发了他们的自豪感。其他的案例比如可口可乐（Coca-Cola）的"地球上人人都可触及的可口可乐"、佳能（Canon）的"打败施乐"、小松公司（Komatsu）的"包围卡特皮勒"。这些愿景都很容易在组织内每个人传达和理解并且激励着每一个员工。

图 13-3 列出了一些更加简洁的让人们知道未来走向的愿景案例。不是所有成功的组织愿景都这么简短，都是容易宣传的口号，但是这些愿景都是强有力的，都是领导者勾勒的组织走向的愿景蓝图。民权运动领导者马丁·路德·金（Martin Luther King, Jr.）的愿景表达就是，"我有一个梦想"，这个愿景已经成为很多领导者勾勒愿景的一个语言典范了。马丁·路德·金勾勒了一个种族和谐、没有歧视的世界，并且他传递着他的愿景很快就会实现的信仰。勇气和信念都是优秀的愿景领导者具备的品质。愿景不是魔幻的，他依赖着领导者可以培养的技能和品质。

> 苹果：为人类思维的进步制造新的工具，从而为世界作出贡献
> 四季酒店：成为宾客的首选
> BAE系统(防务公司)：保卫那些保卫我们的人
> 弗吉尼亚交通部：让弗吉尼亚州保持移动
> 德勤：公认为世界上最好的专业服务公司
> Ukrop食品公司：成为世界级的食品和服务供应商
> 联合之路：通过动员社区的爱心力量改善生活

图 13.3　简短愿景宣言举例

资料来源: Pieter Klass Jagersma. Aspiration and Leadership. *Journal of Business Strategy* 28, no. 1(2007), pp. 45-52; Douglas A. Ready and Emily Truelove. The Power of Collective Ambition. *Harvard Business Review* (December 2011), pp. 95-102; We Protect Those Who Protect Us. *York Daily Record,* May 12, 2010, http://www.ydr.com/ci_15067292 (accessed May 16, 2013); James G. Clawson. *Level Three Leadership: Getting Below the Surface*, 4th ed. (Upper Saddle River, NJ.:Pearson/Prentice Hall, 2009), pp.120-124; Sooksan Kantabutra and Gayle C. Avery. The Power of Vision: Statements That Resonate. *Journal of Business Strategy* 31, no. 1(2010), pp. 37-45; and Nancy Lublin. Wordplay. *Fast Company* (November 2009), p. 86.

在非营利性组织中的领导者同样也需要设立愿景，以便员工们了解这一机构将走向何方。例如，美国大芝加哥地区食品存储中心（Greater Chicago Food Depository）的领导者就有这样一个愿景：将这个仅为饥饿者提供食品的非营利性机构转变成一个彻底消灭饥饿的组织。该机构赞助了一项为期 12 周的活动，旨在向那些有强烈意向找到新工作的低收入、低技能的工人传授基本厨艺、生活技能，比如守时、团队协作、承诺和个人责任感，以便每个

人都能找到一份理想的工作。帮助穷人改变生活的愿景让员工们干劲倍增，这种效果远非仅向低收入者发放食品所能达到的。愿景对于像大芝加哥地区食品存储中心、联合之路（the United Way）和救世军（the Salvation Army）等非营利性组织的作用和对可口可乐、谷歌、通用电气等商业组织的重要性一样重要。事实上，非营利性组织甚至比商业组织更需要愿景，因为他们没有营利或损失这种所谓的反馈。

在图 13.4 中，愿景是一盏指路明灯，让每一个成员都沿着同一条路通向未来。愿景是基于现时的情况制定，但是它是描绘一个和保持现状有本质不同的未来。把组织或者团队带上这条通向愿景的道路需要领导。把领导和理性管理进行比较（见第 1 章），后者只会引向现实情况。

13.2.1 愿景的作用

愿景在很多方面都有重要作用。一个有效的愿景能将未来和现在更好地联系在一起，让员工们变得更加活跃，让他们更能专心地工作，也更能知道自己工作的意义，同时也能为"工作优异"定下标准，让员工们更诚实地为企业工作。

> **新领导行动备忘**
>
> 完成领导者自查 13.1 中的问题，了解你个人愿景观点是什么。

愿景连接过去和未来。 愿景将现在企业做的事情和企业渴望在未来做的事情联系在了一起，愿景通常描绘的是未来，但是它却以此时此刻企业的状况作为开端。在谷歌，员工都有着同一个愿景，即在全世界范围内统一数据和信息，在未来的某一天会借助网络彻底抹除语言障碍。他们建立了适用于当今需求的服务，但他们同样致力于展望未来并创造出一些能够促进其他更广泛应用的产品及服务。

在组织内部，在到期之前完成任务，促成一笔大额订单，解决即时的问题，完成一项具体的项目所带来的压力都是真实存在的。有些人提出作为一个领导者需要有"双焦愿景"，在能照顾到今日的需求和完成当今义务的同时，保持一个长远的目光。许多成功的公司都有这种能在两个等级同时运营的能力，比如杜邦公司。许多公司的高层管理者与管理人员常规性地回顾短期运作目标，反映目前的焦点问题。相比之下，杜邦公司长久以来不断成功的原因在于领导者能洞悉未来情势，能调整利用机遇。在其刚开始运营的时候，杜邦的业务组合从生产火药转为生产精细化工品。而今天，公司的核心已经变成了生物科技和生命科学领域。

领导者书架

《提前十步：成功的商业愿景与我们的有什么不同》

在杰夫·贝佐斯（Jeff Bezos）第一次看见互联网并且意识到互联网使用人数一年内增加了 2 000%时，他就有了一个所有人都未曾达到过的对未来的愿景。Amazon.com 诞生了，世界上图书出版业和销售业被彻底改变了。这看起来像是魔法一般，但是《华尔街日报》和《财富》杂志的前主编艾瑞克·卡勒尼斯（Eric Calonius）认为这是可以预期的事情，并且任何人都可以做到。

什么使领导者充满愿景?

卡勒尼斯用神经系统和应用心理学领域的调查,来探索作为"愿景装置"的大脑并且其"主要功能是在我们的脑海中创造画面,可作为尚未存在事物的蓝图",成功的领导者是如何运用大脑实现这一功能的?

他们凭借直觉。 有远见的领导者相信他们敏锐的直觉。卡勒尼斯认为下意识的想法会描绘出我们本来想不到的画面。相信直觉产生的画面帮助沃特·迪斯尼(Walt Disney)决定第一次使用全程卡通的童话而不是传统的由演员扮演的方式来演绎格林童话的白雪公主与七个小矮人,并产生了巨大的影响。

他们依靠感性的智慧。 成功梦想的潜意识也会绘制在我们的情感中,卡勒尼斯说,之后会演化成人类仅存的工具来帮助人们靠直觉来做出决定。他引用《纽约时报》的作者大卫·布鲁克斯(David Brooks)的话,"感情是我们用来给各种可能性分派的价值。他能让我们产生快乐的想法和事情,并且能避免产生痛苦"。

他们展示勇气和信念。 梦想家们是战士,他们硬着头皮坚强地追逐着愿景。卡勒尼斯说:"空想可以让自己的梦想超过理智的限制。英特尔前总裁兼CEO安德鲁·格鲁夫(Andrew Grove)冒险将自己的钱和事业投入制造第一个商业性的记忆芯片。随后,他又做了这个项目10年,终于他放弃了记忆芯片业务而专注于一项新的专业服务,即生产微处理器。

领导者应该学会空想

卡勒尼斯说,大脑是一台预测机器,而生活是一系列期待组成的。如果我们大脑可以像空想家一样工作,我们就可以像一个有远见的领导者一样,让自己的想法走在其他人的十步之前。他引用维珍集团(Virgin Group)公司创始人理查德·布兰森爵士(Sir Richard Branson)的话,"有些最好的想法只来源于空想,而你要做的仅仅是开阔自己的思想来看到它的价值"。

领导者自查 13.1

我的个人愿景

指示:对于未来你想获得的积极性结果,你想过多少?你有自己的人生愿景吗?指出下列每一段描述对你来说是基本符合还是基本不符。

	基本符合	基本不符
1. 对于我的未来,我能描述出一个绚丽的画面。	——	——
2. 人生对我来说比例行公事更刺激。	——	——
3. 我有明确的人生愿景。	——	——
4. 我感觉我的存在很有意义。	——	——
5. 在我的人生中,我的存在是有原因的。	——	——
6. 我在人生中发现了一个令人满意的"召唤"。	——	——
7. 我感觉我有一个特殊的目的要去实现。	——	——
8. 当我实现我的愿景的时候我会很清楚。	——	——

9. 我会和别人讨论我的人生愿景。
10. 我知道如何驾驭我的创造力和使用我的天赋。

得分及解释

将你选择"基本符合"的答案个数相加，得到的分数是你的得分。如果你的分数是 7 分或以上，你对于个人的人生愿景已经基本准备好了。如果你得了 3 分或以下，表示你之前并没有怎么考虑过你的人生愿景。4～6 分代表你处在这两种之间。

建立起一个人生愿景对于大多数人来说都不是一件简单的事情。这不是一件自然会发生的事情。一个个人愿景就像是一个组织愿景，它需要大量集中的思考与努力。你应该花些时间考虑一下你的人生愿景并把所想的写下来。

资料来源：Chris Rogers. Are You Deciding on Purpose? *Fast Company* (February/Match 1998), pp. 114-117; and J. Crumbaugh. Cross-Validation of a Purposein-Life Test Based on Frankl's Concepts. *Journal of Individual Psychology* 24 (1968), pp. 74-81.

愿景能激励人并使人保持注意力。 当人们对一个组织所期望的未来有一个明确认识的时候，他们可以帮助该组织达成期望。很多人愿意花费时间及精力在他们相信的项目上，比如政治选举、社会服务、环保事业。这些人在上班的时候时常会没有精神以及热情，因为这些事情并不能启发他们。一个明确的愿景使人们清楚他们应该做些什么，以及同样重要的，哪些是不该做的。有些时候，对于建立一个理想的未来，那些没做的事情就像做了的事情一样重要。举例来说，TeamBank，作为德国合作银行（Volksbanken Raiffeisenabnken）旗下一个快速增长并盈利的分支，有一个愿景是"成为一个对客户金融负责的合伙人"。基于这个愿景，经理们选择不去触碰销售点金融，因为他们明白大众经常会一时冲动去贷他们以后偿还不起的款。与此相似的是，当员工们为客户提供贷款时，他们知道不要考虑居住区域的社会经济分数，因为这有违公司的愿景。

愿景赋予工作意义。 愿景需要超越结果去使员工们感到意义和目的。大多数时间人们不会愿意只因为增加利润去做情感上的承诺，但他们经常会急于对一些真正有意义的事情作出承诺，比如使人生更精彩或者改进整个社会。譬如亨利·福特（Henry Ford）对福特汽车公司提出的原始愿景。

我会为广大群众制造一辆汽车……这辆车会便宜到所有有不错薪水的人都能买得起，并且与他的家人一起享受在这上帝的空间里被祝福的快乐时光……当我完成的时候，每一个人都能负担得起一辆车，每一个人都会拥有一辆车。在我们的马路上将不会再见到马匹，汽车将会被认为是理所当然的，同时我们会提供给许多人一份薪水丰厚的工作。

福特的员工被他的愿景所激发，因为他们意识到这是一个能使他们和其他人生活进步的机遇。

> **新领导行动备忘**
> 作为领导者，你可以明确创建一个积极的未来愿景，从而激励并挑战大家的行动力。

人们希望能在他们的工作中找到意义与尊严。如果他们的工作拥有一个更大的目的，甚至连做着日常任务的员工都能在工作中获得荣誉感。举例来说，一个保险员认为她的工作是帮助火灾或者入室盗窃的受害者重新步入生活正轨，她对这份工作的感觉会与一位认为自己只是在处理保险理赔的人完全不同。"人们想完成伟大的事情" UPS 公司前 CEO 迈克·L.艾斯丘（Michael L.Eskew）说道，"他们想有所作为"。

愿景会建立卓越和诚信的标准。一个有力的愿景使人们脱离平凡,因为它会提供给他们一个需要尽自己最大努力的挑战。安托万·圣埃克苏佩里(Antonie Saint-Exupery)说过一句话很好地诠释了领导愿景:"一座石堆在一个人的脑海里被建成一座宏伟的教堂的时候,就不再是一座石堆了。"愿景还提供给员工们一个测量自己对组织贡献的标杆。绝大部分工人欢迎这样一个可以看到自己的工作如何融入整体的机会。试想一下,当看电影的时候投影仪没有对上焦该有多令人烦恼。在如今这样一个复杂的,瞬息万变的商业环境里,没有对上焦的事情经常发生。一个愿景就是焦点。它能绘出一个有着明确未来的画面,并使大众看清他们的贡献。一个愿景表达着一个挑战——激励人们向着未曾到过的远方前行。

一个好的愿景阐明并连接一个组织的核心价值及理念,从而建立一个对于员工诚信的标准。一个好的愿景能激发员工最大的潜力因为它照亮重要的价值,与员工交心,并使他们成为一个高于他们自己本身的组织的一部分。

领导者自查 13.2

愿 景 领 导

指示:试想你是一个组织里的领导者。幻想一下你的行为。下列陈述在多大程度上描述你的领导能力?针对你的情况,是基本符合还是基本不符?

	基本符合	基本不符
1. 我明确我们下一步的方向。	_____	_____
2. 我努力使组员一起向着我们预想的未来努力。	_____	_____
3. 我发起关于我们共同创造的未来的讨论。	_____	_____
4. 我展示给大家看他们每个人的兴趣能为组织的共同目标带来什么。	_____	_____
5. 我总是向前看并预测未来会发生什么。	_____	_____
6. 我确保我管理的活动被分割成可以被管理的小块。	_____	_____
7. 我寻找组织的未来挑战。	_____	_____
8. 我花费时间和精力确保组员遵守我们公认的价值与结果。	_____	_____
9. 我对未来的想法能启发他人。	_____	_____
10. 我会特别注意他人的行为与目标保持一致的情况。	_____	_____

得分及解释

奇数项问题关于为团队创造愿景,而偶数项问题关于实施愿景。分别计算你的得分,哪个得分更高?将你的分数与其他同学相比较。

这项调查与有远见的领导力的两个方面相关。创造愿景与你是否展望未来、是否对未来感到振奋、是否将他人也纳入对未来的考虑中息息相关。实施愿景是关于你如何沟通、分配工作,以及怎样为完成愿景的活动提供回报的。哪个方面对你来说更简单呢?你的分数与你对自己优缺点的理解一致吗?你会为提高自己的分数做些什么呢?

13.2.2 愿景的共同主题

强有力而有效的愿景通常有四个主题：它们有广泛的吸引力；能帮助组织应对变革；能体现崇高的理想；确定组织的终极目标及实现的基本规则。

愿景有广泛的吸引力。 虽然愿景只有通过人们的实际执行才能实现，但是很多愿景并不能得到员工的充分参与。被孤立的领导层很有可能想出一个宏伟、但却被员工认为是滑稽的设想。他们可能会忘记达成一个愿景需要全组织共同的理解及努力。一个愿景不能单单是领导层的财产。一个理想的愿景是要被整个组织所认同。它能聚集到所有人的注意力，并激励所有人一起向这个愿景努力。弗农·克拉克上将（Vernon Clark），前海军总指挥，把水手一起加入到了创造21世纪美国海军的愿景中。"策略及行动的灵活，技术及组织的创造力，每一个等级的连接，与其他部门的高度关联，和与友军有效的结合"强调了每个个体的职责。"我们做的事情有意义，"他告诉他们，"我们做这些因为这些很重要，并且我们服务人民。我们为高于我们自己的事情努力，保护美国在世界的利益及民主。"

愿景帮助组织应对变革。 有效的愿景帮助组织应对巨大的变革。网络电商亚马逊早期的愿景是"地球上最大的书店"。这个灵感实现了，公司的经营范围扩张到了所有类型的商品，最近甚至加入了副食。然而，在2004年之前，杰夫·贝佐斯探索一个激进的想法，他想让亚马逊推出一款人们可以直接在上面购买亚马逊产品的设备。几年过后，Kindle和Kindle fire被发明了出来。杰丁·帕雷克（Jateen Parekh），早年加入亚马逊并帮助开发Kindle，回忆起贝佐斯问他亚马逊20年以后应该做什么？帕雷克说，"CEO会去想这么久以后的事情，这本身就是一件了不起的事情"。变革有时候是一件令人畏惧的事情，但是一个明确的方向感能帮助人们面对变革过程中带来的困难与不确定。当员工们有一个明确并一贯的指导愿景时，整个组织日常的决定及行为会响应当今的问题及挑战并带领组织走向未来。

愿景体现崇高的理想。 好的愿景是理想化的。愿景是一个对于我们人类基本需求的感情上的呼吁——感到重要及有用，去相信我们可以在这个世界上有所作为。一个描述着光明未来的愿景有能力去启发振奋人们。举例来说，当肯尼迪总统宣布NASA的愿景是在1970年以前将人类运送到月亮上的时候，NASA只有为数不多的一点关于达成这个目的的知识。但在1969年7月，这个愿景成为现实。另外一个例子来自商业公司高通（Qualcomm），它的CEO保罗·雅各布斯（Paul Jacobs）构建了一个理想化的愿景，使无线网络的容量增加1 000倍，以及提供微型家用信号塔。因为市场需要无线信息传输，雅各布斯相信其中一些运输可以被移动到家庭范围里，使用与纸牌大小类似的可以插入家用计算机或者利用WiFi的存储器。

> **自我参考**
> 意味着在一个系统里的每一个元素都形成了对于系统的整体理解，并为整个系统的目标服务。

高通的员工长时间孜孜不倦的研发使这个愿景变成现实。当每一个成员明白并拥护一个愿景的时候，一个组织开始自我适应。虽然每一个个体的行为都是独立的，但每一个人都在同一个方向出力。在新的科学里，这个被称为自我参考原则。自我参考意味着在一个系统里的每一个元素都形成了对于系统的整体理解，并为整个系统的目标服务。因而，愿景的作用是为了人们自己和组织的利益指引并控制他们。

愿景确定组织的终极目标和实现途径。 一个好的未来愿景包括一个具体的组织希望的目标。它还整合基本价值来帮助一个组织达成其期望目标。举例来说，一个私立的商学院可能会有一个明确的目标，比如排名前20，使90%的学生都能有暑期实习，使80%的学生在毕业的时候能找到工作。但在达成这些愿景的过程中，该学校还想让学生增长商业知识、道德价值观、团队合作，以及帮助他们准备好面对人生。另外，这个愿景可能还包含潜在价值观比如诸学科之间互相融合渗透、师生之间密切接触、对学生福利的真正关注并增长学生的商业知识等。一个好的愿景不仅包括理想的未来成果，还包括能为实现这些成果制定规则的潜在价值观。

13.2.3 创建愿景的领导步骤

> **新领导行动备忘**
>
> 作为领导者，你可以与大家共同创造愿景，这样每个人、团队和部门都朝着共同的方向努力。你可以帮助别人看到获得该愿景的价值、活动和目标。

在创新型企业，领导者与追随者共同创造愿景，这样每个人都密切参与建设未来的过程。通过共同创造，每个人都可以识别愿景，有更深入的了解，并承诺实现它。此外，共同创造彰显了领导者重视意见、想法、梦想和他人的力量。

为了共同创造一个愿景，领导者与他人分享他们的个人愿景，并鼓励他人表达自己的梦想的未来。这就需要开放、良好的倾听技能，勇于与人建立情感联系。领导者的最终责任是了解驱动员工前进的梦想和希望，并找到将大家联系在一起的共同基础，最终形成组织的共同愿景。这个愿景将大家联系在一起，使人们在情感上也与组织紧密相连。领导者使用下面的步骤来创建愿景。

- 为美好的未来创建目标愿景。愿景通常始于领导者，他对所在团队或组织的发展方向有着生动而令人信服的想法。领导者必须先于他人对该想法产生信心。领导者需要一定时间来想象组织未来的样子以及实现该目标后的感受。
- 创造愿景。即使领导者可以让组织很好地运转，但是对于追随者来说这并不意味着他拥有一个清晰的愿景。人们喜欢能够给他们带来希望和梦想的长远的愿景。领导者会咨询与尽可能多的人，从不同的领域尽可能地了解什么使他们沮丧，什么能够激励他们，他们希望未来成为什么样的人等。他们可以利用专门小组或其他机制，让人们去讨论他们想要的未来的样子。
- 确定优势。制作一个列表，列出组织擅长之事以及大家自豪之事。基于与整个组织的讨论或者专门小组的结论，列出过去的成就、技能、资源，等等，以及在创造未来的过程中可能用到的财富。在组织当前的优势基础上，扩展该优势来创造愿景。
- 起草初稿。落笔记录非常重要，但是需要让人们知道这只是一个草稿，需要再次修改。用心书写，记住只有情感才能驱使他人，将心比心。目标远大然后努力去实现你期望的未来。
- 征求反馈并创建最终版愿景声明。愿景声明应该经过几个草稿、模拟直到最后的终稿。其中重要的是每一个人都有机会提出自己的意见和反馈，对内容进行修改。
- 广泛分享愿景。利用多种渠道，广泛的、频繁的交流。在美国内战期间，林肯就是一位大师，他将美国应该是一个公平、自由、平等的国家的观念传播给公民。通过演讲、文稿、交流访谈，在每一个可能的机会中，他都在提醒大家关于美国建立的最基本原则。

下面的案例描述了2个企业家如何利用共同创造愿景来将一个小熟食店变成融合八家兴旺生意的商业社区。

前沿领导者

阿里·温兹温格和保罗·萨吉诺，金爵曼商业社区

阿里·温兹温格（Ari Weinzweig）和保罗·萨吉诺（Paul Saginaw）在密歇根州安娜堡开了一家熟食店，因为他们想做世界上最好的三明治。这个熟食店很快获得了成功，但是10年之后，他们俩发现了一个问题。虽然运营的很好，但是熟食店无法给员工提供进步的挑战以及机会。当一个有MBA学位的经理开创自己的面包店为熟食店提供面包和糕点时，温兹温格和萨吉诺有了一个想法：为什么不利用员工们的梦想来开一个新的店，每一个店有他们金爵曼的名字，但是又都是独立的。因此，金爵曼商业社区由此诞生。每一个社区相互独立，每个社区均有自己的管理合作伙伴和独立的股份，运行每天的流程，每个都有助于其他公司成功。到2011年已经有了17家合作伙伴，在8个不同的社区有500多名员工，以及高达3 700万的年收入。公司长远的目标是拥有12~18个的商业社区。

温兹温格和萨吉诺开始思考他们希望金爵曼商业社区在未来几个月或者几年发展到什么地方。他们也让每一个伙伴写他们自己关于统一主题的愿景和实现的时间。一旦每个人都有了一个计划，合作伙伴便进行比较和寻找主题，并在白板上写下来。每个人都有机会参与他们关于每一个主题的感情，人们投票决定主题的优先秩序。最终，在经理、员工、每个顾客的反馈下，团队在共同的愿景下变得更团结。

这是一个困难的工作，偶尔也会有不相容的观点和想法。当更大的愿景不能改变，而妥协也无法实现时，人们不得不按照各自的方法来。有时候一个行业为了更好地发展会分成两部分。"这太痛苦了，"温兹温格说，"但是远比让人们被动地走向他们不信任的未来要更有效率。"

13.3 使命

使命和愿景不同，尽管二者在一起发挥作用。使命是组织核心的目标及其存在的根本原因。它确立了组织的核心价值观和存在的原因，为创造愿景提供基础。愿景是对未来有抱负的期望，而使命是组织在更高层面的"立场"。

13.3.1 使命的作用

愿景是不断发展和改变的，而使命在面对不断变化的技术、经济状况、其他环境变动时却能保持不变。它就像一个黏合剂，在变化无常的时期将组织团结在一起。使命定义了组织经久不变的特征——精神DNA。约翰·洛克菲勒（John D. Rockefeller）为洛克菲勒基金建立

> **使命**
> 使命是组织核心的、广泛的目的及其存在的根本原因。

的使命就是促进全世界人类的幸福，直到组织成立 100 年后依然被使用着。约翰逊发展公司是奇幻约翰逊的一部分，是在 1993 年由前篮球巨星"魔术师"埃尔文·约翰逊（Earvin Johnson）建立，他们的使命一直以来都是通过改善服务水平低下的市场成为国家最先进的发展公司。一些零售商将城市社区看作获取利益的荒地，而约翰逊认为那里充满了机会。

特别是在今天的环境，人们会被有强烈目标的公司所吸引。有强烈使命感的组织可以让员工了解工作的目标。例如，美国美敦力公司（Medtronic）的"为了让人们重建完整的生命及恢复健康"和利宝互助保险公司（Liberty Mutual）的"让人们生活得更有安全感"等诸如此类的口号，吸引了更出色的员工，让他们去外界保持更加良好的关系，并且能够在市场上长期表现良好。

回忆第 8 章讨论的内部奖励。当人们将他们的工作和更高的目标结合起来时，工作本身就变成了一种动力。盖洛普 Q12 调查也发现，当员工相信组织使命使自己的工作变得重要时，他们会特别投入他们的工作，有强烈的自豪和忠诚的感觉，并且工作更有效率。图 13.4 比较了两类人，一类觉得组织使命使他们的工作变得很重要，另一类则不这么认为。两者的差异十分惊人。例如，认为使命使自己的工作变得重要的受访者中有 60%的人说他们对工作很投

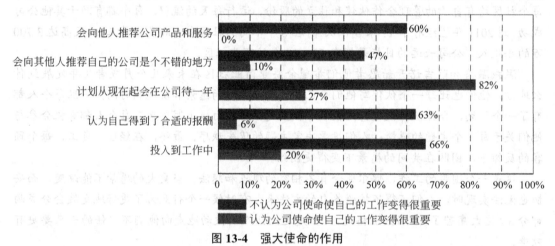

图 13-4　强大使命的作用

资料来源：Susan Ellingwood. On a Mission. *Gallup Management Journal* (Winter 2001), pp.6-7.

入，而那些觉得组织使命没有让自己觉得工作很重要的受访者则没有一个人觉得自己对工作很投入。66%的第一类人说他们会向别人推荐自己公司的产品和服务，而第二类人中只有 20%的人愿意这么做。

一般来说，使命由两个重要部分组成：核心价值和核心目的。无论发生什么，核心价值都会引导组织。而使命又包括核心目标。当确认一个核心目标时，领导者会更加注意，所以组织能够发展和改变。策尼特公司（Zenith）和摩托罗拉公司（Motorola）都是成功的电视制造商，但是策尼特只是停留在那里，而 Motorola 继续开发生产微型处理器、综合电路和其他的产品，变成了世界闻名的公司。区别在于，策尼特将目标定为制造电视机，而摩托罗拉的目标是用科技造福大众。

> "伟大的公司需要一个崇高的目标。然后领导者的作用是要将其转化成激励人心的愿景，可以吸引到世界上最优秀的人才来加入组织。"
> ——史蒂夫·乔布斯
> （1955—2011）
> 苹果公司联合创始人和前任 CEO

核心价值和核心目标常常在使命宣言中体现。图 13.5 表现了 Aflac（一个在全球有超过五千万客户的保险公司）的任务与价值。Aflac 用"我们用翅膀保护你"的口号来为有需求的投保人做出承诺。

使命和价值观

我们承诺会在我们的投保人需要的时候出现。
Aflac的理念是将创新战略营销和优质的产品和服务相结合，以有竞争力的价格为消费者提供最好的保险价值。
- 为我们的投保人创造更好的价值。
- 为我们的代理人提供优质的服务。
- 为我们的员工提供丰富又有所收获的工作环境。

图 13.5　Aflac 的使命和价值观

13.3.2　高尚目标的框架

有效的使命并不是仅仅描述产品或者服务，它更让人们理解组织存在的意义。大多数成功公司的使命都会表明某种类型的高尚目标，如玫琳凯"Mary Kay"的"让女性生活更丰富多彩"或者沃尔玛的"让普通人有机会像富人一样购物"。

领导者有责任确立一个高尚的目标，以此来激励和引领追随者更好地表现，并且帮助组织保持竞争优势。正如管理大师加里·哈默尔（Gary Hamel）所提出的："一个伟大的目标会唤起奉献、激发创新和鼓舞坚持不懈的毅力。如此一来，便可将伟大的天赋转化成为杰出的成就。"此外，一个伟大的目标会使人感到振奋，同时能够让他们知道他们所做的事情都很重要并会对世界产生积极的影响。

图 13.6 介绍了领导者制定组织目标时采用的四种基本方法，组织目标可以激发人们的奉献精神，使人们认识自己的工作价值。下面详细地描述每一种方法。

探索发现。很多人会被发现或者创造新事物的机会所鼓舞。发现本身可以作为一个伟大的目标。像对于谷歌的员工，他们会由于从事智力激励与挑战技术问题所获得的心理报酬而受到鼓舞。同样另一个案例，三星电子公司（Samsung Electronics）的领导者们通过使员工更加专注于发现，而不是去模仿来重新使公司振作，转而将三星变成了世界级的革新者，而不再是一个人们所认为的劣质、低价纺织品制造商。三星加大研究与开发投资力度，利用在其 Galaxy S3 和 S4 两款手机中的改革创新，从而开始对苹果公司在智能手机市场的主导地位构成威胁。这种在目标上的转变使三星取得了惊人的业绩。这种目标激励着人们去看到工作中

> **新领导行动备忘**
>
> 作为领导者，你要时刻牢记组织在广义上的代表——它的核心目标和价值观——然后围绕该中心使命来创造愿景。

的机遇，同时使人们体会到一种开拓者或领导者的快乐。

追求卓越。追求卓越与探索发现不同，它强调无论是个人还是组织都要成为最好的。层面上的最佳。例如，联合信号公司（Allied Signal）的使命是成为世界上最重要的公司之一：在我们所作的每个方面都能够独树一帜。对于这些公司而言，卓越是由其工作本身所定义的，并非消费者。实际上追求卓越的组织宁愿拒绝消费者也不愿对其产品质量妥协。让我们思考一下另一家以卓越为目标的公司——苹果公司。这家公司一直致力于建造高质量，设计精妙的计算机，到目前它占有少于10%的个人计算机市场。领导者们想要提高他们的市场份额，但是他们又不愿意投入资金用于高质量与他们所认为的高科技。在以卓越作为指导目标的公司中，管理者与员工作为重要资源，公司提供支持让他们抵达自己的巅峰。人们会受到经历内在报酬与自我实现的机会的激励。

目标	描述	行动基础	案例
探索发现	发现新事物	先驱者，企业家	谷歌，3M，三星
追求卓越	成为最优	成就感	伯克希尔·哈撒韦公司，联合信号公司，苹果公司
利他主义	提供服务	幸福感	美国达乐公司，达能乳制品公司
英雄主义	行动有效	成功	微软，西南航空公司，埃克森美孚公司

图13.6　高尚目标的领导者框架

利他主义。很多非营利组织都是基于一种利他主义的伟大目标，由于它们强调服务他人，不过商业运作中也能够很好地使用这种方法。例如，美国达能公司（Dollar General）的领导者强调给予低收入人群良好待遇的目标，而不仅仅是创造销量和获取利润。全球餐饮巨头公司达能乳制品公司（Dannon Milk Products）的美国部有一个使命，"通过我们产品中的营养价值给美国最广大人民带来健康"。甚至连通常被认为剥削者的金融服务公司，也能够通过利他主义这一伟大目标来运作，本章前文中提到的德国TeamBank的领导者正是如此。

前沿领导者

TeamBank，德国合作银行集团

TeamBank的愿景是，"成为客户财富负责的合作者"，该愿景植根于该公司以服务国家为己任的高尚金融服务公司的使命感。TeamBank是德国合作银行集团的附属机构，认为大家所假设的银行难以通过公平甚至慷慨对待客户来获利这种说法并不正确。

他们全面修改并退出了新的消费者的信贷产品，为了在公平这一概念而不是价格方面进行竞争，称之为"轻松贷"。"轻松贷"提供了一个为期30天的客户撤销期，并取消了对部分偿还的处罚，并提供保护套餐来允许短期的偿还延时。没有任何隐藏费用，同时条款可以调整，以应对借款人状况发生意外的改变。假如付款人拖欠偿还，客户顾问可以与他们一同找到解决办法而不是以法律手段相威胁，因此很多信贷过程是由客户顾问亲自操作的。当贷款出现违法倾向的时候，TeamBank为客户提供了一个最小赔偿的机会能够使客户回到资金稳定的道路上来，同时避免损害信用等级。一个经理说，"只要看到客户方面存在诚意，我们就会尽力提供帮助"。一个由14名职员客户和一名来自消费者保护非政府组织的代表所组

成的客户委员会持续为 TeamBank 的负责人提供关于公司如何履行其使命与价值观的反馈。

TeamBank 拒绝那些与其透明、诚实、公平的价值观相违背的获利产品和功能。作为德国市场排行第三的客户资金提供商，TeamBank 取得了盈利与发展。不仅如此，拖欠率也远低于行业平均水平。

TeamBank 明确地将其使命与价值观归类于利他主义作为指导方针。除了商业活动，该公司还为遍布德国的高中生提供金融专业知识教育，并在当地高校资助了一系列有关经济金融的讲座。任何一个公司在客服方面提出更高的溢价都可以被认为归属此类。例如，万豪酒店（Marriott）便将此目标包含在其宣传口号之中，"服务精神"。这种目标的行动基础是增加个人的幸福感。大多数人在帮助他人或者使他们的社区、使这个世界变得更好的时候会感觉良好。

英雄主义 最后一类，英雄主义，意味着公司的目标是基于强大，进取和高效率。以这样的宏伟目标为基础的公司常常反映出对成功更加执着。例如，比尔·盖茨（Bill Gates）为微软公司（Microsoft）灌输了这样的一个目标：将 Windows 操作系统装入每一台个人计算机。通用电气（General Electric）前 CEO 杰克·韦尔奇（Jack Welch）希望公司在每一个公司经营的领域都成为前两名。再举一个例子，西南航空公司（Southwest Airlines）在创立初期有一个英勇的目标：超越像 American 和 Delta 这样的更强大的竞争对手。通过这种方法，例如，第 8 章所描述的，行动的基础是人们渴望获得成就并能共同体会到自我效能感。人们希望感受到高效率与创造业绩是可能发生的。

13.4 作为首席战略家的领导者

强烈的使命感所反映出的伟大目标与领导愿景同样重要，但是只有它们还不足以成就一个强大有力的组织。如果组织要想获得成功，领导者还需要将愿景、价值观与目标付诸行动，这是作为一个战略领导者所应扮演的角色。战略管理所涉及的是一套用于制订与实施具体战略计划的决策与操作方法，它可以使组织和其环境之间达成最具竞争优势的契合，从而实现组织目标。

只有当领导者将组织的愿景与战略行动联系在一起时，他们才能真正影响组织的未来。研究表明，对未来的战略性思考与规划可以对公司在业绩与财务上取得成功产生积极的影响。一项研究发现，大型公司之间存在利润率差异，有高达 44% 的是由战略领导所决定的。

战略管理
战略管理所涉及的是一套用于制订与实施具体战略计划的决策与操作方法，它可以使组织和其环境之间达成最具竞争优势的契合，从而实现组织目标。

13.4.1 如何实现愿景

为了制定战略，领导者要提出如下问题：组织目前处于哪个位置？组织希望到达哪里？在竞争环境中正在发生哪些改变和倾向？什么样的行动方案可以帮助我们达成愿景？战略可定义为，描述应对外部环境和帮助组织实现目标、达成愿景所进行的资源调配

战略
描述应对外部环境和帮助组织实现目标、达成愿景所进行的资源调配以及其他活动的一般行动计划。

以及其他活动的一般行动计划。领导者在采取有效策略前需要清楚组织目标与愿景。战略包括基于组织目标和愿景制定每日的决策。

制定有效战略 为制定战略，领导者应当积极地听取组织内外的建议，同时观察环境变化趋势及不连续性以便获得先机。战略领导者研究已经发生的事以及基于他们的预测未来有可能发生的事，而不仅仅是对环境变化做出反应。当领导者完全依赖于形式上的战略计划、竞争者的分析，或市场调查时，他们将错失新的机会。让我们来思考一下，20 世纪 70 年代，当 Ted Turner 首次提出发起一个 24 小时的新闻和信息电视频道时，很多人把他当作妄想狂而不予理睬。从市场调查到广播的专家们的普遍看法都认为这想法太愚蠢而且注定失败。然而 Ted Turner 看到了新兴的社会与人口发展趋势，听从自己的直觉，创立了一个全球网络，并创造了 35% 的利润总额。其他媒体的领导者拥有相同的信息，但是他们并没有以相同的方式理解或指定同样的战略计划进军新兴趋势。好的领导者预测与展望未来，并会基于他们所看到的当前趋势对未来做准备，这通常需要发现性思维。

当然，领导者还应该使用确凿的分析来帮助设定未来的道路。他们基于能够帮助确定新的竞争优势的技术、人口统计、政府规定、价值观以及生活方式等趋势来努力争取发展前瞻性产业。例如，形势分析包括影响组织业绩的 SWOT（优势、劣势、机会与威胁）调查。领导者采用形势分析获得来自不同渠道的外部信息，比如客户、政府报告、供货商、顾问，或者协会会议等。他们收集来自各种渠道的内部优劣势信息，比如预算、财务比率、盈亏报表，以及员工分析等。

前沿领导者

玛丽莎·梅耶，雅虎公司

雅虎公司（Yahoo）仍然管理着网络最大的受众群体之一，但是公司已经成为"曾经"太久了，以至于没有人相信它还能恢复元气。但是新任 CEO 马丽莎·梅耶（Marissa Mayer）依然坚信这一点，她在考虑新的愿景与战略要能够撼动公司回到相关性与盈利上来。

马克·扎克伯格（Mark Zuckerberg）为 Facebook 铸造了术语"社交图谱"，而玛丽莎·梅耶相信雅虎也能通过成为世界"日常兴趣图谱"而变得同样成功。为了达成这一愿景，梅耶的战略包括开放一种能够帮助雅虎"创造一个一切被你所爱的完整形象"的产品，允许更多用户的个人化内容和更多对雅虎有利可图的广告销售。她以赋予雅虎疏于管理的照片共享服务 Flikr 继续的移动端更新为起点。Flikr 现在可以将人们上传的照片分为细分为超过 160 万个特殊利益群体。她重新设计了网站，使网站更加容易让人们联系到自己最为关心的新闻和信息。目标旨在使雅虎体验更简易和有吸引力，人们能够日渐回归。目前为止，很多人正在渐渐地回到雅虎。

梅耶的战略也包含了对那些聚焦绘制用户兴趣图谱的新公司。在梅耶上任之前，雅虎就已经收购了基于观众喜爱的电视节目来与用户建立联系的 IntoNow。梅耶此后还收购了其他几个适合其战略的移动端应用。第一个是 On the Air，它的首要使命是为人们的日常生活变得不同，而这也是否契合雅虎的新战略。而其他应用，包括 Stamped，会记录用户喜欢的餐厅、书籍、电影或者其他任何东西；Snip.it 则会剪切和分享新闻文章；以及 Alike，会基于大家的喜欢来推荐餐厅。这些并购都被重新整合成雅虎的产品"可以帮助我们增加能够把大家因共同兴趣聚集在一起的体验"，公司产品副总裁迈克·科恩斯（Mike Kerns）说道。

梅耶的前进道路很艰难，但在雅虎内部和外部的人相信她有机会实施她的雄心勃勃的战略。一位雅虎的移动工程师说："通过共同愿景和行动，梅耶已经'给每个人以希望的感觉'。"

战略要素

为了提高成功的机会，领导者把制定战略重点放在三个素质：核心竞争力，发展协同作用，并为客户创造价值。

企业的核心竞争力是，与对手相比组织最擅长的地方。领导者识别组织的独特优势，是在行业组织里什么让自己和别人存在不同。L.L.Bean 的成功在于卓越的客户服务核心竞争力和质量保证。而 Family Dollar 的领导的重点放在运营效率的核心竞争力，这使他们能够保持低成本。

当组织各部门相互作用产生的共同作用大于单独部门作用的总和时，协同作用就产生了。因此该组织无论成本、市场力量、技术，还是员工技能，都可能获得特殊的优势。协同作用是雅虎的收购移动应用初创企业动机，例如，同时获得产品和工程技术人才。企业的另一种方式来获得协同效应是通过联盟和合作伙伴关系。Coinstar 是 Redbox 电影公司提供租赁服务的分公司，该公司的领导者采取了这种做法。随着碟片租赁行业的衰落，Redbox 分部开始和 Verizon Communication 合作提供 DVD 租赁和流媒体视频服务，惠及两家公司。

专注于核心竞争力与获得协同作用可以帮助公司为客户创造价值。价值是客户所得利益和所付费用的结合。例如，美国帕内拉面包（Penera Bread）生产三明治和食品饮料等产品的成本并不是同行业中最低的，但它努力创造客户向往的环境。"同样是提供给客户需要的食物，在喜欢的环境里就餐，客户会再愿意多花一两美元，而且还会专门再来。"公司首席执行官罗恩·萨什（Ron Shaich）说。提供价值给客户就是战略的核心。

战略规划将组织环境、愿景、使命和核心竞争力整合起来，以取得协同作用和为客户创造价值。当这些元素汇集时，公司拥有一个极好的机会在竞争激烈的环境中取得成功。

但要做到这一点，领导者必须确保战略的执行——该组织内的实际行为要能体现预期的方向。

核心竞争力
　　与对手相比组织最擅长的地方。
协同作用
　　组织各部门相互作用产生的共同作用大于单独部门作用的总和。
价值
　　客户所得利益和所付费用的结合。
战略规划
　　将组织环境、愿景、使命和核心竞争力整合起来，以取得协同作用和为客户创造价值。
战略执行
　　意味着指领导者使用特定的机制、方法，或用某工具指导组织资源来实现战略目标。

13.4.2　如何执行战略

战略执行意味着指领导者使用特定的机制、方法，或用某工具指导组织资源来实现战略目标。这是组织内事情完成基本的架构。战略执行，有时也被称为实施，是最重要的，也是战略管理时领导必须认真地统一管理执行过程中取得成果的最困难的部分。一项调查发现，只有57%的受访者认为在过去的三年中管理者成功地实施了新的战略。其他的研究估计大约有70%的企业业务战略从来没有实行过，这也体现出了战略执行的复杂性。

领导者自查 13.3

你的战略风格

想想你如何处理在当前或近期的工作的挑战和问题。然后根据下列各题的表述，选出更接近你的行为的选项。答案没有对错之分。

1. 在保存记录的时候我倾向于____
   a. 对文档非常关心
   b. 对文件有些随意
2. 在运行每一组或某一个项目时，我____
   a. 有一个大概的想法，会让别人去找出完成任务方法
   b. 会弄清楚具体目标、时限和具体成果
3. 我的思维方式更准确地描述为____
   a. 线性思维，从A到B到C
   b. 蚂蚱思维，从一个想法跳跃到另一个想法
4. 在我的办公室或家里，东西是____
   a. 这儿堆着，那儿堆着
   b. 在合理的顺序中整齐地摆着
5. 我引以为自豪的是____
   a. 找到方法来克服解决方案的障碍
   b. 找到问题潜在原因的新假设
6. 我最能确保有帮助的策略是____
   a. 对于一系列的假设和思路开放思想
   b. 彻底实施新的想法
7. 我的长处之一是____
   a. 致力于使事情完成
   b. 承诺为未来构建梦想
8. 要我在工作中尽我最大的努力时，更重要的是____
   a. 自治权
   b. 确定性
9. 当我可以____时我能工作得最好
   a. 我提前计划我的工作
   b. 我可以自由应对计划外的情况
10. 我最有效的时候是当我强调____

a. 创造新颖的解决方案
b. 制定切实可行的改进方案

评分和解释

对于战略创新的风格，第 2、4、6、8、10 题中回答 "a" 的得 1 分，第 1、3、5、7、9 题中回答 "b" 的各得 1 分。对于战略适应风格，第 2、4、6、8、10 题中回答 "b" 的得 1 分，第 1、3、5、7、9 题中回答 "a" 的得 1 分。你的两个得分哪一个更高，高多少？分数高的那项代表了你的战略风格。

战略创新和战略适应是领导者给战略管理带来创造性的两种重要方法。具有适应风格的领导者往往会把工作做得使它更有效和可靠的改进。他们依靠自己所知道的事实并已得到验证的东西获得成功。具有创新风格领导会推动新的范式，希望找到一种新的方式做某事。创新者喜欢探索未知领域，寻求巨大突破，可能很难接受正在实施的战略。无论是创新型和适应型风格对战略管理都至关重要，但它们的方法各不相同。

采用战略适应性的领导者会问，"我怎样才能做得更好？" 而采用战略创新的领导者会问，"我怎样才能使这和别的不同？" 战略创新者经常使用他们的技能于整个新战略制定，而战略适应者，往往进行战略改进和战略执行。

如果两个得分之间的差异是 2 分或更少，说明你的战略适应和战略创新风格各占一半，你在两个领域中都做得很好。如果差异是 4~6 分，得分高的那个是你相对较强的领域，你可能在这个领域发挥更得出色。如果两个得分之间的差异是 8~10 分，说明你的强势风格非常明显，你非常愿意在自己具有优势的领域工作，而不是在相反的领域进行发挥。

资料来源：Dorothy Marcic and Joe Seltzer. *Organizational Behavior: Experiences and Cases* (Cincinnati: South-Western, 1998), pp. 284-287; and William Miller. *Innovation Styles* (Dallas, TX: Global Creativity Corporation, 1997). The Adaptor innovator concepts are from Michael J. Kirton. Adaptors and Innovators: A Description and Measure. *Journal of Applied Psychology* 61, no. 5(1976), p. 623.

战略领导实施的工具

为了实施战略，领导者确保他们为组织的追随者提供战略目标的"瞄准线"，这意味着组织的追随者明白组织目标又知道怎么样行动来实现战略目标。领导者创造环境，而这个环境决定人们的理解和实现战略目标的责任。

1．创造持续沟通

领导者必须传达战略，这样会使整个组织可以不断地理解和吸收。

一个战略思想家说有效的战略执行的要求你"沟通 21 次"。当你觉得"谈论策略的时候大脑都已经麻木一般的无聊"时人们会认真对待它，感觉有自信去实施它。

2．解释原因

领导者要给组织的追随者解释为什么让他们做现在所做的事情。追随者们忙着做组织的日常工作，经常不从更宽广的角度去思考。领导者必须说服追随者去践行他的新理想和策略。

> **新领导行动备忘**
>
> 战略管理是一个领导者最重要的工作，但领导者可能会表现出不同的有效战略风格。领导者自查 13.3 能让你通过将创新纳入领导战略管理的两种重要方法，确定你的优势。

第 13 章 创造愿景与战略方向

3. 解释新事物对每个人的意义

人们常常害怕改变，其中包括一个对新的战略方向。领导者可以预测人们的恐惧和问题——什么是对我的期望？我会不会失去我的工作？我的工作有职责和责任的变化吗？等处理组织追随者的疑问，可以让他们安心。此外，优秀的领导者会问人们的想法和感受。

4. 告诉他们什么是不会改变的

提醒员工公司的优势往往是一个好主意，哪一部分目前运行良好，以及哪一部分不会发生改变。当人们感觉周围的一切都在发生变化时，会比较难以接受更多新变化。领导者通过告诉人们什么是不会改变的来给人们一个"支点"。

遵循这些指南时，领导者可以确保平稳的策略执行。此外，一个新的策略是通过组织要素来实现的，如结构设计、支付或奖励制度、预算分配和组织规则、政策或流程等。领导者做出改变结构、制度、政策的决定等以支持公司的战略方向。例如，在 Home Depot，首席执行官弗兰克-布莱克（Frank Blake）放宽规则，修改程序，并将奖励制度强调在优质的客户服务来支持战略，把 Home Depot 带回到它的本源，即不仅提供产品，同时也提供帮助和信息。布莱克出售大批批发住房供应单位来投资"橙色围裙大军"和提高零售店的客户服务。约翰·莱格尔（John Legere）是 T-Mobile 的首席执行官，实现了降低成本战略来提高效率，并且将资金自由化来投资于能够帮助美国第四大无线供应商获得更多客户以及更有竞争力。莱格尔去掉了在公司办公室里的免费苏打水，安装了自动售货机，减少了基于业绩的加薪，并且结束了为长期员工提供免费电话的项目。

作为战略决策者的领导者

领导者每天都要做决定——有的大有的小——来支持公司战略。图 13.7 提供了一个领导者如何进行战略决策的简化模型。其中两个维度是一个特定的选择是否会对生意产生大或小的战略影响，以及这个决定的执行是否有难度。有着较大战略影响力并且易于执行的变革是领导者的第一选择。例如，富士胶卷公司（Fujifilm）CEO 重孝小森（Shigetaka Komori）和其他领导者都看到数字时代的来临，而他们的公司必须变革才能获得生存。简单的方案就是开始减少投入在胶卷行业的资源而转向数字摄影方面。这一变革会有极大的战略影响力，但是又相对容易执行。

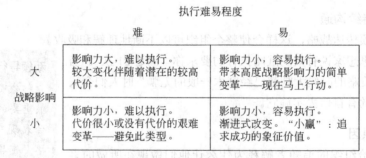

图 13.7　制定战略决策

资料来源：Amir Hartman and John Kador. *Net Ready: Strategies for the New Economy*. New York: McGraw-Hill, 2000, p. 95.

然而，某些战略决策执行起来却更加困难。例如，维持收入和追求增长意味着富士胶卷需要找到新的业务领域或通过并购来成长事业。后者的方法可以代表混合生产过程中难度较高的会计程序、企业文化，以及其他方面使组织成为一个有效运作的整体。重孝小森和其他领导者投入资源到研发开始发展新的业务，现有的技术，包括用于液晶显示器和电视机的薄膜，甚至化学物质的化妆品、药品和保健品。

这最后的努力最终引导他们开始收购卫生保健公司，如药物制造商富山化学公司和美国的医疗设备制造商 SonoSite 公司。然而这些决定是高风险的，潜在的影响也是巨大的。尽管有风险与困难，领导者还是要发起重大变革，因为潜在的战略回报是很高的。例如，在富士公司，医疗操作是整体业务中发展最快的一部分。

领导者有时会追求有着较小战略影响但相对容易执行的行动。改进工作流程、产品或技术等就是典型的例子。随着时间的推移，不断地改进能够对组织产生重要作用。此外，小的变化可以象征着在组织里面的人的进步和成功。速度、鼓舞士气、非常明显的改善，使人们致力于发生大的变化，或让追随者关注愿景可能是对领导者是最重要的。例如，一个采购部门要重新设计采购流程来提高效率和改善与供应商的关系管理。他想要个征用和发票在几天之内处理件事情，而不是需要好几个星期来完整这个事情。员工怀疑部是否能满足新标准，并指出一些目前等待需要近两个月来处理的发票。经理决定在全部文件流程及员工税方面做一些简单的修改，以使部门能够审查所有旧发票以保证没有超过一周的发票。这一"小改进"不仅活跃了员工，还帮助他们将注意力放在了更大的目标上。积极乐观的态度使较之更大的变动实行起来更为平稳。

在图 13.7 所展示的最后一种就关系到那些既难于实行又有十分微小的影响的改变。在这个种类里，关于一个决定的例证便是由一家非常成功的服装邮购公司的新管理实施团队所做出的尝试。在这个例子中，决定的做出并非为了提供一个全新的战略方向，而仅仅为了尝试一种管理新趋势——即在团队被最终解散之前消耗了组织大量时间、财力以及员工诚意的一次惨痛失败。有效领导者试着避免做出在该种类中会失败的决定。

尽管优秀的领导者需要积极地影响到每一个人，然其最终还是有义务通过远见及战略建立方向。当领导者不能提供方向时，组织就会困难重重。为了保持组织竞争力，领导有意识地采纳一个被聚焦的愿景及战略将确保每个人的活动都能驱使组织向着正确的方向运作。

本章小结

- 领导者通过愿景及战略建立组织方向。他们有义务去了解组织环境，考虑未来变化，设定一个让人信服的方向。共同愿景是一个充满吸引力的理想未来，具有可信度却又不能一蹴而就。当领导者将其愿景与战略行动相结合时他们将为组织带来真正的改变，故愿景绝非仅仅是一个梦想。优秀的组织表现与幸运无关，它取决于领导者所做出的决定。

- 一个清晰有力的愿景关系到现在和未来，它将活跃员工，使之集中注意力，并能给予人们一幅振奋人心的急于向自己承诺的未来蓝图。愿景亦能使工作更有意义，通过呈现出一个迫使所有员工竭尽所能的挑战来建立优秀标准。

- 使命包括公司的核心价值及其存在的核心目的及存在意义。愿景会变化，而使命是持久的——就像公司持久的品质一样。有效的领导者会制定出一个既能激励员工，又有助于组织保持其竞争优势的宏伟目标。为了制定出能够帮助员工发现其工作意义的目标，领导者可以在四项基本理念中做出选择，并以之为目标基础，这四项理念分别是：探索发现、追求卓越、利他主义和英雄主义。

- 战略管理是把愿景和使命转变为行动的严谨工作。战略是行动总规划，包括资源配置及其他应对环境、帮助组织达到目标的活动和愿景意义，战略也会变化，但成功的公司的战略注重核心竞争力，发挥协同作用，为客户创造价值。战略通过体制和结构得以实施，而结构是组织如何完成事情的框架。

问题讨论

1. 一位管理咨询者曾说过，战略领导者应关心愿景及使命，战略管理者则应多关心战略。你同意这种说法吗？请讨论。

2. 愿景可应用于个人、家庭、大学课程、职业，抑或房屋装修。现在请思考一件你关心的想要让未来变得与众不同的事，然后描述出一个愿景。

3. 如果你供职于一家对未来有着宏大愿景的公司，如亚马逊、谷歌，那么与供职于一家毫无愿景的公司相比，它将给你带来什么样的影响？

4. 你同意自我参考原则吗？换言之，你相信如果人们了解组织未来发展方向，他们就会做出支持组织期望结果的决定吗？

5. 愿景包含了过程和结果。这句话该如何理解？

6. 有很多愿景被写下来挂在墙上。你认为这种愿景有价值吗？若要在每个人心中留下愿景的印记，我们需要些什么？

7. 你认为大多数员工都了解他们公司的使命吗？请为领导者能够在组织内外与员工关于公司使命建立有效交流提供一些建议或意见。

8. 你认为每个组织都需要一个宏伟目标以在长期内获得成功吗？请讨论并列举一个能够反映本章中所描述的高尚目标的组织。

9. 有效的领导者既需要战略愿景，又需要战略行动。你认为你更擅长哪一个？为什么？

10. 既然愿景很重要，为什么当组织面临困境时，新任 CEO 会因注重规划组织的愿景而遭到分析家和评论家的批评？请讨论。

现实中的领导

未来设想

现在想一想你在生活中遇到的问题。不管它是你在学校、家或是单位遇到的，只要你愿意去解决就可以。请用简短的语言将事件总结记录在下方。

_____

_____

现在为上述具体问题对下列问题做出简短回答。（请勿提前浏览下一环节的四个问题。如果能按顺序浏览问题，该练习将更加有效。）

1. 为什么我会遇到这个问题？

2. 是什么导致了这个问题的产生？

3. 什么阻止了解决方案的实施？

4. 我能够解决该问题的可能性有多大？

5. 在你回答完上述四个问题之后，请写下你对该问题的感想。

现在，对于同一个问题，请写出下列四个问题的答案。

1. 除了这个问题，我真正想要的是什么？（你的回答等同于你期待的未来结果。）

2. 我将如何得知已经实现了这个未来结果？（我将看到、听到、感受到什么？）

3. 为了追求这个未来结果我需要哪些资源？

4. 我所能采取的实现该结果的第一步是什么？

5. 在你回答完上述四个问题之后，你对该问题做何感想？

_____

_____

人类大脑在聚焦问题错误诊断方面很有效率。最先提出的四个问题映射了一种被称为"问题聚焦思考"的方式。

之后提出的四个问题映射了一种与之不同的被称为"结果导向思考"的方式。其主要将注意力放在未来结果和可能性上，而非导致问题产生的原因。大多数人在回答完四个问题后都感觉比回答前四个问题时拥有更加积极的情感，更富创造力的想法，看待问题也更为乐观。一个愿景需能激发创造力并能激励人们前进，将大脑转向未来正是利用了与之相同的力量。未来思考是将未来愿景放在一个小规模，每日任务上。

课堂活动：当每个学生都选择一个问题，然后互相采访各自的问题时该练习将非常有效。学生应配对练习———一个扮演领导者，另一个扮演下属。下属先描述他/她的问题（一分钟），然后领导者简单地提问前四个问题（将每一个"我"都替换为"你"）并听其作答（四分钟）。之后两个学生可以交换领导者/下属角色并重复上述过程。指导者可以引导学生关注他们在回答四个问题时的感受。

随后，可以引导学生去寻觅一个新的伙伴，配对后再次进行领导者和下属的演练。下属将讲述正如先前对领导者所言的同样的问题，但是这一次领导者会提问后四个问题（结果导向思考，再次变换每一个"我"为"你"）。下属回答完四个问题后，互换角色重复上述过程。然后指导者可以要求学生关注他们在回答这四个问题时，与前四个问题相比不同的感受。一般反响都是正面的。对学生而言关键问题是要思考：与前四个问题导向型问题相比较，未来结果型问题如何影响着你解决问题的创造性想法？作为一名领导者，你能否在日常生活中利用未来导向型问题来塑造你的想法以及其他关于更多创造力问题解决的想法呢？未来导向型思考是一种有力的领导工具。

资料来源：Robert P.Bostrom, Victoria K.Clawson of Bostrom and Associates, Columbia, Missouri. A write-up appearing in *Inside USAA*, the Company newsletter of USAA (September 11, 1996), pp. 8-10; and Victoria K. Clawson and Robert P.Bostrom. Research-Driven Facilitation Training for Computer-Supported Environments. *Group Decision and Negotiation* 5 (1996), pp. 7-29.

领导力开发：案例分析

新 博 物 馆

近期完工的收藏中央城市博物馆展览品的新建筑坐落于一所私立大学的校园旁。新建筑资金来自当地捐赠者的丰厚赞助。该大学提供了土地，并提供每年的运营开销，而该博物馆为学生教育提供资源作为回报。

管理董事会的计划委员会雇用了两名商科学生来采访各利益相关者有关该博物馆的未来发展方向，以及与该大学的新型关系。这次采访会以面对面的形式进行，并且看起来大家都很感兴趣并乐于提供意见。采访的一些节选在下面列出。

一位重要的捐助者说:"我认为这个博物馆应该是一个重要的社会资源。我的妻子和我捐助它是希望这个博物馆能够提升附近公立学校的参观人数。尤其是服务于市区那些无法参与艺术展览的孩子们。我们没想让博物馆盈利或者成为杰出的,我们只是想更好地造福当地人。"

一位学校管理员说:"非常重要的一件事就是让博物馆的现代展览能够吸引大学生和社区的成年人,并且提供新的视野和近期大事的评论。我们将会更加关注那些暂时有争议的展览,像伊斯兰教的艺术,和能够吸引拉美裔或非洲裔美国人。这种方法最终会为博物馆带来更多旅客游览量,它还可以节省行政经费和带来更多的展览物品。"

艺术史系的领导者说:"关于博物馆最关键的一件事就是没有更多的艺术资源或者财政资源来支持博物馆服务更多的人。这是一个将博物馆与教育场所融为一体的好机会。在这里不论是本科生还是研究生都能受到艺术和艺术史的教育。我们还会和工程技术系、考古系、人文艺术系的学生一起合作完成。这是一个非常独特的机会,可以将我们的艺术史教育与国内其他院校区分开来。"

一个艺术史系的教工说:"博物馆的最佳利用方法是用来专注于艺术史博士级别学生的培训,以及帮助学术研究。我强烈建议博物馆专注于研究生的教育,因为这能提高本校在全国的知名度。研究生们将会更多考虑展览的内容是否能够应用于他们的研究。如果过度专注于将博物馆推向学校或者社会群体将会浪费我们现在的资源。对于全国其他院校来说,我们的博士学生会被认为是相对落后的。"

你获得这次访谈的以上信息是因为你被邀请来接受博物馆馆长一职的面试。前任馆长退休了,新任馆长需要负责完成募集资金以及完成新大楼的建设任务。你需要思考如果你得到这份工作,你会怎么做。

问题:
1. 你个人觉得中央城市博物馆的使命是什么?作为一个领导者,你将如何去执行你的设想?论述并解释。
2. 你将如何去处理其他利益相关者提出对于博物馆的不同意见和定位?
3. 你将会具体采取什么措施去执行你的使命?请详细论述。

空想的领导者

弗兰克·科尔曼(Frank Coleman)开始在高科飞机结构公司(Hi-Tech Aerostructures)担任总裁时,大多数经理和员工充满希望并倍感激动。高科飞机结构公司已经成立50年了,是一个生产飞机零部件的家族式制造公司。公司创始人兼所有者一直担任总裁,直到他的健康出现问题。他觉得需要来自公司外部的人带来一些新鲜的想法。确实如此。在过去的几年里,该公司一直步履维艰。

科尔曼虽然来自一家规模较小的公司,但他完全有资格在先进的飞机技术行业成为领导者。他的愿景是准备将高科公司发展成世界级水平的制造工厂。除了推行前沿技术之外,同时还整治困顿风气、家长式的管理方法,使企业更具有生机而员工们也更加有活力、适应性更强,并且授权给员工,使他们工作更积极,更有责任感。在多年重复按照旧的模式工作后,副总裁大卫·迪康(David Deacon)对于改革非常欣喜也对新总裁任命他负责整个改革事项感到非常激动。

迪康和他的同事花了很多时间与科尔曼一起讨论，倾听他对公司长远规划的建议。他确保整个团队是由他自己来作为最高负责人，同时他还鼓舞团队士气，告诉他们说，他们现在做的是一件非常伟大的事情，可能不仅仅是帮助公司，甚至可能是为整个飞机制造行业带来革新。同时，小组精心制作了许多关于愿景的表述，然后分发给所有员工并张贴到整栋楼的每个角落。在午饭时间，咖啡厅里也都贴满了这些标语。当这位年轻新潮的总裁一如既往地出现在咖啡厅时，几乎就像一位摇滚歌星走了进来。

在这个团队和科尔曼的第一次会议上，迪康陈述了一些他们所想到的主意，解释了革新让公司进入 21 世纪所带来的优势。然而，好像没有任何观点打动科尔曼，他觉得这些方法要么太传统要么太复杂。在离开科尔曼办公室之后的 3 个小时里，小组回去开始制作新的画报。听了科尔曼可能会改变整个行业甚至整个世界的总结后，每个人都更有激情了。

第二天早上，科尔曼叫迪康来他的办公室谈话，并阐述了他自己对于这个计划的全局思想。"不错"，迪康如是说，然后他带着笔记回到了团队。激动地对成员说："我们可以将这些广阔的理念变成现实。"在接下来的几个月里，这个团队的工作总体上充满活力，激励人心。当科尔曼来参加会议时，他能够对许多明确的细节和目标提出修改意见，随之改革计划逐渐初现雏形。当这个团队将最终的修订版给所有的同事和外部顾问寻求反馈意见时，几乎都得到了肯定。

这个计划在星期三的早晨上交给了科尔曼。当迪康在周五下午仍然没有听到任何消息时，他开始有些担心了。他知道科尔曼会因为照顾那些大客户而很忙碌，但是这位总裁已经说了他会尽快给予反馈。最终，在下午 6 点，科尔曼叫迪康去他的办公室。"很抱歉，恐怕我们不能按照这个计划来执行。"科尔曼说，随手将这个花费了整个团队几个月的工作成果扔在了桌上。"它，嗯，对于公司来说不是正确的方法。"

迪康一下子懵了，而当他宣布这个消息时，整个团队也是如此。除此之外，这也意味着整个计划要重新开始。在咖啡厅的谈话现在仿佛更像是一个发牢骚的地方，因为这相当于对公司的推动没有任何帮助。然而，科尔曼向团队保证，他改革的决心并没有变。他们只是需要改变一下方向。迪康请科尔曼参加他们的会议也帮助他们把握团队的方向。在将近一年之后，团队在等待科尔曼对于修订方案的建议。

科尔曼周五晚上在家给迪康打了个电话。"让我们在周一的时候碰个面，"他说，"我认为这个计划有些细节需要进行些微调整。尽管我们或多或少已经找到了正确的方向。"迪康放下电话的时候特别想哭。所有的时间和工作，他知道他只能寄希望于周一的早上了。科尔曼将会提出他的观点然后让团队重新来过。

问题：
1. 你怎么评价科尔曼这种空想式领导者的效率？请讨论。
2. 你会把科尔曼归为图 13.1 中的哪种领导类型？迪康呢？
3. 如果你是迪康，你将会怎么做？

资料来源：The Vision Failed. Case 8.1 in Peter G. Northhouse, *Leadership —Theory and Practice*, 2nd ed. (Thousand Oaks, CA: Sage Publications, 2001), pp. 150-151; Joe Kay. My Year at a Big High Tech Company. *Forbes ASAP* (May 29, 2000), pp.195-198; Digital Diary (My Year at a Big High Tech Company). http://www.forbes.com/asap/2000 (accessed November 19, 2000); and Digital Diary, Part Two: The Miracle. *Forbes ASAP* (August 21, 2000), pp.187-190.

塑造组织文化和价值观

你的领导学挑战

读完本章之后,你应该做到:

- 理解为什么塑造组织文化是领导的重要职能之一。
- 了解适应性的组织文化相对于非适应性的组织文化的特点。
- 认识到如何通过同时关注价值观和结果来建立高绩效文化。
- 了解和学习领导者如何通过庆典、故事、象征符号、专用语言、选拔、社会化、日常行动来塑造文化和价值观。
- 识别与适应能力、成就、参与和一致性文化相联系的文化价值观,以及与上述因素相联系的环境条件。
- 成为一名道德领导者,逐渐在组织文化上建立道德价值观。
- 运用精神领导的原则,帮助人们寻找更深的生活意义,工作中找到归属感。

章节大纲

- 组织文化
- 文化强度、反应性文化和绩效
- 文化领导
- 采用竞争价值观塑造组织文化
- 组织中的道德价值观
- 基于价值观的领导

前沿领导者

- 弗林特·里,比尔斯特
- 门罗创新公司

亚伦·莱维,Box

哈佛商学院,哥伦比亚大学商学院,耶鲁大学管理学院,沃顿商学院

吉姆·塞内加尔和克雷格·耶利内克,好市多公司

领导者自查

- 在反应性文化中工作
- 文化倾向测试
- 你对精神方面有多重视?

领导者书架

- 《我很幸运:谷歌的 59 员工自白》

现实中的领导

- 言行一致

领导力开发:案例分析

- 文化冲突
- 5 star 电子公司和 Amtech 电子公司

在陷入破产之后,通用汽车公司不得不依靠美国政府来摆脱困境。令人惊讶的是,通用汽车居然在 2011 年就重新获得了世界最大汽车制造商的地位。大家都称赞公司领导者能够做

出明智决定，带领公司获得令人惊喜的收入，并引进新的受顾客欢迎的车型，以及解决了各种运营及系统问题。"我们从困难重重回到了顶端，"首席执行官丹·阿克森（Dan Akerson）说道。不过，有一个领域，埃克森和其他领导者承认显著的挑战依然存在：改变公司的官僚主义和传统文化，这也是使该公司陷入破产泥潭的原因。正如其他公司的领导者，通用汽车的高管们发现，改变文化是领导转变的最困难部分。阿克森的目标之一是让更多的女性进入高管职位，部分原因在于他相信他们可以引导公司进行亟须的激烈的文化变革。

他开了个好头。汽车行业一般是男性占主导地位，没有比创造和设计新汽车更男性化的工作了。阿克森选了谁当产品开发部的负责人？一个女性，而且，还是人力资源部的前负责人！玛丽·巴拉（Mary Barra），曾在该公司的各个岗位共工作了32年。她是目前全球汽车行业中职位最高的女性，并且正在从最根基的地方着手改变受规则约束，运行不畅的文化。作为人力资源总监，她将公司着装要求简化为一句话：着装得体。如果她在产品开发的新职位能够提出相似的政策来加快决策速度，通用汽车就有机会再创佳绩。

在前面的章节中，我们谈到了创造激励性愿景及制定相应的策略来推动其实现。成功的领导者认识到，文化是推动组织实现战略目标和实现愿景的核心要素。领导者可以影响组织文化，塑造对员工士气和工作表现有决定作用的组织环境，使员工的立场和组织愿景保持一致。

本章将探讨领导者在塑造组织文化和价值观的作用。大多数领导者认识到，文化是吸引、激励和保留优秀员工的重要机制，也是展现组织整体优势的最佳能力。一项针对加拿大500强公司的调查显示，领导者中82%的人认为文化对他们公司的业绩有很大的影响。一项长期研究发现，从几个主要的财务业绩指标来看，具有较强文化的组织与文化薄弱的组织相比，取得的业绩要高出一倍。在另一项加拿大的研究中，积极文化排名前10位的公司比加拿大60家最大的上市公司的三年平均营收增长率要高63%。本章的第一部分介绍了组织文化的特性及其对公司的重要性。之后我们将探讨共同价值观如何帮助一个组织保持竞争力，以及领导者如何通过影响文化价值观来创造高绩效。依据相应的组织情况，领导者会强调特定的文化价值观。本章的最后一节简要讨论组织中的道德价值观和精神价值观，以及以价值观为基础的领导者如何塑造企业的文化氛围。

14.1　组织文化

企业文化是强大的，因为它影响到公司的表现，是更好或更坏。一些蓬勃发展的公司，如谷歌、西南航空和苹果往往将它们的成功归咎于它们的领导者创建的文化。本章的领导者书架提供了了解谷歌公司文化的信息。另外，文化功能失调或错误的文化价值被指责为许多问题的根源，像贝尔斯登（Bear Stearns），移动研究公司（Research in Motion，曾经无处不在的黑莓手机制造商），以及柯达公司（Kodak），该公司的小黄包胶卷曾经一度主导了整个摄影行业。变化的环境往往要求新的价值观和新的方法来做生意。大多数领导者现在意识到，当公司的文化适应外部环境和企业战略的需要时，员工可以创建一个很难被击败的组织。

领导者书架

《我很幸运：谷歌的59员工自白》

道格拉斯·爱德华兹

当道格拉斯·爱德华兹跳槽到一个新兴网络公司来做市场品牌总监时，他的薪水比以前公司还要低，当时他不会想到原来自己闯进了有史以来最成功的科技公司之一。同时他也发现自己闯入了一个不适合常规的企业文化。爱德华兹是搜索引擎公司谷歌聘请的第59名员工，在公司里待了7年，并且写出了《我很幸运》一书来描述早期在谷歌工作的感受。该书同时为我们提供机会了解该公司有趣而又和睦的独特公司文化。

非传统公司

创始人谢尔盖·布林（Sergey Brin）和拉里·佩吉（Larry Page）对于招聘是十分挑剔的。他们希望招到的人具有"谷歌风格"，这意味着他们不是太传统或囿于其他公司的方法。以下是爱德华兹书中的花絮，反映了布林和佩奇建立的文化。

质量和创新最重要。

爱德华兹将"传统智慧"带到谷歌的工作中，并在早期的一次介绍中说道："在一个所有搜索引擎都相似的世界里，我们需要依赖将我们与对手区别开来的推广方案。"房间里变得死一般寂静，之后拉里说道："如果我们不能依靠品质去获胜，我们根本就不该获胜。"这种文化鼓励人们每周花费20%时间在与主任务无关的工作上。这种对创新的注重是公司早期的一些产品盈利很高的主要原因，例如，Gmail。

平等沟通。

布林和佩奇维持了一种平等的结构，并且鼓励人们直接和高层沟通想法。被该公司雇用并不容易，可是一旦成为公司的成员之一，即使是最新的员工（被称为"Nooglers"），如果他们有很棒的数据支持他们的提议，他们也可以影响重大的决策。

没有耐心是一种美德。

谷歌是要"向前奔跑，在一代内重塑世界"，爱德华兹写道。Google员工的工作时间更像是高压下的研究生院日程安排，有时甚至会彻夜解决问题。佩奇和布林鼓励人们去挑战所有的假设并将所有的问题视作可解决的。

我们会让你毫无后顾之忧地工作。

谷歌的豪华福利十分有名，公司在成立初期就提供全方位服务的厨房、免费午餐、点心房、健身和瑜伽设施、现场按摩服务、免费洗车等。创始人愿意提供非同寻常的支持来获得员工的全面投入。

当然还会有趣味和游戏。

在谷歌成立初期，经常有即兴曲棍球比赛、停车场的超级打水仗，以及传说中的酒吧里举行的 TGIF "员工会议"。当人们在一次激烈的争论（常常发生）之后，他们需要驱走这种彼此之间的紧张感，可以互相挑战视频游戏死亡的比赛。《我很幸运》描述了这家公司的气氛可以活泼也可以严肃，但总是不同寻常。

资料来源：Douglas Edwards. *I'm Feeling Lucky: The Confessions of Google Employee Number 59*. Houghton Mifflin Harcourt.

14.1.1 什么是文化？

有些人认为文化是组织的特性或个性。当进入某个组织时，你所看到的或感觉到的就是其组织文化的展示。例如，当你去参观埃克森美孚公司的总部时，迈进门的那一刻你便会感觉到一种正式的氛围。大多数员工都身着商务服装，办公桌整洁有序，公司上下充满了竞争的氛围，行事时都会用严谨的方法进行分析。"他们工作可不是寻找快乐，而是会用谨慎的方法进行分析，"一位石油行业分析师说道。然而在 Zappos 这样以快乐为核心价值观的公司，员工们可以穿牛仔裤和运动鞋，嘴唇或鼻子上带有运动时受的伤，桌子上放着空比萨盒、咖啡杯和饮料瓶。这两家公司都非常成功，但潜在的文化有很大的不同。

> **文化**
> 一套关键的价值观、假设、理解和规范，它被组织成员共享，而且被当作正确的东西教给新成员。

文化可以定义为一套关键的价值观、假设、理解和规范，它被组织成员共享，而且被当作正确的东西教给新成员。规范是共享的标准，它规定了一群人中被接受的、理想的行为。从最基本的层面来看，文化是一种共享的假设、信仰模式，限定了人们在某个组织中应该如何行事。当组织成员应对内忧外患时，就形成了共享的假设和行为规范，并以此教会新成员在遇到相关问题时用正确的方式去思考、感觉和行动。

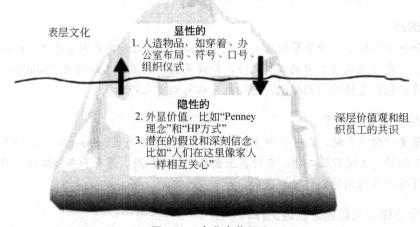

图 14.1 企业文化层次

企业文化可以被认为包括三个层次，如图 14.1 所示，每个层次之间的界限已经变得越来越不明显。表层水平是可观察到的人造物品，如穿着式样、行为模式、符号、组织仪式及办公室布置等，即组织成员可以看到、听到和观察到的一切东西。我们可以拿约翰·刘易斯（John Lewis）这家成功的英国零售商为例，来观察一下文化的可视部分：在约翰·路易斯工作的人通常比业内其他公司的人年龄要大，而且他们被称作"合伙人"而不是"员工"；所有人共享公司的利润，每个人在公司的经营方面都有发言权；公司领导者的办公室入口一点也不奢华，都是精小实用性的；每家店铺都展现出简约、平和、有序的风格。而较深层次的文化则体现为那些表述出来的价值观和信仰，人们无法直接观察到它们，但能从对自身行为的解释中觉察出来。这些都属于组织成员有意识保持的价值观。例如，约翰·刘易斯合作伙伴有意识地指导，他们的公司文化高度重视可靠性、服务和质量的产品并为此提供丰厚的奖励。

> **新领导行动备忘**
> 作为领导者，你应该重视公司文化，并充分意识到文化价值观、规范和信仰会如何影响组织成员的行为。

有些价值观深植于组织文化中，组织成员可能意识不到它们的存在。这些基本的、潜在的假设是文化的精髓。在约翰·刘易斯，这些假设可能包括：（1）该公司关心员工，也同样希望他们关心客户；（2）员工个人应该为自己着想，做他们认为是正确的，以提供卓越的客户服务；（3）信任和诚实是成功的商业关系的重要组成部分。这类假设一般在开始时仅是一些表述出来的价值观，但随着时间的推移，他们深深植根于文化中，受到的质疑也越来越少。组织成员常常将他们的存在视作理所当然，而且通常意识不到这些指导着他们的行动、语言和社交活动的假设。

14.1.2 文化的重要性

当人们成功时，那些帮助他们的成功的思想和价值观会被保留下来或成为制度，或成为组织文化的一部分。文化赋予员工一种组织认同感，并使员工努力践行某些特定的价值观和处事方式。文化有两个重要的功能：（1）它将组织成员整合起来，使他们互相联系；（2）帮助组织适应外部环境。

内部整合

文化有助于培养员工的集体意识和明确有效合作方式。它指导着组织中日常的工作关系，决定人们在组织中如何进行沟通，确定可接受行为和不可接受行为之间的界限，还决定着组织中权力和地位的分配。文化可以让组织员工将一系列不成文的规定记在心中，而这些规则可以极大地影响员工的行为，进而影响组织绩效。思考下面这个案例，一家位于新泽西州的小型自动化和电子账单服务公司是如何利用文化来促进内部整合。

前沿领导者

弗林特·里，比尔斯特

在超过两年的时间里，比尔斯特（Billtrust）从 45 名员工成长到 145 名员工，日益增加的业务意味着会有更多的新人到来。这是好消息，但创办人弗林特·里（Flint Lane）要确保促进乐趣、坦诚沟通、团队合作，以及部门间互动的文化依然强劲。

比尔斯特一直有开放政策，鼓励人们拥有他们工作的所有权，并跟领导者讨论任何想法。随着公司的发展，领导者决定每月增加一个全体员工都参加的集体会议，它开始于上午 11 点 37 分，一个另类的时间，选择了让人们可以通过准时出现以展示他们对公司的优先考虑的这样一个时间。在这些会议上，领导者鼓励人们坦诚地提问问题，而他们则会开诚布公地回应。该公司还举办了一些全公司的活动，包括一年一度的团队乒乓球锦标赛，每年两次的保龄球锦标赛，并定期夏季野餐，各部门可轮流提供一个经同事评估过技能的"烧烤大师"。这些有趣的，有时又古怪的事件起到团结劳动力为一个团结的整体，加强文化价值的作用。正如一位新员工说的那样，"其他人都为我提供了一份工作，但比尔斯特让我成为了公司的一部分"。

许多组织，如比尔斯特，要鼓励团队合作、协作和相互信任的强烈文化。在信任的环境中，人们更容易交流思想，勇于创新，并慷慨地分享自己的知识和才能。

外部适应。文化也决定了组织如何满足目标和与外界沟通。正确的文化价值观可以帮助企业快速响应客户的需求和竞争对手的举动。文化可以鼓励员工致力于组织的核心目标、具体方向以及达成目标的基本手段。

"正确"的文化部分由企业需要面对的外部挑战来决定。文化应体现该组织在其环境中成功所需的价值观和推测。例如，如果成功的竞争环境需要速度和灵活性，文化应体现支持适应性、跨部门的协作并快速响应客户需要或环境变化的价值。当郭士纳（Lou Gerstner）在1993年接任 IBM 的首席执行官的时候，它濒临破产的部分原因是"近交和内生"文化导致决策放缓和错过适应快速变化环境的机会。郭士纳早期采取的一个方案是改变会议举行的方式。为了增加对话的价值和共同决策的价值而不单纯是演讲，他限制同一份报告的幻灯片数目在 5 张以内。到郭士纳已经离开近 10 年之后，IBM 有一个新文化，即人人都知道他们会因合作和快速完成工作而受到奖励，而不是囤积信息制造令人印象深刻的演讲。

所有的有效文化鼓励对环境的适应，以保持该组织的健康状态和盈利能力。"思考一下！"里的这篇文章凸显了个人学习和适应能力的重要性。就像人一样，组织文化需要成长和改变以迎接新的挑战。

思考一下！

这是你的任务

1. 你将拥有一个躯体。你可以喜之也可以恶之，但它毕生都会属于你。
2. 你将接受教育。你入读了一所叫作"生活"的大学的全日制非正式学校。在学校的每一天你都将接受教育。你可以爱你所爱或者视之无聊而又毫无裨益。
3. 没有过失，只有教训。成长就是反复"尝试—犯错"的渐进过程，或者说是实验。那些所谓"失败"的实验和最终"奏效"的实验一样重要，都是这个过程的一部分。
4. 同样的教训会不断重复直到你真正领悟为止。同样的教训会以不同的形式不断出现在你面前直到你学会为止。而一旦你学会了，就会马上进入下一课的学习。
5. 学无止境。生活的每个部分无不包含可学之处。只要活着，你就学无止境。
6. 没有什么比所拥有的好。当你终于拥有了不曾拥有的东西，你只会发现自己又在向往别的东西，它们看起来总比你拥有的东西要好些。
7. 他人只是你的镜子。不要去爱慕或憎恶别人的品性，除非这些品性在你自己身上也能找到，而你以同样的态度处之。

8. 要过怎样的生活由你做主。你掌握着一切你所需的工具和资源，怎么用全由你做主。决策权在你手中。

9. 生活的答案皆藏心中。你只需观察、聆听和信任。

10. 你认为你能或不能，无论在哪种情况下你都是对的。思考一下。

14.2 文化强度、反应性文化和绩效

文化强度是指员工对特定价值观和行为方式重要性的认同程度。如果组织中存在广泛的共识，那么文化就是强大且富有凝聚力的；如果组织中仅有少数人达成了一致，那么文化就是软弱无力的。然而，强大的文化带来的影响并不总是积极的。有时强大的文化会促使形成错误的价值观，并对组织和成员造成伤害。想想贝尔斯登公司，为了追求最大的利润，它奉行一种强大且极具竞争性的文化。这种文化把一切推向极限，只要员工能为公司赚钱，领导者就采取放任自流的态度，这导致越来越多的冒险甚至不道德行为的出现。贝尔斯登破产后，公司被摩根大通部分收购。然而已经习惯了贝尔斯登"冒险"文化的某位员工在为现任雇主摩根大通工作时，感到难以适应新公司重视责任和义务的文化。

> **新领导行动备忘**
>
> 作为领导者，你可以通过展示对客户和其他利益相关者的关心并且通过支持员工和带来有利变革的项目来建立反应文化。为加强你对反应性文化和反抗性的理解，请完成领导者自查14.1。

因此，虽然强大的文化能增强员工凝聚力和对价值观、目标和战略的责任感，但是组织有时也会出现一些不道德的或对组织不利的价值观，因为它们不适应环境的需要。哈佛大学对200多家公司的文化进行了研究，发现强大的公司文化并不一定能确保成功，除非这种文化同时鼓励公司积极健康地适应外部环境。一种强大但不鼓励与外部环境相适应的文化与一种软弱无力的文化相比，前者会对组织产生更为严重的破坏。

14.2.1 反应性文化

文化分为反应性和反抗性两种。如表14.1所示，和反抗性文化相比，反应性的组织文化有很多不同的价值观和行为。在反应性文化中，领导者关心客户、关心内部员工、关心组织流程及那些能带来有用变化的程序；而在反抗性文化中，领导者只关心自己或自己的特殊项目，他们的价值观取向不鼓励冒险和改变。因此，只有强大的文化是不够的，因为不健康的文化可能会导致组织朝着完全错误的方向发展，而健康的文化则能帮助组织适应外部环境。

> **文化强度**
>
> 文化强度是指员工对特定价值观和行为方式重要性的认同程度。

组织文化也许不会总是和外部环境的需要保持一致。价值观和行事方式可能只反映出那些过去发挥过作用的方面。这种理想的价值观和行为与实际之间的差距就是所谓的文化缺口。许多组织都有某种程度的文化缺口，不过领导者经常意识不到这点。将文化朝着更具适应性的价值观方向转变的一个重要步骤，就是要在人们坚持

> **文化缺口**
>
> 文化缺口指的是理想的价值观和行为与实际之间的差距。

错误价值观或没有努力奉行重要的价值观时察觉到这些情况。

文化缺口可能十分巨大，特别是在组织兼并的情况下。例如，阿尔法自然资源公司（Alpha Natural Resources Inc.）在收购了梅西能源公司（Massey Energy Company）之后，在融合两家公司的文化方面遇到了困难。梅西控制的西弗吉尼亚州的一处煤矿曾在 2010 年发生爆炸，29 名员工被炸死。阿尔法 CEO 凯文·克拉驰菲尔德（Kevin Crutchfield）将安全看作核心价值观，并且他为梅西管理系统的员工安排了 400 节名为"正确运行"的培训课。"无论多少吨煤都不值得换来一场事故，一次伤害，更别提一条生命了，"他说道，"它只是一吨煤，如果我们无法用安全的方式开采它，我们可以直接放弃。我想这与梅西员工习惯的方式有所不同。"

尽管兼并和并购是一种很流行的组织策略，但是这种做法很多都以失败告终。麦肯锡、合益集团等咨询公司所做的很多研究都表明，大约 20%被收购的公司在合并后出现了业绩下滑的现象。一些专家称，90%左右的公司合并都没有达到预期的效果。造成这种现象的原因之一就是整合公司文化十分困难。组织领导者应该谨记，人力资源系统，尤其是组织文化中的规范和价值观，既能带来，也能破坏组织的改革创新。在跨国公司之间或跨文化背景下发生兼并、收购时，整合公司文化会带来更广泛、更复杂的问题。

表 14.1 反应性文化与反抗性文化的比较

	反应性文化	反抗性文化
可视的行为	领导者重视所有支持者，尤其重视客户；为了满足他们的合法利益，领导者会根据需要进行改变，即使这些改变有一定的冒险性	管理者往往会表现出某种程度的保守性、政治性和官僚性，结果导致不能及时调整战略来适应或利用商业环境的变化
传达的价值观	领导者非常关心自己的客户、股东和员工；他们还极为重视那些能带来有用变化的人员和过程	管理者主要关心的是他们自己、他们直接参与的工作团体或与这个团体相关的一些产品（或技术）；他们不怎么注重领导创新，真正看重的是有序的、能减少风险的管理过程
潜在的假设	为整个组织服务，信任他人	满足自己的需求，不信任他人

资料来源：John P. Kotter and James L. Heskett. *Corporate Culture and Performance*. New York: The Free Press, 1992, p. 51.

领导者自查 14.1

在反应性文化中工作

说明：回想一下你曾经做过的一份全职工作。根据你对上级领导的感受来判断下面的描述，说明下列每个项目是基本符合还是基本不符。

　　　　　　　　　　　　　　　　　　　　　　　　　　　　　　　基本符合　基本不符
1. 我的上级很重视好的想法。　　　　　　　　　　　　　　　　　_____　_____
2. 我的上级对我这个级别的员工的想法和建议很感兴趣。　　　　_____　_____
3. 我的上级对于所提出来的建议有着公平的评价。　　　　　　　_____　_____

4. 我的上级并不期待我会挑战或改变现状。
5. 我的上级特别鼓励我为我所工作的地方带来改进。
6. 我的上级会根据我这个级别的员工提出的意见采取行动。
7. 当我解决了一些问题时，上级会给予我奖励。
8. 上级明确表示，希望我改善工作小组的工作程序和惯例。
9. 我能自由地向我的上级建议改变现行做法。
10. 我的上级不是很平易近人，因此好的想法难以很好地向上传达。

得分和解释

计算方法：对于第1、2、3、5、6、7、8、9题，如果你的答案是"基本符合"，那么每题得1分，如果是"基本不符"则不得分；第4、10题，如果你的答案是"基本不符"，那么每题得1分，如果是"基本符合"则不得分。将所得分数相加，你的总分为：_____。

反应性文化是由高层及中层管理人员的价值观和行为形成的。当管理者积极鼓励和欢迎下级员工提出的改革创新时，组织就会充满支持变革的价值观。上面的10个问题反映了你的上级对变革的开放程度，平均分是4分。如果你的分数大于或等于5，说明你工作的组织有较强的反应性文化价值观。如果你的分数小于或等于3，则代表该组织文化是反抗性的。

回想你的工作，你是否认为你测出的管理者对变革的开放程度与该组织的情况相符？为什么？将你的分数与其他同学进行比较，两人轮流描述一下为上司工作时的感受。你认为在工作满意度和上司对变革的开放程度之间有联系吗？哪些具体的管理层特征和公司价值观直接影响了这两家公司的开放程度？

资料来源：S.J.Ashford, N.P.Rothbard, S.K.Piderit and J.E.Dutton. Out on a Limb: The Role of Context and Impression Management in Issue Selling. *Administrative Science Quarterly* 43 (1988), pp. 23-57; and E.W.Morrison and C.C.Phelps. Taking Charge at Work: Extrarole Efforts to Initiate Workplace Change. *Academy of Management Journal* 42 (1999), pp. 403-419.

14.2.2 高绩效文化

在组织领导其中一个最重要的工作是创建和维持一个负责任的、高绩效的文化。大量研究发现文化会对绩效产生积极影响。詹姆斯·L. 赫斯克特（James L. Heskett）和约翰·P. 科特（John P. Kotter）在《企业文化与经营业绩》（*Corporate Culture and Performance*）一书中证实，同不重视文化的公司相比，注重对文化价值观进行管理的公司拥有更为出色的经营业绩。甚至美国政府也认识到文化和绩效之间的联系。美国联邦人事管理局（U.S. Office of Personnel Management）推出了组织评估调查，以帮助联邦机构对文化的各个层面进行评估，帮助联邦机构转变其价值观以创造出更高的组织绩效。

那些成功的公司中的领导者会同时注重文化价值观和经营业绩。图14.2展示了基于领导者对文化价值观和经营绩效的相对关注而产生的四种组织结果。例如，在图14.2象限C中领导者对文化价值观和经营绩效都没有重视，公司是不可能生存长久的。在象限D中领导者高度集中于创造一个强大的文化，但是却没有把价值与目标和期望的结果直接联系起来。

当领导者不把文化价值观与经营绩效联系起来，在困难时期价值难以对该组织有益。例如，在总部位于丹麦比隆的乐高集团（LEGO Group），由于儿童从传统玩具转向视频游戏导致该公司销售业绩一落千丈，该公司的命运几乎注定要完结。当时，乐高领导者反映了图14.2象限D的特征。想象力和创造力，而并非经营成果，是引导乐高前进的动力。大家的态度是，"我们正在为孩子做好的产品——不要拿财务目标来打扰我们。"一位新的首席执行官，约尔根·维格·纳斯托普（Jorgen Vig Knudstorp），用一个新的员工座右铭改变了公司文化："我在这里为公司赚钱"。领导者态度的转变对公司的营收成果以及价值观产生了深远的影响，并使乐高在玩具行业中成为最成功的公司之一。

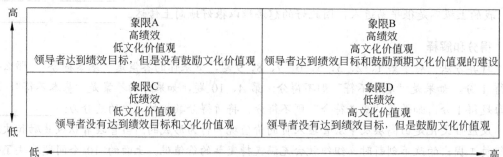

图 14.2　文化和绩效的结合

资料来源: Jeff Rosenthal and Mary Ann Masarech. High-Performance Cultures: How Values Can Drive Business Results. *Journal of Organizational Excellence* (Spring 2003), pp. 3-18; and Dave Ulrich, Steve Kerr, and Ben Ashkenas. Figure 11-2, GE Leadership Decision Matrix. *The GE Work-Out: How to Implement GE's Revolutionary Method for Business Bureaucracy and Attaching Organizational Problems—Fast!* New York: McGraw-Hill, 2002, p.230.

图14.2象限A代表了领导者的重点主要是营收成果，而并不太重视价值的组织。这种方法可能只在短期内盈利，但从长期来看成功是很困难的，因为使该组织凝聚在一起的"凝结剂"——即共同文化价值观却缺失了。想一想网上最大的社交游戏公司，成立四年的Zynga公司是如何因过于注重营收成果而导致组织受损的。Zynga在首席执行官马克·平卡斯（Mark Pincus）的带动下，创造了在2011年前9个月收入达到8.28亿美元的惊人记录，超过去年同期一倍多。Zynga还完成了雄心勃勃的盈利目标，这在互联网新创公司中很少见。伴随着这种类型的财务表现，有人可能会认为Zynga公司中的工作是愉快和令人满意的。但是每个游戏的开发团队，例如，开心农场（FarmVille）和城市小镇（CityVille），都面对着很紧迫的截止日期，并且常常会遇到极具挑战性的绩效目标。领导者强调绩效报告，毫不留情地合计数据，并利用数据降级或炒掉表现不佳的员工。公司很少关注将大家联系为一个整体的文化价值观。对于财务业绩的过度重视产生负面影响，人们开始表达他们的不满，抱怨工作时间过长和毫无人性的截止日期。"马克·平卡斯被看作是一个疯子，"一位业内分析师这样说。前员工讲述自己感情受到伤害的遭遇，包括平卡斯的爆发，高层领导者的威胁和同事情绪崩溃而大哭。如果不构建一个更为积极的文化，该公司的成功难以长久。到目前为止，已经有一些有价值的员工被人才稀缺的竞争对手挖走。

长期保持成功的公司拥有着符合象限B的领导者。他们高度重视文化和坚实的业务绩效，将其看做组织成功的推动因素。象限B的组织代表了高绩效文化，即（1）基于坚定的组织使命或目标，（2）体现了共同的引导决策和业务行为的反应性价值观，以及

高绩效文化
基于坚定的组织使命或目标，体现了共同的引导决策和业务行为的反应性价值观，以及鼓励每个员工同时享有营收成果和组织的文化支柱的价值观。

（3）鼓励每个员工同时享有营收成果和组织的文化支柱。

在象限 B 公司，领导者使价值观和公司的日常运行保持一致——雇佣政策、绩效管理、预算、晋升和奖励标准，所以他们可以向前发展得更好。例如，通用电气（GE）首席执行官杰克·韦尔奇（Jack Welch）使通用电气成为世界上最成功和最受尊敬的公司之一。他得此成功是基于以下方式，在评估和奖励全公司的领导者时，除了他们的"数据"之外，还会基于他们是否尊重公司的重要价值观。另外一个领导者将价值观和业务绩效联系起来的例子是门罗创新公司。

前沿领导者

门罗创新公司

理查德·谢里丹（Richard Sheridan）、詹姆斯·格贝尔（James Goebel）、罗伯特·希姆斯（Robert Simms）和托马斯·莫罗奇（Thomas Meloche）创立了为组织定制软件的门罗创新公司（Menlo Innovations），但他们的主要目标之一是创建一个独特的文化，包括平等、团队合作、学习和乐趣的价值观。这些创始人说，他们是受到 120 多年前新泽西州的汤姆斯·爱迪生的门罗公园，"发明工厂"中那种合作和创造性的工作环境而受到启发。

在许多软件公司，开发人员独自工作并且以满足严格的绩效目标作为动力，但在门罗，合作价值高于任何其他的东西。所有人都在一个开放的大房间里工作，没有任何形式的壁垒限制通信与信息共享。员工们成对工作，共享一台计算机，通过鼠标来回进行头脑风暴和解决问题。每两个人在一起工作一个星期，之后全部都会换新搭档。工作伙伴和任务的多元化有助于保持极高的能量以及为不断变化的项目带来新的观点。

门罗希望员工有好奇心，愿意学习，能够"与其他人相处很好"的品质。针对每个人的目标不是获得正确答案，做出正确连接，成为最聪明的或者是知道得最多的那个人，而是把搭档最好的一面激发出来。我们再来看一下门罗领导者雇用员工的方法。申请工作的人会被分配成两人一组并获得任务，他们被评估的标准是如何使同组的搭档表现出色。对于一些人来说这一点很难做到——使对手表现更好来获得你本想得到的工作。然而，在门罗，如果你不能这样做，你不会适应这里的文化——而文化很关键。无论谁说，"我是对的，所以让我们这样做"，都难以长期在这里工作。"长期稳定的合作意味着我们不断将知识转移给对方，"谢里丹说，"我使我的团队每天进步一点点"。门罗的文化是该公司的竞争优势，使其能够迅速适应不断变化的环境，满足不同客户的不断变化的技术需求，包括达美乐比萨（Domino's Pizza）、汤森路透集团（Thomson Reuters）、辉瑞（Pfizer）、全国金融（Nationwide Financial）和密歇根大学（the University of Michigan）。

在高绩效文化的公司，比如通用电气和门罗创新，领导者同时关心价值观和绩效表现。美国博思·艾伦咨询公司（Booz Allen Hamilton）和阿斯彭研究所（Aspen Institute）的一份针对企业价值观的研究发现，那些财务表现突出的公司领导者都极为重视价值观，并把价值观与自己的经营方式直接联系起来。

14.3　文化领导

只有当人们成为组织的一部分，并由他们来塑造和解释组织文化及其特征时，组织才会存在。也就是说，组织并不是客观实体；不同的人可能会以不同的方式来理解"组织"这一概念，并以不同方式把自己与组织联系起来。领导者则尤其需要形成关于组织的个人观点，并树立起能帮助人们实现组织使命、愿景和战略目标的价值观。因此，领导者会发布他们认为最有利于组织成功的某个观点和一系列价值观。如果领导者希望通过影响规范和价值观来推动高绩效文化的形成，那么他们采用的最主要方式就是"文化领导"。

文化领导者会定义一些信号和象征符号，并使用信号来影响企业文化。这主要体现在两个关键领域。

（1）文化领导者会清楚地阐明一个能让员工相信的有关组织文化的愿景。这意味着领导者会定义和传达一些能使员工相信并齐力支持的核心价值观，而这些价值观与该组织明确且让人信服的使命或核心目标有着紧密的联系。

（2）文化领导者经常留意那些有利于提升文化愿景影响力的日常行为。领导者要确保工作流程和奖励系统与价值观匹配，并能促进价值观影响力的提升。然而行动比语言更有说服力，因此文化领导者还要言行一致，说到做到。

对于组织的价值观，领导者每天都应率先垂范。在这方面，蝉联加拿大最受尊敬的企业文化之一的加拿大西捷航空公司（West Jet Airline）就是一个很好的例子。员工们（在希捷航空被称作"人们"）经常看到最高领导者将平等、团队合作、参与和为客户服务等价值观付诸行动。例如，每次航班结束时，所有的空闲人员，甚至包括CEO都会一起帮忙收拾垃圾。客户导向的员工拥有的是"指导方针"，而不是他们能为客户做些什么的规则，并且没有人曾经因为出于好意的错误判断而受到惩罚。例如，有一个新的登机检票员因一个较小的不便而给整机乘客免费券并因此被称为英雄。虽然领导教导过她要明白其行为对公司产生的影响，但她下次可能会做出一个低成本的决定。

如今的环境十分动荡，工作场所也在不断改变，要创建和维持一种高绩效的文化并不是一件容易的事。然而，文化领导者能通过他们的语言，尤其是行动，让每位组织成员了解什么才是真正重要的。他们运用一些特殊的方法，如组织的典礼、故事、象征符号、专用语言等来推广、宣传文化价值观。此外，他们强调对新员工进行仔细选拔，帮助其实现社会化，以此来维持强大的文化。或许最重要的一点是，领导者会通过自己的日常行为来体现他们希望在组织中逐步建立的文化价值观。

> **文化领导者**
> 定义一些信号和象征符号，并使用信号来影响企业文化。
>
> **典礼**
> 一项为特殊事件而筹划的、通常是从参与者的利益出发举办的活动。

14.3.1　典礼

典礼是一项为特殊事件而筹划的、通常是从参与者的利益出发来举办的活动。领导者可以安排一些典礼，并在典礼上提供生动的例子来阐释组织所重视的价值观，通过让员工共同参与重要事件而让他们建立一种相互联系，并对那些代表着组织重大成就的员工进行褒奖和表述祝贺。

典礼通常包括颁奖活动。玫琳凯可算是世界上最善于有效利用典礼的公司之一了，其领导者在每年一次精心安排的颁奖典礼上（玫琳凯称之为"研讨会"）给业绩突出的销售咨询师颁发奖品，包括珠宝、皮草和豪华汽车。在介绍那些最成功的咨询师时，他们采用了娱乐圈颁奖礼中提名候选人的方式——用大屏幕播放候选人的电影或视频片段。这些典礼是对那些高绩效员工的认可和祝贺，同时也是将销售人员联系在一起的纽带。尽管有时他们知道自己并未获奖，但咨询师们仍盼望着每年的"研讨会"，因为通过这个典礼员工之间可以建立一种感情纽带。

14.3.2 故事

故事是指基于真实事件的叙述。这种叙述经常被人重复，且在员工中广为流传。领导者可以用这些故事来阐述组织主要的价值观。IBM 的员工经常听到一个故事，一个女保安挑战了 IBM 董事长的权威。尽管这位保安知道他的身份，仍不让董事长进入特定区域，因为他没有携带适当的安全许可。她并没有得到斥责或解雇的处分，这名保安因其工作认真和维护 IBM 建筑物安全的决心而得到称赞。通过讲述这个故事，员工同时强调遵守规则的重要性和从上到下每一位员工对组织的重要贡献。拉塞尔·戈德史密斯（Russell Goldsmith）是洛杉矶城市国民银行董事长兼首席执行官，他非常相信故事的力量。他请来咨询师来教人们如何分享有关团队合作和客户服务的故事，强化了公司的文化。

> **故事**
> 基于真实事件的叙述；这种叙述经常被人重复，且在员工中广为流传。
>
> **符号标志**
> 可以向他人传递某种意义的物体、行为或事件。

在某些情况下，故事可能与事实不甚相符，但是他们与组织价值观和信念相一致。例如，有一个故事在诺德斯特龙（Nordstorm）广泛流传。该故事是关于一位员工为了避免顾客因其不满意自己的轮胎性能而生气，将轮胎的钱归还给了顾客。但是问题是，诺德斯特龙根本不卖轮胎。该故事强化了公司的用户无理由退货政策。

14.3.3 象征符号

传达文化价值观的另一个工具是象征符号。象征符号指的是可以向他人传递某种意义的物体、行为或事件。例如，前面章节提到的德国 TeamBank 的最高领导者们，使非正式的"你"（Du）强制作为称呼形式，而不是德国工作场所常用的正式的"您"（Sie）。该变化是最高管理层尊重每一个员工的象征。在第 10 章开头提到的番茄加工公司晨星公司，管理部门的办公司与车间距离很近，象征着每个人都是团队中的一员，有着共同的目标。

领导者还可以使用实物象征重要价值观。在全国连锁酒店 Extended Stay America 摆脱破产之后，员工非常害怕失去工作，他们不敢做任何可能损耗公司资产的决定。为了形成一个新的文化，使人们不害怕因为客户服务而承担风险，新任 CEO 吉姆·唐纳德（Jim Donald）开始推出浅

> **新领导行动备忘**
> 作为领导者，你可以通过典礼和仪式、故事、象征符号以及专业语言来塑造文化价值观。你可以通过仔细选择社会化的人和确保行为与价值观保持一致来使文化蓬勃发展。

绿色的"免死金牌",并告诉他们,当他们为公司做了冒险的决定时,只要交出这张金牌,公司就一句话也不过问。

14.3.4 专业语言

语言可以塑造和影响组织的价值观和信念。领导者有时会用口号或说法来表达核心的企业价值观。口号可以很容易地被提起,员工也很容易反复读。例如,Averitt 快递公司(Averitt Express)的口号是"人是我们前进的动力"得到了客户和员工的一致好评。该公司的文化强调,推动公司成功的不是高管,而是司机和客户。

领导者也可以通过书面的公开陈述来表达和强化文化价值观,如企业的使命陈述或其他能表达出组织的核心价值观的正式陈述。1999 年,西德尼·托雷尔(Sidney Taurel)出任礼来公司(Eli Lilly and Company)的总裁兼首席执行官。他想创建一个更具适应性、能对全球市场的需求做出迅速反应的文化。于是,他和公司其他领导者一起发表了一篇关于如何把公司的核心价值(以人为本,诚信正直,以及追求卓越)转化为行动的正式声明,其中包括描述和格言,如"展示风采,践行价值观型","正直第一,活力至上,速度为先——一切为了质量","以人为本,助人成功。"

14.3.5 选择与社会化

为了保持文化价值随着时间的推移而经久不衰,领导者强调对新员工进行仔细选拔,并帮助其实现社会化。有着强大、健康文化的公司往往有严格的招聘做法,如诺德斯特龙、西南航空公司、谷歌和 Zappos。

一旦合适的人被录用后,下一步是将他们社会化。社会化是指人们学习那些能够帮助他们成功参与到某个团体或组织中去的价值观、规范、观点和预期行为的过程。当人们有效地社会化时,他们就会"适应",因为他们理解并采取规范和群体的价值观。社会化能传递组织文化并保证组织文化经久不衰,因此在领导中发挥着关键性作用。公司领导者作为榜样,展示他们希望新员工树立的价值观。他们为员工提供正式的培训项目,可能还会在培训中将新进员工与已树立所需价值观的

社会化

人们学习那些能够帮助他们成功参与到某个团体或组织中去的价值观、规范、观点和预期行为的过程。

重要员工分为一组。

仪式也可用于社会化。在杰特捷安特(Gentle Giant),一家位于马萨诸塞州萨默维尔市的搬家公司已经赢得了九个由《波士顿》杂志评出的"波士顿最佳雇主"荣誉,新员工会参加"体育场跑步"。公司 CEO 拉里·欧图尔(Larry O'Toole)决定要求新员工在哈佛大学体育馆内沿着楼梯跑步,以此方法告诉员工公司的辛苦工作,挑战自我,遇到困难时应向前进而不是放弃。"如果你没有完成跑步,你就不是杰特捷安特的人,"一位名叫凯尔·格林(Kyle Green)的员工这样说道。优秀的员工不会放弃员工社会化。正式的社会化程序是非常有效的。有人曾研究过英国陆军(British Army)招募的新兵,分别对新兵入伍第一天和第八周之后的情况进行调查,并将调查结果与一组经验丰富的老兵的调查结果进行比对,调查人员发现八周的训练后,新兵的行为规范和价值观都开始与老兵保持一致。有人也曾对来自多个组织的约 300 人做过另一项实地调查,发现参加过正式培训的新员工与未参加过正式培训的员工相

比较，前者所承受的压力较小，对职责和行为的了解更为清晰，工作满意度更高，责任心更强，对所在组织的认同感也更强。

14.3.6 日常行动

组织领导者通过自身的日常行动，凸显并支持重要的文化价值观，这是他们树立并保持组织所需文化的重要方式之一。员工们会观察领导者重视和奖励哪些态度和行为，观察领导者如何应对组织危机，以及领导者自身行为是否与其支持的价值观相符，从而了解组织最重要的价值观。例如，美源伯根公司（AmerisourceBergen）的前任首席执行官戴夫·约斯特（Dave Yost）亲自接听电话，乘飞机时只选择经济舱，不享受高额津贴，不过分奢华装修办公室，通过这些方面表现出他支持节俭和平等的价值观。在戴那基能源公司（Dynergy），一个总部位于休斯敦的电力生产商，新的 CEO 鲍勃·弗拉克森（Bob Flexon）的办公室是一个与总部 235 名员工一模一样的 64 平方英尺的隔间。人们有时候停下来只是为了聊天。弗拉克森在灌输开放性、平等主义和协作的价值观，试图让戴那基在破产之后再回到增长模式。

优秀的领导者明白，员工对自己的观察可谓细致入微。正如前通用电气的首席执行官杰克·韦尔奇（Jack Welch）说："你看，管理学首先提到的就是，能够拥有一个强大的企业文化是公司最好的竞争武器。但问题是在执行的细节当中。" 韦尔奇还说道摧毁文化的一个确定方式是让表现最佳的员工不尊重公司的文化价值观。人们会注意到，并且他们会得出结论，即文化价值并不重要。正如图 14.2 所示，领导者要确保评估员工的标准是其数据以及展示的价值观，并且对于拒绝遵守重要价值观的人要毫不留情地解雇。

巴克莱银行（Barclays PLC）的新任首席执行官陷入一场丑闻，一些管理者被发现试图利用操纵利率来增加利润。公司首席执行官安东尼·詹金斯（Anthony Jenkins）曾告诉员工要秉承尊重、诚信、服务、精益求精、管理工作的价值观，要不然就准备被解雇。他说："我们必须永远不做用不得当的行为来获取盈利的人，这不符合我们的价值观的定位。"

14.4 采用竞争价值观塑造组织文化

组织价值观是指持久的信念，对组织而言有着非凡的价值和重要的意义。组织道德观和责任心的丧失引发了全球性的经济危机，曾经盛极一时的公司纷纷破产，这些事件把价值观问题推到了大家面前。不健康的文化价值观是导致许多这类公司出现问题的重要原因。因此我们将在本章后面讨论道德价值观。工作性质的改变、全球化的出现、劳动力越来越多元化及其他社会因素的变化都使得领导者更加关注这一话题。他们通常面临如下问题：我如何决定哪些文化价值观是重要的？某些价值观会比其他价值观"更好"吗？组织文化如何帮助我们更具有竞争力？

> **组织价值观**
> 组织价值观是指持久的信念，对组织而言有着非凡的价值和重要的意义。

领导者在考虑什么样的价值观对组织较为重要时，通常会考虑外部环境和公司愿景及公司战略。文化在不同的组织间可以有很大的不同。然而，在同一行业内的组织，因为它们在相似的环境中运行往往有着相同的价值观。核心价值应体现出能提高组织运营效率的因素。领导者寻找的不是"好的"或"坏的"价值观，而是适合组织的价值观组合。文化价值观和组织战略与外部环境之间的正确关系可以提高组织绩效。

组织文化可以用很多标准来评价，如合作程度、与其相对应的员工之间和部门之间的孤立程度、控制的重要性和控制的集中领域、组织的时间导向是长期还是短期等。在这里，我们将集中在两个具体方面：（1）竞争环境所需要的灵活性和稳定性程度；（2）组织的战略关注程度，以及组织优势是倾向于内部还是外部。图 14.3 列出四类不同文化在这两方面的区别，它们分别是适应性文化，成就文化，参与文化和一致性文化。这四类文化与文化价值观、战略、结构和环境之间的相互适应性有关，每种文化都强调某些特定的价值观，如图 14.3 所示。

> **新领导行动备忘**
>
> 完成领导者自查 14.2 中的问题，确定你自己的文化倾向。

一个组织所包含的文化价值观可能不止一种，甚至有可能分属以上四种类型。然而，具有强大文化并且取得成功的组织更多地倾向于某个特定的文化类别。

灵活性

参与文化 价值观：合作 考虑 同意 公平 社会平等	适应性文化 价值：创造性 实验精神 敢于冒险 自主性 有责任心
一致性文化 价值：经济性 正式性 理性 秩序 服从	成就文化 价值：有竞争力 完美主义 进取性 勤奋 个人首创性

内部焦点　　　　　　　　　　　　　　　　　　外部焦点

稳定性

图 14.3　四种公司文化

资料来源：Pual McDonald and Jeffrey Gandz. Getting Value from Shared Values. *Organizational Dynamics* 21, no. 3 (Winter 1992), pp.64-72; Deanne N.Den Hartog, Jaap J.Vsan Muijen, and Paul L.Koopman. Linking Transformational Leadership and Organizational Culture. *The Journal of Leadership Studies* 3, no. 4(1996), pp. 68-83; Daniel R.Denison and Aneil K.Mishra. Toward a Theory of Organizational Culture and Effectiveness. *Organizational Studies* 6, no.2 (March-April 1995), pp. 204-223; Robert Hooijberg and Frank Petrock. On Cultural Change: Using the Competing Values Framework to Help Leaders Execute a Transformational Strategy. *Human Resource Management* 32, no. 1 (1993), pp. 29-50; and R.E.Quinn. *Beyond Rational Management: Mastering the Paradoxes and Competing Demands of High Performance*. San Francisco: Jossey-Bass, 1998.

领导者自查 14.2

文化倾向测试

说明：以下清单中列举了 14 套组织领导者需要面对的典型价值观或情形，清单中每个问题都有 4 个答案。每个问题的答案可能符合你的心意，也可能不大符合你的心意，而你的任务就是将每题中的 4 个答案按照你的偏好进行排序。假设你是公司中某个主要部门或分支的管理者，按照你对将这 4 个答案纳入自己部门中去的渴望程度进行评级。答案无所谓对错，分数只是反映你对不同答案的偏好。

使用下面的标准对每题中的 4 个答案进行排序。在给每题进行排序时，1、2、4、8 这 4

个数字分别只能使用一次。
1=一点也不喜欢
2=偶尔可能有点喜欢
4=通常都比较喜欢
8=最喜欢

	I	II	III	IV
1.	进取心	解决成本	实验精神	公平
2.	完美	服从	冒险	一致性
3.	追求未来目标	解决问题	灵活	为他人贡献
4.	适用仔细分析	依靠已证实的解决方法	寻找创新方式	寻求共识
5.	主动性	理性	响应性	合作
6.	有才能	效率和精准	接受头脑风暴	对团队负责
7.	在你的领域最好	稳定的工作	改革创新	平等的地位
8.	快速决定和反应	遵守计划	拒绝压力	提供指导
9.	现实的	有规律	广泛的	对他人需求很敏感
10.	有动力和野心	有礼貌	思维开放	同意和自信
11.	用重要的现实	用完整的数据	广泛吸取各种意见	使用有限的数据和个人见解
12.	有竞争力	遵守纪律	想象力	需要支持
13.	有挑战的任务	影响他人	创新	被团队接受
14.	最好的解决	好的工作环境	新的主意	自我实现

得分和解释

将 I、II、III、IV 这四列的分数各自相加，得分的总和应为 210 分。如果您的总和不等于 210 分，检查你的答案和你的加法。

这些得分代表了你对 I——成就文化、II——一致性文化、III——适应性文化和IV——参与文化的偏好。虽然你可能像有的组织一样同时拥有这 4 种价值观，但你的个人价值观与你分数最高的那一列反映出的文化是一致的。作为领导者，你所采用的文化价值观依赖团队所在的环境，特别是外部环境的需求。将自己的得分与其他同学进行比较，并分析其意义。你对自己的文化倾向满意吗？你认为自己的得分能否准确描述你的价值观呢？

资料来源：Alan J.Rowe and Richard O.Mason. *Managing with Style: A Guide to Understanding, Assessing, and Improving Decision Making.* Sandy Francisco: Jossey-Bass,1987.

14.4.1 适应性文化

适应性文化的特点是战略领导者鼓励那些能够支持该组织理解环境变化，并将其转变为新的行动反应的价值观。员工能自主做决定，自由采取行动以满足新的需求，他们对客户的责任感得到高度评价。领导者通过鼓励和奖励创新，勇于实验和冒险精神来积极创造变化。

亚伦·莱维（Aaron Levie），是位于加州洛斯阿尔托斯市的 Box 公司的创始人之一，该公司为企业提供在线文件存储，当他 20 岁时，为创造一个适应性文化提供了很好的例子。

前沿领导者

亚伦·莱维，Box

"我的主要目标是创新和破除旧思维，" Box 年轻的 CEO 亚伦·莱维说，"另外，我希望自己不被破除掉。"这些目标反映在公司的企业文化中，该文化强调速度、灵活性和拓展边界。莱维不断提醒人们，他们的工作可以"大十倍，好十倍，并且快十倍。"他所说的一个核心价值就是"10X"（10 倍）。其他的核心价值观是"完成任务"和"冒险并快速失败。"

为了保持公司的竞争力，冒险是必要的。但快速失败的意思是要求人们能够快速地修正错误。对于一家拥有 600 名员工的公司来说，要与拥有成千上万员工的公司竞争的话，速度是关键。公司文化关注大家能否在尽可能短的时间内完成工作。目标设定的很高，并且利用文化价值观来解决团队的任何问题。Box 公司里没有独立办公室，包括担任 CEO 的莱维也没有。开放式办公能让大家持续互动和协作。本可作为办公室的 44 间房间用作了会议室，以供人们进行头脑风暴以及敲定想法。玻璃墙上可以随意书写。员工被鼓励"把想法投到墙上。"许多办公室名称是互联网巨头公司名。在公司成长过程中为保持强大的文化，莱维强调谨慎招聘。他每天与公司的 15 名招聘人员沟通两到三次并且会亲自面试许多职位候选人。

快节奏以及激进的目标意味着高压力。但是 Box 也鼓励工作中增加乐趣。"我们有世界上最好的杂耍演员和全国最好的乐队指挥，"莱维说，"马戏团技能是这里很重要的品质。"

Box 公司的欢乐、速度以及冒险的文化帮助公司适应这个快速变化的行业，并且能够发展得很快。自从该公司在 2005 年成立之后，每年它的销售额能翻倍增长。正如 Box 一样，许多科技互联网公司都选择这种适应性极强的文化，而许多营销、电子以及化妆品行业的公司也做了同样的选择，因为它们必须快速反应来满足客户的需求。

适应性文化

文化的特点是战略领导者鼓励那些能够支持该组织理解环境变化，并将其转变为新的行动反应的价值观。

成就文化

文化特点是对于组织所要实现的目标有一个清晰明确的愿景，领导者关注的是特定目标的实现。

14.4.2 成就文化

成就文化的特点是对于组织所要实现的目标有一个清晰明确的愿景，领导者关注的是特定目标的实现，如销售增长、利润率或市场份额等。如果组织关注的是为外部环境的特定客户提供服务，而对灵活性和快速变化没有要求，那该组织就适合运用成就文化，这是一种结果导向型的文化，强调竞争性、进取心、个人首创性，以及为实现目标而长时间工作的一员。强调获胜是组织内部团结一致的黏合剂。

百威英博（Anheuser-Busch InBev）反映了成就文化。职业性、野心、竞争和侵略性是关键价值。管理者关注员工专注于实现高销售额和利润水平，那些满足苛刻的目标的人可以获得可观的回报。奖金和升职都基于工作表现，而不是资历，并且高层管理人员对于给高成就者特殊待遇的做法都一致赞成。分销中心经理经常通过温习当日销售目标来开启新的一天，并鼓励大家走出去销售更多啤酒。

14.4.3 参与文化

参与文化关注的是组织内部员工在外部环境要求组织进行变革时的参与情况。与其他文化相比，这种文化更强调满足成员的需求。一般来说，运用参与文化的组织氛围很友善，是工作的好地方，员工几乎就像一个大家庭。领导者强调合作，考虑员工和客户，并避免地位差异。他们还格外重视公平，努力和其他人达成一致意见。

采取这一做法的威廉·罗杰斯，UKRD 的首席执行官认为，该公司在英国拥有许多商业广播电台，他说："如果你的员工是达成优秀业绩的关键，那么促进他们的乐趣、热情和承诺是最终成功的基础……我们的价值观，旨在改变人们的生活变得更好。"当 UKRD 领导参观全国的 17 个电台之一时，他们花了很长时间与人们交谈，并且在离开的时候和整个电台的人说再见。每年，公司所有的团队花一天一起谈论他们想要的价值观、行为和工作环境。UKRD 有"铸铁承诺"和以人为本的文化，任何一个难以履行该价值观的经理都被要求离职。

> **新领导行动备忘**
> 作为一个领导者，你可以将组织的文化战略和特殊的环境保持一致。你可以选择执行合适的文化（适应性，成就，参与或一致性），根据环境要求和组织的战略重点。

14.4.4 一致性文化

一致性文化关注组织内部，且一贯倾向于稳定不变的外部环境。这种文化支持有条不紊、理性、有序的经营方式，遵守规则和节俭的价值。该组织的成功之处在于整体性高和效率高。

Safeco 保险公司通过运用一致性文化，使公司运作良好。员工们在指定的时间内停工休息，享受咖啡。他们的穿着也有具体规定——男性员工必须穿白衬衣和西服，而且不能留胡须。然而，员工们喜欢这种文化——十分可靠而且不需要加班。对保险公司来说，一致性文化是适用的，而 Safeco 的成功正是因为人们信任它会执行约定好的保险条款。然而，在当今快速变化的世界，很少有组织能够在一个稳定的环境运行，大多数领导者也了解到组织的灵活性需要增强，因此他们正在进行变革而不再运用该文化。然而，甚至有些软件公司，如 SAS 研究所和太平洋 Edge 软件（现在是 Serena 软件公司的一部分）的文化，已经使用一致性文化的一些元素，以保持项目按时，按预算，以确保秩序和纪律理智生活的员工。例如，强调顺序和纪律意味着在 SAS 正规每周工作时间可以达到 35 小时。

> **参与文化**
> 关注的是组织内部员工在外部环境要求组织进行变革时的参与情况。
>
> **一致性文化**
> 关注组织内部，且一贯倾向于稳定不变的外部环境。

运用以上这 4 种文化都有可能获得成功。对不同文化价值观的强调是依赖于组织的战略重点和外部环境的需求。领导者可能会倾向于某种文化有关的价值观，但他们要学会参照组织的需要，调整自己效仿和提倡的价值观。这是领导者的责任，以确保该组织没有被"卡住"而依赖于过去但不再有影响力的工作。随着环境条件和战略的变革，文化价值观，领导者合作并注入新的文化价值，以帮助组织满足新的需求。

14.5 组织中的道德价值观

组织把不同类型的价值观融入它们的文化中。例如，汤顿新闻（Taunton Press）将其文化价值观列为"诚信、团队、卓越、独立思考和创造力"，在线零售商 Zappos 拥有一个稍微另类的核心价值观列表，其中包括"创建快乐又有点古怪"，"通过服务提供 WOW 体验"和"冒险，创新和开放的态度"。如今有些似乎是非常重要的公司，无论行业或文化类型，都需要开放式的沟通、团队合作以及质量。

> **道德**
>
> 从对与错的角度来支配个人和集体行为的道德标准和价值观。

此外，在如今这个道德沦丧、财务丑闻随处可见的时代，人们开始重新重视起道德价值观。道德是指从对与错的角度来支配个人和集体行为的道德标准和价值观。道德设定了一系列的标准来衡量人们的行为和决定是好是坏。第 6 章详细讨论了伦理和道德领导。

大多数长期保持成功的组织都拥有这样的领导者——他们将道德价值观作为正式的政策和公司的非正式文化的一部分。例如，很多评论员在谈及最近的次贷危机时指出，此次危机的出现在很大程度上是因为公司缺乏指导员工行为的道德价值观。"技术经济学在解析此次次贷危机时确实发挥了关键的作用，但我们对它的强调有些言过其实了，"一位评论员写道，"人们称次贷为'骗子贷款'，从中我们就能隐约看出，问题不仅仅存在于技术层面。"一些商学院和商科学生也对这次次贷危机做出自己的回应，他们正以一种全新的视角审视培养未来商界领导者的方式。

前沿领导者

哈佛商学院，哥伦比亚大学商学院，耶鲁大学管理学院，沃顿商学院

哈佛商学院的 2009 年毕业班的一些成员做了一件不寻常的事情。他们签署了一份志愿学生领导承诺，表示一个企业领导者的目标应是"服务大众"，并承诺他们会以负责任的态度和合乎道德的标准约束自己的行为，保证不在别人牺牲的基础上追求自己"狭隘的野心"。

不少商学院的学生突然对以个人或组织责任为重心的道德课程产生了浓厚的兴趣，也组织了很多相关活动，哈佛商学院也不例外。许多学生，还有教育工作者，都意识到有必要让未来的领导者知道如何实践道德领导力，而不仅仅是如何赚钱。哥伦比亚大学商学院要求学生必须学习一门道德课程，学生还组建了一个很受欢迎的"领导和道德委员会"，负责主办讲座和相关活动。耶鲁大学管理学院已经在其核心课程安排中编入了与最近的经济危机相关的内容。学院还与阿斯彭研究所合作来创建一个旨在教导大学生如何在工作中践行他们的价值观的课程。目前，这门课程已被大约 55 所商学院作为试点项目部分或全部引进。

美国宾夕法尼亚大学沃顿商学院的教授戴安娜·C. 罗伯逊（Diana C. Robertson）表示，她发现了一个跨时代的转变——现在的学生对组织如何影响社区、员工生活及自然环境这些话题表现出来更为浓厚的兴趣。"有一个感受就是我们希望我们的生活更有意义，希望以'服务大众'为目的来管理组织，"哈佛的承诺组织者之一马克斯·安德森（Max Anderson）表示，"没有人希望自己的未来会因不道德行为而遭到批评。"

改变未来领导者受教育的方式是解决目前组织机构中道德普遍缺失这一问题的关键。有人曾对工作场合的不道德行为进行调查，其中超过半数的受访者都认为管理层的领导不力是不道德行为出现的原因之一。当然，领导者也可以为所有员工创造并维持一种新的工作氛围，强调道德行为的重要性。

14.6 基于价值观的领导

基于价值观的领导是组织发展和加强道德价值观的主要途径。它是领导者和追随者之间的一种关系，其基础是领导者支持、践行的价值观，领导者和员工共有的、坚信不疑的价值观。领导者通过表现个人道德观和实践精神领导对员工的精神价值观产生影响，他们还会将自己深信不疑的价值观与组织的目标联系在一起，以此向自己的追随者传达自己的思想。

> **基于价值观的领导力**
> 领导者支持、践行的价值观，领导者和员工共有的、坚信不疑的价值观。

14.6.1 个人价值观

员工通过观察领导者的言行举止来学习相关的价值观。基于价值观的领导者可以让员工对自己高度信任和尊重，形成这种信任和尊重的基础不只是领导层阐释过的价值观，还包括领导者在坚持这些价值观时所表现出的勇气、决心和自我牺牲精神。领导者必须发现自己的个人价值观，并通过语言和行动向他人积极展示这些观念。在面临艰难抉择时，坚持价值观的领导者深知自己的立场，并且有勇气按照自己的原则办事。

例如，好市多公司的联合创始人，前 CEO 吉姆·塞内加尔（Jim Sinegal）和新任 CEO 克雷格·耶利内克（Craig Jeliek）都相信，正确对待他人有很重要的作用。

前沿领导者

吉姆·塞内加尔和克雷格·耶利内克，好市多公司

2009 年，随着经济衰退的加深，许多雇主都削减工作岗位和削减工资，而好市多的 CEO 吉姆·塞内加尔却为员工加薪。好市多公司是美国仅次于沃尔玛的第二大零售商。虽然沃尔玛的领导者看到了越来越多的烦恼，但好市多领导者似乎只看到了不断增长的销售额和利润。在 2013 年，好市多公司的销售量增长了 39%，股票价格翻倍。

美国的最低工资仍然是微少的 7.25 美元，但在好市多初始的小时工资大约是 12 美元。因为人们在此会停留很长时间，付给好市多员工的平均小时工资是 20.89 美元，而且公司也会给小时工保险福利。刚上任的 CEO 克雷格·耶利内克写了一封公开信督促国会提高最低

工资。这封信引发了人们对好市多公司的文化和经营哲学的兴趣。华尔街一直对好市多公司心存不满，它要求好市多减少工资和保险福利。与此相反，自公司成立后，公司领导每三年提高一次工资和保险福利。在 2009 年，该公司的 CFO 理查德·格兰提（Richard Galanti）说，"从吉姆嘴里说出的第一件事是，经济很差劲，我们应该想着怎么提高员工工资，而不是如何去减少"。格兰提承认如果平均工资减少 2~3 美元，公司将挣更多的钱。"但我们没打算这么做。"

耶利内克，在 2012 年接管公司的 CEO，宣布还会继续塞内加尔的价值观。例如，耶利内克的待遇很好，但 CEO 的工资仅仅是员工平均工资的 28 倍，而在很多公司 CEO 的工资是员工平均工资的 380 倍之多。好市多并没有雇用商学院毕业生作为管理者，而是培养工人们去学习并资助他们获得更高学历。70% 的好市多仓库经理都是从操作提款机和推小货车发展起来的。该公司的离职率大概是 5%，这对于零售业来说是很低的。"如果你尊敬员工和消费者，那么好事将会降临到你头上，"耶利内克说。

> **新领导行动备忘**
>
> 作为领导者，你既可以在日常行为中遵守道德规范，依照较高的道德准则行事。你还可以践行精神领导，帮助他人在工作中找到更大的成就感。
>
> 完成领导者自查 14.3 的问题，看看你是否将精神价值作为企业文化的一部分。

好市多领导者认为挣得利润要有一个长期视野，对待他人要人性化才会有好生意。其他良心企业也是以好的服务态度闻名，比如诺德斯特龙（Nordstrom），全食超市公司（Whole Foods Market），和 Container Store，他们都支持这一观点。这些公司都很繁荣，而且超过了在同时期的竞争对手。"很多工作的人（零售业）回到家里过着贫困线以下的生活。难道你能指望他们在工作的时候能和那些一次购物的金额比他们一周的生活费还高的人建立和谐关系吗？"咨询公司 Retail Prophet 的创建者道格·斯蒂芬斯（Doug Stephens）说。

好市多的价值很大程度上基于公司创建者吉姆·塞内加尔和杰弗里·布瑞特曼（Jeffrey Brotman）的个人价值。几个因素提高了个别领导者的价值。每一个个体带来一系列的个人优点、个人特点、工作的习惯。领导者的家庭背景和信念对企业提供了原则和价值，有时候会形成企业文化，个人特点，比如自我能力、自信和很强的独立性，这使得领导者能做出正确的决定，即使他的决定不受别人欢迎。

> **新领导行动备忘**
>
> 作为领导者，你可以是有道德的，并且在日常行为中保持高度的道德原则。你可以帮助人们在工作中找到更深的满足感。完成领导者自查 14.3 来观察你是否是能将精神价值观融入公司文化的领导者。

14.6.2 精神价值观

好市多的案例中，领导者可以把价值观融入工作的实践和政策中。如果一名管理者既能做好传统意义上的心理、行为层面上的领导工作，又能把精神价值观融入管理中，那么他很有可能成为一名成功的领导者。被认为与理想化精神状态相符的价值观和行为，包括正直、谦虚、尊重和感激其他人的贡献、平等待人和个人反思。如今，许多人无法很好地将自己的精神生活和工作结合在一起，因此培养精神价值观是培养领导力的一种有效途径。

领导者自查 14.3

你对精神方面有多重视？

说明：思考你当前的生活。指出下面每句话对你来说是基本符合还是基本不符。

	基本符合	基本不符
1. 我经常反思我的人生。	_____	_____
2. 我想找到一个我心智成长的避所。	_____	_____
3. 我曾为了让世界更美好做过个人的牺牲。	_____	_____
4. 有时候我第一次看一件平常事觉得很新鲜。	_____	_____
5. 当我放松时，我有时会产生灵感。	_____	_____
6. 对我来说，找到世上的意义与目标很重要。	_____	_____
7. 我经常有想把周围人团结起来的感觉。	_____	_____
8. 我曾经有实现自我价值的体验。	_____	_____
9. 在想一件事情很长时间后，我知道要相信自己的感觉而非逻辑道理。	_____	_____
10. 我经常被自然的可爱所震惊。	_____	_____

得分和说明

精神上的领导能使人们用更高的价值观和目标来营造一个基于爱心和团结的企业文化，而不是恐惧和分散。精神的领导并不是为了每一个人，但是当精神理念指导着一个领导者的行为，能创造一个优秀的文化。

填上你回答基本符合的总数：_____。得 7 分以上表明你有很高的精神境界，能成为一个精神领导者。得分在 4～6 表明是一般的精神境界。得 0～3 表明你对开展精神的意识有些怀疑。

资料来源：Kirsi Tirsi, Petri Nokelainen, and Martin Ubani. Conceptual Definition and Empirical Validation of the Spiritual Sensitivity Scale. *Journal of Empirical Theology* 19, no. 1 (2006), pp. 37-62; and Jeffery Kluger. Is God in Our Genes? *Time* (October 25, 2004), pp. 62-72.

民意调查显示，组织中的管理者和员工都希望从工作中获得更强的满足感。也有实证表明，人们若在工作中参加了精神修养方面的课程，其心理和生理的健康及个人价值观都会有所增强，个人的成长也更为显著。员工的缺勤率和组织的人事变更率一旦降低，生产率就会随之上升，组织便能从中获益。有些公司聘请专业顾问帮助员工解决工作内外的问题。美国润滑油连锁企业 American Lubefas 公司的所有者蒂姆·恩布里（Tim Enbry）说："人们每天工作 8～10 个小时，工作就是人们的主要活动，因此他们需要得到关怀。"

组织的领导者即使没有为员工提供正式的精神修养方面的课程，也可以利用精神价值观领导组织。2008 年 7 月，印度裔的桑吉夫·达斯（Sanjiv Das），在房地产危机时接任了花旗抵押贷款公司（CityMortgage）的总裁兼 CEO。达斯制定了两个主要目标：帮助人们保住房子和让员工集中精力，努力帮助深受金融危机影响的人们坚强财务压力。通过这样做，他也让员工找回了工作目的、工作意义和自尊心。相较于其他银行，花旗抵押贷款公司做了更多来帮助人们保住住房。达斯率先制订了一项前所未有的计划，即暂时降低分期付款数额，并不再向失去工作的借款人追讨利息和罚金。达斯表示，他自己的领导方法是以他在德里成长时学到的精神价值观为基础的，这些价值观包括：即使身处困境，也要为人正直和坚持目标，应该努力帮助他人，而不是为自己争取更多物质财富。

精神领导是对某些价值观、态度和行为的展示。它们能发挥作用，从内心真正激励自己和他人通过责任感和集体感表达精神诉求，正如图 14.4 所示。首先，精神领导者可以先从创造组织愿景入手，让组织的参与者从中体会到责任感，让他们觉得自己的工作是有价值的。合适的愿景可以吸引广泛关注，反映高尚理想，并设立衡量优秀与否的标准。其次，精神领导者建立了一个基于爱的企业文化。爱包括原谅、慷慨、包容、规范、善良、真诚、耐心、勇气和欣赏，这些能使人产生参与感，体验到被理解的感觉。精神领导者也通过希望和信念来帮助组织达成期望的成果。信念通过行动来证明，意味着相信能力、练习自控力和对目标的渴望使自己做得最好。优秀的领导者应具备以下信念：不屈不挠，坚持不懈，为了目标长期奋斗，并通过工作为他们的生活赋予更深的意义。精神领导给予了在团体中成员归属感，这让一个人感觉能被理解和关爱。组织的效益通过承诺和成果来提高。

> **精神领导**是对某些价值观、态度和行为的展示。

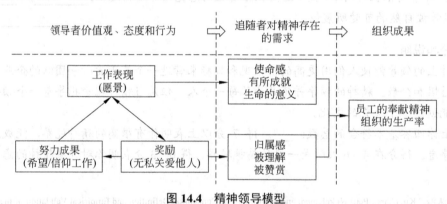

图 14.4　精神领导模型

精神领导，比如花旗抵押贷款公司的桑吉夫·达斯，可以显著减少组织成员时而出现的负面感受、消极情绪甚至是冲突。组织中的四个主要有害情绪是：（1）恐惧，包括担心和忧虑；（2）愤怒，包括敌对，愤怒和敌对；（3）失败感，包括泄气和情绪低落；（4）骄傲，包括歧视，自私，自负。如果一个人失去了重要的东西，或者没有获得他想要的，通常就会产生这些坏情绪。

精神领导与第 8 章中提到的动力和第 6 章中提到的道德领导都有关联。精神领导赋予追随者更高的参与感和个人成就感。精神领导能让员工对工作产生兴趣，在工作中感到快乐，因而也是激发员工内在动力的最佳途径。如果人们对接到的任务很感兴趣，觉得任务有意义或有趣的话，他们就会积极地参与其中。通常在这种内在动力的推动下，人们通常能学得更好，表现得更好，幸福感也会增强。精神领导者通常能提供真正的自主权和自我管理空间，比如，让员工加入赋予实权的团队，负责指导、安排组织的活动，承担重要且有意义的工作等。员工的任务由其个人或团队控制支配，从而通过工作成果、工作表现和解决工作中的问题等为员工提供反馈，让他们获得个人满足感。第 6 章中提到的服务型领导者认为商业组织可以对员工和社区产生积极影响。精神领导者为员工安排既有意义又能服务他人的工作，这与仆人式领导者有相似之处。

本章小结

- 创造正确的文化是领导者最重要的工作之一。文化可被定义为一套关键的价值观、规范和假设，它被组织成员共享，而且被当作重要的东西教给新成员。组织文化有两个非常重要的功能：使组织成员团结一致，帮助他们了解如何与他人建立联系；帮助组织不断适应外部环境。
- 强大的适应性文化能够为组织的工作成果带来积极影响。恰当的文化能够促使组织获得高绩效，因此创建并影响适应性文化十分重要。领导者通过强调价值观和扎实的业务能力对组织的驱动作用来建立起一种高绩效组织文化。
- 如果组织文化与外部环境及组织战略的需求不相适应，那么文化缺口就会出现。领导者通过典礼、故事、典型象征符号、专用语言、选拔和社会化过程，逐步建立并增强组织所需要的文化价值观。除此之外，领导者可以通过日常行为来使自己对文化价值观的影响力最大化。
- 领导者在决定哪些价值观对公司重要时，通常会综合考虑外界环境、公司愿景和公司战略。组织中大致存在四种文化形式：适应性文化、成就文化、参与文化和一致性文化。每种文化所强调的价值观都有所不同，但一个组织可能同时具有两种或多种文化种类。
- 在所有构成组织文化的价值中，道德价值被认为是最重要的。道德是从对与错的角度支配个人或团体行为的道德准则和价值观。领导者通过实行以价值观为基础的领导来塑造道德价值观，而领导者的个人道德观则受其个人信仰和道德发展水平的影响。领导者如果希望组织的运行负荷道德标准，就必须在日常行动中公开并始终坚持依照道德标准形式。很多优秀的领导者在工作中实行精神领导，即展示自己的价值观、态度和行为，激励员工通过使命感和集体感来表达自己的精神诉求。精神领导中的各项原则既能提高组织业绩，也能增强组织成员的幸福感。

问题讨论

1. 当需要解雇一个虽然能为公司带来巨大销售额但却无法达到公司的文化价值观的要求的员工时，这对于作为领导者的你来说有多难？请解释。
2. 如果领导者使用象征性的行为来加强团队的文化价值会怎么样？顾客关怀和反馈价值怎么样？
3. 描述一个你所熟悉的组织的文化。找出一些实体标志——比如商标、吉祥物、建筑、广告、广告图片——和公司的联系并讨论这些建议的潜在价值。你学到了什么？
4. 找出新闻中一两家有强大企业文化的公司，描述该文化对公司的影响是积极的还是消极的。讨论强大的文化如何对组织产生积极或消极的影响。

5. 如果你是一名领导者，你对文化差异有何认识？当需要时，你可以使用什么方法来影响和改变文化价值观？

6. 对比一下成就文化和部族文化。强大的部族文化可能带来哪些不利因素？强大的成就文化又如何呢？

7. 如果你是一家小型技术公司的领导者，为了在公司内部建立高绩效文化，你会采取何种措施让员工铭记表 14.1 中展示的有关适应性文化的价值观？请具体说明你的想法。

8. 结合精神领导，讨论使命感和参与感的含义。找出应用这两个观念的组织或领导者。在你曾经工作过的组织中，这两种观念的应用到了哪种程度？

9. 如果一名女性领导者在管理她的医疗保健公司时，严格按照下属的盈利状况来奖励医院管理者，是否可以说这名领导者在道德层面上尽到了自己的责任？请讨论。

10. 一些抵押贷款公司的领导者曾表示，公司向人们提供最低贷款利率抵押贷款的目的十分高尚，即为贫穷的人们提供机会，帮助他们实现"美国梦"，拥有自己的房子。讨论你的观点。

11. 一些人认为所有优秀的领导者在本质上都是精神领导，也有人认为在工作中提倡精神价值观是行不通的。请讨论这两种对立的观点。

现实中的领导

言 行 一 致

在组织中，文化通常代表了人们的语言和行为特征。在这种情况下，领导者支持的价值观和组织中实际运用的价值观会有一定距离。举例来说，领导者支持"让员工享有生活和工作间的平衡"这一价值观，而实际上为了完成业绩目标，有时候管理者和员工都不得不在晚上和周末加班。这就是组织中行为和语言的差别。

你的练习任务是思考你的学习或工作经历中出现的这种"言行不一"的情况。你认为这种差距是怎样出现的？然后再采访 4 个人，请他们谈谈这种情况，同样问问他们对这种不一致情况产生的原因有什么看法。总结你调查的发现：

我的例子（和原因）：

第二个人的例子（和原因）：

第三个人的例子（和原因）：

第四个人的例子（和原因）：

第五个人的例子（和原因）：

在回答中你看到了哪些形式和问题？这种"言行不一"的问题是否有共性？它们发生的共同原因是什么？什么才是真正的文化——领导者支持的价值观还是组织中实际运用的价值观？

课堂活动：在课堂上，学生可以分成小组完成这个练习。每个人可以根据自己的学生或工作经历来谈谈这种"言行不一"的情况，并解释出现这种情况的原因。教师可以把好的例子写在黑板上，请学生帮助找到原因，从而发现真正的问题。学生可以通过讨论一些关键问题来理解"言行不一"的情况，比如，当你在组织中发现类似情况时，这对你意味着什么？什么真正代表了组织文化，是领导支持的价值观还是组织中实际运用的价值观（或者二者都是）？言行不一是否有可能存在于适应性文化中？还是更有可能存在于更强大的文化中？象征符号、故事、庆典或者其他组织文化信号是否真正代表着它们暗示的含义？

领导力开发：案例分析

文化冲突

CEO 简·莱纳尔（Jane Lionel）对于处理公司的几个老手很难抉择，甚至在行动前夕，我相信她仍然在思考到底该如何处理。我将参加那个会议，分析决策，但是我不能确定哪个办法行得通。所以，在此我通过思考写下我的想法。

当吉姆·莱纳尔（Jim Lione）40年前开始在阿拉斯加制造重型建筑设备时，他的个人管理风格就反映了阿拉斯加州和建筑行业的坚韧性。他知道自己是在为艰难环境里从事艰难工作的人制造强韧的设备。他身高一米九，体重超过300磅，他使阿拉斯加工人的工作形象更加具体。他有严肃的管理方式，从不娇惯任何人。吉姆·莱纳尔发出指令，然后得到结果。他嚼着——而不是吸——雪茄。我发誓在我为他工作的30年里，我从没在他吼叫着——对，吼叫着——发号施令时，从没见那雪茄点燃过。

我不得不说吉姆·莱纳尔获得尊重，因为他说到做到，他的承诺就是他的债券。但是它永远得不到钦佩，这是没有技巧的，一个新的人力资源总监有一次跟我提到，吉姆应该通过一些技巧来创建他和员工之间的联系，比如说多在公司转转。我说，"相信我，你不想看到他到处走，那仅仅说明他有压力或者生气了"。实际上你可能在看到他之前就能感觉到并且听到他过来了，一个员工说道，"当他喊叫你的名字的时候，你的心脏就停止了，因为直到那一刻你十分确定他并不知道你的名字"。我们都认为他的脾气有一天会爆发，他会突然死在车间地板上。然后突然地，这一幕的确发生了。

他去世后，我们确信为了让公司继续运转，公司会被卖掉。然而，吉姆的挚友和知己，他的妻子简，在全体董事会都赞成的情况下，成为了公司新的首领。员工开始时的担忧和顾虑都不见了。简对公司的熟悉程度让大家吃惊。但是她在一个地区健康疗养院作为市场总监工作20年所形成的领导风格与她丈夫形成了鲜明的对比。

简继承了她丈夫对目标和质量的高标准和零失误的要求，她也相信应该让员工在公司中找到自己的价值。她不仅仅只顾自己的想法也会倾听员工，让员工提出建议，想出办法，表达担忧和提供意见。她经常和每个部门交流，帮助线上的工人成为自我管理的团队。工人们的反响很积极。一年以后我们看到了巨大的变化，产量直线上升，但是真正的改变可以从工作者的态度和自信中感受到。交流和价值实现提高了效率，虽然这些变化已经涉及绝大多数员工，但是有两个明显的例外。

柯蒂斯·维莱特（Curtis Willett）和摩根·埃尔德（Morgan elder）是吉姆第一批雇用的高管，他们长时间对组织的服务和他们总是能够按时完成生产任务的能力让人钦佩。他们自豪于对自己和员工苛刻的要求，但是，他们的管理风格倒退到旧的过去，他们因严肃管理而成功。该工厂其他部门都已形成的礼貌和合作的工作方式在他们面前不被认可，他们还是按照原来的方式，即大吼大叫。"震慑二人组"这个昵称是2003年美军攻击伊拉克战争时的军事术语，被用来形容两个人。如果他们二人知道这个称呼的话，也许他们会感到骄傲。

所以这是我们的困境，他们年事已高不能接受新的改变，他们不仅仅不适合新的公司文化，反而通过他们在公司的影响力和权力鼓励员工无视新文化新改革。每个人都赞成改变，除了这两个部门的员工。因为有旧思想影响，我们没有办法达到新文化的全部推广和被接受传播。解雇他们还是降职？我觉得不对。他们没有做错什么，他们达到了质量要求和产量要求，更何况他们在这个公司已经40年了。我们如果表现得不公正的话可能会面对年龄歧视的诉讼。但是如果他们不离开的话，我不知道如何改变我们的文化。

所以，明天我们开会决定我们应该怎样做。写出问题通常可以帮助我厘清问题所在，每当我完成的时候，我一般都会有了答案或者至少一个想法。我马上就写完了，但是我一点头绪都没有。

问题：
1. 你觉得简和她的管理团队在处理这两个元老级高管的问题时，有什么选择？讨论每个选择的优势和劣势。
2. 你认为为了创造一个新的企业文化而辞退两个工作了很长时间，高效率的高管是否合适？为什么？在你的答案中参考图14.2。
3. 你会建议Jane怎么做？请解释原因。

5 star 电子公司和 Amtech 电子公司

5 star电子公司和amtech电子公司都生产集成电路和其他电器零件，都是业内大公司的转包商。它们都坐落在俄亥俄州，并且互相为竞争对手。20世纪90年代电子工业繁荣发展，这两家转包商都从中获益不少，并且希望能进一步成长和扩张。5 star年销售额大约1亿美元，有员工950人。Amtech年销售额大约是8千万美元，有员工800人左右。5 star的净利润要高于amtech。

5 star的总裁约翰·泰勒（John Tyler）相信5 star将成为一个伟大的超级公司。他预言他的公司在他的高效管理下会快速发展。5 star有详细的部门表格和工作说明。他确信每个人应该明确自己的工作责任，并且高效地完成工作。高效的表现和高的公司利润。每个在5 star的员工对自己的工作都很满意，只有一些管理者希望更多的发展机会。

Amtech的总裁吉姆·罗尔斯（Jim Rawls）不相信组织章程能发挥实质作用。他认为组织章程只会在专家之间设置人为障碍，而专家们本应在一起工作。他鼓励人们面对面交流，而不是用电子邮件。机械工程师总管说："吉姆花了很多的时间来确保每位员工理解我们正在做什么，也会花很多时间听取各种建议。"他很关心每个人的满意度，他希望每个人都感受到自己是这个整体中的一部分。为了使员工熟悉整个公司的业务和活动，公司会经常安排员工在各个部门之间轮岗。尽管amtech的收益比不上5 star，但是他们的员工更尽心尽责，员工之间的合作也很默契完美，因此可以更快地推出新产品，更准确地发现新设计的缺点并生产出更高质量的产品。

就在2015年5月底，5 star的总裁约翰·泰勒宣布了即将并购Amtech的消息。两家公司的管理层都为自己公司的文化感到骄傲，而并不看好对方的公司文化。两家公司都有一批忠实顾客，它们的技术也能相互兼容，因此泰勒相信合并后的公司会更有效率，尤其在技术和产品上面有很快的发展速度。

Amtech的管理层抵制被收购的想法，但是5 star总裁确定快速地合并两个公司，增加新公司的市场占有率和生产线，这一切将在2015年年底实现。

问题：

1．参照图14.3中的竞争价值观模型，你认为在5 star公司中占主导地位的文化属于哪一种（适应性、成就、部族或官僚）？Amtech呢？你的理由是什么？

2．两家公司是否存在文化缺口？你认为哪种公司文化更适合合并后的新公司？为什么？

3．假设你是约翰·泰勒，为防止出现文化缺口，你会在整合和塑造公司文化时采用哪些方法？

资料来源：John F. Veiga. The Paradoxical Twins: Acme and Omega Electronics. John F. Veiga and John N. Yanouzas. *The Dynamics of Organization Theory*. St. Paul: West Publishing, 1984, pp. 132-138; and Alpha and Amtech. Harvard Business School Case 9-488-003, the President and Fellows of Harvard College, 1988.

第 15 章

领 导 变 革

你的领导学挑战

读完本章之后,你应该做到:

- 认识到当今组织变革的环境压力。
- 描述变革领导应具有的品质以及领导如何为变革起到示范作用。
- 实施八阶段的计划变革模型。
- 使用肯定式探询专注于积极的方面,从成功中吸取经验。
- 应用一系列措施来帮助自己和他人的创造力以及强化公司创新,例如,浸泡式、头脑风暴、横向思维、暂停思考以及创造性直觉。
- 通过积极情感吸引,支持性关系,重复新行为,参与和行动后回顾来克服对变革的抵制并帮助人们进行改变。

章节大纲

- 领导意味着引导变革
- 变革的框架
- 使用肯定式探询
- 变革中的领导创新
- 实施变革

前沿领导者

- 米歇尔·李,华盛顿特区,公立学校系统
- 红队

- 迪恩·奥尼什博士,加州大学旧金山分校

领导者自查

- 抗拒变革
- 你是一个变革型领导者吗?
- 你有创造力吗?

领导者书架

- 《转变:当变革很难时如何变革》

现实中的领导

- 组织变革角色扮演

领导力开发:案例分析

- "从现在开始……"
- 河滨市儿科诊所

J.C. Penney 公司已经死了吗?还没有,但它显然是已经处于穷途末路状态了。以创意著称的苹果前高管罗恩·约翰逊(Ron Johnson)称,他被聘请来拯救公司,但仅仅过了 17 个月就被开除了。并且他的大部分变革方案也被搁置,同时该公司前 CEO 迈伦·厄尔曼(Myron Ullman)回归公司尝试重建濒危的零售业务。开始时无论是公司内部还是外部都对约翰逊抱有很大的期望。当他接手时,J.C. Penney 公司需要彻底的改变,但他用来实施变革的方法在

一开始就注定是失败的。早在他任职期间，约翰逊开派对庆祝自己及他的计划，但这一举动却惹恼了员工和客户们。甚至在他刚刚接手这个工作的时候，他就开始嘲笑公司传统的生意经。员工们认为，这个新经理总是嘲笑他们，使他们感到愚蠢和无趣。约翰逊拒绝听取年长的领导者、客户或员工的意见，甚至于拒绝董事会提出的建议。他取消了 JC Penney 公司长期以来遵循的流程和系统，从根本上重新设计了许多商店，并减少了上百个品牌，甚至在奥斯卡颁奖典礼广告中，告诉客户们他们"理应更好看"。但顾客们认为他们理应在被尊重的商店购物。一些分析师说，改变推出的太快，并且其他投入也很少，这样会使老顾客离开，而新的顾客又没有被吸引来，本质上来说，就是付出却没有收获。"任何时候你想改变你做事的方式，小的胜利是重要的，"迈克尔·罗伯托（Michael Roberto），布莱恩特大学的管理学教授说。"小赢帮助你建立内部和外部的支持，他们更容易被人们接受。"

　　J.C. Penney 公司的例子说明，变革，尤其是激进的变革是很难完成的任务。约翰逊犯了错误，但这么大的转变对于任何领导者来说都很困难，尤其是在零售业。一项研究表明，仅仅有 30% 的领导者可以成功地使赔钱的零售商重新回归到创造利润的状态。这章将探讨在诸如 J. C. Penney 公司，企业领导者如何推动变革，引导创新和创造力。首先我们会简短探寻作为变革中介的领导者的角色并探讨一个领导变革的步骤框架。我们会探索肯定式探询（AI）的技巧以及它如何在重大变革以及日常持续的小变革中产生作用。之后，本章继续探索了领导者如何在人们和公司中培育创新能力。本章最后一部分研究了人们反对变革的原因以及领导者如何克服这种抵制并帮助人们成功做出必要的改变。

15.1　领导意味着引导变革

　　领导者的任务是确保组织根据威胁、机会以及环境变化做出回应，并使组织做出相应变革。回想一下本书关于领导的定义，我们能够明白，领导注重的不是维持现状，而是不断变革。领导者必须帮助人们看到变革的必要性并接受新的理念和方式。

　　组织想要生存发展就必须进行变革，经济的急剧衰退要求各行各业的领导者重新思考经营之道。近来的经济危机不仅要求领导者反思公司的经营状况，还导致社会态度的变化，需要领导者做出与以往不同的回应。图 15.1 展示了一些环境因素，例如，快速变革的技术、

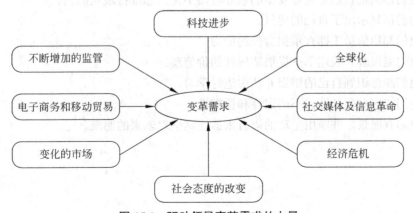

图 15.1　驱动领导变革需求的力量

变化的社会态度、全球化、不断增加的政府监管、变化的市场环境、电子商务的增长以及信息通过互联网的快速传播等，为组织内部进行变革带来更大的需求。

15.1.1 抗拒是真实的

领导者发起了许多变化，但其中大部分没有达到预期。想想看，在166个美国和欧洲的作出重大改变的公司中，只有约1/3报告显示成功。一些研究估计，有90%的战略不能达到预期的目标，并且70%的组织中的所有变革行动失败。

> **新领导行动备忘**
> 完成领导者自查15.1中的问题，看你是否有抗拒变革的倾向。

有很多原因导致改变程序不会产生预期结果。一个显著的问题是，大多数人有一种自然的倾向来抗拒改变，即使有些变化可以使他们的生活更美好。考马克公司（Comalco）是总部位于澳大利亚新南威尔士州的轧制产品公司，这里的领导者想要做出改变，以创造一个更加平等的环境，并且拉近管理层和工人之间距离。他们去掉了所有的电工、钳工、运营商、工头等不同的制服，去掉了小时工的钟表，并不再为管理层设置单独的停车场。但是这些变革全都遭到了员工的抵制。员工表示，他们愿意穿不同的制服，因为它们更便宜，并且在每日穿着制服时能看到自己是在与谁做比较。工人强烈反对去掉时钟，因为，他们说，"我们将无法证明我们一直在工作，所以他们就可以在工资条上欺骗我们"。他们怀疑废除管理者的停车场是为了不让员工看到有哪个经理又换了新车。如果人们对于增加自己生活品质的变革那么抵制，想象一下当他们遇到会大幅度改变工作职责，任务流程或者内容的变革时，他们又会多么的反对！

领导者应该对抵制有所准备，并设法让人们看到变革对于组织成功的价值。在本章的后面，我们将讨论如何领导才能克服阻力，帮助人们成功地改变。

15.1.2 作为变革代理人的领导者

变革并不是件容易的事，但优秀的领导者能够促进变革，帮助组织对外部威胁和新的机遇进行适应和调整。对于组织中将变革视为积极和自然的事物的人来说，他们需要领导者担当起变革的榜样的角色，并为变革提供动力和沟通。通过对一些成功完成变革项目的领导者研究发现，他们都具备了一些重要特点。

- 他们都确定自己是进行变革的领导者而不是只想维持现状的人。
- 他们都显示出了自己的勇气。
- 他们都相信员工拥有承担责任的能力。
- 他们能理解和表述那些提倡适应性的价值观。
- 他们能意识到自己的错误并从中进行学习。
- 他们能应对复杂性、不确定性和模糊性。
- 他们有愿景，并能用生动的语言来描述这些对未来的愿景。

领导者自查 15.1

抗 拒 变 革

说明： 根据你生活中处理日常问题时的表现，对于下面的题目做出回应。认真思考并尽量精确作答。

	基本符合	基本不符
1. 我一般认为对于我的生活来说，改变是个不好的事情。	___	___
2. 当我听到变革计划时，我可能会紧张一下。	___	___
3. 一旦我做了计划，我不喜欢改变它们。	___	___
4. 我经常改变主意。	___	___
5. 每当我的生活适合稳定日常，我会想办法改变它。	___	___
6. 我当事情按照计划进行时，我的压力会比较小。	___	___
7. 即使变革对我有利，我有时也会避免这种个人的变革。	___	___
8. 随着时间流逝，我的意见很少发生改变。	___	___
9. 我更喜欢平淡的一天，而不是充满意外惊奇的日子。	___	___
10. 当我得知工作中要发生重大变化时，我会比较紧张。	___	___
11. 当有人给我压力来做出改变时，我通常会比较抵制。	___	___
12. 一旦我得出结论，我不会改变。	___	___

得分和解释

以上题目中 1~3 题和 6~12 题回答"基本符合"的话每题得 1 分，4~5 题回答"基本不符"的话每题得 1 分。每个人面对变化时都会感到抗拒，但是对于频繁的变化，大家的容忍度也会因人而异。最终得分 8 分或以上表明你可能倾向于可预测和常规的生活。工作中频繁或巨大的变化对你来说可能难以承受，又可能会有抗拒，压力或紧张的情绪。如果你的得分为 5 或更少，你对于压力的抗拒心理可能会比较小，所以你可能认为惊喜或者变革是非常刺激的事情。

资料来源：根据沙乌尔沉渣．变革的阻力：开发一个个体差异衡量．中国应用心理学 88, 2003（4）：680-693。经许可使用．

米歇尔·李（Michelle Rhee），华盛顿特区公立学校系统的前校监，就是一个典型的变革型领导。

前沿领导者

米歇尔·李，华盛顿特区，公立学校系统

米歇尔·李（Michelle Rhee），华盛顿特区公立学校的前校监，学生优先组织（Students First）

第 15 章 领导变革 409

的创始人，是在美国的教育中最具争议的人物之一，但无论你是热爱她或憎恨她，你不能说她害怕变革。米歇尔来自于韩国移民家庭，在她为"全美教学"组织（Teach for America，在本书的第1章中有过介绍，该组织将大学毕业生送到最艰苦的学校里教学）工作时，曾想中途退出，但是她的父亲说服她继续下去并完成这项工作。这是她第一次走上改变美国穷苦学生教育现状的尝试。米歇尔注意到，学生们喜欢鼓励他们和有着有趣个性的老师。

几十年后，米歇尔有机会就把她的一些想法转变成大规模的行动，因为她试图重整最昂贵，却又是本国表现最差的一个学校系统。作为华盛顿公立学校的校监，米歇尔抨击该地区不正常的文化，即按照资历而并非表现来奖励老师；她更改和削减官僚体系和结构，使学校校长来负责提高学生成绩，并使教育工作者把学生的利益放在第一位。

她的这种让华盛顿学校成为"整个国家中表现最好的城市学区"的愿景使长期停滞的系统得以运转同时又带来了新的能量。"我们的系统对于少数族裔的孩子不公平，"米歇尔说道，"如果作为一个国家，我们要做到我们的承诺，那么这一点必须改变。"当听到人们说："老师无法弥补家长和学生做不到的东西。"米歇尔感到十分愤怒，并强调每个老师可以有所作为。她毫不犹豫地削减没有贡献价值的行政职务，开除不能达到业绩标准的老师和校长，并关闭表现不佳的学校。她制定了新的程序，将丰厚的奖励给予高绩效的教师同时让校长能更多控制学校人员的招聘，晋升和辞退。在新的评估程序下，人们更加警觉，那些表现不好，自我满足的人将不会被容忍。

米歇尔在离开华盛顿之后继续在她目前的组织推进改革，这个名叫"学生优先"的组织的任务是在美国保证最优秀的老师进入好的学校并能够有效地利用公共资金。"有些人认为她是一个变革的领导者，一些人认为她是一个有争议的人物，但每个人都同意她得到了人们的议论，"一个组织者最近在密歇根的一次会议上说道。

15.2 变革的框架

在领导一个重大变革项目时，领导者必须认识到，变革过程是分阶段进行的，每一阶段都非常重要，同时每一阶段可能需要大量的时间。图15.2解释了由约翰·科特（John Kotter）提出的帮助领导者实现变革的模型。

（1）为变革做准备。人们必须相信变化是真正必要的。领导者要与众人沟通变革的紧迫性，在某种程度上触动人们的情感，换句话说，他们要帮助人们感觉到需要改变而不仅仅摆事实和列举数字。下面介绍下罗旭德（Peter Loscher）的例子，他是第一个被西门子公司从外部聘请的首席执行官，他说："永远不要错过机会，机会来自良好的危机。"罗旭德来到西门子的时候该公司正处于非常困难的时期，公司当时正面临受贿指控，他需要在结构和文化上进行巨大改革。于是在他上任后的第一个100天环游世界与员工谈论贿赂丑闻如何玷污了西门子的光辉历史。

（2）得到正确的人的认可。考虑到变化的复杂性，没有哪个单独的人可以实现改变，尤其是主要角色孤军奋战的话。成功的变革，需要建立一个强大的领导者联盟，这样能够在面对改变时拥有共同承诺的必要性和可能性。他们有足够的权力以确保变化的发生，同时他们可以使最终用户接受改变。

（3）描绘一幅令人信服的图景。人们需要一个清晰的愿景和策略来激励他们相信一个更美好的未来是可能的，并且他们可以通过自己的行动实现它。促使个人和组织真正变革的力量来自于他们认可这种变化。领导者创建一个图景，帮助人们理解组织正在进行的努力以及这种改变对实现长期目标有什么帮助。同样重要的是，发展一个实现愿景的策略，让人们知道他们如何融入大局。

（4）沟通，沟通，还是沟通。领导者应该不止一次，而是一次又一次地通报消息。变革会使每个人都心存疑虑和不确定感，而当人们感到焦虑的时候他们并不能认真地倾听。另外一点是要记住行动胜于语言。变革型领导者会将自己的行为调整成员工需要的形式。在西门子，罗旭德在公司的年度领导者大会上展示公司顶级的高管团队花费在客户身上的时间。罗旭德是第一名，他在客户身上花费50%的时间。他告诉人们，必须做出改变而且将每年公布排名，以便看看人们是不是在经营生意的时候履行了这种与顾客接触的新观点。

> **新领导行动备忘**
> 作为领导者，你可以发展一个能够改变的管理者的个人特征。提高重大改变的成功率，你可以按照八阶段模型，记住投入必要的时间，每个阶段的能量和资源。

（5）消除障碍同时授予员工行动的权利。领导者根据人们的时间、知识、资源和决定权来采取行动，让改变发生。这可能意味着修改可能阻碍或破坏变革工作的结构、系统或流程。设定一个愿景和大致轮廓变化后，奥本海默基金公司（Oppenheimer Funds）的 CEO 比尔·格拉文给他的团队成员足够空间来推进自己的想法和实现预期的变化。"我每两个星期会研究每个直接报告，尽量保持用熟练的技巧控制公司，"Glavin 说道。

（6）实现短期目标并进行庆祝。除非人们看到自身努力后积极的结果，在重大变革中精力和动力可能减弱。保持势头，领导者确定一些短期的成果，这样人们就可以认识到自己的成就。高度可见的和成功的短期成果会促进变革的可信度，同时能刷新每个人的热情和承诺。

（7）保持前进。不要困在短期获胜中。一项研究表明，近50%的所有变革最终崩溃只是因为缺乏关注。重点是领导者在早期成果中建立信誉，并保持这种变革继续前进。在这个阶段，他们会遇到在获得愿景过程中所遇到的残留的阻碍，结构或系统方面，并对其做出改变。

（8）巩固变革成果。在这个阶段，领导者寻找方法使新方法制度化，努力将新价值和模式集成到每个人的工作习惯之中。在 Del-Air 公司，佛罗里达州的供热、通风和空调承包商，经理将新的 GPS 时间跟踪系统与公司的奖金制度相联系。员工可以更有效地利用他们的时间来获得奖励。通过整合激励制度的变化，经理促使新的时间跟踪系统被接受，成为每个人的日常工作的一部分。

> **新领导行动备忘**
> 回答这个问题在领导者自查 15.2，看看你有什么需要开始变化，同时遵循八阶段的变化模型。

变革过程的各个阶段大致重叠，但每一个阶段对于成功变化的发生都是至关重要的。在处理重大变更工作时，领导者可以使用八个阶段变化过程为成功提供一个坚实的基础。

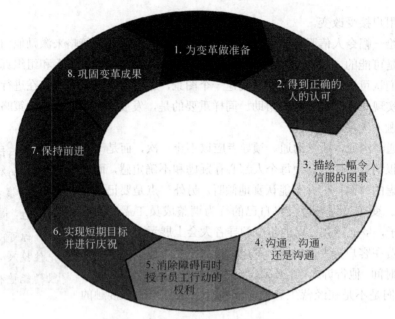

图 15.2　规划组织变革的八阶段模型

资料来源：John P. Kotter. *Leading Change*. Boston: Harvard Business School Press, 1996. p. 21.

15.3　使用肯定式探询

肯定式探询
在个人，团队，或整个组织中强调积极信息，注重从成功中吸取经验，从而实现变革的技巧。

肯定式探询（AI）是一种最激励人心的领导变革的方法。肯定式探询在个人、团队或整个组织中强调积极信息，注重从成功中吸取经验，从而实现变革。在面临某一情形时，AI 强调的不是什么地方出错了，责任应该归咎于谁，而是以一种积极肯定的方式研究"什么是可能的？我们想实现什么？"例如，面对销量下降的问题，AI 不强调下降这个问题本身，而是会通过调查使销售增加。确定一个适当的框架主题——探讨什么是正确的而不是什么是错的——这对于 AI 的成功至关重要，因为它让人们免于互相指责，防卫他人或忙于否认，从而为变革建立一个积极的框架。如同 AI 方法论的创立人之一的大卫·库博瑞德（David Cooperrider）所说，"对真理和美好的事物及人类系统中的可能性关注得越多，你开展积极变革的能力也就越强"。AI 理论对重大变革和小规模变革都同样适用。

15.3.1　大规模应用肯定式探询

AI 可以通过积极吸引一大群人来加速大规模组织变革，包括领导者和员工，以及组织以外的人，如客户或委托方、合作伙伴和其他利益相关者。

领导者自查 15.2

你是一个变革型领导者吗?

说明：仔细思考你目前或最近的全职工作。根据你在工作中的观点和行为请回答以下 10 个问题，指出每一条对你来说是基本符合还是基本不符。

	基本符合	基本不符
1. 我常常试图采用改进后的程序做我的工作。	_____	_____
2. 我常常为了高效而改变我的工作。	_____	_____
3. 我常常试图改进工作小组或部门的工作流程。	_____	_____
4. 我常常试图建立一个新的工作方法，更有效地为公司服务。	_____	_____
5. 我常常试图改变组织中无效或起反作用的规则或政策。	_____	_____
6. 我经常对提高组织内部如何运作提出建设性的意见。	_____	_____
7. 我常常试图改正错误的流程或实践。	_____	_____
8. 我常常试图消除冗余或不必要的程序。	_____	_____
9. 我常常试图实现解决紧迫的组织问题。	_____	_____
10. 我常常试图引入新的结构、技术或提高效率的方法。	_____	_____

得分和解释

请把你标记为"基本符合"的题目数量相加，得到你的分数。

这个练习题测出了人们在工作场所领导变革的程度。变革型领导者也被看作变革发起者。得分高于 7 分说明你有很强的负责领导变革的愿望。得分为 3 分或 3 分以下则说明一种希望别人负责领导变革的态度。

在变革型领导者通过图 15.2 中的模型支持大规模的变革计划前，他们通常先在自己负责的工作范围内着手进行变革。你在工作或生活中会负责领导变革吗？把你的分数与同学的进行比较。有什么不同吗？你认为自己是一名变革型领导者吗？

资料来源：E.W. 莫里森，C.C.菲尔普斯，管理学会期刊，1999，管理学院，管理学会的格式通过版权税计算中心教科书许可转载。

当一个研究主题确定后，组织就开始遵循 4 阶段的肯定式探询过程，如图 15.3 所示。

（1）发现优势。在此阶段，人们识别"现有的优势"——组织的强项和最佳实践。这个阶段旨在发现组织的独特品质。领导者同员工交谈，要求他们讲述在组织中最好的体验。例如，在美国运通公司（American Express），在一场关于构建"成功文化"的 AI 讨论中，领导者会让员工描述自己在公司工作时感到最自豪的一件事。基于这些故事，人们一起确定共同的主题。

（2）构筑梦想。接下来，人们反思在新知探索阶段学到了什么，想象如果这些非同寻常的经历成为常态会怎么样。例如，在美国运通公司，如果员工每天都可以感受曾经最自豪的时刻会怎么样？构筑梦想阶段就是在已存在的现实基础上，想象"会怎么样"，创造一种最美好未来的共同愿景。AI 让人们有机会表达自己对未来的梦想，从而激发人们对变革的憧憬，让人们充满力量进行变革。

（3）组织设计。本阶段要求制订行动计划，将梦想变为现实。这就需要人们做出决定，明确知道为了实现梦想组织需要做什么？以美国运通公司为例，人们明确了同组织所需文化相符的价值观，找到了可以推行并支持这些价值观的领导行为，还确立了能保证新文化价值观继续推广的结构、系统和流程。

（4）把握命运。这个阶段就是将前 3 个阶段确定的想法转化为具体的行动，最终创造出组织的命运。这包括促进"现有最美好事物"的发展，通过开展特定项目、活动来推动梦想变为现实，运用一些有形力量执行"设计"，确保从探询阶段开始的变革持续进行。在美国运通公司，这一阶段的变革内容就包括了培训项目、绩效评估和奖励体系。

在大规模变革中使用 AI 理论，可能仅在几天内就会决定接下来数百人的参与，也可能会在工作场地之外的地方进行，以便使人们全身心投入创造未来的活动中。各种各样的组织都已经在大规模变革中运用了 AI 理论，包括公司、学校体系、教堂和宗教组织、社区、政府代理处和社会服务组织。例如，在中东的一个大炼油厂里，一个团队使用 AI 理论来帮助创造使这个冶炼厂成为"公司中工作最好的地方"的梦想。

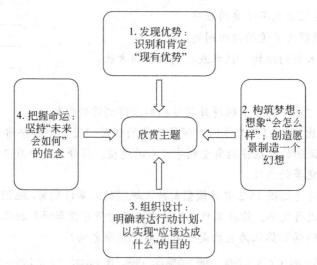

图 15.3　肯定式探询的 4 个阶段

前沿领导者

红　　队

当一个石油冶炼厂的总经理让大家去"重新构想这个公司"的时候，以"红队"这个名字所闻名的团队中，年轻工程师们自然地开始思考总经理是什么意思。

这个总经理说他想要这个冶炼厂成为中东巨大的石油和燃气基地中最佳工作公司。他认为要达到这个目的主要取决于在这个冶炼厂 1 600 个工人的幸福水平。总经理相信工作人员的幸福将提高安全、绩效和生产力水平。红队立即开始讨论、确定问题，提出潜在可能使这个冶炼厂成为一个幸福工作的地方的建议。然后他们认为听取其他员工的意见是一个好办法。

他们想出一个简单的题目，基于一个词"微笑"，可以联系人们并且得到他们关于改善士气、动力和幸福水平的想法。使用 AI 理论模型，这个团队先让大家分享自己在冶炼厂工作最好的经历（发现优势）以便于创造一个激励的和有趣的氛围。然后，大家开始思考，如何做才能使这些经历成为一种常态（构筑梦想）。在第三个阶段（组织设计），这些想法意见包括：能经常看到经理在工厂里、加强工人与管理人之间联系、改善餐厅菜单、在员工停车域提供遮篷，并且定期举行员工家庭感谢会。志愿团队要拥护和跟随行动每个首创想法，使它变为现实（把握命运）。

这个过程本身已经改善了士气；通过给人们一个机会来参与形成他们自己的未来。人们有一个强烈的归属感和使命感并且这个成为"公司最佳工作地方"的想象正在变为现实。

15.3.2 肯定式探询的日常应用

AI 也可以在小范围内应用。领导能力的本质意味着不断用许多微小的方式影响他人。本章的"领导者书架"描述了一个三阶段变革模型，其中包含了领导变革的原理以及应用于每天的变革努力。优秀的领导者会在日常工作中逐渐改变员工对预期的未来的态度、设想和行为。如果组织中每名领导者都努力进行日常变革，那么累积起来就会取得显著的效果。

领导者可以将 AI 理论应用于每天不同的变革中，例如，培养追随者、强化团队工作、解决特定工作问题、化解矛盾。此外，关键是用一个积极的方法界定问题，促使人们关注进步而非错误。使这个事有成功希望并且使人们关注于发展而不是看哪里出错了。吉姆·古斯塔夫森（Jim Gustafson），目前为班尼迪克大学的领导学驻校学者和价值驱动领导中心的高层经理培训部主任，就常常在日常生活中利用肯定式探询。古斯塔夫森喜欢利用 AI 理论来培训追随者。例如，古斯塔夫森在担任一家电器制造商的销售和市场营销部主管时，在他和即将离职的前任主管进行交接时，他看到了数位员工的绩效评估结果，发现该主管对其中两名员工既不尊重也不感兴趣，因为他给了他们极差的评价。古斯塔夫森利用 AI 理论来和这两位员工进行沟通，问他们一些问题，例如"过去 6 个月你做了什么最令你自豪的事？"、"你在工作中感到满足的主要原因是什么"以及"什么激励你进步"等。他还同下属一起研究如何才能使员工感到满意、工作富有成效，如何继承优良传统，开创美好未来。通过古斯塔夫森的培训以及 AI 的使用，两位员工最终都得以升职并进入公司的管理层。

15.4 变革中的领导创新

美国管理协会（American Management Association, AMA）进行了一项调查，请 500 名 CEO 回答"为了在 21 世纪生存，我们必须做什么"。排在第一位的回答是"发挥创造力，不断创新"。有效的领导者在最需要的部门提升创造力和创新实践。例如，一些组织如

> **新领导行动备忘**
> 完成领导者自查 15.3 的练习看看你是否有个人创造力。

创造力
一代的想法对于改善组织的效率既新奇又有趣。
想法培养器
提供一个安全的海港，在这里组织中人们的想法可以在没有公司官僚主义或者政策的干扰下被发展下去。
合作企业家精神
不间断的企业家精神包括探索、经历和冒险的价值。
想法成功
人们相信一个想法并且为了这个想法去克服自然抵抗因素。

医院、政府代理处和公益组织可能在政治和程序上需要经常改变，并且领导者可以提高行政人员的创造力。对依靠新产品的组织来说，领导者需要激励创意的产生和部门间的分享，甚至是在外部的分享。

创造力是指提出能够有效提高组织效率和效益的能力。有创造力的人想出的想法会满足其感知需求，解决问题或者对机会做出回应，因此被组织采纳。但是，创造力是一个过程而不是一个结果，是一个旅程而不是一个目的地。当今领导者的最重要的任务之一就是驾驭所有员工的创造精神。

15.4.1　逐步灌输创造价值

领导者可以创造一个鼓励创新和帮助组织变得更创新的环境。培养有创造力的文化并且提升合作，在组织中传播创造力的价值。

培养有创造力的文化

为了使对组织有益的创新行为能不断涌现，所有员工的利益和行动都应该与组织的宗旨、愿景和目标保持一致。领导者应当做出时间、精力和资源上的承诺来支持创新。一个越来越流行的做法是**创意孵化器**。创意孵化器为组织成员提供了一个安全港湾，使这些创意能够得到发展而不会受到组织官僚机制或政治活动的影响。许多不同类型的公司例如雅虎、波音、美国 Adobe 公司和 UPS 快递公司已经使用了创意孵化器以保证好的想法不被流失在每日的组织体系中。

为了建立一种鼓励**开拓者精神**的企业文化，领导者鼓励所有员工有创造性精神，保持好奇的心态，富有探索精神，以及在消息灵通的前提下勇于冒险。在因 Gore-Tex 纺织品而出名的戈尔公司（W. L. Gore），领导者废除了大部分规则，员工们可以自由探索和实验。在戈尔公司没有什么所谓的老板，每个人都可以独立探索自己的新想法，还可以将认为这个创意可行，并愿意为之付出努力的人召集起来组成团队。这也就是为什么戈尔公司能将其业务拓展至压线、自行车扎线和吉他弦等领域。开拓者精神最重要的结果之一就是促进了创意能手的产生。创意能手是指那些对创意充满热情和信心，积极奋斗，能克服他人对创意的天然抵制，并说服他人接受创意的真正价值的人。变革不会自动发生。要成功推动一个新创意，需要个人付出精力与努力。创意能手会确保有价值的创意被接受并得到执行。

一个有创造力的文化是一个开放的文化，它可以鼓励人们为了新想法去各个地方。领导者们提倡开放精神，通过使人们做不同的工作，给他们时间去参加志愿活动并且给予他们机会与不同于他们的人进行组合。一家航空公司使用"走出堪萨斯州！"（Get out of Kansas!）这句话来强调要在公司以外的世界各地区寻找新的想法。领导者们也可以给人们机会去和消费者、供应商和工厂以外的人一起工作，这样可以有一些新的想法产生。例如，Productos Cementos Mexicanos 公司的高管们会开着水泥卡车去四处搜集有关客户需求的创意。

极速风暴
使用一种循环赛的方式让来自不同领域的人一起讨论，形成具有创造性的想法，并且确定具有潜力的合作领域的人一起讨论。

促进合作 尽管很多个人有创造性的想法，但是当人们一起工作的时候创造力会更加高涨。聪明的领导者不会让人们固守在部门内部，他们总是试图打破部门界限，促进员工沟通合作。创意性合作是领导者创建创新文化的最重要活动。这也是为什么公司使用跨部门团队和自我管理团队，正如在第 10 章所描述的。一些公司会重新布置自己的公司，这样来自不同领域的人们在日常活动中可以一起工作。许多公司使用内部网络来鼓励组织内的跨部门合作。例如，英国工程服务公司奥雅纳集团（Arup Group），发明了一种线上"知识地图"，展示了公司不同领域的专业知识，以及各部门和员工如何就重要信息流在该地图上进行互相关联，彼此沟通。

最近一种促进一对一合作的途径是极速风暴。极速风暴，顾名思义，是由速配约会这个主意所激发的创意。该方法使用一种循环赛的方式让来自不同领域的人一起讨论，形成具有创造性的想法，并且确定具有潜力的合作领域。大家被分成两人一组，并且都是和来自不同部门的人进行组合。每个小组会获得一个题目，在接下来的 3~5 分钟之内要快速产生一个可以由二者合作来得到的创意。到活动的最后，每个参与者可以与几个不同的人形成创意合作的关系。极速风暴会是一个丰富现有合作方式的有趣体验。

领导者书架

《转变：当变革很难时如何变革》

奇普·希斯和丹·希斯

"大的改变可以从很小的步骤开始。小的改变可以变得更大"。本书作者是斯坦福大学商学院教授奇普·希斯（Chip Heath）和杜克大学社会企业家进步中心高级研究员丹·希斯（Dan Heath）。"但是变革并非像人们所说的那样容易。"的确，在《转变：当变革很难时如何变革》（以下简称《转变》）一书中的故事描述了变革的困难程度，无论是小到个人减肥 40 磅，大到组织改善其员工对于顾客的态度。

变革的三部分框架

《转变》一书中提供了可以应用于需要改变的个人和组织的建议。下面是对该变革三步计划的一个总结。

提供方向：找到聪明的点子

第一步骤是确定方向和行为动作以帮助人们成功到达目的地。关键的一点集中于积极性上。很多人在面临改变的需要时情绪会低落沮丧。为了做出改变，领导者们想让人们回忆他们过去做的积极的事情，并且怎样经常做积极的事。为了解决越南的长期营养不良问题，儿童保护中心停止去查找什么是错的而是去寻找哪些孩子是健康的，营养均衡的，从而向他们的家长学习怎样使孩子营养均衡，并且教营养不均衡孩子的家长遵循同样的步骤。

> **新领导行动备忘**
> 作为领导者，你应该帮助组织提高创新能力。你应该鼓励好奇心、娱乐精神和探索心理，给予员工进行非正式活动的时间，促进组织内形成开放的文化。你应该建立相关机制，实现组织内部的跨职能合作和信息共享。

充满感情：使人们有动力去改变

为什么慈善机构会使用需要帮助的孩子的照片来吸引捐赠？因为它们可以呼吁起人们的情绪。这个教训是人们不会"想当然地"把方式变成行为。改变取决于情绪的变化。微软公司领导者们告诉程序员们，顾客不会理解怎样使用一个新的东西，但是顽固的程序员们认为他们的软件是非常棒的。只有当程序员们看到了顾客艰难的使用软件并且变得沮丧和不开心时，他们才开始去寻找更容易使用的方法。

设计路线：使改变更舒适

以前的习惯会很难消失，但是当新习惯更舒适的时候会增加人们改变的概率。这个步骤最好的运用来自于巴特·米利亚尔（Bart Millar），美国俄勒冈州波特兰市的一个老师，他让捣乱的孩子早点来到教室，并坐在前排，以此改变了课堂。他是怎样做到的？他在他的历史课教室前面放了一个舒适的沙发。没花多长时间，那些捣蛋鬼们就争相早早地来到教室，来争取坐到那个"酷酷的"座位。

检验你的变革领导力

《转变》一书最有趣的特征之一是"诊所"的使用，即该书的侧边部分会描述真实生活中需要改变的地方。读者们被邀请将他们从书中所学的一部分应用到生活中，并精心地制作一个改变策略。然后，根据他们的调研，作者会描述真实发生的情况并提出他们的建议。大量丰富的例子与其他心理学、社会学和其他领域的研究相结合。使《转变》一书成了一本有趣、令人期待的读物。

资料来源：*Switch: How to Change Things When Change Is Hard*, Chip Heath and Dan Heath. Broadway Books.

15.4.2 领导创新人才

许多组织试图通过雇用创新人才来鼓励改变和变革。但是最近有关创造性研究显示，任何人都可以通过学习变得富有创造性并且可以通过练习变得更好。也就是说，每个人都有一定程度的创新潜力。问题是许多人不会利用自己的潜力，领导可以帮助个人变得更有创造性，通过促进头脑风暴，培养横向思维，提供浸入式体验，允许停顿，以及鼓励创造性直觉。正如图15.4中所阐述的。

领导者自查 15.3

你有创造力吗？

指导：在以下所给列表中，在你觉得能准确描述你个性的形容词上打钩。请诚实回答，勾出所有能形容你个性的词语。

1. 易受影响的____
2. 有能力的____
3. 谨慎的____
4. 聪明的____
5. 平凡的____
6. 有信心的____

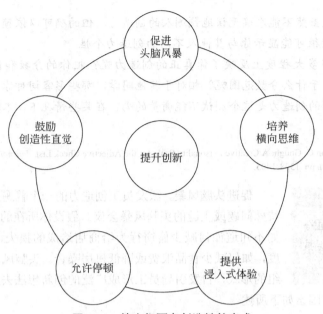

图15.4 使人们更有创造性的方式

7. 保守的____
8. 传统的____
9. 以自我为中心的____
10. 不易满足的____
11. 诚实的____
12. 幽默的____
13. 个人主义的____
14. 不拘礼节的____
15. 富有洞察力的____
16. 智商高的____
17. 兴趣狭窄____
18. 兴趣广泛____

19. 善于创造____
20. 有礼貌____
21. 新颖的____
22. 反思的____
23. 足智多谋的____
24. 有自信的____
25. 性感的____
26. 势利的____
27. 真诚的____
28. 顺从的____
29. 多疑的____
30. 非传统的____

得分与解释：

选出以下词语的各加1分：2、4、6、9、12、13、14、15、16、18、19、21、22、23、24、25、26、30。选出以下词语的各减1分：1、3、5、7、8、10、11、17、20、27、28、29。你可能得的最高分数是+18分，最低分数是-12分。

256名参加这项创造力测试的平均分数是3.57，126名参加测试的女性平均分数是4.4。一组45名男性研究型科学家和另一组530名男性心理学研究所的平均分都是6.0，124名男性建筑师的平均分是5.3，一组335名女性心理学学生的平均分是3.34。如果你的得分高于6，那你的个性在创造力方面可被视为高于平均水平。

上面的形容词列表将受访者的分数与其他创造力测试的分数进行了比较，将受访者的分数与由创造力判断专家提供的对受访者的创造力评价进行了比较，因而其效果是已经被证实的。这一评分列表虽然不能准确无误地预测人的创造力，但的确可以依赖，而且有相当高的可信度。你的分数很可能显示你与其他人不同的创造力个性。

你认为分数在多大程度上反映了你真正的创造力呢？把你的分数和你们班其他人做比较。其他同学又处于什么分数范围呢？相对于其他同学，哪些形容词对你来说是最重要的？你能想到哪些类型的创造力是这个测试不能衡量的吗？在某些情况下，本测试中所反映的创造力是否重要？

资料来源：Harrison G. Gough. A Creative Personality Scale for the Adjective Check List. *Journal of Personality and Social Psychology* 37, no.8(1979), pp. 1398-1405.

> **头脑风暴**
> 利用自发的面对面组合提出一些开阔思维的想法来解决某一问题的方法。

促进头脑风暴，激发员工创造力的一个普遍方法是建立专注于特殊问题或主题的头脑风暴会议。假设你所在的组织正面临难题，如不知道如何减少偷窃行为给商店造成的损失，如何加快结账速度，如何减少食品浪费或降低机房噪音。头脑风暴以面对面互动小组的形式，自发引导员工形成广泛的创新想法去解决问题。提高头脑风暴效率的关键因素如下所述。

- 拒绝批判。组内成员不应该以任何方式对于自然形成的想法进行批判和评价。所有的想法都应该被认为是有价值的。
- 畅所欲言。人们应该表达出任何灵光一现的想法，无论有多不可思议或者稀奇。头脑风暴者应该大胆地表现创新思维。一位直觉公司（Intuit）的全职创意研发者就曾说过，"想出最愚蠢的点子并在此基础上进行构建，比没有任何想法要好。"
- 多多益善。头脑风暴的目的是形成尽可能多的想法，想法越多越好。大量的想法可以增加寻找好的解决方式的可能性。此外，也可以将不同的创意组合在一起。所有的构思创意都归小组所有，因此只要有可能，小组成员就应该对这些想法进行修改和扩展。

头脑风暴拥有热情的支持者和强烈的批判者，但是它仍旧是领导者利用小组形成新想法

> **电子头脑风暴**
> 带给人们一起在计算机网络上的互动群体，或者是称为书面头脑风暴法。

最普遍的方式。一些公司正以时下十分受欢迎的真人秀为基础，将头脑风暴法应用到了极致。为了获得创意，这些公司把相关人员集中到一起，并让他们相处较长的一段时间。例如，惠而浦公司（Whirlpool）开展了一项名为"真实惠而浦世界"的项目。该项目挑选了8名销售人员，让他们利用惠而浦生产的烹饪电器和清洁电器共同生活了7周。百思买公司（Best Buy）也采用了类似的计划。公司让几个不认识彼此的员工组成几支团队，让他们在洛杉矶的复式公寓里生活了10个星期。他们在一次会议中为公司直接策划了一个创意，公司依据该创意开发了一项新的服务——百思买工作室（Best Buy Studio），可以为小型企业提供网络设计咨询服务。

最近又出现了另一个方法，称为电子头脑风暴法或者书面头脑风暴法。这种方法可以借助计算机网络把人们组成一个个沟通互助小组。人们可以提交创意，以及读取和扩展其他人的想法。总部位于得克萨斯州奥斯汀的广告公司 GSD&M 创意城就使用了电子头脑风暴会议，允许公司外界人员和员工加入到讨论当中，以便更快地征集到广告创意。该公司领导者表示，互联网讨论会可以带来成千上万个创意，并且每个人都是匿名参加，这使得"公司领

导者和新员工拥有同样的发言权"。研究表明，电子头脑风暴法比个人思考所产生的创意要多 40%，比常规讨论组多 25%～200%。差别的大小取决于常规讨论组规模的大小。为什么呢？这主要是因为参与的人匿名时，人们可以毫无顾忌地说出自己的创意。另外，参与者还可以及时写下自己的创意，避免了在面对面讨论组中等待发言时好的创意悄然溜走的可能，这样一来，他们的创造力也会随之增加。

促进横向思维

大部分人的思想都遵循类似线性模式，即从一点到另一点。但线性思维往往无法提供创意的突破。人们进行线性思维时，只会从某个需要的问题或想法出发进行思考。相比之下，横向思维更具创造性。横向思维可以被定义为一组用于改变陈旧的思维方式和认知方式，建立全新的思维方式和认知方式。人们进行横向思维时，会试着"旁敲侧击"，尝试用不同的认识、理念和切入点来找到解决问题的新方法。因此，横向思维似乎是用非正统的或者明显不合逻辑的方法来解决问题。但是，横向思维所产生的独特思维关联与解决问题的各种可行办法密切相关。

> **横向思维**
> 一组用于改变心理的概念和观念，并产生新的系统的技术。

一些公司，如波音、诺基亚、IBM、雀巢已经训练人们使用横向思维，以此来帮助组织满足迅速变化的全球环境中的需求。为了刺激横向思维，领导者给员工提供各种机会来利用自己大脑的不同区域，从而产生新的创造性的关联。员工如果暂时停止思考某个需要解决的问题，转而去做其他事情，就很可能会刺激大脑的其他区域开始工作。问题的答案也许不能在大脑正在工作的区域中找到，反而会在员工受新经验刺激开始活跃的另一区域中找到。例如，在 1990 年，美国航空航天局的一位科学家在德国的酒店洗澡时，他边洗边琢磨如何修复变形的哈勃望远镜镜片。那时，没人能找到把矫正镜安装到轨道望远镜内部难以触及的区域的方法。这位科学家注意到宾馆里的欧式喷头是嵌在可调拉杆上的。将此与哈勃望远镜的问题联系在一起，他意识到可以用类似的折叠臂把矫正镜放入哈勃望远镜内部。就像这样，横向思维成功解决了问题。另一个例子来自亚特兰大儿科医生艾米·巴克斯特（Amy Baxter），他努力多年以求找到一种方法，用冷气来减轻孩子接种疫苗时的疼痛。在她有一次上完急诊室的夜班，拖着疲惫的身体开车回家的时候，她注意到她的方向盘在抖动，因为她没时间把轮胎调正。当她把车停到边上时，她才发现震动的方向盘让她的手都变麻了。巴克斯特灵光一闪——将震动和冷气结合起来可能就足够减轻打针的痛苦了。Buzzy，是她发明了一种玩具一样的震动小蜜蜂，带有一个小冰袋，现在已经在 500 多家医院里开始使用，并且极大地减少了儿童注射的疼痛。

艾利克斯·奥斯本（Alex Osborn）是头脑风暴的鼻祖，曾发展了许多创新技巧。其中一个非常有效的技巧是图 15.5 中所展示的广泛用于激发横向思维的清单。这个清单似乎在产品或服务需要改进时最为有效。例如，如果想要解决一个为了增加手机销量从而改进手机设计的问题，图 15.5 中的动词可以激发出分析该物品的不同想法。

思考反义词的练习也会对于激发横向思维有显著的效果。物理学中的反义词汇，例如前/后、大/小、硬/软和快/慢，以及生物学的对立，包括年轻/年老、生病/健康、公/母和乌龟/兔子。管理学上的反义词包括官僚/创业、由上而下/由下而上。商业术语的反义词有买/卖、利润/损失、雇用/开除。

动词	描述
用于其他方面?	作为一种新方式去使用它?修改之后用于他处?
适合?	还有什么是这样的?这意味着什么其他的想法呢?
改动?	改变意义、颜色、动作、声音、气味、形式、形状?其他改变?
放大?	有什么要增加的：更高的频率?更强?更大?增加成分?夸大?
缩小?	有什么要减少的：消除?更小?更慢?更低?更少?更轻?分裂?更低的频率?
替代?	由谁替代?用什么替代?其他地方?其他时间?
重新安排?	其他安排?其他顺序?改变步骤?
逆转?	颠倒积极和消极?对立面怎么样?转换成反面的?把向上的转向下?颠倒角色?
结合?	一个融合，合金，品种，合奏怎么样?结合单位?结合兴趣?结合想法?

图 15.5 横向思维检查列表

提供浸入式体验

横向思维可能被视为"跳出思维框"的思想。而浸入式体验则是深入到一个区域或主题来激发个人创造力，也被称为"框内思维"，意味着集中注意力浸入到具体的情况或问题的内部。人们可以将一个产品、情况或过程，分解成各个组成部分。利用不同寻常的方式来操纵组件可以创建一个有价值的新思路。例如，隐形眼镜的产生是通过去除一个组件——眼镜框。飞利浦电子通过从播放器变换为手持式装置，彻底改变了 DVD 播放器。这种操作创造了一个更便携、更便宜的 DVD 播放机。

另一种让人们摆脱习惯性思维模式和根深蒂固的观念的方式是沉浸在新的体验，给他们一个对于熟悉话题不同的观点。一家银行的高层领导者想要管理人员得到新的思维方式，那么他们不仅要访问竞争银行，还要访问苹果零售店。一位高管说，这让他看到一个全新的熟悉的银行前景。"我们行业中的许多人正试图'给猪涂上口红'——使一个旧银行业看起来是新的，加入创新的装饰但并没有真正改变它的实质，即对于消费者来说最重要的部分。"一些领导者会频繁地更换人们的工作岗位和职责，让他们进入新的体验。这种频繁的变化可能让人感到不安，但它会使人们的思想保持新鲜和创新性。

允许停顿

一些最好的想法往往发生在人们休息时刻，即远离正在解决的问题时，或者是改变正在做的工作时。暂停会激活大脑的不同区域。最近的一项有关创新的研究表明，"啊哈时刻"往往需要一个人停止试图解决一个问题，让心游荡。"当你很难集中你的注意力时，你就会错过想出新点子了，"詹妮弗·威利（Jennifer Wiley），芝加哥伊利诺伊大学的一个心理学教授如是说。

在哪儿以及什么时候你会想到最好的点子?最普遍的回答是"在洗澡的时候"。有一个人经常在淋浴的时候有好的想法，所以如果他每次大约洗 20 分钟，那么在这 20 分钟里他的大脑里会涌出很多创意。因此，他买了一块透明塑料板和油性铅笔来记下当自己沉浸在"智囊时刻"冒出的想法。创造力经常出现在心理暂停期间，一段混合张力和弛豫的时刻。在淋浴、运动、开车、行走或沉思时，大脑会回归到一种自然的，甚至心不在焉的状态，对于还没能解决的问题或主题的其他想法可以更容易接受。如果头脑的分析部分太专注和积极，它会关闭自发的部分。人的左脑负责分析，而右脑更注重直觉。半放构状态的"暂停"就好像让左脑暂时休息而右脑发挥作用，利用潜意识发挥作用做到解决问题的方案。C.S.刘易斯（C.S. Lewis）是《纳尼亚传奇》（*The Chronicles of Narnia*）的作者，就常常很喜欢沉思性的散步，以为自己寻找灵感。同样的，杰里·凯斯曼（Jerry Kathman），品牌设计机构 LPK 的总裁和首席执行官，在他早上快走的运动中可以得到很多好的想法。运动是一个可以考虑为获取好的想法让工作得到更好的自由发挥的方式。

领导者可在他人需要的时候给他们安静的空间，来应用这个方法。简单地中断一个小组会议，告诉人们去散散步或做一些简单而又重复的工作一段时间后，可以让他们带着创新的想法重新开始。大卫·洛克（David Rock），神经领导学研究所的创始人之一，曾与许多组织的领导者一起工作过，他说，领导者通过利用能够暂停从而使人们有心理空间去思考的技能或模型，在解决复杂问题的能力上能产生100%~500%的进步。

培养创造性直觉

实际上，领导者想要唤醒的创造性洞察力是创造力的第二阶段，而创造力的第一阶段是数据采集。在这一阶段，人的大脑不停地收集信息，特别是当人们在分析待解决问题的背景资料时，这种活动最为明显。随后，创造性洞察力会如直觉般从潜意识深处迸发出来。在很多商业领导者眼中，这似乎毫无根据，因此这种与直觉相关的过程很难被人接受。但是，人们潜意识里记录着所有被显意识遗忘的经历。因此，在利用直觉分析问题时，所触及的领域要远远超过任何只针对当前问题的分析过程。

为了了解你自己的创造性直觉，请考虑以下问题：

某小城镇的一个男人，与20个女人一起举行结婚典礼。这20个女人都活着并且都没有离婚。他没有违反任何法律。那个男人是谁？

如果你解决了这个问题，答案突然闪现在你的脑海：这个人是一个牧师、神父，或者法官。突然闪现的洞察力是从你的创造性直觉得到的。

下面这个问题可能有点困难。下面每组的三个词汇有共同点。不要过度分析。相反，只是放松放松，看看这些共同点会不会从你的直觉中弹出来。

1. 老鼠　　　蓝色　　　小屋　　　（rat　blue　cottage）
2. 松　　　　蟹　　　　酱　　　　（pine　crab　sauce）
3. 窗帘　　　渔夫　　　核反应堆　（curtain　fisherman　nuclear reactor）
4. 嫉妒　　　高尔夫　　豆　　　　（envy　golf　beans）
5. 保龄球场　裁缝　　　摔跤比赛　（bowling alley　tailor　wrestling match）

不要急于去找答案。给你的潜意识足够的时间找出答案。解决这些问题后，再来思考下面这个问题吧。如果你去面试微软的某个职位，很可能会被问到这个问题：你怎样在不使用任何称重工具的情况下，测出一架喷气式飞机的重量？回答这个问题时需要将逻辑思维和直觉结合起来。在继续阅读之前，想一想，你可以借助怎样的在技术上可行的方法估算出飞机的重量，哪怕这种方法也许并不实际？

下一个挑战可能表面看起来是无解的，直到你的直觉告诉你答案。下面的问题是，从图中移走3个火柴使之变成数字4。

第15章　领导变革

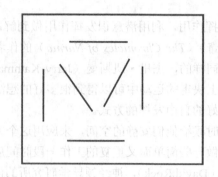

接下来这个问题可能会迫使你用大脑的其他区域来寻找答案了。图中是由 10 根火柴组成的一个罗马数字的等式，但是这个等式是不成立的。在不移动、不增加、不拿掉任何一根火柴的前提下，你能使等式成立吗？

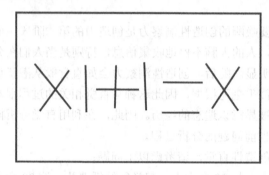

你已经给你的直觉足够的时间来解决这些问题了吗？这些调整创造力问题的答案如下：

第一组词集，正确的答案是（1）奶酪（cheese），（2）苹果（apple），（3）杆（rods），（4）绿色（green）和（5）针（pins）。

称出喷气式飞机重量的一个可行方案是让飞机滑行到一艘足够支撑它的大船上，然后在船身做个标记，接着把飞机移走，再把一些已知重量的物品装到船上，直到船身下沉到标记的位置，那么船上物品的重量就等于喷气式飞机的重量了。解开第一个火柴算术题要看你如何理解"4"这个数字，你不需要在最后数出 4 根火柴，只需移走上面、下面和右面的火柴，答案就出现了——罗马数字 IV。而第二个问题，其实你从另一个角度看这个问题就可以找到答案——把纸倒过来。创造性直觉帮你找到正确的答案了吗？

15.5 实施变革

领导者经常将创新、变革和创造作为增强组织实力的方式，但许多人认为变革带来的只有痛苦和破坏。若领导人们顺利适应变革，很重要的一点是要理解人们对于变革产生抵制是很自然的，抵制变革的理由很多时候是合乎情理的。本章的"思考一下！"将用一种轻松的方式带领读者了解在某些过度官僚化的组织中，员工为什么抵制变革。

员工抵制变革的根本原因在于它违背了员工和组织之间的私人契约。私人契约中相互义务和承诺，定义了员工和组织之间的关系。它们包括诸如工作任务、绩效要求、评价程序和薪酬。协议的这些方面通常是明确地定义了的，有的可能以书面形式存在。但是其他方面是不明确的。私人契约包含的元素如相互信任和依赖，以及共同的价值观。当员工认为变革会违反个人协议，他们很可能会抵制。例如，达拉斯-沃斯堡万豪酒店（Dallas-Fort Worth Marriott）一位新总经理想要改变奖励制度，将奖金发放与酒店财务状况联系在一起，但是员工们反对这项改革。这位经理说："他们在想，'这是西方的坏女巫要来抢我的东西了'。"不过，还是有一些方法可以帮助领导者推动创新变革的实施的。

思考一下！

古代的智者说，当你发现你骑着一匹死马，最好的策略是下马。政府和其他过于官僚的机构却采用了许多不同的方法。以下是一些我们最喜欢的处理"死马"问题的策略。

1. 改变骑手。
2. 买一个更强力的鞭子。
3. 更加用力地打马。
4. 大声喊叫和威胁马。
5. 任命一个委员会来研究马。
6. 去其他地方参观，看那些地方是如何处理死马问题的。
7. 增加骑死马的标准。
8. 任命一个委员会来复活死马。
9. 建立一个改善骑乘技能训练。
10. 调查当今环境下的死马的状态。
11. 改变要求，使死马不再符合死亡的标准。
12. 聘请外部顾问来演示如何骑一匹死马。
13. 通过同时使用几匹死马来提高速度。
14. 增加资金投入，提高马的性能。
15. 声明没有死了不能骑的马。
16. 提供资金支持研究，以确定外包是否会降低骑死马的成本。
17. 购买计算机程序来提高死马的性能。
18. 宣布保留一个死马比保留一匹活马的成本更低。
19. 建立一个工作组去研究死马的用途。如果以上措施都失败了的话。
20. 将死马提升到管理职位。如果在大公司里，可以让它做副总。

15.5.1　帮助人们改变

许多领导者难以理解为什么对于许多人来说变革如此困难。殊不知，一旦开启新事物，就意味着旧事物的终结，对于我们大多数人来说，放弃我们珍惜的东西总是很难，即使我们也希望获得新事物。举例来说，我们想减肥，但是放弃巧克力蛋糕这个代价似乎有些难以承受。与其说要关注新的开始和变革给我们带来的好处，我们的情感总是会依旧牵绊在当前的情形以及我们可能会失去的东西。

改变行为取决于人们对于情境感情的改变。人们在拥抱新事物之前必须在心理上和情感上都对旧事物放手。图 15.6 展示了人们在成功完成改变的过程中所需经历的阶段。帮助某人进行改变的话，首先需要处理他与要结束的旧事物之间的感情练习，而不是否认这些感情或者试图让人们停止这种感受。之后，人们会进入中立区，在这个阶段人们已经放弃了旧事物，但是还没有准备好去迎接新事物。最后，进入新的开始阶段。如果没有处理好与旧事物的关系，人们不会进入到这个阶段。

当领导者要实施变革的时候需要先问一下"谁会失去什么？"在公司里，工作内容，技术或结构的改变可能意味着某些人不再拥有他们之前享有的权力或特权。回忆一下第 14 章中 Dynergy 公司的新任 CEO 是如何处理私人办公室问题的。许多经理开始的时候很抵制改变，因为他们将自己的办公室看作是自己在公司中权力和特权的象征。此外，当变革是由外部强加到他们身上时，他们会感觉失去了对自己生活的控制，从而激起强烈的感情反应。辉瑞制药公司的高管想要引进一个计算机系统来收集和处理研究实验数据，这可能会削减 40%的新药物开发成本。但研发部门经理却拒绝这套系统，声称他们担心自动化和标准化案例研究报告的形式会阻碍他们的灵活性和创造力。

图 15.6　结束先于开始的成功变革

变化也意味着人们需要放弃稳定的惯例。有些医院花费了数百万美元来引进电子病历系统，但却发现很难让医生去使用这套系统。其中一个原因在于电子病历需要医生们改变他们日常的常规工作，而有些医生却难以做到这一点。大多数人对于未知的事物都有一定的恐惧感，并且对于处理已知事物会感到更舒适。特别是当他们不理解变化将如何影响他们，他们发现坚持当前的状态，即使这并不是很愉悦，但也会更容易放心，而不是要跳入未知。无论是缅因州还是加利福尼亚州，当电力公司安装无线仪表时都会遇到顾客的抵抗，他们说这些仪表会侵犯隐私，增加消费，甚至是损害健康。让人们使用新的节能灯就好像拔掉鸡的牙齿一般艰难，当美国通过《能源独立和安全法案》来逐步淘汰白炽灯的制造和销售时，消费者们非但没有切换成节能灯，反而开始大量囤积白炽灯。

在工作中，员工可能会担心，改变工作程序将意味着结束他们之间的友情工作组，或担心新技术可能会使他们失去自主权或原有状态。例如，在 Super Shuttle，一家全国性质的运输供应商，司机反对使用导航手机。他们觉得新技术意味着终结他们的自由，因为经理可以跟踪他们的行动。Super Shuttle 公司意识到，"如果你不告诉员工将会发生什么，他们会自己瞎猜，并且几乎从来都是往坏的方向猜。"

15.5.2　帮助人们改变的方法

我们大多数人认为如果我们有一个清晰的选择——改变还是死亡——我们会很快做出

改变的。但事实上，科学研究表明，大多数人很难改变，即使告知不改变将导致他们早早进入坟墓。但改变并非不可能。下面的示例描述了一位医生帮助人们改变的过程，他通过加入一些已经被证明能够增加个人成功改变的机会的元素。

前沿领导者

迪恩·奥尼什博士，加州大学旧金山分校

迪恩·奥尼什博士是加州大学旧金山分校的医学教授，同时也是预防医学研究所的创始人，他有一个惊人的发现，即10个重症病人中有9个不能改变他们不良的饮食习惯和运动习惯，即使这意味着他们会死。因此，与其采取"恐惧的死亡"这种激励方法，奥尼什博士尝试鼓励人们采用"快乐的生活"的生活态度。

奥尼什博士的研究表明，当人们确信自己可以更多地享受生活时——例如，毫无痛苦地散步、与孙辈共享天伦之乐、与伴侣享受亲密关系——他们更有可能改变他们的生活方式和坚持长期的变化。奥尼什博士曾与194名患者一起，帮助他们戒烟并遵循一个极端的素食饮食方式，仅摄取脂肪少于10%的热量。一年内，病人每周两次参与小组谈话，把放松、冥想、瑜伽、有氧运动作为日常生活的一部分。三年计划结束后，77%的人继续坚持改变了的生活方式，他们的心脏问题不再恶化，甚至在某些人身上开始有了很大的进步。

改变人们的思维和行为是可能的，要达到此目的的关键在于利用好以下这五大要素：积极的情感引力，辅助性的关系建立、重复新行为、参与和事后评估。

提供积极的情感引力。 积极的情感引力（Positive Emotional Attractor, PEA）是唤醒一个人对未来的希望和梦想，关于可能的可能性，而不是集中在试图"修复"弱点或缺点。人们学习和改变，因为他们想这样做，不是因为他们应该这样做。这意味着他们需要一个未来可以鼓舞人心的愿景。当明迪·格罗斯曼（Mindy Grossman）成为HSN的首席执行官的时候，她发现公司业务基本上支离破碎，员工们士气低落情绪压抑。她做了一件事，作为实际的积极情感引力，来给予员工希望和动力。有一天她带着垃圾桶来到公司总部，并告诉员工把坏掉的家具丢掉，清理杂乱的环境。之后，她将整个大楼清洗了一遍并重新涂刷，并给每个人都购买了新的高档办公椅。

确保辅助性的关系建立。 领导者帮助人们建立新的、带来希望的情感关系，使人们相信他们有能力去改变，并激励人们期望发生改变。例如，高效的社会运动的领导者，非常擅长给人以可以改变的希望和信仰。这种领导者，导师或社区的情感关系可以帮助人们学习和实践需要改变的新技能和习惯。而这与匿名解救互助会或减肥互助会的宗旨是一脉相承的。

重复新行为。 人们需要一遍又一遍实验和练习新技能的机会，从而使新习惯固定下来。锡达斯·西奈医学中心（Cedars-Sinai Medical Center）的流行病学家使用一个实验显示，医生的手满是大量的有害细菌。通过将一幅最脏的图片作为一医院计算机网络的屏保这一措施，每个员工都不断被提醒勤洗手的重要性。最终通过反复实践，手部卫生合格率飙升近100%，并维持了下去。

使人们早早参与进来。 当人们参与帮助设计变革，他们将更投入于此。尽管这种方法耗

工耗时，但它回报给人们对于变化活动的控制感。他们能更好地理解变化，并致力于其成功实现。承包研究公司诺布里斯公司（Noblis）的领导者试图废除传统的头衔，并代之以"职业乐队"系统来使人们不仅仅可以纵向移动岗位，还可以横向移动。新系统是重新定义的工作岗位和职责的一部分，同时也是诺布里斯公司将其战略转移至更具竞争性的投标工作的重要组成。领导者知道推广该系统可能比较艰难，所以他们让一群员工花6个月学习新计划并从公司各个部门寻求反馈。"这是一个与我们所有的利益相关者的调查，因为我们想要树立一个由诺布里斯人创建的，为了诺布里斯人自己的一个典型，"艾米·里韦拉（Amy Rivera）人力资源团队的一员如是说。

应用事后评估策略。一个优秀的变革评价和反馈机制是事后评估。事后评估指的是领导者评价变革活动的后果的短暂会议，哪部分有用，哪部分没用，得到了什么教训。事后评估的概念来自美国军队。在每次重要活动——无论是实战还是模拟训练——人们都会花15分钟来讨论4个重要问题：应该发生什么？实际发生了什么？什么导致了这些不同？我们能学到什么？许多商业公司，包括咨询公司Jump Associates，石油巨头英国石油公司（BP）和办公家具公司Steelcase, Inc., 都利用事后评估来获得反馈和教训。

有效并人性化地领导改变是领导者们面临的极大挑战之一。今天这种环境下变革的性质和速度可能会非常令人振奋，但也可能会导致不便、痛苦，甚至是恐惧。智慧的领导者可以帮助引导人们渡过变革期并使之成功。

本章小结

- 本章重点介绍了几种有助于领导者提高员工创造力、鼓励创新和管理变革的工具和方法。变革是不可避免的，而全球环境变化速度的不断加快也对领导者提出了更严峻的挑战，要求他们帮助组织适应环境的变化。许多人会天然地拒绝变革，但领导者可以作为榜样来促进改变。那些成功进行变革的领导者能够通常把自己看作变革型领导者，他们会用生动的词汇描述未来愿景，清楚地传达出那些能促进变革、增强组织适应性的价值观。变革型领导者充满勇气，有能力应对复杂和不确定因素。他们相信，追随者有能力承担责任应对变革，并能从错误中吸取教训。

- 实施重大变革时可能遇到特别大的困难，但领导者可以通过遵循八阶段模型来确保变革的成功实施：建立一种紧迫感，建立一个强大的联盟，构建出能引起别人兴趣的愿景和战略，沟通愿景，授予员工行动的权利，创造短期的胜利，保持干劲、努力奋斗以解决更大的问题，在组织文化中将变革制度化。

- 一种应对变革管理的有趣方法称为肯定式探询。这种方法通过强化积极信息、注重从成功中吸取经验这一手段，让个人、团队甚至整个组织参与到变革的设计中来。肯定式探询并不从是非对错的角度来看待问题，而是采取积极肯定的方式，按照发现优势、构筑梦想、组织设计和把握命运的顺序分阶段来解决问题。无论是重大变革还是较小的日常改变，肯定式探询都很有帮助。

- 对于今天的领导者来说，领导变革非常具有挑战性。领导者可以在某些部门或整个组织建立一种有助于培养创造力的环境并促进合作。尽管表面米看，有些人的创造力比别人更强,但研究显示每个人的创造潜能是大致相等的。领导者可以鼓励员工利用头脑风暴、促进横向思维、提供浸入式体验、允许停顿和创造性直觉等方法提高个人创造力。
- 对于任何变革而言,实施都是十分关键的一步。领导者应该努力理解人们抵制变革的原因。对于要开始的新事物,总有旧事物要终结,大多数人对于放弃他们珍视的事物总会感到艰难。领导者可以通过改变人们的情感来帮助他们放弃旧事物,拥抱新事物。他们可以通过积极的情感引力,辅助性关系,重复新行为,重复,参与和事后评估帮助人们改变。

问题讨论

1. 作为一个领导者,根据上文内容,你如何克服自身对变革的阻力,并作为角色典型来实施变革?
2. 科特的八阶段变革模型与肯定式探询有哪些相同点和不同点?请解释。
3. 从工作、学习或生活中,找出一种你认为有问题且想要改变的情况,说明你将如何提高积极的情感引力来做出改变。
4. 在解决问题时,你如何想出更多新颖实用的方法?
5. 帮助人们改变的五个元素(积极的情感引力、辅助性关系、重复新行为、参与和事后评估),你认为领导者最有可能忽略哪一项?为什么?
6. 如果一名领导者要实施的变革会使一些员工丢掉工作,在处理员工抵制变革这一问题上,你会给这名领导者提什么建议?
7. 为什么人们普遍认为创意能手在创新中发挥着至关重要的作用?你认为这类人在哪类组织中会发挥更为重要的作用?大型组织或是小型组织?请讨论。
8. 有计划的变化通常被认为是理想的变革方式。你认为无计划的变化可能取得成效吗?请讨论。你能举出一个相应的例子吗?
9. 今天的世界与过去相比,是的确变化更快了,还是这仅仅是人们的错觉?
10. 你认为2008年的华尔街经济危机给美国金融服务机构带来了影响深远的变革吗?在你的想象中,可能会发生哪些影响深远的变革?其他行业的公司又能发生哪些变革呢?

现实中的领导

组织变革角色扮演

假设你是哈普斯花园(Harpeth Gardens)非营利疗养院的新负责人。哈普斯花园是由富兰克林居民保健中心管理的20个老年人护理中心的其中一个。疗养院有56个病人,并完全负责他们的卫生、营养和日常娱乐活动。许多患者可以自己走动,但有少数需要吃饭、穿衣和疗养院内活动方面的辅助。值白班时,护士长和其负责的4名注册护理助理在这里工作,护理助理负责不同的楼层。夜班则由1名注册护士负责,另外3名护理助理也会协助工作。

到了周末，上班的护理助理也是3名，护士长和注册护理中的1位会随时待命。

其他几个工作人员也直接向你报告，包括维修主管，记账/管理信息系统人员和自助餐厅人员。值班医生每周一次来检查病人情况。你一共有26名全职和兼职员工，他们负责不同的职务，按照不同的轮班工作。

在你应聘这一工作时，你了解到之前的负责人管理非常严格。他认为只有遵照严格的规定和程序，才能为疗养院的病人提供最好的服务。虽然他并没有医学学位，但他甚至要亲自批准每项决定，甚至包括如何护理病人的决定。当时疗养院的人员流动率非常高，而雇用新工人、培训新员工需要时间，因此总有几张床位空着。而同一地区其他的疗养院却总是人满为患，很多想进去的人不得不等待。

在哈普斯花园疗养院，非护理部门与护理部门之间相互接触很少。内勤人员除了上班和回家，不会做别的事情。总体来看，你觉得哈普斯花园的工作环境非常沉闷。人们似乎已经忘记：对病人来说同情心至关重要，对在医疗护理环境中工作的人来说，同情心也很重要。你认为如果要使员工更具责任心、提高员工士气、减少人员流动率和填满那些空床位，需要采用新的战略和组织文化。你已经读过关于领导组织变革的内容，希望你能应用一些新的创意，使哈普斯花园的组织文化更具创造性、民主性和参与性。你决定先尝试两个想法：让员工参与到决策中来和鼓励部门之间加强直接合作。如果这两个办法都有效果的话，你就会实施其他变革。

在你上任的第一个星期里，你会见了所有员工，从他们身上你证实了前任负责人的严格方法的理解。你要在下星期五下午召开全体员工会议。

在这次练习中，你的任务是决定你将用何种方法实施变革和你在员工会议上的讲话内容。首先，你将决定如何完成图15.2展示的模型中列出的前三步骤，写下这三个问题的答案：

1. 你如何让员工感到一种紧迫感？
2. 你将如何组建指导联盟，该联盟会包括哪些人？
3. 你将提出怎样的愿景才能引起员工的兴趣？

你的下一个任务是准备向你的员工做一次有关愿景的演讲，向员工介绍你将实施哪些变革。在演讲中，你需要向员工展示你对哈普斯花园美好未来的憧憬和实施变革的紧迫性，向他们详细介绍你认为变革应该包括哪些内容，他们为什么应该同意进行变革，并帮助你实施变革。列出你将在演讲中提到的观点。

课堂练习： 教师可以把班级分成小组，讨论以上三个问题的答案，并用头脑风暴法思考在愿景演讲中可能提到的要点。当各个小组决定了这名负责人的发言内容后，教师可以请一些小组中自愿发言的同学进行实战演练，做一次即将开启哈普斯花园向学习型组织转型的演讲。做这次演讲的关键问题有：演讲是否重点涉及激励员工来帮助实施变革这个方面？演讲传达了一个远大的目标和急迫感了吗？演讲是否联系了员工的个人实际？是否指出了哈普斯花园面临的现实问题？

领导力开发：案例分析

"从现在开始……"

贝尔尼尼食品公司（Bernini Foods）是一家提供健康的冷冻包装的餐饮公司，而冷冻餐饮行业曾经是可笑且难以保证营养的一个行业。贝尔尼尼食品公司现在面临的挑战包括顾客们需求的改变，对时间和金钱的敏感等，同时他们长期面对来自行业领袖包括贝尔托利（Bertolli）、玛丽卡伦德（Marie Callendar）、健康选择（Healthy Choice）、精益美食（Lean Cuisine）等公司前所未有的竞争。

行业内激烈的竞争意味着各公司必须极力争取质量成分，改进包装，提高运输系统效率，并减少烹调次数等环节。和它的竞争对手一样，贝尔尼尼希望通过降价和推出新产品的方式来增加市场份额。

为了应对这些挑战，首席执行官罗伯托·贝尔尼尼（Roberto Bernini）创造了一个新的管理职位来监控价格和采购。副总裁兼财务总监泰德·麦卡恩（Ted McCann）聘请了卢西恩·威尔克斯（Lucian Wilkes），一名退休的陆军上校，来担任这一职务，并给了他广泛的行动自由空间来设定新规则和新程序。随着首席执行官贝尔尼尼宣布，威尔克斯被介绍进了公司。经过一番激烈的短期内部研究和信息收集，威尔克斯把注意力集中在他所看到的主要问题，即定价和采购决策，区域化，各地区经理制定自己的标准，并管理着自己的合同。

这个过程为威尔克斯送来了危险信号。他为公司新的可持续发展的策略做了一个全面的电子邮件通知，基本上通知各区域办事处，"从现在开始……"区域经理针对超过3%的任何价格变化必须通知威尔克斯。此外，金额在10 000美元以上的所有本地采购合同，也必须在实施前获得威尔克斯办公室的批准。

这些新的标准化程序指令被发给区域经理来作为他们的政策手册。这些管理人员，根据他们的即时反馈，都在更改协议。但接下来的一个月后，威尔克斯却越来越感到挫败，因为该公司企业文化像往常一样继续。虽然经理们明面上不抵抗，并且在不同的地区频繁的通信中，包括电子邮件、传真和电话会议中他们做出保证，即变革马上发生。

但一周周地拖延，情况保持不变。在复杂的情况下，威尔克斯似乎也没有从忙于自己事务的公司高管那里得到口头支持。而贝尔尼尼和麦卡恩对为促进效率的新举措的需要提供了冷淡的评论，并不能显示对改革的全力支持。新的计划难以进行，并且威尔克斯知道增加公司利润难以增加的话可能导致自己失去工作。

"如果不变革的话，"威克斯对他的妻子抱怨道，"区域经理们将维持他们的工作，而我的工作将被削减。"

威尔克斯想知道他下一步应该怎么做。有多少种方式可以通知经理们实施新的程序？他可以利用什么高压政策吗？他怎么能让贝尔尼尼和麦卡恩知道他们对改革表示支持的重要性？

他感到不知所措，他应该做什么。贝尔尼尼食品公司想不想实施新标准？

问题：

1. 你认为这些地区经理们不响应威尔克斯变革的原因是什么？就实施变革这一项，威尔克斯做错了什么？

2. 威尔克斯应该对他试图实现的变革向贝尔尼尼和麦卡恩寻求更积极的支持吗？他应该怎样做？

3. 制订一个计划，让威尔克斯可以成功重启这次改革的实施。

河滨市儿科诊所

五年前，阿尔维罗·桑切斯（Alvero Sanchez）医生和乔希·哈德森（Josh Hudson）在加利福尼亚州河滨市开了一家小型儿科诊所。这两个人是一起从医学院毕业的老朋友，都梦想着在当地社区开一家儿科诊所，为社区里的孩子们提供良好护理，最终他们如愿以偿。这家诊所共有5名医生、6名护士和1名会计，他们凭借体贴的服务和认真的工作态度迅速建立了良好的声誉。工作人员还与当地组织合作服务于社区的弱势群体，在当地的基督教青年会免费提供流感疫苗和健康检查。桑切斯和哈德逊精力充沛，干劲十足，他们活出自己的梦想，在受人尊敬的社区中管理他们的诊所。

然而，随着诊所业务的迅速膨胀，他们的梦想开始遭到破坏。由于附近的拉美裔社区的人口迅速增长，前来就诊的病人数量也越来越多。虽然桑切斯和哈德森一直梦想着一个大规模的、利润丰厚的诊所，但是他们意识到他们没有为这种前所未有的增长做准备。新的病人数量暴涨，在河滨诊所的员工未做准备处理就蜂拥而至。候诊室里挤满了人，员工变得暴躁，员工之间的沟通也越来越少。像电子医疗记录系统这样的内部系统超载，病人的健康记录丢失时有发生。病人调度十分混乱，导致了很多人长时间等待。曾经为小诊所提供坚实支撑的系统和程序再也无法承受病人的快速增长带来的压力了。

更令人沮丧的是，为管理日益增长的业务而建立医生团队花费了更多的时间，对病人的护理时间减少了。他们意识到他们在一个舒适的环境提供优异的儿科护理的初衷在迅速消失。最重要的是，他们越来越不满意自己的工作。他们花了更多的时间花在监管诊所业务的膨胀和增长，而不是诊断疾病和与患者建立关系上：他们面试和雇用更多的医生和护士，监督诊所办公室的扩建工程；培训新员工熟悉诊所的办公流程。他们似乎早已忘记了开这家诊所的初衷。

在日益增长的压力下，员工的士气开始变得低落。员工之间激烈的争论和坏脾气变得司空见惯。一个曾担任主要职务的护士对诊所的混乱状况感到无能为力，最终选择了辞职。另一个在与一对疲惫的父母争吵后被解雇了。甚至桑切斯和哈德森在工作中都变得沮丧和不高兴，在休息室安静地享用午餐时，哈德森对桑切斯吐露："曾有一段时间，"他说，"我们发现了工作的意义。那时我们刚刚开始，我觉得最有活力和满足感。现在，我们只是努力的与变化保持同步，但我们落后了，远离了最重要的一点——为我们的患者提供优质医疗服务。"

他们的午餐被敲门声打断，会计走了进来，带来意想不到的坏消息。会计告诉他们，季度财务报告显示，这一季度诊所的财政状况并不乐观。这个季度依然延续了近期的一贯状况——收入下降且支出增加。一场财政危机即将发生，这会对诊所的资金流动和经济效益都产生影响。会计解释说，为了改善诊所的财务状况，必须尽快采取行动。她说："我们的诊所存在三个问题——保险公司赔偿减少、患者拖欠医药费、医疗用品和实验室工作的成本增加。"她停了一下，接着说，"祸不单行的是，我们的计费软件过时了，根本不能管理如此大规模的一家诊所。"

桑切斯从他的处方笺上撕下一页，在背面潦草地写下了一段话：为了生存下去，河滨儿童护理诊所必须：（1）提高为患者和家庭的服务质量；（2）改善员工之间的尊重和协作沟通；（3）节省开支；（4）从患者那里及时收取费用；（5）鼓励员工发挥创造力，解决常规问题。他把这个列表递给了桌子对面的哈德森，问，"我们如何才能实现这些目标呢？"

问题：

1. 假设你是桑切斯或者哈德森，打算立即在诊所内实施变革，你会从哪些方面入手，采取哪些措施呢？

2. 会计建议桑切斯和哈德森考虑使用肯定式探询这一方式，促进在诊所内部实施积极变革。请具体说明如何你会如何实施肯定式探询的4个步骤？在实施发现优势和构筑梦想这2个步骤时，你预期会发生什么情况？

3. 桑切斯和哈德森既是内科医生又是诊所的领导者，所以他们身处一种进退两难的境地。你会如何建议他们解决这个难题？为了领导诊所实施积极变革，桑切斯和哈德森需要展示什么样的领导品质？

资料来源：Caroline Carter et al.. An Appreciative Inquiry Approach to Practice Improvement and Transformative Change in Health Care Settings. *Q Manage Health Care* 16, no.3. © 2007 Wolters Kluwer Health; Lippincott Williams and Wilkins, pp. 194-204.

译 后 记

理查德·L. 达夫特是知名的组织行为和组织设计专家，其学术成果在经济和管理领域都极具影响。达夫特教授在范德比尔特大学（亦称范德堡大学）长期讲授领导学课程。这本《领导学》教材已连续更新 6 版，现已成为工商管理学科中公认的优秀教材之一。

本人深知教材的翻译不仅要求译者具有较高的学术水平，还要求具有非常认真的翻译态度。因此，当刘志彬主任邀请我翻译该书时，考虑到自己的时间，本欲婉拒。但转念一想，自己积累了十多年的领导学教学体悟，也可以借机与这位领导学大师进行思想碰撞和心灵交流，于是便应承了下来。

本书的初译分工是这样的：苏保忠负责第 1 章、第 13 章、第 14 章、第 15 章，以及作者简介、前言和定稿；苏晓雨负责第 9 章、第 10 章、第 12 章以及全书的统稿和校译；王静负责第 2 章；常奕昕负责第 3 章；常肖路负责第 4 章、第 5 章；张翠玲负责第 6 章；翟世贤负责第 7 章；丁烨负责第 8 章；王兰亭负责第 11 章。由于参与初译的人较多，因此，统稿校译工作耗时费力，有些地方近乎二次翻译。

在此对所有参与初译和统稿的老师一并表示感谢。

苏保忠

2018 年 1 月 16 日

教学支持说明

▶▶ 课件申请

尊敬的老师:

您好!感谢您选用清华大学出版社的教材!为更好地服务教学,我们为采用本书作为教材的老师提供教学辅助资源。鉴于部分资源仅提供给授课教师使用,请您直接手机扫描下方二维码实时申请教学资源。

任课教师扫描二维码
可获取教学辅助资源

▶▶ 样书申请

为方便教师选用教材,我们为您提供免费赠送样书服务。授课教师扫描下方二维码即可获取清华大学出版社教材电子书目。在线填写个人信息,经审核认证后即可获取所选教材。我们会第一时间为您寄送样书。

任课教师扫描二维码
可获取教材电子书目

 清华大学出版社

E-mail: tupfuwu@163.com 网址: http://www.tup.com.cn/
电话: 8610-62770175-4506/4340 传真: 8610-62775511
地址: 北京市海淀区双清路学研大厦B座509室 邮编: 100084

科学技术文献版

本书的参考文献

为方便读者查阅本书及相关资料，本书配备了二维码形式的参考文献。读者可用手机扫描下方二维码，即可查阅本书所引用的参考文献。

本书的教学课件

为方便教师开展教学工作，我们为任课教师免费提供电子课件。教师可用手机扫描下方二维码，申请下载电子课件。